Stefan Bosshart
Bürgerjournalismus im Web

Forschungsfeld Kommunikation

Herausgegeben von
Christoph Neuberger, Jörg Matthes und Gabriele Siegert

Seit mehr als zwei Jahrzehnten erscheinen in der Buchreihe »Forschungsfeld Kommunikation« wichtige Monografien der deutschsprachigen Kommunikationswissenschaft. Als thematisch offenes Forum gibt die renommierte Reihe Impulse für die Weiterentwicklung des Faches und Anregungen für die Diskussion zentraler Fragen. Viele der über 30 Bände sind Standardwerke geworden, die nicht nur im engen Kreis der Spezialisten auf reges Interesse gestoßen sind, sondern ein breites Publikum in Wissenschaft und Gesellschaft gefunden haben.

Auch in Zukunft will die Reihe diesem Anspruch gerecht werden: Der gegenwärtige Wandel von Kommunikation, Medien und Öffentlichkeit verändert auch die Kommunikationswissenschaft. Diesen Wandel wird die Reihe mit fundierten Analysen begleiten. Sie ist der Publikationsort für Ergebnisse empirischer Forschungsprojekte und theoretischer Entwürfe, ebenso wie für herausragende Dissertationen und Habilitationsschriften. Mit ihr verbindet sich ein Bekenntnis zur Monografie – jenseits der auf Schnelligkeit des Schreibens und Lesens getrimmten Kurzformen des wissenschaftlichen Publizierens. Sie will Wegmarken setzen, die von Bestand sind.

Die 1992 von Walter Hömberg (Eichstätt), Heinz Pürer (München), Ulrich Saxer (Zürich) und Roger Blum (Bern) begründete Reihe wird seit 2013 von Hannes Haas (Wien), Christoph Neuberger (München) und Gabriele Siegert (Zürich) herausgegeben. Für den 2014 verstorbenen Hannes Haas ist seit 2015 Jörg Matthes (Wien) Mitherausgeber der Reihe.

Stefan Bosshart

Bürgerjournalismus im Web

Kollaborative Nachrichtenproduktion
am Beispiel von »Wikinews«

UVK Verlagsgesellschaft Konstanz · München

Forschungsfeld Kommunikation
Band 37

Bibliografische Information der Deutschen Nationalbibliothek
Die Deutsche Nationalbibliothek verzeichnet diese Publikation in der
Deutschen Nationalbibliografie; detaillierte bibliografische Daten sind
im Internet über http://dnb.d-nb.de abrufbar.

ISSN 1433-6952
ISBN 978-3-86764-711-3 (Print)
ISBN 978-3-7398-0109-4 (EPUB)
ISBN 978-3-7398-0110-0 (EPDF)

Das Werk einschließlich aller seiner Teile ist urheberrechtlich geschützt. Jede
Verwertung außerhalb der engen Grenzen des Urheberrechtsgesetzes ist ohne
Zustimmung des Verlages unzulässig und strafbar. Das gilt insbesondere für
Vervielfältigungen, Übersetzungen, Mikroverfilmungen und die Einspeicherung
und Verarbeitung in elektronischen Systemen.

© UVK Verlagsgesellschaft mbH, Konstanz und München 2017

Einband: Susanne Fuellhaas, Konstanz
Printed in Germany

UVK Verlagsgesellschaft mbH
Schützenstr. 24 · 78462 Konstanz · Deutschland
Tel.: 07531-9053-0 · Fax: 07531-9053-98
www.uvk.de

Inhaltsübersicht

Vorwort 11

1 Einleitung und Problemstellung 13

2 Leistungen des professionellen Journalismus 19

3 Bürgerjournalismus 119

4 Untersuchungsleitende Fragestellungen und Vorbemerkungen zur Empirie 229

5 Konzeption und Vorgehen der ersten Teilstudie (Themenfrequenzanalyse) 233

6 Ergebnisse der Themenfrequenzanalyse 251

7 Konzeption und Vorgehen der zweiten Teilstudie (Argumentationsanalyse) 265

8 Ergebnisse der Argumentationsanalyse 293

9 Kernbefunde und Grenzen beider Teilstudien 351

10 Zusammenfassung und Fazit 359

Abbildungen 366

Tabellen 367

Literatur 368

Anhang 417

Inhalt

Vorwort 11

1 Einleitung und Problemstellung 13

2 Leistungen des professionellen Journalismus 19

2.1 Systemtheoretische Journalismuskonzepte 21

2.2 Die Wesensmerkmale der ‚Zeitung' und des Journalismus nach Otto Groth 36

    2.2.1 Periodizität 38

    2.2.2 Universalität 41

    2.2.3 Aktualität 47

    2.2.4 *Exkurs:* Interne Relevanz (Vollständigkeit) 59

    2.2.5 Publizität 64

    2.2.6 Vermittlung als Funktion der ‚Zeitung' und des Journalismus 66

2.3 Journalismus als konzentrierte Fremdvermittlung 74

    2.3.1 Viergliedriges Rollenschema 75

    2.3.2 Entwicklungsschritte gesellschaftlicher Kommunikation 83

2.4 Synthese: Konstitutionsmerkmale journalistischer Medienangebote 109

3 Bürgerjournalismus 119

3.1 Begriffsklärungen und Abgrenzungen 119

    3.1.1 ‚Partizipativer Journalismus' und ‚public journalism' 119

    3.1.2 ‚Bürgerjournalismus' 128

3.2 Entstehung eines ‚Bürgerjournalismus' im Web: Häufige Argumentationslinien 132

	3.2.1	Technischer Medienwandel	133
	3.2.2	Steigende Partizipation in verschiedenen Gesellschaftsbereichen	137
	3.2.3	Kollektive Intelligenz	144
	3.2.4	Ökonomische Einflüsse und Glaubwürdigkeitsverlust im traditionellen Journalismus	152
	3.2.5	Zwischenfazit	156
3.3	Von der Alternativpresse zum Weblog: Formen der öffentlichen Laienkommunikation		158
	3.3.1	Substitution, Komplementarität und Integration: Öffentliche Laienkommunikation und professioneller Journalismus	158
	3.3.2	Ältere Formen öffentlicher Laienkommunikation	165
	3.3.3	‚Bürgerjournalistische' Angebote im Web	180
4	**Untersuchungsleitende Fragestellungen und Vorbemerkungen zur Empirie**		**229**
5	**Konzeption und Vorgehen der ersten Teilstudie (Themenfrequenzanalyse)**		**233**
5.1	Untersuchungskriterien und Anforderungen an das Forschungsdesign		233
5.2	Vergleichsberichterstattung		233
5.3	Untersuchungszeitraum und Stichprobe		234
5.4	Methode und Operationalisierung		237
	5.4.1	Vorgelagerte Vermittlungsinstanzen	237
	5.4.2	Aktualität und Periodizität	238
	5.4.3	Vielfalt und Ausgewogenheit	239
	5.4.4	Faktizität	241
	5.4.5	Gesellschaftliche Relevanz	242

5.5	Qualität der Datenerhebung und Messgenauigkeit	244
	5.5.1 Bemerkungen zur Reliabilität und Validität	244
	5.5.2 Reliabilität und Durchführung der Themenfrequenzanalyse	246
6	**Ergebnisse der Themenfrequenzanalyse**	**251**
6.1	Vorgelagerte Vermittlungsinstanzen	251
6.2	Aktualität und Periodizität	252
6.3	Vielfalt, Ausgewogenheit und Faktizität	254
6.4	Gesellschaftliche Relevanz	260
7	**Konzeption und Vorgehen der zweiten Teilstudie (Argumentationsanalyse)**	**265**
7.1	Untersuchungskriterien und Anforderungen an das Forschungsdesign	265
7.2	Themenwahl: *Stuttgart 21* als kontroverses Thema von allgemeiner Bedeutung	267
7.3	Vergleichsberichterstattung	268
7.4	Untersuchungszeitraum und Stichprobe	269
7.5	Argumentationsanalyse: Das Nachzeichnen öffentlicher Kontroversen	274
	7.5.1 Anwendungsbereich und allgemeines Vorgehen	274
	7.5.2 Vorgehen am Beispiel von *Stuttgart 21*	276
7.6	Operationalisierung	280
	7.6.1 Vielfalt	280
	7.6.2 Ausgewogenheit	280
	7.6.3 Vollständigkeit	282

Inhalt

    7.6.4   Quellentransparenz 283

    7.6.5   Trennung von Nachricht und Kommentar 285

7.7   Reliabilität und Durchführung der Argumentationsanalyse 288

8   Ergebnisse der Argumentationsanalyse 293

8.1   *Stuttgart 21:* Chronologie der Ereignisse 293

8.2   Vorbemerkungen zur Repräsentativität der Ergebnisse 297

8.3   Aspekte der Vielfalt und Ausgewogenheit 297

    8.3.1   Ausgangspartner (Sprecher) 298

    8.3.2   Konfliktdimensionen 309

    8.3.3   Meinungsäusserungen zu *Stuttgart 21* 321

    8.3.4   Akteursbewertungen 324

    8.3.5   Journalistische Darstellungsformen 331

8.4   Vollständigkeit 334

8.5   Transparenz der Primärquellen (Ausgangspartner) 338

8.6   Trennung von Nachricht und Kommentar 341

9   Kernbefunde und Grenzen beider Teilstudien 351

10   Zusammenfassung und Fazit 359

Abbildungen 366

Tabellen 367

Literatur 368

Anhang

Der Anhang kann auf www.uvk.de eingesehen werden, wenn der Buchtitel dort aufgerufen wird.

A	Tabellen zu den Ergebnissen	417
B	Erhebungsinstrumente	419
	B.1 Codebuch der Themenfrequenzanalyse	419
	B.2 Codebuch der Argumentationsanalyse zu *Stuttgart 21*	434

Vorwort

Bei der vorliegenden Arbeit handelt es sich um die überarbeitete Fassung meiner Dissertation, die im Frühjahr 2014 von der Wirtschafts- und Sozialwissenschaftlichen Fakultät der Universität Fribourg (Schweiz) angenommen worden ist. Nach der mündlichen Verteidigung blieb sie – auch aufgrund beruflicher Veränderungen – zuerst einmal beharrlich auf meinem Schreibtisch liegen. Was innerlich bereits abgeschlossen ist, nimmt man eben nicht als Erstes wieder zur Hand. So verstrich einige Zeit bis zur vorliegenden Buchpublikation. Obschon punktuell aktualisiert, gibt die Arbeit mehrheitlich den Forschungsstand bis anfangs 2014 wieder. Darauf sei insbesondere verwiesen, weil sie mit dem ‚Bürgerjournalismus' im Web ein äusserst dynamisches Phänomen zum Gegenstand hat. Einschlägige Studien erscheinen in schneller Abfolge und im selben Takt, wie sich neue Plattformen und Webanwendungen verbreiten. An den Mechanismen der darüber vermittelten Kommunikation hat sich in den letzten zwei bis drei Jahren freilich nicht Grundlegendes verändert.

Obwohl man eine Dissertation alleine schreibt, wirken daran (in)direkt sehr viele Menschen mit. Ihnen möchte ich meinen Dank aussprechen: Isabelle für die stetige Unterstützung, das Interesse und die Geduld, wenn ich mich wieder einmal zu undenklichen Zeiten an den Schreibtisch zurückziehen musste. Unsere unvergessliche Heirat fiel in die Zeit, in der auch diese Dissertation entstand. Meinen Eltern dafür, dass sie mich in allen Entscheidungen während meiner Ausbildung gestützt und beraten haben. Meiner Erstbetreuerin Philomen Schönhagen gebührt ein besonderer Dank in fachlicher Hinsicht. Meine Assistenzzeit bei ihr war lehrreich und die Betreuung vorbildlich, auch was die mir zur Verfügung gestellte Zeit für die Dissertation betrifft. Dem wissenschaftlichen Nachwuchs sind mehr solche Vorgesetzten zu wünschen. Meinem Zweitgutachter Klaus Beck danke ich für sein Interesse an der Arbeit und sein konstruktives Feedback. Mit Constanze, Silke und Dhiraj hatte ich gesprächsfreudige, kritische und unternehmungslustige Weggefährten während meiner Assistenzzeit, die ich nicht missen möchte.

Aarau, im Oktober 2016   Stefan Bosshart

„Eine funktionale Betrachtungsweise des Journalismus mahnt [...] dort zur Langsamkeit, wo in wenig reflektierter Reaktion auf den (vermeintlich rasanten) Wandel der Medien- und Verbreitungstechnik immer neue ‚trendige' Journalismen vom publizistischen Fliessband fallen" (Görke 2000: 443).

I Einleitung und Problemstellung

Mit fortschreitender Digitalisierung hat sich in den letzten Jahren im Internet ein Kommunikationsraum erschlossen, in dem sich die Rollen zwischen Kommunikatoren, Vermittlern und Rezipienten zusehends aufzulösen scheinen. Öffentliche Kommunikation ist längst keine Domäne mehr, die weitgehend von professionellen Akteuren aus Journalismus, Werbung und Öffentlichkeitsarbeit besetzt ist – im Gegenteil, ein grosser Teil der im Netz auffindbaren Inhalte und Kommunikate stammt von ‚Laien' – und dieser Begriff ist hier nicht pejorativ gemeint, sondern bringt lediglich zum Ausdruck, dass die entsprechenden Inhalte nicht das Produkt einer beruflichen Tätigkeit bzw. im Rahmen einer solchen entstanden sind. Für die Journalismusforschung, die sich bislang nahezu ausschliesslich mit professionellen Journalisten, deren Arbeit und Produkten beschäftigt hat, stellt dies eine Herausforderung dar, die es anzunehmen gilt. Drängender denn je stellt sich nämlich die Frage, wer im Netz überhaupt journalistische Leistungen erbringt. Sind es nach wie vor ausschliesslich die etablierten Massenmedien – Presse- und Rundfunkunternehmen mit ihren wichtigsten Produktionskräften, den professionell tätigen und redaktionell organisierten Journalisten? Oder sind es womöglich zunehmend auch ‚Bürgerjournalisten', die – z.B. als zufällige Zeugen eines Autounfalls oder Betroffene eines heftigen Unwetters – Ereignisse fotografisch via Smartphone festhalten, umgehend ins Netz stellen und die Öffentlichkeit darüber informieren? Oder interessierte Privatpersonen, die in ihrem Weblog die jüngsten politischen Ereignisse analysieren und kommentieren?

Es sind aber nicht nur der technische Medienwandel und die auf ein Minimum gesunkenen Publikationshürden im Internet, die ‚Bürgerjournalismus' mehr denn je als Konkurrenz für den professionellen Journalismus denkbar erscheinen lassen. Auch weil letzterer wirtschaftlich zunehmend schlechter

Einleitung

ausgestattet ist – Stichworte sind Unternehmensfusionen und drastischer Stellenabbau als Folge des Abflusses von Werbegeldern zu branchenfremden Akteuren und schwindender Reichweiten v.a. unter dem jüngeren Publikum – muss ‚Bürgerjournalismus' zumindest theoretisch als eine Alternative in Betracht kommen, wie die Öffentlichkeit künftig ausreichend über das Zeitgeschehen orientiert werden könnte, sollten die Finanzierungsgrundlagen des professionellen Journalismus einmal nicht mehr vorhanden sein.

Die übergeordnete Fragestellung, worauf die vorliegende Arbeit eine Antwort zu geben versucht, lautet in diesem Zusammenhang, ob bestimmte von Laien erstellte Webangebote im Sinne eines eigenständigen ‚Bürgerjournalismus' dieselben Leistungen für die Gesellschaft zu erbringen vermögen wie der professionell ausgeübte, redaktionell organisierte Journalismus, diesen also konkurrieren und längerfristig gar substituieren könnten.[1] In letzter Zeit wurde die Frage, ob im Internet *funktionale Äquivalente* zum professionell-redaktionellen Journalismus entstehen, in der Fachliteratur mehrfach aufgeworfen (vgl. Neuberger 2008a: 27; Neuberger/Quandt 2010: 70ff.; Schönhagen/Kopp 2007: 297), empirisch auf breiter Basis beantwortet ist sie bislang allerdings noch nicht. Mit Klaus Schönbach (2008) ist festzuhalten, dass wir „insgesamt erstaunlich wenig über die tatsächlichen Konsequenzen des Bürgerjournalismus für die Versorgung der Bevölkerung mit Nachrichten über öffentliche Angelegenheiten [wissen]" (Schönbach 2008: 505).

Zu den in dieser Hinsicht gut erforschten Webanwendungen gehören Weblogs (vgl. u.a. Cenite et al. 2009; Neuberger et al. 2007; Papacharissi 2007; Schmidt et al. 2009), einige einschlägige Befunde liegen zudem zu Microblogging-Diensten wie *Twitter* (vgl. Neuberger et al. 2010) und sogenannten Social News-Diensten vor (vgl. Goode 2009; Pew Project for Excellence in Journalism 2007; Rölver/Alpar 2008). Insgesamt kommt diese Forschung zum Schluss, dass die erwähnten Webanwendungen im Privatgebrauch eher eine komplementäre Funktion für ihre Nutzer erfüllen statt eine

---

[1] Eine *Analogie* besteht hier zur in der Gesichte der Medien immer wieder geäusserten Auffassung, neuere Medien würden ältere ersetzen (vgl. Löffelholz 1997: 272; Löffelholz/Quandt 2003: 26). Dabei ist allerdings alles andere als klar, was jeweils unter einem „Medium" zu verstehen ist. Teilweise sind damit lediglich einzelne technische Speichermedien oder Apparaturen gemeint, bei denen Substitutionseffekte auftreten: So wurde abgesehen vom nostalgischen Gebrauch aus Liebhaberei die Schallplatte fast gänzlich von der CD abgelöst (vgl. Löffelholz/Quandt 2003: 26), die ihrerseits angesichts digitaler Speicher- und Abspielmöglichkeiten ebenfalls bald der Vergangenheit angehören dürfte. Auch die Schreibmaschine hat im Laufe der Jahre dem PC Platz machen müssen (vgl. Dahl 1996: 76). Bei der hier erwähnten Fragestellung geht es aber, was den professionellen Journalismus betrifft, offensichtlich nicht um ein Medium im Sinne einer technischen Apparatur oder eines Datenträgers, sondern um nichts weniger als einen ganzen Funktionsbereich öffentlicher Kommunikation.

Einleitung

ernst zu nehmende Konkurrenz für den professionellen Journalismus darzustellen. Der Grossteil der Blogger – selbst wenn es schwierig ist, hier von einer homogenen Klasse zu sprechen – lässt sich bspw. nicht von ‚journalistischen' Motiven leiten bzw. erhebt kaum den Anspruch, Journalismus zu betreiben. Mehr oder weniger stark unterscheiden sich demnach auch die typischerweise in Weblogs behandelten Inhalte von journalistischen Angeboten (vgl. dazu Kap. 3.3.3).

Vor diesem Hintergrund erstaunt es, dass bislang noch kaum jene von Laien erstellten Angebote im Netz in den Blick genommen worden sind, die *explizit* – etwa aufgrund ihres Leitbildes, der Benutzerregeln, aber auch des Rollenselbstverständnisses der aktiven Nutzerschaft – einen journalistischen Anspruch erheben. Dazu gehören kollaborativ erstellte Nachrichtenplattformen wie *Wikinews*, das im empirischen Teil der vorliegenden Studie hinsichtlich seines journalistischen Potenzials näher untersucht wird. Dieses Unterfangen setzt zunächst einen essenziellen theoretischen Schritt voraus: Soll im Rahmen eines Forschungsüberblicks und schliesslich im empirischen Teil dieser Arbeit der Frage nachgegangen werden, inwiefern Laienangebote im Netz journalistische Leistungen erbringen, erscheint es unabdingbar, vorausgehend zu klären, was unter Journalismus überhaupt zu verstehen ist, d.h. welche Vermittlungs- und Orientierungsleistungen er erbringt und anhand welcher Merkmale er – gerade auch im Internet – identifiziert werden kann. Ein substanzieller Teil dieser Arbeit ist mithin der Journalismustheorie gewidmet.

Die Arbeit ist wie folgt aufgebaut: Im ersten Kapitel des theoretischen Teils (vgl. Kap. 2) wird das Fundament gelegt, um beurteilen zu können, ob Laienpublikationen im Internet Journalismus darstellen, indem dessen Funktion und Konstitutionsmerkmale bestimmt werden. Dafür wird aus unterschiedlichen Ansätzen der Journalismustheorie – namentlich systemtheoretischen Journalismuskonzepten (vgl. u.a. Blöbaum 1994; Görke 2000; Kohring 2000; Scholl/Weischenberg 1998), dem zeitungswissenschaftlichen Ansatz von Otto Groth (1928 u. 1960), der darauf aufbauenden Theorie der Sozialen Zeit-Kommunikation (vgl. u.a. Fürst et al. 2015; Schönhagen 2004; Schröter 1992; Wagner 1978a u. 1995) sowie der umfassenden Literatur zur Qualität im Journalismus (vgl. u.a. Arnold 2009; Bucher/Altmeppen 2003; Wyss 2002) – ein Katalog inhaltlich-funktionaler Kriterien hergeleitet, die es erlauben sollen, journalistische Medienangebote im Internet sowie in Presse, Radio und Fernsehen unabhängig von ihrem Verbreitungskanal und ihrer organisationalen Verfasstheit zu identifizieren. Der Fokus liegt dabei bewusst auf funktional-inhaltlichen und weniger formalen Merkmalen.

Einleitung

Im Zuge der theoretischen Auseinandersetzung mit Journalismus wird deutlich, dass es sich dabei um einen sehr voraussetzungsreichen Teilbereich öffentlicher Kommunikation handelt, der nicht mit dem blossen Veröffentlichen von Inhalten gleichgesetzt werden kann. Diese Arbeit plädiert deshalb für einen engen Journalismusbegriff und versucht den ‚Kern' journalistischer Medienangebote herauszuarbeiten – gerade auch, um wichtige Grenzen zu anderen Formen öffentlicher Kommunikation wie Public Relations und Werbung aufrecht zu erhalten und einer Begriffsverwässerung nicht Vorschub zu leisten. Infolgedessen wird der Begriff ‚Bürgerjournalismus' in dieser Arbeit konsequent in einfachen Anführungszeichen verwendet, weil nicht a priori unterstellt werden soll, dass es sich hier tatsächlich um Journalismus handelt. Entsprechend bezeichnete Angebote haben den empirischen Beweis dafür vorerst noch zu erbringen.[2]

Das näcshte Kapitel des theoretischen Teils führt an den ‚Bürgerjournalismus' als Untersuchungsgegenstand der Arbeit heran (vgl. Kap. 3). Zum einen wird hier wichtige Begriffsarbeit geleistet, indem der eigenständige ‚Bürgerjournalismus' von ähnlichen Konzepten wie dem ‚partizipativen Journalismus' und ‚public journalism' abgegrenzt und mittels einer Definition für die vorliegende Arbeit festgelegt wird (vgl. Kap. 3.1). Zum anderen werden kritisch die in der Literatur zu findenden Argumentationslinien diskutiert, weshalb sich im Internet überhaupt ein eigenständiger ‚Bürgerjournalismus' konstituieren könnte (vgl. Kap. 3.2).

Die bisherigen Teile der Arbeit werden anschliessend miteinander in Verbindung gebracht, indem anhand des Forschungsstands diskutiert wird, inwieweit Medienangebote von Laien die zuvor herausgearbeitete Funktion des Journalismus und dessen Konsitutionsmerkmale erfüllen (vgl. Kap. 3.3). Eingeleitet wird dieser Teil durch ein Kapitel zu den grundlegenden Beziehungsmustern zwischen öffentlicher Laienkommunikation und dem in Massenmedien institutionalisierten Journalismus (vgl. Kap. 3.3.1). Obschon sich das Erkenntnisinteresse dieser Arbeit insbesondere auf ‚bürgerjournalistische' Angebote im Internet richtet, kommen als funktionale Äquivalente zum Journalismus im Prinzip auch Medienangebote von Laien ausserhalb des

---

[2] Der Autor ist sich des Dilemmas bewusst, dass die Verwendung eines Begriffs, mag sie auch durch entsprechende Zeichensetzung relativiert werden, nicht gerade dazu beiträgt, dessen Etablierung entgegenzuwirken. Weil sich ‚Bürgerjournalismus' (bzw. englisch ‚citizen journalism') sowohl umgangssprachlich als vages Konzept als auch in der Fachliteratur als Begriff schon etabliert hat, wird hier daran festgehalten, obschon es sich bei den damit bezeichneten Phänomenen wohl in den wenigsten Fällen um Journalismus handelt. Allein *Google* weist auf einfache Anfrage für den deutschen Begriff etwas über 25'000, für den englischen gar über 400'000 Treffer aus (Stand: März 2016).

Netzes in Betracht. Deshalb wird im nächsten Schritt zuerst auf ‚ältere' Formen öffentlicher Laienkommunikation und ihr Verhältnis zum Journalismus und den Massenmedien eingegangen (vgl. Kap. 3.3.2). Sodann wird der Forschungsstand zu ‚journalismusnahen' Webangeboten von Laien dargestellt (unterschieden werden in erster Linie Weblogs, Microblogging-Dienste wie *Twitter*, Podcasts, Social News und Wikis), die umgangssprachlich, aber auch in der Fachliteratur mitunter als ‚Bürgerjournalismus' bzw. ‚citizen journalism' bezeichnet werden (vgl. Kap. 3.3.3).[3]

Im Rahmen dieses Forschungsüberblicks wird deutlich, dass im Netz am ehesten von Laienangeboten wie *Wikinews* journalistische Leistungen zu erwarten sind – einer vollständig von Laien betriebenen Nachrichtenplattform, die sich selbst als vollwertiges journalistisches Medienangebot versteht und an die eigenen Veröffentlichungen sehr hohe Qualitätsansprüche stellt. Die Forschungslücke, die bezüglich dieses weltweit in über dreissig Sprachversionen verfügbaren Nachrichtenwikis allerdings noch besteht, wird im empirischen Teil der vorliegenden Arbeit mit einem entsprechenden Forschungsprojekt geschlossen. Im Wesentlichen geht es hier darum zu überprüfen, inwiefern die im Theorieteil erarbeiteten Konstitutions- und Qualitätsmerkmale des Journalismus von der deutschsprachigen Version von *Wikinews* erfüllt werden (vgl. zu den einzelnen Forschungsfragen Kap. 4). Empirisch umgesetzt wird dies mittels zweier vergleichender quantitativer Inhaltsanalysen – einer Themenfrequenzanalyse zur Beschreibung der allgemeinen Themen-, Raum-, Zeit- und Relevanzstruktur der Plattform über ein Quartal hinweg (vgl. Kap. 5 und 6, zusammenfassend Kap. 9) sowie einer ereignisbezogenen Argumentationsanalyse zur ebenfalls dreimonatigen Berichterstattung über eine öffentliche Kontroverse von allgemeiner Bedeutung (Fallstudie zu *Stuttgart 21*) (vgl. Kap. 7 und 8, zusammenfassend Kap. 9). Eine Zusammenfassung der ganzen Arbeit resümiert die wichtigsten Erkenntnisse (vgl. Kap. 10).

---

[3] Natürlich bedienen sich auch professionell tätige Journalisten während ihrer Arbeit dieser Webanwendungen. Darüber hinaus werden sie im Rahmen der zunehmenden Publikumsbeteiligung im professionellen Journalismus vermehrt in die Online-Auftritte der Massenmedien integriert. Hier geht es aber ausschliesslich um deren privaten Gebrauch (vgl. zur Abgrenzung Kap. 3.1).

2 Leistungen des professionellen Journalismus

Bisher wurde Journalismus in empirischen Studien meistens über die Strukturmerkmale der ‚Profession' (Journalismus wird hauptberuflich von fest angestellten oder freien Journalisten ausgeübt) und ‚Redaktion' (Journalismus findet sich in Medienorganisationen bzw. ist in einer bestimmten Weise redaktionell organisiert) identifiziert (vgl. z.B. Bonfadelli et al. 2011: 13; Marr et al. 2001: 52ff.; Weischenberg et al. 1993: 24; Weischenberg et al. 2006b: 347; vgl. im Überblick Malik 2011: 261ff.). So bestimmen etwa Weischenberg et al. (2006b) die Grundgesamtheit von Journalisten in Deutschland über die Tätigkeit für einen journalistischen Medienbetrieb sowie das Kriterium der Hauptberuflichkeit.[4]

Allerdings erscheint es fraglich, ob es sich bei den Merkmalen ‚Profession' und ‚Redaktion' tatsächlich um notwendige Merkmale des Journalismus bzw. journalistischer Leistungen im Allgemeinen handelt (vgl. Neuberger 2003: 132 u. 2008a: 19). In einer funktionalen Betrachtungsweise ist Journalismus allein *sinnhaft* abzugrenzen, und nicht etwa anhand des Status der Akteure, die ihn erstellen, oder der in einer bestimmten Art und Weise verfassten Medien, über die er verbreitet wird (vgl. Görke/Kohring 1996: 17ff.; Kohring 2000: 153 u. 162; Kohring 2005: 275). Gerade die jüngeren Entwicklungen im Internet und die Tatsache, dass hier im Prinzip auch Laien mit selbst erstellten und dem Anspruch nach ‚journalistischen' Inhalten eine grössere Öffentlichkeit erreichen können, legen die Frage nahe, ob im Netz nicht *funktionale Äquivalente* im Sinne eines sogenannten ‚Bürgerjournalismus' auftauchen, welcher nicht zwingend professionell betrieben und redaktionell organisiert zu sein braucht (vgl. vgl. Neuberger 2008a: 27; Neuberger/Quandt 2010: 70ff.). Diese Vorstellung einer *Konkurrenz* zwischen dem

---

[4] Als journalistische Medienbetriebe gelten dabei *Organisationen*, deren Publikationen als redaktionell eigenständige Einheiten zu identifizieren sind, weder von Unternehmen, Parteien, Vereinen, Verbänden, Behörden o.Ä. herausgegeben werden und nicht ausschliesslich von ehrenamtlichen Mitarbeitern erstellt werden, regelmässig und mindestens sechs Mal im Jahr erscheinen und neben Fiktion, Musik, Spielen, Rätseln etc. auch einen eigenen redaktionellen Teil aufweisen (ebd.: 347). *Hauptberuflichkeit* wird als gegeben erachtet, „wenn ein Journalist mehr als die Hälfte seiner Einkünfte aus journalistischer Arbeit bezieht oder mehr als die Hälfte seiner Arbeitszeit für journalistische Medien tätig ist" (vgl. ebd.). Insgesamt erfolgt die Definition der Grundgesamtheit aller deutschen Journalisten über den ‚Umweg' der Identifikation aller journalistischen Medienbetriebe.

Leistungen des professionellen Journalismus

traditionellen Journalismus und quasi-journalistischen Laienpublikationen im Internet ist kommunikationswissenschaftlich von hoher Brisanz (vgl. Schönhagen/Kopp 2007). Von einer Konkurrenzsituation zwischen verschiedenen Medien bzw. Medienangeboten kann im Allgemeinen allerdings nur die Rede sein, wenn sie für Rezipienten und Gesamtgesellschaft substituierbare, d.h. gleichwertige Leistungen erbringen (vgl. Neuberger et al. 2007: 96). Aus diesem Grund ist zunächst theoretisch nach den *Leistungen* bzw. *Funktionen* des (professionellen) Journalismus zu fragen, um anschliessend und unter Berücksichtigung des bisherigen Forschungsstandes zu diskutieren, ob diese allenfalls auch vom sogenannten ‚Bürgerjournalismus' im Internet erbracht werden könnten.

In der Journalismustheorie operieren vor allem systemtheoretische Ansätze mit den Begriffen der ‚Leistung' und ‚Funktion', die dort zum festen theoretischen Inventar gehören. Im Gegensatz zu sogenannten handlungsorientierten oder sozialintegrativen Konzepten (vgl. dazu Löffelholz 2002: 44f. u. 47ff.) geht es der systemtheoretischen Journalismustheorie nicht um die Erklärung journalistischen Handelns (vgl. etwa Baum 1994; Bucher 2004) oder den Stellenwert und die Reproduktion redaktioneller Strukturen (vgl. z.B. Altmeppen 2000b; Wyss 2004), sondern hauptsächlich um die Funktion des Journalismus in der Gesellschaft.[5] Nicht dessen Innenwelt, d.h. wer ihn erbringt, wie er organisiert ist und über welche Abläufe er zustande kommt, ist primär von Interesse, sondern was er für andere gesellschaftliche Teile bzw. die Gesamtgesellschaft *leistet*.

Aus diesem Grund sollen für die theoretische Fundierung der Fragestellung dieser Arbeit – zumindest vorerst – *systemtheoretische Journalismuskonzepte* nicht ausser Acht gelassen werden (vgl. Kap. 2.1). Dabei wird sich allerdings schnell zeigen, dass sich Journalismus anhand der in systemtheoretischen Arbeiten bisher entwickelten Kriterien kaum befriedigend erfassen lässt. Explizit handlungstheoretische Ansätze (vgl. z.B. Baum 1994; Bucher 2004) setzen sich umgekehrt gar nicht mit der Funktion des Journalismus in der Gesellschaft auseinander. In der Folge wird versucht, unter Rückgriff auf die von Otto Groth bereits 1928 herausgearbeiteten *Wesensmerkmale der*

---

[5] Die häufig vorgenommene Unterscheidung in systemtheoretische und handlungstheoretische Journalismuskonzepte macht freilich nur Sinn, wenn sie sich auf die Argumentationslinie und das theoretische Erklärungsziel bezieht und weniger auf die empirische Umsetzung. Arbeiten wie diejenige von Scholl und Weischenberg (vgl. Scholl/Weischenberg 1998 u. Weischenberg et al. 2006a) argumentieren zwar weitgehend systemtheoretisch, greifen in ihrer empirischen Umsetzung mittels Befragung dann aber doch auf Akteure, d.h. einzelne Journalisten zurück, deren Handeln (z.B. Recherchetechniken) sie beschreiben. Daran zeigt sich exemplarisch die empirische Unzugänglichkeit der Systemtheorie (vgl. dazu weiter unten).

‚Zeitung' bzw. des ‚Journalistischen' (vgl. Kap. 2.2) und das Prinzip der Kommunikationsvermittlung, das insbesondere in der *Theorie der Sozialen Zeit-Kommunikation* (vgl. Fürst et al. 2015: 330f.; Schönhagen 2004: 109ff.; Wagner 1980: 4ff.) einen hohen Stellenwert einnimmt (vgl. Kap. 2.3), einen Katalog verschiedener Kriterien zur Identifikation journalistischer Medienangebote zu erarbeiten (vgl. Kap. 2.4). Zu diesem Zweck wird auch die umfassende Literatur zur *Qualität im Journalismus* mit berücksichtigt, in der sich teils dieselben Kriterien wiederfinden.

2.1 Systemtheoretische Journalismuskonzepte

Systemtheoretisch argumentierende Journalismuskonzepte rekurrieren in der Regel auf die funktional-strukturalistische Systemtheorie von Niklas Luhmann.[6] In seiner Theorie sozialer Systeme geht Luhmann von einer funktionalen Differenzierung der modernen Gesellschaft aus, in der sich im Hinblick auf die Lösung spezifischer Probleme verschiedene *Teilsysteme* (Funktionssysteme) wie Politik, Wirtschaft, Wissenschaft, Kunst, Recht oder Religion ausgebildet haben, welche eine je andere exklusive Funktion für die Gesamtgesellschaft erfüllen (vgl. Kohring 2004: 188; Weber 2010: 194).[7] Das Politiksystem bringt bspw. kollektiv bindende Entscheide hervor, das Wissenschaftssystem kognitiv überprüfte Erkenntnisse oder das Wirtschaftssystem Angebot und Nachfrage von Waren und Dienstleistungen zur Bedürfnisbefriedigung (vgl. als Übersicht Krallmann/Ziemann 2001: 340).

---

[6] Luhmann entwickelte diesen Ansatz in kritischer Auseinandersetzung mit der früheren *struktur-funktionalistischen* Systemtheorie von Talcott Parsons. Diese fokussiert das Innenleben eines Systems und fragt nach den Leistungen, die von seinen Teilen (Subsystemen) erbracht werden müssen, damit es in seinen Strukturen erhalten bleibt (vgl. Kunczik/Zipfel 2005: 68). Die Umwelt des Systems wird nicht in den Blick genommen (vgl. Burkart 2002: 460). Demgegenüber wird im funktional-strukturalistischen Ansatz „einerseits die Frage nach der Bestandserhaltung eines Systems durch jene nach seiner Funktion abgelöst, andererseits dominiert nun der Funktionsbegriff den der Struktur" (Krallmann/Ziemann 2001: 312).

[7] Gesellschaftliche Funktionssysteme sind in der funktional-strukturalistischen Systemtheorie freilich nicht die einzigen Systeme, aber für die Sozialwissenschaften die interessantesten. Insgesamt unterscheidet Luhmann vier Systemtypen: Maschinen, biologische Systeme (= Organismen), psychische Systeme (= Bewusstseine) und soziale Systeme. Letztere lassen sich wiederum in einfache Interaktionssysteme (z.B. ein Gespräch auf der Strasse), Organisationssysteme (z.B. eine Zeitungsredaktion) und die erwähnten gesellschaftlichen Funktionssysteme (Politik, Wirtschaft, Wissenschaft, Kunst, Recht, Religion etc.) unterteilen. Die Gesamtgesellschaft ist das umfassendste soziale System (vgl. Kohring 2004: 187; Weber 2010: 193). Die Systemtheorie unterscheidet begrifflich zwischen Funktionen und Leistungen: Während Teilsysteme eine jeweils spezifische *Funktion* für die Gesamtgesellschaft erbringen, erfüllen sie bestimmte *Leistungen* für andere Teilsysteme (vgl. Donges et al. 2005: 115).

Leistungen des professionellen Journalismus

Während im Strukturfunktionalismus Parsons' die Strukturen eines Systems die Voraussetzung bilden, damit es überhaupt eine spezifische Funktion erbringen kann, ist die Argumentation im Äquivalenzfunktionalismus Luhmanns umgekehrt: Bestimmte gesellschaftliche Probleme werden von sozialen Systemen gelöst, indem diese spezifische Funktionen erbringen. Auf welche Art und Weise sie dies tun und welche Strukturen sie dafür ausbilden, ist nicht einmalig durch ihre jeweilige Funktion festgelegt (vgl. Jarren/Donges 2006: 45). Am Anfang stehen also gesellschaftliche Probleme, deren Lösung spezifische Funktionen voraussetzt, welche von verschiedenen sozialen Systemen erbracht werden. Ihre Struktur bilden diese Systeme sekundär, und sie können sie verändern (vgl. Rühl 1969b: 192f.).[8] Funktionen sind in dieser Betrachtungsweise ein „Set möglicher Lösungen für bestimmte Probleme, die untereinander austauschbar sind und daher jeweils auch unterschiedlich ausfallen können" (Jarren/Donges 2006: 44).[9] Fasst man Journalismus in diesem Sinn als soziales System auf, das zur Lösung eines bestimmten gesellschaftlichen Problems zwar über eine bestimmte Funktion, aber prinzipiell über variable Strukturmerkmale verfügt, muss man mithin auch mit der Möglichkeit eines funktional äquivalenten sogenannten ‚Bürgerjournalismus' rechnen, der nicht zwingend über die Strukturmerkmale der ‚Profession' und ‚Redaktion' verfügt, anhand deren Journalismus traditionellerweise identifiziert wird.

Obschon soziale Systeme in systemtheoretischer Betrachtung also nicht über fixe Strukturmerkmale verfügen, besitzen sie eine Identität, die sich aus der Differenz zu ihrer jeweiligen *Umwelt* ergibt (vgl. Weber 2010: 192). Zudem wird mittels eines *binären Codes* entschieden, was vom System als relevant gesetzt und verarbeitet werden kann und was nicht, d.h. „welche Operationen zum System gehören und welche Operationen in der Umwelt des Systems ablaufen" (Luhmann 1996: 36). Im Wissenschaftssystem werden bspw. alle Kommunikationen nach den Werten ‚wahr' und ‚nicht wahr', im Wirtschaftssystem nach den Werten ‚haben' und ‚nicht haben' codiert – alles, was sich dieser jeweils auf eine bestimmte Dimension (‚Wahrheit', ‚Geld')

---

[8] Nach Rühl „gibt es für Systeme stets alternative Möglichkeiten, wonach bestimmte Leistungen auch durch andere Strukturen erbracht werden können" (Rühl 1969b: 190). Und weiter heisst es, „dass der Bestand sozialer Systeme nicht nur durch ganz bestimmte und bestimmbare Leistungen gesichert werden kann, sondern dass sich Systeme durch andere funktional-äquivalente Leistungen durchaus zu erhalten vermögen" (ebd.: 193).
[9] In diesem Sinne definiert Luhmann eine Funktion „lediglich als abstrakten Gesichtspunkt, im Hinblick auf welchen mehrere Leistungen als funktional äquivalent erscheinen" (Luhmann 1964: 383).

fixierten Unterscheidung nicht fügt, gehört zur externen Umwelt des Systems (vgl. Weber 2010: 195).[10]

In Luhmanns Konzeption sind soziale Systeme *operationell geschlossen*, d.h. sie können von der Umwelt nicht direkt beeinflusst, sondern ggf. nur *irritiert* werden[11], sie sind weiter *selbstreferentiell*, d.h. ihre Elemente beziehen sich permanent auf andere Elemente des Systems, und sie sind *autopoietisch*, d.h. sie reproduzieren sich selbst (vgl. Krallmann/Ziemann 2001: 314f.; Weber 2010: 191). Eine Besonderheit – später auch als ein blinder Fleck der Systemtheorie kritisiert (vgl. Wendelin 2008: 351) – ist nun die Tatsache, dass soziale Systeme nach Luhmann weder aus Personen oder Menschen, noch aus Handlungen oder Entscheidungen bestehen, sondern einzig und allein aus *Kommunikationen*, an die weitere Kommunikationen anschliessen (vgl. Weber 2010: 195). Das Fehlen eines handelnden Subjekts macht die Systemtheorie Luhmannscher Prägung deshalb ungeeignet, Akteurs-Konstellationen im engeren Sinne zu untersuchen (vgl. ebd.: 194).

Was die theoretische Behandlung des Journalismus betrifft, wird die Systemtheorie vielfach als „Mainstream der Journalismusforschung" (Löffelholz et al. 2004: 181) verstanden, erstaunlicherweise trotz der Kritik, die dem Paradigma inzwischen im Fach auch entgegengebracht worden ist (vgl. z.B. Haller 2004a: 141ff.; Hohlfeld 2003: 102ff.; Kunczik/Zipfel 2005: 82 u. 84; Pöttker 2001: 61; Weber 2010: 200ff.; Wendelin 2008: 351 u. 353). Die Vorschläge zur systemtheoretischen Modellierung des Journalismus gehen dabei weit auseinander, sowohl hinsichtlich seiner Verortung – er wird teils als selbständiges soziales System, teils aber auch als ‚Leistungssystem' oder ‚Programm' eines anderen übergeordneten Systems (wie z.B. der Massenmedien, der Publizistik oder der Öffentlichkeit) verstanden – als auch der Bestimmung seiner Primärfunktion für die Gesellschaft sowie seiner Leitdifferenz (binärer Code).

Luhmann selbst ist von einem „System der Massenmedien" (Luhmann 1996: 36 u. 49) ausgegangen, welches er in die drei ‚Programmbereiche' Nachrichten und Berichte, Werbung und Unterhaltung unterteilt (vgl. ebd.:

---

[10] Nach Luhmann ist die Differenz von System und Umwelt (externe Grenze) somit nicht gleichzusetzen mit dem binären Code (interne Grenze), der die systemeigene Operationsweise spezifiziert: „Der Code ist also eine Zwei-Seiten-Form, eine Unterscheidung, deren Innenseite voraussetzt, dass es eine Aussenseite gibt. Aber *dieses* Innen-/Aussenverhältnis der Form des Code ist nicht zu verwechseln mit der *Differenz von System und Umwelt*. Und die *interne* Grenze des Code, die den Negativwert vom Positivwert trennt, ist nicht zu verwechseln mit der *externen* Grenze, die das System gegen seine Umwelt differenziert" (Luhmann 1996: 35f.; Hervorh. i.O.).
[11] Soziale Systeme sind infolge operationeller Schliessung nicht völlig abgekapselt von ihrer Umwelt, doch werden Inputs von aussen aufgrund der Systemrationalität, d.h. des eigenen Codes in systemeigene Elemente umgewandelt (vgl. Weber 2010: 191).

51). Die Operationsweise der Massenmedien (binärer Code) führt er auf die Unterscheidung von ‚Information' und ‚Nicht-Information' zurück (vgl. ebd.: 36ff.). Dieser Vorschlag wurde später kritisch bis ablehnend aufgenommen, weil damit die drei genannten und offensichtlich unterschiedlichen Kommunikationsbereiche (Informationsjournalismus, Werbung, Unterhaltung) über dieselbe Leitdifferenz identifiziert werden. So ist die Motivation für die Veröffentlichung und rezipientenseitige Wahrnehmung von Werbeanzeigen wohl eine andere als bspw. von politischer Berichterstattung (vgl. Kohring 2004: 192). Auch ist das Konzept der Information als Leitcode grundsätzlich viel zu allgemein, denn Information ist Bestandteil jeglicher Kommunikation (vgl. Görke 1999: 259; Kohring 2004: 192), mithin auch jedes Systems, das theoriegemäss allein aus Kommunikationen besteht (vgl. Weber 2010: 195).

Weiter versteht Luhmann die Massenmedien als „Einrichtungen [...], die sich zur Verbreitung von Kommunikation *technischer Mittel der Vervielfältigung* bedienen" (Luhmann 1996: 10, Hervorhebung S. B.). Dazu gehörten etwa Bücher, Zeitschriften und Zeitungen im Gegensatz zu Theateraufführungen, Ausstellungen oder Konzerten (vgl. ebd.: 11). Entsprechend habe für die Ausdifferenzierung eines Systems der Massenmedien „die ausschlaggebende Errungenschaft in der Erfindung von Verbreitungstechnologien gelegen" (ebd.: 33). Die technologische Verbreitungsart wird somit zum Kriterium der Zugehörigkeit zum System der Massenmedien und mithin des Journalismus, der Werbung und Unterhaltung (vgl. Kohring 2004: 193). Gleichzeitig postuliert Luhmann jedoch in seiner Theorie sozialer Systeme, diese seien allein *sinnhaft* abzugrenzen (vgl. Luhmann 1971a: 11f.).[12] Die Funktion des sozialen Systems der ‚Massenmedien' sieht Luhmann schliesslich im „Dirigieren der Selbstbeobachtung des Gesellschaftssystems" (Luhmann 1996: 173), d.h. in der Selbstbeobachtung und Selbstbeschreibung der Gesellschaft (vgl. Weber 2010: 195). Das trifft wohl in erster Linie auf Journalismus zu, aber weniger auf die ebenfalls systemzugehörige Werbung und Unterhaltung (vgl. Scholl/Weischenberg 1998: 70). Die hier angesprochenen Inkonsistenzen mögen nicht zuletzt darin begründet liegen, dass es Luhmann bei der Ausarbeitung seiner Theorie sozialer Systeme nie primär um die Beschreibung der Massenmedien oder des Journalismus gegangen ist (vgl. Kohring 2004: 193).

---

[12] Scholl und Weischenberg (1998) konstatieren bezüglich dieses Punkts: „In der Tat ist es erstaunlich, dass ausgerechnet der Hauptvertreter und das Vorbild der Theorie sozialer Systeme die Grenzen des Systems technisch und nicht als (soziale) Sinngrenzen definiert" (Scholl/Weischenberg 1998: 70).

Die spezifisch systemtheoretische Journalismustheorie begann vielmehr bereits 1969 mit Manfred Rühls Publikation *Die Zeitungsredaktion als organisiertes soziales System*. Akteurszentrierte Ansätze wie die Gatekeeper-Forschung kritisierend, wandte sich Rühl „gegen die individualistische Tradition der deutschen Journalismusforschung" (Löffelholz 2004: 53) und entwarf eine Alternative, indem er die Redaktion als organisiertes soziales *Handlungssystem* konzipierte. Anders als die spätere Systemtheorie Luhmanns macht er also die Handlung – und nicht die Kommunikation – zum Letztelement seiner Betrachtung (vgl. Rühl 1969b: 195; Weber 2010: 197).[13] Dabei versteht Rühl journalistisches Handeln aber nicht als von der Individualität und publizistischen Begabung des einzelnen Journalisten abhängig, wie es etwa in der Phase des ‚schriftstellerischen Journalismus' räsonierender Gelehrter der Aufklärungszeit typischerweise der Fall war (vgl. Baumert 1928: 35ff.), sondern als in höchstem Mass von den formellen und informellen Regeln und Erwartungen des *redaktionellen Umfelds* bestimmt, in dem es abläuft (vgl. Rühl 1989: 260). In den Massenmedien industriell hochentwickelter Gesellschaften erfolge journalistisches Handeln „nicht nur durch einige Nachrichten sammelnde, redigierende und schreibende Redakteure, sondern [...] vielmehr als durchrationalisierter Produktionsprozess in einer nicht minder rationalisierten und differenzierten Organisation" (Rühl 1969a: 13).[14]

Die Primärfunktion eines solchen „organisatorischen Journalismus" (Rühl 1989: 253) bringt Rühl schliesslich auf die vielzitierte, aber auch kritisierte Formel der „Herstellung und Bereitstellung von Themen zur öffentlichen

---

[13] Im allgemeinen soziologischen und sprachwissenschaftlichen Verständnis ist jede Kommunikation immer auch eine Form des Handelns. Für die verbale Humankommunikation hat dies besonders die Sprechakttheorie herausgearbeitet (vgl. Austin 1962; Searle 1969). Umgekehrt stellt jedoch nicht jedes Handeln auch Kommunikation dar. Das zeigt sich etwa bei nicht zwingend partnerorientierten (interaktionalen) Handlungen wie bspw. ‚Blumen pflücken', ‚sich die Zähne putzen', ‚joggen' etc. Luhmann gebraucht in seiner Systemtheorie einen „Begriff von Kommunikation [...], der jede Bezugnahme auf Bewusstsein oder Leben [...] streng vermeidet" (Luhmann 2001: 96) und mit dem soziologischen Handlungsbegriff nicht kompatibel ist. Kommunikation kommt Luhmann zufolge durch eine dreiteilige Operation zustande, „nämlich Selektion einer *Information*, Selektion der *Mitteilung* dieser Information und selektives *Verstehen oder Missverstehen* dieser Mitteilung und ihrer Information" (ebd.: 97, Herv. i.O.). An dieser Konzeption irritiert, dass man die genannten Operationen (‚Mitteilung', ‚Verstehen') kaum anders denn als Handlungen eines mit Bewusstsein begabten Subjekts verstehen kann. Bei der Ausführung seines Kommunikationsbegriffs argumentiert Luhmann denn auch betont subjektbezogen (vgl. S. 97ff.).

[14] An anderer Stelle hält Rühl fest: „Die Person als Paradigma ist ein viel zu komplexer und viel zu unelastischer Begriff, um als Bezugseinheit für Journalismus dienen zu können. Dafür wird der Begriff des Sozialsystems vorgeschlagen, der es zulässt, zwischen Journalismus und seinen Umwelten zu unterscheiden" (Rühl 1980: 436).

Leistungen des professionellen Journalismus

Kommunikation" (Rühl 1980: 323). Wie Scholl und Weischenberg (1998) richtig feststellen, ist diese Funktionsumschreibung aber viel zu allgemein und kaum operabel, darüber hinaus lässt sich ein solchermassen bestimmter Journalismus kaum von (professioneller) Öffentlichkeitsarbeit abgrenzen, bei der es auch immer um das Setzen öffentlich wahrnehmbarer Themen geht (vgl. Scholl/Weischenberg 1998: 74), wenngleich dafür andere Interessen handlungsleitend sind (s. dazu weiter unten).

Derselbe Kritikpunkt lässt sich auch dem über zwanzig Jahre später vorgelegten systemtheoretischen Konzept Marcinkowskis (1993) entgegenbringen. Marcinkowski versteht Journalismus als Subsystem – und zwar einziges – des übergeordneten Funktionssystems ‚Publizistik', das sich über den binären Code ‚veröffentlicht' vs. ‚nicht veröffentlicht' (bzw. Publizität/Nicht-Publizität) laufend selbst reproduziere (vgl. Marcinkowski 1993: 65). Da Journalismus nach derselben Leitdifferenz wie das Muttersystem operieren muss, lässt er sich so allerdings kaum von anderen Formen der Veröffentlichung abgrenzen. Denn folgt man Marcinkowskis Vorschlag, fallen unter das Muttersystem der Publizistik sowohl nicht-periodische Medien wie Bücher und Filme als auch Öffentlichkeitsarbeit, sofern diese mit organisationseigenen Medien an die Öffentlichkeit gelangt (vgl. Scholl/Weischenberg 1998: 65). Im Zeitalter des Internets müsste man die Web-Präsenz eines Unternehmens genauso dazu zählen wie ein privat betriebenes Weblog, womit jemand seine letzte Urlaubsreise öffentlich mit Fotos dokumentiert. Das ‚Veröffentlichen' an sich hat also höchst unterschiedliche Ursachen und Zwecke, weshalb es nicht einsichtig erscheint, es zum Leitcode eines sinnhaft abzugrenzenden sozialen Systems zu erheben. Die Funktion der Publizistik sieht Marcinkowski schliesslich in der Selbst- und Fremdbeobachtung gesellschaftlicher Teilsysteme: „Alle Funktionssysteme der Gesellschaft beobachten sich selbst und andere Beobachter in ihrer Umwelt im Spiegel publizistischer Selbstbeobachtungskommunikation" (Marcinkowski 1993: 148). Die Nähe zur Funktion, wie sie Luhmann seinem System der ‚Massenmedien' zuschreibt, ist hier unverkennbar (s. dazu weiter oben).

Kurz nach Marcinkowski veröffentlicht Bernd Blöbaum (1994) seine Dissertation *Journalismus als soziales System*. Blöbaum ist bisher der einzige Autor, der dem Journalismus den Status eines eigenen Funktionssystems zuspricht. Statt unterhalb des Journalismussystems weitere Leistungssysteme auszumachen, unterscheidet er lediglich ‚Leistungsrollen' (Journalisten) und ‚Publikumsrollen' (Rezipienten) (vgl. Blöbaum 1994: 289). Die Mediennutzung interpretiert er als aktiven Entscheid des Publikums zur Teilnahme am journalistischen System, denn „in der Publikumsrolle kann der Rezipient entscheiden, ob er sich in das System einschaltet oder nicht" (Blöbaum 1994: 291). Wenn Journalisten und Publikum demselben System zugeordnet werden, verwischt allerdings die analytische Trennung zwischen Aussagenproduktion und -rezeption (vgl. Scholl/Weischenberg 1998: 72).

Als binären Code der Operationen im System ‚Journalismus' identifiziert Blöbaum die Unterscheidung zwischen Information und Nicht-Information (vgl. Blöbaum 1994: 273), also jene Leitdifferenz, die Luhmann in seinem Konzept dem System ‚Massenmedien' zuordnet. Folglich lässt sich dagegen dieselbe Kritik vorbringen: Information ist ein viel zu unspezifisches Konzept, als dass es die eindeutige Identifizierung der Kommunikationen eines bestimmten Systems erlauben würde, da jedes System Informationen verarbeitet (vgl. Kohring 2004: 192; Scholl/Weischenberg 1998: 73).

Als Primärfunktion des Journalismus erachtet Blöbaum schliesslich die „aktuelle Selektion und Vermittlung von Informationen zur öffentlichen Kommunikation" (Blöbaum 1994: 261). Die Vermittlung sei dabei abzugrenzen von blosser Übermittlung, denn Ereignisse würden „ausgewählt, verdichtet und in einen Kontext gesetzt" (ebd.: 267). Diese spezifischen Vermittlungsleistungen hätten sich im Zeitverlauf langsam aus der blossen Übermittlung von Ereignissen herausgebildet: „In der Entstehungsphase von Journalismus werden Begebenheiten zuerst so übermittelt, wie sie die Druckereien erreichen. Eine Bearbeitung findet kaum statt. Erst als sich im Zuge der gesellschaftlichen Entwicklung die Kommunikation verdichtet und der beobachtbare Ereignisraum grösser wird, erst als mit dem Entstehen der bürgerlichen Gesellschaft die Informationsbedürfnisse eines bürgerlichen Publikums wachsen, entsteht ein Kontext, der Vermittlungsleistungen notwendig macht. Informationen müssen ausgewählt werden angesichts der begrenzten Ressourcen von Zeit und Raum. Diese Selektion markiert den Übergang von Übermittlung zur Vermittlung" (ebd.). Als Auswahl aus prinzipiell unendlich vielen Kommunikationen ist die ‚Selektion' Blöbaum zufolge „gewissermassen die Kernoperation des journalistischen Systems" (ebd.).

Was die Vermittlungsaspekte der Selektion, aber auch der Bearbeitung betrifft, so stimmt das der vorliegenden Arbeit zugrunde liegende Journalismusverständnis mit der von Blöbaum vertretenen Auffassung zu einem guten Teil überein. So werden in Kap. 2.3.2 die redaktionellen Vermittlungsleistungen des Journalismus sinngemäss in *Selektions-* und *Konzentrationsleistungen* aufgeteilt, also ebenfalls in die Operationen des Auswählens und Bearbeitens. Doch reduziert man die Funktion des Journalismus wie von Blöbaum vorgeschlagen auf die „aktuelle Selektion und Vermittlung von Informationen zur öffentlichen Kommunikation" (ebd.: 261), bleiben erhebliche Abgrenzungsprobleme gegenüber Public Relations bzw. Öffentlichkeit bestehen, die ebenfalls Informationen bzw. Themen selektieren und vermitteln – oft sogar mit erstaunlichem Erfolg. Auch diese Funktionsumschreibung bleibt also unbefriedigend.

In späteren Ansätzen bestimmen Görke (1999, 2000 u. 2004) und Kohring (1997, 2004, 2005 u. 2006) das massgebende System wiederum anders. Beide gehen von einem übergeordneten Funktionssystem ‚Öffentlichkeit' aus, als dessen wichtigstes ‚Leistungssystem' sie den Journalismus identifizieren.[15] Gemäss Kohring sei mit der funktionalen Differenzierung der Gesellschaft zwar eine Effizienzsteigerung verbunden, doch erhöhe sich dadurch auch die Inkompatibilität der verschiedenen Teilsysteme untereinander (vgl. Kohring 2004: 196). Zwischen ihnen entstünden so komplexe gegenseitige Abhängigkeits- und Beeinflussungsverhältnisse (vgl. ebd.). Hier ist etwa an das vielschichtige Beziehungsgeflecht zwischen Politik und Wirtschaft oder zwischen Politik und Medien zu denken. In einer komplexen Welt sei jedes System genötigt, „sich Erwartungen über seine Umwelt auszubilden, auf deren Grundlagen es sein spezifisches Handeln planen kann" (ebd.). Dazu bedürfe es einer ständigen Umweltbeobachtung der anderen Teilsysteme. Da ein einzelnes System überfordert sei, diese Aufgabe selbst zu übernehmen, habe sich ein eigenes Funktionssystem der ‚Öffentlichkeit' herausgebildet, dessen Funktion in der „Generierung und Kommunikation von Beobachtungen über die Interdependenz, d.h. die wechselseitigen Abhängigkeits- und Ergänzungsverhältnisse einer funktional ausdifferenzierten Gesellschaft" (Kohring 1997: 248) bestehe. Journalismus sei nicht das einzige, aber das wichtigste Leistungssystem der Öffentlichkeit (vgl. Kohring 2004: 196). Den binären Leitcode, nach welchem Öffentlichkeit und mithin Journalismus operieren, sieht Kohring in der Unterscheidung zwischen ‚mehrsystemzugehörig' und ‚nicht-mehrsystemzugehörig' (vgl. ebd.: 165 u. 2006: 168f.). Öffentlichkeit und Journalismus kommunizieren demzufolge „stets über Ereignisse, die *über den Bereich hinaus*, in dem sie passiert sind, Bedeutung erlangen *könnten*. Über ein Ereignis wird also nicht schon deshalb berichtet oder erzählt, weil es in *einem* System stattfindet, sondern weil es in mindestens einem *zusätzlichen* System, idealerweise (aus journalistischer Sicht) in möglichst vielen Resonanz auslösen, also Erwartungshaltungen verändern könnte" (Kohring 2006: 169). Ereignisse wie das Kruzifix-Urteil des deut-

---

[15] Als *Leistungssysteme* werden Teile eines übergeordneten sozialen Systems verstanden, die über einen besonders hohen Organisationsgrad verfügen. Dazu Görke (2000): „Jedes Funktionssystem muss, um seine Funktion erfüllen zu können, weitere systeminterne Strukturierungen vornehmen. Aus diesem Grund kommt es beinahe zwangsläufig zur Ausdifferenzierung von organisierten Leistungsrollen (Leistungssystemen)" (Görke 2000: 73).

schen Bundesverfassungsgerichts von 1995, worin das obligatorische Aufhängen von Kruzifixen, wie es etwa die Bayerische Volksschulordnung vorgesehen hatte, für verfassungswidrig erklärt wurde, tangierten bspw. nicht nur das Rechtssystem, sondern auch das Religionssystem und das politische System und seien insofern für den Journalismus besonders interessant (vgl. zu diesem Beispiel Kohring 2005: 269).

Unterhalb des Leitcodes spezifiziert Kohring zudem Regeln bzw. ‚Programme', welche die Zuordnung von Mehrsystemzughörigkeit zu bestimmten Beobachtungen ermöglichen sollen. Zum einen sei dies *Relevanz*, da im Journalismus generell Ereignisse bevorzugt würden, „die etablierten Umwelterwartungen eines Kommunikationssystems zuwiderlaufen", zum anderen *Neuigkeit*, „da bevorzugt Neuigkeiten zur Änderung von Umwelterwartungen führen" (Kohring 2006: 173). Der Wert einer Beobachtung für den Journalismus bemisst sich nach Kohring insgesamt „an ihrer Potenz, in möglichst *vielen* Kommunikationssystemen als Ereignis behandelt werden zu können oder/und in *einem* System möglichst hoch bewertete und strukturell fest verankerte Umwelterwartungen zu irritieren" (Kohring 2006: 173; Hervorh. S.B.). Hier greifen also mindestens zwei verschiedene Dimensionen ineinander: Mehrsystemzugehörigkeit (Vielfalt) einerseits und Relevanz – und somit indirekt Neuigkeit – andererseits, womit sich natürlich auch die Frage nach deren Priorisierung stellt: Werden im Journalismus eher solche Themen bevorzugt, die in einem einzelnen oder in wenigen Systemen hoch relevant sind, oder eher jene, die zwar in zahlreichen Systemen anschlussfähig, jeweils aber nur wenig relevant sind? Zudem setzt die Entscheidung, ‚Mehrsystemzugehörigkeit' zum generalisierten Kommunikationsmedium bzw. Leitcode für den Journalismus zu erheben, vorgängig eine analytische Unterscheidung sozialer Systeme (wie Politik, Wissenschaft, Kultur, Religion etc.) voraus, deren Anzahl theoretisch unterschiedlich ausfallen kann. Davon muss dann allerdings auch jedes Urteil über die ‚Mehrsystemzugehörigkeit' der vom Journalismus beobachteten Ereignisse abhängen.

Auch Görke fasst den Journalismus als Leistungssystem der Öffentlichkeit auf. Er beschreibt ihn als „autonome[n] Beobachter von Weltgeschehen" (Görke 2002: 73) und „Metronom der Weltgesellschaft" (ebd.: 74), der vor allem eine *Synchronisationsfunktion* für die Gesamtgesellschaft erfülle (vgl. ebd.). Als Leitcode dient Görke dementsprechend die Unterscheidung zwischen ‚aktuell' und ‚nicht aktuell' in temporalem Sinn (vgl. ebd.). Offen bleibt bei beiden Ansätzen, welches denn noch weitere mögliche Leistungssysteme der Öffentlichkeit sind und worin sich diese unterscheiden.[16]

In Anlehnung an Kohring (1997, 2004, 2005 u. 2006) führt Wyss (2011) in einem neueren systemtheoretisch orientierten Beitrag den Begriff der ‚Mehrsystemrelevanz' als Leitdifferenz des Journalismus ein. Journalismus kommuniziert demnach „dann, wenn ein Kommunikationsangebot aus der Perspektive von mehr als einem gesellschaftlichen Funktionssystem als relevant erscheint und in mehreren Systemen zugleich Resonanz bzw. Anschlusskommunikation erzeugt" (Wyss 2011: 34). Inhaltlich geht Wyss insofern über Kohrings Ansatz hinaus, als er aus der Leitdifferenz der ‚Mehrsystemrelevanz' „qualitative Standards für die Leistungsfähigkeit des Journalismus und insbesondere von Qualitätsmedien" ableitet (ebd.: 36). Von den hierzu angeführten Qualitätsstandards lassen sich allerdings nur ‚Relevanz' und ‚Vielfalt' offensichtlich auf den gewählten Leitcode der ‚Mehrsystemrelevanz' zurückführen. ‚Unabhängigkeit' bzw. ‚Autonomie' (vgl. ebd.) stellt indessen ein generelles Merkmal sozialer Systeme dar und im Falle der weiter genannten Kriterien wie ‚Faktizität' bzw. ‚Richtigkeit', ‚Glaubwürdigkeit' sowie ‚Transparenz' (vgl. ebd.: 37) erscheint eine direkte Herleitung aus der postulierten Leitdifferenz kaum möglich zu sein.

Schliesslich sei noch auf das systemtheoretisch fundierte Journalismusverständnis von Weischenberg und Scholl verwiesen. Wie Blöbaum fassen beide Autoren den Journalismus als eigenständiges soziales System – und nicht etwa als Leistungssystem der Öffentlichkeit (vgl. Görke und Kohring) bzw. der Publizistik (vgl. Marcinkowski) oder als Programmbereich der Massenmedien (vgl. Luhmann) – auf (vgl. Scholl/Weischenberg 1998: 16; Weischenberg et al. 2006b: 346). Und wie Görke und Kohring identifizieren sie *Aktualität* als Leitdifferenz des Journalismus, allerdings unterteilen sie diese in eine *zeitliche* (im Sinne von Neuigkeit), eine *sachliche* (im Sinne einer

---

[16] Görke stellt zwar ‚Unterhaltung' als zweites Leistungssystem neben den Journalismus, doch vermag der Vorschlag nicht zu überzeugen. Demzufolge gewönnen beide Leistungssysteme der Öffentlichkeit ihre Identität durch den Code ±Aktualität. Während jene Kommunikation, die primär durch den Präferenzwert (+aktuell) dirigiert werde, in den Zuständigkeitsbereich des Journalismus falle, bezeichne Unterhaltung jene Kommunikation, die sich über den Referenzwert (-aktuell) konstituiere (vgl. Görke 2000: 82). Der Referenzwert sei dabei nicht gleichzusetzen mit Veraltetem, sondern „eher mit dem Horizont aller Möglichkeiten, die im Moment der Beobachtung zwar prinzipiell gegeben, aber (noch) nicht ausgewählt wurden" (ebd.: 83). Abgesehen davon, dass diese Gleichsetzung von Unterhaltung mit ‚nicht-aktueller' Kommunikation erklärungsbedürftig bleibt, schliesst die Dichotomisierung von Journalismus und Unterhaltung aus, dass Journalismus bzw. journalistische Inhalte gleichzeitig unterhaltend sein können. Der Vorschlag ist also mit sämtlichen Bemühungen nicht kompatibel, Unterhaltung als Rezeptionsphänomen zu erklären (vgl. z.B. Früh/Wünsch 2007: 37ff.).

Orientierung an Faktizität im Gegensatz zur Potenzialität bzw. zum Entwurf möglicher Wirklichkeitsentwürfe) sowie eine *soziale* (im Sinne von Relevanz für ein grösstmögliches Publikum) Dimension (vgl. Scholl/Weischenberg 1998: 75). Journalistische Inhalte sind demnach an Neuigkeitswert, Faktizität und Relevanz gebunden (vgl. ebd.: 78).[17] Mit dieser Merkmalstrias geben die Autoren aber offensichtlich auch den ursprünglichen Anspruch der funktional-strukturalistischen Systemtheorie auf, die Leitdifferenz von sozialen Systemen mittels *eines* binären Codes zu bestimmen.

Die Primärfunktion des Journalismus sehen Scholl und Weischenberg darin, „aktuelle [d.h. eben neue, faktische und relevante, Anmerkung S. B.] Themen aus den diversen Systemen (der Umwelt) zu sammeln, auszuwählen, zu bearbeiten und dann diesen sozialen Systemen (der Umwelt) als Medienangebote zur Verfügung zu stellen" (ebd.).[18] Einerseits stellt sich hier aber die Frage, was denn ein ‚Thema' genau ist. Soll damit ein einzelnes Ereignis gemeint sein, worüber in Tageszeitungen berichtet wird, bspw. die Entlassung von 270 Angestellten durch einen Konzern infolge der Schliessung eines Werkstandorts? Oder gilt vielmehr erst die gedankliche Zusammenfassung mehrerer ähnlicher Ereignisse zu einem Bedeutungskomplex als Thema (vgl. z.B. Fretwurst 2008: 9 u. 109; Rössler 2005: 122f.), im gegebenen Beispiel also etwa die Zunahme der Arbeitslosigkeit seit Jahresbeginn? Meistens sind es ohnehin, zumal der Journalismus auf Quellen angewiesen ist, die Äusserungen gesellschaftlicher Akteure im Sinne von Stellungnahmen, Begründungen, Ankündigungen, Prognosen etc., worauf Journalisten zurückgreifen und die sie vermitteln (im obigen Beispiel z.B.: Auskünfte des Firmensprechers des betreffenden Konzerns, Stellungnahme der Arbeitervertretung der Belegschaft des von der Schliessung bedrohten Werks etc.). Handelt es sich bei solchen vom Journalismus typischerweise vermittelten Kommunikaten also auch um ‚Themen'?[19] Die Definitionen von Scholl und Weischen-

---

[17] Dieser (und weiterer) Kriterien wird sich auch das weiter unten erläuterte, dieser Arbeit zugrunde liegende Journalismusverständnis bedienen.

[18] Entsprechend lautet eine spätere Umschreibung, wonach die Funktion des Journalismus darin bestehe, „Themen für die öffentliche Kommunikation zur Verfügung zu stellen, die neu und relevant sind und die auf Tatsachen(erfahrungen) basieren" (Weischenberg et al. 2006b: 346).

[19] Dass der Journalismus im hier dargelegten Sinn hauptsächlich *Kommunikationsvermittlung* betreibt, lässt sich übrigens am Beispiel beliebiger Nachrichten und Berichte zeigen. Dabei werden in einem einzelnen Nachrichtentext bzw. Bericht häufig auch sich widersprechende Stimmen bzw. verschiedene Ansichten wiedergegeben. Im Beispiel der Massenentlassung von Arbeitnehmern durch einen Konzern würde z.B. nicht nur die Aussage des Firmensprechers wiedergegeben, sondern auch die Sicht eines Gewerkschaftsvertreters und/oder die Stellungnahme eines Behördenmitglieds der Gemeinde oder Stadt, deren Bürger am meisten von der Schliessung betroffen sind. Die Konzernleitung würde wohl in der Folge eines ersten Medienberichts auch nicht untätig bleiben, sondern auf die dort gemachten Äusserungen und Vorwürfe der

Leistungen des professionellen Journalismus

berg lassen diese Fragen unbeantwortet. Die Tatsache, dass im Journalismus ganz wesentlich die Äusserungen Dritter wiedergegeben bzw. vermittelt werden und dass aus der Abfolge solcher aufeinander bezogener Äusserungen über die Zeit hinweg ein öffentlich wahrnehmbarer Dialog entsteht, darf jedoch bei der Bestimmung journalistischer Leistungen nicht ignoriert werden (vgl. dazu auch Kap. 3.3). Andererseits enthält die obige Funktionsbeschreibung von Scholl und Weischenberg keine explizite Abgrenzung des Journalismus von Public Relations, die zweifellos wichtig wäre. Allerdings sprechen die Autoren diesen Punkt, wenn auch nicht in aller Deutlichkeit, etwas später noch an. So ermögliche der Journalismus insgesamt „die Selbstbeobachtung der Gesellschaft [...], indem er Systeme in seiner Umwelt *fremdbeobachtet*" (Scholl/Weischenberg 1998.: 77, Hervorhebung S. B.). Entscheidend dabei sei nun „nicht die Tatsache, dass sich die Gesellschaft im Spiegel der Massenmedien selbst beobachtet, sondern die *Qualität* dieser Selbstbeobachtung" (ebd., Hervorhebung S. B.). Denn sie komme im Journalismus über die unabhängige Fremddarstellung gesellschaftlicher Teilsysteme zustande, während Öffentlichkeitsarbeit stets Selbstdarstellung betreibe und somit Partikularinteressen verfolge (vgl. ebd.).[20]

Damit ist ein (weiterer) wesentlicher Aspekt zumindest angedeutet, der das spezifische Funktionsprinzip des Journalismus kennzeichnet und deshalb bei der Bestimmung journalistischer Leistungen keinesfalls ausser Acht gelassen werden darf: Die *Unparteilichkeit* bzw. Neutralität journalistischer Aussagenvermittlung gegenüber den Einzelinteressen gesellschaftlicher Teile bzw. Akteursgruppen (vgl. Schönhagen 1999: 267f. u. 284f. sowie näher Kap. 2.3.2).[21] Auf denselben Punkt zielt übrigens auch Altmeppen (2000a) ab, wenn er die ursprünglich von Rühl geprägte und von Weischenberg und Scholl wieder aufgegriffene Funktionsbeschreibung des Journalismus dahingehend modifiziert, Journalismus als „*autonome* Herstellung und Bereitstellung von Themen zu öffentlichen Kommunikation" und umgekehrt Öffent-

---

Gegenseite – wiederum vermittelt über den Journalismus – eine Antwort folgen lassen (z.B. über die Planung von Sozialprogrammen für die Entlassenen), welche von anderen gesellschaftlichen Akteuren erneut als Anlass für eigene Stellungnahmen genommen werden, so dass im Medium ein eigentlicher Dialog über die Zeit hinweg entsteht, innerhalb dessen der Journalismus stets als Vermittlungsinstanz fungiert (vgl. Wagner 1978a: 41; Schönhagen 1998: 263, insb. FN 127).
[20] Mit anderen Worten leistet der Journalismus die *Selbstbeobachtung* der Gesellschaft mittels seiner *Fremdbeobachtung* gesellschaftlicher Teile (vgl. ebd.).
[21] Dies offenbart sich übrigens auch in den Ergebnissen der letzten repräsentativen Befragung deutscher Journalisten aus dem Jahr 2005, wonach es die Journalisten als wichtigsten Bestandteil ihrer eigenen Arbeitsrolle ansehen, „das Publikum möglichst *neutral* und präzise zu informieren" (Weischenberg et al. 2006b: 356, Hervorhebung S. B.). Auch in der Vorgängerstudie von 1993 fand diese Selbstbeschreibung am meisten Zustimmung (vgl. Weischenberg et al. 1994: 161).

lichkeitsarbeit als „*interessengeleitete* Herstellung und Bereitstellung von Themen zur Anschlusskommunikation" (Altmeppen 2000a: 133; Hervorhebung S. B.) zu identifizieren. Nimmt man diese Unterscheidung hinzu, so scheint von den bisher diskutierten systemtheoretischen Funktionsbeschreibungen diejenige von Scholl und Weischenberg offenbar am fruchtbarsten zu sein, denn sie lässt sich, wenn auch noch nicht hinreichend, etwa über die genannten Kriterien der Neuigkeit, Faktizität und Relevanz am ehesten operationalisieren und für empirische Forschung nutzbar machen (vgl. auch Haller 2004a: 147).

Gesamthaft dürften die obigen Ausführungen gezeigt haben, dass systemtheoretische Journalismuskonzepte ihre Schwächen besitzen. Als ‚Supertheorie' kennzeichnet die Systemtheorie ein sehr hoher Abstraktionsgrad. Damit einher geht die Unmöglichkeit ihrer direkten empirischen Überprüfung (vgl. Hohlfeld 2003: 120; Scholl/Weischenberg 1998: 147).[22] So fruchtbar das funktional-strukturalistische Systemdenken für die Beschreibung sozialer Systeme sein mag, für die Journalismustheorie sind seine Grenzen kaum zu übersehen, wie es Neverla (1998) knapp auf den Punkt bringt: „das Fehlen eines handelnden Subjekts, die Empirieferne, das Defizit jeglicher normativer Ausrichtung" (Neverla 1998: 293, vgl. auch Wendelin 2008: 353). Vor allem der Ausschluss des Subjekts aus der theoretischen Betrachtung erweist sich als zu radikal, sind doch im Journalismus auf letzter Ebene immer Journalisten als handelnde Subjekte produktiv bzw. vermittelnd tätig (vgl. Hohlfeld 2003: 106; Neuberger 2004: 287). Gleichzeitig schliesst das keineswegs aus, Journalismus gesamthaft im Hinblick auf seine gesellschaftliche Funktion zu betrachten bzw. ihm eine solche zuzuweisen.

Ein weiterer Kritikpunkt an systemtheoretischer Journalismustheorie ist ihre meist fehlende historische Perspektive[23], welche die Leistungen des professionellen Journalismus entstehungsgeschichtlich zu erklären vermöchte (vgl. im Gegensatz dazu die in den nächsten Kapiteln vorgestellte Auffassung). Journalismus wird damit „aus seinem historisch gewachsenen Sinnzusammenhang herausgerissen" (Haller 2004a: 143). Da die Systemtheorie vor allem bestehende Verhältnisse beschreibt, kann ihr aus einem normativ-ontologischen sowie kritisch-dialektischen Theorieverständnis auch entgegenhalten werden, mit dem vorhandenen theoretischen Instrumentarium gesellschaftlichen Wandel nicht erklären zu können. Als affirmative, konserva-

---

[22] Wenn man empirische Falsifizierbarkeit als Anforderung an eine Theorie versteht, kann man durchaus zum Schluss kommen, wie ihn Kunczik und Zipfel in ihrer Darstellung der Systemtheorie ziehen: „Die [System-]Theorie widerspricht dem hier vertretenen Wissenschaftsverständnis, das davon ausgeht, dass Theorien prüfbar sein müssen" (vgl. Kunczik/Zipfel 2005: 84).
[23] Eine seltene Ausnahme ist hier die Studie von Blöbaum (1994).

tive Theorie rechtfertigt sie vielmehr den Ist-Zustand (vgl. Weber 2010: 201).[24] Theoretisch stellt sich auch die Frage, ob sich Journalismus gemäss der Logik funktional-strukturalistischer Systemtheorie überhaupt in einem strikt zweiwertigen Schema erfassen, d.h. über einen *binären Code* eindeutig festlegen lässt (vgl. Haller 2004a: 145). Angemessener erscheint es, journalistische Inhalte anhand *mehrerer* konstitutiver Merkmale bzw. Dimensionen zu identifizieren.[25]

Darüber hinaus lässt sich Journalismus strikt systemtheoretisch gedacht nicht nur mit Mühe von anderen Systemen wie Public Relations abgrenzen, sondern graduell auch keine Unterscheidung zwischen ‚besserem' und ‚schlechterem' Journalismus vornehmen, denn entweder werden Kommunikationen zum System gezählt oder nicht. Schliesslich leuchtet nicht ein, mit welcher Begründung Journalismus als operationell geschlossenes, autopoietisches System modelliert werden soll, vergegenwärtigt man sich den Kontext des umgebenden Mediensystems mit seinen ideologischen, politischen, rechtlichen und ökonomischen Rahmenbedingungen, in die der Journalismus eingebettet ist (vgl. Haller 2004a: 144).[26]

---

[24] Empirisch-analytisches, d.h. erfahrungswissenschaftliches Vorgehen und ein normativ-ontologisches oder kritisch-dialektisches Theorieverständnis schliessen sich nicht aus (vgl. Kromrey 1998: 58ff.). Die Sozialwissenschaften können sich nicht nur darauf beschränken, soziale Phänomene zu *beschreiben* und zu *erklären*, wie das die Naturwissenschaften bei natürlichen, meist invarianten Forschungsgegenständen tun, sondern sie können anschliessend die untersuchten Tatbestände auch einer kritischen Beurteilung unterziehen und den Ist- mit möglichen Soll-Zuständen vergleichen, wobei diese Bewertungen wiederum kritisierbar sein sollen, wie das empirische Vorgehen seinerseits intersubjektiv nachvollziehbar und kritisierbar sein soll. Die Möglichkeit zur Kritik an der sozialen ‚Wirklichkeit' ergibt sich in den Sozialwissenschaften aus der Tatsache, dass der Mensch als wollendes Subjekt diese ‚Wirklichkeit' selbst (mit)produziert oder verantwortet, geleitet von bestimmten Werten und Bedürfnissen (vgl. ebd. sowie Diekmann 2002: 64ff.; Essler 1971: 59f.). Aus diesem Grund kann man durchaus normative Vorstellungen von einem ‚guten' Journalismus haben. Darauf beruhen schliesslich alle empirischen Studien, die sich mit journalistischer Qualität im weitesten Sinne befassen und bei ihren Untersuchungsobjekten (z.B. Gratis-, Boulevardzeitungen) Mängel oder dysfunktionale Tendenzen feststellen.
[25] Hohlfeld (2003) merkt dazu kritisch an: „Jede Festlegung auf eine allein entscheidende Leitdifferenz, einen binären Code, ein symbolisch generalisiertes Kommunikationsmedium läuft schliesslich Gefahr, widerlegt zu werden, wenn sich nur ein winziges empirisches Beispiel finden lässt, das die Abgrenzung aufweicht. Schon eine einzige Ausnahme kann zur Quasi-Explosion der Sinngrenzen führen. Eine exakte, ausschliessliche Abgrenzung zu anderen gesellschaftlichen sinnhaften Kommunikationsbereichen ist jedoch angesichts der Komplexität moderner Gesellschaften wenn nicht unmöglich, dann doch zumindest kaum stringent handhabbar" (Hohlfeld 2003: 104).
[26] Die zahlreichen Einflussfaktoren, unter denen der Journalismus steht, bringt bspw. Siegfried Weischenbergs aus verschiedenen Schalen (Normen-, Struktur-, Funktions- und Rollenkontext) zusammengesetztes ‚Zwiebel-Modell' auf anschauliche Art zum Ausdruck (vgl. Weischenberg 1992: 68). In der soziologischen Theoriebildung ist Luhmanns strenge Annahme operationeller Geschlossenheit, wonach Systeme einzig nach systemeigenen Regeln operieren, denn auch nicht

Aus all diesen Gründen folgt diese Arbeit nicht einer im engeren Sinn systemtheoretischen Argumentation. Gleichwohl erscheinen bestimmte Kriterien, die v.a. von Scholl und Weischenberg in ihrem weiter oben erwähnten systemtheoretischen Ansatz herausgearbeitet wurden, als durchaus sinnvolle, wenn auch nicht hinreichende Merkmale zur Identifikation journalistischer Medienangebote. Dazu zählt zum einen *Faktizität*. Journalismus bezieht sich auf die intersubjektiv erfahrbare Ereignisrealität bzw. ‚Welt' und grenzt sich so von überwiegend fiktionalen Medienangeboten wie bspw. Spielfilmen, Romanen oder Werken der bildenden Kunst ab (vgl. Scholl 1997: 473ff.; Scholl/Weischenberg 1998: 75ff.; Weischenberg et al. 2006b: 346f.). Zum anderen nimmt sich Journalismus jener Ereignisse und Themen an, die Neuigkeitswert bzw. (zeitliche) *Aktualität* besitzen und grenzt sich so von nicht-aktueller Publizistik bzw. Literatur ab (vgl. ebd.). Schliesslich greift er nicht beliebige Ereignisse und Themen aus der Privat- oder Intimsphäre von Bürgern auf – bei Prominenten geschieht dies durchaus, insbesondere im Boulevardjournalismus und aufgrund eines erhöhten Interesses der Allgemeinheit[27] –, sondern er selektiert grösstenteils Geschehnisse und Zustände von öffentlicher Bedeutung bzw. gesellschaftlicher *Relevanz*, die dadurch gekennzeichnet sind, dass sie (potenziell) eine Vielzahl von Personen betreffen (vgl. ebd.).[28]

---

unumstritten geblieben. In Anlehnung an Parsons vertritt bspw. Münch (1984 u. 1991) die Auffassung, dass sich Teilsysteme der Gesellschaft immer mehr durchdringen (Interpenetration): „Der grösste Teil des politischen, wirtschaftlichen [...] Geschehens findet in den systemübergreifenden Prozessen der Kommunikation, Vernetzung, Aushandlung und Kompromissbildung statt. Unter diesen Bedingungen hat kein Subsystem weiterhin die Autonomie, nach eigenen Kriterien zu bestimmen, was innerhalb seiner Grenzen geschieht. [...] Die Theorie der funktionalen Systemdifferenzierung erweist sich deshalb in zunehmendem Mass als realitätsfremd [...]. Um den aktuellen Entwicklungstrends der Gesellschaft gerecht zu werden, brauchen wir eine Gesellschaftstheorie, welche die Interpenetration gesellschaftlicher Subsysteme und die intersystemische Kommunikation, Vernetzung, Aushandlung und Kompromissbildung in den Mittelpunkt stellt" (Münch 1991: 287f.).

[27] Die Nachrichtenwerttheorie erklärt das gesteigerte Selektionsinteresse an Meldungen über Prominente auf Seiten der Massenmedien mit dem Nachrichtenfaktor ‚Prominenz'.

[28] Dies lässt sich auch mit der Nachrichtenwerttheorie erklären: Der Nachrichtenfaktor ‚Reichweite' (auch als ‚Bedeutung' und ‚Betroffenheit' bezeichnet) bedeutet, dass Ereignisse und Themen umso eher zu Nachrichten werden, je mehr Menschen potenziell oder faktisch in ihrem Leben davon betroffen werden (vgl. Fretwurst 2008: 123 u. 323). Scholl und Weischenberg operationalisieren öffentliche Relevanz hingegen mit der (messbaren) „Reichweite der Medienprodukte" (Scholl 1997: 475, vgl. auch Scholl/Weischenberg 1998: 75). Diese Gleichsetzung ist problematisch, denn sie impliziert, dass aktuelle und auf Faktizität beruhende Medieninhalte allein schon aufgrund hoher Reichweite öffentlich relevant sind, was jedoch bei non-fiktionalen Unterhaltungsformaten (z.B. Talk- oder Quizshows etc.) nicht der Fall zu sein braucht. Aus diesem Grund wird in dieser Arbeit Relevanz nicht über die realisierte Reichweite, sondern im Sinne der Nachrichtenwerttheorie operationalisiert (vgl. dazu Kap. 4.3).

Über diese drei für den Journalismus charakteristischen Merkmale besteht ein breiter Konsens unter mehreren Autoren (vgl. z.B. Beck 2010a: 140; Haller 2004a: 135ff. u. 2004b: 81; Hohlfeld 2003: 123 u. 128; Meier 2007: 13; Wyss et al. 2005: 306).

Dass sich Journalismus dennoch nicht hinreichend über diese Merkmale identifizieren lässt, sollen die nächsten Kapitel 2.2 und 2.3 veranschaulichen. Schon angesprochen wurde das Prinzip der *Kommunikationsvermittlung*, dem Journalismus in weiten Teilen zu folgen scheint. Ebenfalls erwähnt wurde die *Unparteilichkeit* bzw. *Neutralität* solcher Vermittlung, die eine nicht einseitige bzw. partikulare Interessenverfolgung wie etwa der Public Relations erst garantiert. Die bisher vorgestellten systemtheoretischen Funktionsumschreibungen sprechen überdies nur implizit an, dass Journalismus grundsätzlich eine *Vielfalt* von Aussagen, Meinungen und Themen aus allen gesellschaftlichen Teilbereichen vermittelt, inhaltlich-thematisch und bezüglich der wiedergegebenen Akteure und Meinungen also universell orientiert ist.[29]

2.2 Die Wesensmerkmale der ‚Zeitung' und des Journalismus nach Otto Groth

Zeitungen lassen sich Otto Groth zufolge durch die Wesensmerkmale *Periodizität*, *Universalität*, *Aktualität* und *Publizität* charakterisieren. Diese vier Kriterien hatte der Zeitungswissenschaftler Groth, der durch seine jahrelange journalistische Tätigkeit bei der *Frankfurter Zeitung* einen sehr engen Bezug zur Praxis hatte[30], bereits in seinem zwischen 1928 und 1930 erschienenen enzyklopädischen Vierbänder *Die Zeitung: Ein System der Zeitungskunde (Journalistik)* als Kennzeichen journalistischer Medienangebote herausgearbeitet.[31] Drei Jahrzehnte später – dazwischen lag der Zweite Weltkrieg – stellte er sie nochmals in seinem monumentalen Hauptwerk, der siebenbändigen zeitungswissenschaftlichen Gesamtdarstellung *Die unerkannte Kulturmacht: Grundlegung der Zeitungswissenschaft (Periodik)* in grösserem Zu-

---

[29] Freilich resultiert aus einer ‚Fremdbeobachtung gesellschaftlicher Teilsysteme' mindestens auch eine gewisse thematische Vielfalt. Eher fraglich ist, wie sich die Realisierung von Meinungs-, Quellen- und Akteursvielfalt im Journalismus systemtheoretisch begründen lässt.
[30] Vgl. auch die biographische Notiz zu Groths Lebensstationen im Klappentext zu Groth 1998.
[31] Groth griff dazu seinerseits auf eine Reihe von Autoren und Zeitungspraktiker zurück, die diese und weitere Kriterien bereits diskutiert hatten, u.a. Brunhuber (1907), Jacobi (1902), Löbl (1903) (vgl. Groth 1928: 23f.).

sammenhang dar.³² In diesem Hauptwerk bemühte er sich um eine konsistente Bestimmung der Zeitungswissenschaft als eigener Disziplin, etwa in Abgrenzung zur Soziologie, Sozialpsychologie, Literaturwissenschaft und den Wirtschaftswissenschaften (vgl. Groth 1960: 50-54, 56, 62, 84).

Für Groth stand die ‚Zeitung' für mehr als bloss ein Presseerzeugnis, das mit Druckerschwärze und Papier hergestellt wird. Vielmehr sah er in ihr die idealtypische Erscheinung des Journalismus. Dementsprechend galt sein Interesse nicht vorübergehenden Einzelerscheinungen, sondern der ‚Zeitung' als dauerhaftem zeitungswissenschaftlichen Gegenstand: „Durch einen gemeinsamen Sinn und gemeinsame Merkmale sind alle einzelnen realen Zeitungen und Zeitschriften, so mannigfach sie sich in Form und Inhalt, Werden und Schicksal unter den Einwirkungen ihrer Produzenten und Konsumenten [...] gestalten, miteinander verbunden, haben sie ein gemeinsames ‚Wesen', unterstehen sie einer gemeinsamen ‚Idee'" (Groth 1960: 64). Unter dem ‚Wesen' versteht Groth in Anlehnung an Otto W. Haseloff den „Inbegriff jener Merkmale, die die Gemeinsamkeit und Eigenart einer Klasse von Objekten konstituieren" (ebd.). Er zieht dabei eine Parallele zur ‚Idee' bei Platon (vgl. ebd.) und zum ‚Idealtypus' bei Max Weber (vgl. ebd.: 78f.).³³

Die vier Wesensmerkmale Periodizität, Universalität, Aktualität und Publizität können sowohl in den Dimensionen *Form* und *Inhalt* als auch in den Dimensionen *Raum* und *Zeit* verortet werden: Bei Publizität (öffentliches Erscheinen) und Periodizität (regelmässiges Erscheinen) handelt es sich um Merkmale der *Form*, da sie primär die Erscheinungsweise der ‚Zeitung' betreffen. Bei Aktualität (Gegenwartsbezug) und Universalität (inhaltliche Vielfalt) handelt es sich demgegenüber um *inhaltliche* Dimensionen. Sie haben unmittelbar mit dem Stoff der ‚Zeitung', also mit den journalistischen Medieninhalten zu tun. Die vier Merkmale lassen sich aber auch anders gruppieren. Publizität und Universalität können als *Raumbegriffe* verstanden werden, da sie im weitesten Sinne mit Ausdehnung bzw. Abdeckung zu tun haben, während Periodizität und Aktualität *Zeitbegriffe* darstellen, da sie formal oder inhaltlich mit dem Faktor Zeit in Zusammenhang stehen.

---

³² Während Groth in seinem Frühwerk neben den vier genannten Kriterien auch noch die ‚mechanische Vervielfältigung' (vgl. Groth 1928: ff.) und die ‚Allgemeinheit des Interesses' (vgl. ebd.: 44ff.) als Definitionsmerkmale der ‚Zeitung' erachtete, nimmt er in der *Unerkannten Kulturmacht* (1960) Abstand von diesen. Die mechanische Vervielfältigung bzw. den Druck hält er für eine zeitbedingte, nicht notwendige Eigenschaft der ‚Zeitung', die Allgemeinheit des Interesses sieht er in der Universalität verwirklicht (vgl. Groth 1960: 322 u. 298).

³³ Weber war übrigens mit seinem Vorschlag für eine ‚Soziologie des Zeitungswesens' auf dem Ersten Deutschen Soziologentag von 1910 die Inspirationsquelle für Groths Dissertation *Die politische Presse Württembergs* (1915) (vgl. Langenbucher 1998: 152).

Zwischen den vier Wesensmerkmalen bestehen funktionale Zusammenhänge unterschiedlicher Art. So ist bspw. das regelmässige Erscheinen (Periodizität) eine Voraussetzung dafür, dass die ‚Zeitung' universell und aktuell sein kann. Erweitert sich das Universum der von der ‚Zeitung' abgedeckten Themen und Meinungen (Universalität), wird auch eine höhere Publizität (Abnehmerkreis, Erscheinungsgebiet) möglich. Die inhaltliche Universalität wird entscheidend durch den Fokus auf die Gegenwart (Aktualität) eingegrenzt. Auf diese hier äusserst knapp skizzierten Relationen soll jeweils bei den einzelnen Wesensmerkmalen noch näher eingegangen werden. Dabei sollen einerseits Bezüge zu jenem Teil der neueren Fachliteratur hergestellt werden, in dem diesen Kriterien ebenfalls ein hoher Stellenwert zukommt – dies ist insbesondere in der umfangreichen Literatur zur Qualität im Journalismus bzw. zur Programmqualität von Radio und Fernsehen der Fall. Wo es sich sachlich anbietet, soll andererseits auch diskutiert werden, inwiefern sich die Groth'schen Wesensmerkmale auf den Journalismus im Internet übertragen lassen.

Im Folgenden soll zuerst auf die vier Wesensmerkmale der ‚Zeitung' als Identifikationsmerkmale journalistischer Medienangebote eingegangen werden. Sie werden dabei in derselben Reihenfolge wie ursprünglich bei Groth (1960) diskutiert (vgl. Kap. 2.2.1 bis 2.2.5). In einem zweiten Schritt wird Groths spezifisches Verständnis vom Wesen und der Funktion der ‚Zeitung' erläutert (vgl. Kap. 2.2.6).[34] Das Prinzip der *Vermittlung*, das hier bereits als funktionaler Kern des Journalismus angelegt ist, wird in Kap. 2.3 weiter ausgeführt.

2.2.1 Periodizität

Als erstes Wesensmerkmal der ‚Zeitung' nennt Groth ihr wiederkehrendes Erscheinen, das er als Periodizität bezeichnet (vgl. Groth 1960: 106). Aufgrund dieses formalen Kriteriums unterscheidet sich die ‚Zeitung' von anderen, nicht-periodischen Publikationen wie etwa Büchern, Neuen Zeitungen oder Flugschriften (vgl. ebd.). Das der Periodizität inhärente Ideal ist Groth zufolge die „höchstmögliche Kürze der Perioden, die möglichst rasche Auf-

---

[34] Aufgrund Groths spezifischer und von der allgemeinsprachlichen Gewohnheit abweichender Begriffsverwendung wird im Folgenden die ‚Zeitung' in einfache Anführungszeichen gesetzt, wenn es um dieses weite Begriffsverständnis geht, hingegen wird der Begriff ohne solche verwendet, wenn damit ein bestimmtes Pressezeugnis (Tageszeitung, Wochenzeitung etc.) im engeren Sinn gemeint ist. Groth selbst verwendete den Begriff ohne Anführungszeichen, weshalb diese in wörtlichen Zitaten ebenfalls nicht gesetzt werden.

einanderfolge des Wiedererscheinens" (ebd.: 114). Periodizität bedeute hingegen nicht, dass die ‚Zeitung' in strenger Regelmässigkeit, in exakt gleichen Zeitintervallen erscheine: „Würden wir die Bedingung der strengen und unbedingten Gleichheit der Wiederkehr in die Begriffsbestimmung aufnehmen, so würden wir ein akzidentelles Moment zum Wesensmerkmal machen" (ebd.: 115). Damit richtet sich Groth etwa gegen das Bemühen einiger Zeitungsverlage seiner Zeit, ihre Blätter minutengenau beim Leser auszuliefern (vgl. ebd.: 114).

Die Periodizität im Sinne des wiederkehrenden Erscheinens ist bei der Presse, z.B. bei Tageszeitungen, die täglich neu am Kiosk aufliegen oder in die Briefkästen geliefert werden, besonders augenfällig. Auch Zeitschriften besitzen Periodizität, doch ist sie bei ihnen weniger ausgeprägt – sie erscheinen z.B. nur monatlich.[35] Periodizität ist auch ein Merkmal der Berichterstattung in anderen Mediengattungen, etwa der regelmässig und zur gleichen Zeit ausgestrahlten TV- oder Radionachrichten. Während bei traditionellen Massenmedien die Publikationszeitpunkte allerdings an fixe Perioden gebunden sind, ist dies im Internetjournalismus nicht mehr der Fall. Statt dass hier Nachrichten gebündelt als Teil einer von der Redaktion getroffenen Auswahl von Beiträgen (‚Ausgabe') in festen Zeitintervallen publiziert werden, können Online-Beiträge prinzipiell zu jeder Tageszeit veröffentlicht werden – zumindest während der Arbeitszeiten von Redaktionen. Grundsätzlich sind Internet-Redaktionen viel freier, den Publikationstermin von Beiträgen einzeln zu bestimmen. Nicht selten werden die Web-Auftritte von Nachrichtenmedien mehrmals täglich aktualisiert.

Groths Überlegungen erweisen sich hier als erstaunlich aktuell. Denn mit der Feststellung, journalistische Inhalte würden zwar wiederkehrend bzw. fortlaufend veröffentlicht, dies habe aber nicht in exakt gleichen Zeitabständen zu erfolgen, hat er im Grunde die Publikationspraxis im gegenwärtigen Internetjournalismus antizipiert. Die von der Vertriebslogik der Presse noch vorgegebene Bindung an starre Publikationszeitpunkte ist hier einer zeitlich variablen Aktualisierung des Internetauftritts gewichen. Insgesamt entscheidend dürfte aber sein – und dies entspricht der Auffassung Groths von Periodizität –, dass über die Websites von Massenmedien *regelmässig* bzw. *fortlaufend* neue Inhalte veröffentlicht werden. Insofern stellt Periodizität die *Kontinuität* der Berichterstattung sicher. Weniger wichtig sind hingegen

---

[35] Bei Zeitschriften sind die vier Wesensmerkmale generell weniger ausgeprägt, z.B. aufgrund einer spezifischen Themenorientierung (geringere Universalität) oder eines weniger ausgeprägten Gegenwartsbezugs (geringere Aktualität) oder beidem (vgl. Groth 1960: 405ff.). Groth bezeichnet die ‚Zeitschrift' daher auch als die *Begrenzte*, die ‚Zeitung' dagegen als die *Unbegrenzte* (vgl. ebd.: 396f.).

starre Zeitintervalle zwischen aufeinander folgenden Veröffentlichungen. Online-Medien haben demzufolge als periodisch zu gelten, wenn sie ihre Websites fortlaufend aktualisieren bzw. mit einer bestimmten Kontinuität neue Inhalte veröffentlichen. Messen lässt sich Periodizität dann daran, inwiefern Nachrichtenanbieter innerhalb bestimmter Perioden (z.B. Tage, Wochen) neue Beiträge veröffentlichen.

Die Bedeutung der Periodizität liegt Groth zufolge darin, „dass ohne sie die Idee der Zeitung, universell und aktuell zu sein, überhaupt nicht ausführbar wäre" (Groth 1960: 119). Denn allein dank ihres wiederkehrenden Erscheinens vermag die ‚Zeitung' „ihres universellen Stoffes Herr zu werden, das ununterbrochen fortlaufende aktuelle Geschehen festzuhalten" (ebd.). Die Regelmässigkeit von Veröffentlichungen ist mithin eine Voraussetzung deren Universalität und Aktualität, zwei weiteren Wesensmerkmalen der ‚Zeitung' (s. unten).[36] Dass die Periodizität ferner einen wesentlichen Einfluss auf die Produktionsbedingungen im Journalismus ausübt, entgeht Groth nicht. Sie beherrsche „den ganzen Aufbau der Unternehmung und ihres Produktionsapparates" (Groth 1960: 120), d.h. Aspekte wie den Zeitpunkt, die Intensität und Verteilung der Arbeitsleistungen oder die Zahl, Zusammensetzung und Inanspruchnahme von Maschinen (vgl. ebd.). Durch die Periodizität würden ferner die Aufmachung, der Stil, die Länge der Artikel sowie die Wahl des Stoffes bestimmt, werde sogar „die ganze Denk-, Betrachtungs-, Arbeits-, ja Lebensweise des Journalisten eigenartig geprägt" (ebd.). Groth hat diese Einflüsse noch weitgehend ohne Wertung beschrieben, aber seine Wortwahl lässt dennoch auf das Problembewusstsein schliessen, dass sich permanenter Publikationsdruck negativ auf die Qualität journalistischer Inhalte auswirken kann. Im Online-Journalismus wird dies besonders als Herausforderung angesehen, da hier im Vergleich zum traditionellen Journalismus unter erhöh-

---

[36] Theoretisch kann auch eine einmalige bzw. nicht-periodische Publikation aktuelle Informationen im Sinne einer Bezugnahme auf kurz zurückliegende Geschehnisse enthalten. Solche einmalige Aktualität bot etwa das Flugblatt (vgl. Beck 2006a: 13). Um den wiederkehrenden (periodischen), kontinuierlichen Gegenwartsbezug davon zu unterscheiden, könnte man hier auch von ‚Okkasionalität' sprechen (vgl. ebd.). Bei einem einzigen Publikationszeitpunkt ist allerdings das Universum von gerade Aktuellem bzw. Neuem viel kleiner als bei mehreren, gar regelmässigen Publikationszeitpunkten. Während die anhaltende Aktualität und Universalität von Publikationen stets deren Periodizität voraussetzen, ist das Umgekehrte nicht der Fall: Eine Publikation kann regelmässig erscheinen (Periodizität), ohne dass ihre Inhalte zeitlich aktuell oder thematisch universell sind. Das wäre etwa bei Special-Interest-Zeitschriften der Fall, die sich Themen der Vergangenheit widmen (z.B. *GEO Epoche*; *P.M. HISTORY* etc.) oder zwar mit der Zeit gehen, sich aber nicht am jüngsten Gegenwartsgeschehen orientieren (z.B. *Landlust*; *Schöner Wohnen* etc.).

tem Zeitdruck gearbeitet wird (vgl. Neuberger/Quandt 2010: 64; Schmitz Weiss/Higgins Joyce 2009: 598).

2.2.2 Universalität

Als zweites Wesensmerkmal der ‚Zeitung' identifiziert Groth ihre Universalität (vgl. Groth 1960: 121). Im Gegensatz zur Periodizität handelt sich dabei nicht um ein formales Merkmal, sondern um eine *inhaltliche* Dimension. Universalität meint die inhaltliche Vielfalt des Stoffs, den die Berichterstattung abdeckt: „Mit ihrer Universalität umspannt die Zeitung alle ‚Gebiete' der Natur, Gesellschaft und Kultur" (Groth 1960: 134). Was immer „die Aufmerksamkeit, das Interesse, die Teilnahme erregen [...] kann, ist damit in den möglichen Inhalt der Zeitung einbezogen: politische und wirtschaftliche, künstlerische und wissenschaftliche, sittliche und religiöse, öffentliche und private, unterhaltende und belehrende, theoretische und praktische Gegenstände, die Schönheiten und die Schrecklichkeiten der Natur, was dem Körper und was dem Geist des Menschen dient, all das ist Zeitungsstoff" (ebd.). Zu diesem Stoff gehören Groth zufolge „ausser den ‚Tatsachen' auch die Meinungen und Vorstellungen, Absichten und Zwecke, Ideen und Werte der ‚Anderen', der Individuen wie der Kollektiva" (ebd.: 126). Mit anderen Worten unterscheidet Groth bei der inhaltlichen Vielfalt mehrere Aspekte – sie bezieht sich nicht bloss auf Themen oder Gegenstände, worüber breit berichtet werden soll, sondern ebenso auf die als Quellen oder Berichterstattungsobjekte einbezogenen Akteure, deren Meinungen, Wertvorstellungen und Absichten. Je mehr unterschiedliche Themen und Akteure einschliesslich ihrer Meinungen die ‚Zeitung' aufnimmt, desto universeller ist sie.

In enger Verbindung mit der Universalität steht die Frage nach Ausgewogenheit, d.h. dem ‚richtigen' Verhältnis hinsichtlich der Vielfalt von Zeitungsinhalten. Von der Notwendigkeit einer inhaltlich ausgewogenen Berichterstattung ist Groth zwar überzeugt: „Das *ideale* Verhältnis wäre das der *quantitativen Gleichheit* der ‚Gegen-Stände' und der dargebotenen Zeitungsgüter" (Groth 1960: 135; Hervorh. i.O.). Skeptisch jedoch bezeichnet er gleichzeitig die Realisierung von Ausgewogenheit als „Ideal, an dem die Wirklichkeit [...] sehr beträchtliche Abstriche macht" (ebd.).[37]

---

[37] Aus der nur kurzen Passage zur Ausgewogenheit von Medieninhalten lässt sich übrigens herauslesen, dass Groth wohl eher eine ‚proportionale' Vielfalt vorschwebt, wenn er von einer quantitativen Gleichheit von ‚Gegenständen' und ihrer medialen Repräsentation spricht (vgl. zum Unterschied zwischen ‚proportionaler' und ‚gleichgewichtiger' Vielfalt weiter unten).

Die Universalität bzw. Vielfalt hat ferner ihre Grenzen: „So gewaltige Massen Stoff die Zeitung aus allen Bereichen natürlichen und geistigen Seins und Werdens täglich mit sich führt, einiges ist ihr von vornherein durch ihre Natur verschlossen" (Groth 1960: 138). Begrenzungen ergeben sich zum einen gegen ‚innen', zum anderen gegen ‚aussen'. Die innere Grenze zieht Groth bei der Intimsphäre des Menschen, seinem Gefühls- und Innenleben: „Die *Eigenwelt* muss der Zeitung heilig sein; hier hat ihre Universalität eine grundsätzlich unübersteigbare Schranke" (ebd.; Hervorh. i.O). Zur Eigenwelt gehöre „das innerste Erleben des Ich in Beziehung auf sich selbst" (ebd.), gehörten die Sehnsüchte, Wünsche, Gedanken und Erzeugnisse der Phantasie (vgl. ebd.). Die äussere Grenze, so Groth weiter, werde demgegenüber durch das für den Menschen Indifferente markiert. Innerhalb dieser Grenzen liege alles, „was irgendwie in den Gesichtskreis der Leser, in ihren Lebensbereich fällt, sie angeht, berührt, Beziehungen zu ihnen hat […]. Was aber ausserhalb dieses Umkreises ist, was den Lesern ‚fernliegt', das kann auch nicht in die Universalität der Zeitung einbezogen werden" (ebd.: 140). Mit dem ‚Fernliegenden' meint Groth also nicht eine physikalisch-räumliche Entfernung: „Eine Sonnen- oder Mondfinsternis, das Auftauchen eines Kometen sind [räumlich gesehen; Erg. S.B.] sehr ‚fernliegende' Ereignisse, aber beschäftigen viele, erregten in früher Zeit die Menschen ungeheuer" (ebd.: 141). Insgesamt schränkt Groth die Universalität also entscheidend durch das Kriterium der Relevanz ein.[38]

Schliesslich reduziert Groth die Bedeutung der Universalität nicht nur auf die Informations- und Orientierungsfunktion der ‚Zeitung', sondern schreibt ihr eine sozialintegrative Kraft zu. Dank der Universalität vermöge die ‚Zeitung' „den Menschen in seine Gesamtheiten einzugliedern und in ihnen zu erhalten" (Groth 1960: 168). Als „hervorragendes *sozifizierendes Instrument*" sei sie „die nie ruhende Gegenspielerin sozialer Verbindung gegen die Abschliessung der einzelnen, gegen die Atomisierung unserer Gesellschaft" (ebd., Hervorh. i.O.). Denn sie gebe uns „Kunde von den zahllosen Beziehungen, in denen wir bewusst oder unbewusst zu unseren Mitmenschen stehen, von den mancherlei Kreisen, denen ein jeder durch Geburt, Wahl oder Zwang angehört, von den sozialen Abhängigkeiten, denen wir mit und ohne unseren Willen unterworfen sind" (ebd.). Gerade in ihrer Universalität liege mithin die „gemeinschaftsbildende Wirkung" (ebd.) der ‚Zeitung' begründet. Dieser Befund entspricht offensichtlich der in der Literatur breit geteilten

---

[38] Mittels Relevanzüberlegungen relativiert Groth übrigens auch die Aktualität als weiteres Wesensmerkmal der ‚Zeitung'. Darauf wird an gegebener Stelle zurückzukommen sein (vgl. Kap. 2.2.3).

Auffassung, dass Massenmedien im Allgemeinen eine Integrationsfunktion besitzen, indem sie durch die Bereitstellung eines gemeinsamen Themenkanons und die Vermittlung von geteilten Normen und Werten den Zusammenhalt der Gesellschaft fördern (vgl. Vlasic 2004: 50ff. u. 79).[39]

In der neueren Fachliteratur ist statt von Universalität eher von *Vielfalt* die Rede, womit inhaltlich aber das Gleiche gemeint ist. Insbesondere in der Debatte um Programmqualität bzw. *Qualität im Journalismus* nimmt das Vielfaltsprinzip einen zentralen Stellenwert ein. Vielfalt gilt unbestrittenermassen als eines der wichtigsten Kriterien journalistischer Qualität.[40] Begründet wird ihre eminente Bedeutung im Mediensystem meistens mit demokratietheoretischen Überlegungen. Gemäss den seit der Aufklärung und dem Kampf um die Menschenrechte zentralen Grundwerten von Freiheit und Gleichheit soll jedermann in einer auch komplex strukturierten Gesellschaft die Möglichkeit haben, sich umfassend zu informieren, um am sozialen, politischen und ökonomischen Leben teilzunehmen (vgl. McQuail 1992: 63ff. u. 144ff.; Hermes 2006: 41; Schatz/Schulz 1992: 691). Da sich in der demokratischen Gesellschaft heterogene, häufig gegensätzliche Meinungen und Interessen gegenüberstehen, die prinzipiell gleichberechtigt sind und zwischen denen ein Ausgleich geschaffen werden muss, sollen – vermittelt über die Massenmedien – prinzipiell alle Themen, Akteure und Meinungen Zugang zur Öffentlichkeit erhalten (vgl. Rager/Weber 1992: 357).[41]

Auch aus Sicht des einzelnen Staatsbürgers stellt ein vielfältiges Medienangebot eine der Voraussetzungen für eine funktionierende Demokratie dar, „da die freie politische Meinungsbildung des Einzelnen entscheidend davon

---

[39] Mikrotheoretisch besteht auf der Ebene der Medienrezeption überdies eine Parallele zur Klasse von ‚integrativen Bedürfnissen' der Mediennutzung, die im Uses-and-Gratifications-Approach von anderen Bedürfnisarten (kognitiven, emotionalen etc.) unterschieden werden und in der Empathie und Identifikation, der Bestärkung von Werthaltungen und Vermittlung von Verhaltensmodellen ihren Ausdruck finden (vgl. Kunczik/Zipfel 2005: 345).
[40] Vgl. u.a. Arnold 2009: 168; Fahr 2001: 15ff.; Hagen 1995b: 125ff.; Hermes 2006: 41; Schatz/Schulz 1992: 693ff.; Schönhagen 1998: 272f.; Weiss 2002: 305; Wyss 2002: 123.
[41] Im Arenamodell der Öffentlichkeit ist hier von der *Transparenzfunktion* der Öffentlichkeit die Rede, die „offen sein [soll] für alle gesellschaftlichen Gruppen sowie für alle Themen und Meinungen von kollektiver Bedeutung" (Neidhardt 1994: 8). Auch im Verständnis diskursiver Öffentlichkeit, das entscheidend mit den Arbeiten von Jürgen Habermas verbunden ist, taucht das Vielfaltspostulat als Forderung nach einem freien und gleichberechtigten Zugang zur Öffentlichkeit sowie einer grundsätzlichen Problematisierbarkeit aller Fragen auf: „Die diskutablen Fragen werden ‚allgemein' nicht nur im Sinne ihrer Bedeutsamkeit, sondern auch der Zugänglichkeit: alle müssen dazugehören *können*" (Habermas 1990: 98; Hervorh. i.O.). Gleichzeitig geht das Diskursmodell aber über die Forderung nach einem vielfältigen Input hinaus, indem es der Öffentlichkeit die Fähigkeit zur Konsensfindung über den diskursiven Austausch von Argumenten attestiert (vgl. Neidhardt 1994: 9f.; Peters 1994: 47).

geprägt wird, in welchem Masse er Zugang zu den vielfältigen Interessen und Meinungen im demokratischen Diskurs hat" (Maurer 2005: 93).

Während das Vielfaltspostulat für Radio und Fernsehen und deren Internetangebote in der Rundfunkgesetzgebung verankert ist[42], existieren für die privatwirtschaftlich organisierte und am marktwirtschaftlichen Wettbewerb orientierte Presse keine entsprechenden Rechtsnormen (vgl. Wyss 2002: 124). Es erstaunt daher nicht, dass es sich bei einem namhaften Teil der empirischen Studien, die sich in irgendeiner Weise mit Vielfalt beschäftigen, um Auftragsarbeiten zur Überprüfung der Qualität von Rundfunkangeboten handelt. Zahlreich sind etwa die durch die Einführung des dualen Rundfunks Mitte der 1980er Jahren in Deutschland ausgelösten Studien zum Vergleich der Programmqualität von privatem und öffentlich-rechtlichem Fernsehen (vgl. u.a. Bruns/Marcinkowski 1997; Brosius/Zubayr 1996; Krüger 1985; Pfetsch 1996; Weiss/Trebbe 1994). Auf die Ergebnisse dieser Studien soll hier nicht näher eingegangen werden. Festzuhalten ist allerdings, dass sich im fachwissenschaftlichen Qualitätsdiskurs hinsichtlich des Vielfaltskriteriums einige Aspekte wieder finden, die mit Groths Überlegungen zur Universalität erstaunlich eng übereinstimmen.

Einigkeit besteht in der Literatur etwa darüber, dass Vielfalt ein mehrdimensionales Qualitätskriterium mit verschiedenen Bezugsebenen ist. Allein schon auf der *inhaltlichen* Ebene von Medienangeboten lassen sich verschiedene Vielfaltsaspekte verorten. So unterscheiden etwa Schatz und Schulz (1992) in ihrem vielbeachteten Vorschlag zur Messung der Qualität von Fernsehprogrammen grundsätzlich zwischen *Meinungs-* und *Informationsvielfalt*, wobei sie letztere weiter in die Vielfalt der Lebensbereiche, der geografischen Räume, der kulturellen bzw. ethnischen Gruppen, der Akteure sowie der Themen unterteilen (vgl. Schatz/Schulz 1992: 69). Während bei Schatz und Schulz nicht ganz klar ist, ob sich diese Aspekte ausschliesslich auf die *Objekte* der Berichterstattung beziehen, führen andere Autoren auch explizit die *Vielfalt der Quellen* an, die direkt oder indirekt zitiert in der Berichterstattung zu Wort kommen (vgl. Hagen 1995b: 126; Schönhagen 1998:

---

[42] Für die Schweiz vgl. etwa Art. 4 Abs. 4 des *Bundesgesetzes über Radio und Fernsehen* (RTVG) vom 24. März 2006; für Deutschland vgl. §11 Abs. 2 u. §25 Abs. 1 des *Rundfunkstaatsvertrags* (RStV) in seiner 13. Fassung vom 10. März 2010; für Österreich vgl. §1 Abs. 3 des *Bundesgesetzes über den Österreichischen Rundfunk* (ORF-Gesetz) vom 28. September 1984 sowie §41 Abs. 1 des *Gesetzes über Audiovisuelle Mediendienste (AMD-G)* vom 1. August 2001. Im Hinblick auf das Online-Engagement von Rundfunkanbietern bestehen national unterschiedliche Regelungen. Für das Internetangebot der Schweizerischen Radio- und Fernsehgesellschaft (SRG) gelten die Programmgrundsätze des Rundfunkrechts sinngemäss (vgl. Art. 12 Abs. 2 der *Konzession für die SRG SSR idée suissse* vom 28. November 2007).

272). Groths Verständnis von Universalität ist – wie weiter oben dargelegt worden ist – nicht minder umfassend.

In der neueren Literatur zur Qualität im Journalismus werden neben der inhaltlichen Ebene vor allem im Bezug auf TV- und Radioprogramme noch weitere Bezugsebenen der Vielfalt diskutiert. Die *strukturelle* Vielfalt bezieht sich etwa auf verschiedene Programmstrukturen bzw. -funktionen (z.B. Bildung, Information, Unterhaltung, Beratung), die im Falle von Radio und Fernsehen vom Gesetzgeber vorgeschrieben werden (vgl. Schatz/Schulz 1992: 693; Stark 2008: 199 u. 201). Wie weiter oben zu sehen war, hat auch Groth bei der Universalität den „belehrenden" genauso wie „unterhaltenden" Stoff im Auge. Selbst die Ratgeberfunktion spricht er an, wenn er „praktische Gegenstände" sowie alles, „was dem Körper und was dem Geist des Menschen dient" (Groth 1960.: 134), als legitimen Inhalt der ‚Zeitung' versteht. Anders als in der neueren Qualitätsliteratur finden sich bei Groth indessen kaum Hinweise auf *formale* Vielfalt, womit ein möglichst breites Spektrum von Präsentationsformen bzw. journalistischen Darstellungsformen sowie Gestaltungs- und Stilmitteln gemeint ist (vgl. Fahr 2001: 16 u. 2006: 304). Da Groth bei der Bestimmung der Wesensmerkmale der ‚Zeitung' nicht das ganze Mediensystem im Blick hatte, schliesst sein Universalitätsbegriff auch nicht die Unterscheidung zwischen *interner* (Binnenpluralismus) und *externer* Vielfalt (Aussenpluralismus) ein. Während sich erstere auf einen einzelnen Medienakteur (Zeitungsverlag, Rundfunkveranstalter) und sein Angebot bezieht, steht letztere für das Gesamtangebot einer bestimmten Mediengattung (Print, TV, Online) oder gar des Mediensystems eines ganzen Landes (vgl. Stark 2008: 201).

Die Realisierung interner Vielfalt ist weitaus anspruchsvoller, denn sie setzt voraus, dass jedes Einzelmedium das ganze politische Spektrum an Meinungen sowie eine möglichst hohe Themenvielfalt wiedergibt. Unter der Bedingung externer Vielfalt stellt sich Pluralität hingegen erst durch die Komplementarität aller Medien eines Mediensystems ein (vgl. Voltmer 1998: 41). Groths Ausführungen lassen eher darauf schliessen, dass er die Universalität als Eigenschaft eines jeden journalistischen Mediums, d.h. jedweder Realisation der ‚Zeitung' verstanden haben wollte. Für diesen Standpunkt wird in der Literatur meistens das Argument angeführt, Rezipienten würden regelmässig die gleiche Informationsquelle nutzen und nicht z.B. gleichzeitig mehrere verschiedene Zeitungen lesen (vgl. Rager/Weber 1992: 359). Diese Annahme ist allerdings kaum mit dem tatsächlichen Mediennutzungsverhalten der meisten Rezipienten vereinbar: So mag jemand zum Frühstück eine Tageszeitung mit einer bestimmten politischen Richtung lesen, auf der Fahrt zur Arbeit einen privaten Radiosender hören, tagsüber sporadisch Nachrichten aus dem Internet abrufen und sich am Abend die Nachrichten des öffentlich-rechtlichen Fernsehens ansehen (vgl. Voltmer 1998: 42).

Im Internet sind schliesslich neben die professionellen journalistischen Kanäle, die auch hier über hohe Reichweiten verfügen, zahlreiche andere, auch nicht professionelle Anbieter von Informationen und Unterhaltung getreten. Allerdings darf – und das gilt für die ganze Diskussion über Vielfalt – auch nicht grundsätzlich von der Vielfalt im Angebot automatisch auf die Vielfalt in der Nutzung geschlossen werden (vgl. Hermes 2006: 42; Stark 2008: 206ff.). Auch wenn z.B. ein TV-Sender ein strukturell vielfältiges Programm anbietet, mag es viele Zuschauer geben, die sich nur für bestimmte Serien oder Talk-Shows interessieren. Die Mediennutzung erfolgt also selektiv.

Eine Übereinstimmung der Überlegungen Groths zur Universalität mit der neueren Literatur zur Qualität im Journalismus kann indessen in der Relativierung des Vielfaltsprinzips gesehen werden. Hier spielen kognitive und ökonomische Gründe eine Rolle. Einerseits ist eine zu grosse Menge unterschiedlicher Informationen im Hinblick auf deren Verstehen und Behalten beim Rezipienten dysfunktional, da die menschliche Verarbeitungskapazität natürlichen Schranken unterliegt (Brosius/Berry 1990: 577; Ruhrmann 1989: 35 u. 90). Entsprechend ist Rager und Weber zufolge ein „Immer Mehr [...] spätestens dann nicht mehr sinnvoll, wenn die angebotenen Informationen nicht mehr verarbeitet werden können" (Rager/Weber 1992: 358). Gerade vor diesem Hintergrund ist die Aufgabe des Journalismus darin zu sehen, die Komplexität der Umwelt „auf Ausmasse zu reduzieren, die eine sinnvoll informierende Kommunikation erlauben, wobei dem Verstehensniveau und der Kapazität für Informationsverarbeitung der Öffentlichkeit Rechnung getragen wird" (Rühl 1992: 128). Andererseits werden der Vielfalt aber auch durch den Markt Grenzen gesetzt: Wenn bestimmte Informationen keine Abnehmer mehr finden, werden sie bald einmal nicht mehr gesammelt und verbreitet (vgl. Rager/Weber 1992: 358). Aus diesen Gründen erscheint es durchaus sinnvoll, wenn im Journalismus nicht nur ein vielfältiges Angebot an Meinungen und Themen vermittelt werden soll, sondern wenn letztere für den Leser auch *relevant* und *interessant* sein sollten (vgl. Arnold 2009: 170; Fahr 2001: 11 u. 17; Hagen 1995b: 54, 70ff. u. 125; Schatz/Schulz 1992: 696ff.; Wyss 2002: 131ff.). Diesen Zusammenhang zwischen Vielfalt bzw.

Universalität und Relevanz hat Groth ebenfalls gesehen, wie weiter oben bereits erwähnt worden ist.[43]

Im Zusammenhang mit dem Aspekt der Vielfalt wird in der Literatur zur Qualität im Journalismus schliesslich meistens das Kriterium der *Ausgewogenheit* behandelt. Während sich Vielfalt jedoch auf die *Anzahl* unterschiedlicher Elemente bzw. Einheiten bezieht, meint Ausgewogenheit ein als ‚gerecht' empfundenes *Verhältnis* zwischen ihnen (vgl. Hagen 1995b: 120 u. 124). Das deutsche Bundesverfassungsgericht hat Ausgewogenheit im Rahmen seiner Auslegung rundfunkrechtlicher Anforderungen als ‚gleichgewichtige Vielfalt' definiert (vgl. BVerfGE 73, S. 118 und BVerfGE 83, S. 238, beide zit. in Schatz/Schulz 1992: 693). Dahinter steht die Vorstellung, dass die verschiedenen politischen Kräfte in der Berichterstattung in gleichem Umfang zu Wort kommen sollen. Demgegenüber steht die Auffassung einer ‚proportionalen Vielfalt', wonach in der Berichterstattung die Verteilung der Einstellungen in der Bevölkerung wiedergeben werden soll (vgl. Rosengren 1979: 40). Damit vergleichbar ist die Forderung, politische Akteure und ihre Forderungen gemäss den Mehrheitsverhältnissen im Parlament bzw. der Stimmenstärke ihrer Partei abzubilden. Grossen Parteien stünde nach dieser Logik eine höhere Medienpräsenz zu als kleineren (vgl. Voltmer 1998: 40).[44] Auch Groth äussert sich am Rande seiner Ausführungen über die Universalität zur Ausgewogenheit (s.o.), wobei er eher die Auffassung einer proportionalen Vielfalt vertritt, die in der „*quantitativen Gleichheit* [d.h. Entsprechung, S.B.] der ‚Gegen-Stände' und der dargebotenen Zeitungsgüter" zum Ausdruck komme (Groth 1960: 135; Hervorh. i.O.).

2.2.3 Aktualität

Als drittes Konstituens der ‚Zeitung' führt Groth die Aktualität an (vgl. Groth 1960: 170ff.). Sie bezieht sich wie die Universalität auf die *Inhalte*, und nicht auf die Form der ‚Zeitung'. Aktualität bezeichnet nach Groth „die Eigen-

---

[43] Relevanz wurde bereits weiter oben im Zusammenhang systemtheoretischer Journalismuskonzepte angesprochen (vgl. Kap. 2.1) und wird im folgenden Kapitel zur Aktualität behandelt (vgl. Kap. 2.2.3).
[44] Gemäss Voltmer (1998) befestige das proportionale Vielfaltsprinzip eher bestehende Mehrheitsverhältnisse, während ein gleicher, für kleine Parteien also überproportional gewährter Zugang zur Medienöffentlichkeit tendenziell die Diskussion für neue Themen öffne und Minderheitenmeinungen Gehör verschaffe (vgl. Voltmer 1998: 40). Ähnlich argumentiert Hackett, demzufolge „news balance generally leads the media to reproduce the definitions of social reality which have achieved dominance in the electoral political arena" (Hacket 1984: 234, zit. in Hagen 1995b: 121).

schaft [...] der Zeitung, Aktuelles, also Gegenwärtiges, Jetziges, Zeitgemässes, Neues zu bieten" (Groth 1960: 171). Während sich die Periodizität als Formbegriff auf die zeitlichen Abstände bzw. Perioden zwischen den einzelnen, aufeinander folgenden Veröffentlichungen bezieht und somit keinen direkten Bezug zum Inhalt der ‚Zeitung' bzw. zum berichteten Geschehen aufweist, sondern ausschliesslich mit der *Erscheinungsweise* zu tun hat, stellt Aktualität den Bezug zu den Gegenständen der Berichterstattung, zu den *Medieninhalten* her. Beides sind jedoch Zeitbegriffe.

Aktualität kann ermittelt werden über „die Zeitspanne, die zwischen dem Zeitmoment der Vermittlung (Veröffentlichung) der Zeitung und dem Zeitmoment (Gegenwärtigkeit) des zu vermittelnden Seins oder Geschehens liegt" (Groth 1960: 173). In idealtypischer Übersteigerung, so Groth, würden diese beiden Zeitpunkte zusammenfallen, bestehe also Gleichzeitigkeit zwischen Geschehen und Berichterstattung, obschon dies in der Realität nicht zu erreichen sei. Realisierbar sei hingegen grösstmögliche *Gegenwartsnähe*: „Gleichzeitigkeit ist [...] der Grenzfall der Aktualität, ist der niemals voll erreichbare Idealtypus, Gegenwartsnähe der Realtypus der Aktualität" (ebd.).[45]

Aktualität hat bei Groth allerdings nicht nur eine *zeitliche* Bedeutung, sondern auch eine *soziale* Dimension im Sinne von Relevanz: „Aktuell ist für uns eine Nachricht, und mag sie auch Kunde vom allerjüngsten Geschehen geben und noch so neu für uns sein, nur dann, wenn sie in den Kreis unserer augenblicklichen Gesamtinteressen fällt. Sein und Geschehen in der Gegenwart [...] muss (sic) uns ‚angehen', soll es überhaupt den erregenden Reiz des Aktuellen auf uns ausüben. Das Fallen in die objektive Zeit des Jetzt

---

[45] Von der Aktualität im Sinne des Gegenwartsbezugs grenzt Groth übrigens die ‚Neuheit' ab, die man leicht mit Aktualität verwechseln könne. Neuheit ist kein objektiver Zeitbegriff, sondern bedeutet für ein Subjekt, etwas zu erfahren, was es bisher noch nicht gewusst hat. Ein geschichtliches Ereignis kann z.B. für jemanden neu sein, ohne dass es aktuell ist. Während Aktualität ‚objektiv' (chronometrisch) feststellbar ist, lässt sich ‚Neuheit' nur subjektiv bestimmen (vgl. Groth 1960: 171). Merten (1973) hingegen erachtet Neuheit (bei ihm: Neuigkeit) als Teilaspekt der Aktualität, die er – einem psychologischen Ansatz folgend – rezipientenseitig mit ‚Aufmerksamkeit' gleichsetzt und als Produkt aus dem Informationswert (Neuigkeit, Überraschung, Unerhörtheit) und der Relevanz für die Rezipienten versteht (vgl. Merten 1973: 219). Nach dieser Auffassung kann nur aktuell sein, was informativ (neu) *und* relevant ist: „Weder Relevanz allein, noch Überraschungswert allein reichen für die Konstituierung von Aktualität aus" (ebd.: 220). Die zeitliche Komponente (Gegenwartsnähe) spielt in Mertens Verständnis von Aktualität hingegen nur insofern eine Rolle, als der Informationswert von Ereignissen (Stimuli) u.a. von der Geschwindigkeit abhängt, mit der sie sich verändern (vgl. ebd.: 218).

genügt nicht" (Groth 1960: 189).[46] Die Relevanz dessen, was uns ‚angeht' bzw. uns ‚nicht fern liegt', wurde bereits weiter oben als qualifizierendes Merkmal inhaltlicher Universalität erörtert (s.o.). Dass Groth anhand dieses Kriteriums nun auch den Bedeutungsumfang von Aktualität spezifiziert, erscheint stimmig, wenn man sich vor Augen führt, in welches Verhältnis er Aktualität und Universalität zueinander setzt. Beide Kriterien hängen für ihn nämlich eng zusammen: „Logisch stehen die Begriffe Universalität und Aktualität zueinander im Verhältnis des Umfassenden zum Engeren, des Allgemeinen zu dem durch die Zeit Besonderen, des Ganzen zum Teil" (ebd.).

Mit anderen Worten wird die potenziell alle Themen, Akteure und Meinungen umfassende Universalität der ‚Zeitung' in zeitlicher Hinsicht entscheidend durch das Kriterium der Aktualität relativiert: Die ‚Zeitung' berichtet über jenen Ausschnitt aus dem Universum von möglichen Inhalten, der zeitlich aktuell, gegenwärtig ist, und nicht etwa über weit Zurückliegendes. Diese aus der Universalität und Aktualität gebildete Schnittmenge von Inhalten wird ferner in sozialer Hinsicht auf jenen Teil begrenzt, der ‚uns angeht' bzw. uns ‚nicht fern liegt', d.h. in den Augen der Rezipienten Relevanz besitzt bzw. von Interesse ist.[47] Abbildung 1 gibt den Zusammenhang zwischen Universalität, Aktualität und allgemeiner Relevanz schematisch wieder.

---

[46] In der Auffassung, dass Relevanz ein Faktor von Aktualität ist, stimmen Groth (1960) und Merten (1973) also überein. Für Groth zählt allerdings noch der Gegenwartsbezug dazu, für Merten die Neuigkeit.

[47] Groth benutzt somit neben den vier ausdrücklich genannten Kriterien der Periodizität, Universalität, Aktualität und Publizität (zu letzterem s.u.) noch ein weiteres Kriterium, das sich als Relevanz oder Publikumsinteresse bezeichnen lässt. Es ergibt sich eindeutig aus den Begrenzungen, die Groth sowohl bei der Universalität als auch bei der Aktualität diskutiert (vgl. Groth 1960: 138ff. u. 189). Groth ist das übrigens durchaus bewusst. Statt diese Dimension jedoch als weiteres ‚Wesensmerkmal' mit eigener Bezeichnung auszuweisen, begreift er sie als ‚subjektive' Seite von Universalität und Aktualität, d.h. als Teil dieser beiden (objektiven) Kriterien (vgl. Groth 1960: 298f.). In seinem enzyklopädischen Vierbänder *Die Zeitung* von 1928 hatte Groth dahingegen den ‚allgemein interessierenden Inhalt' im Sinne des für den Leser Relevanten und Interessanten noch als eigenes Definitionsmerkmal der ‚Zeitung' aufgefasst (vgl. Groth 1928: 22 u. 44ff.).

Leistungen des professionellen Journalismus

Abbildung 1: Verhältnis von Universalität, Aktualität und Relevanz

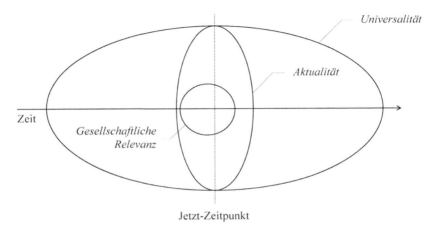

Abbildung 1 gibt das Beziehungsgeflecht zwischen den drei aufgeführten Merkmalen allerdings nur annähernd wieder, denn nicht immer erschöpft sich Relevantes und für den Rezipienten Interessantes im aktuellen Gegenwartsgeschehen (kleinster Kreis). So sieht Groth am Rande auch für den mehr oder minder zeitlosen, primär der *Unterhaltung* dienenden Stoff einen Platz in der ‚Zeitung'. Beispielhaft nennt er hier Fortsetzungsromane, Erzählungen, Gedichte, Witze, Rätsel oder Schachaufgaben, kurzum den „Erhebungs- und Erbauungsstoff", der „allgemeine Lebensbetätigungen, wie Gesundheitspflege und Erziehung, Reisen und Wandern [...] umfasst" (Groth 1960: 187) und wozu auch Naturschilderungen oder Reisebeschreibungen gehörten (vgl. ebd.).[48] Dieser Stoff weist zwar nicht unbedingt einen Bezug zur jüngsten Vergangenheit auf, trifft aber die erwähnte subjektive Seite der Aktualität, das Leserinteresse: „Wenn die Zeitung die Aufgabe hat, ihren Lesern die Kenntnis von allem, was deren Lebensinteressen in der Gegenwart berührt, zu vermitteln, so ist nicht einzusehen, weshalb dieser Stoff zeitungsfremd sein soll. Bei ihm handelt es sich nämlich um die Befriedigung geistiger Bedürfnisse, die allgemein-menschlich sind und dauernd auftreten, also zwar nicht an den Tag gebunden sind, aber immer aktualisiert werden können,

---

[48] Solcherlei Inhalte sind Groth zufolge zwar regelmässig in der Sparte des *Feuilletons* untergebracht, decken sich aber nicht völlig mit diesem. Denn die im Feuilleton schwerpunktmässig untergebrachte Kritik an Literatur, Theater, Musik und bildender Kunst sei als ‚Tageskritik' durchaus zeitlich aktuell (vgl. Groth 1960: 188).

immer aktuell, ‚subjektiv' aktuell sind" (Groth 1960: 189). Wie die Berücksichtigung der Unterhaltung als legitimer Stoff der ‚Zeitung' erkennen lässt, ist für Groth der zeitliche Aspekt von Aktualität (Gegenwartsbezug) also nicht immer das dominierende Selektionskriterium im Journalismus, sondern kann dem sozialen Aspekt (Publikumsinteresse, Relevanz) durchaus nachgeordnet sein.[49]

Der Bezug zum jüngsten Gegenwartsgeschehen spielt im Journalismus unbestrittenermassen eine wichtige Rolle. Journalistische Nachrichtenproduktion hat sich seit jeher an Aktualität orientiert bzw. wurde durch den Faktor Zeit determiniert. Das Aufkommen neuer Technologien wie der Eisenbahn oder Telegraphie bedeutete im Journalismus v.a. einen Beschleunigungsprozess bei der Herstellung von Aktualität (vgl. Blöbaum 1994: 264). Nicht von ungefähr nimmt Aktualität daher im Theoriediskurs über Journalismus einen hohen Stellenwert ein. Wie bereits weiter oben erwähnt (vgl. Kap. 2.1), kennzeichnet sie in bestimmten systemtheoretischen Journalismuskonzepten gar als massgebender Leitcode die spezifisch journalistische Operationsweise. So sieht Görke Journalismus als ein „Metronom der Weltgesellschaft" (Görke 2002: 74), das deren unterschiedliche Teilsysteme zeitlich synchronisiert: „Indem Journalismus Aktualität konstruiert, synchronisiert er (Welt)Gesellschaft" (Görke 2002: 73). Entsprechend dient ihm die Unterscheidung zwischen ‚aktuell' und ‚nicht aktuell' als Leitcode des journalistischen Systems. Journalismus „selegiert mit anderen Worten Kommunikationsereignisse, die dadurch zum Ereignis [...] werden, die (sic) sich als aktuell beobachten lassen" (ebd.: 74).

Auf das hier bereits angedeutete Prinzip der *Konstruktion* von Aktualität weist Blöbaum noch deutlicher hin. Journalismus orientiert sich ihm zufolge „nicht primär an Aktualität von Ereignissen, vielmehr wird etwas in den Zustand der Aktualität erst dadurch erhoben, dass es vom Journalismus beobachtet und vermittelt wird" (Blöbaum 1994: 263). Somit könne es auf Theorieebene nicht heissen, „dass etwas (eine Information, ein Ereignis) aktuell *ist*, vielmehr wird etwas durch Veröffentlichung als aktuell *konstruiert*" (ebd.: 265; Hervorh. i.O.). Aktualität wird von Blöbaum mithin nicht als eine

---

[49] Natürlich drängt sich hier die Frage auf, in welchem Verhältnis der zeitlich nicht-aktuelle, in erster Linie unterhaltende Stoff und der aktuelle, am Gegenwartsgeschehen orientierte Inhalt zueinander stehen sollen. Groths Antwort fällt eindeutig aus: Zeitliche Aktualität habe die „zentrale, beherrschende Stellung" in der ‚Zeitung' inne (Groth 1960: 195f.). Um sie „müht sich die Zeitung zuerst [...], stellt zuerst auf sie ihre Organisation und ihren ganzen Produktionsapparat an Menschen und Maschinen ein, bestimmt nach ihr Gestalt und Tempo der Vertriebseinrichtungen, schult für sie ihre Leute" (ebd.: 196). Der zeitlich nicht-aktuelle, primär unterhaltende Stoff kann also stets nur als Beigabe zu sehen sein.

Leistungen des professionellen Journalismus

gegebene Eigenschaft von Ereignissen und Themen, sondern als ein Prozess verstanden, der die drei Komponenten Selektion, Vermittlung und Öffentlichkeit umfasst. Ereignisse und Themen werden aktuell, wenn sie Journalisten auswählen und der Öffentlichkeit vermitteln (vgl. ebd.). Offensichtlich wird hier im Hinblick auf die Konstruktion von Aktualität deren soziale Komponente angedeutet.

Andere Autoren weisen noch expliziter auf diesen Punkt hin. Von „zwei Seiten einer Medaille" spricht etwa Klaus Meier (Meier 2007: 30): Einerseits agiere Journalismus augenblicksbezogen, andererseits greife er auf, was „gesellschaftsweit oder in einer bestimmten Zielgruppe eine gewisse Relevanz besitzt und demnach die Interessen der Rezipienten treffen muss" (ebd.: 30). Beide Dimensionen, sowohl die zeitliche als auch die soziale, seien Komponenten der Aktualität (vgl. ebd.: 29). Diese Auffassung entspricht exakt Groths Verständnis von Aktualität (s.o.). Einen Schritt weiter gehen schliesslich Scholl und Weischenberg (1998). Ihnen zufolge zeichnen sich journalistische Selektionen nicht nur durch Aktualität in zeitlicher (Gegenwartsbezug) und sozialer (Relevanz, Interesse), sondern auch in sachlicher (Faktizität im Gegensatz zum Möglichen, Potenziellen) Hinsicht aus (vgl. Scholl/Weischenberg 1998: 75). Mit dem Kriterium der Faktizität unterscheiden sie also gar noch eine dritte Aktualitätsdimension.[50]

Auch in der umfangreichen Literatur zur *Qualität im Journalismus* taucht Aktualität regelmässig auf, wenngleich ihr hier als Qualitätskriterium bei weitem nicht die Bedeutung zukommt wie der bereits weiter oben erörterten Vielfalt.[51] Meistens wird darauf verwiesen, dass (zeitliche) Aktualität um jeden Preis mit journalistischen Handwerksregeln und anderen Qualitätskriterien in Konflikt gerate (vgl. Arnold 2009: 170; Wyss 2002: 100). So kann in Redaktionen unter erhöhtem Aktualitätsdruck weniger eingehend recherchiert werden, was wiederum einen Einfluss z.B. auf die Vielfalt der verwendeten Quellen hat oder eine minder genaue Prüfung der Fakten erlaubt. Darunter kann wiederum die Glaubwürdigkeit des journalistischen Produkts leiden. Aktualität wird aus diesen Gründen teils sogar als Gefahr für den autonomen

---

[50] Groth weist zwar ebenfalls darauf hin, dass ‚aktuell' so viel wie ‚wirklich geschehend', ‚tatsächlich' bedeuten könne (im Gegensatz zu potenziell möglich, fiktiv), hält diesen Aspekt aber – im Gegensatz zur zeitlichen (Gegenwartsbezug) und sozialen (Publikumsinteresse, Relevanz) Komponente von Aktualität – nicht für ein Charakteristikum journalistischer Inhalte (vgl. Groth 1960: 171). Gemäss seinen Ausführungen zur Unterhaltung (s.o.) können ja im Gegenteil auch fiktionale Medieninhalte zur ‚Zeitung' bzw. zum Journalismus gehören, auch wenn sie nicht seinen Kern ausmachen. Scholl und Weischenberg (1998) schliessen in ihrer Definition dagegen fiktionale Unterhaltung aus.

[51] So wird Aktualität z.B. im vielbeachteten Katalog journalistischer Kriterien von Schatz und Schulz (1992) überhaupt nicht erwähnt.

Journalismus gesehen (vgl. Haas 1999: 325) bzw. als Eckpunkt auf einer bipolaren Skala verortet, auf der die Berichterstattung ständig zwischen den Polen Aktualität und Sorgfalt austariert werden müsse (vgl. Fahr 2001: 26). Nicht umsonst wird daher in der Praktikerliteratur und der journalistischen Ausbildung die Verpflichtung zur Wahrheit gern mit dem Verweis auf das Agenturprinzip „Get it first, but first get it right" in Erinnerung gerufen (vgl. Weichler 2003: 116).

Was die empirische Messung von zeitlicher Aktualität betrifft, so wählen die meisten Studien denselben Ansatz. Dabei wird der sogenannte ‚Ereignis-Lag' ermittelt, worunter die Zeitspanne zwischen dem Ereignis und seiner journalistischen Vermittlung als Nachricht zu verstehen ist (vgl. Hagen 1995b: 129).[52] Je schneller ein journalistisches Medium auf ein Ereignis reagiert, desto besser schneidet es punkto Aktualität ab (vgl. Rager 1994: 197). Da zeitliche Aktualität wie andere Qualitätskriterien eine relationale Grösse darstellt, macht ein Vergleich der Schnelligkeit der Ereignisvermittlung allerdings nur innerhalb derselben Mediengattung Sinn. So darf man dem Radio allein aufgrund seiner höheren Aktualität nicht pauschal ein besseres Qualitätszeugnis als der Tagespresse ausstellen, sowenig wie es Sinn macht, die Aktualität von Zeitungen mit jener von Zeitschriften zu vergleichen (vgl. Hermes 2006: 57).[53]

Die Literatur zur Qualität im Journalismus verknüpft den Aktualitätsbegriff jedoch nicht nur mit der zeitlichen Dimension, sondern auch mit der sozialen, womit sich unmittelbar an die Ausführungen weiter oben anschliessen lässt. Um diese soziale Dimension im Sinne von Relevanz bzw. Publikumsinteresse geht es, wenn von sogenannter ‚latenter Aktualität' die Rede ist (vgl. Rager 1994: 197; Wyss 2002: 138). Rager zählt zu latent aktuellen Themen „soziale Probleme, die eine Gesellschaft zwar durchgängig beschäftigen, für die aber immer erst neue Aktualität geschaffen werden muss, wenn sie im System Journalismus bearbeitet werden sollen" (Rager 1994: 197). Hier handelt es sich also um den Fall, dass zwar die soziale Dimension von Aktualität (Relevanz bzw. Publikumsinteresse), wie sie Groth bereits erkannt hat, gegeben ist, die zeitliche Aktualität hingegen fehlt oder erst hergestellt werden muss. So sind Probleme wie zunehmende Umweltverschmutzung oder drohender Arbeitsplatzverlust gesellschaftlich hoch relevant, selbst wenn sie der Journalismus nicht ständig thematisiert. Allerdings kann hier die

---

[52] Dieselbe Messanweisung findet sich bei Groth (s.o.).
[53] Im empirischen Teil dieser Arbeit (vgl. dazu Kap. 4 bis 9) werden ihrem Anspruch nach tagesaktuelle journalistische Online-Angebote miteinander verglichen, weshalb der Aktualitätsvergleich als sinnvoll erachtet wird.

sporadische Berichterstattung anlässlich einzelner aktueller Ereignisse (z.B. Ölunfall eines Tankers; Massenentlassung in einer Firma) die dahinter liegenden, langanhaltenden Probleme von grösserer Tragweite (als die Ereignisse selbst) immer wieder aufs Neue bewusst machen und sie dadurch ‚aktualisieren'. Genauso wie es Sachverhalte von ‚latenter Aktualität' gibt, die zwar relevant, nicht aber (tages-)aktuell sind, gibt es umgekehrt zuhauf Ereignisse, die zwar zeitlich aktuell, aber gesellschaftlich mitnichten relevant sind. Journalistische Selektionsentscheidungen berücksichtigen in der Regel beide Dimensionen, d.h. weiterverarbeitet werden Informationen, die zeitlich aktuell *und* gesellschaftlich relevant sind (vgl. Rager 1994: ebd.).

Meistens taucht in der Literatur zur Qualität im Journalismus die soziale Dimension von Aktualität aber nicht wie bei Groth als deren Teilkomponente, sondern als ein eigenes Qualitätskriterium unter dem Begriff der *Relevanz* auf. Laut Hagen steht Relevanz gar im Zentrum der Qualitätsforschung und Medienkritik: „Weit häufiger, als etwa der Frage, ob über gewisse Fakten wahrheitsgemäss oder genau berichtet wurde, wird der Frage nachgegangen, warum ausgerechnet dieses und nicht jenes Faktum mehr Aufmerksamkeit erhielt" (Hagen 1995b: 70). Die Entscheidung, welche Informationen bedeutsam und mithin publikationswürdig sind und welche nicht, ist eine zentrale Frage im Prozess der Nachrichtenproduktion. In der Qualitätsforschung ist dabei anerkannt, dass Journalismus aufgrund seiner hohen Reichweite vornehmlich relevante Ereignisse und Themen vermitteln muss (vgl. Arnold 2009: 170). Relevanz ist mithin ein Schlüsselkriterium, um die Qualität von Selektionsentscheidungen im Journalismus zu beurteilen (vgl. McQuail 1992: 198).

Die grösste Schwierigkeit besteht freilich darin festzulegen, was überhaupt als ‚bedeutsam' oder ‚relevant' gelten kann – und natürlich für wen. So ist davon auszugehen, dass nicht alle Rezipienten dieselben Sachverhalte und Probleme gleich interessant bzw. wichtig finden. Die Bedeutsamkeit bzw. Wichtigkeit von Ereignissen und Themen ist daher letzten Endes nicht objektiv bestimmbar (vgl. Eilders 1997: 92; Hermes 2006: 44; Schatz/Schulz 1992: 696; Wyss 2002: 132). Ein Grund dafür sind ohne Zweifel die individuell höchst unterschiedlichen *Interessen* von Rezipienten, die sich in selektiver Mediennutzung niederschlagen. So mag sich ein Sportfan in erster Linie für die Resultate der Champions League interessieren, während sich ein Kunst- und Kulturliebhaber womöglich eher für die Rezension eines neu inszenierten Theaterstücks erwärmen kann.[54] Gerade um das breite Spektrum von Publi-

---

[54] Auf die Vielfalt bzw. Zunahme von Publikumsinteressen reagieren Medienanbieter nach Möglichkeit mit einer Diversifizierung ihrer Angebote. Als Folge davon wird nicht selten eine

kumsinteressen (im selben Medienangebot) abzudecken, spielt die Vielfalt oder – in der Begrifflichkeit Groths – Universalität journalistischer Inhalte eine wichtige Rolle. Aus ähnlichem Grund macht für Hagen (1995) die Forderung nach Vielfalt insbesondere dort Sinn, wo Unklarheit darüber bestehe, was relevant sei. Wenn sich Sachverhalte in ihrer Relevanz nämlich nicht sicher vergleichen liessen, könne Vielfalt als Hilfskriterium für journalistische Selektionen dienen (vgl. Hagen 1995b: 125). Auch Rager sieht in der Vielfalt eine Strategie, um nicht irrtümlicherweise Relevantes auszuschliessen: „In der Praxis kennt Journalismus ein Prinzip der Sicherung dagegen, dass etwas Wichtiges vergessen wird: das Prinzip möglichst vielfältiger Darstellung eines Themas" (Rager 1994: 198).[55]

Die Bedeutsamkeit von Ereignissen und Themen spiegelt sich aber nicht nur im ihnen rezipientenseitig entgegengebrachten Interesse, sondern sie ergibt sich auch aus den objektiv feststellbaren, realen oder potenziellen, direkten oder indirekten Folgen von Geschehnissen für die Lebenssituation und Befindlichkeit der Rezipienten (vgl. Schatz/Schulz 1992: 696, dort mit Verweis auf Schütz 1971). So ist die Nachricht einer Erhöhung der Mehrwertsteuer auf Waren und Dienstleistungen in der Regel relevant (und interessant), weil sie eine unmittelbare Wirkung auf die Situation der Rezipienten als Konsumenten entfaltet, genauso wie die Meldung von der Anhebung des Rentenalters ihre Lage als Arbeitnehmer trifft.

In diesem Sinn setzen Schatz und Schulz die Relevanz eines Sachverhalts in allgemeinster Form mit seiner möglichen *Wirkung* auf einen anderen

---

Fragmentierung des Publikums mit unerwünschten sozialen Folgen befürchtet. Die Fragmentierungsthese geht davon aus, dass eine Vervielfältigung von Medienkanälen zu einem kleineren Vorrat an öffentlich wahrgenommenen und diskutierten Themen führt, was sich negativ auf den gesellschaftlichen Zusammenhalt auswirken kann (vgl. u.a. Holtz-Bacha 1997; Schulz 1997; Rössler 2000). Vor dem Hintergrund zunehmender Angebots- und Nutzungsdiversifizierung im Internet haben solche Befürchtungen erneut Auftrieb erhalten. Empirische Befunde weisen allerdings darauf hin, dass die reichweitenstarken Online-Anbieter grösstenteils über dieselbe Themenagenda verfügen wie die Offline-Angebote der klassischen Massenmedien Presse, Rundfunk und Fernsehen, also Konsonanz im Agenda-Setting besteht (vgl. Hoffman 2006; Just et al. 2008; Maier 2010b). Social-Media-Angebote, d.h. neuere und meist von Amateuren betriebene bzw. mit Inhalten versorgte Internetangebote wie Weblogs oder *Twitter* weichen dagegen deutlich von der massenmedialen Agenda ab (vgl. Maier 2010a), werden allerdings auch seltener genutzt (vgl. Kap. 3.2.2). Insgesamt spricht in Anbetracht neu hinzukommender Web 2.0-Dienste bisher also wenig dafür, dass die Fragmentierungsthese zutrifft.
[55] Auf der anderen Seite wird Relevanz auch als notwendige Relativierung des Vielfaltspostulats bzw. der Universalität diskutiert (vgl. Kap. 2.2.2). Relevanz und Vielfalt sind daher in gewisser Hinsicht zwei antagonistische Qualitätskriterien.

Sachverhalt gleich.⁵⁶ Stehen dabei Folgen in der Sozialwelt im Mittelpunkt, lassen sich abhängig von der Reichweite der Wirkung verschiedene Relevanzebenen unterscheiden (vgl. ebd.: 696): Die Individualebene von Einzelpersonen (Mikroebene), die Ebene der sozialen Gruppen, Organisationen und Institutionen (Mesoebene) sowie die Ebene der gesellschaftlichen Subsysteme (z.B. Wirtschaft, Politik, Wissenschaft etc.) oder die gesamtgesellschaftliche Ebene (Makroebene).

Im Anschluss an die obigen Ausführungen erscheint es also sinnvoll, zwischen *Interesse* auf der Rezipientenseite einerseits und *Relevanz* auf der Objektebene andererseits als zwei unterschiedlichen, aber korrelierten Dimensionen zu unterscheiden (vgl. Fretwurst 2008: 118). Das Interesse stellt als Rezipienteneigenschaft eine psychologische Grösse dar, die ganz allgemein die Zuwendung zu Medieninhalten erklären kann (vgl. Werle 2008: 106; Wirth/Schweiger 1999: 57). Relevanz kann hingegen als potenzielle Wirkung von Ereignissen und Themen auf die Lebenssituation der Rezipienten verstanden werden. Als solche bewirkt sie allgemeine Betroffenheit (vgl. Schatz/Schulz 1992: 696).

Eilders (1997) vertritt dieselbe Auffassung, unterscheidet allerdings vorerst zwischen *individueller* und *kollektiver* Relevanz, die sie beide als Endpunkte eines Kontinuums versteht (vgl. Eilders 1997: 92ff.).⁵⁷ Während bei der individuellen Relevanz überhaupt keine Übereinstimmung zwischen verschiedenen Individuen bestehe, zeichne sich die kollektive Relevanz von Ereignissen und Themen durch übereinstimmende Relevanzzuschreibungen auf Seiten der Rezipienten aus (ebd.). Individuelle Relevanz werde abhängig von Erfahrungen, Interessen und längerfristigen Zielen subjektiv unterschiedlich zugewiesen und lasse sich daher nicht durch eine Liste von Relevanzkriterien verbindlich festlegen (vgl. ebd.: 93). Kollektive Relevanz versteht Eilders hingegen als „Schnittmenge oder gemeinsamer Nenner der individuellen Relevanzen" (ebd.: 94). Solche übereinstimmenden Relevanzzuweisun-

---

⁵⁶ Relevanz ist also prinzipiell nicht einmal an psychische Organismen gebunden. Höhere Temperaturen können z.B. relevant sein für den Zusammenhalt von Schneemassen in Steilhängen (d.h. in den Alpen können sie für das Auslösen von Lawinen verantwortlich sein).

⁵⁷ Sinngemäss unterscheidet Fretwurst ‚individuelle Relevanz' (individuelles Interesse ohne gesellschaftliche Relevanz) von ‚gesellschaftlicher Relevanz'. Letztere beschränkt er allerdings – anders als hier in Anlehnung an den wirkungsorientierten Relevanzbegriff von Schatz und Schulz (1992) und Eilders (1997) vorgeschlagen – auf den Bereich *politischer* Ereignisse und Themen (vgl. Fretwurst 2008: 115). Nach einem solchen normativen bzw. demokratietheoretisch begründeten Relevanzbegriff sind primär jene Informationen als gesellschaftlich relevant anzusehen, die dem Bürger bei der Wahlentscheidung, Sachabstimmung und Bewertung der Entscheidungen politischer Repräsentanten behilflich sind (vgl. dazu auch McQuail 1992; Trebbe/Maurer 2006).

gen erfolgen gemäss der Nachrichtenwerttheorie auf der Grundlage sogenannter Nachrichtenfaktoren (vgl. ebd.: 98ff. sowie Schatz/Schulz 1992: 697ff.). Letztlich sind Nachrichtenfaktoren daher nichts anderes als kollektive Relevanzkriterien (vgl. Hagen 1995b: 73).[58]

Für die generelle Wirksamkeit von Nachrichtenfaktoren – sowohl auf der Seite der Journalisten (Selektion von Ereignissen und Themen in der Nachrichtenproduktion) als auch bei den Rezipienten (selektive Zuwendung zu Medieninhalten; selektive Erinnerung) – sprechen mehrere Gründe, die hier nicht im Einzelnen erörtert werden sollen. Man kann aber davon ausgehen, dass es sich bei Nachrichtenfaktoren teils um anthropologische Konstanten, teils um kulturabhängige Einflussgrössen handelt. Ihre Wirksamkeit ergibt sich u.a. aus einem evolutionsbiologisch verankerten Sicherheitsbedürfnis, wahrnehmungspsychologischen Gesetzmässigkeiten der Aufmerksamkeitsverteilung sowie Werten und Normen, die in der gesellschaftlichen Sozialisation erworben worden sind (vgl. Eilders 1997: 94f. u. 97; Maier et al. 2010: 85f.). Jene Nachrichtenfaktoren, die mit dem letzten Aspekt, also den gesellschaftlichen Werten und Normen zu tun haben, können gemäss Eilders als Ausdruck *gesellschaftlicher* Relevanz verstanden werden (vgl. Eilders 1997: 96).[59] Denn betrifft ein Sachverhalt gemeinschaftliche Werte, so wird er von einem Individuum als relevant empfunden, selbst wenn es nicht direkt betroffen ist (vgl. ebd.: 95; Hagen 1995b: 71).[60]

Als Indikatoren für gesellschaftliche Relevanz führt die Literatur zur Nachrichtenwerttheorie mehr oder weniger übereinstimmend die folgenden

---

[58] Die Nachrichtenwerttheorie ist eine klassische kommunikationswissenschaftliche Theorie zur Erklärung der Selektion und Gestaltung von Nachrichten durch Journalisten. Ihr zufolge bestimmen objektive bzw. subjektiv zugeschriebene Merkmale von Ereignissen, die sogenannten Nachrichtenfaktoren, ob, in welchem Umfang, mit welcher Platzierung und welcher Aufmachung die Massenmedien über diese Ereignisse berichten (vgl. Staab 1990: 203). Allerdings hatten bereits die norwegischen Friedensforscher Einar Östgaard (1965) sowie Johan Galtung und Mari Holmboe Ruge (1965), die den Grundstein für die Theorie legten, auf die Parallele zwischen journalistischer Selektion und Rezeption hingewiesen. Mehrere Studien haben seither nachgewiesen, dass die Nachrichtenfaktoren nicht nur als Selektionskriterien bei der Nachrichtenproduktion wirksam sind, sondern auch bei den Rezipienten als Verarbeitungskriterien die Auswahl und Erinnerung von Medienbeiträgen steuern (vgl. als Überblick Maier et al. 2010: 87ff.).
[59] Insofern sind die Nachrichtenfaktoren für ‚gesellschaftliche' Relevanz nur eine Teilmenge aller Nachrichtenfaktoren, die als solche ‚kollektive' Relevanz indizieren (vgl. Eilders 1997: 94 u. 96).
[60] Anders, nämlich evolutionsbiologisch, lässt sich die Wirksamkeit z.B. des Nachrichtenfaktors ‚Überraschung' begründen. Abweichungen vom Normalzustand (Bewegungen vor starrem Hintergrund; Geräusche in stiller Umgebung) werden aufmerksamer wahrgenommen, weil sie als potenzielle Gefahrenquelle gelten (sogenanntes Figur-Grund-Prinzip) (vgl. Eilders 1997: 101; Maier et al. 2010: 86).

Nachrichtenfaktoren an: *Reichweite* bzw. *Tragweite* von Ereignissen (Anzahl der real oder potenziell Betroffenen), deren *Eintrittswahrscheinlichkeit*, berührte Werte (materieller, ideeller oder existenzieller *Schaden/Nutzen*), *Konflikt* bzw. *Kontroverse, Personenstatus* und *Nähe* (vgl. Eilders 1997: 98ff., insbes. 104; Fretwurst 2008: 119; Maier et al. 2010: 87; Schatz/Schulz 1992: 698). Somit liefert die Nachrichtenwertforschung durchaus messbare Kriterien, um die gesellschaftliche Relevanz von in der Berichterstattung aufgegriffenen Ereignissen und Themen zu beurteilen.[61]

Fasst man die obigen Ausführungen zum Relevanzbegriff nochmals zusammen, so ist analytisch zwischen Interesse und Relevanz zu unterscheiden. Während das Interesse eine psychologische Grösse ist und eine Rezipienteneigenschaft bezeichnet, lässt sich Relevanz und insbesondere gesellschaftliche Relevanz als objektive bzw. subjektiv von der Allgemeinheit zugeschriebene Eigenschaft eines Ereignisses oder Themas verstehen, das mit dessen Wirkungspotential in Verbindung steht. Das Interesse als Rezipienteneigenschaft kann sowohl zur Rezeption von primär unterhaltenden oder subjektiv unterschiedlich bedeutsamen Inhalten (z.B. des Comics oder Kreuzworträtsels in der aktuellen Ausgabe einer Tageszeitung, der Rezension des neusten Buchs des eigenen Lieblingsautors etc.) als auch von Nachrichten über gesellschaftlich bzw. allgemein relevante Sachverhalte führen (z.B. des Berichts über einen Lebensmittelskandal, der die Lagerung von Fleisch in Supermärkten in Frage stellt, so dass man sein eigenes Einkaufsverhalten überdenkt). Häufig decken sich gesellschaftliche Relevanz und individuelles Interesse – aber nicht immer. So werden Medieninhalte, die von Rezipienten als

---

[61] Einige der genannten Nachrichtenfaktoren sollen deshalb im empirischen Teil dieser Arbeit (vgl. Kap. 4 bis 9) als ein einfaches Mass für die Beurteilung der gesellschaftlichen Relevanz der Berichterstattung der untersuchten Medien herangezogen werden. Dies geschieht in Übereinstimmung mit anderen Studien, die Relevanz ebenfalls mittels Nachrichtenfaktoren messen (vgl. z.B. Eilders 1997; Fretwurst 2008; Köster/Wolling 2006). Schatz und Schulz (1992) weisen allerdings zu Recht darauf hin, dass sich die Relevanz von Sachverhalten umso schlechter mittels Nachrichtenfaktoren beurteilen lasse, je weiter man sich von der individuellen Ebene des einzelnen Rezipienten entferne. Auf der Meso- oder gar Makro-Ebene ganzer gesellschaftlicher Teilsysteme sind die Wirkungszusammenhänge derart komplex, dass die Folgen, die ein Ereignis in einem anderen Teilsystem auslöse, in der Regel nicht einfach abzuschätzen seien (vgl. Schatz/Schulz 1992: 697). Aus diesem Grund schlagen sie zusätzlich vor, auf das Urteil sogenannter Relevanzattributoren abzustellen. Dabei handelt es sich um verschiedene Instanzen, die ihrer Ansicht nach beurteilen bzw. anzeigen könnten, was in der Gesellschaft jeweils als relevant zu gelten habe. Die Autoren nennen hier das (mittels sozialwissenschaftlicher Umfragen zugängliche) Medienpublikum, Funktionseliten aus unterschiedlichen gesellschaftlichen Teilsystemen (Politiker, Ökonomen, Künstler etc.), die massenmediale Gesamtberichterstattung eines Mediensystems (mediale Öffentlichkeit), Wissenschaftler (wobei hier unklar ist, inwiefern sich diese von den genannten Funktionseliten unterscheiden) sowie die Film- und Fernsehkritik (vgl. ebd.: 696 u. 998ff.).

gesellschaftlich ‚relevant' eingeschätzt werden, in der Regel ebenfalls für ‚interessant' befunden. Umgekehrt gibt es Ereignisse und Themen, die von einem Grossteil der Rezipienten zwar als ‚interessant', aber eher ‚unwichtig' bzw. ‚irrelevant' eingestuft werden (vgl. Fretwurst 2008: 118).[62]

2.2.4 *Exkurs:* Interne Relevanz (Vollständigkeit)

Im vorausgehenden Abschnitt ging es um die gesellschaftliche Relevanz von Ereignissen und Themen als Eigenschaft journalistischer Medieninhalte. Bei Groth kommt Relevanz insofern zur Geltung, als er mithilfe von Relevanzüberlegungen die Wesensmerkmale Universalität und Aktualität spezifiziert (vgl. Groth 1960: 138ff. u. 189). Dieser Punkt wurde bereits weiter oben erörtert (vgl. Kap. 2.2.2 und 2.2.3). Im Folgenden soll es um einen Aspekt gehen, der in der Literatur zu Qualität im Journalismus meistens als *Vollständigkeit* bezeichnet wird, jedoch aufgrund seiner Bedeutung auch als Komponente von Relevanz aufgefasst werden kann und deshalb an dieser Stelle im Rahmen eines Exkurses erörtert wird.

Die Vollständigkeit der medial vermittelten Inhalte findet in Groths viergliedrigem Kriterienkatalog der ‚Zeitung' gewissermassen ja schon im Wesensmerkmal der Universalität ihren Ausdruck. Universalität bedeutet, dass in der journalistischen Berichterstattung ein breites Spektrum relevanter Themen, Akteure und Meinungen aus unterschiedlichen Lebensbereichen vermittelt wird (vgl. Kap. 2.2.2). Dasselbe meinen etwa Schatz und Schulz (1992) mit inhaltlicher Vielfalt, die sich in der Berücksichtigung unterschiedlicher Themen, Akteure und Meinungen in der Berichterstattung manifestiere (vgl. Schatz/Schulz 1992: 694). Bezugspunkt ist hier in der Regel nicht der einzelne journalistische Beitrag, sondern das Gesamtangebot eines Medienanbieters, bisweilen auch eines bestimmten Mediensektors (vgl. ebd. sowie Stark 2008: 200).

Bezogen auf singuläre Ereignisse, über die bei fehlender Folgeberichterstattung nur in einem einzigen journalistischen Beitrag (z.B. einer Nachricht) berichtet wird, stellen sich aber auch Fragen wie: Werden alle bedeutsamen Fakten genannt? Kommen alle beteiligten Akteure zu Wort? Werden alle

---

[62] Die von Fretwurst (2008: 118) angeführten, in verschiedenen Abschlussarbeiten durchgeführten Experimente konnten zeigen, dass es kaum Nachrichten gibt, die zwar als gesellschaftlich ‚relevant', nicht aber ‚interessant' wahrgenommen wurden. Gesellschaftlich relevante Ereignisse und Themen ziehen also prinzipiell rezipientenseitiges Interesse auf sich. Darüber hinaus interessieren sich die Medienutzer aber auch für Inhalte, die sie eher als unwichtig bezeichnen (vgl. ebd.).

relevanten Argumente aufgenommen? Hier geht es im Grunde um die *Vollständigkeit* der zu einem Ereignis gebotenen Informationen. Generell ermöglicht erst eine vollständige Berichterstattung die umfassende Orientierung und Meinungsbildung auf Seiten der Rezipienten (vgl. Fahr 2001: 28). Darauf zielt etwa Pöttkers (2000) lakonisches Beispiel einer nur halben Nachricht: „Wenn ein lokalpatriotischer Sportreporter in einem Fussballbericht nur die Tore der Heimmannschaft erwähnen würde, könnte in diesem Bericht alles richtig sein und dennoch liesse sich mit dieser extrem unvollständigen Information [...] auf die Dauer schwerlich Öffentlichkeit herstellen" (Pöttker 2000: 383). Die Frage nach Vollständigkeit stellt sich aber auch bezüglich einer sich über längere Zeit hinziehenden Berichterstattung zu einem bestimmten Ereignis oder Thema. Nachdem bspw. der Schweizer Nationalbankpräsident Philipp Hildebrand anfangs Januar 2012 mit dem Bekanntwerden von privaten Devisengeschäften seiner Frau für die Öffentlichkeit überraschend zurücktrat, war die Berichterstattung in diesem Fall noch lange nicht abgeschlossen, sondern zog sich angesichts der später bekannt gewordenen Verwicklung nationaler Politiker, denen das Führen einer politischen Kampagne gegen den obersten Notenbanker vorgeworfen wurde, noch tagelang hin. Um zu beurteilen, ob ein journalistisches Medium über diese Affäre einschliesslich ihrer Ursachen und Folgen vollständig berichtet hat, müsste man also einen längeren Zeitraum in den Blick nehmen.

Über Vollständigkeit zu urteilen ist nur möglich, wenn klar ist, welche Fakten und Meinungen im Hinblick auf ein Ereignis oder Thema überhaupt relevant sind. Hagen spricht aus diesem Grund von ‚interner Relevanz' statt von Vollständigkeit. Ihm zufolge bedeutet über ein Thema vollständig zu berichten nichts anderes, als alle für dieses Thema relevanten Informationen zu erwähnen (vgl. Hagen 1995c: 162). Übereinstimmend diskutiert Rager die Vollständigkeit von Einzelinformationen, Positionen und Argumenten zu einem gegebenen Ereignis oder Thema unter dem Qualitätskriterium der Relevanz (vgl. Rager 1994: 198). Auch Pöttker (2000) schliesst sich dieser Auffassung an: „Vollständigkeit klingt nach Akribie bis ins letzte Detail, was natürlich nicht gemeint sein kann. Gemeint sein kann nur, das ‚Wesentliche' eines Vorgangs oder Zustands mitzuteilen" (Pöttker 2000: 383).

Die Beurteilung der Vollständigkeit eines Medienangebots mag suggerieren, es lasse sich eine abschliessende Menge von Fakten und Meinungen benennen, die zu einem Thema mitgeteilt werden müssten, weil sie wichtig sind (vgl. Hagen 1995c: 162). Laut Hagen dürfte das aber in vielen Fällen nicht möglich sein (vgl. ebd.). Der Grund ist im erwähnten Umstand zu sehen, dass jedes Vollständigkeitsurteil im Prinzip ein Relevanzurteil voraussetzt. Trotz dieser Schwierigkeit hat die empirische Forschung praktikable Lösungen gefunden, um ermitteln zu können, ob und in welchem Grad die Berichterstattung in einem bestimmten Medienangebot vollständig ausfällt. Zum einen lässt sich Vollständigkeit beurteilen, indem die Berichterstattung zu einem Ereignis oder Thema mit externen Veröffentlichungen (redaktionellem Input, Statistiken, Experten- bzw. Abschlussberichten, Chroniken etc.) verglichen wird (vgl. Fahr 2001: 29; Hagen 1995c: 162). Werden z.B. im Anschluss an mehrere Meldungen über einen tragischen Flugzeugabsturz die Erkenntnisse über die Unfallursachen, die ein Expertenbericht nachträglich zutage fördert, nicht auch publiziert, muss die Berichterstattung über das Ereignis insgesamt als unvollständig gelten – zumindest hinsichtlich der Orientierung über dessen Ursachen.[63] Zum anderen kann die Vollständigkeit der ereignisbezogenen Berichterstattung eines Mediums aber auch überprüft werden, indem sie mit der Gesamtberichterstattung anderer Massenmedien bzw. ausgewählter sogenannter Elite-Medien verglichen wird. Unter letzteren können journalistische Angebote verstanden werden, die aufgrund ihrer Reichweite und anerkannten Qualität sowie der bevorzugten Nutzung durch Funktionseliten (Politiker, Wissenschaftler etc.) ein besonderes publizistisches Gewicht besitzen. Als Vollständigkeitsmassstab gilt dann diese Vergleichsberichterstattung (vgl. Fahr 2001: 29 u. 86; Hagen 1995c: 162 u.

---

[63] Schulz (1976; 1989) bringt gegen den Vergleich der Berichterstattung mit Extra-Media-Daten das konstruktivistische Argument vor, eine von subjektiver Informationsverarbeitung unbeeinflusste, quasi ‚objektive' Erkenntnis sei nicht möglich – bei solchen Statistiken, Protokollen, Expertenberichten etc. handle es sich also immer nur um Ausschnitte aus der Realität, die unter einem bestimmten Blickwinkel zustande gekommen seien (vgl. Schulz 1976: 25). Aus dieser Überlegung folgert er gar, „dass der Versuch, Nachrichten mit dem, ‚was wirklich geschah', zu vergleichen, prinzipiell unmöglich ist" (ebd.: 26; vgl. dazu auch Schulz 1989). Diesem Argument wird hier nur teilweise gefolgt. Ereignisse und Zustandsänderungen in der Welt können durchaus intersubjektiv übereinstimmend erkannt und festgehalten werden. Wie viele Tote ein Flugzeugabsturz forderte oder wie gross das einem verschuldeten Land von der internationalen Gemeinschaft an einer Medienkonferenz versprochene ‚Rettungspaket' ausfallen soll, lässt sich beziffern. Diesbezügliche Aussagen in der Berichterstattung können sich insofern als „richtig" oder „falsch" herausstellen (vgl. in diesem Sinn auch Haller 1993: 144ff.; Kepplinger 1993: 125). Schulz geht es aber wohl nicht um diesen Punkt. Ihm zufolge hätten Nachrichten nicht nur eine reine Anzeigefunktion, sondern es seien vor allem die – eben nicht objektiv feststellbaren – Details, Erklärungen, Hintergründe und Zusammenhänge, die einer Nachricht ihren Aussagegehalt gäben (vgl. ebd.). Allerdings spricht erkenntnistheoretisch auch nichts gegen eine intersubjektiv übereinstimmende Feststellung z.B. von Ursachen und Wirkungen von bestimmten Ereignissen. Rosengren (1974; 1979) und Best (2000) zeigen denn auch Möglichkeiten für einen sinnvollen Vergleich zwischen der Berichterstattung und medienexternen Daten auf, wobei sie besonders auf die zeitliche Veränderung von Ereignislagen (z.B. die Häufigkeiten von Unfällen oder Kriminaltaten über mehrere Jahre hinweg) eingehen.

170).[64] Auf deren Grundlage lässt sich ein Universum unterschiedlicher Aussagen zum gegebenen Ereignis bzw. Thema zusammenstellen und schliesslich für das einzelne Medienangebot prüfen, wie viele dieser Aussagen darin präsentiert werden (vgl. ebd.).

Journalismus vermittelt zu einem wesentlichen Teil die Aussagen Dritter (vgl. dazu Kap. 2.3). Geht es um die Vollständigkeit und Sinntreue bei der Wiedergabe solcher Aussagen gesellschaftlicher Sprecher, bietet sich auch eine Befragung der Quellen an. So zeigte etwa Schröter (1992) anhand von Interviews mit Quellen der Unternehmensberichterstattung in deutschen Tageszeitungen und Magazinen, dass 32 Prozent der Informanten zu starke Kürzungen bei ihren Aussagen bemängelten (vgl. Schröter 1992: 157). Ein ebenso grosser Teil fand, die eigene Äusserung sei in den einzelnen Teilen zwar richtig wiedergegeben worden, die notwendigen Begründungen hätten aber gefehlt. Bei den wörtlichen Zitaten zeigte sich, dass jede fünfte Aussage fehlerhaft wiedergegeben worden war (vgl. ebd.: 167). Dennoch war die Mehrheit der befragten Informanten insgesamt damit zufrieden, wie Tageszeitungen (80 Prozent) bzw. Magazine (60 Prozent) ihre Mitteilung vermittelt hatten (vgl. ebd.: 162).[65]

Ferner kann sich eine Vollständigkeitsprüfung aber auch an Handwerksregeln orientieren, die sich in der journalistischen Praxis als „Kriterien für die Abbildung wesentlicher Informationen" (Bentele 1988: 221) herausgebildet haben. Immer wieder empfehlen Lehrbücher angehenden Journalisten in informationsbetonten bzw. referierenden Darstellungsformen die sogenannten W-Fragen zu beantworten, die sicherstellen sollen, dass alle relevanten Aspekte berücksichtigt werden. Burkhardt (2009) rät beim Verfassen einer Nachricht dazu, wenn möglich eine Antwort auf die folgenden sieben Fragen zu geben: „Wer hat etwas getan oder erlitten? Was war es? Wo ist es pas-

---

[64] Der Vergleich kann hier grundsätzlich intramedial, d.h. innerhalb einer Mediengattung, oder intermedial, d.h. zwischen unterschiedlichen Mediengattungen erfolgen. Ersteres wäre der Fall, wenn z.B. die Nachrichtensendungen eines bestimmten TV-Anbieters mit denjenigen anderer Anbieter, sowohl privater als auch öffentlich-rechtlicher, verglichen würde. Letzteres wäre der Fall, wenn zur Beurteilung z.B. auch die Print- und Radioberichterstattung hinzugezogen würde (vgl. Schatz/Schulz 1992: 699, dort aber mit Bezug auf Relevanz statt Vollständigkeit).

[65] Innerhalb der Kommunikationswissenschaft beschäftigt sich insbesondere die sogenannte Accuracy-Forschung mit Vermittlungsmängeln und Ungenauigkeiten in der Berichterstattung. Dazu werden in der Regel die Primärquellen (‚original sources') mit dem konkreten Nachrichtenmaterial konfrontiert und darum gebeten, ein Urteil über die Richtigkeit der Wiedergabe ihrer Äusserungen abzugeben. Mehrere Studien konnten diesbezüglich erhebliche Vermittlungsdefizite feststellen. Eine theoretische Diskussion zum Problem der singetreuen Wiedergabe fremder Aussagen unter Einbezug auch einschlägiger deutscher Studien bietet Schönhagen (vgl. Schönhagen 2006: 502ff.). Neuere Ergebnisse für die USA, die Schweiz und Italien bietet die in der Tradition der Accuracy-Forschung stehende Studie von Porlezza et al. (2012).

siert? Wann ist es passiert? Wie hat sich das Ereignis abgespielt? Warum kam es dazu? Woher stammen die Quellen?" (Burkhardt 2009: 195). Die von den journalistischen W-Fragen angesprochenen Nachrichtenelemente lassen sich als Vollständigkeitsindikatoren auffassen. Allerdings müsste dann auch eine W-Frage zu den Folgen eines Ereignisses vorgesehen sein (vgl. Hagen 1995c: 162).

Eine grosse Ähnlichkeit mit den journalistischen W-Fragen weisen die empirisch geprüften Kategorien des sogenannten Nachrichtenschemas des Niederländers Teun van Dijk (1988) auf, das aus der Verständlichkeitsforschung hervorgegangen ist (vgl. van Dijk/Kintsch 1983). Unter dem Nachrichtenschema kann im Allgemeinen die typische Struktur von Nachrichten verstanden werden, die funktional für das Verstehen ist (vgl. Hagen 1995b: 96). In der von Hagen leicht modifizierten Version enthält das Nachrichtenschema neben dem Hauptereignis folgende Elemente: Vorereignisse (dazu gehören auch Ursachen), Geschichte, Umstände, Folgen, Prognosen, Bewertungen und Forderungen (vgl. ebd.: 99). Alle diese Kategorien setzen das Hauptereignis in eine bestimmte Beziehung zu anderen Ereignissen. Bspw. dienen Informationen über Geschichte, Vorereignisse und Umstände der zeitlichen Einordnung. Die Angabe von Folgen ermöglicht eine kausale Verknüpfung. Forderungen als Reaktionen auf ein Ereignis sind ebenfalls ein spezielle Art von Folgen. Prognosen nehmen umgekehrt Bezug auf mögliche bzw. wahrscheinliche, aber noch nicht eingetretene Folgen. Bewertungen schliesslich setzen die Fakten des Hauptereignisses in Bezug zu Werten und Normen (vgl. ebd.: 87 u. 98). Je mehr dieser Schemakategorien mit konkreten Informationen ausgefüllt werden, desto leichter fällt dem Rezipienten das Verstehen und die Integration neuen Wissens in vorhandene Wissensbestände (vgl. ebd.: 97). Die Vollständigkeit der Berichterstattung zu einem Ereignis lässt sich also auch danach beurteilen, wie viele dieser Schemakategorien von einer konkreten Nachricht bzw. der ganzen Berichterstattung abgedeckt werden (vgl. ebd.: 100).

Wie dieser Exkurs gezeigt hat, stellt Vollständigkeit als Merkmal journalistischer Medieninhalte eine notwendige Ergänzung des Relevanzkriteriums dar, das bei Groth im Wesensmerkmal der Aktualität enthalten ist. Damit wird zum letzten und vierten Groth'schen Wesensmerkmal der ‚Zeitung' übergegangen – der Publizität.

2.2.5 Publizität

Die Publizität als viertes Wesensmerkmal der ‚Zeitung' ist – wie ihre Periodizität – ein *Formbegriff* und bezieht sich als solcher auf die Erscheinungsweise der ‚Zeitung'. Publizität meint nach Groth die „Zugänglichkeit für jedermann und damit die allgemeine Kundbarkeit alles dessen, was die Zeitung bringt, so dass grundsätzlich jeder davon Kenntnis nehmen kann, niemand von dem Empfang des Inhaltes ausgeschlossen ist" (Groth 1960: 206). Bei der allgemeinen Zugänglichkeit der ‚Zeitung' spricht Groth auch von der *potenziellen* Publizität, der er die *tatsächliche* Publizität gegenüberstellt. Diese bezieht sich auf die tatsächlich realisierte Verbreitung und Nutzung eines Mediums, also dessen Reichweite. Das anzustrebende, jedoch unerreichbare Ideal sei die quantitative Übereinstimmung beider Personenkreise, also des von der ‚Zeitung' potenziell erreichbaren und des tatsächlich erreichten Publikums.[66] Die ‚Zeitung' besitze daher *„die Tendenz zur Breite, zur ‚Verbreitung', zur Ausdehnung nach allen Seiten"* (ebd.: 214; Hervorh. i.O.).

Die Publizität stellt das personale Korrelat zur dinglichen Universalität der ‚Zeitung' dar: „Besagt die Universalität, dass die Zeitung fähig und strebsam ist, die *Dinge* in aller Welt aufzusuchen und in ihren Räumen zusammenzutragen, so öffnet sich dank ihrer Publizität die Zeitung den *Personen* in aller Welt und sucht sie um sich zu versammeln" (Groth 1960: 214.). Wie die Universalität stösst auch die Publizität an bestimmte Grenzen. Zum einen ergeben sie sich auf Seiten des Publikums dadurch, dass nicht alle Rezipienten zur Mediennutzung in der Lage sind. Analphabeten können genauso wenig gedruckte Zeitungen lesen wie Blinde TV-Nachrichten sehen. Aber auch aus finanziellen Gründen kann die Nutzung eines Medienangebots bestimmten Personengruppen verwehrt bleiben. Neben der körperlichen, sozialen oder finanziellen Barriere ergibt sich zum anderen aus dem Streben nach inhaltlicher Universalität und zeitlicher Aktualität eine Publizitätsbegrenzung. Denn die ‚Zeitung' kann einen Personenkreis auch nur insoweit erreichen, als dieser von ihren Inhalten angesprochen wird, d.h. mit den berichteten Ereignissen, den thematisierten gesellschaftlichen Problemen und Meinungen etwas ‚anfangen' kann. Die mögliche Reichweite der ‚Zeitung' wird also immer auch durch ihre inhaltliche Universalität abgesteckt: „Jede Zeitung muss mit dem Zwang rechnen, dass, je weiter gespannt ihre Verbreitung ist, desto grösser der Interessenkreis ist, den sie zu berücksichtigen hat" (ebd.: 219). Und weil kein einzelnes journalistisches Medium in der Lage sei, die „unübersehbare Fülle gesamtmenschlicher Tätigkeit in sich aufzunehmen"

---

[66] Technisch ausgedrückt entspräche dies einer Reichweite von 100 Prozent.

(ebd.), könnten, so Groth weiter, mehrere Medienangebote nebeneinander existieren, ohne sich zu konkurrenzieren. So verfügten bspw. verschiedene Zeitungstitel über „einen bestimmten geographisch-sozialen Aktionsradius, ein bestimmtes Streugebiet, ihren eigenen journalistischen Raum, innerhalb dessen sie dann auch imstande [sind], ihren Abnehmern ein (relativ) universelles Material [...] in der Frische der Aktualität zu bieten" (Groth 1960: 219f.). Laut Groth nimmt aber nicht nur „mit der Entfernung vom Entstehungsort der Zeitung [...] die Masse des zur Universalität notwendigen, von der Zeitung aufzunehmenden Stoffes zu" (ebd.), sondern umgekehrt auch die Aktualität ab. Das Universum des zu bietenden Stoffes sei „proportional, die Aktualität umgekehrt proportional der Entfernung" (ebd.).

Während sich der erstgenannte Zusammenhang – Publizitätsgewinn setzt eine Zunahme inhaltlicher Universalität voraus – aus der gegenseitigen Bezogenheit dieser beiden Wesensmerkmale ergibt, hat Groth seine These der abnehmenden Aktualität bei zunehmender Entfernung wohl vor dem Hintergrund der Distributionslogik der Presse formuliert, deren einzelne Exemplare physisch einen Weg hinter sich bringen müssen, um beim Empfänger anzukommen. Ähnlich dem mittelalterlichen Boten, der zu Pferd womöglich mehrere Tage brauchte, um die Kunde von der Niederlage des eigenen Heers den zuhause Gebliebenen zu überbringen, spielt bei der physisch verbreiteten Presse die räumliche Distanz eine gewisse Rolle, und ihre Überwindung kann in Konflikt geraten mit dem Streben nach Aktualität.[67] Im Internetjournalismus haben räumliche Distanzen im Hinblick auf zeitliche Verzögerungen der Zustellung freilich keine Bedeutung mehr.[68] Hier ist es eher auf den Inhalt zurückzuführen, der uns ‚fernliegt', wenn wir als Europäer z.B. nicht täglich die Online-Ausgabe der Tageszeitung aus einer mittelgrossen US-amerikanischen Stadt wie der *Dayton Daily News* lesen, selbst wenn wir die darin berichteten Ereignisse ohne zeitliche Verzögerung erfahren könnten. Der umgekehrt proportionale Zusammenhang zwischen Publizität (Verbreitung) und zeitlicher Aktualität besteht im Internetjournalismus prinzipiell also nicht mehr.

Rückblickend auf das Kapitel 2.2 lässt sich nochmals festhalten: In vier Kapitelunterpunkten wurden die Wesensmerkmale *Publizität*, *Periodizität*, *Universalität* und *Aktualität* der ‚Zeitung' nach Otto Groth als idealtypische

---

[67] So gibt es in den Schweizer Alpen, wie der Verfasser selbst bereits erfahren durfte, einige Dörfer, in denen Regionalzeitungen aus dem Mittelland erst mit einem Tag Verspätung ihre Abonnenten erreichen, weil die Zustellung via Bahn und Postauto mehr Zeit in Anspruch nimmt.
[68] Daneben hat sich natürlich auch die Nachrichtensammlung im Internet beschleunigt – auf Quellen und Informationen kann hier der Journalismus tendenziell einfacher und schneller zugreifen.

Kriterien journalistischer Medieninhalte erörtert. Sowohl die Universalität als auch die Aktualität hat Groth mittels Überlegungen zur *Relevanz* spezifiziert, die bei ihm als ‚subjektive Seiten' dieser beiden Merkmale ihren Ausdruck findet. In der neueren Literatur zur Qualität im Journalismus wird im Zusammenhang mit dem Relevanzkriterium häufig auch der Aspekt der *Vollständigkeit* diskutiert. Hagen spricht hier bspw. statt von Vollständigkeit von ‚interner Relevanz' (vgl. Hagen 1995b: 74; 1995c: 162). Der direkt aus dem Groth'schen Verständnis der ‚Zeitung' gewonnene Kriterienkatalog wurde daher noch durch diesen in einem Exkurs behandelten Aspekt ergänzt. Insgesamt wurden so (vorerst) sechs für journalistische Medieninhalte kennzeichnende Dimensionen vorgestellt, die sich durchaus auf den Journalismus im Internet übertragen lassen. Sie müssten daher auch bei Formen internetbasierter Laienberichterstattung bis zu einem gewissen Grad ausgeprägt sein, die sich selbst als ‚journalistische' Angebote verstehen. Die Inanspruchnahme des Werks von Otto Groth soll aber an dieser Stelle nicht bei den (Identifiktations-)*Merkmalen* journalistischer Inhalte stehen bleiben. Ähnlich wie es in Kap. 2.1 im Zusammenhang mit systemtheoretischen Journalismuskonzepten bereits getan worden ist, soll im folgenden Kapitel auch auf die *Funktion* der ‚Zeitung' bzw. des Journalismus eingegangen werden, wie sie Groth verstanden hat.

2.2.6 Vermittlung als Funktion der ‚Zeitung' und des Journalismus

Wie im vorigen Abschnitt bereits angedeutet, versteht Otto Groth die ‚Zeitung' nicht primär als eine bestimmte Publikationsform, die im Druckverfahren auf Papier hergestellt und anschliessend distribuiert wird, als ‚Kulturwerk' steht sie bei ihm vielmehr für ein „idealtypologisches Konstrukt" (Hepp 2004: 37), das unabhängig von seiner Gestalt (Materialisation) eine bestimmte Idee – im weitesten Sinn die Idee des Journalismus – verkörpert:

> *„Das Äussere, die technische Herstellung spielt also für die Begriffsbestimmung und die Abgrenzung des Gegenstandes gar keine Rolle*; auf das Wesen, den Sinn kommt es bei einem Kulturwerk an [...]. So bleibt auch das Wesen der Zeitung dasselbe, in welcher Materialisation es auch erscheint, ob auf bedrucktem Papier, in Buchstaben an der Wand oder in Worten aus dem Radio. Dies ist nötig zu bemerken, weil gerade in der Zeitungswissenschaft

viele auf die Art der Materialisierung ein entscheidendes Gewicht legen, und nur ein Erzeugnis von bestimmter technischer Herstellung – in Druck auf Papier – als Zeitung oder Zeitschrift gelten lassen [...]" (Groth 1960: 7; Hervorh. i.O.).

Auf den Unterschied zwischen dem zeitungswissenschaftlichen Phänomen und seiner Materialisation weist Groth an mehreren Stellen ausdrücklich hin (vgl. z.B. auch Groth 1960: 104 u. 558). So kommt es, dass er auch die Berichterstattung von Radio, Fernsehen und – mit Verweis auf die ‚Wochenschauen' – sogar des Films zum zeitungswissenschaftlichen Gegenstand zählt (vgl. Groth 1960: 325).[69] Wenn Groth von der ‚Zeitung' oder synonym vom ‚Periodikum' spricht, meint er im Grunde generalisierend die Massenmedien, zumindest die Nachrichtenmedien (vgl. Wagner 1998: 213). Groths Zeitungsbegriff steht mithin für den Journalismus – ohne dass damit, wie weiter oben bereits erwähnt wurde (vgl. Kap. 2.2.3), unterhaltender, nicht-aktueller Stoff gänzlich ausgeschlossen würde (vgl. Groth 1960: 126 u. 187ff.).

In der neueren Fachliteratur erfährt Groths Auffassung durchaus wieder Beachtung. Klaus Meier (2007) zufolge können etwa die zeitungsspezifischen Merkmale der Publizität, Periodizität, Aktualität und Universalität „allgemein als Kennzeichen des Journalismus in Massenmedien gelten" (Meier 2007: 74). Auch Neuberger et al. (2009a) haben zur Bestimmung der Grundgesamtheit journalistischer Internetangebote in Deutschland auf eine Operationalisierung des Journalismus durch Groths vier Zeitungsmerkmale zurückgegriffen, ergänzt durch das Kriterium der institutionellen Autonomie und Vollständigkeit (vgl. Neuberger et al. 2009a: 200f. u. 209).[70] Gerade die Anwendung der Zeitungsmerkmale Groths auf Inhalte im *Internet* belegt,

---

[69] Gleichzeitig räumt Groth ein, in seinem Frühwerk, der zwischen 1928 und 1930 entstandenen *Zeitungskunde*, die mechanische Vervielfältigung im Druckverfahren irrigerweise noch als wesentliches Merkmal des zeitungswissenschaftlichen Gegenstandes erachtet zu haben (vgl. Groth 1960: 322, siehe ursprünglich Groth 1928: 28f.).

[70] Im von der Deutschen Forschungsgemeinschaft finanzierten Projekt „Journalismus im Internet" wurde die Grundgesamtheit journalistischer Internetangebote in Deutschland ermittelt. Die Autoren kamen dabei zum Schluss, dass in der Untersuchungszeit (vom September 2006 bis Mai 2007) mehr als drei Viertel (77.1%) aller journalistischen Online-Angebote in Deutschland von den Ablegern traditioneller Massenmedien stammten, gemeint sind hier die Web-Auftritte von Tages- und Wochenzeitungen, Zeitschriften und Rundfunkanbietern. Demgegenüber machten ‚Nur-Internetangebote' knapp ein Viertel (22.9%) des journalistischen Gesamtangebots im Netz aus, worunter – mit jeweils sehr kleinen Anteilen – etwa Weblogs (3.6%) und Nutzerportale (1.0%) fallen (vgl. Neuberger et al. 2009a: 222).

dass die Kanal- bzw. Medienunabhängigkeit und mithin Zeitlosigkeit seines Zeitungsbegriffs durchaus erkannt werden.

Übrigens ist es nicht so, dass Groth den Begriff ‚Journalismus' in seinem Gesamtwerk gänzlich ausgeklammert hätte, doch sieht er darin in erster Linie eine Berufsbezeichnung für Journalisten, Reporter und Redakteure, die er von anderen schreibenden Berufsgattungen wie etwa den Schriftstellern abgrenzt: „Unter Journalismus im engeren (eigentlichen) Sinne verstehen wir dann die Gesamtheit derer, die an der Gestaltung des Textes von Zeitungen oder auch zeitungsnahen Zeitschriften, sei es unmittelbar, sei es mittelbar [...] berufsmässig tätig sind" (Groth 1962: 181).

An der mitunter gewöhnungsbedürftigen Terminologie Groths mag es u.a. gelegen haben, dass sein spätes Œuvre zum Zeitpunkt der Veröffentlichung kaum rezipiert worden ist (vgl. Langenbucher 1998: 151 u. 154ff.; Wagner 1998: 209). Entscheidender für die Nicht-Rezeption dürfte aber gewesen sein, dass die *Unerkannte Kulturmacht,* wie Hans Wagner feststellt, absolut unzeitig erschien, denn „der Gegensatz zum Mainstream der damaligen Publizistik- und Kommunikationswissenschaft hätte in der Sache, im Verfahren und Ergebnis nie grösser sein können" (Wagner 1998: 208). Groth, der als Praktiker nie eine universitäre Stelle innehatte, ging nämlich deskriptiv, historisierend, vergleichend und typologisierend vor, während sich die etablierten Publizistik- und Kommunikationswissenschaftler „in funktionalistischer und systemtheoretischer Terminologie übten" (ebd.: 209). Es kommt hinzu, dass der Begriff der ‚Massenkommunikation' in Groths sieben Bänden abgesehen von einer Randbemerkung im letzten Band fehlt. Wagner sieht im Groth'schen Werk dennoch eine Revision gängiger Massenkommunikationstheorien, „die man ohne Einschränkung als radikal einstufen muss" (ebd.: 210). Dieser Schluss liege insofern nahe, als in der Publizistikwissenschaft jener Zeit rhetorisch orientierte Modelle der Massenkommunikation vorgeherrscht hätten, in denen Botschaften einseitig und asymmetrisch von einem Kommunikator an einen Rezipienten gerichtet waren (vgl. ebd.: 200).[71] Dieses rhetorische Schema trifft nicht nur auf die bekannte sogenannte ‚Lass-

---

[71] Als „Rhetorik-Modelle" bezeichnet Hans Wagner (1998) eine Reihe solcher Transmissionsmodelle, die sich an der Vorstellung einer einseitigen Ansprache eines Sprechers gegenüber einem Publikum orientieren, wie das etwa bei öffentlichen Reden im Rat, Gericht oder in der Volksversammlung der Antike der Fall war (vgl. Wagner 1998: 189ff.). Wie Wagner zeigt, haben sich Publizistikwissenschaftler wie u.a. Walter Hagemann ausdrücklich auf die Aristotelische Rhetorik als die „Mutter der Publizistik" berufen (Hagemann 1966: 183 zit. in Wagner 1998:193). Unter Publizistik verstand man dabei „jede öffentlich bedingte und öffentlich geübte geistige Einwirkung auf die Öffentlichkeit, um diese ganz oder in ihren Teilen durch freie Überzeugung oder kollektiven Zwang mit Gesinnungskräften über Wissen und Wollen in Tun und Handeln zu bestimmen" (Dovifat 1968: 5 zit. in Wagner 1998: 190).

well-Formel' zu (vgl. Lasswell 1948: 37), sondern auch auf das heute noch in vielen Lehrbüchern – teils auch kritisch – vorgestellte ‚Feldschema der Massenkommunikation' von Gerhard Maletzke (vgl. Maletzke 1963: 41). Beim letzteren wurde die Einseitigkeit des Kommunikationsprozesses zwar durch spontane Feedbacks des Publikums (etwa in der Form von Telefonanrufen oder Leserbriefen) scheinbar abgeschwächt und eine Reihe intervenierender Variablen integriert (etwa das soziale Umfeld von Kommunikator und Rezipient sowie ihr gegenseitiges Bild voneinander), doch im Kern blieb die Asymmetrie zwischen Sender und Empfänger bestehen, verläuft darin die Kommunikation immer noch auf einer ‚Einbahnstrasse', ausgehend vom „Kommunikator, der das Sagen hat, zum Rezipienten, dem das Zuhören, Zuschauen oder Lesen bleibt" (Wagner 1998: 203).

Just in diesem Punkt liefert Otto Groth eine entscheidende Differenzierung, die sich im 19. Kapitel der *Unerkannten Kulturmacht* unter dem unscheinbaren Titel „Der Sinn des Periodikums" findet. Groth zufolge teilen sich Journalisten und Redakteure nicht selbst als Kommunikatoren einem Publikum mit, sondern vermitteln, was *andere*, etwa Politiker, Pressesprecher, Sportler, Künstler, Experten etc. öffentlich zu einem Ereignis, einer sozialen oder politischen Streitfrage oder einem sonstigen Thema geäussert haben. Die Funktion der Kulturerrungenschaft ‚Zeitung' bestehe vorrangig in der *Vermittlung* solcher Mitteilungen von Akteuren aus unterschiedlichen gesellschaftlichen Bereichen:

> „Der Sinn des Periodikum selbst – also zeitungswissenschaftlich gesehen – ist nicht Mitteilung, sondern *vermittelte Mitteilung, Vermittlung von Mitteilungen*" (Groth 1960: 458, Herv. i.O.).

Wie Groth an derselben Stelle fortfährt, hat sich die Vermittlungsfunktion der Zeitung – und im weiteren Sinn des Journalismus – in der gesellschaftlichen Entwicklung als Lösung für das spezifische Problem herausgebildet, bei wachsender Grösse einer Gesellschaft den kommunikativen Austausch zwischen ihren Mitgliedern sowie ihren einzelnen Teilbereichen *über Distanz* zu ermöglichen[72]:

---

[72] Auf diesen kommunikationsgeschichtlichen Aspekt, der bei Groth nicht weiter vertieft wird (vgl. Wagner 1998: 216), ist später noch zurückzukommen (vgl. Kap. 2.3.2).

> „Die Kulturentwicklung zeigt uns, wie die ursprünglich
> unmittelbare Mitteilung in den frühesten engeren Verhält-
> nissen dominierte, und wie dann der menschliche Geist
> mit der ungeheuren Ausdehnung, Vermehrung und ‚Ato-
> misierung' der zwischenmenschlichen Beziehungen, mit
> der Auflösung vieler geschlossener Verbindungen oder
> ‚Gemeinschaften' und ihrem Ersatz durch ‚Gesellschaf-
> ten' aller Art und Grösse immer neue, kompliziertere
> Formen und Instrumente, Methoden und Kunstgriffe ver-
> mittelter Mitteilung erfand. Darunter erschuf er sich in der
> Neuzeit neben anderen Publiken oder Kollektiven das Pe-
> riodikum, ein Kulturwerk, das nach einer ganz bestimm-
> ten, nur ihm zugrunde liegenden Idee auch Mitteilungen
> vermittelt [...]" (Groth 1960: 548f.).

Dass die ‚Zeitung' kein Ausdrucksmittel für Journalisten und Verleger ist, um sich selbst öffentlich zu Wort zu melden, begründet Groth pressehistorisch ebenso wie praktisch: Von ihrem frühesten Erscheinen an hätten sich Zeitungen vornehmlich als Vermittlungsinstanzen verstanden, „schon wenn man sich erinnert, dass der Wahlspruch der frühen Zeitungen das *Relata refero* war, und man sich vergegenwärtigt, welche Persönlichkeiten die frühesten Zeitungen herausgaben, grossenteils Geschäftsleute, Buchdrucker, Postmeister usw., die eben ihrem Metier entsprechend mit den Zeitungen verdienen wollten" (Groth 1960: 545). Einer Reihe von im Journalismus Tätigen, so Groth weiter, sei das ‚Sich Ausdrücken' sogar gänzlich fremd, angefangen vom Herausgeber, der ein Zeitungsunternehmen führe, über den Chef vom Dienst, der die Beiträge für einzelne Ausgaben zusammenstelle, bis zum Redakteur, der das einlaufende Material zurechtmache (vgl. ebd.). Die ‚publizistikwissenschaftliche' Auffassung seiner Zeit, wonach die Massenmedien in erster Linie Instrumente der Meinungsäusserung und -bildung, der Propaganda und Werbung darstellen, erachtet Groth schlechthin als realitätsfremd (vgl. ebd.). Vielmehr verortet er die Massenmedien als „Makler" (ebd.: 565) zwischen verschiedenen, im kommunikativen Austausch befindlichen Partnern. Der Sinn der ‚Zeitung' liegt dieser Auffassung zufolge in der Vermittlung gesellschaftlicher Kommunikation, sie „dient [...] dem ‚Gedankenaustausch', ist ein ‚Sprechsaal', in dem sich die Partner treffen, ihre Ansichten, Kenntnisse und Erfahrungen austauschen und sich durch Aussprache über ihre Stellungnahme zu einigen versuchen" (ebd.: 566).

Wie diese kurzen Ausführungen zu Groths Verständnis gesellschaftlicher Kommunikation erahnen lassen, spielen in diesem Modell drei Glieder eine zentrale Rolle (vgl. dazu Abbildung 2): Der Vermittler (Journalist) bzw. die ‚Zeitung' als Medium (M), sodann zwei Bezugspunkte bzw. Partner, zwischen denen die ‚Zeitung' vermittelt. Nach der Richtung der Vermittlung ist dies zum einen der ‚Ausgangspartner' (AP), dessen Äusserungen das Medium aufnimmt, und zum anderen der ‚Zielpartner' (ZP), an den die Äusserungen vermittelt werden (vgl. ebd.: 563 u. 599).[73] Das Medium als ‚Mittler' bringt die zwei Partner zusammen, es hat eine Brückenfunktion, soll räumliche, zeitliche, geistige oder soziale Distanz überwinden: „Vermittlung ist [...] eine Funktion von eminenter sozialer und kultureller Bedeutung. Ob wir es mit einem Werk oder einer Person als Vermittler zu tun haben, immer kann die Vermittlung nur erfolgen dadurch, dass der Vermittler bei den Partnern eine Möglichkeit des Ansetzens findet, und immer hat sie zum Ziele die Ausgleichung von Unterschieden, die Überbrückung von Zwischenräumen, die Beseitigung von Hindernissen des Zusammenkommens" (ebd.: 565).[74]

Abbildung 2: Modell der vermittelten Mitteilung nach Otto Groth

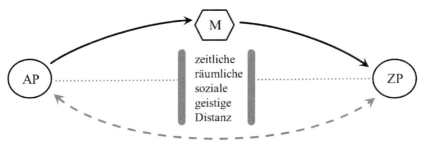

(Darstellung in Anlehnung an Wagner 1998: 217)

Die Initiative zur Vermittlung kann vom Ausgangspartner kommen, der die Vermittlung des Periodikums in Anspruch nimmt, aber auch vom Vermittler, indem er „selbst Partner sucht und heranzieht, in den Partnern latente Wün-

---

[73] Dass Groth hier von der *Vermittlungsrichtung* ausgeht, stellt allerdings eine modellimmanente Verkürzung des Massenkommunikationsprozesses dar (vgl. Wagner 1998: 215), auf die später noch zurückzukommen sein wird.
[74] Die Überbrückung der Distanz zwischen Ausgangs- und Zielpartner durch das Medium erfolgt Groth zufolge nicht etwa von selbst, sondern setzt ein *Bedürfnis nach Vermittlung* voraus. Ein gemeinsames Minimalinteresse der Partner an einem gegenseitigen Austausch müsse vorhanden sein (vgl. Groth 1960: 564f.).

sche aufspürt, schlummernde Bedürfnisse zum Vermitteln weckt, wenn er auch den Ausgangspartner, der gar nicht an ein Geben denkt, ja dazu zunächst nicht bereit ist, mit den Gedanken des Sichäusserns [sic], Verkündigens und Mitteilens vertraut macht und ihn schliesslich dahin bringt, sich seiner Vermittlung zu bedienen" (ebd.: 567). Zudem kann der Austausch in beide Richtungen, d.h. *wechselseitig* erfolgen, was in der schematischen Darstellung durch den unteren, gestrichelten Pfeil in beide Richtungen gekennzeichnet ist. Ausgangspartner werden so zu neuen Zielpartnern und umgekehrt: „Der – beim Periodikum vermittelte – ‚Gedankenaustausch', die ‚Diskussion' stellt solchen Rollenwechsel dar, ein Hin und Her des Gebens und Nehmens, aber verschiedener, sich ergänzender Ansichten, Kenntnisse, Erfahrungen zu einem gleichen, durch und durch einheitlichen Thema" (ebd.: 599f.). An einem Beispiel veranschaulicht, liegt etwa ein Rollentausch vor, wenn in einer Nachricht von der Ankündigung einer Massenentlassung durch einen Grosskonzern zu erfahren ist, gleichzeitig aber auch die Reaktion der betroffenen Belegschaft gegenüber der Konzernleitung, etwa die Forderung nach einem Sozialplan, wiedergegeben wird. Die journalistische Berichterstattung vermittelt dann nicht nur die Verlautbarung des Unternehmens, die an einer Pressekonferenz durch einen Pressesprecher erfolgt sein mag, sondern auch die Antwort derjenigen, die von der angekündigten Massnahme direkt betroffen und damit nicht einverstanden sind. Modelltheoretisch ist das mehr als ein blosses ‚Feedback', wie es etwa in Gerhard Maletzkes ‚Feldschema der Massenkommunikation' – dort auch nur als Rückkanal an das Massenmedium – vorgesehen ist, sondern ein kommunikativer Austausch zwischen Ausgangs- und Zielpartner(n).[75]

Wie Wagner ergänzt, findet das kommunikative Hin und Her von Aussage und Antwort zudem in vielen Fällen nicht in derselben Nachricht, im selben Radio- oder TV-Beitrag statt, sondern entspinnt sich ein wechselseitiger Dialog zwischen verschiedenen Partnern erst über die Zeit hinweg mit der Abfolge aufeinander bezogener Nachrichtenbeiträge (vgl. Wagner 1998: 226f.). Das ist etwa der Fall, wenn die Massenmedien einen Regierungsbeschluss aufgreifen, wonach die Erhöhung der Mehrwertsteuer auf Konsumgüter und Dienstleistungen überprüft werden soll, und in den Tagen darauf auch die Reaktionen von Konsumentenschutzorganisationen und politischen Parteien in der journalistischen Berichterstattung wiedergegeben werden.

---

[75] In diesem Beispiel wäre die Wechselseitigkeit sogar noch ausgeprägter, wenn die Konzernleitung – ebenfalls in derselben Nachricht – ihrerseits auf die Forderungen der Belegschaft eingeht, sie etwa zurückweist oder gutheisst.

Schliesslich stellt Groth fest, dass dieselben Akteure auch gleichzeitig Ausgangs- und Zielpartner innerhalb verschiedener Kommunikationsstränge sein können, etwa wenn „in der nämlichen Nummer einer Zeitung die Anordnung einer Stadtbehörde als des Ausgangspartners an die Bevölkerung der Stadt als Zielpartner und die Resolution einer Versammlung dieser Bevölkerung als des Ausgangspartners an die Stadtbehörde als Zielpartner veröffentlicht werden" (Groth 1960: 600).

Das dreigliedrige Modell der vermittelten Mitteilung nach Otto Groth kommt dem Kommunikationsfluss, wie er uns tagtäglich in der journalistischen Berichterstattung der Massenmedien begegnet, schon sehr nahe. Allerdings weist es eine wesentliche Lücke auf. Sie rührt daher, dass Groth den Begriff des Zielpartners über weite Strecken uneinheitlich verwendet. Zum einen meint er mit Zielpartnern schlicht die Rezipienten bzw. das Medienpublikum, im Falle z.B. von Tageszeitungen die Leser (vgl. Groth 1960: 599 u. 610).[76] Zu diesem Publikum gehören alle, welche das entsprechende Medienangebot nutzen. Zum anderen bezeichnet Groth an manchen Stellen in einem engeren Sinn all jene als Zielpartner, an die sich die ursprünglichen Mitteilungen der Ausgangspartner, die über das journalistische Medium vermittelt werden, ihrem kommunikativen Sinn nach richten (vgl. Groth 1960: 612). Bei ihnen handelt es sich – ganz ähnlich wie in der Gesprächssituation – um die ‚Angesprochenen'.

Doch sind Rezipienten, die als Mediennutzer massenmedial vermittelte Äusserungen gesellschaftlicher Ausgangspartner zur Kenntnis nehmen, tatsächlich auch immer die dem kommunikativen Sinn nach Angesprochenen dieser Botschaften, also die Zielpartner im engeren Sinn? Sind etwa die Zuschauer eines TV-Berichts, in dem sich ein Regierungsmitglied öffentlich gegenüber einem Fraktionsvorsitzenden einer Partei für seine herablassende Bemerkung entschuldigt, im gleichen Mass angesprochen wie der Fraktionsvorsitzende selbst bzw. dessen Partei und deren Mitglieder? Wohl kaum. Wie Wagner richtig feststellt, ist daher am Ende des massenmedial vermittelten Kommunikationsprozesses analytisch zu trennen zwischen der vermittlungsbedingten Empfängerrolle einerseits (Publikum) und der kommunikativ definierten Gesprächspartnerrolle andererseits (Zielpartner) (vgl. Wagner 1998: 230). Diesem Umstand wird in der *Theorie der Sozialen Zeit-Kommunikation*, auf die im nächsten Kapitel eingegangen wird, Rechnung getragen.

---

[76] Besonders deutlich wird das im Kapitel „Die Zwecke der Zielpartner (Leser)" im 2. Band der *Unerkannten Kulturmacht*, Groth 1961: 279ff.

2.3 Journalismus als konzentrierte Fremdvermittlung

Aufbauend auf Otto Groths dreigliedrigem Kommunikationsmodell sowie u.a. den Arbeiten von Karl d'Ester und Bernd Maria Aswerus hat Hans Wagner eine umfassende *Theorie der Sozialen Zeit-Kommunikation* ausgearbeitet (vgl. u.a. Wagner 1978a, 1980, 1995 u. 1998).[77] Kurzgefasst besteht demnach die Hauptfunktion des Journalismus darin, die gesamtgesellschaftliche Kommunikation in konzentrierter Form zu vermitteln, oder anders ausdgedrückt: den gesellschaftlichen Diskurs auf Dauer herzustellen. In diesem Sinne sorgt Journalismus gemäss Kiefer (2011) dafür, „dass gesellschaftliche Selbstverständigung als infiniter Kommunikationsprozess in Gang kommt bzw. bleibt" (ebd.: 8, zit. nach Haller 2004a: 136).[78] Entsprechend umschreibt Curran (2007) den Kernsektor der Massenmedien: „The core media sector – its mass television channels and, in many countries, local monopoly dailies – are the central meeting places of society where different social groups are brought into communion with one another" (ebd.: 39).

Im Zentrum der *Theorie der Sozialen Zeit-Kommunikation* steht also die *Formusfunktion* des Journalismus, der gesellschaftliche Gruppen miteinander ins Gespräch bringt, indem er deren Kommunikate *vermittelt*. An dieser Stelle soll eine auf die wesentlichen Aspekte beschränkte Darstellung des theoretischen Ansatzes erfolgen.[79] Zu diesem Zweck werden in einem ersten Schritt die zentralen Elemente des dazugehörigen Modells vorgestellt (vgl. Kap

---

[77] Zwei Attribute sind für diese Kommunikationstheorie offensichtlich begriffsbildend: ‚Sozial' kann hier verstanden werden als ‚auf die Mitglieder einer Gemeinschaft, auf die Gesellschaft bezogen'. Soziale Kommunikation unterscheidet sich von der Kommunikation in der Tierwelt sowie von der Kommunikation zwischen Maschinen bzw. Computern, aber auch von der zwischenmenschlichen Intimkommunikation (vgl. Wagner 1978a: 20). Insofern bedeutet ‚sozial' hier mehr als die blosse Gerichtetheit auf ein mögliches Gegenüber, einen anderen Menschen. Soziale Kommunikation ist *öffentlich* wahrnehmbar, prinzipiell allen Gemeinschafts- bzw. Gesellschaftsmitgliedern zugänglich und hat zum Gegenstand, was diese gemeinsam angeht (vgl. Schönhagen 2004: 113; Wagner 1978b: 205). Unter ‚Zeit-Kommunikation' kann die Kommunikation zu *aktuellen* Ereignissen und Themen der Gegenwart verstanden werden (vgl. Wagner 1978a: 19). Soziale Zeit-Kommunikation meint daher die „Kommunikation der Zeitgenossen zu den Themen der Zeit" (Starkulla 1963, zit. in Wagner 1978a: 19).

[78] Ebenso sieht Jarren (2000) die Funktion der Massenmedien darin, „gesellschaftliche Selbstverständi-gungsdiskurse zu ermöglichen und zu erhalten" (ebd.: 23).

[79] Eine vertiefende Diskussion bietet Philomen Schönhagen (2004: 109ff.). Auch im Einführungsbuch zur Kommunikationswissenschaft von Klaus Beck wird u.a. das Modell zur Sozialen Zeit-Kommunikation besprochen (Beck 2010a: 132ff.). Schliesslich bietet Wagner selbst im Zuge einer Würdigung der Arbeiten Groths eine verständliche Einführung (vgl. Wagner 1998: 207ff.). Ausgehend von Interaktivität und Partizipation als vermeintliche Besonderheiten der Online-Kommunikation führt zudem der englsichsprachige Beitrag von Fürst et al. 2015 in den Theorieansatz ein.

2.3.1). Spezifische Aspekte davon (Kommunikationsrepräsentanz und Rollenunion) werden hier in zwei Unterkapiteln angesprochen. Sodann werden die dem Modell implizit zugrunde liegenden Entwicklungsschritte der Evolution gesellschaftlicher Kommunikation nachgezeichnet und die daraus ableitbaren Kriterien journalistischer Vermittlung (,Vermittlungsprinzipien') vorgestellt (vgl. Kap. 2.3.2). Diese ergänzen die im vorausgegangen Kapitel dargestellten Groth'schen Wesensmerkmale der ‚Zeitung' und vervollständigen somit den Katalog zur Identifikation journalistischer Medienangebote, der im abschliessenden Kapitel im Sinne einer Synthese noch einmal überblicksartig dargestellt wird (vgl. Kap. 2.4).

2.3.1 Viergliedriges Rollenschema

Ein zentraler – wenn nicht sogar der entscheidende – Punkt in der Theorie der Sozialen Zeit-Kommunikation besteht in der Einsicht, dass (journalistische) Massenkommunikation eine Verschränkung zweier Prozesse darstellt, die analytisch zu trennen sind: des *Vermittlungsprozesses* einerseits und des *Kommunikationsprozesses* andererseits (vgl. Fürst et al. 2015: 330f.; Schönhagen 2004: 118). Der Vermittlungsprozess findet zwischen Journalisten bzw. Vermittlern (V) und dem Medienpublikum bzw. den Rezipienten (R) statt. Bei beiden Seiten handelt es sich um die sogenannten *Vermittlungsrollen*. Diese können nicht beliebig eingenommen werden, d.h. die Vermittlung verläuft einseitig von Vermittlern (Journalisten) zum Publikum (Rezipienten). Der dahinter liegende Kommunikationsprozess findet zwischen gesellschaftlichen Kommunikations- bzw. Gesprächspartnern statt, und zwar den Ausgangspartnern (AP) und Zielpartnern (ZP) bzw. ihren jeweiligen Repräsentanten. Bei ihnen handelt es sich um die sogenannten *Kommunikationsrollen*, zwischen denen (im Gegensatz zum Vermittlungsprozess) ein wechselseitiger Austausch stattfinden kann. Ausgangspartner ist dabei jeder, von dem eine (durch den Journalismus vermittelte) Mitteilung stammt.[80] Als Zielpart-

---

[80] Ausgangspartner werden häufig auch als ‚Quellen', ‚Aussageträger' oder ‚Sprecher' bezeichnet. Um sie richtig identifizieren zu können, müssen sie natürlich von Journalisten offen gelegt bzw. transparent gemacht werden. Transparenz ist mithin eine unabdingbare Voraussetzung, damit Rezipienten die in der Berichterstattung auftretenden Kommunikationspartner erkennen können (vgl. zu Quellentransparenz Kap. 2.3.2). Bei Nachrichtenbeiträgen, die in Textform vorliegen, d.h. bei der Berichterstattung in der Presse sowie grösstenteils im Online-Journalismus, sind die Ausgangspartner relativ einfach anhand der Quellenangaben bei wörtlichen (direkten) oder sinngemässen (indirekten) Zitaten zu erkennen. Zusätzliche formale Indikatoren sind hier u.a. Anführungszeichen (bei wörtlicher Redewiedergabe) oder die Verwendung des Konjunktivs (bei indirekter Rede).

ner gilt umgekehrt jeder, an den sich diese vermittelte Mitteilung des Ausgangspartners richtet, der angesprochen ist oder sich angesprochen fühlt (vgl. Wagner 1998: 233).[81] Zielpartner sind mithin generell von der Kommunikationsrichtung her zu bestimmen und nicht, wie Groth es vorschlägt (s.o.), von der Vermittlungsrichtung (vgl. ebd.). Die doppelpaarige Grundstruktur mit Vermittlungs- und Kommunikationsrollen zeigt Abbildung 3.

Abbildung 3: Viergliedrige Rollenstruktur der Kommunikationsvermittlung

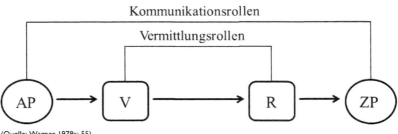

(Quelle: Wagner 1978a: 55)

Die Identifikation einer aktiven Vermittlungsrolle (Journalisten, die Kommunikate vermitteln) und einer aktiven Kommunikationsrolle (Ausgangspartner, die kommunizieren bzw. sich mitteilen) in der öffentlichen Kommunikation verweist dabei auf eine wissenschaftliche Typenkonstruktion, welche die beiden Figuren des ‚Journalisten' und des ‚Publizisten' unterscheidet (vgl. Wagner 1991: 51ff.). Deren Konturen sind bereits in älteren Studien zum Journalismus ersichtlich, insbesondere bei Baumert (1928) und Spael (1928). Das Kernkriterium ihrer Unterscheidung ist die *Unparteilichkeit* bzw. *Parteilichkeit*. Wie die Vermittlungs- und Kommunikationsleistungen beider Typen in der öffentlichen Kommunikation aussehen, „hängt schlicht davon ab, ob sie *abhängig* und im Dienst einzelner Kommunikationsinteressen *parteilich* erbracht werden, oder ob sie *unabhängig* von derartigen Einzelinteressen sich bewusst *unparteilich* in den Dienst eines möglichen Austauschs aller Kommunikationsinteressen der Gesellschaft stellen" (Wagner 1991: 52, Herv. i.O.). Der ‚Publizist' ist dabei durch seine Anwaltschaft für die – in einer freien Gesellschaft stets berechtigten – kommunikativen Einzel- oder Sonder-

---

[81] Die Zielpartner werden in der Regel nur explizit genannt, wenn sie expliziter Bestandteil der Äußerung des Ausgangspartners sind (vgl. Wagner 1978a: 42). Ansonsten müssen sie implizit aus dem Sinn der Äußerung bzw. dem Kontext, in dem diese vermittelt wird, erschlossen werden.

interessen charakterisiert. Er verschafft nicht nur den Kommunikationsinteressen bestimmter Gruppierungen in der Gesellschaft Gehör, die er anwaltschaftlich vertritt, sondern kommuniziert auch seine eigenen Ansichten und Interessen. Er ist mithin Interessenvertreter (vgl. ebd.). Der ‚Journalist' ist im Gegenzug als „Gesrpächsanwalt der Gesellschaft" (Aswerus, zit. ebd.) zu typisieren, der in grösstmöglicher Unabhängigkeit von Partikularinteresen an einer funktionierenden gesellschaftlichen Kommunikation interessiert ist. Er nimmt gleichsam die Rolle eines Moderators am runden Tisch ein und sorgt in dieser Funktion dafür, dass alle bzw. möglichst viele Kommunikationsinteressen öffentlich wahrnehmbar werden (vgl. ebd.).

Wie der Kommunikationsprozess und der Vermittlungsprozess in der massenmedialen Kommunikation ineinander verschränkt sind, soll folgendes Beispiel[82] illustrieren: Wenn aus einem Bericht in einer Schweizer Sonntagszeitung hervorgeht, dass der Parteipräsident der Christlichdemokratischen Volkspartei (CVP) tags zuvor während einer Rede an der jährlichen Parteiversammlung der Fraktionschefin der Sozialdemokratischen Partei (SP) vorgeworfen hat, sich öffentlich abschätzig über christliche Werte geäussert und für den Abbau des Religionsunterrichts in der Volksschule geworben zu haben, so ist der Parteipräsident der CVP Ausgangspartner, dessen Kritik sich an die SP-Fraktionschefin als Zielpartnerin richtet. Dieser Mitteilungsvorgang wird über ein journalistisches Medium (im Beispiel eine Sonntagszeitung) vermittelt und dadurch öffentlich wahrnehmbar gemacht. Womöglich erfährt die kritisierte SP-Fraktionsvorsitzende von den Vorhaltungen erst als Rezipientin des entsprechenden Berichts aus der Sonntagszeitung, auf dem gleichen Weg nehmen wahrscheinlich einige ihrer Fraktionskolleginnen und -kollegen davon Kenntnis. Unter Umständen fühlen sich auch andere SP-Parteimitglieder, welche die Sonntagszeitung lesen, durch die Kritik an ihrer offiziellen Repräsentantin angegriffen. Sie alle sind im weitesten Sinne Zielpartner. Generell sind die Zielpartner also nicht mit dem gesamten Medienpublikum gleichzusetzen, sondern in der Regel nur ein Teil davon, oder genauer: Niemals sind alle Rezipienten bezüglich *aller* vermittelten Medieninhalte auch die Zielpartner (vgl. Wagner 1998: 231).[83]

---

[82] Im Folgenden handelt es sich zu Veranschaulichungszwecken um ein fiktives Beispiel, das sich so oder ähnlich zuhauf in massenmedialer Berichterstattung findet.
[83] Auch die Ausgangspartner sind in der Regel Teil des Publikums. So befinden sich unter den Lesern der betreffenden Sonntagszeitung – um bei diesem Beispiel zu bleiben – wahrscheinlich auch Mitglieder der CVP, ja vielleicht sogar der CVP-Präsident selbst, der seine kritischen Worte in der Berichterstattung wiedergegeben findet. Welcher Ausgangspartner ist nämlich „nicht zugleich in einem konkreten Fall der interessierteste Rezipient, weil er ganz zu Recht

Während der Vermittlungsprozess zwischen Journalisten und Rezipienten in diesem viergliedrigen Rollenmodell wie bereits erwähnt *einseitig* verläuft bzw. die Vermittlerrolle in der Massenkommunikation nicht beliebig einzunehmen ist[84], kann der Kommunikationsprozess *wechselseitig* erfolgen, d.h. hier ist ein Rollentausch möglich. Ausgangspartner werden so zu Zielpartnern und umgekehrt (vgl. ebd.: 226).[85] Im gegebenen Beispiel wäre das der Fall, wenn die angegriffene Fraktionspräsidentin der SP die kompromittierende Anschuldigung als falsch zurückweist. Dieser Sprecherwechsel kann sich in ein und derselben Nachricht vollziehen – im konkreten Beispiel hätte dann die besagte SP-Politikerin an der Jahresversammlung der CVP anwesend sein und dort z.b. als eingeladene Gastrednerin nach der Ansprache des CVP-Präsidenten dessen Vorwürfe von der Hand weisen müssen, was von den Medien ebenfalls aufgegriffen worden wäre. Häufiger finden Sprecherwechsel bei zusammenhängender Berichterstattung jedoch in aufeinanderfolgenden Beiträgen statt (vgl. ebd.: 227).

Um das der Theorie der Sozialen Zeit-Kommunikation zugrunde liegende Modell vollständig zu verstehen, verdienen noch zwei weitere Aspekte Erwähnung: das Prinzip der ‚Kommunikationsrepräsentanz' und die Möglichkeit zur ‚Rollenunion'.

Kommunikationsrepräsentanten und ‚Kommunikation im Plural'

Bereits Groth (vgl. dazu Kap. 2.2.6) ist aufgefallen, dass gesellschaftliche Kommunikation, wie sie von den Massenmedien vermittelt wird, nicht primär zwischen einzelnen Individuen stattfindet, sondern sich massgeblich zwischen kollektiven Akteuren wie Parteien, Verbänden oder Unternehmen bzw. ihren jeweiligen *Repräsentanten* abspielt: „Als Ausgangspartner können auch Kollektiva auftreten, Sozialgebilde und Kulturanstalten [...]. Alle diese Gesamtgebilde nehmen durch ihre Beauftragten, Funktionäre, Repräsentanten

---

danach brennt zu erfahren, was Vermittler aus seiner Aussage gemacht haben, was davon in der Vermittlung geblieben ist?" (Wagner 1998: 235).

[84] Daran ändern auch die marginalen herkömmlichen (z.B. Leserbriefe, Call-In-Anrufe in laufende Sendungen etc.) und jüngeren (z.B. Online-Kommentare, Leserreporter-Bilder etc.) Beteiligungsformen des Publikums am professionellen Journalismus wenig, die derzeit aufgrund des technischen Medienwandels unter den Schlagworten ‚partizipativer Journalismus' und ‚usergenerated content' intensiv diskutiert werden (vgl. u.a. Domingo et al. 2008; Jönsson/Örnebring 2011; Holt/Karlsson 2011 sowie zur Einordnung des ‚partizipativen Journalismus' Kap. 3.1.1).

[85] Auf den möglichen Sprecherwechsel hat bereits Groth im Zusammenhang mit seinem dreigliedrigen Rollenschema hingewiesen (vgl. Kap. 2.2.6).

oder sonstige ‚Organe' die Vermittlung des Periodikums in Anspruch" (Groth 1960: 601).

Die Theorie der Sozialen Zeit-Kommunikation fundiert diesen bei Groth nicht weiter analysierten Aspekt der Kommunikationsrepräsentanz theoretisch und nimmt ihn als integralen Aspekt in ihr Modell der Massenkommunikation auf. Dazu muss man sich zuerst die Frage stellen, auf welchem Weg denn eine inhaltlich umfassende, vielseitige Darstellung von Themen und Standpunkten aus den unterschiedlichsten gesellschaftlichen Teilsystemen bzw. Lebensbereichen überhaupt möglich ist, wie sie Groth unter dem Aspekt der Universalität beschreibt (vgl. Kap. 2.2.2). Offensichtlich kann das nur geschehen, indem die Aussagen gesellschaftlicher Ausgangspartner hoch konzentriert wiedergegeben werden. Dazu muss auf Seiten des Journalismus sowohl eine Selektion der Ausgangspartner (Quellen) stattfinden als auch eine Verdichtung ihrer Aussagen. Nicht jedermanns Äusserungen können vermittelt werden, eine Beschränkung auf die wichtigsten Sprecher und den Kern ihrer Aussagen ist unumgänglich (vgl. Wagner 1995: 21 u. 34).

Folgt man dieser Überlegung, so sind es in aller Regel nicht beliebige Einzelpersonen bzw. Bürger von der Strasse, die in der Berichterstattung zu Wort kommen, sondern meist formal legitimierte Sprecher als Repräsentanten bestimmter Organisation, Gruppierungen und Interessenlager (z.B. Firmensprecher, Polizeisprecher, Vereinspräsidenten etc.). *Kommunikationsrepräsentanz* bedeutet in diesem Zusammenhang, dass die in den Massenmedien auftretenden Sprecher in aller Regel nicht für sich allein bzw. in eigener Sache das Wort ergreifen, sondern Kollektive (Institutionen, Organisationen, Vereine, Bürgerbewegungen etc.) und deren Interessen kommunikativ vertreten (vgl. Fürst et al. 2015: 331f.; Schönhagen 2004: 125). Dabei kann es sich nicht nur um formal legitimierte bzw. gewählte Repräsentanten handeln (z.B. angestellte Pressesprecher von Unternehmen, Parteisekretäre, Fraktionsvorsitzende etc.), sondern auch um Fürsprecher ohne Mandat, die ideell bestimmte gesellschaftliche Interessen, soziale Bewegungen oder Weltanschauungen unterstützen.[86] Meist sind die Aussagen organisierter Kollektive (bzw. ihrer Repräsentanten) für Journalisten in Form von Pressemitteilungen bzw. PR-Material allerdings besonders leicht zugänglich (vgl. ebd.). Sie besitzen

---

[86] Friedhelm Neidhardt (1994) bezeichnet solche Interessenvertreter in seinem Öffentlichkeitsmodell als ‚Advokaten', „die ohne politische Vertretungsmacht, wohl aber im Namen von unverfassten Gruppierungen sprechen und mit Blick auf deren Interessen Plädoyers einbringen" (Neidhardt 1994: 14). Dabei handle es sich z.B. um Sozialarbeiter, Kinder- und Jungendpsychologen, Angestellte in Alters- und Pflegeheimen oder Alkoholentzugsanstalten, die auch öffentlich ihre ‚Klientel' verträten (vgl. ebd.).

daher tendenziell eine höhere Chance vermittelt zu werden als die Aussagen unorganisierter Kollektive. Die geschilderten Repräsentanzbeziehungen existieren nicht nur auf Seiten der Ausgangspartner, sondern genauso bei den Angesprochenen, den Zielpartnern (vgl. Wagner 1978a: 81). Wie das weiter oben angeführte Beispiel eines massenmedial vermittelten Schlagabtauschs zwischen zwei Parteiexponenten zeigt, fühlen sich von dem direkt an die SP-Fraktionsvorsitzende gerichteten Vorwurf womöglich auch die restlichen Mitglieder der Fraktion oder der Partei angesprochen. Sie sehen sich von ihrer Fraktionschefin dann auch später noch repräsentiert, wenn sie über die Medien zum Vorwurf Stellung nimmt und so zum neuen Ausgangspartner wird.[87] Daraus folgt, dass in den Massenmedien häufig Repräsentanten miteinander kommunizieren, und insofern indirekt auch all jene, die von ihnen vertreten werden. Wagner spricht diesbezüglich deshalb von ‚Kommunikation im Plural' (vgl. Wagner 1995: 235).[88] Dass in den Massenmedien grösstenteils die gewählten bzw. legitimierten Repräsentanten kollektiver Akteure aufeinander treffen und weniger Privatpersonen, zeigen übrigens auch Inhaltsanalysen der Berichterstattung unterschiedlicher Mediengattungen, der Presse genauso wie der Online-Angebote von traditionellen Massenmedien (vgl. u.a. Carpenter 2008: 540; Gerhards 1997: 16; Schröter 1992: 118; Wallner et al. 2012: 43f.).

Die Notwendigkeit des Repräsentanzprinzips für eine gesellschaftlich umfassende Kommunikation ist unter anderem ein Grund, weshalb die in der Literatur teils umschriebenen Szenarien, wonach im Internet ein eine globale Agora entstehe, auf der sich jeder mit jedem austausche (vgl. dazu Kap. 3.2.1), eine Illusion darstellen. Der Kommunikationsraum in komplexen Gesellschaften ist schlicht zu gross, um die Aussagen aller an alle zu vermitteln. Die Lösung für dieses Problem ist die Bündelung der Interessen und ihre kommunikative Vertretung durch Repräsentanten. Nur „durch die Konzentration auf die Mitteilungen […] legitimierter Kommunikationsrepräsentanten wird das unüberschaubare, hochkomplexe System aktueller Gesellschaftskommunikation überhaupt vermittelbar und […] für den Durchschnittsbürger als Rezipient wahrnehmbar und orientierungsrelevant" (Wagner 1998: 229).

---

[87] Eine Revision einer bestehenden Repräsentanzbeziehung erfolgt in aller Regel erst dann, wenn die von Repräsentanten öffentlich mitgeteilten Meinungspositionen von den durch sie Vertretenen nicht mehr „als für sie verbindlich ausgesprochen erkannt und anerkannt werden" (Wagner 1995: 146). In diesen Fällen kann es z.B. zu Neu- oder Abwahlen kommen.

[88] Eine eingehendere Auseinandersetzung mit dem Phänomen der Kommunikationsrepräsentanz einschliesslich einer Unterscheidung verschiedener Repräsentanztypen (etwa von Herrschafts- und Kommunikationsrepräsentanz) bieten Schönhagen (2004: 167ff.) und Wagner (1995: 235ff.).

Dank des Prinzips der Kommunikationsrepräsentanz kann über die Berücksichtigung einer vergleichsweise geringen Zahl von Sprechern bereits das Gesamtspektrum der in der Gesellschaft vorhandenen Positionen präsentiert und allen Beteiligten eine soziale Orientierung im sie umgebenden Kommunikationsraum ermöglicht werden (vgl. ebd.; ebenso Fürst et al. 2015: 335).

Eine in diesem Sinne umfassende soziale Kommunikation dank Kommunikationsrepräsentanz setzt allerdings Mehrerlei voraus: Erstens müssen prinzipiell alle gesellschaftlichen Interessenlager einschliesslich Minderheitspositionen imstande sein, sich kollektiv zu organisieren, um über eigene Repräsentanten zu verfügen. Unorganisierte Kollektive haben es demgegenüber – wie bereits erwähnt – schwerer, in den Massenmedien mit ihren Anliegen Gehör zu finden. Zweitens müssen diese Repräsentanten den Massenmedien bzw. Vermittlungsinstanzen prinzipiell zugänglich sein. Drittens müssen letztere den Willen haben, tatsächlich alle gesellschaftlichen Kräfte und deren Repräsentanten als Ausgangspartner zu berücksichtigen. *Umfassende* gesellschaftliche Kommunikation ist also, wie man sieht, ein voraussetzungsvoller Prozess. Gerade die Entstehung sogenannter Alternativmedien (vgl. dazu Kap. 3.3.2) zeigt, dass es in der Gesellschaft durchaus Interessengruppierungen gibt, die sich mit ihren Anliegen in den dominierenden Massenmedien nicht angemessen vertreten fühlen und daher zur Artikulation ihrer Interessen eigene Medien gründen. Die Themenagenda solcher Alternativmedien ist dann eben nicht universell, sondern orientiert sich an den Partikularinteressen jener gesellschaftlichen Kräfte, deren Sprachrohr sie sind.

Mögliche Rollenunion(en)

Bereits am vorausgehenden Beispiel des in einer Sonntagszeitung ausgetragenen Schlagabtauschs zweier Politiker hat sich gezeigt, dass sich die Zielpartner massenmedial vermittelter Aussagen in der Regel auch im Medienpublikum befinden. In diesem Fall liegt eine Verbindung der Rezipienten- mit der Zielpartnerrolle vor (R+ZP). Im Allgemeinen kann von einer sogenannten *Rollenunion* gesprochen werden, wenn derselbe Akteur gleichzeitig mehr als eine Rolle innehat (vgl. Wagner 1998: 235). Häufig befinden sich auch die Ausgangspartner irgendwo im Publikum und beobachten, wie ihre ursprüngliche Äusserung vermittelt wird (R+AP). Daneben gibt es im Medienpublikum jederzeit eine kleinere oder grössere Zahl von Rezipienten, die weder mit den Aussagen der Ausgangspartner etwas anfangen können bzw. sich von diesen nicht vertreten fühlen, noch als Zielpartner angesprochen oder betroffen sind. Wagner spricht in diesem Zusammenhang von ‚latenten Partnerschaften' (vgl. ebd.).

Umgekehrt kommt es regelmässig auch dort zur Rollenverbindung, wo der Kommunikationsprozess seinen Ausgang nimmt. Bereits Groth hat zwischen dem *produzierenden* und dem *vermittelnden* Journalisten unterschieden (Groth 1960: 603). Damit hat er dem Umstand Rechnung getragen, dass in der Praxis das reine Vermitteln von ‚Fremd-Kommunikaten' durchaus nicht die einzige Tätigkeit von Journalisten darstellt. Wenn sie sich z.B. als Kommentatoren betätigen oder eine Theaterkritik schreiben, kommunizieren sie jeweils eigene Ansichten und Werturteile, nehmen also die Rolle von Ausgangspartnern ein. Darüber hinaus fliessen ihre politischen oder weltanschaulichen Standpunkte und Überzeugungen in unterschiedlichem Masse auch in eine vermeintlich ‚tatsachenorientierte' Berichterstattung ein.[89] Tatsächlich erbringen Journalisten in der Berichterstattung ihre Vermittlungsleistungen also häufig in einer Rollenunion von Ausgangspartner und Fremdvermittler. In dieser Hinsicht handelt es sich hier betontermassen um zwei *analytische Rollen*, die sich in der Praxis ständig verbinden[90]: Bei der sogenannten *Fremdvermittlung* (FV) vermittelt der Journalist, was andere Ausgangspartner wissen bzw. von sich geben. Besonders sinnfällig wird das beim Gebrauch von wörtlichen oder sinngemässen Zitaten. Hier ist die Trennung von ursprünglicher Mitteilung und deren Vermittlung vollzogen. Bei der sogenannten *Eigenvermittlung* ist der Journalist umgekehrt selbst mitteilender Ausgangspartner und vermittelt, was er denkt, weiss oder meint. Hier besteht eine Identität von Vermittlungs- und Kommunikationsrolle (vgl. Wagner 1978a: 96). In der Berichterstattung vermischen bzw. verbinden sich beide Vermittlungsformen.

Das vollständige viergliedrige Modell der Theorie der Sozialen Zeit-Kommunikation, das den Vermittlungs- wie auch den Kommunikationsprozess im Journalismus unter Berücksichtigung von Repräsentanzbeziehungen wiedergibt, lässt sich demnach wie in Abbildung 4 darstellen.[91]

---

[89] Das äusserst sich nicht nur in explizit wertenden Formulierungen, sondern erfolgt – wie empirisch gut belegt ist – auch über die für Rezipienten weniger leicht durchschaubare interessengeleitete Selektion und Gewichtung bestimmter Fakten und Ausgangspartner bzw. ihrer Aussagen (vgl. u.a. Hagen 1992; Kepplinger 1989 u. 1992; Schönbach 1977).

[90] Darauf verweist nachdrücklich Brosda (2007), der sich eingehend mit der ‚produzierenden' Rolle des Journalisten bei Groth befasst. Wie der Autor darlegt, löst sich bei Groth im journalistischen Handeln die Dichotomie von Referat und Räsonnement zugunsten eines graduellen Kontinuums auf (vgl. Brosda 2007: 153).

[91] Eine vereinfachte Darstellung des Kommunikationsflusses gemäss diesem Modell findet sich zudem in Fürst et al. 2015: 331.

Journalismus als konzentrierte Fremdvermittlung

Abbildung 4: Journalismus als Vermittlung gesellschaftlicher Kommunikation

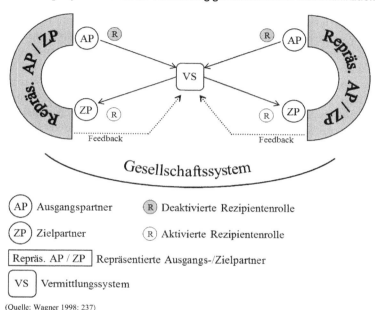

(AP) Ausgangspartner (R) Deaktivierte Rezipientenrolle
(ZP) Zielpartner (R) Aktivierte Rezipientenrolle
Repräs. AP / ZP Repräsentierte Ausgangs-/Zielpartner
VS Vermittlungssystem

(Quelle: Wagner 1998: 237)

Das hier dargestellte Modell bildet nicht nur den Kommunikationsfluss ab, wie er sich tagtäglich im Journalismus bzw. im redaktionellen Teil von Massenmedien beobachten lässt, sondern seine wesentlichen Bestandteile lassen sich auch aus der weit zurückreichenden Entwicklungsgeschichte öffentlicher Kommunikation ableiten. Gerade die weiter oben diskutierten systemtheoretischen Journalismuskonzepte lassen hingegen in der Regel eine solche kommunikationsgeschichtliche Dimension vermissen (vgl. Kap. 21).

2.3.2 Entwicklungsschritte gesellschaftlicher Kommunikation

Um die Erklärungskraft des im vorausgehenden Kapitel vorgestellten Modells zur Theorie der Sozialen Zeit-Kommunikation zu illustrieren, soll im Folgendem auf notwendigerweise sehr engem Raum in Anlehnung an Wagner (1995) und Schönhagen (2008) skizziert werden, wie sich Massenkommunikation und Journalismus in der lang andauernden Geschichte sozialer

Kommunikation herausbilden konnten.[92] Deren Entstehung ist dabei als Folge mehrerer Rationalisierungsprozesse zu verstehen, die sich – wie zu zeigen sein wird – zugleich als Konzentrationsprozesse beschreiben lassen. In einem ersten Schritt wird beschrieben, wie sich die Kommunikation unter Anwesenden mit zunehmender Gesellschaftsgrösse und der Ausdehnung von Kommunikationsräumen zur Kommunikation über Distanz entwickelt hat. Mit der Herausbildung eines selbständigen Vermittlungsgewerbes zur Wende vom 16. zum 17 Jahrhundert wird zum ersten Mal fassbar, was man als Journalismus bezeichnet. Die ersten Zeitungsmacher orientierten sich dabei an bestimmten Vermittlungsprinzipien, die seither für den Journalismus konstitutiv sind. Auf diese Prinzipien wird in einem zweiten Schritt näher eingegangen, bevor die weitere Entwicklung der Massenkommunikation und des Journalismus bis ins digitale Zeitalter skizziert wird. Hier soll vor allem gezeigt werden, wie sich deren Rahmenbedingungen im Internet noch einmal grundlegend verändert haben.

Von der Versammlungskommunikation zur Kommunikation über Distanz

Wo Menschen in kleinen und überschaubaren Gemeinschaften gelebt haben – in Familien- und Stammesverbänden sowie in antiken Stadtstaaten – hat sich ihr gegenseitiger Mitteilungsverkehr in der Form des persönlichen Gesprächs oder des Austauschs in Versammlungen abgespielt (vgl. Wagner 1995: 17). Wer jemandem etwas zu sagen hatte, traf sich persönlich mit ihm. Sofern gemeinschaftliches Handeln und Beraten und somit die Kommunikation aller mit allen erforderlich waren, fand der kommunikative Austausch in Zusammenkünften potenziell aller Vollbürger bzw. rechtsfähiger Individuen statt (vgl. ebd.). Diese sogenannte *Versammlungskommunikation* ist gleichsam die Urform sozialer Kommunikation (vgl. Schönhagen 2008a: 47). Das wohl bekannteste Beispiel für diese Art von Kommunikation findet man in der Volksversammlung (Ekklesia) des antiken Athens, die das zentrale politische Entscheidungsorgan war. Allen volljährigen freien Bürgern – dazu gehörten allerdings keine Frauen und Sklaven – stand hier ein Rede- und Stimmrecht zu. De facto bestand also kein völlig gleichberechtigter Zugang zu dieser Art von Präsenzöffentlichkeit. Auch die germanischen Ding- oder Thing-Versammlungen sind ein Beispiel für Versammlungskommunikation. In der Schweiz kennen noch heute die Kantone Glarus und Appenzell Inner-

---

[92] Für eine ausführlichere Darstellung der Entwicklung sozialer Kommunikation als mehrstufigen Rationalisierungsprozess sei deshalb auf Schönhagen (2008) und Wagner (1995) verwiesen.

rhoden die sogenannte Landsgemeinde, eine Versammlung aller stimmberechtigten Bürgerinnen und Bürger, welche die höchste kantonale politische Instanz darstellt (vgl. Schönhagen 2008a: 47). Versammlungskommunikation war (und ist) durch drei Kriterien gekennzeichnet: 1.) Anwesenheit (Kopräsenz) der Kommunikationspartner; 2.) Gleichzeitigkeit des kommunikativen Austauschs, d.h. die Mitteilungen werden vom Hörer ohne wesentliche Verzögerung zur Kenntnis genommen, nachdem sie der Sprecher artikuliert[93]; sowie 3.) allgemeine Medienverfügbarkeit, d.h. alle Beteiligten verfügen über dieselben natürlichen Medien (Sprache, Gestik, Mimik), sieht man einmal von Ausnahmen wie stummen Personen ab (vgl. ebd.: 48).

Sowohl im Privaten als auch in Versammlungen stellt mündliche Kommunikation aufgrund ihrer Sprachgebundenheit bereits einen ‚vermittelten' Prozess dar: Sprache dient hier als Medium bzw. Träger von akustischen Signalen, die auf Seiten des Hörers bestimmte Bedeutungsinhalte evozieren (vgl. Löbner 2003: 24f.). Dieser geistige Vorgang – die „gemeinsame Aktualisierung von Sinn" (Luhmann 1971b: 42) bei Sprecher und Hörer – darf also nicht mit dem physikalisch-phonetischen Hervorbringen von Sprachlauten gleichgesetzt werden. Im mündlichen Gespräch laufen im Gegenteil physikalische Zeichenübermittlung und gedankliche Mitteilung bzw. Bedeutungsübertragung als zwei parallele Prozesse ab.[94] Nur fällt das hier kaum auf, da der Sprecher sowohl Mitteilender (von Bedeutung) als auch Übermittler (von Sprachzeichen) ist. Man kann diesen Modus der Kommunikationsvermittlung daher auch als ‚Eigenvermittlung' bezeichnen (vgl. Wagner 1978a: 96).

Bereits in der Versammlungskommunikation war übrigens das Repräsentanzprinzip wirksam (vgl. Kap. 2.3.1). Für römische Senatsdebatten ist bspw. belegt, dass bei weitem nicht alle Senatoren gleich viel redeten, vielmehr gab es notorische Sprecher und Schweiger. Das Rederecht bemass sich u.a. nach dem Amtsalter. Jüngere Senatoren kamen so kaum zu Wort, doch konnten sie ihrer Meinung dadurch Ausdruck verleihen, dass sie sich physisch um jenen Redner scharten, dessen Antrag sie unterstützten (vgl. Meyer 1968, zit. in Wagner 1995: 241). Wagner sieht im Prinzip der Kommunikationsrepräsentanz daher eine grundlegende Vereinfachung und Abkürzung des kommunikativen Austauschs: Alle Standpunkte und Argumente können gesagt, alle Meinungen artikuliert werden, ohne dass jeder tatsächlich zu sprechen braucht (vgl. Wagner 1995: 241).

---

[93] Natürlich liegt hier eine der mündlichen Kommunikation inhärente minimale Verzögerung zwischen Artikulationsvorgang und Rezeption vor.
[94] Aus diesem Grund kann bei der sogenannten Face-to-Face-Kommunikation nicht von ‚unvermittelter' Kommunikation gesprochen werden (vgl. Wagner 1995: 18).

Die weiter oben angesprochene Unterscheidung zwischen Mitteilung und Übermittlung im Kommunikationsprozess wird allerdings erst richtig bedeutsam in einem nächsten Schritt, der die weitere Entwicklung gesellschaftlicher Kommunikation anstösst. Er wird eingeleitet durch die „Dislokation der Kommunikationspartner", wie Wagner die Aufhebung des Versammlungsprinzips nennt (vgl. ebd.: 19). Bei wachsender Gesellschaftsgrösse, anhaltendem Mitteilungsbedürfnis und ungebrochener Kommunikationsnotwendigkeit erschweren nämlich grössere räumliche Distanzen sowie soziale, wirtschaftliche oder politische Zwänge die Zusammenkunft der Kommunikationspartner am selben Platz zur gleichen Zeit (vgl. ebd.). Die Lösung dieses *Problems der Kommunikation über Distanz* erfolgt prinzipiell durch die Verlagerung des kommunikativen Austauschs vom Versammlungsplatz in das Verkehrsnetz (vgl. Schönhagen 2008a: 49). Eine wichtige Voraussetzung dafür war vorerst die Entwicklung der Schrift, womit die gesprochene Sprache detailgetreu festgehalten und übermittelt werden konnte. Daneben musste aber auch ein geeigneter Trägerstoff für Schriftzeichen vorhanden sein, was mit dem Papyrus im alten Ägypten der Fall war, der später durch das Papier verdrängt wurde. Schliesslich bedurfte es funktionsfähiger Verkehrs- und Postnetze, um Nachrichten regelmässig zwischen Kommunikationspartnern zu transportieren (vgl. ebd.).

Schon bevor diese Bedingungen alle gegeben waren, wurde der Nachrichtenverkehr über das Botenwesen abgewickelt. Der Bote, der die Nachricht so zu überbringen hatte, wie sie ihm aufgetragen worden war, kann als die ursprünglichste Verkörperung einer Übermittlungsinstanz zwischen zwei Kommunikationspartnern betrachtet werden (vgl. Wagner 1995: 20). Im vorchristlichen Rom wurden bspw. Sklaven als Boten eingesetzt, die Eigentum ihres Herrn waren und dessen Gewalt unterstanden. Solange die Vermittlung über solcherart abhängiges bzw. ‚partnereigenes' Personal abgewickelt wurde, kann man mit Wagner deshalb auch von partnereigener ‚Ausgangsvermittlung' sprechen (vgl. ebd.: 22). Im Hinblick auf einen gesamtgesellschaftlichen Austausch dürften deren Nachteile evident sein: Unter den Bedingungen der Ausgangsvermittlung standen die Vermittlungsdienste nur wenig privilegierten, reichen und mächtigen Kommunikationspartnern zu, wozu auch der Staat mit seinen Institutionen gehörte (vgl. ebd.: 23). Bereits in der Phase der Ausgangsvermittlung, die eine erste Lösung für das Problem der Kommunikation über Distanz darstellt, zeichnet sich eine Umkehrung der Merkmale der Versammlungskommunikation in ihr Gegenteil ab. Denn die Kommunikation über Distanz war gekennzeichnet durch: 1.) Abwesenheit der Kommunikationspartner (statt Anwesenheit und Gleichräumigkeit); 2.)

Sukzessivität der Mitteilungen bzw. von Mitteilung und Kenntnisnahme (statt Gleichzeitigkeit); sowie 3.) ein zunehmendes „Einschalten von professionellen Vermittlern und einer Medienverwaltung durch Spezialisten, d.h. durch Medienkonzentration (statt allgemeiner Medienverfügbarkeit)" (Schönhagen 2008a: 50). Dieser letzte Punkt tritt allerdings erst zu einem späteren Zeitpunkt vollends in Erscheinung (s.u.).

Im weiteren Verlauf der Kommunikationsrationalisierung etablierte sich vorerst ein handwerklich arbeitendes Dienstleistungsgewerbe, das gegen Entgelt Vermittlungsdienste anbot. Dazu zählten Botenunternehmen, Schreib- und Kopierstuben sowie schliesslich die Druckereien (vgl. Wagner 1995: 23). Sie erbrachten ihre Vermittlungsleistungen nun *im Auftrag* ganz unterschiedlicher Kommunikationspartner – von diesen ging also immer noch die Initiative zur Vermittlung aus, obwohl das benötigte Vermittlungspersonal nicht mehr ihnen selbst gehörte. Wagner spricht deshalb auch von partnerabhängiger ‚Auftragsvermittlung' (vgl. ebd.: 24). Die während der Reformationszeit blühende Meinungspublizistik wäre bspw. ohne die Dienstleistungen von Druckereien kaum denkbar gewesen (vgl. ebd.: 23; Wilke 2008: 25). Die damals stark verbreiteten Flugblätter und mehrseitigen Flugschriften waren Plattformen partikularer Kommunikationsinteressen – etwa der Reformatoren – und boten daher höchstens in ihrer Gesamtheit, nicht aber einzeln einen Überblick über unterschiedliche Ansichten und Meinungen in der Gesellschaft (vgl. Schönhagen 2008a: 54).

Ebenfalls im Zuge der Professionalisierung eines frühen Vermittlungsgewerbes entstanden die sogenannten Briefzeitungen oder Avisen. Dabei handelte es sich um Nachrichten, die von Zeitungs- oder Avisenschreibern gegen Bezahlung für unterschiedliche Auftraggeber gesammelt und diesen per Post zugesandt wurden (vgl. Schönhagen 2008a: 52). Ein bekanntes Beispiel hierfür waren die sogenannten *Fuggerzeitungen* aus dem 16. und 17. Jahrhundert. Sie bestanden aus der internen Korrespondenz, die sich das Augsburger Handelshaus der Familie Fugger aus vielen Teilen der Welt zustellen liess (vgl. Wilke 2008: 18f.). Die allgemeine Zunahme des brieflichen Nachrichtenverkehrs ergab sich in jener Zeit aus dem wachsenden Informationsbedarf von Handel, Politik und Diplomatie (vgl. ebd.). Laut Schönhagen zeichneten sich bereits bei solchen Briefzeitungen bestimmte redaktionelle Leistungen ab, denn erstmals trugen Vermittler Nachrichten aus unterschiedlichen Quellen zusammen und wählten daraus jene aus, die für ihre Auftraggeber von Interesse sein konnten (Selektion). Informationen wurden dabei zwangsläufig auch zusammengefasst (Konzentration), ihre Herkunft und Hintergründe allenfalls erläutert (vgl. Schönhagen 2008a: 52). Noch fehlte diesen Briefzeitungen jedoch das für die späteren Zeitungen charakteristische Merkmal der allgemeinen Zugänglichkeit bzw. Publizität (vgl. Wilke 2008: 19).

Der nächste Rationalisierungsschritt bestand nun darin, dass die gewerbsmässig tätigen Zeitungsschreiber dazu übergingen, die vormals ausschliesslich für ihre Auftraggeber zusammengetragenen Nachrichten öffentlich anzubieten (vgl. Schönhagen 2008a: 53). Die Vermittlung verselbständigte sich. Wagner spricht deshalb von der Phase der autonomen bzw. partnerunabhängigen ‚Fremdvermittlung' (vgl. Wagner 1995: 26). In dieser Zeit entstanden die sogenannten handgeschriebenen Zeitungen, die am Markt orientiert hergestellt und verbreitet wurden. Deren Macher erkannten nämlich, dass sie ein deutlich grösseres Publikum erreichen und dadurch mehr Gewinn erzielen konnten, wenn sie ihre Nachrichten aus eigener Initiative und auf eigene Rechnung öffentlich vertrieben (vgl. Schönhagen 2008a: 53). Aufgrund der bestehenden Postkurse geschah dies oft wöchentlich, jedenfalls regelmässig (vgl. ebd.). Die handgeschriebenen Wochenzeitungen (auch *Ordinarii-Zeitungen* oder *Nouvelles à la main* genannt) waren somit die ersten öffentlich und regelmässig erscheinenden Nachrichtenmedien im neuzeitlichen Europa. Sie vermittelten allgemein interessierende Nachrichten in konzentrierter Form und berücksichtigten dabei unterschiedliche Quellen, Meinungen und Sichtweisen.

Solch universelle Vermittlung war nicht zuletzt das Ergebnis einer Orientierung am Markt bzw. einem heterogenen Publikum, die den Übergang von der partnerabhängigen zur autonomen Vermittlung kennzeichnete: „Der verselbständigte Vermittler sucht Absatz für sein Vermittlungsprodukt, das heisst für die von ihm gesammelten Mitteilungen; er drängt auf den Verrmittlungs- und Medienmarkt. Seine Aussichten auf demselben wachsen in dem Masse, in dem er Interessenten findet, welche die von ihm vermittelten Mitteilungen zu erfahren begierig sind. Dies wird dann am ehesten der Fall sein, wenn es dem Vermittler gelingt, die Mitteilungen möglichst vieler, gesellschafts-bedeutsamer Ausgangspartner in seine Vermittlung einzubeziehen. Oder anders: gerade die Orientierung an seinen ureigenen Vermittler- und Vermittlungsinteressen erzwingt die Orientierung an den Kommunikationsinteressen der gesellschaftlichen Ausgangspartner. Die Chancen des Vermittlers auf dem Medienmarkt steigen proportional zu jenen Chancen, die er als Vermittler den am gesellschaftlichen Kommunikationsmarkt beteiligten Kommunikationspartnern und deren Mitteilungen einräumt – im buchstäblichen Sinne übrigens, indem er nämlich diesen Mitteilungen Raum gibt im Medium" (Wagner 1995: 25).

Die Markt- bzw. Publikumsorientierung, wie sie Wagner hier beschreibt, war auch den Nachfolgern der handgeschriebenen Zeitung eigen, die seit Beginn des 17. Jahrhunderts in Umlauf kamen (vgl. Wilke 2008: 40). Diese ersten gedruckten Wochenzeitungen konnten dank der effizienteren Drucktechnik einfacher, schneller und billiger vervielfältigt werden und erreichten dadurch eine höhere Verbreitung bzw. Publizität. Da auch sie unabhängig von Einzelinteressen herausgegeben wurden, konnten sie im Prinzip alle Positionen und Meinungen zu unterschiedlichen aktuellen Themen vermitteln (vgl. Schönhagen 2008a: 55). Somit erfüllten sie nun die Kriterien der Publizität, Periodizität, Aktualität und Universalität, die bereits weiter oben als Wesensmerkmale der ‚Zeitung' bzw. des Journalismus eingehend diskutiert worden sind (vgl. Kap. 2.2). Insbesondere dank ihrer Universalität vermochten die Zeitungen nun – ähnlich wie schon früher die Versammlungskommunikation – eine Forumsfunktion zu übernehmen und das gesamte gesellschaftliche (Kommunikations-)Geschehen überschaubar zu machen (vgl. ebd.). Solcherlei Orientierung war allerdings nur dank bestimmter *redaktioneller Leistungen* möglich, die wie erwähnt ansatzweise auch schon bei den Briefzeitungen zum Tragen kamen und für den Journalismus im Allgemeinen kennzeichnend sind. Sie bestehen in der *Selektion* und *Konzentration:* Die zu vermittelnden Ausgangspartner müssen zuerst ausgewählt, ihre Mitteilungen sodann bearbeitet, d.h. gekürzt oder zusammengefasst werden (vgl. Schönhagen 2008a: 56; Wagner 1995: 21).[95] Trotz dieser redaktionellen Eingriffe bleibt es auch in grossen Kommunikationsräumen prinzipiell möglich, über journalistische Vermittlung die „Kommunikation aller mit allen" (Wagner 1995: 27) als Ganzes überschaubar zu machen. Entscheidend dafür ist das *Prinzip der Kommunikationsrepräsentanz*, das bereits in der ursprünglichsten

---

[95] Die *redaktionellen* Vermittlungsleistungen umfassen gemäss Wagner neben der ‚Selektion' die ‚Transformation', womit er ganz allgemein die medienbedingte Bearbeitung „von Form und Wortgestalt" der ursprünglichen Mitteilungen bezeichnet (Wagner 1980: 6; 1995: 21). Da solcherlei redaktionelle Bearbeitung immer auch auf eine Konzentration bzw. Verdichtung von Originalmitteilungen hinausläuft, kann man vereinfachend auch von ‚Konzentration' sprechen, was dann eine Bearbeitung (Transformation) mit einschliesst (vgl. Schönhagen 2008a: 52 u. 56). Von den redaktionellen sind die *technischen* Vermittlungsleistungen der ‚Signalproduktion' und ‚Distribution' zu unterscheiden (vgl. Wagner 1995: 21). Der mittelalterliche Herold, der die hinsichtlich ihrer Wortgestalt schriftlich fixierten obrigkeitlichen Bekanntmachungen auf öffentlichen Plätzen ausrief, erfüllte beide Funktionen noch in Personalunion (vgl. ebd.). Bei der periodischen Presse bestehen Signalproduktion und Distribution im Druck und Vertrieb, beim Hörfunk in der Aufzeichnung von Ton und/oder Bild und ihrer fernmeldetechnischen Übertragung (vgl. ebd.: 29). Als technische Infrastruktur dient auch das Internet der paketvermittelten Übertragung digitaler Inhalte (Distribution). Deren Produktion muss über entsprechende Aufzeichnungsgeräte (z.B. mittels Camcorder für Bild, Video, Ton) oder Software (z.B. mittels Textverarbeitungs- oder Grafikprogramm für Text und Bild) erfolgen (Signalproduktion).

Form gesellschaftlicher Kommunikation, der Versammlungskommunikation, zum Tragen kommt: „Ohne Kommunikationsrepräsentanten, wie sie eine reich gegliederte Gesellschaft ohnehin hervorbringt", so Heinz Starkulla (1988), „ist ein universelles Zeitgespräch dieser Gesellschaft nicht zu denken" (Starkulla 1988: 227).

Wie hier auf sehr engem Raum in Anlehnung an Wagner (1995) und Schönhagen (2008) skizziert worden ist, hat sich mit der Auflösung des Versammlungsprinzips die Vermittlung Schritt für Schritt von der Mitteilung gelöst. Dabei fand eine Entwicklung von der partnereigenen Ausgangsvermittlung über die partnerabhängige Auftragsvermittlung bis zur autonomen Fremdvermittlung statt. Mit letzterer entstand schliesslich der Journalismus (vgl. Schönhagen 2008a: 56 u. 59). Bis zu diesem Punkt kann die Entwicklung gesellschaftlicher Kommunikation auch als eine Reihe von *Konzentrationsprozessen* verstanden werden. Zu einer *Konzentration der Medien* führte die Trennung zwischen der Mitteilung und ihrer Vermittlung, konkreter die Professionalisierung eines Vermittlungsgewerbes, die in der Herausbildung autonom verfasster Medien mündete (vgl. Wagner 1995: 40). Dabei wurde die Medienkonzentration generell durch die Ausweitung der Kommunikationsräume und -interessen befördert, denn der für deren Abbildung erforderliche Aufwand an Spezialwissen, Technik und Dienstleistungen machte die Medien komplizierter und kostspieliger (vgl. ebd.: 41). Eine *Konzentration der Kommunikationspartner* ergibt sich aus dem Prinzip der Kommunikationsrepräsentanz. Mit der Beschränkung auf die Vermittlung der Aussagen von Repräsentanten, die sich stellvertretend für eine grössere Zahl gleich oder ähnlich Gesinnter äussern, können selbst grosse Kommunikationsräume überschaubar gemacht werden (vgl. ebd.).[96] Auf die *Konzentration der Mitteilungen* zielt schliesslich die redaktionelle Bearbeitung bzw. die Kürzung und Zusammenfassung von Originalaussagen (vgl. ebd. sowie Schönhagen 2008a: 56 u. 59).[97] Berücksichtigt man also abschliessend den Aspekt der mehrfachen Konzentration in der Entwicklungsgeschichte sozialer Kommunikation über Distanz, so lässt sich Journalismus als *konzentrierte Form au-*

---

[96] Zum Prinzip der Kommunikationsrepräsentanz s.o. (Kap. 2.3.1).
[97] Die zwei letztgenannten Konzentrationsprozesse sind unter anderem Blickwinkel natürlich auch *Selektionsprozesse*. Die Beschränkung auf gewisse Sprecher als Quellen – insbesondere auf Repräsentanten – stellt zuerst eine Selektion auf der Ebene von Kommunikationspartnern dar. Dadurch kann das gesamtgesellschaftliche Meinungs- und Themenspektrum in konzentrierter Form überschaubar gemacht werden (Konzentration). Sind die Kommunikationspartner bzw. Quellen einmal ausgewählt, findet eine weitere Selektion besonders relevanter Aussagen statt, bevor diese dann bearbeitet (z.B. umformuliert), verdichtet und zusammengefasst werden (Konzentration).

tonomer Fremdvermittlung gesellschaftlicher Kommunikation beschreiben. Diese Form der Vermittlung findet sich, wie weiter oben bereits erwähnt worden ist, erstmals bei den handgeschriebenen und etwas später bei den gedruckten Wochenzeitungen als den ersten ‚journalistischen' Medien. Deren Macher orientierten sich dabei, wie im nächsten Abschnitt näher dargestellt wird, bereits an konkreten Handwerksregeln, die eine autonome und unparteiliche Kommunikationsvermittlung sicherstellen sollten.

Die Entwicklungslinie, wie sie hier beschrieben worden ist und von der Versammlungskommunikation als direkter (‚face to face') Kommunikation zum Journalismus als einer hochkonzentrierten (da massenmedial vermittelten) Form des gesellschaftlichen Austauschs geführt hat, wird übrigens in der Fachliteratur neuerdings mit frappanter Übereinstimmung erkannt (vgl. Domingo et al. 2008: 327ff.; Quandt 2011: 158ff.).

Qualitätskriterien der Kommunikationsvermittlung: Vermittlungsprinzipien

Journalismus als eine konzentrierte Form autonomer Fremdvermittlung (der je aktuellen gesellschaftlichen Kommunikation) zu verstehen, impliziert mehrerlei: *Fremdvermittlung* ist eine Form der Kommunikationsvermittlung, bei der statt der eigenen Aussagen des Journalisten – dies wäre Eigenvermittlung – die Aussagen gesellschaftlicher Akteure (Ausgangspartner) vermittelt werden. *Autonom* bzw. partnerunabhängig ist diese Form der Vermittlung, weil sie im Gegensatz zu anderen Vermittlungsformen (Eigen-, Ausgangs- und Auftragsvermittlung) unabhängig von bestimmten gesellschaftlichen Kommunikationsinteressen erfolgt. Statt nur gewisse Kommunikationspartner (z.B. aus bestimmten politischen, weltanschaulichen, sozialen etc. Lagern bzw. Schichten) und ihre Mitteilungen zu berücksichtigen, erfolgt autonome Fremdvermittlung pluralistisch. Dieser Grundsatz des ‚audiatur et altera pars' (lat. für „die andere Seite werde auch gehört") bzw. der *allseitigen Vermittlung*, wonach „alle in der jeweiligen (ggf. auch lokalen) Gesellschaft virulenten Wissens- und Bewusstseinsinhalte, Standpunkte, Positionen etc. gleichermassen in der Berichterstattung zu Wort kommen sollten" (Schönhagen 2001: 12), hing bei den Zeitungsmachern des frühen 17. Jahrhunderts wie weiter oben bereits erwähnt wesentlich mit deren institutioneller Unabhängigkeit und ihrem natürlichen Gewinnstreben zusammen (vgl. Schönhagen 1998: 50 u. 285ff.; 2001: 15). Gleichzeitig wurde dadurch aber auch einem normativen Postulat entsprochen, das im heutigen Qualitätsdiskurs vor dem Hintergrund demokratietheoretischer Überlegungen häufig unter dem Stichwort der ‚Vielfalt' abgehandelt wird.[98] Öffentlichkeitstheoretisch lässt sich hier zudem an das sogenannte Arenamodell (vgl. Neidhardt 1994) anschliessen, wonach Öffentlichkeit „offen sein [soll] für alle gesellschaftlichen Gruppen sowie für alle Themen und Meinungen von kollektiver Bedeutung" (ebd.: 8). Auch mit Habermas' Diskursmodell der Öffentlichkeit sind die normativen Anforderungen eines freien und gleichberechtigten Zugangs sowie der grundsätzlichen Problematisierbarkeit aller Fragen verbunden (vgl. Habermas 1990: 98). Eingelöst werden sie durch die Inklusion aller gesellschachtlichen Gruppierungen und ihrer Interessen in der öffentlichen Kommunikation.

Aus dem historisch gewachsenen und gleichzeitig normativ erwünschten Grundsatz allseitiger Vermittlung lässt sich übrigens auch ableiten, dass engagierter ‚Vermittlungs-Journalismus' nicht mit einem passiven und unkritischen ‚Verlautbarungsjournalismus' gleichgesetzt werden kann. Allseitig orientierte Journalisten sind demnach keine ‚passiven' Vermittler, welche bloss die ihnen absichtsvoll oder zufällig zugetragenen Informationen weitergeben und somit ‚Hofberichterstattung' betreiben (vgl. Schröter 1992: 38). Als Anwälte eines offenen gesellschaftlichen Austauschs sind sie im Gegenteil bemüht, besonders auch die kritischen Gesprächspositionen in der Gesellschaft ausfindig zu machen und zu vermitteln. Dazu gehört die aktive Recherche genauso wie die Widerstandsfähigkeit gegen Beeinflussungsversuche von Seiten bestimmter Interessenvertreter (vgl. ebd.). Allseitige Vermittlung bedeutet zudem auch, den „informellen (also nicht-organisierten) Meinungsgruppen in der Gesellschaft eine Chance auf Artikulation einzuräumen" (Wagner 1978a: 85).

Solche Minderheitsgruppen, die in der Regel über keine legitimierten Repräsentanten verfügen und somit besonders gefährdet sind, in der journalistischen Vermittlung unterzugehen, wurden weiter oben bereits als ‚latente Partnerschaften' bezeichnet, da sie sich nicht mit den Positionen der die massenmedial vermittelte Debatte dominierenden Ausgangs- und Zielpartner identifizieren können (vgl. Kap. 2.3.1 sowie Wagner 1978a: 82 u. 85). Insgesamt dürfte damit klar werden, dass ein Journalismus, der den Grundsatz allseitiger Vermittlung ernst nimmt, auch eine Kritik- und Kontrollfunktion z.B. gegenüber dem Staat oder der Wirtschaft erfüllt, wie sie von den Massenmedien gemeinhin gefordert wird (vgl. z.B. Christians et al. 2009: 125; Pürer 2003: 113 u. 122; Schudson 2008: 14f.; Strömbäck 2010: 185f.). Gemäss der hier vertretenen vermittlungsorientierten Auffassung eines ‚neutralen' Journalismus kommen Kritik und Kontrolle dann aber weniger zustande,

---

[98] Vgl. dazu die Ausführungen in Kap. 2.2.2.

weil Journalisten ihre eigenen Ansichten und Interpretationen des Zeitgeschehens verlautbaren, sondern eher dadurch, dass sie die in der Gesellschaft bereits vorhandenen oder sich gerade formierenden kritischen und gegensätzlichen Stimmen genauso wie Minderheitspositionen aufnehmen und ihnen Gehör verschaffen. Indem sie somit das gesamtgesellschaftliche Meinungsspektrum vermitteln, legen sie dem Medienpublikum nicht eine spezifische – nämlich ihre eigene – Sicht auf die Dinge nahe, sondern überlassen es dem Rezipienten, sich ein eigenes Urteil zu bilden. Ein ‚neutraler', d.h. auf autonome Fremdvermittlung spezialisierter Journalismus ist somit nicht zwangsläufig ‚unkritisch' (vgl. dazu auch Schröter 1992: 34ff.). Voraussetzung dafür ist jedoch die Praxis einer *allseitigen Vermittlung* (Prinzip des ‚audiatur et altera pars'), wie sie sich bereits bei den ersten Zeitungen zu Beginn des 17. Jahrhunderts findet.

Weitere Prinzipien, woran sich die frühen Zeitungsmacher hielten, lassen sich ferner daraus ableiten, dass Journalismus der *Vermittlung* von Kommunikation dient. Die Grundsätze, um die es hier geht, stellen nämlich optimale Lösungen für eine Reihe spezifischer Vermittlungsprobleme dar, wovon das Publikum und die Zielpartner potenziell betroffen sind. Damit Rezipienten überhaupt nachvollziehen können, von wem die unterschiedlichen in der Berichterstattung vermittelten Aussagen ursprünglich stammen, müssen deren Urheber (Ausgangspartner) zum einen erkennbar sein (Prinzip der *Quellentransparenz*).[99] Das Offenlegen der Quellen erleichtert es dem Publikum, die Glaubwürdigkeit massenmedial vermittelter Aussagen besser einzuschätzen, indem es etwaige Interessenbindungen der Ausgangspartner, von denen diese Aussagen stammen, erkennen kann (Schröter 1988b: 192). Exakte Quellenangaben sind laut Schröter besonders dann wichtig, „wenn berechtigte Zweifel am Wahrheitsgehalt einer Meldung bestehen, einseitige Tendenzen und Interessen deklariert werden müssen, die Aktualität hervorgehoben werden soll oder die Quelle selbst einen Nachrichtenwert hat" (Schröter 1992: 47). Zur angemessenen Beurteilung einer Quelle sollten die entsprechenden Angaben nicht bloss die Identität des Ausgangspartners erkennen lassen (z.B.

---

[99] Schröter (1988 u. 1992) unterscheidet hier in Anbetracht des oft unklaren Quellenbegriffs genauer zwischen Quellen im Sinne von Ausgangspartnern als den Urhebern vermittelter Äusserungen bzw. Mitteilungen (Primärquellen) und den journalistischen „Vermittlungsstationen oder Vermittlerhände[n], durch die eine vermittelte Mitteilung in Gestalt einer Meldung oder einer Nachricht gelaufen ist, bis sie schliesslich beim Rezipienten ankommt" (Schröter 1988b: 189). Mit solchen Quellen sind Nachrichtenagenturen, Fach- und Spezialdienste z.B. für Wirtschaftsdaten oder andere Medien gemeint (vgl. Schröter 1992: 99 u. 253). Auch diese vorgelagerten Vermittlungsstationen sollten für ein besseres Verständnis in der Berichterstattung erkennbar sein (vgl. Schröter 1988b: 189).

mittels Namensnennung), sondern wenn möglich auch über dessen (institutionelle) Zugehörigkeit (z.B. zu einer politischen Partei, einem Verein etc.), seine Funktion, Sachkompetenz und Legitimation, für andere zu sprechen, Auskunft geben (vgl. Schröter 1988b: 191f.). Bspw. wird man einer Aussage über die Sicherheit inländischer Atomkraftwerke in einem Zeitungs- oder TV-Bericht eher Glauben schenken, wenn man gleichzeitig erfährt, dass sie von einem diesbezüglich qualifizierten Atomphysiker (z.B. dem Leiter einer Forschungsanstalt, einer Atomphysikerin etc.) und nicht von jemandem ohne entsprechende Fachqualifikation stammt. Das Wissen über die Herkunft massenmedial vermittelter Aussagen erlaubt in vielen Fällen also stellvertretend überhaupt erst ein Urteil über deren Richtigkeit.[100]

Zum anderen besteht bei der Wiedergabe fremder Aussagen immer das Risiko, dass durch die weiter oben bereits beschriebene notwendige Selektion und Konzentration (Umformulierung, Kürzung, Zusammenfassung etc.) deren ursprünglicher Sinngehalt – sei es mit Absicht oder unwillentlich – verzerrt wird (vgl. Schönhagen 2006: 498). Daraus lässt sich für Journalisten der Grundsatz ableiten, die Aussagen Dritter wenn auch nicht wörtlich, so doch sinngemäss wiederzugeben (Prinzip der *Sinntreue*). Schröter spricht bei dieser inhaltlich-sachlichen Entsprechung von ursprünglicher Mitteilung und vermittelter Mitteilung von ‚Mitteilung-Adäquanz' (vgl. Schröter 1988b: 192). Demnach dürfen die notwendigen journalistischen Vermittlungseingriffe der Selektion und Konzentration den ‚Sinnkern' der ursprünglichen Kommunikate nicht verändern.[101]

Als Kommunikationsvermittler müssen Journalisten schliesslich darauf achten, die Aussagen ihrer Quellen nicht auf eine für die Rezipienten unerkennbare Art und Weise mit eigenen Meinungen zu vermischen (Prinzip der *Trennung von Nachricht und Kommentar*) (vgl. Schröter 1992: 52ff.). Eine autonome Fremdvermittlung würde nämlich (durch intervenierende Eigen-

---

[100] Das Gebot zur Quellentransparenz findet sich z.B. auch in der *Erklärung der Pflichten und Rechte der Journalistinnen und Journalisten* des Schweizer Presserats. Dort heisst es in Richtlinie 3.1: „[...].Eine genaue Bezeichnung der Quelle eines Beitrags liegt im Interesse des Publikums, sie ist vorbehältlich eines überwiegenden Interesses an der Geheimhaltung einer Quelle unerlässlich, wenn dies zum Verständnis der Information wichtig ist" (vgl. die Angabe unter http://presserat.ch/richtlinien.htm, 20. März 2016).

[101] Auch auf das Gebot der Sinntreue nimmt der Schweizer Presserat in seiner *Erklärung* Bezug, wenn es dort in Ziffer 3 heisst: „[Die Journalistinnen und Journalisten, Erg. S.B.] entstellen weder Tatsachen, Dokumente, Bilder und Töne noch von anderen geäusserte Meinungen" (vgl. die Angabe unter http://presserat.ch/richtlinien.htm, 20. März 2016). Der deutsche Presserat stellt in Ziffer 2 seines *Pressekodex* eine analoge Forderung auf: „Ihr Sinn [gemeint ist: von Informationen in Wort, Bild und Grafik, Erg. S.B.] darf durch Bearbeitung, Überschrift oder Bildbeschriftung weder entstellt noch verfälscht werden" (vgl. die Angabe auf http://www.presserat.de/pressekodex/pressekodex/, 20. März 2016).

vermittlung) gefährdet, wenn in die bei der Berichterstattung wiedergegebenen Aussagen gleichzeitig eigene Werturteile der Vermittler einflössen. Gemäss der Praktikerliteratur sollen Journalisten deshalb dort, wo sie zur legitimen Erweiterung des vermittelten Meinungsspektrums (als Ausgangspartner) ihre eigene Meinung kund tun, diese erkennbar von der Berichterstattung absetzen und als eigene Auffassung kenntlich machen (vgl. Mast 2000: 246; Russ-Mohl 2003: 64f.). Das Gebot der Trennung von Nachricht und Kommentar verbietet es Journalisten also nicht von Grund auf, zum vermittelten (Kommunikations-)Geschehen Stellung zu beziehen, doch sollte das in gesonderten Textgefässen bzw. journalistischen Darstellungsformen geschehen. Zu den sogenannten *informationsbetonten* bzw. ‚referierenden' Genres zählen etwa der ‚Bericht' und die ‚Meldung' bzw. ‚Nachricht', welche die Berichterstattung bzw. Nachrichtengebung im engeren Sinn ausmachen (vgl. Burkhardt 2009: 194ff.; Dovifat/Wilke 1976: 76ff.; Russ-Mohl 2003: 54ff.; Mast 2000: 242ff.; Lüger 1995: 89ff.). Zu den sogenannten *meinungsbetonten* oder ‚räsonierenden' journalistischen Stilformen zählen bspw. ‚Kommentare', ‚Glossen' und ‚Leitartikel'. In ihnen kann der Journalist selbst *als Ausgangspartner* seiner Meinung bzw. derjenigen der Redaktion Ausdruck verleihen. Für diese Darstellungsformen ist es geradezu ein Charakteristikum, dass der Journalist darin urteilt, bewertet und kritisiert (vgl. Burkhardt 2009: 194ff; Russ-Mohl 2003: 71ff.; von La Roche : 153; Lüger 1995: 125ff.).[102]

Bei den hier erwähnten vier Vermittlungsprinzipien (*Allseitigkeit, Quellentransparenz, Sinntreue, Trennung von Nachricht und Kommentar*) handelt es sich nicht nur aus theoretischer Sicht um Garanten einer funktionierenden Kommunikationsvermittlung. Auch journalismusgeschichtlich stellen sie nachweislich Konkretisierungen einer Unparteilichkeitsmaxime dar, woran sich bereits die Nachrichtenarbeit der frühesten Zeitungsmacher im 17. Jahrhundert orientierte (vgl. Schönhagen 1998: 50ff. u. 291ff.). Diese Handlungsnormen waren zugleich Ausdruck eines „genuin journalistischen Berufsverständnisses" (ebd.: 292). Historisch gesehen gab es einen unparteili-

---

[102] Der Schweizer Presserat nimmt das Trennungsgebot in Richtlinie 2.3 seiner *Erklärung* auf, wo es heisst: „Journalistinnen und Journalisten achten darauf, dass das Publikum zwischen Fakten und kommentierenden, kritisierenden Einschätzungen unterscheiden kann" (vgl. die Angabe unter http://presserat.ch/richtlinien.htm, 20. März 2016). Entsprechend heisst es im *Ehrenkodex* des österreichischen Presserats in Richtlinie 3.1: „Für die Leserinnen und Leser muss klar sein, ob es sich bei einer journalistischen Darstellung um einen Tatsachenbericht oder die Wiedergabe von Fremdmeinung(en) oder um einen Kommentar handelt" (vgl. die Angabe unter http://www.presserat.at/show_content.php?hid=2, 20. März 2016). Hier wird darüber hinaus sogar die Quellentransparenz bezüglich fremdvermittelter Aussagen angesprochen.

Leistungen des professionellen Journalismus

chen Journalismus also schon seit dem Entstehen der ersten Wochenzeitungen – entgegen nicht selten in der Literatur anzutreffender Behauptungen, der Neutralitätsanspruch habe sich in der deutschen Presse erst nach dem Zweiten Weltkrieg unter amerikanischen Einflüssen durchgesetzt.[103]

Ein vermittlungsorientiertes Journalismusverständnis und darauf bezogene Vermittlungsprinzipien bieten schliesslich einen spezifischen Zugang zum Problem der ‚Objektivität‘, das in der Kommunikationswissenschaft und hier insbesondere in der Journalismustheorie traditionellerweise grosses Gewicht hat (vgl. Bentele 1988; Donsbach 1990; Saxer 1974; Schönhagen 1998; Schröter 1988a; Schulz 1989; Westerstahl 1983). Die Frage, ob es im Journalismus überhaupt möglich ist, die ‚Wirklichkeit‘ objektiv abzubilden, stellt sich vor dem Hintergrund eines vermittlungsorientierten Journalismusverständnisses nämlich nicht bzw. ganz anders. Ein solches Verständnis geht nicht davon aus, dass ein Journalist den Rezipienten „die aktuellen Ereignisse mitzuteilen und ihnen auf diese Weise die Wirklichkeit der Gesellschaft und der Welt höchstpersönlich zu erklären habe" (Schröter 1988b: 180). Denn das Objekt journalistischer Berichterstattung ist dieser Auffassung zufolge nicht ein ‚Ereignis an sich‘ oder eine ‚Realität an sich‘, sondern „in aller Regel eine ‚kommunikative Vorgabe‘ zu irgendwelchen aktuellen Ereignissen in irgendwelchen Wirklichkeitsbereichen" (ebd.: 181).

Journalisten sind üblicherweise mit einer Vielzahl solcher unterschiedlicher und meist kontroverser Interpretationen von Ereignissen in der Gesellschaft konfrontiert. Als Vermittler ist es ihre Aufgabe, diese Wirklichkeitsinterpretationen in Form konzentrierter fremdvermittelter Aussagen öffentlich und überschaubar zu machen. Objektivität im Journalismus kann mithin nicht

---

[103] So heisst es etwa bei Wolfang Donsbach (1993), in Deutschland habe es „eigentlich nie eine Tradition [gegeben], durch die der Journalismus sich der Objektivität und Neutralität verpflichtete oder verpflichten musste" (Donsbach 1993: 70, zit. in Schönhagen 2001: 9). Häufig stösst man in der Literatur auch auf die Auffassung, das Prinzip der Trennung von Nachricht und Kommentar sei als ursprünglich ‚angelsächsische‘ Norm von den alliierten Mächten während der Besatzungszeit nach dem 2. Weltkrieg in Deutschland eingeführt worden, wo sie Eingang in Rundfunk- und Pressegesetze sowie Redaktionsstatuten fand (vgl. etwa Dovifat/Wilke 1976: 83; Noelle-Neumann/Reumann 1971: 207). Bei Klaus Schönbach ist etwa zu lesen: „Seit 1945 gilt für die Presse und den Rundfunk in Westdeutschland eine neue Norm: Tageszeitungen, Hörfunk und Fernsehen sind aufgefordert, ihre Rezipienten leidenschaftslos und sachlich über das politische Geschehen in der Welt zu unterrichten. Normgerechte Berichterstattung zeichnet sich durch absolute Meinungslosigkeit aus" (Schönbach 1977: 13). Dabei wird die Entstehung dieses ‚neuen‘ und neutralen Pressetyps dadurch begründet, dass die Alliierten in der überkommen deutschen Presse einen entscheidenden Faktor gesehen hätten, der das Hitler-Regime erst ermöglicht habe (vgl. Hurwitz 1972: 37ff, zit. in Schönbach 1977: 20). Mit der Betrachtung allein der Ära der sogenannten Lizenzpresse, die zur unmittelbar vorausgehenden Zeit zweifellos einen Bruch darstellte, wird allerdings die gesamte Entwicklung des deutschen Journalismus seit der Entstehung der periodischen Presse anfangs des 17. Jahrhunderts ausgeblendet.

die korrekte Abbildung einer einzigen, nämlich *der* ‚Realität' bedeuten, sondern meint vielmehr die adäquate Wiedergabe *verschiedenster Realitätsbeschreibungen* aus der Gesellschaft (vgl. Schönhagen 1998: 254). Daraus folgt, dass Objektivität im Journalismus nicht primär eine Qualität der Erkenntnis (und als solche problematisch), sondern eine Qualität der Vermittlung ist. Anhand der hier dargestellten Vermittlungsprinzipien ist sie nicht nur in der journalistischen Praxis umsetzbar, was bereits die ersten Zeitungsmacher bewiesen, sondern auch einer Operationalisierung und empirischen Analyse zugänglich. Für ihre tatsächliche berufspraktische Relevanz sprechen übrigens auch noch in neuerer Zeit dieselben ökonomischen Kalküle, wie sie weiter oben bereits im Zusammenhang mit dem Grundsatz einer allseitigen Vermittlung (Prinzip des ‚audiatur et altera pars') erwähnt worden sind. Laut Baumert (1928) ist es ab Mitte des 19. Jahrhunderts nichts anderes als „die Zielsetzung der wirtschaftlichen Selbständigkeit oder – was dasselbe ist – das kapitalistische Gewinnstreben im Zeitungsgewerbe", das „den redaktionellen Journalismus [etwa im Gegensatz zum sogenannten ‚schriftstellerischen Journalismus' der Aufklärungszeit, Anm. S.B.] in die Bahn der Objektivität drängt" (Baumert 1928: 81). Offensichtlich zahlt sich die ‚neutrale' Berichterstattung mit Blick auf den möglichen Absatzmarkt wirtschaftlich eher aus als ein an bestimmten gesellschaftlichen Einzelinteressen orientierter Journalismus.

Weiterentwicklung der Kommunikation über Distanz:
Über erste elektronische Medien bis zum Internet

Die Entwicklung der (Massen-)Medien blieb bei den frühesten journalistischen Medien – den handgeschriebenen Zeitungen und den ersten gedruckten Wochenzeitungen (*Relation* von 1605 in Strassburg; *Aviso* von 1609 in Wolfenbüttel) – nicht stehen. Schon einige Jahrzehnte später kamen die ersten Tageszeitungen auf den Markt, bezeugt sind etwa 1650 die *Einkommenden Zeitungen* in Leipzig (vgl. Wilke 2008: 56). Im 17. Jahrhundert etablierten sich als „funktionale Erweiterung der Massenkommunikation" (ebd.: 71) die ersten Zeitschriften. Sie erfüllten die zeitungstypischen Merkmale der Publizität, Periodizität, Universalität und Aktualität nur in eingeschränkter Weise aufgrund seltenerer Erscheinungsweise (beschränkte Periodizität) und meist niedrigerer Aktualität sowie thematischer Spezialisierung (beschränkte Universalität), woraus schliesslich auch eine geringere Verbreitung (Publizität) resultierte (vgl. ebd.: 72).[104]

Die Zeitungen ihrerseits begannen sich im 18. Jahrhundert zu politisieren. Im Zuge der Aufklärung und des Kampfs um die Menschenrechte, insbesondere die Meinungsfreiheit, erfuhr die sogenannte Meinungspresse einen erheblichen Aufschwung. Ihre Blütezeit erreichte sie in der deutschen Schweiz sowie in Deutschland mit der Durchsetzung der Pressefreiheit in der zweiten Hälfte des 19. Jahrhunderts (vgl. Scherrer 2012: o.S.; Schönhagen 2008a: 64). Anders als im korrespondierenden Journalismus des 17. Jahrhunderts zielten die Publikationen dieses Pressetyps nicht primär auf einen ökonomischen Gewinn ab, sondern versuchten Einfluss im öffentlichen Meinungskampf zu erlangen, indem sie dezidiert bestimmte politische Interessen vertraten. Aufgrund ihrer Parteilichkeit leisteten sie also nicht die autonome Fremdvermittlung und Orientierung wie die frühen Zeitungen (vgl. ebd.). Eine Reihe veränderter gesellschaftlicher und technischer Rahmenbedingungen (Industrialisierung, verbesserte Drucktechnik und Papierherstellung, Bevölkerungswachstum, Verstädterung, wachsendes Informations- und Unterhaltungsbedürfnis, neue Verkehrswege wie Dampfschiff, Eisenbahn etc.) liessen schliesslich die Massenpresse entstehen, wozu auch wieder mehrheitlich neutrale Nachrichtenmedien wie die sogenannten Generalanzeiger gehörten (vgl. ebd.: 65). In der weiteren Entwicklung der Kommunikation über Distanz war insbesondere die Nutzbarmachung der Elektrizität für die Medientechnik ein revolutionärer Schritt (vgl. Crowley/Heyer 2007: 118). Darauf soll hier nicht im Einzelnen eingegangen werden. Festzuhalten ist aber, dass mit den elektronischen Massenmedien, die im 20. Jahrhundert das Medienangebot erweiterten, bestimmte Kriterien der Versammlungskommunikation, wie sie weiter oben festgehalten worden sind, wieder zurückgewonnen werden konnten. So erlangte ab den 1920er Jahren der aus der drahtlosen Telegrafie und Radiotelephonie hervorgegangene Hörfunk mit seinen Live-Sendungen annäherungsweise wieder jene *Gleichzeitigkeit* von öffentlicher Mitteilung und deren Kenntnisnahme, wie sie früher nur in der Versammlungskommunikation gegeben war (vgl. Schönhagen 2008a: 69).[105]

---

[104] Mit dem Verhältnis zwischen Zeitung und Zeitschrift hat sich Groth (1960: 396ff.) intensiv auseinandergesetzt. Darauf wurde bereits weiter oben verwiesen (vgl. Kap. 2.2).

[105] Natürlich haben bereits Telegrafie und Telefonie eine zeitlich parallele Kommunikation abwesender Kommunikationspartner ermöglicht. Dies waren aber – vom rundfunkähnlichen Gebrauch des Telefons in seiner Frühzeit abgesehen – Mittel der Individual- bzw. Punkt-zu-Punkt-Kommunikation. Im Bereich öffentlicher Kommunikation wurde die Gleichzeitigkeit von Mitteilung und Empfang erst wieder durch die Live-Sendungen des Radios ermöglicht (vgl. Schönhagen 2004: 191f.).

Mit regelmässigen TV-Ausstrahlungen ab den 1940er Jahren wurde es zudem möglich, neben Ton gleichzeitig auch Bilder zu übermitteln. Ein weiteres Merkmal der Versammlungskommunikation, die *allgemeine Medienverfügbarkeit*, sollte erst später durch das Internet annähernd zurückgewonnen werden. Zwar bot bereits die frühe Radiotechnik die Möglichkeit zur individuellen Gestaltung von Inhalten und deren Verbreitung an ein grösseres Publikum, wovon die Amateurfunker anfänglich auch rege Gebrauch machten (vgl. Schade 2000: 41). In den 1920er Jahren wurde der Hörfunk dann aber sowohl in den USA als auch in Europa der Regulierung durch den Staat unterstellt, dessen Behörden fortan die Frequenzen verwalteten und Sendelizenzen vergaben (vgl. Baran/Davis 2012: 108f.; Koch 1996: 55; Street 2002: 27).

Bis heute hat sich daran im Wesentlichen nichts geändert. Auch das Fernsehen unterliegt seit seinen Anfängen staatlicher Regulierung (vgl. Beck 2011: 127ff.; Slotten 2000: 68ff.).[106] Generell wird die allgemeine Medienverfügbarkeit im traditionellen Rundfunk also nicht nur durch die notwendigen finanziellen Investitionen, die im Vergleich zur Presse in der Regel um ein Vielfaches höher liegen (z.B. für Studioeinrichtungen, technische Infrastruktur für die Aufnahme von Bild und Ton, für Schnitt und Bearbeitung etc.), wesentlich behindert, sondern auch durch die staatliche Rundfunkhoheit bzw. Gesetzgebungskompetenz erschwert. Aus diesem Grund ist die lizenzierte Veranstaltung von Radio- und TV-Programmen bis heute das Geschäft von grossen und finanzstarken Medienunternehmen geblieben, sieht man einmal von reichweitenschwachen Angeboten des sogenannten dritten Rundfunksektors ab (vgl. Kap. 3.3.2), die dem Publikum einen marginalen Zugang zur Gestaltung eigener Programme bieten.

Mit der Entstehung des Internets als eines weltumspannenden Netzwerks von miteinander verbundenen Computern hat sich das grundlegend geändert. Hier sind die Hürden für den Einzelnen ungleich tiefer, um mit eigenen Inhalten (Texten, Bildern, Videos) an die Öffentlichkeit zu gelangen (vgl. Engels 2003: 13; Neuberger 2008b: 259; Zehnder 1998: 186). Prinzipiell kann über eine eigene Website oder ein persönliches Blog billig und technisch relativ einfach ein Massenpublikum erreicht werden. Das Internet führte somit tendenziell zu einer Rückgewinnung der allgemeinen Medienverfügbarkeit, wie

---

[106] Allerdings hat die in den letzten Jahren zunehmende Verbreitung von Ton und Bewegtbild über das Internet die Frage nach einem adäquaten Rundfunkbegriff neu gestellt und die Mediengesetzgebung zu Anpassungen gezwungen. So bedarf z.B. in Deutschland die Verbreitung von Hörfunkprogrammen ausschliesslich über das Internet gemäss dem zurzeit in Kraft befindlichen Rundfunkstaatsvertrag keiner Zulassung (vgl. dazu §20b der 13. Fassung des *Rundfunkstaatsvertrags* vom 10. März 2010).

Leistungen des professionellen Journalismus

sie in der Versammlungskommunikation mit der natürlichen Sprache gegeben ist (vgl. Schönhagen 2004: 194).[107] Allein die physische Abwesenheit der Kommunikationspartner bleibt auch in der Online-Kommunikation bestehen, sofern sie Kommunikation über Distanz ist.[108]

Weiter oben wurde auf die für das Verständnis von Massenkommunikation und Journalismus fundamentale Unterscheidung zwischen dem Vermittlungsprozess einerseits, der sich zwischen Vermittlern bzw. Massenmedien und Rezipienten abspielt, und dem Kommunikationsprozess andererseits, der zwischen Ausgangspartnern und Zielpartnern abläuft, verwiesen (vgl. Kap. 2.3.1). Aus dem durch das Internet drastisch vereinfachten Zugang zur Öffentlichkeit ergeben sich für beide Prozesse und die daran beteiligten Rollen bestimmte Folgen, die sowohl mit Vor- als auch mit Nachteilen in Bezug auf die Herstellung öffentlicher Kommunikation verbunden sind. *Ausgangspartner* (Privatpersonen wie auch Repräsentanten unorganisierter oder organisierter Kollektive, z.B. die PR-Abteilungen von Unternehmen und Behörden) können sich einfacher *direkt*, d.h. unter Umgehung der Vermittlung durch autonome Massenmedien, an ihre Zielpartner richten. Statt einer (partner-)unabhängigen Fremdvermittlung hat man es hier also mit einer technisch und ökonomisch erleichterten Eigenvermittlung (im Falle von Privatpersonen), Ausgangsvermittlung (im Falle interner, organisationseigener PR-Abteilungen bzw. Pressestellen) oder Auftragsvermittlung (im Falle externer

---

[107] Trotzdem dürfen in diesem Zusammenhang nicht die zwar ständig sinkenden, aber nicht unerheblichen technischen und ökonomischen Voraussetzungen der Online-Kommunikation ausser Acht gelassen werden. Gemäss der *International Telecommunication Union (ITU)*, einer Sonderorganisation der UNO, verfügten im Jahr 2010 in Entwicklungsländern immer noch 80 Prozent der Bevölkerung über keinen Internetzugang (vgl. Ermert 2011). Zum selben Zeitpunkt besassen im Gegensatz in der Europäischen Union 70 Prozent der Haushalte einen eigenen Internetzugang, wobei dieser Anteil in einzelnen Ländern wie Luxemburg, den Niederlanden, Norwegen und Island sogar bei 90 Prozent und mehr lag (vgl. Eurostat 2012). Angesichts dieser Ungleichverteilung ist also (immer noch) von einem digitalen Graben bezüglich des Zugangs zum Internet und seinen kommunikativen Anwendungen auszugehen, weshalb man nicht von einer *prinzipiellen* Mediengleichheit sprechen kann. Das gilt allerdings ebenso für die Versammlungskommunikation: Auch hier gibt es Ausnahmen vom Prinzip der allgemeinen Medienverfügbarkeit, denkt man etwa an taubstumme Menschen, die nur eingeschränkt über die natürlichen Medien verfügen (vgl. Schönhagen 2008b: 86, FN 10).

[108] Daneben ist Online-Kommunikation natürlich auch als private oder allenfalls teilöffentliche Kommunikation unter Anwesenden möglich. Das ist der Fall, wenn zwei im selben Raum und zur selben Zeit anwesende Kommunikationspartner über das Internet miteinander kommunizieren, z.B. wenn in einem Computerschulungsraum zwei Schüler während des Unterrichts einen Chat miteinander führen, ohne dass das von der Lehrperson bemerkt zu werden braucht. Dank des in den letzten Jahren aufgekommenen mobilen Internets könnten die beiden Schüler – um bei diesem Beispiel zu bleiben – auch während des Unterrichts in einem normalen Schulzimmer einen internetbasierten Chat über ihre Mobiltelefone bzw. Smartphones führen. Online-Kommunikation ist also nicht zwingend Kommunikation über Distanz.

PR-Agenturen) zu tun. Alle diese Vermittlungsformen unterscheiden sich aufgrund ihrer einseitigen Orientierung an Partikularinteressen von der unabhängigen, d.h. teilnehmer- und themenoffenen Fremdvermittlung durch den Journalismus (vgl. Wagner 1995: 17ff.; Schönhagen 2004: 148ff.).

Natürlich vermögen auch die *Zielpartner* von den gesteigerten Publikationsmöglichkeiten im Internet Gebrauch zu machen, indem sie öffentlich direkt (als neue Ausgangspartner) auf an sie gerichtete Mitteilungen reagieren können, ohne dass dieser kommunikative Austausch über Massenmedien bzw. den Journalismus vermittelt zu werden braucht. Neuberger spricht hier in Anlehnung an Shapiro (1999) von ‚Disintermediation' (vgl. Neuberger 2008a: 22f. u. 25; 2009: 39). Für die Ausgangspartner, die eine Mitteilungsabsicht haben, scheint darin zunächst ein Vorteil zu liegen. So kann die Aussicht, über das Internet in der Öffentlichkeit mehr Gehör zu finden, z.B. für Minderheitsgruppen, die ihre Positionen in der massenmedialen Berichterstattung kaum oder zu wenig abgedeckt sehen, nur Gutes verheissen.[109]

Auch für die *Rezipienten* bzw. Nutzer scheinen die Vielzahl und Vielfalt öffentlich zugänglicher Informations- und Unterhaltungsangebote im Netz und die damit verbundene erhöhte Auswahlfreiheit begrüssenswert zu sein. Zugespitzt formuliert gibt es wohl kaum ein Thema, wozu im World Wide Web nicht auch einschlägige Weblogs, Diskussionsforen oder Wikis existieren. Mit etwas Geduld findet hier also jedermann, was ihn interessiert.[110]

---

[109] Dass im Internet im Modus der Eigenvermittlung bzw. ohne die Vermittlungsleistungen von autonomen Massenmedien in Anspruch zu nehmen (teil-)öffentlich kommuniziert wird, lässt sich übrigens nicht nur an zahllosen Diskussionssträngen in privaten Weblogs und ihren Kommentarbereichen beobachten, sondern auch auf der Ebene des ‚intermediären Systems', wozu kollektive Akteure wie Parteien, Vereine, Verbände, Gewerkschaften, Initiativen und Neue Soziale Bewegungen gehören, die in der öffentlichen Kommunikation eine wichtige Rolle für den politischen Entscheidungsfindungsprozess spielen (vgl. Jarren/Donges 2006: 119ff.). Bspw. nahm am 2. Dezember 2011 der Präsident der *IG Windland*, einer Interessenvereinigung, die im Schweizer Kanton Aargau gegen die Errichtung eines Windparks auf dem Heitersberg kämpft, in einer Gegendarstellung auf der Website der *IG Windland* öffentlich dezidiert gegen Anschuldigungen Stellung, die ein sozialdemokratischer Kantonsparlamentarier zuvor an einer (ebenfalls öffentlichen) Sitzung des Aargauer Grossrats (entspricht dem kantonalen Parlament) gegen die *IG Windpark* vorgebracht hatte. In diesem Beispiel ist keine journalistische Vermittlungsinstanz eingeschaltet. (Die Gegendarstellung mitsamt einer Verlinkung auf das Redeprotokoll im Grossrat ist abrufbar unter http://www.windland.ch/wordpress/?p=2443; 28. Februar 2016).

[110] Zudem lässt sich dieser Suchprozess bis zu einem gewissen Grad technisch rationalisieren. So lassen sich periodisch aktualisierte Angebote im Internet, die man regelmässig aufsuchen müsste (sogenanntes Pull-Prinzip), oftmals mittels RSS-Feed abonnieren, so dass man ständig über neue Inhalte bzw. Beiträge auf dem Laufenden gehalten wird (z.B. via E-Mail oder einen webbasierten Newsreader). RSS-Feeds werden insbesondere für Weblogs und Podcasts eingesetzt (vgl. Burkhardt 2009: 159; Sauer 2010: 271f.).

Trotz dieser vermeintlichen Vorteile der ‚Disintermediation' sowohl für Ausgangs- und Zielpartner als auch für Rezipienten werden journalistische Vermittlungsleistungen im Internet nicht überflüssig – im Gegenteil, denn die gesteigerten Publikationsmöglichkeiten zeitigen Folgeprobleme (vgl. zum Folgenden auch Neuberger 2002: 33ff u. 2006: 115ff.). Zunächst stellt sich die Frage, wer denn die Überfülle der im Netz öffentlich verbreiteten Kommunikate überhaupt noch überblicken könnte, fehlte es an Selektions- und Konzentrationsleistungen journalistischer Instanzen. Angesichts der sprichwörtlichen Informationsflut bzw. der „Überschwemmung der Gesellschaft mit Informationen" (Wirth 2001: 394) besteht für Rezipienten bzw. Nutzer die Gefahr einer doppelten Überforderung – zum einen *quantitativ*, da sie zur Auswahl relevanter Informations- und Unterhaltungsangebote selbst die nötigen Beobachtungsleistungen erbringen müssen (vgl. Neuberger 2008a: 24). Dieses Problem verschärft sich, je mehr Inhalte über das Internet zugänglich sind. Bspw. bietet die Gesamtheit von Weblogs (Blogosphäre) eine enorme Fülle aktueller Informationen und Meinungen zu unterschiedlichen Themen – trotzdem oder gerade deshalb ist sie für den Einzelnen in ihrer Breite kaum zu überschauen (vgl. Schönhagen 2008a: 72). Gerade im Internet sind daher journalistische Vermittlungsinstanzen unverzichtbar: Sie liefern in kontinuierlicher und konzentrierter Form eine gesellschaftsweite Gegenwartsbeschreibung, ohne dass sich Rezipienten bzw. Nutzer dafür durch unzählige vereinzelte Webangebote klicken müssten. Zum anderen sind Nutzer tendenziell aber auch *qualitativ* überfordert, da ihnen die Einschätzung der Qualität (Richtigkeit, Vollständigkeit, Ausgewogenheit, Glaubwürdigkeit etc.) von Webangeboten – zumal wenn sie von Laien erstellt worden sind – mitunter schwierige Validierungsleistungen abverlangt (vgl. Neuberger 2008a: 24). Auch dieses Problem lösen Journalismus und Massenmedien kontinuierlich und auf professioneller Basis durch Recherche, Selektion, Fakten- und Quellenprüfung.[111]

Doch nicht nur rezipientenseitig erweisen sich die gesteigerten Publikationsmöglichkeiten im Internet als ambivalent, zu Folgeproblemen kommt es auch auf Seiten der Ausgangspartner. Diese können zwar online einfach an eine breite Netzöffentlichkeit gelangen, im Wettbewerb mit zahlreichen anderen Stimmen bzw. Sprechern erweist es sich dort für sie aber umso schwerer, beim Publikum (einschliesslich der Zielpartner) Aufmerksamkeit zu erhalten (vgl. Beck 2006b: 69; Rössler/Beck 2001: 143). Zusätzlich erschweren es ihnen die hohen Qualitätsunterschiede im Netz, mit ihrem Angebot bei den

---

[111] Das Problem der quantitativen und qualitativen Überforderung auf Rezipientenseite wurde bereits in Kap. 3.2.1 kurz angesprochen.

Nutzern Vertrauen zu gewinnen und Resonanz in Form von Anschlusskommunikation auszulösen (vgl. Neuberger 2008a: 24). Zu viele Kommunikationsteilnehmer vermindern aber auch die Chance, einen geregelten gegenseitigen Bezug und somit einen für den Zusammenhalt moderner Gesellschaften notwendigen Diskurs herzustellen. Aus diesen Gründen besteht im Netz nach wie vor ein Bedarf an autonomen Vermittlern, die das gesamtgesellschaftliche (Kommunikations-)Geschehen durch mehrfache Selektion und Konzentration überschaubar machen (vgl. Schönhagen 2008a: 73 u. 2008b: 87). Angesichts der obigen Überlegungen scheint dieser Bedarf sogar notwendiger zu sein als zuvor.

Allerdings stellt sich die Frage, ob journalistische Vermittlungsleistungen im Internet nur vom professionellen und in Massenmedien institutionalisierten Journalismus erbracht werden können oder ob es dafür auch funktionale Äquivalente etwa in Form eines sogenannten ‚Bürgerjournalismus' gibt (vgl. Neuberger/Quandt 2010: 59 u. 70f.). Weiter oben wurde argumentiert, dass es im Netz einfacher geworden ist, *selbst* öffentlich zu kommunizieren (Eigenvermittlung sowie Ausgangs- bzw. Auftragsvermittlung). Dies trifft bspw. auf den Grossteil von Weblogs zu: Blogger veröffentlichen vornehmlich eigene Erfahrungen, persönliche Ansichten und Meinungen (vgl. Kap. 3.3.3).[112] Auch aufgrund der Tatsache, dass sich Weblogs untereinander vernetzen und somit Nutzer zu anderen Weblogs und Internetangeboten weiterleiten, vermögen sie kaum dieselbe Orientierung wie die Massenmedien zu bieten, denn ein derartig verstreutes Gesamtangebot ist, wie weiter oben bereits erwähnt wurde, für den einzelnen Rezipienten unüberschaubar.[113]

---

[112] Auch in sogenannten Corporate Blogs, d.h. in Weblogs von Organisationen, die der strategischen Unternehmenskommunikation dienen, werden vorwiegend eigene Angelegenheiten bzw. Innensichten publik gemacht (vgl. Beck 2010b: 30f.). Es handelt sich somit um Eigen- bzw. Ausgangsvermittlung.

[113] Abgesehen davon ist die Blogosphäre nicht derart vernetzt, wie oft angenommen wird. Herring et al. (2005) fanden im Zuge eines mehrstufigen Auswahlverfahrens für eine Linkanalyse von mehreren tausend Weblogs, dass von den im ersten Schritt per Zufall ausgewählten 203 Weblogs bereits 42 Prozent weder ein- noch ausgehende Links zu anderen Weblogs besassen und daher nicht weiter analysiert werden konnten (vgl. Herring et al. 2005: 10). Zudem ist die Blogosphäre nicht egalitär vernetzt – wenige sogenannte A-List-Blogger sind besonders einflussreich, da sie eine hohe Aufmerksamkeit in Form vieler eingehender Links von anderen Weblogs erhalten, ohne aber selbst zurückzuverweisen, ausser es handelt sich dabei ebenfalls um A-List-Blogger (vgl. ebd.: 7 u. 9). Die Autoren gehen aufgrund ihrer Ergebnisse davon aus, „that less connected (or unconnected) blogs represent the majority of blogs available on the Web today" (ebd.: 10). Darüber hinaus spielen in der Blogosphäre nach wie vor geografische und kulturelle Grenzen eine zentrale Rolle. In einer Link-Analyse von Lin et al. (2007) zeigte sich, dass Weblogs in US-amerikanischen Grossstädten mit politisch-kulturellem Gewicht (Boston, San Francisco, New York, Washington, Los Angeles) gemessen an ihrer Bevölkerung überproportional viele eingehende Links und somit Aufmerksamkeit erhielten. Ausserdem waren sie – die

Leistungen des professionellen Journalismus

Dennoch ist es nicht ausgeschlossen, dass sich im Internet neben dem professionell-redaktionellen Journalismus Angebote von Laien etablieren, die zwar nicht über die Strukturmerkmale der ‚Profession' und ‚Redaktion' verfügen, jedoch autonome Fremdvermittlung betreiben, indem sie die Aussagen unterschiedlicher gesellschaftlicher Ausgangspartner bzw. Akteure innerhalb eines breit abgedeckten Themen- und Meinungsspektrums wiedergeben. Dafür müssten die entsprechenden Angebote allerdings über ‚journalistische' Identitäts- und Qualitätsmerkmale (vgl. zusammenfassend Kap. 2.4) sowie deren Macher über entsprechende Motive verfügen. Da die Ressourcen von einzelnen Laien naturgemäss beschränkt sind, dürfte dies am ehesten auf sogenannte Kollektivformate zutreffen. Damit sind Plattformen gemeint, an denen sich viele Nutzer beteiligen und die mitunter auch über Mechanismen der Qualitätssicherung verfügen, womit die Erfüllung traditioneller journalistischer Qualitätskriterien sichergestellt werden soll (vgl. Neuberger 2008a: 28 u. 2009: 69).[114] Letztlich bleibt es jedoch eine empirisch zu prüfende Frage, ob mit den partizipativen Formaten des sogenannten Bürgerjournalismus funktionale Äquivalente zum professionell-redaktionellen Journalismus entstehen.[115] Hinsichtlich bestimmter Internetangebote wie Weblogs, Micro-Blogging-Diensten wie *Twitter* oder vereinzelt auch sogenannte Leserplattformen und Social-News-Sites liefert der Forschungsstand bereits Antworten, die eher auf eine Komplementarität statt funktionale Äquivalenz zum professionellen und redaktionell organisierten Journalismus hindeuten (vgl. dazu Kap. 3.3.3). Für andere Formen wie die kollaborative Nachrichtenproduktion in Wikis liegen noch kaum Befunde vor. Zur Schliessung dieser Lücke leistet der empirische Teil dieser Arbeit einen Beitrag (vgl. Kap. 4 bis 9).

---

geografische Distanz zwischen Ost- und Westküste durchaus überschreitend – untereinander stark vernetzt. Hingegen verlinkten Weblogs aus weniger prominenten und kleineren Städten vorrangig auf Weblogs aus dem geografischen Nahbereich (vgl. Lin et al. 2007: 21).

[114] Über Richtlinien, die der Durchsetzung journalistischer Qualitätskriterien dienen sollen, verfügen etwa *Wikinews* (vgl. Kap. 3.3.3) sowie *Shortnews* (vgl. die Angaben unter: http://www.shortnews.de/hilfe.cfm?section=richtlinien und http://www.shortnews.de/hilfe.cfm?section=richtlinien2) (29. Februar 2016).

[115] Neuberger unterscheidet insgesamt drei verschiedene Vermittlungsformen im Internet, die das Potenzial haben könnten, journalistische Selektions- und Konzentrationsleistungen zu erbringen. Zum einen sei das nach wie vor die *professionell-redaktionelle Vermittlung* durch den Journalismus. Zum anderen sei aber auch zu prüfen, ob die *partizipative Vermittlung* durch den sogenannten Bürgerjournalismus (Weblogs, Nutzerplattformen, Wikis etc.) und die *technische Vermittlung* durch Suchmaschinen, RSS-Feeds, Tagging etc. journalistische Leistungen übernehmen könnten (vgl. Neuberger 2008a: 26. u. 28; 2009: 60ff.). In der vorliegenden Arbeit wird auf die Möglichkeiten technischer Vermittlungsinstanzen nicht weiter eingegangen. Neuberger weist selbst darauf hin, dass Suchmaschinen bis anhin lediglich „den Zugang zu einer Vielzahl journalistischer Angebote [schaffen], ohne allerdings selbst Nachrichten beizusteuern" (vgl. Neuberger 2008a: 28).

Neben dem Bedarf an empirischer Evidenz lässt sich auf diesem Forschungsfeld aber auch theoretisch argumentieren. Aus der weiter oben kurz geschilderten Entwicklungsgeschichte öffentlicher Kommunikation lässt sich ableiten, dass die autonomen Vermittlungsleistungen, die den Journalismus kennzeichnen, nicht zufälligerweise von hochgradig zentralisierten Massenmedien und professionellen Vermittlern (Journalisten) erbracht werden. Kommunikationsgeschichtlich lässt sich zeigen, dass sich die partnerunabhängige (autonome) Fremdvermittlung aus der interessengebundenen Auftragsvermittlung heraus entwickelt hat. Solange nämlich Vermittler (als Schreiber, Kopisten, Drucker etc.) ihre Leistungen im Dienst bestimmter Auftraggeber erbrachten, vermittelten sie die ihnen anvertrauten Botschaften interessengebunden und einseitig (s.o.). Erst als die Angehörigen dieses frühen Vermittlungsgewerbes erkannten, dass sie ein grösseres Publikum erreichen und mehr Gewinn erzielen konnten, wenn sie auf eigene Initiative Nachrichten sammelten und einem interessierten Abnehmerkreis gegen Bezahlung zugänglich machten, begannen sie sich zu verselbständigen und ihre Bindung an partikulare Kommunikationsinteressen aufzugeben. Die Orientierung an einem heterogenen Publikum führte dazu, dass sie ihre Vermittlungsleistungen nun vielseitig erbrachten, d.h. alle möglichen Kommunikationspartner berücksichtigten und demensprechend unterschiedliche Interessen, Meinungen und Themen vermittelten (s.o.).

Dieser Pluralismus war für die handgeschriebenen Zeitungen und später die gedruckten Wochenzeitungen als die ersten ‚journalistischen' Medien kennzeichnend. Die Entstehung eines entsprechenden Berufsverständnisses auf Seiten der Journalisten, das sich als ‚Unparteilichkeit' zusammenfassen lässt, hing also eng mit der „Rücksichtnahme auf die unterschiedlichen Informations- und Orientierungsinteressen einer heterogenen Leserschaft" zusammen, die ihrerseits offenbar „vorwiegend von pragmatischen, in erster Linie ökonomischen Interessen motiviert [war]" (Schönhagen 1998: 77, Erg. S.B.). Unparteilichkeit lohnte sich (vgl. Wagner 1995: 108).

Versucht man diese kommunikationsgeschichtliche Argumentation auf den sogenannten ‚Bürgerjournalismus' im Internet zu übertragen, liegt die Vermutung nahe, dass sich journalistische Inhalte und Motive noch eher bei jenen (Laien-)Angeboten finden, mit denen eine grosse Reichweite und ökonomisch betrachtet ein Gewinn erzielt oder zumindest Rentabilität angestrebt werden soll, und weniger z.B. in Weblogs, die von Privatpersonen ohne kommerzielle Interessen zur Dokumentation ihrer Ferien für den Freundeskreis, aus reinem Sachinteresse oder politischem Engagement betrieben werden.

Hinweise auf einen derartigen Zusammenhang zwischen Kommerzialisierung und Professionalisierung liefern tatsächlich Lowrey et al. (2011) in einer interessanten Studie zu ‚public interest bloggers'. Darunter verstehen die Autoren Blogger, „who commonly contribute information and/or commentary about issues and events in the 'public sphere' rather than merely about personal topics; such content often falls within categories traditionally typified as news by legacy news media and by a news consuming public" (Lowrey et al. 2011: 244). Nicht dazu gezählt werden dabei bewusst die Blogs von Mitarbeitern von Medienunternehmen (vgl. ebd.: 250). Anhand einer Inhaltsanalyse von 151 solcher ‚public interest blogs' zeigen die Autoren, dass mit einer Zunahme von Popularität (Reichweite) und Werbeeinkommen sowohl die Herausbildung von Organisationsstrukturen als auch eine häufigere Einhaltung inhaltlicher Qualitätsstandards, wie man sie von traditionellen Massenmedien her gewohnt sei, einhergehe (vgl. ebd.: 252 u. 254).[116] Die Autoren schliessen daraus, dass zumindest die ausgewählten ‚public interest blogs' erkennbar Merkmale von Organisationen herausbilden und sich in dieser Hinsicht professionalisieren (vgl. ebd.).

Belegt wird diese Einschätzung übrigens auch durch Beispiele wie die *Huffington Post*, die sich als eine reine Online-Zeitung vom ursprünglich personell und finanziell schwach ausgestatteten Weblog zu einem namhaften Medienunternehmen entwickelte. Ihre Besucherzahlen können heute mit

---

[116] Die Popularität bzw. Reichweite wurde über die Anzahl eingehender Links gemessen, die von anderen Webangeboten auf das entsprechende Blog verweisen (vgl. Lowrey et al. 2011: 250). Das ökonomische Gewinnstreben wurde danach beurteilt, ob das Blog über Werbefläche verfügt, sich in einem Menüpunkt Informationen für interessierte Werbekunden finden oder irgendwo auf der Seite Spendenaufrufe für Gönner vorhanden sind (vgl. ebd.). Der Organisationsgrad wurde in Anlehnung an den Weber'schen Bürokratiebegriff (vgl. S. 247) über „formalization" und „division of labor" bestimmt. Erstere wurde über das Vorkommen von „terms of use" (Nutzungsbestimmungen), „legal policies related to site use" (z.B. rechtliche Haftungsbestimmungen), „instructions on registering" (Registrationshinweise) sowie ein „formal mission statement" (Leitbild) operationalisiert (vgl. ebd.). „Division of labor" wurde indiziert über eine Liste von „regular staff for the blog" (regelmässige Mitarbeiter), „regular writers for the blog" (regelmässige Autoren) sowie „evidence that the roles of the staff had been specialized" (z.B. über die Angabe von Titeln und Aufgaben) (vgl. ebd.). Die Standardisierung der Inhalte im Sinne eines „degree to which postings resemble the impersonal, official content of traditional news media" (ebd.: 251) wurde schliesslich über sechs Indikatoren gemessen: 1) „use of primary sources for reporting", 2) „attempt at balance (existence of at least one sentence citing a source making a claim in opposition to the blogger's claim)", 3) „use of first person (I, me, mine and my)", 4) „evidence of opinionated claims by individual posting content" , 5) „use of obscenities (judged to be the type not regularly seen in a traditional daily newspaper)" und 6) „existence of grammatical irregularities, whether intentional or not, judged to be the type not regularly seen in traditional daily newspapers" (ebd.). Für den Summenindex wurden die Items 3 bis 6 umgekehrt codiert, um hinsichtlich der zu messenden Dimension mit den Items 1 und 2 konsistent zu sein (vgl. ebd.).

jenen der Online-Auftritte der *New York Times* und *Los Angelos Times* mithalten.[117] Die *Huffington Post* wurde im Mai 2005 von Arianna Huffington und Kenneth Lerer als linkes Polit-Weblog gegründet, das einen Gegenpol zum populären konservativen Blog *The Drudge Report* von Matt Drudge bilden sollte (vgl. Sarno 2011: o.S.). Anfänglich lebte sie zum einen von unentgeltlichen Beiträgen zahlreicher Blogger und prominenter Personen aus dem Freundeskreis von Huffington, zum anderen war sie als ‚news aggregator' bekannt: Das Verlinken auf massenmediale Angebote, Sammeln von Schlagzeilen und Zusammenfassen fremder Beiträge stillten offenbar ein Orientierungsbedürfnis. Mit zunehmender Bekanntheit und somit finanziellen Ressourcen konnten nach und nach eigene Mitarbeiter (u.a. von der *New York Times* und *Newsweek*) eingestellt werden, die zunehmend eine journalistische Eigenleistung erbrachten (vgl. ebd.). Anfangs 2011 wurde die *Huffington Post* durch das Internetunternehmen *AOL* aufgekauft und Arianna Huffington als Chefredaktorin der *Huffington Post Media Group* eingesetzt (vgl. Adams 2011: o.S.). Zu diesem Zeitpunkt beschäftigte die *Huffington Post* bereits über 200 Angestellte (vgl. Peters 2011: o.S.).

Hier lassen sich durchaus Parallelen zu früheren Erscheinungen auf dem Pressemarkt erkennen. Die *taz* bspw., heute eine bekannte überregionale Tageszeitung Deutschlands, war 1978 nach dem West-Berliner Tunix-Kongress als linksalternatives Bewegungsblatt im Umfeld der Neuen Sozialen Bewegungen entstanden (vgl. Blöbaum 2002: 129ff.; Flieger 1992: 99ff.). Sie sollte „nicht nur zentrales Kommunikationsorgan der verschiedenen Bewegungen und Gruppen der Neuen Linken sein, sondern auch in die bürgerliche Öffentlichkeit hineinwirken" (Flieger 1992: 194). Dabei orientierte sich die *taz* vorrangig an Konzepten der Alternativpresse, was etwa in Betroffenheitsberichterstattung[118], genossenschaftlicher Selbstverwaltung und der Aufhebung der Arbeitsteilung zum Ausdruck kam (vgl. ebd.).

In den Jahren nach der Gründung entzündete sich allerdings innerhalb des Blatts ein ideologisch gefärbter Richtungsstreit zwischen einer Fraktion, die eher ein neutrales Nachrichtenkonzept anstrebte, und einer Gruppierung, die an den Idealen eines Bewegungs- und Kampforgans festhalten wollte (vgl. ebd.: 126). Daneben zogen bald einmal organisatorische Anforderungen an die Zeitungsproduktion und ökonomische Tatsachen eine Reihe von Massnahmen nach sich, die eine „Professionalisierung des Produkts Tageszeitung"

---

[117] Vgl. dazu etwa die Reichweitendaten von *Alexa* (http://www.alexa.com/siteinfo/huffingtonpost.com, 20. März 2016) oder von *Quantcast* (http://www.quantcast.com/ huffingtonpost.com, 20. März 2016).
[118] So steuerten in der Gründungszeit gegen dreissig Initiativen aus dem ganzen Bundesgebiet unentgeltlich Texte bei (vgl. Flieger 1992: 108ff.).

(ebd.: 195) bewirkten. So wurde mit dem Einsetzen einer ‚Gesamtleitung' Ende 1980 erstmals eine Ebene formaler Hierarchie eingeführt und das Prinzip der Egalität aller Mitarbeiter durchbrochen (vgl. ebd.: 140). Ab diesen Zeitpunkt wurde auch vermehrt auf die Qualifikation neuer Mitarbeiter geachtet, besassen doch die ursprünglich 32 Mitarbeiter der Berliner Zentrale, die für einen Einheitslohn arbeiteten, bis auf wenige Ausnahmen keine journalistische Ausbildung (vgl. ebd.: 147).[119]

Die Nachrichtenredaktion der *taz*, bisher im Rotationsverfahren belegt, wurde mit sechs Redakteuren fest besetzt. Bis Ende 1983 wurde die Zahl der Auslandskorrespondenten erhöht und eine Reihe neuer Agenturdienste abonniert (vgl. ebd.: 195). Die ablehnende Haltung gegenüber kommerzieller Anzeigenwerbung, worauf man bei der Gründung gänzlich verzichten wollte, wurde aufgrund der teilweise prekären finanziellen Situation aufgegeben (vgl. ebd.: 166). Gleichzeitig wurden erhebliche Anstrengungen unternommen, um neue Abonnenten zu gewinnen (vgl. ebd.: 161). Zwischen 1986 und 1989 fand mit der Einführung der Wirtschafts- und Sportberichterstattung eine Vergrösserung des Themenspektrums statt, später kamen abwechselnd Wissenschafts- und Verbraucherseiten dazu (vgl. ebd.: 196). In den 90er Jahren vermittelte die *taz* somit erheblich mehr Themen als in ihrer Gründungsphase (vgl. Blöbaum 2002: 131). Von den sozialen Bewegungen hatte sie sich emanzipiert. Der Anteil wertender Beiträge nahm über die Zeit hinweg zugunsten neutraler Artikel ab (vgl. ebd.: 132 u. 134). Insgesamt entwickelte sich die *taz* so von einer linksalternativen Laienpublikation zum professionellen und unabhängigen Nachrichtenmedium (vgl. ebd.: 136; Flieger 1992: 196). Offensichtlich war diese Entwicklung nur dank einer Kommerzialisierung (Einnahmenzuwachs durch Werbung und Reichweitensteigerung) und Professionalisierung (Herausbildung komplexerer Organisationsstrukturen, Arbeits- bzw. Rollenteilung) möglich.

Die Beispiele der *taz* sowie der *Huffington Post* mögen somit darauf hindeuten, dass journalistische Medienangebote, deren Charakteristika im Folgenden nochmals überblicksartig zusammengefasst werden, doch nicht unabhängig von den Strukturmerkmalen der ‚Profession' und ‚Redaktion' zur Verfügung gestellt werden können.

---

[119] Wie Flieger festhält, sei in der Anfangsphase bis 1980 „mangelnde Qualifikation durch die Euphorie, täglich eine Zeitung zustandezubringen, wettgemacht" worden (Flieger 1992: 147).

2.4 Synthese: Konstitutionsmerkmale journalistischer Medienangebote

In den vorausgehenden drei Kapiteln 2.1 bis 2.3 wurde versucht, aus unterschiedlichen theoretischen Perspektiven Konstitutionsmerkmale journalistischer Medienangebote zu bestimmen. Dabei konnte eine Reihe von formalen, inhaltlichen und funktionalen Kriterien benannt werden, worüber sich der (Informations-)Journalismus unabhängig vom jeweiligen Trägermedium bzw. sowohl in Presse, Radio und Fernsehen als auch in Online-Angeboten identifizieren lässt.

Aus der ausdrücklich systemtheoretisch argumentierenden Literatur zum Journalismus wurden in einem ersten Schritt die inhaltlichen Kriterien *Aktualität*, *Relevanz* und *Faktizität* hergeleitet[120], gleichzeitig wurden die von einem Grossteil dieser Literatur vorgebrachten Vorschläge zur Bestimmung der gesellschaftlichen *Funktion* des Journalismus als wenig fruchtbar bzw. kaum operabel eingestuft (vgl. Kap. 2.1).

Ausgangspunkt des folgenden Kapitels bildeten die vier Wesensmerkmale der ‚Zeitung', die Otto Groth (1928 u. 1960) unter Bezugnahme auf frühere Autoren journalismusgeschichtlich herausgearbeitet hat. Die formalen Kriterien *Publizität* und *Periodizität* sowie die inhaltlichen Merkmale *Universalität* und *Aktualität* stellen Groth zufolge nicht bloss Distinktionsmerkmale der Zeitung als eines bestimmten Pressetyps dar, sondern charakterisieren ganz allgemein und unabhängig vom jeweiligen Trägermedium ‚journalistische' Angebote. Bei der Diskussion dieser Wesensmerkmale wurde deren Übertragbarkeit auf den Journalismus im Internet im Blick behalten sowie wo möglich die vergleichsweise jüngere und umfassende Literatur zur Qualität im Journalismus berücksichtigt, die zum Teil mit denselben Kriterien operiert (vgl. Kap. 2.2). Die Groth'schen Wesensmerkmale wurden dabei an drei Stellen inhaltlich spezifiziert bzw. erweitert: Zum einen kann Aktualität in eine zeitliche und eine soziale Dimension unterteilt werden, wie es Groth selbst bereits getan hat, ohne dafür aber zwei eigene Begriffe zu verwenden. Neben Aktualität in zeitlichem Sinn wird deshalb *gesellschaftliche Relevanz* als konstitutives Merkmal journalistischer Medieninhalte mit berücksichtigt.[121] Zum anderen wird in der Literatur zur Qualität im Journalismus unter

---

[120] Auch *Publizität* spielt in gewissen systemtheoretisch argumentierenden Arbeiten zum Journalismus eine prominente Rolle (vgl. Marcinkowski 1993: 65).
[121] Die Kriterien der *Publizität*, (zeitlichen) *Aktualität* und der *Relevanz* finden sich also sowohl in der systemtheoretischen Literatur zum Journalismus als auch bei Groths zeitungswissenschaftlichem Ansatz (vgl. Groth 1928 u. 1960). Was *Faktizität* betrifft, so rechnet Groth zwar am

dem Gesichtspunkt der Relevanz häufig auch *Vollständigkeit* gefordert. Letzteres Kriterium findet deshalb ebenfalls Eingang in den Katalog von Konstitutionsmerkmalen journalistischer Medienangebote. In engem Zusammenhang mit der Universalität bzw. Vielfalt wurde schliesslich die Frage nach dem als richtig empfundenen Verhältnis von in der Berichterstattung abgedeckten Themen, Akteuren, Meinungen und Argumenten diskutiert. Folglich wird auch *Ausgewogenheit* in den Kriterienkatalog aufgenommen.

Die *Funktion* des Journalismus hat Groth (vgl. 1960: 458) in der ‚vermittelten Mitteilung', also in der Kommunikationsvermittlung gesehen (vgl. Kap. 2.2.6). Konsequent zu Ende gedacht und kommunikationsgeschichtlich erhärtet wird diese Auffassung in der Theorie der Sozialen Zeit-Kommunikation, die massgeblich von Hans Wagner (u.a. 1978a, 1980, 1995 u. 1998) ausgearbeitet worden ist. Ihr zufolge stellt Journalismus eine hoch konzentrierte Form autonomer Fremdvermittlung (gesellschaftlicher Kommunikation) dar (vgl. Kap. 2.3). Daraus lässt sich direkt eine Reihe inhaltlich-funktionaler Prinzipien herleiten, die sicherstellen, dass die Mitteilungen Dritter adäquat wiedergegeben werden (vgl. Kap. 2.3.2 sowie Schröter 1988b, 1992). Solche ‚Vermittlungsprinzipien' kamen als konkrete Handwerksregeln bereits bei den ersten Wochenzeitungen zur Anwendung (vgl. Schönhagen 1998). Sie bestanden in der *allseitigen Vermittlung* (Prinzip des ‚audiatur et altera pars')[122], der *Quellentransparenz*, der *Sinntreue* sowie der *Trennung von Nachricht und Kommentar*. Zusammen genommen waren sie Ausdruck der *Autonomie* bzw. Unabhängigkeit von partikularen Kommunikationsinteressen, die für den Journalismus insgesamt (im Gegensatz etwa zu Kampagnenkommunikation, Public Relations, Werbung) kennzeichnend ist. Auch diese Kriterien finden sich als ‚Qualitätskriterien' in der Literatur zur Qualität im Journalismus wieder (vgl. als Überblick Beck et al. 2010: 24f.).[123]

Während sich die genannten vier Vermittlungsprinzipien direkt auf das Medienangebot beziehen und insofern ‚produktbezogen' sind, stellt die Autonomie bzw. Unabhängigkeit von partikularen gesellschaftlichen Kommunikationsinteressen eine übergeordnete Eigenschaft journalistischer Vermitt-

---

Rande auch den unterhaltenden, nicht-aktuellen und teils eben fiktionalen Stoff der ‚Zeitung' zu (z.B. Fortsetzungsromane, Erzählungen, Gedichte, Rätsel, Witze etc.), betont zugleich aber den Primat aktueller tatsachenbetonter Berichterstattung im Journalismus (vgl. Groth 1960: 195f.).
[122] Auch bei diesem Merkmal besteht eine Überschneidung: So wird das Prinzip des ‚audiatur et altera pars', das „auf die allseitige Vermittlung der in der Gesellschaft virulenten Wissens- und Bewusstseinsinhalte, Standpunkte und Meinungen zielt" (Schönhagen 1998: 291), durch das Groth'sche Kriterium der *Universalität* abgedeckt.
[123] Teils werden dort andere Begriffe dafür verwendet. Die hier als Sinntreue bezeichnete inhaltliche Übereinstimmung von Originalaussagen und ihrer journalistischen Vermittlung handelt bspw. Wyss (2002) unter dem Kriterium der Richtigkeit kurz ab (vgl. Wyss 2002: 121f.).

lungsinstitutionen dar. Dass diese Autonomie als ‚Unparteilichkeit' historisch belegt (vgl. Schönhagen 1998) und gleichzeitig aus einer normativen Perspektive erwünscht ist, stellt dabei keinen Widerspruch dar und wird an späterer Stelle nochmals aufgegriffen. Sämtliche genannten und aus der Theorie der Sozialen Zeit-Kommunikation hergeleiteten Kriterien werden ebenfalls in den Katalog von Konstitutionsmerkmalen journalistischer Medienangebote bzw. von Vermittlungsleistungen des Journalismus aufgenommen. Tabelle 1 gibt diesen Katalog überblicksartig einschliesslich der theoretischen Verortung der darin enthaltenen Merkmale wieder.

Leistungen des professionellen Journalismus

Tabelle 1: Konstitutionsmerkmale journalistischer Medienangebote

	Wesensmerkmale der „Zeitung" nach Otto Groth (vgl. Groth 1928: 22, 26 u. 41 sowie 1960: 101ff.)	Theorie der Sozialen Zeit-Kommunikation und Vermittlungsprinzipien (vgl. Wagner 1978a; 1995 u. 1998; Schönhagen 1998: 50ff. u. 274ff.; Schröter 1988b: 186ff.)	Qualitätsdiskurs² (vgl. Fahr 2001: 10ff.; Arnold 2009: 162ff.; Beck et al. 2010; Hagen 1995a: 53ff.; Schatz/Schulz 1992: 692ff.; Wyss 2002: 93ff.)	Systemtheoretische Journalismuskonzepte (vgl. u.a. Görke 2002: 73f.; Marcinkowski 1993: 65; Scholl 1997: 473ff.; Scholl/Weischenberg 1998: 75ff.)
Autonomie[1] (Unabhängigkeit von partikularen Kommunikationsinteressen)		x	x	x
Publizität	x	(x)		x
Universalität (Vielfalt, Allseitigkeit)	x	x	x	
Ausgewogenheit	(x)	(x)	x	
Periodizität (Kontinuität)	x	(x)		(x)
Aktualität	x	x	x	x
gesellschaftliche Relevanz	x		x	x
Vollständigkeit			x	
Faktizität	(x)			x
Quellentransparenz		x	x	
Sinntreue		x	x	
Trennung von Nachricht und Kommentar		x	x	

[1] Autonomie bzw. Unabhängigkeit von partikularen Kommunikationsinteressen aus der Gesellschaft stellt weniger ein angebotsbezogenes Merkmal als eine übergeordnete Eigenschaft journalistischer Vermittlungsinstitutionen dar.

[2] In der Literatur zur Qualität im Journalismus werden weitere Kriterien diskutiert, die hier nicht berücksichtigt sind, weil sie entweder nicht als konstitutiv für den Journalismus eingestuft wurden oder implizit bereits in anderen aufgeführten Kriterien enthalten sind, z.B. entspricht ‚Richtigkeit' im Kontext der Kommunikations- bzw. Redewiedergabe der ‚Sinntreue'.

Wie Tabelle 1 gut erkennen lässt, ergeben sich aus den verschiedenen theoretischen Zugängen zu einem guten Teil übereinstimmende Kriterien, was deren Gültigkeit stützt. Die hier zusammengestellten Konstitutionsmerkmale des Journalismus sind allesamt inhaltlicher oder formaler Natur, gleichzeitig haben sie aber einen ausgeprägt *funktionalen* Charakter, da sie zur Erfüllung der gesellschaftlichen Funktion beitragen, die dem Journalismus in dieser Arbeit aus theoretisch-historischer Perspektive zugeschrieben worden ist. Gemäss dieser Sichtweise stellt Journalismus die Lösung des Problems dar, wie der öffentliche Kommunikationshaushalt bzw. Mitteilungsverkehr in einer komplexen Gesellschaft erfolgreich organisiert werden kann. Wie gezeigt worden ist, gelingt dies über eine hoch konzentrierte Form autonomer Fremdvermittlung gesellschaftlicher Kommunikation. Diese Form der Kommunikationsvermittlung kann demnach als Referenzpunkt für die Bestimmung journalistischer Identitäts- und Qualitätskriterien dienen. Diese haben dann insofern einen normativen Charakter, als sie im Hinblick auf die Erfüllung der genannten gesellschaftlichen Funktion eingefordert werden können. Somit kann über den hier gewählten theoretisch-historischen Zugang zur Identität und Qualität des Journalismus vielleicht auch ein Stück weit eingelöst werden, was Bucher (2003) bereits vor einem Jahrzehnt in Anbetracht des einschlägigen Literaturstandes implizit gefordert hat: „Auch wenn sich in den letzten Jahren die Forschungslage zu Fragen der journalistischen Qualität erheblich verbessert hat [...], so sind doch Ansätze, die Kategorie ‚journalistische Qualität' in eine Theorie des Journalismus einzubauen, eher die Ausnahme geblieben" (Bucher 2003: 11).

Bei den in Tabelle 1 zusammengestellten inhaltlichen, formalen und gleichzeitig funktionalen Kriterien handelt es sich grundsätzlich um operationalisierbare und einer empirischen Analyse zugängliche Dimensionen. Deren Erfüllung lässt sich im Rahmen einer Beurteilung von Veröffentlichungen unterschiedlicher Art bzw. eines Vergleichs verschiedener Medienangebote messen. In erster Linie ist jedes dieser Kriterien jeweils im Hinblick auf ein ganzes Medienangebot, also dessen *gesamte* Berichterstattung zu beurteilen und nicht für einen einzelnen Beitrag oder eine einzelne Sendung. Bspw. kann Periodizität offensichtlich nur mittels mehrerer aufeinanderfolgender Veröffentlichungen realisiert und somit unmöglich von einem Einzelbeitrag gefordert werden. Genauso macht es nur Sinn, z.B. vom gesamten Online-Auftritt einer Tageszeitung thematische Vielfalt (Universalität) zu erwarten, da für einen einzelnen redaktionellen Beitrag das Thema mit der Selektion eines bestimmten Nachrichtenereignisses bereits vorgegeben ist.[124] Thematische Universalität ergibt sich daher erst aus der Summe aller veröffentlichten Artikel bzw. Sendungen eines Medienangebots. Dass alle erwähnten Kriterien mindestens von der Gesamtberichterstattung erfüllt werden sollten, lässt sich auch rezipientenseitig begründen, da die Nutzung eines Medienangebots in der Regel kein einmaliges, sondern ein kontinuierliches bzw. habitualisiertes Verhalten darstellt.

In Bezug auf einzelne Merkmale lässt sich indessen auch argumentieren, dass man deren Erfüllung bereits von jedem einzelnen journalistischen Beitrag erwarten darf. Mit Sicherheit trifft das etwa auf Publizität zu: Um Teil des Journalismus zu sein, muss ein Text oder Bild veröffentlicht und nicht etwa nur einer geschlossenen Gruppe von Empfängern (z.B. einer Mailingliste) zugänglich sein. Ebenso muss ein Beitrag, um als Teil der Berichterstattung im engeren Sinn zu gelten, Faktizität aufweisen, d.h. auf ‚reales' Weltgeschehen statt auf fiktionale Hervorbringungen der Phantasie Bezug nehmen.[125] Aus einer vermittlungsorientierten Perspektive auf den Journalismus sollten auch Kriterien wie Quellentransparenz, Sinntreue sowie Trennung von Nachrichten und Kommentar auf Artikelebene erfüllt werden, da sie im Hinblick auf die in einem Einzelbeitrag vermittelten Kommunikate eine *autonome* Fremdvermittlung erst sicherstellen.[126]

Neben der Frage, ob die hier aus verschiedenen theoretischen Strängen hergeleiteten Kriterien jeweils auf der Ebene der Gesamtberichterstattung oder – im Sinne einer strengeren Anforderung – bereits auf Beitragsebene anzusetzen sind, muss weiter berücksichtigt werden, dass sie grundsätzlich keine dichotomen Eigenschaften darstellen, die entweder vorhanden sind oder fehlen, sondern *graduell* erfüllt werden können. Fehlen bspw. einem Internetangebot die regelmässige Aktualisierung (Periodizität), die Universalität (Vielfalt von Themen, Akteuren, Meinungen etc.) oder die Aktualität (Gegenwartsbezug), handelt es sich offensichtlich nicht um ein journalistisches Medienangebot im Verständnis dieser Arbeit.[127] Erfüllen umgekehrt verschiedene Internetangebote die in Tabelle 1 zusammengeführten Kriterien graduell unterschiedlich, so kann man es einerseits mit verschiedenen Medi-

---

[124] Anders ist dies bei der Vielfalt von Quellen, Meinungen und Argumenten, die sich prinzipiell bereits auf Artikelebene realisieren lässt.
[125] Ob das referierte bzw. behauptete Geschehen dann tatsächlich zutrifft bzw. sich darüber intersubjektiv ein Konsens herstellen lässt, ist eine andere Frage.
[126] Weniger klar scheint die Bezugsebene bei den Kriterien Aktualität (Gegenwartsbezug), gesellschaftliche Relevanz, Ausgewogenheit und Vollständigkeit zu sein.
[127] Das wäre bspw. bei einem seit seiner Aufschaltung nicht aktualisierten monothematischen Weblog über römische Schlachten oder Kochrezepte der Fall.

entypen bzw. -gattungen zu tun haben (z.b. bei unterschiedlicher Periodizität mit den Online-Auftritten einer Tageszeitung und einer Zeitschrift oder mit dem Angebot eines öffentlich-rechtlichen TV-Senders und einer Wochenzeitung) oder andererseits – sofern die Angebote demselben Medientyp bzw. derselben Mediengattung angehören und einen vergleichbaren journalistischen Anspruch haben – mit qualitativ ‚schlechterem' und ‚besserem' Journalismus (z.B. bei Unterschieden hinsichtlich Quellentransparenz oder Trennung von Nachricht und Kommentar).

Mittels der hier vorgeschlagenen und theoretisch erarbeiteten formalen, inhaltlichen und gleichzeitig funktionalen Merkmale lässt sich Journalismus im Allgemeinen und unabhängig von der Mediengattung (Print-, Radio-, TV-, Online-Berichterstattung) identifizieren. Über diese Merkmale müsste mithin auch der sogenannte ‚Bürgerjounalismus' verfügen, handelte es sich bei ihm tatsächlich um eine Form von Journalismus, d.h. von partnerautonomer Fremdvermittlung. Von professioneller und redaktionell organisierter Berichterstattung würden ihn dann z.b. fehlende Beruflichkeit (berufliche Ausübung zur Erwirtschaftung eines Erwerbseinkommens) und mangelnde redaktionelle Organisation unterscheiden (vgl. auch Kap. 3.1.2).

Gerade um die Möglichkeit eines solcherart von Laien erbrachten Journalismus nicht a priori auszuschliessen, wurde hier bewusst auf Konstitutionsmerkmale wie ‚Profession' und ‚Redaktion' verzichtet, obschon – wie weiter oben bereits erwähnt – ein Zusammenhang zwischen diesen Strukturmerkmalen und dem Erbringen journalistischer Vermittlungsleistungen durchaus plausibel erscheint. Liesse man sich jedoch auf eine Argumentation mittels dieser strukturellen Merkmale ein, könnte man die Möglichkeit eines ‚Bürgerjournalismus' allein schon von der Hand weisen, weil es sich dabei nicht um eine haupt- bzw. nebenberufliche Tätigkeit handelt, wofür ein Lohn bezogen wird. Ein ebenso simples Argument gegen den ‚Bürgerjournalismus' wäre der Hinweis auf die fehlende Zugehörigkeit sogenannter ‚Bürgerjournalisten' zu einem redaktionell organisierten Medienbetrieb. Statt sich auf solche Strukturmerkmale zu stützen, muss eine funktional ausgerichtete Argumentation darum bemüht sein zu prüfen, inwiefern die mitunter als ‚Bürgerjournalismus' bezeichneten Webangebote tatsächlich journalistische Vermittlungsleistungen für das Publikum bzw. die Öffentlichkeit erbringen.

Wenn in dieser Arbeit die Herleitung von Konstitutionsmerkmalen journalistischer Medienangebote über bestimmte theoretische Pfade bzw. Zugänge zum Journalismus – namentlich die zeitungswissenschaftliche und systemtheoretische Perspektive sowie den kommunikationswissenschaftlichen Qualitätsdiskurs – erfolgte, so heisst das gleichzeitig, dass andere Pfade bzw.

Wege eben nicht beschritten wurden. Dabei wären für Qualitätskriterien im Journalismus durchaus auch weitere theoretische Begründungszusammenhänge denkbar. Beispielhaft sei hier auf Engesser (2013: 128ff.) verwiesen, der zur Ableitung solcher Kriterien u.a. beteiligungszentrierte Demokratietheorien, Theorien alternativer Öffentlichkeiten und Theorien des sozialen Kapitals diskutiert. Gleichzeitig erscheinen nicht alle Theorien und Begründungszusammenhänge gleichermassen geeignet, auf Journalismus und journalistische Qualität angewandt zu werden. Identitäts- und Qualitätsmerkmale des Journalismus lassen sich zudem auch über einen eher ‚empirischen' Zugang erschliessen (vgl. Quandt 2004: 62), indem Rezipienten bzw. Nutzer danach gefragt werden, wie bzw. anhand welcher Eigenschaften sie Journalismus und dessen Qualität definieren (vgl. exemplarisch Arnold 2009; Neuberger 2012b). Vermutlich hätte sich über einen solchen rezipientenseitigen Zugang ein hoher Deckungsgrad mit den in Tabelle 1 versammelten Kriterien ergeben. So wird sowohl in der Repräsentativbefragung der deutschen Bevölkerung von Arnold (n= 1250) als auch in der Online-Umfrage von Neuberger (n= 1000) den Kriterien Unabhängigkeit, Aktualität, Themenvielfalt, Trennung von Nachricht und Kommentar, Ausgewogenheit und Transparenz von den Befragten eine wichtige oder sehr wichtige Bedeutung für journalistische Qualität beigemessen (vgl. Arnold 2009: 369 u. 383; Neuberger 2012b: 44).

Schliesslich lassen sich spezifischere journalistische Qualitätskriterien auch jeweils nach Mediengattung bzw. -typ formulieren. Solche Soll-Vorstellungen hängen dann stark mit den materiell-technischen Eigenschaften der betrachteten Medien und der Art und Weise, wie sie genutzt werden, zusammen. So unterscheiden z.B. Dahinden et al. (2004: 110ff.) bei Online-Medien generell neben der Inhaltsqualität auch Aspekte der Darstellungsqualität, technischen Qualität sowie Interaktionsqualität. Wendet man dieses Raster z.B. auf Online-Zeitungen an, tragen Eigenschaften wie ‚Hypertextualität' (Verlinkung zu weiterführenden internen und externen Informationsangeboten) oder ‚Datenspeicherung' (z.B. Zugriff auf das Archiv) zu deren technischer Qualität bei, wohingegen die ‚Multimedialität' (d.h. Kombination von Text, Grafiken, Bildern und Animationen) ihre Darstellungsqualität erhöht (vgl. z.B. Mögerle 2009: 40f.). Dass Tageszeitungen auf ihren Websites vermehrt unterschiedliche Beteiligungsformen wie z.B. Kommentarfunktionen, Diskussionsforen, Chat-Rooms, Foto- und Videogalerien etc. anbieten, lässt sich sodann unter dem Aspekt der Interaktionsqualität diskutieren (vgl. z.B. Jönsson/Örnebring 2011). Für gedruckte Zeitungen können wiederum andere Eigenschaften als wünschenswert betrachtet werden, z.B. besondere

Übersichtlichkeit und ein handliches Format (vgl. Arnold 2009: 232 u. 282ff.).

In dieser Arbeit wurde bewusst auf den Einbezug solcher medienspezifischer Eigenschaften als journalistische Qualitätskriterien verzichtet und versucht, ein möglichst allgemeingültiges und konsensfähiges Set an Kriterien zu bestimmen, die den ‚Kern' des Journalismus unabhängig von dessen institutioneller Verfasstheit und medialer Verbreitungsart in Presse, Radio, Fernsehen und Internet ausmachen. Im nächsten Kapitel soll der Frage nachgegangen werden, inwiefern sie von unterschiedlichen Formen öffentlicher Laienkommunikation im Sinne eines eigenständigen ‚Bürgerjournalismus' erfüllt werden.

3 Bürgerjournalismus

3.1 Begriffsklärungen und Abgrenzungen

Was ist unter ‚Bürgerjournalismus' bzw. der englischen Entsprechung ‚citizen journalism' im Allgemeinen zu verstehen? Und wie wird dieser Begriff in der vorliegenden Arbeit verwendet? Zunächst wird der ‚Bürgerjournalismus' vom naheliegenden ‚partizipativen Journalismus' bzw. ‚participatory journalism' abgegrenzt (vgl. Kap. 3.1.1). Beide Begriffe werden in der Fachliteratur häufig vermischt und keineswegs einheitlich definiert. Im Kapitel zum ‚partizipativen Journalismus' soll zudem kurz auf den ‚public journalism' eingegangen werden, der in diesem Forschungskontext ebenfalls auftaucht. Dabei handelt es sich um ein US-amerikanisches Journalismuskonzept, wofür es bislang keine einheitliche deutsche Übersetzung gibt. Am ehesten wird er als „bürgerorientierter Journalismus" (Forster 2006: 48) bezeichnet. Nicht behandelt wird an dieser Stelle eine Reihe semantisch ähnlicher und teils konkurrierender Ausdrücke, bei denen es sich eher um kreative Wortschöpfungen und Ad-hoc-Bildungen handelt, die in der einschlägigen Fachliteratur selten bis sehr selten auftauchen und sich bislang nicht durchsetzen konnten. Gemeint sind z.B. ‚Graswurzeljournalismus', ‚Laienjournalismus', Netzwerkjournalismus', ‚amateur journalism', ‚opern-source journalism', ‚peer-to-peer journalism' u.a. (vgl. Neuberger 2007a: 69). Eine Übersicht zu solchen Begriffsprägungen und ihrer Herkunft findet sich bei Engesser (2013: 31ff.).

3.1.1 ‚Partizipativer Journalismus' und ‚public journalism'

Grundsätzlich lassen sich ein enges und ein weites Begriffsverständnis des ‚partizipativen Journalismus' bzw. ‚participatory journalism' unterscheiden. Fasst man den Begriff eher *eng*, bezeichnet er die ‚Partizipation' am professionellen Journalismus. Aus der Sicht der Medienunternehmen sind damit Massnahmen zur Einbindung des Publikums in ihre Angebote gemeint. International und insbesondere in der englischen Fachliteratur hat sich dieses enge Begriffsverständnis im Sinne der Publikumsbeteiligung im professionellen Journalismus in den letzten Jahren grösstenteils etabliert (vgl. zur Übersicht

Borger et al. 2013; im Einzelnen Deuze et al. 2007: 323; Nip 2006: 217; Paulussen et al. 2008: 264 u. 267; Singer et al. 2011: 2; Thurman 2008: 147; Thurman/Hermida 2010: 48; im deutschsprachigen Raum vgl. z.B. Sehl 2013b: 91).[128]

Im digitalen Zeitalter erfolgt dieser Einbezug des Publikums häufig auf den Websites der Massenmedien, z.B. in der Form von Kommentaren und Bewertungen redaktioneller Beiträge, Leserumfragen, Fotogalerien oder Leserblogs (vgl. zur Übersicht Domingo et al. 2008: 335; Jönsson/Örnebring 2011: 136; De Keyser/Sehl 2011: o.S; Thurman 2008: 141). Gerade das Internet scheint dabei aufgrund seiner hohen Interaktivität bzw. seiner technischen Vernetzungsmöglichkeiten in jüngster Zeit Entwicklungen im ‚partizipativen Journalismus' besonders zu fördern. Allerdings konnte das Publikum auch schon früher am professionellen Journalismus partizipieren. Man denke etwa an Leserbriefe in der Presse (vgl. Mlitz 2008) oder an Hörertelefone bzw. sogenannte ‚Call-in-Sendungen' bei Radio und Fernsehen (vgl. Neumann-Braun 2000; Rubin/Rubin 1992). In den Heimatzeitungen des ausgehenden 18. und 19. Jahrhunderts gab es sogar eine sehr lebendige Publikumsbeteiligung. Damals wurden Beiträge von Bürgern als sogenannte ‚Eingesandts' im redaktionellen Teil gleichberechtigt neben den übrigen Nachrichten und Berichten abgedruckt (vgl. Schönhagen 1995). Groth (1960) gelangt angesichts dessen gar zur Einschätzung, dass es gemessen an der Publikumsgrösse eine so umfangreiche und rege Mitarbeit der Leserschaft wie um die Wende des 18. Jahrhunderts in der deutschen Presse später nicht mehr gegeben habe (vgl. Groth 1960: 97, zit. in Schönhagen 1995: 35).

Im 20. Jahrhundert wurden Bürger der DDR ebenfalls von der Presse als sogenannte ‚Volkskorrespondenten' angeheuert (vgl. Richter 1993). Allerdings war diese Zusammenarbeit eindeutig parteipolitisch motiviert und wurde zentral gesteuert. Die ‚Volkskorrespondenten' erfüllten in erster Linie eine Propaganda- und Polizeifunktion, indem sie die Redaktionen mit Signalen über Missstände in ihren Betrieben sowie in Versorgungs-, Bildungs- und Kultureinrichtungen belieferten (vgl. Richter 1993: 271, zit. in Schönhagen/Kopp 2007: 304). Somit halfen sie den Zeitungen nicht nur Ressourcen zu sparen, sondern dienten gleichzeitig „der Kontrolle des ganzen sozialen

---

[128] In ihrer begriffsgeschichtlichen Arbeit zum ‚participatory journalism' sichteten Borger et al. (2013) 119 einschlägige Beiträge, die während 1995 und 2011 in 18 verschiedenen englischsprachigen Fachzeitschriften (u.a. *Journalism Practice, Journalism Studies, New Media & Society, Journalism, British Journalism Review, Columbia Journalism Review; Journalism & Mass Communication Quarterly*) erschienen sind. Zwei Drittel davon verwendeten ein enges Begriffsverständnis im Sinne der „participation of citizens within the context of professional news organizations" (ebd.: FN 3 auf S. 131).

Lebens" (Groth 1962: 102, zit. in Schönhagen/Kopp 2007: 304). Wie diese Beispiele zeigen, ist die dem ‚partizipativen Journalismus' zugrunde liegende Idee der Publikumsbeteiligung also alles andere als neu und wurde bislang im professionellen Journalismus auch umgesetzt, wenn auch mit unterschiedlichen Motiven.

Fasst man den Begriff des ‚partizipativen Journalismus' dagegen sehr *weit*, fallen darunter neben der Publikumsbeteiligung im professionellen Journalismus auch diverse Medienangebote bzw. Inhalte (Texte, Bilder, Audio- oder Video-Files), die von Nutzern ohne die Beteiligung professioneller Journalisten ausserhalb journalistischer Medienunternehmen individuell oder kollaborativ erstellt sowie öffentlich verbreitet werden und eine gewisse funktionale Nähe zum Journalismus aufweisen (vgl. Bowman/Willis 2003: 9ff.; Engesser 2013: 50 u. 60ff.; Lasica 2003a). In ihrer mittlerweile viel zitierten Definition verstehen etwa Bowman und Willis (2003) ‚participatory journalism' als „the act of a citizen, or group of citizens, playing an active role in the process of collecting, reporting, analyzing and disseminating news and information" (ebd.: 9). Mindestens ebenso wichtig erscheint der unmittelbar anschliessende zweite Teil ihrer Definition: „The intent of this participation is to provide independent, reliable, accurate, wide-ranging and relevant information that a democracy requires" (ebd.). Erst durch diese Spezifikation der Motivation derer, die Informationen sammeln, analysieren und öffentlich verbreiten, sowie der Qualität dieser Informationen (‚independent', ‚accurate', ‚wide-ranging' etc.) wird hier offenbar eine Nähe zum Journalismus und dessen Eigenschaften hergestellt.

Plattformen des ‚partizipativen Journalismus' gemäss diesem Verständnis existieren vielerlei, im Internet gehören dazu z.B. eigenständige Weblogs, Diskussionsforen, Wikis oder der Microblogging-Dienst *Twitter* (Bowman/Willis 2003: 21ff.; Engesser 2013: 60ff.). Wie erwähnt schliessen die Autoren, die ein weites Begriffsverständnis vertreten, in der Regel *auch* die Publikumsbeteiligung im professionellen Journalismus und somit das enge Begriffsverständnis darin ein. So reicht bei Bowman und Willis (2003) ‚participatory journalism' vom „collaborative publishing" etwa bei der *Wikipedia* (ebd.: 25) über freie Diskussionsforen z.B. mit dem Ziel „to argue about a favorite sports team, to share experiences about a health care issue, or to join a collaborative work project" (ebd.: 21) bis hin zum Einbezug von „user generated content" in den professionellen Journalismus (ebd.: 23). Auch bei Engesser (2013) erstreckt sich das Spektrum der Plattformen des ‚partizipativen Journalismus' von eigenständigen Weblogs (vgl. ebd.: 61) und dem Microblogging z.B. via *Twitter* (vgl. ebd.: 75) bis zur Leserbeteiligung in professionell-redaktionellen Webangeboten, wozu u.a. auch die Zulieferungen sogenannter Leserreporter gehören (vgl. ebd.: 85ff.).

Allerdings stellt sich die Frage, ob ein derart breites Begriffsverständnis zweckmässig ist (vgl. ebenso Sehl 2013a: 90). Wissenschaftliche Begriffe erhalten erst klare Konturen, wenn sie möglichst trennscharf gefasst werden. Im Falle des ‚partizipativen Journalismus' spricht für ein enges Begriffsverständnis nicht nur die in weiten Teilen übereinstimmende internationale Begriffsverwendung im Sinne der Publikumsbeteiligung im professionellen Journalismus, sondern auch bisherige empirische Befunde zur Nutzerbeteiligung in Massenmedien. Anders als die eigenständige Onlinepublizistik von ‚Laien' etwa in Weblogs oder Wikis erfolgt sie nämlich nicht institutionell unabhängig, sondern wird verlagsseitig implementiert.[129] Wie die bisherige Forschung deutlich zeigt, findet die Nutzerbeteiligung im ‚partizipativen Journalismus' in einem eng begrenzten und durch die journalistische Berufskultur geprägten Rahmen statt, d.h. „within a frame designed by the professionals", um es mit den Worten von Nip (2006: 217) auf den Punkt zu bringen. Die tatsächlichen Partizipationsmöglichkeiten des Publikums erweisen sich dabei als sehr beschränkt.

Wie etwa Domingo et al. (2008) mit einer länderübergreifenden Studie zeigen konnten, in der sie mittels Inhaltsanalyse insgesamt 16 Online-Auftritte von Zeitungen aus acht europäischen Ländern sowie den USA im Hinblick auf ihre Publikumsbeteiligung untersuchten, werden die Nutzer grösstenteils von den relevanten Produktionsetappen ausgeschlossen. Dazu teilen die Autoren den journalistischen Herstellungsprozess entlang der Zeitachse in fünf Stufen ein: 1) Beobachtung und Zulieferung von Inhalten (‚access and observation'); 2) Auswahl bzw. Filtern der zu veröffentlichenden Inhalte (‚selection/filtering'); 3) Verfassen und Zusammenstellen von Beiträgen (‚processing/editing'); 4) Verbreitung (‚distribution') und 5) Interpretation und Kommentierung (‚interpretation'). Wie ihre Ergebnisse zeigen, bleiben auf den untersuchten Websites die Leser von der entscheidenden dritten Stufe, also der Selektion von Inhalten zur Veröffentlichung, komplett ausge-

---

[129] Der Begriff ‚Laie' wird in dieser Arbeit einzig in Bezug auf den professionellen Journalismus verwendet. Er steht für Personen, die nicht als freie Journalisten oder fest angestellte Mitarbeiter eines journalistischen Medienunternehmens tätig sind und für diese Tätigkeit einen Berufslohn beziehen. Von ‚Laien' zu sprechen macht nur in Bezug auf eine *bestimmte* Berufsgattung Sinn, zumal ‚Laien' bezogen auf andere Tätigkeiten bzw. Berufe Fachleute sind (z.B. mag ein Koch ein journalistischer Laie, gastronomisch aber ein Profi sein). Insbesondere soll hier mit dem wertneutral verwendeten Begriff ‚Laie' oder ‚Amateur' kein Gegensatz zum Expertentum oder Spezialwissen konstruiert werden. Er steht allein für die Nicht-Zugehörigkeit zur journalistischen Berufsklasse.

schlossen (vgl. ebd.: 334). Dieser Befund wird durch Tiefeninterviews erhärtet, die vom selben Forscherteam im Anschluss an die inhaltsanalytische Bestandsaufnahme mit 67 (Chef-)Redaktoren und Journalisten durchgeführt wurden (vgl. Singer et al. 2011: 21). Am häufigsten scheinen Features der fünften Stufe zu sein, die es den Lesern bloss erlauben, auf bereits erstellte journalistische Inhalte zu ‚reagieren', d.h. sie zu kommentieren oder zu bewerten. Die übrigen drei Stufen stehen den Nutzern in unterschiedlichem Umfang offen, bspw. werden sie teils zum Einreichen von Fotos oder Videos sowie Themenideen für Artikel ermuntert (‚access and observation'), wobei völlig unklar ist, ob und in welcher Form diese dann veröffentlicht bzw. umgesetzt werden. Darüber hinaus ist ihnen zum Teil die Weiterleitung von Artikeln an den eigenen Freundes- oder Bekanntenkreis möglich (‚distribution'). Die Autoren gelangen angesichts dieser Befunde zum Schluss, dass sich die journalistische Praxis trotz technologischer Möglichkeiten zur vermehrten Einbindung des Publikums offenbar nicht geändert habe und „the core journalistic role of the ‚gatekeeper' who decides what makes news remained the monopoly of professionals" (Domingo et al. 2008: 335). Auch die von Hermida und Thurmann (2008) durchgeführten qualitativen Interviews mit Verlagsleitern und (Chef-)Redakteuren britischer Medienunternehmen legen den Schluss nahe, dass professionelle Journalisten an der Kontrolle über die veröffentlichten Inhalte und somit ihrer Gatekeeper-Rolle festhalten (vgl. ebd.: 354). Darüber hinaus zeigt der Forschungsstand zum ‚partizipativen Journalismus', dass Publikumsbeiträge, wenn sie denn zugelassen und veröffentlicht werden (z.B. Leserblogs), in der Regel in separaten Rubriken deutlich getrennt von den redaktionellen Beiträgen erscheinen (vgl. Domingo et al. 2008: 337; Thurman/Hermida 2010: 58) und populärkulturellen oder privaten Themen gewidmet sind (vgl. Jönsson/Örnebring 2011: 140; Örnebring 2008: 781 u. 783).

Wie es scheint, wachen Journalisten und die Medienunternehmen, für die sie tätig sind, bislang genau über die von ihnen verwalteten Publikationskanäle. Diese Haltung erscheint nachvollziehbar, da es nicht zuletzt darum geht, die Reputation etablierter Medienmarken nicht in Gefahr zu bringen. Allerdings wird redaktionsseitig auch das Potenzial der Nutzer gesehen, z.B. als Augenzeugen, deren Fotos oder Videos von ‚breaking events' wie Unfällen und Katastrophen willkommenes Rohmaterial darstellen, worauf man ansonsten keinen Zugriff hätte (vgl. Singer et al. 2011: 28). Einige Zeitungen wie die deutsche *Bild* oder in der Schweiz der *Blick* sowie *20 Minuten* fordern ihre Leser denn auch explizit als sogenannte Leserreporter zur Einsendung von Fotos oder Videos auf, wobei im Falle einer Veröffentlichung des Materials ansehnliche Prämien winken (vgl. zur partizipativen Pressefotografie im Speziellen Ammann et al. 2010; Engesser et al. 2010). Am ehesten sind es die Zusendungen solcher Leserreporter, die als Elemente von ansonsten redaktionell erstellten Beiträgen Eingang in den Nachrichtenteil finden (vgl. Örnebring 2008: 783).

Weitere Befunde zum ‚partizipativen Journalismus' wie etwa die verlagsseitigen Motive zur Publikumsbeteiligung sowie die durch ‚user generated content' verursachten Probleme in der redaktionellen Praxis, auf die hier nicht weiter eingegangen wird, bieten u.a. die Überblicksbeiträge von Borger et al. (2013) und Schönhagen et al. (2014). Aktuelle Ergebnisse zur Nutzerbeteiligung im lokalen Printjournalismus in Deutschland liefert die Studie von Sehl (2013). Insgesamt lässt sich festhalten, dass die Nutzer im ‚partizipativen Journalismus' inhaltlich und in der Art und Weise ihrer Beteiligung durch redaktionsseitige Vorgaben sehr eingeschränkt sind und ihre Aktivitäten durch die Normen und Routinen des professionellen Journalismus stark kanalisiert werden. Für die institutionell unabhängige Onlinepublizistik von Laien im Netz trifft dies hingegen nicht zu.[130] Nicht nur angesichts der in der englischsprachigen Literatur etablierten Terminologie, sondern auch mit Blick auf die bisherigen empirischen Befunde erscheint es somit angezeigt, begrifflich zwischen der Publikumsbeteiligung in den Massenmedien und der freien Publikationstätigkeit von Laien ausserhalb des professionellen Journalismus zu trennen.

Während der ‚partizipative Journalismus' bzw. ‚participatory journalism' erst nach der Jahrtausendwende im Zusammenhang mit dem Internet und seinen Vernetzungsmöglichkeiten zu einem der häufigsten Schlagworte der Journalismusforschung geworden ist (vgl. Borger et al. 2013: 117)[131], gab es zumindest in den USA bereits in den 1990er Jahren ein Journalismuskonzept, wonach der stärkere Einbezug der Rezipienten v.a. in ihrer politischen Rolle als Bürger des lokalen Gemeinwesens gefordert und auch praktiziert wurde.

---

[130] Natürlich können grundsätzlich auch von Seiten der Unternehmen, welche bloss technischen Plattformen für öffentliche Kommunikation zur Verfügung stellen, gewisse Vorgaben gemacht werden. Diese beschränken sich aber meistens auf allgemeine Rechtsgrundsätze. So erlaubt der zu *Google* gehörende Blog-Hostingdienst *Blogger* gemäss eigenen Nutzungsbestimmungen u.a. keine Kinderpornografie, Aufrufe zur öffentlichen Gewalt und Hassreden (vgl. die Angaben unter http://www.blogger.com/content.g?hl=de, 20. März 2016).
[131] Gemäss den Autoren taucht der Begriff in der englischsprachigen Literatur zum ersten Mal 2003 auf (vgl. Borger et al. 2013: 120). In der deutschsprachigen Literatur findet sich der Begriff des ‚partizipativen Journalismus' zwar bereits bei Fabris (1979), der damit im Zusammenhang mit den sogenannten Neuen Sozialen Bewegungen eine bürgernahe Medienarbeit mit anwaltschaftlichen Zügen meint, jedoch scheint er sich danach wieder zu verlieren und tritt erst wieder im 21. Jahrhundert in einem neuen Kontext auf (vgl. z.B. Engesser 2008 u. 2013; Sehl 2013b).

Die unter dem Begriff des ‚public journalism'[132] bekannte Reformbewegung war eine Reaktion auf eine tiefe politische Krise Ende der 1980er Jahre. Als deren Kulminationspunkt können die Präsidentschaftswahlen von 1988 zwischen dem Demokraten Michael Dukakis und dem Republikaner George W. Bush gesehen werden, an denen sich so wenig Wähler beteiligten wie seit 1924 nicht mehr (vgl. Eichhorn 2002: 329). Das Vertrauen der Bevölkerung in politische Institutionen, aber auch in den professionellen Journalismus hatte einen Tiefpunkt erreicht (vgl. Merritt 1995: XV). Gleichzeitig schien sich die Bindung des Individuums zu seiner unmittelbaren sozialen Umwelt bestehend aus Familie, Nachbarschaft, Vereinen und Sportclubs immer mehr aufzulösen, so dass Robert Putnam in seinem bekannten, unter dem Eindruck der 1990er Jahre entstandenen Buch *Bowling Alone* den Verlust des sozialen Zusammenhalts in der Gesellschaft diagnostizierte (vgl. Putnam 2000). In dieser Zeit entstand als „gemeinsames Projekt von Akademikern und Journalisten" (Forster 2006: 50) die Reformbewegung des ‚public journalism'. Der langjährige Herausgeber und Chefredakteur des *Wichita Eagle*, Davis Merritt, der zusammen mit Jay Rosen (vgl. u.a. Rosen 1999) als einer der Gründerväter des ‚public journalism' gilt, war überzeugt, dass die Krise des öffentlichen Lebens durch den Journalismus (mit-)verschuldet war, und dass letzterer auch massgeblich wieder zur deren Beseitigung beitragen konnte und sollte (vgl. Merritt 1995: 5). Dazu brauche es allerdings einen „fundamental change within the profession", nichts Geringeres als eine „redefinition of journalism" (ebd.). Das Ziel dieser Reform wurde darin gesehen, den Bürger wieder stärker am öffentlichen Leben in der lokalen Gemeinschaft sowie am politischen Diskurs zu beteiligen. In den Augen der Verfechter des ‚public journalism' war das jedoch nur möglich, wenn der Journalismus jenen Themen und Problemen zu mehr Aufmerksamkeit verhalf, welche die Leute wirklich beschäftigten.

Um diese ‚Bürgeragenda' zu ermitteln, wurden deshalb Formen des ‚public listenings' implementiert. Zum Einsatz kamen Umfragen und Gruppendiskussionen, es wurden aber auch regelmässige Diskussionsveranstaltungen und Bürgerforen durchgeführt. Der *Charlotte Observer* richtete bspw. ein ständiges ‚Bürger-Panel' ein, das im Hinblick auf die Wahlkampfberichterstattung relevante Fragen formulierte, wozu die Kandidaten in Interviews mit Journalisten Stellung nehmen sollten (vgl. Forster 2006: 78). Merritt (1995) berichtet auch von Experimenten, bei denen Bürger direkt in redaktio-

---

[132] Als synonyme Begriffe tauchen in der Literatur auch ‚civic' oder – unter Verweis auf den Kommunitarismus als theoretisch-weltanschaulichen Bezugsrahmen – ‚communitarian journalism' auf (vgl. Eichhorn 2002: 333; Forster 2006: 47).

nelle Entscheidungsprozesse einbezogen wurden (vgl. ebd.: 118). Im Rahmen zahlreicher solcher Projekte, die zum Teil nur dank der Unterstützung finanzstarker Stiftungen wie der *Pew Charity Foundation* und der *Kettering Foundation* möglich waren (vgl. Eichhorn 2002: 345; Lünenborg 2005: 144), wurden zuweilen auch neue Stellen in Medienunternehmen geschaffen, die „eine Mischung aus Projektmanagement, Datenerhebung und Sozialarbeit" (Lünenborg 2005: 149) darstellten.

Genauso wie der ‚public journalism' glühende Verfechter hatte, wurde er auch von unterschiedlicher Seite kritisiert. Manche sahen in ihm in Zeiten zurückgehender Auflagen und Leserzahlen bloss ein „marketing gimmick" (Corrigan 1999: 137, zit. in Forster 2006: 55) zur Erhöhung der Leser-Blatt-Bindung. Besonders von akademischer Seite wird darauf hingewiesen, dass dem ‚public journalism' eine konsistente historische und theoretische Fundierung sowie eine einheitliche Definition fehlen (vgl. Eichhorn 2002: 331; Lünenborg 2005: 145 u. 152). Widerstand regte sich aber auch bei dessen praktischer Umsetzung in den Redaktionen seitens der Journalisten, die mit der sozial engagierten Berufsrolle, welche sie als „fair-minded participants" (Merritt 1995: 6) zugunsten einer „pro-active neutrality" (Rosen 1996: 13, zit. in Lünenborg 2005: 147) einnehmen sollten, ihre Mühe bekundeten. Durch eine Einmischung in das soziale Leben und die aktive Beteiligung bei der Lösung von Problemen der Gemeinschaft sahen sie ihre Objektivität gefährdet und befürchteten einen unzulässigen Distanzverlust zu den Gegenständen, über die sie berichteten (vgl. Eichhorn 2002: 347).

Schliesslich gibt es auch Stimmen, wonach die stärkere Publikums- bzw. Bürgerorientierung im ‚public journalism' nichts Neues bringe im Vergleich zu dem, was ‚guter' Journalismus ohnehin schon immer geleistet habe (vgl. ebd.: 348; Forster 2006: 25). Zahlreiche Projektevaluationen zeichnen hier ein unterschiedliches Bild. Lünenborg (2005) verweist auf mehrere in den USA durchgeführte Evaluationsstudien zu Projekten des ‚public journalism', worin insbesondere die Verwendung von Quellen untersucht wurde. Sie zeigen insgesamt, dass die Zahl der ‚Durchschnittsbürger' als Quellen in der Berichterstattung der analysierten Medien auf Kosten von Vertretern der politischen und wirtschaftlichen Elite zugenommen hatte, wobei unklar bleibt, ob dieser Effekt auf die Projektzeiten beschränkt blieb (vgl. ebd.: 152). Haas (2007) zitiert mehrere Studien, die insgesamt bei den Quellen der Berichterstattung von Medienunternehmen mit ‚public journalism'-Projekten keinen höheren Anteil von ‚Durchschnittsbürgern' als von Akteuren der politischen und wirtschaftlichen Elite ausmachen konnten. Gleichzeitig lieferten sie aber klare Belege, dass Medienunternehmen, die ‚public journalism' praktizieren, in ihrer Berichterstattung generell mehr auf Bürger, Frauen und Minderheiten als Informationsquellen zurückgriffen als ‚mainstream news organizations' (vgl. ebd.: 54). Auch diese von Haas (2007) gesichteten Studien beziehen sich auf die USA.

Am deutschen Journalismus – und es ist wohl nicht verfehlt, diesen Befund auf den deutschsprachigen Journalismus zu erweitern – ist nach Einschätzung von Lünenborg (2005) die US-amerikanische ‚public journalism'-Bewegung „nahezu spurlos vorübergegangen" (ebd.: 155). Forster (2006), der sich in seiner Dissertation eingehend mit dem Konzept des ‚public journalism' auseinandersetzte und mittels einer Kombination u.a. aus einer Inhaltsanalyse zweier US-amerikanischer und einer deutschen Tageszeitung sowie einer Befragung von 208 bayrischen Journalisten die Übertragbarkeit des Konzepts auf den deutschen Journalismus überprüfte, kam zum Schluss, dass im untersuchten deutschen *Münchner Merkur* durchaus Elemente einer bürgerorientierten Berichterstattung im Sinne des ‚public journalism' zu finden waren (vgl. ebd.: 377). Die von ihm befragten Journalisten stuften das dem ‚public journalism' entsprechende Rollenselbstverständnis eines sozial engagierten und ausgesprochen bürgerorientierten Journalisten zwar nicht als eminent wichtig ein, wiesen es jedoch auch nicht durchwegs zurück. Die aus der Inhaltsanalyse und Befragung gewonnenen Befunde veranlassen Forster zur Einschätzung, dass die ‚public journalism'-Bewegung in Deutschland wohl deshalb auf derart wenig Resonanz gestossen ist, weil der hier praktizierte Journalismus schon als ausreichend bürgernah aufgefasst werden kann und den meisten Journalisten eine grundsätzliche Abkehr von der bisherigen Art der Berichterstattung somit nicht als notwendig erscheint (vgl. ebd.: 331f. u. 377).

Angesichts der Tatsache, dass es sich beim ‚public journalism' um ein Journalismuskonzept aus den USA handelt, das dort im Laufe der 1990er Jahre intensiv diskutiert, gefördert und evaluiert wurde, verwundert es nicht, dass der nur scheinbar erst mit der Digitalisierung aufgekommene ‚participatory journalism' (s.o.) in der US-amerikanischen Fachliteratur teils auch als Fortführung des ‚public journalism' erachtet wird (vgl. Borger et al. 2013: 126; Haas 2007; Rosenberry/Burton 2010). Tatsächlich lassen sich zwischen beiden Parallelen feststellen, doch ist über einen wesentlichen Unterschied kaum hinwegzusehen: Während es im ‚public journalism' in erster Linie darum geht, den Bürger wieder verstärkt zur Teilnahme am öffentlichen Leben und politischen Diskurs v.a. im lokalen Raum seiner unmittelbaren Umwelt zu bewegen, scheint dem ‚partizipativen Journalismus' bislang eine politische Dimension vollends abzugehen.

3.1.2 ‚Bürgerjournalismus'

Wie im vorausgehenden Kapitel erläutert, erscheint es unter inhaltlichen Gesichtspunkten und in Übereinstimmung mit einem wachsenden Korpus an Fachliteratur angebracht, den Begriff des ‚partizipativen Journalismus' auf die Publikumsbeteiligung im professionellen Journalismus zu beschränken. Davon lässt sich die eigenständige Publikationstätigkeit von Laien unterscheiden, die ausserhalb des professionellen und in Massenmedien institutionalisierten Journalismus erfolgt. Bisweilen wird dieser „Laienpublizistik" (Schönhagen/Kopp 2007: 298) ein journalistisches Potenzial zugeschrieben, weshalb sie dann auch als ‚Bürgerjournalismus' oder ‚citizen journalism' bezeichnet wird. Insbesondere in der englischsprachigen Fachliteratur hat sich der Begriff in diesem Sinne mittlerweile etabliert (vgl. Atton 2008: 487; Bruns 2008a: 174; Carpenter 2008: 532 u. 2010: 1064; Goode 2009: 2 u. 4; Henig 2005: o.S.; Neuberger 2012a: 53; Nip 2006: 218).

Nicht anders als beim ‚participatory journalism' gibt es allerdings auch hier Autoren, die den ‚Bürgerjournalismus' bzw. ‚citizen journalism' weiter fassen. So versteht Outing (2005), auf den in der einschlägigen Literatur regelmässig verwiesen wird, darunter das ganze Spektrum von der eng beschränkten Nutzerbeteiligung mittels Kommentaren auf den Websites von Massenmedien („opening up to public comments") bis zu unabhängigen Veröffentlichungen von Laien auf eigenständigen Plattformen („wiki journalism") (Outing 2005: o.S.). Somit entspricht Outings Verständnis genau dem weiter oben erwähnten weiten Begriffsverständnis von ‚participatory journalism'. Komplettiert wird der Begriffsbabylonismus durch weitere Autoren, die ‚citizen journalism' im Sinne des engen Begriffsverständnisses von ‚participatory journalism' verstehen, nämlich als Ausdruck für Leser- bzw. Publikumsbeiträge, die den Massenmedien – hier im Speziellen Lokalzeitungen – zugeliefert werden (vgl. Lewis et al. 2010: 164 u. 177; ebenso Gillmor 2005). Wie es scheint, fällt der wissenschaftlichen Community bislang eine übereinstimmende Begriffsverwendung schwer, obschon sich auch hier gewisse Tendenzen zur Vereinheitlichung abzeichnen.

In dieser Arbeit wird ‚citizen journalism' bzw. ‚Bürgerjournalismus' wie erwähnt und im Einklag mit einem Grossteil der Literatur im Sinne einer eigenständigen Publikationstätigkeit von Laien definiert. Dafür wird exemplarisch der Definition von Atton (2008) gefolgt: *„Citizen Journalism refers to journalism produced not by professionals but by those outside mainstream media organizations. Citizen journalists typically have little or no training or* *professional qualifications, but write and report as citizens, members of communities, activists, and fans"* (ebd.: 487).

Indem die Begriffe des ‚partizipativen Journalismus' (s.o.) sowie des ‚Bürgerjournalismus' wie hier vorgeschlagen eng definiert werden, lässt sich das angedeutete Begriffswirrwarr zumindest analytisch dank gegenseitig exklusiver Termini, wie sie in der Wissenschaft erwünscht sind, auflösen. Schematisch und unter grober Vereinfachung der Zusammenhänge veranschaulicht Abbildung 5, wie sich beide Begriffe zueinander verhalten.

Abbildung 5: ‚Bürgerjournalismus' und ‚partizipativer Journalismus'

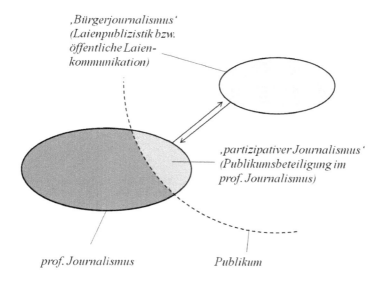

Mit Blick auf ihr gegenseitiges Verhältnis kann man den ‚partizipativen Journalismus' als eine Anpassung bzw. Ausdifferenzierung des professionellen und in Massenmedien institutionalisierten Journalismus verstehen. Letzterer ist in Abbildung 5 als eine relativ geschlossene professionelle Sphäre dargestellt, die sich in der Ausprägung als ‚partizipativer Journalismus' gegenüber ihrem Publikum öffnet (oder dies zumindest vorgibt) und die Rezipienten produktionsseitig ‚inkludiert'.[133]

---

[133] Damit wird hier nicht eine spezifische Sichtweise der Systemtheorie anvisiert, welche traditionellerweise zwischen der Rolle der Leistungserbringer und der Leistungsempfänger in Sozialsystemen unterscheidet. Aus einer systemtheoretischen Perspektive wird im Journalismus unter

Bürgerjournalismus

Der ‚Bürgerjournalismus' geht demgegenüber nicht aus dem professionellen Journalismus hervor, sondern stellt ein genuin zivilgesellschaftliches Phänomen dar, das in Abbildung 5 im Bereich des Publikums der Massenmedien angesiedelt ist. Zwischen beiden bestehen Austauschbeziehungen, was mit den rekursiven Pfeilen angedeutet wird: Die Massenmedien geben z.B. Themen vor, die in Social Media wie Weblogs oder *Twitter* öffentlich diskutiert und kommentiert werden (Anschlusskommunikation). Umgekehrt können diese als Ideenquelle und Themenfundgrube für den professionellen Journalismus dienen (vgl. Neuberger 2007b: 128; Neuberger et al. 2009c: 174) oder in der Form von ‚media watch blogs' Medienkritik betreiben (vgl. Eberwein 2010; Fengler 2008; zur Medienkritik via *Twitter* vgl. Chadha 2012) und den Journalismus insofern beeinflussen.[134]

Doch zurück zur oben erwähnten Definition des ‚Bürgerjournalismus' durch Atton (2008). Entscheidend für diese Arbeit ist der Umstand, dass in ihr ‚Bürgerjournalismus' zunächst mit Journalismus gleichgesetzt (*„Citizen Journalism refers to journalism"*) und sodann dahingehend spezifiziert wird, dass dieser Journalismus nicht im Rahmen einer beruflichen Tätigkeit für Medienunternehmen, sondern von Laien bzw. Bürgern erbracht wird (*„produced not by professionals but by those outside mainstream media organizations..."*). Begrifflich kommt diese zweite Komponente im Präfix ‚Bürger-' bzw. ‚citizen' zum Ausdruck.[135]

---

der ‚Inklusion des Publikums' (vgl. dazu Scholl 2004: 528ff.) bislang die Tatsache bestehender ‚Erwartungserwartungen' diskutiert, womit die Vorstellungen auf Seiten der Journalisten (Leistungserbringer) über die an sie gerichteten Erwartungen der Rezipienten (Leistungsempfänger) gemeint sind. Damit werden diese gleichsam in die Systemrationalität ‚eingeschlossen'. In einer systemtheoretischen Herangehensweise wird die ‚aktive' bzw. ‚produktive' Beteiligung des Publikums im Journalismus neuerdings auch unter der Figur der ‚sekundären Leistungsrolle' diskutiert, d.h. einer „Art aktivistischer Alternative zu einem reinen Publikumsstatus" (Stichweh 1988, zit. in Loosen 2013: 153; zur Einordnung des ‚Leserreporters' als sekundäre Leistungsrolle vgl. auch Volkmann 2008 u. 2010).

[134] Zugunsten grösserer Anschaulichkeit sind weitere Austauschbeziehungen in Abbildung 5, die sich nur auf einen Teil der öffentlich wahrnehmbaren Kommunikation beschränkt, nicht eingezeichnet. So sind z.B. bestimmte Mitglieder des Publikums (Politiker, Fachexperten, Sportler etc.) gleichzeitig Quellen des professionellen Journalismus. Dasselbe gilt für korporative Akteure der Public Relations. Umgekehrt kann der Journalismus durch sein Agenda-Setting z.B. Gesprächsthemen der interpersonalen Kommunikation im Publikum bestimmen. Mikrotheoretisch bzw. auf der Individualebene schliesst sich hier die ganze Medienwirkungsforschung an. Diese Einflüsse sind hier bewusst ausgeblendet. Abbildung 5 dient lediglich zur Veranschaulichung der Beziehung zwischen dem ‚partizipativen Journalismus' und dem ‚Bürgerjournalismus'.

[135] Damit folgt die zweiteilige Aussage der klassischen Definitionslehre von Aristoteles, wonach ein Begriff (Definiendum) über den nächstliegenden Gattungsbegriff (‚genus proximum') sowie zusätzliche (art-)spezifische Merkmale bzw. Unterschiede (‚differentia specifica') bestimmt werden kann (Definiens) (vgl. Keller 2006: 31ff.). So ist bspw. Boulevardjournalismus eine

Um den Bedeutungsgehalt dieser Definition vollumfänglich zu verstehen, stellt sich zunächst also die zentrale Frage: Was ist unter *Journalismus* überhaupt bzw. im Allgemeinen zu verstehen? Darauf wurde im vorausgehenden Hauptkapitel 2 bereits eine Antwort gegeben. Daran anschliessend ist kritisch zu fragen: Kann Journalismus entsprechend der Definition von Atton tatsächlich von Laien bzw. Bürgern erbracht werden? Die Beantwortung der letztgenannten Frage ist primär ein empirisches Unterfangen. Der bisherige Forschungsstand vermag sie zwar nicht abschliessend, wie sich zeigen wird, doch ansatzweise zu beantworten (vgl. Kap. 3.3). Dabei spielen grundsätzlich nicht nur Medienangebote eine Rolle, die über das Internet verbreitet werden (vgl. Kap. 3.3.3), sondern – entsprechend der Definition von Atton (2008), die diesbezüglich keine Einschränkung vornimmt – auch solche, die bereits im ‚analogen' Zeitalter entstanden sind und sich anderer technischer Verbreitungsmittel bedienen (vgl. Kap. 3.3.2). Gleichwohl liegt der Fokus in dieser Arbeit auf den unterschiedlichen Formen des ‚Bürgerjournalismus' im Web, da in diesem Kontext die Frage nach *funktionalen Äquivalenten* zum (professionellen) Journalismus besonders intensiv diskutiert wird. Im nächsten Kapitel werden die Argumentationslinien zusammengetragen, weshalb gerade hier ein neuer und von Laien erbrachter Journalismus entstehen soll (vgl. Kap. 3.2). Tabelle 2 gibt abschliessend und im Überblick die drei in diesem Kapitel erläuterten Konzepte des ‚citizen', ‚participatory' und ‚public journalism' wieder. Die angegebene Referenzliteratur umfasst nur jene Autoren, welche die Begriffe im gleichen Sinn verwenden, wie es hier vorgeschlagen worden ist.

Form von Journalismus, die sich durch besondere formale (z.B. extensive Verwendung von Bildern, fette Schlagzeilen, einfache Sprache etc.) und inhaltliche (z.B. Zuspitzung, Vereinfachung, Personalisierung etc.) Merkmale auszeichnet. Die gattungsspezifischen Merkmale des Oberbegriffs (Journalismus) werden dabei auf den Unterbegriff (Boulevardjournalismus) ‚vererbt' bzw. gelten für diesen genauso. Der Unterbegriff ist indessen aufgrund der spezifischen Merkmale bzw. Unterschiede (‚differentia specifica') semantisch reichhaltiger.

Tabelle 2: ‚Citizen', ‚participatory' und ‚public journalism' im Vergleich

Bezeichnung	Citizen Journalism (‚Bürgerjournalismus')	Participatory Journalism (‚partizipativer Journalismus')	Public (Civic) Journalism
Beschreibung	Eigenständige Publikationen von Laien	Publikumsbeteiligung im prof. Journalismus	Bürgerorientierter prof. Journalismus
Beispiele bzw. Mittel	Weblogs, Microblogging, Wikis, Social News etc.	Online-Kommentare, Diskussionsforen, Leserbilder, Umfragen etc.	Leserbefragungen, Bürgerforen, Gruppendiskussionen etc.
Literatur	Atton 2008; Bruns 2008; Carpenter 2008 u. 2010; Goode 2009; Henig 2005; Neuberger 2012; Nip 2006 u.a.	Borger et al. 2013; Deuze et al. 2007; Nip 2006; Paulussen et al. 2008; Singer et al. 2011; Sehl 2013b; Thurman 2008; Thurman/Hermida 2010 u.a.	Eichhorn 2002; Forster 2006; Lünenborg 2005; Merritt 1995; Rosen 1999 u.a.

3.2 Entstehung eines ‚Bürgerjournalismus' im Web: Häufige Argumentationslinien

Weshalb sollte sich im World Wide Web überhaupt ein ‚Bürgerjournalismus' etablieren, der dem professionellen Journalismus vergleichbare gesellschaftliche Vermittlungs- und Orientierungsleistungen erbringen und daher mit diesem in Konkurrenz treten oder ihn gar überflüssig machen könnte? Hier drängt sich ein Blick auf die in den letzten Jahren in der öffentlichen Debatte und der wissenschaftlichen Literatur beobachtbaren Erklärungsmuster auf, welche dieses Phänomen anscheinend belegen. Es sind Argumentationslinien, die regelmässig dazu herangezogen werden, einen neuartigen, massgeblich von Laien ausgehenden Journalismus im Internet vorauszusagen – nicht selten verbunden mit entsprechenden Untergangsszenarien des professionellen Journalismus. Im Folgenden werden vier solche in der Literatur vorhandenen Argumentationslinien unterschieden. Sie setzen teils an ganz unterschiedlichen Ausganspunkten an, sind teils aber auch direkt miteinander verbunden. Wie sich zeigen wird, lassen sie sich in entscheidenden Punkten kritisieren.

3.2.1 Technischer Medienwandel

Das *erste* – und vielleicht allgegenwärtigste – Argument, dem man in der Diskussion um die Entstehung eines sogenannten ‚Bürgerjournalismus' im Internet begegnet, ist jenes des *technischen Medienwandels*. Dan Gillmor, prominenter Vordenker einer neuen Publikationskultur im Internet, schreibt etwa im Vorwort seines Buches *We the Media. Grassroots Journalism by the people, for the people*: „This is also a story of a modern revolution, however, because *technology* has given us a communications toolkit that allows anyone to become a journalist at little cost and, in theory, with global reach" (Gillmor 2004: 12, Herv. S.B.). Offensichtlich wird hier die *Technologie* – und speziell die Internettechnologie – als Ursache einer neuartigen ‚journalistischen' Kommunikation gesehen, ermöglicht sie doch prinzipiell jedermann, direkt, d.h. unter Umgehung redaktioneller Selektionsinstanzen bzw. unabhängig von der Vermittlung durch institutionalisierte Medien, in Wort und Bild an ein Massenpublikum zu gelangen (vgl. Neuberger/Quandt 2010: 67f.). Nicht selten wird dabei in marxistischer Diktion von einer „Demokratisierung der Produktionsmittel" (Grob 2009: 17) gesprochen. Die Begründung: Wenn die Mittel zur Medienproduktion wie Druckpressen und TV-Studios früher in den Händen weniger gelegen hätten, so seien ihre Pendants heutzutage im Internet allgemeinzugänglich: „Tools that make it easy to publish to the Internet have given millions of people the equivalent of a printing press on their desks and, increasingly, in their pockets" (Blood 2003: 61). Erstmals in der Mediengeschichte – so lässt sich dieser Argumentationsstrang fortsetzen – entbinde uns das Internet jener Rolle, wozu uns die Massenmedien seit jeher gezwungen hätten, indem es uns von passiven Konsumenten zu aktiven Produzenten im öffentlichen Kommunikationsprozess werden lasse (vgl. u.a. Bucher/Büffel 2005: 107; Bowman/Willis 2003: 7; Bruns 2008a: 173 u. 176ff; Rosen 2006: o. S.). Der Begriff der ‚Kommunikationsrevolution' ist in diesem Zusammenhang schon längst zum Topos geworden (vgl. mit weiteren Verweisen Schönhagen 2004: 7).

Dass fortschreitende Medientechnologie zwangsläufig zu einer Verbesserung der mit dieser Technologie betriebenen Kommunikation führt, ist eine weitläufige Meinung (vgl. ebd.: 5). Die Vorstellung, dass die jeweils verfügbare Technik den Gebrauch von Medien bestimmt, bzw. die Einengung der Perspektive auf einen allein technisch induzierten Medienwandel wird auch als *technologischer Determinismus* bzw. *Technikdeterminisus* bezeichnet (vgl. Beck 2010a: 237; Neverla 2001: 32; Neuberger 2005b: 84). Ausgeblendet werden in dieser Sichtweise aber der soziale Kontext des Mediengebrauchs sowie seine politischen, ökonomischen und rechtlichen Rahmenbedingungen. Mediengeschichte stellt sich so weitgehend als Geschichte technischer Erfindungen dar (vgl. Kümmel et al. 2004: 7). Entscheidend für die Entwicklung und das kommunikationswissenschaftliche Verständnis eines Mediums ist aber weniger seine technische Grundlage (und die damit *prinzipiell* verbundenen Möglichkeiten), sondern der tatsächliche und institutionalisierte Gebrauch durch seine Nutzer (vgl. Beck 2010b: 17).[136]

Zweifellos haben technische Faktoren den Medienwandel und damit die Entwicklung der öffentlichen Kommunikation schon immer entscheidend geprägt – man denke an die Erfindung der beweglichen Lettern aus Blei durch Gutenberg in der ersten Hälfte des 15. Jahrhunderts, womit die Drucktechnik rationalisiert und der Umlauf von Druckwerken enorm gesteigert werden konnte (vgl. Scholz 2004: 15 u. 17; Schönhagen 2008a: 54; Wilke 2008: 14f.), oder an die Erfindung des kabelgebundenen elektrischen Telegraphen in den 1830er Jahren sowie der drahtlosen Telegrafie Ende des 19. Jahrhunderts, womit Nachrichten damals schneller über räumlich grosse Distanzen verbreitet werden konnten als je zuvor (vgl. Knies 1996; Schönhagen 2008a: 68).

Nicht selten werden die tatsächlichen Folgen neuer Medientechnik zu Beginn allerdings überschätzt, und zwar in beiden Richtungen: Sie werden mit übertriebenen Hoffnungen genauso wie mit unberechtigten Bedenken verbunden – beides trifft auch auf die frühen Einschätzungen von Computernetzen bzw. des Internets zu (vgl. Debatin 1999: 484; Neuberger 2005b: 79ff.).[137] Unter anderem hat das damit zu tun, dass sich die Anwendungen einer in der Entstehung begriffenen Medientechnologie bisweilen in eine andere Richtung entwickeln als prognostiziert bzw. sich Nutzungsmöglichkeiten ergeben, an die vorerst gar nicht gedacht wurde (vgl. Kubicek 1997: 220).[138] Schon aus diesem Grund ist prinzipiell fraglich, ob allein die rasant

---

[136] Kubicek (1997) unterscheidet in diesem Sinne „Medien erster Ordnung" – sie stellen Technologien, technische Apparaturen oder Infrastrukturen dar, ohne dass damit schon deren Verwendungszweck determiniert wäre – von „Medien zweiter Ordnung". Sie bilden die sozial gefestigte bzw. institutionalisierte Praxis im Gebrauch der Medien erster Ordnung (vgl. ebd.: 219f.).

[137] Zu den Autoren, welche dem massenhaften Einsatz computervermittelter Kommunikation Mitte der 1990er Jahre grundsätzlich optimistisch, wenn nicht sogar euphorisch gegenüberstanden, zählen etwa Dyson (1997), Negroponte (1995) und Rheingold (1993). Zu den eher kritischen Stimmen zählen u.a. Arge (1997) und mit Bezug auf die Demokratietheorie Buchstein (1996). Im Kontext der Prognosen künftiger Internetentwicklungen um die Jahrtausendwende hat Enzensberger die beiden Lager treffend als „Evangelisten" und „Apokalyptiker" bezeichnet (vgl. Enzensberger 2000: 12f.).

[138] So wurde die auf die drahtlose Telegraphie folgende ‚Radiotelephonie' (d.h. die drahtlose Übertragung von Tönen bzw. Sprache) ursprünglich als Funktechnik vor allem zur Punkt-zu-Punkt-Kommunikation auf hoher See und im Militär eingesetzt, entwickelte sich aber in den

gestiegene Verfügbarkeit von Kommunikationstechnik, die sich direkt oder indirekt an das Internet anbinden lässt, zur Entstehung eines ‚Bürgerjounalismus' im Netz führt, wie es Bowman und Willis (2003) nahe legen: „Armed with easy-to-use web publishing tools, always-on connections and increasingly powerful mobile devices, the online audience has the means to become an active participant in the creation and dissemination of news and information" (Bowman/Willis 2003: 7).

Dieser Punkt lässt sich weiter vertiefen. Wie bereits weiter oben erwähnt, lässt sich das Erklärungsschema des *technischen Medienwandels* im Wesentlichen auf das Kernargument reduzieren, dass im Internet prinzipiell jeder zum Autor werden und eine breitere Öffentlichkeit ansprechen kann (vgl. z.B. Alby 2008b: 21ff.). Dies trifft im besonderen Masse auf das sogenannte *Web 2.0* bzw. *Social Web* zu. Damit wird im Allgemeinen ein Zustand des Netzes beschrieben, der sich von früheren Stadien der Internetentwicklung vor allem durch die generelle Verfügbarkeit höherer Bandbreiten, schnellere Datenflüsse, browsergestützte und benutzerfreundliche Anwendungen (d.h. ohne vorgängige Installation von Software auf dem Rechner), ausgeprägte Mitgestaltungsmöglichkeiten der Nutzer (nutzergenerierte Inhalte bzw. ‚user generated content') sowie deren starke soziale Vernetzung unterscheidet (vgl. Alpar/Blaschke 2008: 4f.; Münker 2009: 15; Schmidt 2011a: 13ff.; Schmidt et al. 2009: 50).[139] In diesem ‚neuen' Web sind die Barrieren zum Publizieren so tief wie noch nie: die ökonomischen – z.B. die im Vergleich zu den Anschaffungs- und Betriebskosten einer Druckpresse oder einer Infrastruktur zum Rundfunk tiefen Kosten für Personal Computer und Internetanschluss –, die technischen bzw. kognitiven – etwa die Benutzerfreundlichkeit und Ein-

---

frühen 1920er Jahren – unter anderem infolge einer massiven Verbreitung unter Amateurfunkern – zum Massenmedium ‚Rundfunk' (vgl. Flichy 1995: 108f.). Auch die soziale Aneignung des Telefons als Apparat zur Individualkommunikation war anfangs durch die Technik noch keineswegs determiniert, in europäischen Grossstädten wie Budapest, Paris und Berlin fand es im ausgehenden 19. Jahrhundert als Distributionskanal für rundfunkähnliche Unterhaltungs- und Informationsprogramme Anwendung, in Bayern gab es noch in den 1920er Jahren telefonische Opernübertragungen (vgl. Beck 1989: 62). Und als Raymond Tomlinson 1971 das erste Computerprogramm entwickelte, womit Textnachrichten zwischen verschiedenen Rechnern über das Arpanet versendet werden konnten, stand der Datenaustausch mit anderen Programmentwicklern im Vordergrund. Dass die Applikation als ‚E-Mail' bald zur meistgenutzten Anwendung im Arpanet und später dem Internet wurde, war damals noch nicht absehbar (vgl. Harrison/Barthel 2009: 156).

[139] An einer einheitlichen Definition des Web 2.0 bzw. Social Web mangelt es, auch wird der Begriff teilweise für unnötig erachtet, weil zwischen dem aktuellen Zustand des Internets, den er beschreiben soll, und früheren Entwicklungsstadien fliessende Übergänge bestehen (vgl. Alpar/Blaschke 2008: 5; Schmidt 2011a: 16f.). Bspw. war das öffentliche Publizieren von Inhalten über eine Personal Homepage im World Wide Web schon lange möglich, wenn auch nicht so einfach wie z.B. mit heutigen Bloghosting-Diensten.

fachheit vieler Web-Applikationen – und die rechtlichen – z.B. die Unabhängigkeit von Sendelizenzen, wie sie Radio und Fernsehen benötigen (vgl. Neuberger 2008a: 21). Die Verwirklichung des Grundrechts auf Pressefreiheit scheint sich für den Einzelnen im Netz einfacher denn je zu gestalten (vgl. Pürer 2003: 151). Im Zusammenhang mit dem Social Web wird in der Literatur deshalb häufig eine ‚Emanzipation' des Nutzers im Internet konstatiert (vgl. Münker 2009: 24), erreicht hier doch die Möglichkeit zur Herstellung eigener sowie zur Modifikation vorhandener Inhalte technisch gesehen ein bisher unerreichbares Ausmass.

Dass im Internet zahlreiche Nutzer durch das Publizieren und Verlinken von Inhalten eine dem (Informations-)Journalismus vergleichbare Funktion übernehmen, indem sie die Öffentlichkeit kontinuierlich über aktuelle Ereignisse und Themen auf dem Laufenden halten, erscheint trotz alledem wenig plausibel. Für den kommunikativen Austausch in der Gesellschaft ist es zweifellos ein Gewinn, wenn sich im Netz prinzipiell alle einander mitteilen können, werden doch damit eine noch nie dagewesene Fülle und Vielfalt an Informationen, Argumenten und Sichtweisen öffentlich wahrnehmbar. Aus diesem Grund begleitete das Internet als ‚interaktives' Medium par excellence seit seinem Entstehen auch immer die Erwartung, jene emanzipatorische Öffentlichkeit (wieder) zu verwirklichen, wie sie Habermas 1962 in seinem *Strukturwandel der Öffentlichkeit* idealisierend beschrieben und deren Zerfall er angesichts der Kommerzialisierung der Massenmedien zugleich beklagt hatte (vgl. Roesler 1997: 177 u. 182 mit Verweis auf Habermas 1990). Allerdings hat die in den letzten Jahren exorbitant gestiegene Zugänglichkeit zu Informations- und Unterhaltungsangeboten ihren Preis: Statt das ‚Zuwenig' an Information erweist sich nun das ‚Zuviel' als Problem. Die sprichwörtliche Informationsflut[140] des Netzes überfordert Rezipienten in zweierlei Hinsicht: Einerseits *quantitativ*, weil sie selbst mehr Selektionsleistungen bei der Wahl von Kanälen und Informationen erbringen müssen, andererseits *qualitativ*, weil ihnen gleichzeitig erhebliche Validierungsleistungen abverlangt werden, um die Qualität – etwa die Glaubwürdigkeit und Aktualität der im Netz auffindbaren Angebote – selbst richtig einschätzen zu können (vgl. Neuberger 2002: 33f.). Die beschränkte menschliche Aufnahme- und Verarbeitungskapazität offenbart sich im Internet also besonders deutlich (vgl. ebd.). Wenn sich im Netz wie auf einer griechischen Agora alle

---

[140] Den entsprechenden englischen Begriff des „information overload" hat der Zukunftsforscher Alvin Toffler bereits Ende der 1960er Jahre – und damit vor der flächendeckenden Verbreitung des Internets – geprägt, um darauf aufmerksam zu machen, dass der Einzelne infolge rasanten gesellschaftlichen Wandels mit der Informationsmenge aus seiner Umwelt kognitiv nicht mehr zurechtkomme (vgl. Toffler 1970: 350). Das Internet scheint diese Tendenz zu fördern.

mit allen austauschen wollten, drohte ein unübersehbares Stimmengewirr zu entstehen. Heinz Starkulla hat mit einem Rechenbeispiel sinnfällig die natürlichen Grenzen solcher Kommunikation aufgezeigt: „Wenn nur eine Lebensfrage der Gesellschaft dadurch geklärt werden sollte, dass von 60 Millionen Menschen jeder [...] zu allen anderen sprechen dürfte, nur eine Minute lang, und wenn dies Tag und Nacht andauerte, dann nimmt dies 60'000'000 Minuten gleich 1'000'000 Stunden gleich 41'667 Tage gleich etwas über 114 Jahre in Anspruch" (Starkulla 1988: 227). Dieses Beispiel zeigt nur allzu deutlich, dass ein kommunikativer Austausch in der Gesellschaft nur über effiziente *Selektions-* und *Konzentrationsleistungen* realisiert werden kann – und das gilt natürlich nicht erst für gesellschaftliche Kommunikation im Internet, sondern ganz wesentlich für jegliche Kommunikation über Distanz, die eine Gemeinschaft von einer gewissen Grösse einbeziehen will (vgl. Schönhagen 2004: 140ff.). Bisher werden diese Leistungen vom professionellen und in Massenmedien institutionalisierten Journalismus erbracht (vgl. Kap. 2). Ob dank der massiv gesunkenen Publikationshürden im Internet auch beliebige Nutzer individuell oder im Kollektiv dazu in der Lage sind, ist primär eine empirisch zu klärende Frage. Der aktuelle Forschungsstand deutet eher nicht darauf hin, wie später zu zeigen sein wird (vgl. Kap. 3.3.3).

Abschliessend lässt sich auf das häufige Argument des *technischen Medienwandels* also entgegnen, dass sich aus dem vorhandenen technologischem Potenzial des Social Web nicht von selbst ein „do-it-yourself-journalism" (Bowman/Willis 2003: 7) ergibt. Vielmehr schafft die Web 2.0-Technologie nur scheinbar die Voraussetzungen für einen Kommunikationsraum „in which everyone is a journalist or can be" (Hartley 2008: 45). Wollten sich darin alle öffentlich zu Wort melden, würden Aufmerksamkeits- und Verarbeitungskapazität der beteiligten Kommunikationsteilnehmer schnell an eine natürliche Grenze stossen. Das verdeutlicht die Notwendigkeit effizienter Vermittlungs-, Selektions- und Konzentrationsleistungen, wie sie der professionelle und in Massenmedien institutionalisierte Journalismus erbringt (vgl. Kap. 2).

3.2.2 Steigende Partizipation in verschiedenen Gesellschaftsbereichen

Das *zweite* Erklärungsmuster, welches bei Spekulationen um die Entstehung eines von Laien erbrachten ‚Bürgerjournalismus' im Netz anzutreffen ist, hängt eng mit dem ersten zusammen. Statt einer technologischen ist die Argumentation hier aber eher eine soziologische. Wie Langzeitstudien zeigen, ist in Deutschland seit 1985 ein leichter Anstieg des freiwilligen bzw. bürgerschaftlichen Engagements in Vereinen, Organisationen, öffentlichen Einrichtungen und Gruppierungen zu verzeichnen (vgl. Gensicke/Geiss 2010: 5. u. 95; Priller et al. 2009: 34). Gleichzeitig hat sich auch die Bereitschaft zu solchem freiwilligem Engagement erhöht (vgl. Gensicke/Geiss 2010: 127). Zum bürgerschaftlichen Engagement gehören grundsätzlich all jene – in der Regel verbindlich für eine längere Zeit übernommenen – Tätigkeiten von Laien (im Gegensatz zu professionellen Leistungserbringern), welche *freiwillig, unentgeltlich, öffentlich wahrnehmbar* bzw. im *öffentlichen Raum* und im weitesten Sinne *gemeinwohlorientiert* erbracht werden (vgl. Corsten/Kauppert 2007: 348; Mai/Swiaczny 2008: 8).

Bürgerschaftliches Engagement findet sich in den unterschiedlichsten Gesellschaftssphären, etwa in Kirche, Schule, Jugend- und Sozialarbeit, Sport, Umwelt- und Tierschutz oder beruflicher Interessensvertretung (vgl. Mai/Swiaczny 2008: 35). Dass im Sinne eines gesellschaftlichen Trends in vielen Sektoren eine Verschiebung von bezahlten Tätigkeiten zu unbezahlter (Eigen-)Arbeit stattfindet, hat bereits 1980 Alvin Toffler in seiner Gesellschaftsdiagnose *The Third Wave* festgestellt. Der Autor diskutiert und veranschaulicht dies an mehreren Beispielen, die allerdings unterschiedliche Kausalzusammenhänge erkennen lassen und sich daher nicht direkt vergleichen lassen, wofür Toffler später auch kritisiert worden ist (vgl. Hanekop/Wittke 2010: 97; Hellmann 2010: 22ff.). Zum einen verweist der Autor auf die wachsende Heimwerker- bzw. ‚Do-it-Yourself'-Bewegung und die zunehmende Verbreitung der Selbstbedienung z.B. in Restaurants, an Tankstellen etc. In beiden Fällen kann der Konsument und Leistungsempfänger Kosten einsparen, indem er sich bereit erklärt, einen grösseren bzw. kleineren Teil der ehedem von Unternehmen erbrachten Sach- oder Dienstleistung selbst zu erbringen. Während sich jedoch das ‚Do-it-Yourself' in vielen Fällen auf das Bedürfnis zurückführen lässt, selbst in kreativer Weise aktiv zu sein und die eigenen handwerklichen Fähigkeiten unter Beweis zu stellen und weiterzuentwickeln, stehen hinter der Selbstbedienung in erster Linie ökonomische Kalküle der Unternehmen, bestimmte Produktionskosten einzusparen und an die Kundschaft auszulagern. Zum anderen führt Toffler die Zunahme und wachsende Bedeutung von Selbsthilfegruppen (z.B. von psychisch oder körperlich kranken Menschen, Opfern von Gewalttaten etc.) an, die in seinen Augen eine Grenzverschiebung des Zuständigkeitsbereichs professioneller Leistungsträger (im gegebenen Beispiel von Psychologen, Ärzten oder Sozialarbeitern) in Richtung der Leistungsempfänger indizieren. Der Zweck solcher Gruppierungen kann dabei im Erfahrungsaustausch und der gegenseitigen Hilfe von Menschen mit gleichen Bedürfnissen und Schicksalen bestehen. Ungeachtet der unterschiedlichen Erklärungszusammenhänge seiner Beobachtungen ist Toffler von einer zunehmenden Rollenvermischung von Produzenten und Konsumenten überzeugt, wofür er den Begriff des ‚Prosumers' prägt (vgl. Toffler 1980: 265ff.).[141]

Auch Gerhards (2001) geht von einem gesamtgesellschaftlichen Trend zu mehr Partizipation aus, den er u.a. im Bereich der Medizin am Bedeutungszuwachs von Selbsthilfe- und Patientengruppen festmacht, im Bereich der Bildung und Erziehung an den zunehmenden Mitsprachemöglichkeiten von Eltern und Schülern, im politischen Kontext an Partizipationsmöglichkeiten durch Petitionen und Unterschriftenlisten, die über das reine Wahlrecht hinausgehen, oder im Bereich der Wirtschaft an der Zunahme von Verbraucherschutzorganisationen sowie der Ausweitung der Konsumentenrechte bspw. durch Rückgaberecht und Geld-zurück-Garantie (vgl. ebd.: 167ff.). Zusammenfassend kommt Gerhards zum Schluss, dass sich „seit den 60er Jahren [...] das Verhältnis von Leistungs- und Publikumsrollen fundamental geändert hat" und dass „die Rechte und Inklusionsansprüche der Laien im Verhältnis zu den Autoritätsrollen in fast allen Bereichen gestiegen [sind]" (ebd.: 167).

Durch das Aufkommen des Internets und insbesondere benutzerfreundlicher Web 2.0-Applikationen, wie sie etwa bei *Amazon*, *eBay*, *Facebook* oder *Youtube* zur Anwendung kommen, sind die Möglichkeiten zur Partizipation und Mitgestaltung offensichtlich nochmals sprunghaft gestiegen. Nutzer nehmen dabei auch in ihrer Rolle als Konsumenten an Geschäftsprozessen aktiv teil und beteiligen sich direkt an der Leistungserbringung dessen, was früher ganz in den Zuständigkeitsbereich von Unternehmen fiel (vgl. Hellmann 2010: 13). Ob bei der Abwicklung von Bankgeschäften, bei der Buchung von Reisen, der Bestellung von Büchern oder der Reservation von Theaterkarten: „Vieles von dem, was Internetökonomie heute praktisch ausmacht, läuft darauf hinaus, dass sich die Kunden in die Erstellungs- und Vermittlungsleistungen selbst mit einbringen und damit gewissermassen eine pro-aktive Mitarbeit leisten (müssen), wenn sie bestimmte Sach- und Dienstleistungen erwerben wollen" (Blättel-Mink 2010: 7). Mit Blick auf den durch das Internet beförderten Partizipationsschub gehen einige Autoren gar so weit, die Gegenwart pauschal als eine „participatory culture" (Jenkins 2006: 2f.; Jenkins et al. 2009: 5ff.) zu beschreiben, welche gekennzeichnet sei

---

[141] Tofflers Werk wird in jüngster Zeit angesichts des enormen Zuwachses an Möglichkeiten zur Mitgestaltung von Informations- und Kulturgütern im Web 2.0 wieder vermehrt in der Soziologie aufgegriffen, vgl. dazu die Beiträge in Blättel-Mink/Hellmann 2010.

durch „relatively low barriers to artistic expression and civic engagement, strong support for creating and sharing creations [...]" (Jenkins et al. 2009: 11).

Hier wäre also zu fragen, ob die Herstellung öffentlicher Kommunikation und im Speziellen das Erbringen journalistischer Vermittlungs- und Orientierungsleistungen einem gesamtgesellschaftlichen Trend zu mehr Partizipation folgen, indem Amateure in einen Tätigkeits- und Kompetenzbereich vorstossen, der vormals hauptsächlich professionellen Journalisten vorbehalten war. Diese Auffassung findet sich etwa bei Axel Bruns (vgl. 2005, 2008a u. 2008b). Mit der Wortschöpfung ‚Produsage' bezeichnet er in auffallender Nähe zur Toffler'schen ‚Prosumption' den Umstand, dass im Netz zur Rezeption von (Nachrichten-)Inhalten zunehmend die Herstellung, Weiterverarbeitung, Kommentierung und Verlinkung von Inhalten durch die Rezipienten selbst treten. Bruns zufolge verändere sich dadurch die Berichterstattung von Grund auf: „News turns from a relatively static product to be consumed by audiences into a dynamic, evolving, expanding resource that is actively co-developed by the users [...] participating a process of produsage" (Bruns 2008a: 178). Entsprechend bringe sich der Internetnutzer als ‚Produser', Hybride zwischen Rezipient und Produzent, flexibel in einen prinzipiell unabgeschlossenen Prozess der Weiterentwicklung von Inhalten ein, die er mit der Netzgemeinschaft teile (vgl. Bruns 2008b: 21).

Zweifellos werden durch freiwilliges Engagement die im Internet verfügbaren Informations- und Unterhaltungsangebote ständig erweitert – man denke etwa an die angesichts ihrer Informationsfülle und fortlaufenden Aktualisierung beeindruckende Online-Enzyklopädie *Wikipedia*, an die zahllosen Videoclips, welche täglich von Nutzern auf Portale wie *Youtube* hochgeladen werden, oder an die vielen Reisetipps und Empfehlungen zu Hotels oder Restaurants, welche auf Internetseiten wie *TripAdvisor* hinterlegt werden. Im Allgemeinen darf die Bereitschaft der Nutzer zur Partizipation im Social Web aber auch nicht überschätzt werden. Die Ergebnisse bisheriger empirischer Forschung dazu fallen jedenfalls eher ernüchternd aus.

Die für Deutschland repräsentative ARD/ZDF-Onlinestudie gibt seit 2006 Aufschluss über die ‚aktive' Nutzung des Web 2.0 der Bevölkerung und fragt in diesem Zusammenhang auch nach der *generellen Bereitschaft,* selbst eigene Beiträge zu verfassen und öffentlich ins Internet zu stellen. Dieses ‚Aktivierungspotential' erwies sich in den letzten Jahren durchgehend als tief. In der Studie von 2012, die noch detaillierter über die Partizipationsbereitschaft Auskunft gab als die Nachfolgestudien, bezeichneten lediglich 8 Prozent der Internetnutzer über 14 Jahren die Möglichkeit, aktiv eigene Beiträge zu verfassen und allgemein zugänglich ins Netz zu stellen, als „sehr interessant" (vgl. Busemann/Gscheidle 2012: 387). Selbst der um jene Onliner erweiterte Web 2.0-Nutzerkreis, welcher diese Möglichkeit zumindest „etwas interessant" findet, fällt mit 22 Prozent noch immer bescheiden aus. Seit Erhebungsbeginn (2006) hat sich an diesem Befund nichts Wesentliches geändert (vgl. ebd.).[142] Im Umkehrschluss bedeutet dies, dass vier Fünftel der Internetnutzer kein Interesse haben, eigene Beiträge im Netz öffentlich zugänglich zu machen. Ausserhalb der zurzeit sehr populären privaten Sozialen Netzwerke wie *Facebook* nutzen sie das Internet passiv zum Abruf von Informations- und Unterhaltungsangeboten sowie für die persönliche One-to-one-Kommunikation z.B. via E-Mail (vgl. ebd.: 386).

Die eher geringe Bereitschaft zum öffentlich wahrnehmbaren Engagement im ‚Mitmach-Web' wird auch durch die Nutzungszahlen einzelner Anwendungen belegt: Von den insgesamt 59 Prozent Internetnutzern, die Videoportale wie *Youtube* mindestens gelegentlich aufsuchen, beschränkt sich der allergrösste Teil (93 Prozent) auf den Abruf von Beiträgen, wobei gezielt nach bestimmten Videos gesucht bzw. Empfehlungen von Freunden und Bekannten gefolgt wird. Umgekehrt steuern bloss 7 Prozent der Nutzer aktiv Video-Inhalte bei (vgl. ebd.: 387 u. 389). Die Nutzung von Videoportalen erfolgt somit weitestgehend passiv. Dasselbe gilt für die Online-Enzyklopädie *Wikipedia*: Von den Internetnutzern, die das Angebot zumindest selten nutzen (72 Prozent), ist es für die grosse Mehrheit (96 Prozent) ein reines Nachschlagewerk; nur eine sehr kleine Minderheit (4 Prozent) beteiligt sich aktiv beim Erstellen neuer oder Überarbeiten bestehender Einträge (vgl. ebd.: 387). Bei Weblogs fällt bereits die Rezeption selten aus: Nur 7 Prozent der deutschen Internetnutzer und -nutzerinnen, haben im Jahr 2012 Weblogs zumindest selten schon genutzt. Davon hat etwas über die Hälfte (53 Prozent) Informationen abgerufen, der Rest kommentiert oder bloggt selbst (vgl. ebd.: 386). Ein eigenes Weblog betreiben jedoch nur 10 Prozent aller Weblognutzer bzw. 0.7 Prozent der Onliner insgesamt (vgl. ebd.: 388).

Auch die in der Folgestudie von 2013 verfügbaren Zahlen zur Nutzung von *Twitter* lassen eine deutliche Kluft zwischen aktiver und passiver Nutzung erkennen: Insgesamt 7 Prozent der Internetnutzer ab 14 Jahren verfügen über ein Profil beim Microblogging-Dienst und nutzen ihn zumindest selten, nur knapp ein Drittel davon setzt allerdings eigene ‚Tweets' ab. Die meisten

---

[142] Ab 2013 weist die ARD/ZDF-Onlinestudie die entsprechenden Zahlen nicht mehr einzeln aus, hält jedoch am Gesamtbefund fest, dass sich abseits von privaten Sozialen Netzwerken, auf denen intensiv gepostet, kommentiert und gechattet wird, nur ein äusserst kleiner Teil der Internetnutzer für eine aktive Beteiligung im Internet offen zeigt (vgl. Busemann 2013: 391).

Twitter-Nutzer rezipieren als ‚Follower' bloss die Nachrichten jener Accounts, die sie abonniert haben (vgl. Busemann 2013: 397ff.). Die Diskrepanz zwischen aktiver und passiver Nutzung bei den hier erwähnten Diensten und Anwendungen belegt auch die für die deutsche Wohnbevölkerung zwischen 14 und 65 Jahren repräsentative *Allensbacher Computer und Technik-Analyse (ACTA)* (vgl. Institut für Demoskopie Allensbach 2012: 162ff.).

Aus den unterschiedlichen Social Media-Angeboten stechen angesichts ungebrochen hoher Nutzeraktivität einzig die privaten Sozialen Netzwerke wie *Facebook, StudiVZ* oder *Wer-kennt-wen* hervor. Von den 46 Prozent aller Onliner ab 14 Jahren, die mittlerweile über ein Profil bei einer solchen Community verfügen, verfasst etwas weniger als die Hälfte (45 Prozent) mindestens wöchentlich Beiträge und Kommentare auf den (teil-)öffentlichen Profilseiten von Freunden und Bekannten. Noch häufigere Nutzeraktivitäten sind das individuelle Chatten (56 Prozent) sowie das Verschicken persönlicher Direktnachrichten (66 Prozent). Somit findet auf sozialen Netzwerken zu einem wesentlichen Teil Individualkommunikation statt (vgl. Busemann 2013: 394).

In den USA liegen die Nutzungsanteile für gewisse Dienste höher, z.B. verfügten dort 2012 15 Prozent der Internetnutzer über ein Profil bei *Twitter* (vgl. Smith/Brenner 2012: 2). In der entsprechenden Repräsentativstudie des *Pew Internet and American Life Project* wurde dabei allerdings nicht näher zwischen aktiver und passiver Nutzung des Microblogging-Dienstes unterschieden. Doch deuten Daten zur Weblognutzung darauf hin, dass auch in den USA eine deutliche Differenz zwischen blosser Rezeption und aktiver Nutzung von Social Media besteht: Immerhin 32 Prozent und damit fast ein Drittel der US-amerikanischen Internetnutzer lasen im Jahr 2010 Weblogs, aber weniger als die Hälfte von ihnen (14 Prozent) betrieb zu diesem Zeitpunkt selbst eines (vgl. Zickuhr 2010: 9 u. 11).[143]

Die Bereitschaft zum freiwilligen Engagement bei der Schaffung öffentlich zugänglicher Kommunikations-, Informations- und Unterhaltungsangebote im Netz hält sich demnach in Grenzen – ein Befund, der übrigens nicht erst auf die neueren webbasierten Beteiligungsformen zutrifft. Schon in den 1970er und 80er Jahren wurden an Medien wie den Bildschirmtext (vgl. Schneider 1989: 44f.) und die im Zuge der Kabelpilotprojekte eingeführten Offenen Kanäle (vgl. Heidinger et al. 1993: 338f.) bezüglich der Nutzerbetei-

---

[143] Bereits vor knapp zehn Jahren kamen mehrere international vergleichende Studien übereinstimmend zum Ergebnis, dass die Verbreitung von Weblogs in Deutschland verglichen mit anderen europäischen Ländern, den USA, Japan und China einen nachrangigen Platz einnimmt, bestätigten aber gleichzeitig die deutliche Kluft zwischen passiver und aktiver Weblognutzung in allen untersuchten Ländern (vgl. dazu die Forschungssynopse in Neuberger et al. 2007: 97ff.).

ligung übertriebene Erwartungen gestellt (vgl. dazu auch Kap.3.3.2). Man erhoffte sich von ihnen im Sinne der Brecht'schen Radiotheorie eine stärkere Beteiligung des Publikums, die dann aber weitgehend ausblieb (vgl. Schönhagen 2004: 5 u. 11).

Damals wie heute fördert die Empirie etwas Triviales zutage: Selbst wenn sich alle – wie im Internet prinzipiell möglich – in irgendeiner Form aktiv an allgemein zugänglichen Kommunikations-, Informations- und Unterhaltungsangeboten beteiligen können, hat der grösste Teil anscheinend kein grosses Bedürfnis danach. Demgegenüber scheint das private Mitteilungsbedürfnis in der Form interpersonaler Kommunikation im Netz ungebrochen zu sein: E-Mail ist sowohl in Deutschland als auch in den USA neben der Nutzung von Suchmaschinen die am häufigsten gebrauchte Internetanwendung (vgl. van Eimeren/Frees 2013: 363; Zickuhr 2010: 11).

Hans-Magnus Enzensberger (2000) formulierte diesen Umstand angesichts wachsender Publikationsmöglichkeiten im Internet an der Wende zum 21. Jahrhundert wie folgt: „99,999 Prozent aller Botschaften [im Internet, Anm. S.B.] sind allenfalls für ihre Empfänger von Interesse […]. Auch insofern trügt die Prophezeiung von der emanzipatorischen Kraft der neuen Medien. Nicht jedem fällt etwas ein, nicht jeder hat etwas zu sagen, was seine Mitmenschen interessieren könnte" (ebd.: 18). Der Wille, sich aktiv in die Gestaltung öffentlicher Kommunikation einzubringen, wie das manche Social Media-Propheten gerne glaubhaft machen, ist also nur beschränkt vorhanden. Von der „Passivität der Rezeptionssituation", die für grosse Teile unseres alltäglichen Mediennutzungsverhaltens „geradezu konstituierend" sei, spricht Schönbach (1997: 280). Er weist darauf hin, dass wir eben nur sehr bedingt unsere Informations- und Unterhaltungsangebote selbst zusammensuchen oder gar erstellen möchten, sondern grösstenteils einfach „versorgt werden" wollen (ebd.: 283): „Nicht nur die Produktion von Unterhaltsamem, sondern auch die Nachrichtengebung werden anderen überlassen – vertrauenswürdigen Personen und Institutionen. Sie sammeln die entsprechenden Informationen, treffen eine Vorauswahl, ordnen ein und interpretieren" (ebd.). Ausserdem: „Wenn […] in modernen Gesellschaften die Unsicherheit und damit der Orientierungsbedarf wachsen, müsste sich der Wunsch sogar noch verstärken, Informationen nicht selbst suchen zu müssen, sondern von […] professionellen Kommunikatoren vermittelt zu bekommen" (ebd.). Auch Welker (2007) erachtet ‚Passivität' ausdrücklich als einen der Hauptgründe, weshalb die Auswahlleistungen von professionellen Journalisten und ihre Rolle als Gatekeeper auch im Internetzeitalter weiter nachgefragt würden (vgl. ebd.: 98).

Zum zweiten Argument *wachsender gesellschaftlicher Partizipation* lässt sich also festhalten: Ein Zuwachs freiwilligen Engagements von Bürgerinnen und Bürgern in diversen gesellschaftlichen Bereichen kann nicht ohne Weiteres als erhöhte Bereitschaft übersetzt werden, sich im Netz aktiv an der Herstellung öffentlich zugänglicher Kommunikations-, Informations- und Unterhaltungsangebote zu beteiligen. Sowohl empirische Ergebnisse zur Nutzung des Social Web in der Bevölkerung als auch Überlegungen grundsätzlicher Natur zum Medienkonsum deuten auf klare Grenzen des Aktivierungspotentials von Nutzern hin. Dies darf bei den Überlegungen zu einem individuell oder im Kollektiv von Laien erbrachten ‚Bürgerjournalismus' im Internet nicht ausser Acht gelassen werden.

3.2.3 Kollektive Intelligenz[144]

Mit dem Erklärungsmuster steigender Partizipation in unterschiedlichen Gesellschaftsbereichen und insbesondere der öffentlichen Kommunikation eng verbunden ist ein *drittes* Argument, das nicht die Beteiligung als solche bzw. deren Zunahme betrifft, sondern deren *Qualität*. Die Grundannahme lautet hier, dass die sogenannte ‚kollektive Intelligenz' bzw. ‚Schwarmintelligenz' einer grossen Zahl von Teilnehmern bei vielerlei Arten von Aufgaben zu besseren Ergebnissen führe als das Fachwissen eines elitären Zirkels von Experten (vgl. z.B. Surowiecki 2005: 13).

Der Umstand, dass sehr viele und sozial nur lose verbundene Individuen raum-zeitlich getrennt über das Internet beachtliche Gesamtleistungen zu erbringen vermögen, wurde in jüngster Zeit unter verschiedenen Begriffen wie ‚wisdom of crowds' bzw. ‚Weisheit der Vielen' (vgl. Surowiecki 2005), ‚commons-based peer production' (vgl. Benkler 2006), ‚collaborative production' (vgl. Shirky 2008), ‚crowdsourcing' (vgl. Howe 2008) oder ‚wikinomics' (vgl. Tapscott/Williams 2006) beschrieben. In diesem Zusammenhang wird beispielhaft gern auf die Open-Source-Bewegung bzw. die Entwicklung freier Software wie des Betriebssystems *Linux* und die Online-Enzyklopädie *Wikipedia* verwiesen (vgl. z.B. Benkler 2006; 63ff. u. 70ff., Shirky 2008: 238ff. u. 110ff.; Tapscott/Williams 2006: 77ff. u. 71ff.). In beiden Fällen haben unzählige Freiwillige in dezentralisierter, webbasierter

---

[144] Einzelne Teile dieses Abschnitts wurden in einer früheren Version bereits an anderer Stelle veröffentlicht (vgl. Bosshart 2012: 20ff.). Dort wird näher auf das Prinzip der ‚kollektiven Intelligenz' eingegangen, welches Konzepten der ‚commons-based peer production' (vgl. Benkler 2006) und ‚produsage' (vgl. Bruns 2008b) zugrunde liegt.

Kooperation Beachtliches geleistet. *Linux* gilt mittlerweile als eines der führenden Server-Betriebssysteme (Hagenbuch/Weber 2010: 29). Die englischsprachige *Wikipedia* schnitt in einem 2005 in der Fachzeitschrift *Nature* veröffentlichten Vergleich, dem 42 zufällig ausgewählte Artikel zugrunde lagen, kaum schlechter als die *Encyclopedia Britannica* ab (vgl. Giles 2005: 900). Die Qualität der deutschsprachigen Version beurteilte 2007 im Auftrag des Nachrichtenmagazins *Stern* ein Kölner Recherche-Institut im direkten Vergleich mit dem *Brockhaus*. Hinsichtlich der Kriterien Richtigkeit und Aktualität übertraf die freie Enzyklopädie sogar die professionelle Konkurrenz in den 50 dafür zufällig ausgewählten Sachartikeln aus unterschiedlichen Themenbereichen wie Politik, Wirtschaft, Geschichte, Geografie oder Medizin (vgl. Patalong 2007).

In Bezug auf den ‚citizen journalism' formuliert Gillmor (2004) das Potenzial einer ‚Weisheit der Vielen' wie folgt: „I take it for granted, for example, that my readers know more than I do" (ebd.: 14). Abstrakter, aber sinngemäss heisst es bei Lasica (2002): „The network knows more than the individual" (ebd.: 174) – das im Publikum zerstreute Wissen übersteigt also dasjenige einzelner Journalisten. Müsste es angesichts dieser Tatsache nicht folgerichtig erscheinen, wenn zahlreiche Amateure in der Form eines ‚Bürgerjournalismus' gemeinsam mindestens adäquate, wenn nicht sogar bessere Leistungen erbringen als der professionelle Journalismus?[145]

Eine Antwort darauf muss wohl je nach Art der vom Kollektiv zu erbringenden Leistungen unterschiedlich ausfallen. Yochai Benkler (2006), dessen Konzept der ‚commons-based peer production'[146] im Zusammenhang neuar-

---

[145] Die Frage stellt sich umso mehr, wenn man wie Kepplinger (1982) noch anfangs der 1980er Jahre davon ausginge, professionelle Journalisten verfügten über keine spezifischen Berufskompetenzen, weil ihre bevorzugten Tätigkeiten wie Recherchieren, Schreiben und Redigieren auch ohne Ausbildung erlernt werden könnten (vgl. ebd.: 153). Mittlerweile sind solche Auffassungen überholt. Der Journalismus weist mehrere Merkmale einer Profession auf, so etwa die üblicherweise für eine feste oder freie Anstellung in einem Medienunternehmen vorausgesetzte journalistische Vor- und Weiterbildung an Fachhochschulen oder Universitäten, die berufliche Organisation in Fachverbänden und nicht zuletzt das spezifische Rollenselbstverständnis der (haupt)beruflich tätigen Journalisten (vgl. Kunczik/Zipfel 2005: 156; Wyss et al. 2005: 308f.). Dem tut auch der Umstand keinen Abbruch, dass der freie Berufszugang durch Verfassung bzw. Grundgesetz garantiert ist bzw. nicht wie in anderen Berufen durch staatliche Lizenzierung kontrolliert wird (vgl. Meier 2007: 217).

[146] Benkler (2006) stellt fest „that the networked environment makes possible a new modality of organizing production: radical dencentralized, collaborative, and nonproprietary; based on sharing resources and outputs among widely distributed, loosely connected individuals who cooperate with each other without relying on either market signals or managerial commands" (Benkler 2006: 60). Solche Netzkooperation nennt er 'commons-based peer production' (ebd.). Die Charakterisierung als ‚commons-based' nimmt darauf Bezug, dass es sich bei den zugrunde liegenden und zu verarbeitenden Ressourcen in der Regel um Inhalte und Informationen handelt,

tiger Gemeinschaftsproduktion quasi-journalistischer Inhalte über das Internet immer wieder angeführt wird (vgl. z.B. Bruns 2008b: 17-21; Deuze et al. 2007: 323; Lewis et al. 2010: 165; Neuberger/Quandt 2010: 73), nennt zwei notwendige Bedingungen für solche Netzkooperation, welche zugleich das mögliche Spektrum ihres Erfolgs deutlich einschränken. Das eine Kriterium ist ‚modularity': Damit gemeint ist „the extent to which it [a project, Anm. S. B.] can be broken down into smaller components, or modules, that can be independently produced before they are assembled into a whole" (Benkler 2006: 100). Hier geht es also um die Aufteilung eines Gesamtprojekts oder -werks in mehrere kleinere Bestandteile oder Etappen, so dass jeder dieser Teile einzeln fertig gestellt werden kann, bevor sie zusammengeführt werden. Das zweite Kriterium nennt Benkler ‚granularity'. Es bezieht sich „to the size of the modules, in terms of the time and effort that an individual must invest in production" (ebd.). Hier geht es also um den Umfang der einzelnen Bestandteile bzw. den Aufwand gemessen in Zeit und geistiger oder körperlicher Arbeit, der für deren Erstellung notwendig ist.

Benkler argumentiert nun, dass ‚commons-based peer production' nur Erfolg haben könne, wenn sich das entsprechende Projekt in möglichst viele unabhängig voneinander zu bearbeitende Bestandteile aufteilen lasse (‚modularity') und sich der Aufwand deren Erstellung für die Teilnehmer in klaren Grenzen halte (‚granularity'). Übersteige nämlich dieser Effort eine gewisse Grenze, so beteiligten sich zu wenige Individuen am Projekt und es verlaufe im Sand: „If the finest-grained contributions are relatively large and would require a large investment of time and effort, the universe of potential contributors decreases. A successful large-scale peer-production project must therefore have a predominate portion of its modules be relatively fine-grained" (ebd.: 101).

In einem Projekt wie der Online-Enzyklopädie *Wikipedia* sind beide Kriterien erfüllt: Nicht nur können Artikel als kurze Einträge initiiert und dann etappenweise über längere Zeit durch die Gemeinschaft verbessert und erweitert werden (z.B. durch Bereinigung von Schreibfehlern, Hinzufügen von Quellenverweisen, Einfügen zusätzlicher Abschnitte zu Nebenbedeutungen, geschichtlichem Kontext, verwandten Begriffen etc.), sondern hält sich der vom Einzelnen dafür zu betreibende Aufwand grundsätzlich in Grenzen. Längerfristig können die *Wikipedia*-Einträge so besser und besser werden.[147]

---

welche der Allgemeinheit gehören bzw. von ihr geteilt werden („commons" bezeichnen Gemeinschaftsgüter im Ggs. zu proprietären Ressourcen) (vgl. ebd.).

[147] Natürlich kann sich die Qualität eines Eintrags auch verschlechtern bzw. ist das Projekt nicht gegen Vandalismus, das Einfügen falscher Daten und Fakten, Schleichwerbung oder ideologische Vereinnahmung gefeit, doch hat sich bisher eine erstaunliche Selbstheilungsprozedur

Trotzdem kann aufgrund fehlender redaktioneller Qualitätssicherung die Güte der Artikel schwanken (vgl. Kolbitsch/Maurer 2006: 195). Auch haben sich in der von den Medien bisher wachsam verfolgten Geschichte des Projekts immer wieder Fehler offenbart.[148]

Während sich das Prinzip der ‚kollektiven Intelligenz' bei der Zusammenstellung mehr oder minder zeitlosen enzyklopädischen Wissens oder der Erweiterung des Programmcodes eines Betriebssystems durchaus entfalten kann, bewährt es sich für die Beschaffung und Aufbereitung *aktueller* Informationen, die innert kurzer Zeit an Bedeutung verlieren, weniger. Aktualität ist jedoch eines der zentralen Identitätsmerkmale des Journalismus (vgl. Kap. 2.2.3 sowie u.a. Altmeppen/Löffelholz 1998: 415; Meier 2007: 13; Scholl/Weischenberg 1998: 75ff.). Hinzu kommt der Umstand, dass im Journalismus Aktualität nicht einmalig, sondern *kontinuierlich* hergestellt werden muss – mit anderen Worten ist eine bestimmte Periodizität bzw. Regelmässigkeit für journalistische Berichterstattung kennzeichnend (vgl. Kap. 2.2.1). Schliesslich decken journalistische Nachrichtenangebote bei vorhandener Aktualität und Periodizität stets ein breites Spektrum von Themen, Quellen und Sichtweisen ab, d.h. sie weisen eine gewisse inhaltliche *Vielfalt* bzw. Universalität auf (vgl. Kap. 2.2.2).

Die gleichzeitige Erfüllung dieser ‚journalismusimmanenten' Anforderungen ist voraussetzungsreich und scheint dabei nach dem Prinzip der ‚Weisheit der Vielen' kaum zu funktionieren. Bezogen auf die weiter oben angesprochenen notwendigen Kriterien einer ‚commons-based peer production' (Benkler 2006: 60ff.) bedeutet dies, dass bei der Herstellung journalistischer Berichterstattung die ‚modularity' kaum gegeben, die ‚granularity' umgekehrt jedoch sehr hoch ist. Zurückzuführen ist dies darauf, dass die Nachrichtengebung innert kurzer Zeit auf sendefähige Beiträge bzw. druckreife Artikel zu einem breiten Themen- und Meinungsspektrum angewiesen ist – und

---

gezeigt, indem Verzerrungen oder Attacken von einzelnen Teilnehmern in der Regel sehr rasch von der Überzahl gutgesinnter Nutzer rückgängig gemacht werden (vgl. Kolbitsch/Maurer 2006: 194; Priedhorsky et al. 2007: 7; Stein/Hess 2008: 107; Viégas et al. 2004: 581).

[148] So meldete *Wikipedia* 2005 fälschlicherweise den Tod von Bertrand Meyer, Professor an der *ETH Zürich*, was womöglich auf einen Studentenstreich zurückging. 2006 wurde ein Eintrag über „Porchesia", eine angeblich vor der syrischen Küste liegende Insel, erstellt, die aber gar nicht existiert. Erst Monate später wurde der Eintrag entfernt. Der ehemalige deutsche Verteidigungsminister Karl-Theodor zu Guttenberg hat zehn verschiedene Vornamen. In ihrem Beitrag von 2009 führte die *Wikipedia* einen elften und falschen auf, der von vielen Medien ungeprüft übernommen wurde (vgl. Riebling 2011: o. S.). 2005 entdeckte der amerikanische Schriftsteller und Journalist John Seigenthaler, dass im biographischen Eintrag zu seiner Person bereits über mehrere Monate falsche Anschuldigungen über eine Verwicklung in den Mord an John F. Kennedy enthalten waren. Der Beitrag wurde sodann geändert, doch Siegenthalers Ruf hatte gelitten (vgl. Shirky 2008: 138).

dies kontinuierlich. Der vorgegebene Zeitrahmen erlaubt es dabei offenbar nicht, die für deren Erstellung erforderlichen produktiven Tätigkeiten auf zahlreiche lose kooperierende und nur unregelmässig tätige Nutzer im Netz aufzuteilen. Umgekehrt erweist sich der dafür nötige Aufwand für die beteiligten Leistungserbringer im Journalismus (Journalisten, Redaktoren etc.) als verhältnismässig gross. Dass hier ganztags und (haupt)beruflich arbeitendes Berufspersonal – und man braucht hier nicht einmal mit spezifischen, schwer zu erlangenden Berufskompetenzen zu argumentieren – sporadisch wirkenden Nutzern weit voraus ist, dürfte ausser Frage stehen.

Wenn Laien vorwiegend aus persönlichem Interesse dennoch bestimmte Inhalte öffentlich publizieren – man denke z.B. an das Hochladen von Videos auf *Youtube* oder das Verfassen eigener Beiträge in privaten Weblogs (vgl. Kap. 3.3.3) – , so dürfte es diesen Angeboten *einzeln* verglichen mit einem täglich oder häufiger aktualisierten und mehrere Ressorts umfassenden Medienangebot also an *Aktualität*, *Periodizität* und *Universalität* fehlen. Diese Eigenschaften hält Otto Groth – neben der *Publizität*, die bei öffentlich zugänglichen Internetangeboten ohnehin gegeben ist – in seiner bekannt gewordenen Begriffsbestimmung für die Wesensmerkmale der ‚Zeitung' (vgl. eingehend Kap. 2.2). Darüber hinaus können diese vier Kriterien aber auch als Identitätsmerkmale des Journalismus generell aufgefasst werden – zumindest des tagesaktuellen Nachrichtenjournalismus (vgl. Meier 2007: 74; Neuberger et al. 2009a: 200f.). Wenn Medienangebote von Laien im Netz grösstenteils – wie das die Forschung zeigt (vgl. Kap. 3.3.3) – in Abhängigkeit von deren Aktivitätsgrad und Themeninteresse mit neuen Inhalten beliefert werden und deshalb einzeln kaum über Periodizität, Aktualität und Universalität verfügen, erbringen sie auch nicht die „informationelle Grundversorgung" (Schönhagen/Kopp 2007: 309) wie der in den Massenmedien institutionalisierte Journalismus.

Nun könnte man z.B. im Hinblick auf die Myriaden von ‚Tweets', die täglich *Twitter* durchlaufen, auch argumentieren, dass nicht *einzelne* Angebote, sondern die Gesamtheit der im Netz verfügbaren Nutzerbeiträge einen Ersatz für den Journalismus darstelle (vgl. Lünenbürger-Reichenbach 2005: 98; Hermida 2010). Dann würde man aber die komplexitätsreduzierenden Recherche-, Selektions- und Konzentrationsleistungen des professionellen Journalismus ausser Acht lassen (vgl. Schönhagen/Kopp 2007: 310). Gerade dank dieser Leistungen ermöglicht der Journalismus soziale Orientierung, „indem er die gesellschaftliche Interessen- und Stimmenvielfalt, das gesellschaftliche Kommunikationsgeschehen als Ganzes überschaubar macht" (ebd.). Um sich eben diesen Gesamtüberblick über das jeweils aktuelle (Kommunikations-)Geschehen in der Gesellschaft zu verschaffen, muss sich der Rezipient nicht selbst zahlreiche Angebote im Internet zusammensuchen, sondern erhält ihn kontinuierlich und in konzentrierter Form über die Massenmedien.

Möglicherweise stellt sich hier dann die Frage, ob journalistische Leistungen über ‚technische Vermittlung' (vgl. Neuberger 2008a: 28) z.B. durch Nachrichtenaggregatoren wie *Google News* erbracht werden können. Zwar schaffen solche technischen Aggregatoren den Zugang zu einem breiten Spektrum journalistischer Angebote, ohne allerdings in irgendeiner Weise an deren Produktion beteiligt zu sein (vgl. ebd.). Sie mögen somit eine Navigationshilfe im Netz darstellen, ersetzen aber die journalistischen Inhalte nicht. Wie erste Erkenntnisse aus der Nachrichtenwertforschung zudem zeigen, stellen Suchmaschinen ihre Trefferlisten nicht nach journalistischen bzw. allgemein-menschlichen Selektions- und Relevanzkriterien zusammen (vgl. Beiler 2013).

Allerdings können in Ausnahmezuständen wie bei Katastrophen und kriegerischen Ereignissen Veröffentlichungen von Laien im Internet *punktuell* durchaus hohe Aktualität erlangen und kurzfristig eine ähnlich wichtige oder sogar wichtigere Rolle für die Information der Bevölkerung spielen wie professionell-journalistische Angebote (vgl. Schönhagen/Kopp 2007: 309). Das ist vor allem der Fall, wenn unmittelbar während oder nach solchen Ereignissen Berichte von Augenzeugen via Smartphones und Internet für eine grössere Öffentlichkeit verfügbar werden. In der Literatur werden exemplarisch dafür häufig dieselben Vorfälle angeführt. So tauchten, unmittelbar nachdem ein Passagierflugzeug am 11. September 2001 in das New Yorker *World Trade Center* steuerte, auf zahlreichen persönlichen Websites die ersten Dokumentationen von Augenzeugen auf, v.a. kommentierte Fotos und Videos (vgl. Allan 2009: 24). Nicht zuletzt weil die Websites der grössten US-Nachrichtenanbieter in den darauf folgenden Stunden infolge der enormen Nachfrage nur sporadisch aufgerufen werden konnten, waren sie für viele Bürger die kurzfristig einzigen Quellen, um etwas über das desaströse Geschehen am *Ground Zero* zu erfahren (vgl. ebd.).

Auch beim Tsunami, der im Dezember 2004 mehrere Küstengebiete Südasiens verheerte, waren die Filmaufnahmen und Bilder von Feriengästen vor Ort die einzigen Zeugnisse der Naturkatastrophe. In Ermangelung anderer Quellen wurden sie auch von den Massenmedien in die eigene Berichterstattung aufgenommen (vgl. ebd.: 18).[149] Lasica (2003b) spricht von „random

---

[149] Mit dem Eingang in die Massenmedien handelt es sich nach der hier vorgenommenen Unterscheidung aber nicht mehr um ‚citizen journalism' bzw. freie Onlinepublizistik von Laien,

acts of journalism", welche Amateure in solchen Situationen erbringen würden, weil sie sich zufällig zur gleichen Zeit am Ort des Geschehens befinden (ebd.: 73). Diesbezüglich hat in den letzten Jahren insbesondere der Microblogging-Dienst *Twitter* dank der Schnelligkeit, mit der hier Augenzeugenberichte an die Öffentlichkeit gelangen können, für Aufmerksamkeit gesorgt.

Im November 2008 tauchten auf *Twitter* offenbar die ersten öffentlichen Hinweise von Augenzeugen über Terroranschläge auf mehrere Hotels in Mumbai auf (Arthur 2008: o. S.), im Januar 2009 ging das erste Bild eines im Hudson River notgelandeten Passagierflugzeugs über *Twitter* an die Öffentlichkeit, noch bevor die Massenmedien davon wussten (vgl. Murthy 2011: 782ff.). Auch im Rahmen von kriegerischen Ereignissen und politischen Umbrüchen in instabilen Ländern kommt den von Bürgern via Mobilfunk und Internet verbreiteten Botschaften erhöhte Bedeutung zu. Während der Proteste bei den iranischen Wahlen im Juni 2009 und der kurzen Abfolge von Regimeumstürzen und revolutionären Volksaufständen anfangs 2011 in Tunesien, Ägypten, Libyen und Bahrain waren *Twitter* und *Facebook* infolge fehlender massenmedialer Berichterstattung nicht nur wichtige Informationsquellen, sondern dienten auch der Organisation und Koordination der Aufständischen (vgl. Mortensen 2012: 129; Radsch 2011: o.S.; Weaver 2010: o.S.).

Wie diese Beispiele aber auch zeigen, unterscheiden sich solche Laienpublikationen von einer systematischen und thematisch umfassenden Berichterstattung, wie sie der professionelle Journalismus in ‚Normalzeiten' erbringt, indem er einzelne gesellschaftliche Teilsysteme wie etwa Politik, Wirtschaft, Wissenschaft, Kunst und Sport kontinuierlich beobachtet und diese Beobachtungen als Medienangebote den jeweils anderen Teilsystemen sowie der Gesamtgesellschaft zur Verfügung stellt (vgl. Weischenberg 1992: 41; zur systemtheoretischen Journalismuskonzeption im Speziellen Kap. 2.1). Die Veröffentlichungen von Bürgern bzw. Laien können allenfalls dann journalistische Bedeutung erlangen, wenn Medienschaffende bei Katastrophen und tragischen Unfällen nicht vor Ort sind bzw. keinen Zugang zum Berichterstattungsgebiet und den betroffenen Menschen haben, wenn die Massenmedien aus anderen Gründen (z.B. technischen Ausfällen bei der Distribution) ihren Dienst nicht erbringen können oder wenn ein funktionierendes und insbesondere unabhängiges Mediensystem wie in Ländern mit autoritären Regimes gar nicht vorhanden ist.

---

sondern um ‚participatory journalism' im Sinne der Partizipation am Journalismus (vgl. mit genau diesem Beispiel auch Nip 2006: 218; zur Begriffsunterscheidung vgl. Kap 3.1).

Abgesehen von der Schwierigkeit, die für den Journalismus konstitutiven Anforderungen der Aktualität, Periodizität und Universalität in einem für Rezipienten einfach zugänglichen Medienangebot zu erfüllen (s.o.), erscheint das Prinzip der ‚kollektiven Intelligenz' oder ‚Schwarmintelligenz' aber auch aus einem anderen Grund für die Erbringung journalistischer Leistungen ungeeignet: Anders als einem Enzyklopädie-Projekt wie der weiter oben bereits angeführten *Wikipedia* geht es dem Journalismus – zumindest dem tagesaktuellen Informationsjournalismus – nicht in erster Linie um die Akkumulation des Expertenwissens von Journalisten, sondern je nach Auffassung bzw. theoretischem Überbau um die „Herstellung und Bereitstellung von Themen für die öffentliche Kommunikation" (Rühl 1980: 319) oder um das Recherchieren, Selektieren und Präsentieren von Themen, die neu, faktisch und gesellschaftlich relevant sind (vgl. Meier 2007: 13). Journalisten brauchen keine hochspezialisierten Fachspezialisten zu sein, um diese Aufgaben zu erfüllen. Sie wenden sich im Gegenteil bei ihrer Arbeit selbst dauernd an Experten, „deren Wissen sie für die Popularisierung von Sachverhalten zuhanden eines breiten Publikums benötigen" (Saxer 1974/75: 282). Dabei verfügen sie in der Regel über die besseren Zugänge zu Ereignissen, Quellen und Informationen (z.B. durch Akkreditierung oder ein über Jahre hinweg aufgebautes Netzwerk von Kontakten) als durchschnittliche Bürger (vgl. Reich 2008: 749; Welker 2007: 98).

Vor allem aber brauchen Journalisten – wie bereits zu zeigen war (vgl. Kap. 2.3) – keine hochqualifizierten Fachexperten zu sein, weil sie in erster Linie *Vermittler* der in der Gesellschaft ablaufenden Kommunikation sind (vgl. Fürst et al. 2015: 330f.; Schönhagen 2006: 498; Wagner 2003: 20ff.). Um diese Aufgabe wahrzunehmen, ist besonders ihre Fähigkeit gefragt, die Aussagen, Ansichten und Forderungen unterschiedlichster gesellschaftlicher Akteure und Repräsentanten sozialer Kollektive sowie natürlich auch die Reaktionen darauf in verdichteter Form an ein Massenpublikum weiterzugeben und so die „Selbstverständigungsdiskurse" (Jarren 2000: 23) der Gesellschaft zu ermöglichen.

Dieser Abschnitt dürfte verdeutlicht haben, dass sich das zurzeit in der Literatur zum Web 2.0 viel diskutierte Prinzip der ‚Weisheit der Vielen' bzw. ‚Schwarmintelligenz' einer grossen Masse von Internetnutzern zwar in Projekten wie der Online-Enzyklopädie *Wikipedia* oder bei der Entwicklung von Betriebssystemen wie *Linux* durchaus entfalten kann, wenn sich der zu erbringende Gesamtaufwand in viele kleine Teilaufgaben zerlegen lässt und dabei keiner besonderen zeitlichen Restriktion unterliegt. Da sich die grundsätzlich an Aktualität, Periodizität und Universalität orientierte journalisti-

Bürgerjournalismus

sche Nachrichtengebung produktionsseitig jedoch nicht nach diesen Kriterien organisieren lässt, erscheint es auch nicht besonders plausibel, dass ein ‚citizen journalism', der sich durch dem professionellen Journalismus ebenbürtige Leistungen auszeichnet, nach dem Prinzip einer ‚kollektiven Intelligenz' funktionieren könnte.

3.2.4 Ökonomische Einflüsse und Glaubwürdigkeitsverlust im traditionellen Journalismus

Ein *viertes* Argumentationsmuster, womit bisweilen Mutmassungen zur Entstehung eines ‚Bürgerjournalismus' als funktionales Äquivalent zum professionellen (Internet-)Journalismus einhergehen, setzt beim Geschäftsmodell des traditionellen und in Medienunternehmen ausgeübten Journalismus an. In erster Linie ist die Argumentation ökonomisch, in zweiter Linie publizistisch. Den Ausgangspunkt bilden dabei die gegenwärtigen Finanzierungsschwierigkeiten traditioneller Massenmedien, insbesondere der Tagespresse. Rückläufige Leserzahlen und der Einbruch des Inseratevolumens in den letzten Jahren machen Kosteneinsparungen nötig und führen zu Unternehmensfusionen, Stellenabbau und Redaktionsverkleinerungen (vgl. Beck et al. 2010: 88f.; McChesney/Nichols 2010; Simons 2012; Weber 2006: 47f.). Infolgedessen wird nicht selten eine Reduktion publizistischer Vielfalt und journalistischer Qualität (Weichert/Kramp 2009: 2) mit negativen Auswirkungen auf die Demokratie (vgl. McChensney/Nichols 2010: X) befürchtet. Der damit verbundene Glaubwürdigkeitsverlust[150] des Journalismus führe nun dazu, so wird argumentiert, dass andere Informationsangebote wie z.B. Weblogs im Netz vermehrt nachgefragt und genutzt würden (vgl. Bruns 2008a: 173; Regan 2003: 69).

Doch auch ungeachtet des aktuellen Krisenkontextes steht der traditionelle Journalismus unter wirtschaftlichen Einflüssen. Zum einen besteht eine Abhängigkeit von Werbekunden, die sich auf die Gestaltung des redaktionellen Teiles auswirken kann (vgl. Donsbach 2009: 192; Porlezza 2013). Zum ande-

---

[150] Für die USA ist der Rückgang der Glaubwürdigkeit von Presse und Fernsehen in den letzten Jahren relativ gut durch die Daten des *Pew Research Center* belegt. Bereits im Jahresbericht 2009 über den Zustand der amerikanischen Massenmedien des *Project for Excellence in Journalism* heisst es etwa: „There was no indication [in the last year, Anm. S.B.] that Americans altered their fundamental judgment that the news media are politically biased, that stories are often inaccurate and that journalists do not care about the people they report on" (siehe das Kapitel zu *Public Attitudes* unter http://stateofthemedia.org/2009/overview/public-attitudes/, 20. März 2016).

ren findet eine Orientierung an der ‚Reichweite' statt, so dass die Notwendigkeit, ein möglichst breites Publikum anzusprechen, die Auswahl und Aufbereitung von Themen beeinflussen kann (vgl. Donsbach 2009: 192). Dem halten Vertreter eines scheinbar unabhängigen ‚Bürgerjournalismus' im Internet entgegen, Publikationsformate wie persönliche Weblogs seien mit solchen Problemen nicht konfrontiert. Sie bräuchten sich nicht dem Diktat der Werbekunden zu unterwerfen, erlägen nicht dem verlockenden Angebot druckfertiger PR-Texte und müssten nicht den Geschmack der grossen Masse bedienen (vgl. Alphonso 2004: 29f.; Sullivan 2002: o. S).

Wie ist solchen Argumenten zu begegnen? Zuerst stellt sich die Frage, ob Weblogs oder allgemeiner Publikationen von Laien im Netz denn tatsächlich glaubwürdiger sind, nur weil sie den angesprochenen wirtschaftlichen Einflüssen weniger ausgesetzt sind. Bisherige Forschungsergebnisse belegen eher das Gegenteil. Wie internationale Studien zeigen, wird Weblogs im Allgemeinen wenig bzw. weniger Glaubwürdigkeit als anderen Mediengattungen wie der Tageszeitung, dem Radio oder dem Fernsehen zugeschrieben (vgl. Hostway 2005; Sweetser et al. 2008; WebWatch 2005).[151] Für Deutschland ging Neuberger (2012b) in einer Befragung mit hoher Annäherung bei den Quotenvorgaben an die repräsentative *ARD/ZDF-Onlinestudie* im Jahr 2011 der Frage nach, welche Eigenschaften (u.a. Glaubwürdigkeit, Sachlichkeit, Aktualität, Quellentransparenz etc.) verschiedenen Internetangeboten aus Nutzersicht zugeschrieben werden. Die höchsten Glaubwürdigkeitswerte erhielten dabei die Internetangebote von Zeitungen und Zeitschriften, gefolgt von den Websites von Rundfunkveranstaltern, am wenigsten glaubwürdig wurden hingegen *Twitter*, Weblogs und Videoportale eingestuft (vgl. ebd.: 47f.).

Auch in einer in der Schweiz durchgeführten landesweiten Befragung, in der das Vertrauen von Internetnutzern gegenüber Inhalten im Netz in Abhängigkeit des konkreten Angebotstyps erhoben wurde, rangieren nutzergenerierte Inhalte aus Weblogs und Sozialen Netzwerken auf den hintersten, die Websites der öffentlich-rechtlichen Rundfunkanstalt *SRG*, von Regierungen und Behörden sowie von Tageszeitungen auf den vordersten Plätzen (vgl. Latzer et al. 2015: 9). Es kommt hinzu, dass an Weblogs im Allgemeinen

---

[151] Einzig der spezifische Typ des „politisch interessierten Internetnutzers" stuft Blogs glaubwürdiger ein als andere Medien. In der entsprechenden Studie von Johnson et al. (2008) handelte es sich allerdings bei den für die Rekrutierung der zu befragenden Leser angeschriebenen Blogs fast ausschliesslich um solche, die von Experten bzw. Wissenschaftlern oder Journalisten betrieben werden. Die Auswahl erfolgte also über eine Gattung von Weblogs, die nicht repräsentativ für die Blogosphäre ist (vgl. Johnson et al. 2008: 106, hier insbesondere FN 3).

niedrigere Qualitätsansprüche gestellt werden als an professionelljournalistische Angebote.

Trepte et al. (2008) fanden in einer Befragung von 702 deutschen Internetnutzern heraus, dass die Erfüllung journalistischer Qualitätskriterien wie Aktualität, Relevanz, Richtigkeit, Vielfältigkeit und Verständlichkeit von Weblogs weniger erwartet wird als von Tageszeitungen (vgl. ebd.: 518f.). In einem anschliessenden Experiment konnten die Autoren aber auch zeigen, dass die Leser unabhängig vom Kontext bei der Rezeption durchaus dieselben Bewertungsmassstäbe anlegen. Die den Versuchspersonen zur Beurteilung vorgelegten, bewusst mit einigen Mängeln ausgestatteten Textbeiträge wurden unabhängig von der angegebenen (variierten) Quelleninformation (Weblog vs. Tageszeitung) gleich kritisch bewertet, mit anderen Worten hatte die Quellen- bzw. Kontextinformation in der konkreten Situation keinen Einfluss auf die Qualitätseinstufung (vgl. ebd.: 527). Auch Fisch und Gscheidle (2008) stellten bereits vor einiger Zeit fest, dass die Mehrheit der Online-Nutzer ab 14 Jahren in Deutschland die auf Weblogs verbreiteten Informationen für ‚wenig glaubwürdig' hält (vgl. ebd.: 360). Dies dürfte mit der in der Forschung gut belegten Subjektivität und ausgeprägten Meinungsfreudigkeit von Weblogs zusammenhängen (vgl. Kap 3.3.3).

Ein weiterer Grund für die niedrigere Glaubwürdigkeit, die nutzerseitig unterschiedlichen Social Media-Angeboten zugeschrieben wird, mag darin liegen, dass die professionell und redaktionell aufbereiteten Inhalte der Massenmedien üblicherweise mehrere Stufen der Kontrolle durchlaufen. Publizistische Leitlinien, Redaktionsstatuten und hausinterne Richtlinien, tägliche Redaktionskonferenzen, die Praxis des Gegenlesens, das Lektorat, die Sendungskritik etc. sind Faktoren, welche den Erstellungsprozess journalistischer Inhalte begleiten (vgl. z.B. Hermes 2006; Held/Russ-Mohl 2005; Russ-Mohl 1992). Der Redaktion als Ganzes und ihrer organisationalen Ausgestaltung kommt dabei eine grosse Bedeutung bei der Qualitätssicherung zu (vgl. Wyss 2000: 209 u. 2013: 97ff.).

Einen wesentlichen Einfluss auf die Qualität des Journalismus hat schliesslich auch die umgebende ‚Infrastruktur', bestehend aus der Aus- und Fortbildung von Journalisten, Branchen- und Berufsverbänden, Journalistenpreisen, Presseräten, Ombudsstellen und der Medienforschung. Russ-Mohl (1994) versteht sie als „Institutionen und Initiativen, die präventiv oder korrektiv zur journalistischen Qualitätssicherung beitragen, indem sie auf den Journalismus einwirken und insbesondere die Professionalisierung der Journalisten und Medienmacher vorantreiben und/oder für die nötige Kritik, Selbstkritik und Transparenz im Mediensystem sorgen" (ebd.: 111). Im ‚citizen journalism' scheinen solche Strukturen, insbesondere Redaktionssysteme, die den Prozess der Nachrichtenproduktion unmittelbar steuern, häufig zu fehlen (vgl. Andrews 2003: 64; Regan 2003: 70).[152] Im Prinzip kann hier jeder schreiben, was ihm gerade in den Sinn kommt, und dies auch unter einem erfundenen oder ohne Namen. Eine Gewähr für Richtigkeit, Vollständigkeit oder Ausgewogenheit von Inhalten besteht nicht. Und sie gutgläubig zu unterstellen fällt umso schwerer, wenn der Absender nur als Pseudonym oder gar nicht ersichtlich ist.

Nach dem Prinzip des „Publish, then filter" (Shirky 2008: 81) kann hier möglicherweise eine gewisse Korrektur oder Berichtigung von Falschaussagen ‚ex post' stattfinden, indem etwa die fehlerbehafteten Veröffentlichungen eines Bloggers nachträglich durch die Kommentierung anderer Weblogs in der Blogosphäre richtiggestellt werden.[153] Doch besteht erstens keine Gewähr, dass dies überhaupt geschieht und sich im Internet einmal verbreitete Informationen automatisch der Kritik Aller aussetzen (vgl. auch Schönbach 2008: 507), und ist zweitens trotz nachfolgender Richtigstellung der bereits eingetretene Schaden unter Umständen irreversibel. Das in der praktischen Journalistenausbildung hochgehaltene Credo des „get it first, but first get it right" – einst Motto der Nachrichtenagentur *United Press* (vgl. Hachten 2005: 43) – wird hier auf den Kopf gestellt. Wenn aber die Verlässlichkeit veröffentlichter Informationen und die richtige bzw. sinngemässe Wiederga-

---

[152] Neben Veröffentlichungen von Einzelpersonen wie z.B. Weblogs finden sich im Netz allerdings auch Nutzerplattformen bzw. sogenannte ‚Kollektivformate' (vgl. Neuberger 2006: 119), auf denen mehrere Personen zusammenarbeiten und wo gewisse Strukturen der Qualitätssicherung angelegt sein können. Im Falle von *Wikinews*, dem Untersuchungsgegenstand im empirischen Teil dieser Arbeit (vgl. Kap. 3.3.3), kann dies etwa darin gesehen werden, dass die einzelnen Beiträge in einer engen Kooperation mehrerer Nutzer entstehen, die sich an bestimmten journalistischen Standards und plattforminternen Richtlinien zu orientieren hat. Gerade aus diesem Grund bietet sich das Portal besonders dazu an, das journalistische Potenzial eines kollaborativen ‚Bürgerjournalismus' im Netz einer empirischen Prüfung zu unterziehen.
[153] Paul Shirky (2008) stellt in seinem Buch *Here Comes Everybody. The Power of Organizing without Organizations* die Ablösung des für das Broadcast-Zeitalter typischen Paradigmas ‚filter, then publish' durch ein ‚Publish, then filter' im Web 2.0 fest (vgl. ebd.: 81ff.). Das ältere Modell der redaktionellen Kontrolle erklärt er dabei rein ökonomisch: Da die Herstellungskosten in Presse oder im Rundfunk sehr hoch seien, würden Inhalte vorgängig stark gefiltert und nur veröffentlicht, wenn sie Verleger oder Intendanten für publikationswürdig erachteten (vgl. ebd.: 97). Im Netz etabliere sich ein gegenteiliges Prinzip: Neue und im Übermass auftauchende Inhalte würden erst nachträglich durch die Nutzer selbst validiert. Diese bestimmten daher selbst, was sie interessant und relevant fänden (vgl. ebd.: 98). Dabei wird allerdings übersehen, dass Selektion und Konzentration im professionellen Journalismus weniger ökonomisch bedingt sind, sondern vielmehr Notwendigkeiten darstellen, um ein möglichst breites Spektrum gesamtgesellschaftlicher Kommunikation überschaubar zu vermitteln (vgl. Kap. 2.3).

be fremder Äusserungen nicht gewährleistet sind, kann kaum noch von einem qualitativ zufriedenstellenden journalistischen Medienangebot die Rede sein.

Auch die Werbefreiheit als Projektionsfläche für totale inhaltliche Unabhängigkeit muss für den ‚Bürgerjournalismus' relativiert werden. Mittlerweile existiert ein breites Spektrum an Ratgeber-Literatur, die darin einführt, wie mit Werbeanzeigen im eigenen Weblog (z.B. über den Dienst *Google AdSense*) nebenher noch Geld zu verdienen ist (vgl. z.B. Alby 2008a; Simovic/Bonfranchi-Simonvic 2008; Wright 2006). In den USA haben nach Angaben der Blog-Suchmaschine *Technorati* im Jahr 2008 über die Hälfte aller Blogs bezahlte Werbung enthalten (vgl. Lowrey et al. 2011: 246). Noch mehr zu denken geben dürfte, wenn Blogger von Geräteherstellern bzw. der Industrie kostenlos mit neuen Produkten versorgt bzw. bezahlt werden, um Schleichwerbung zu betreiben, indem sie positive Erfahrungsberichte über diese Produkte verfassen (vgl. Stölzel 2009). Auch kommt es vor, dass Blogger gegen Bezahlung nicht gekennzeichnete Links von Wirtschaftsunternehmen in ihre Online-Tagebücher einbauen. Weil Suchmaschinen wie *Google* beim Erstellen von Trefferlisten unter anderem auf die Anzahl eingehender Verlinkungen achten, können die entsprechenden Unternehmen ihren Listenplatz dadurch optimieren (vgl. Gritti 2011).

Somit kann gegen das *vierte* Argumentationsmuster, welches bei den *ökonomischen* Einflüssen auf den traditionellen und zu grossen Teilen werbefinanzierten Journalismus ansetzt und infolgedessen einen *Glaubwürdigkeitsvorsprung* beim sogenannten ‚Bürgerjounalismus' vermutet, eingewendet werden, dass zum einen unterschiedliche Angebote des ‚citizen journalism' unter den Medienutzern allgemein eine geringere Glaubwürdigkeit geniessen als die Medienangebote des professionellen und in Massenmedien institutionalisierten Journalismus und dass zum anderen auch hier schon längst die Interessen der Werbewirtschaft im Spiel sind.

3.2.5 Zwischenfazit

Die in den vorangegangenen Abschnitten aus der Literatur zusammengetragenen Argumentationslinien scheinen den hohen Stellenwert eines sogenannten ‚Bürgerjournalismus' im Web aus unterschiedlichen Perspektiven zu stützen. In ihrer Diskussion hat sich jedoch gezeigt, dass sie an Grenzen stossen und stark relativiert werden müssen. So verschafft das Internet zwar nahezu jedermann den kommunikativen Zugang zur Öffentlichkeit und erweisen sich die Publikationshürden für den Einzelnen hier so tief wie nie zuvor in der Mediengeschichte, doch fällt es unter diesen Gegebenheiten Anbietern umso schwerer, die Aufmerksamkeit von Nutzern zu gewinnen und Resonanz auf die eigenen Kommunikate zu erzeugen (vgl. Kap. 3.2.1). Ferner lässt sich ein Trend zu mehr Beteiligung in verschiedenen gesellschaftlichen Bereichen nicht bruchlos auf das Web übertragen. Die Bereitschaft zum freiwilligen Engagement bei der Schaffung öffentlich zugänglicher Kommunikations-, Informations- und Unterhaltungsangebote hält sich hier offenbar in Grenzen, wie Zahlen zur ‚aktiven' Nutzung von Social Media-Angeboten zeigen, die nicht bloss dem Austausch unter Freunden und Bekannten dienen (vgl. Kap. 3.2.2).

Auch das im Web zur Schaffung von Kultur- und Wissensgütern unter bestimmten Gegebenheiten erfolgreiche Prinzip der ‚kollektiven Intelligenz' einer grossen Zahl von Nutzern, die raum-zeitlich getrennt, ‚bottom up' und in flachen Hierarchien erstaunliche Gesamtleistungen zu erbringen vermögen (z.B. *Wikipedia, Linux, Project Gutenberg, Open Directory Project* etc.), lässt sich nur bedingt auf die kontinuierliche Erstellung einer aktuellen und inhaltlich universellen Berichterstattung übertragen (vgl. Kap. 3.2.3). Schliesslich ist die Werbefreiheit als Vorbedingung für eine totale inhaltliche Unabhängigkeit mit Blick auf gewisse Laienangebote im Web zu relativieren und fällt die nutzerseitig den Social Media zugeschriebene Glaubwürdigkeit nach wie vor im Vergleich zu den Massenmedien und dem professionellem Journalismus tiefer aus (vgl. Kap. 3.2.4).

Nachdem in diesem Kapitel aus einer eher theoretischer Sicht die grösseren Argumentationslinien zusammengetragen wurden, welche in den letzten Jahren der Diskussion um den ‚Bürgerjournalismus' im Netz Auftrieb verliehen haben, soll als Nächstes dargestellt werden, welche Medienangebote von Laien sich unterscheiden lassen und welche Erkenntnisse die empirische Forschung bislang über sie zutage gefördert hat. Von besonderem Interesse ist dabei die Frage, inwieweit diese Laienangebote journalistische Leistungen erbringen. Da womöglich nicht nur Laienangeboten im Netz ein journalistisches Potenzial eigen ist, wird im Rahmen eines Exkurses der Blick ausgeweitet auf Medien bzw. Publikationsformen, die bereits vor der Internetära entstanden sind.

3.3 Von der Alternativpresse zum Weblog: Formen der öffentlichen Laienkommunikation

Dieses Kapitel bietet einen Überblick über die früheren sowie die jüngeren, webbasierten Formen öffentlicher Laienkommunikation. Entsprechend dem Erkenntnisinteresse dieser Arbeit liegt der Schwerpunkt bei den Medienangeboten im Web – und hier insbesondere bei jenen, die aufgrund ihrer inhaltlich-funktionalen Nähe zum Journalismus in der Literatur gern als ‚Bürgerjournalismus' bezeichnet werden. Mit anderen Worten geht es weniger um Angebote wie z.B. Soziale Netzwerke, die primär dem Austausch unter Freunden und dem „Identitätsmanagement" (Schmidt 2011a: 76ff.) dienen.

Den Auftakt macht ein Kapitel mit grundlegenden Überlegungen zu den möglichen Beziehungsmustern zwischen öffentlicher Laienkommunikation und professionellem Journalismus (vgl. Kap. 3.3.1). Es folgt ein Exkurs zu den früheren Formen der Laienpublizistik (vgl. Kap. 3.3.2). Im Anschluss wird auf die aktuellen Formen öffentlicher Laienkommunikation im Internet eingegangen (vgl. Kap. 3.3.3), bevor das Nachrichtenportal *Wikinews* als empirisches Untersuchungsojbekt dieser Arbei vorgestellt wird (vgl. Kap. 3.3.4).

3.3.1 Substitution, Komplementarität und Integration: Öffentliche Laienkommunikation und professioneller Journalismus

Bisher wurde bereits an mehreren Stellen die Frage einer ‚Substitution' des professionellen Journalismus durch bürgerjournalistische Publikationen im Internet angesprochen. Statt gegenseitiger Konkurrenz und Verdrängung ist aber auch denkbar und mittlerweile in der Forschung zu verschiedenen partizipativen Publikationsformaten in Teilen bereits erwiesen, dass sich öffentliche Laienkommunikation und professioneller Journalismus ergänzen. So ziehen Neuberger et al. (2007) nach der Sichtung zahlreicher Weblog-Studien das Fazit, „dass zwischen Weblogs und professionellem Journalismus primär eine *komplementäre*, weniger eine konkurrierende Beziehung besteht" (ebd.: 110, Hervorh. S.B.). Ebenso kommt Beck (2006b) bei der Diskussion des Potenzials von Weblogs und netzbasierten Nutzerportalen für die politische Kommunikation zum Schluss, derzeit spreche „wenig für eine Verdrängung der etablierten Kommunikatoren durch Online-Kommunikatoren", vielmehr sei „von einer *Komplementarität* der Angebote auszugehen" (ebd.: 210, Hervorh. S.B.). Auch gemäss Walther (2005) „sind Blogs zu den Mainstream-

Medien *komplementär* und bereichern die Medienwelt" (Walther 2005: o.S., Hervorh. S.B.). Doch was ist unter der häufig erwähnten ‚Komplementarität', was unter ‚Substitution' eigentlich zu verstehen? Da es sich bei diesen Begriffen um grundlegende kommunikationswissenschaftliche Konzepte handelt, sollen sie im Folgenden kurz erläutert werden.

In der *Mediennutzungsforschung* wird die Frage nach Substitution oder Komplementarität dahingehend untersucht, ob die Nutzung eines neueren Mediums bzw. Medienangebots zulasten der Nutzung eines bereits eingeführten geht (vgl. Lerg 1981: 199f.). Dies geschieht vor allem anhand sogenannter Zeitbudgetstudien, in denen die von Rezipienten täglich aufgewendete Nutzungszeit für verschiedene Medien (z.B. fürs Fernsehen, für die Lektüre von Printzeitungen, fürs Radiohören etc.) sowie die sich über die Zeit hinweg verändernde Zusammensetzung dieses Zeitbugets in den Blick genommen werden (vgl. als Beispiel Ridder/Engel 2010). In Deutschland dokumentiert bspw. die aus mehreren Einzelstudien bestehende *Langzeitstudie Massenkommunikation 1964-1995*[154], wie sich zwischen 1970 und 1995 die pro Tag durchschnittlich aufgewendete Zeit für Tageszeitungen, Radio und Fernsehen von drei Stunden und acht Minuten pro Person auf fünf Stunden und achtzehn Minuten ausgedehnt hat (vgl. Langenbucher 2002: 449). In jenem Vierteljahrhundert hat die Brutto-Mediennutzungszeit also beträchtlich zugenommen. Wie erwähnt interessieren bei Zeitbudgetstudien aber auch Verschiebungen zwischen den Nutzungszeiten einzelner Medien. Von *Substitution* wird in diesem Zusammenhang dann gesprochen, wenn „ein bereits bestehendes Medium von einer Person seltener, kürzer oder gar nicht mehr genutzt wird, ein neu auftretendes Medium dafür im Gegenzug häufiger und/oder länger" (Mögerle 2009: 55).

Mögerle (2009) geht bspw. in einer einjährigen Panelstudie mit 1'831 Lesern von Deutschschweizer Zeitungswebsites der Frage nach, ob die Nutzung der Websites von Tageszeitungen allmählich auf Kosten der Lektüre ihrer Printausgaben zunimmt, was eine Verdrängung von ‚Print' durch ‚Online' bedeuten würde.[155] An diesem Beispiel lässt sich allerdings auch gut nach-

---

[154] Vgl. Berg, Klaus / Kiefer, Marie-Luise (1996): Massenkommunikation V. Eine Langzeitstudie zur Mediennutzung und Medienbewertung 1964-1995. (Schriftenreihe Media Perspektiven, Bd. 14). Baden-Baden: Nomos.

[155] Die Autorin kommt dabei zum Schluss, dass sich „gerade im zeitlichen Verlauf durchaus substitutive Tendenzen zeigen" und „Print-Zeitungen [...] zunehmend durch ihre Online-Ausgaben substituiert werden" (Mögerle 2009: 398). So gab knapp ein Drittel der befragten Nutzer beider Zeitungsausgaben an, die Print-Zeitung seit Beginn der Online-Zeitungsnutzung seltener oder gar nicht mehr zu lesen. Umgekehrt wurde die Online-Zeitung im Vergleich zur Print-Zeitung in der zweiten Befragungswelle pro Tag durchschnittlich länger gelesen als ein Jahr zuvor (vgl. ebd.: S. 321 ff.). Dabei spielte offenbar eine rezipientenseitige Kosten-Nutzen-

vollziehen, dass es wesentlich auf den zugrunde liegenden Medienbegriff ankommt, ob man von Substitution verschiedener *Medien* sprechen kann. Denn die Online- und Print-Ausgabe einer Zeitung könnten ja auch als Distributionsalternativen *eines* Mediums, nämlich der Zeitung, aufgefasst werden. Dem ist so, wenn man die Zeitung etwa wie Otto Groth (1928 u. 1960) als Kulturgut begreift, das nicht auf ein bestimmtes Herstellungsverfahren wie die Druckpresse oder eine bestimmte Form (bedrucktes Papier) festgelegt ist, sondern unterschiedlich in Erscheinung treten kann und vielmehr über Kriterien wie ‚Publizität', ‚Periodizität', ‚Universalität' und ‚Aktualität' zu identifizieren ist (vgl. Kap. 2.2). Freilich würde man bestimmte Charakteristika der Online-Zeitung auch vernachlässigen, setzte man sie mit der gedruckten gleich. So zeichnet sich die digitale Zeitung gegenüber der gedruckten u.a. durch Hypertextualität, Multimedialität und bestimmte Eigenschaften der Datenspeicherung (einfach recherchierbare Online-Archive, keine Begrenzung von Druckraum oder Sendezeit) aus, wohingegen Disponibilität (ortsunabhängige Nutzung, wobei diese angesichts mobiler Endgeräte wie Tablets inzwischen kein exklusives Merkmal von Print mehr darstellt), Portabilität (technik- bzw. endgeräteunabhängige Nutzung) sowie als angenehm empfundene haptische Eigenschaften für die gedruckte Zeitung charakteristisch sind (vgl. Mögerle 2009: 29 u. 40).[156]

Das Auftauchen neuer Medien hat in der Mediengeschichte schon immer zu kühnen Spekulationen und Abgesängen auf ältere Medien geführt (vgl. Langenbucher 2002: 445; Peiser 2008: 155), erstaunlicherweise selbst dort, wo das jeweils neuere Medium andere Sinne ansprach und daher eine ganz andere Rezeptionsweise implizierte als das angeblich bedrohte – wie es etwa beim Fernsehen (Ton und Bewegtbild bzw. Hören und Sehen) im Vergleich zur Presse (Text und Bild bzw. Lesen) der Fall war (vgl. Lerg 1981: 194). Dabei zeigten sich bisher einmal etablierte Medien als erstaunlich robust: Weder haben die in der ersten Hälfte des 20. Jahrhunderts ‚neuen' Funkmedien Radio und Fernsehen die periodische Presse verdrängt, noch gingen die Kinobesuche mit dem Einzug des TVs in die Wohnzimmer zurück (vgl.

Abwägung aller wahrgenommenen Gratifikationen und Restriktionen des jeweiligen Medientyps eine entscheidende Rolle (vgl. ebd.: S. 397). Ebenfalls einen substitutiven Effekt von ‚Online' auf ‚Print' stellen Kolo und Meyer-Lucht im Segment der Intensivleser fest (vgl. Kolo/Meyer-Lucht 2007: 226).

[156] Das Verhältnis zwischen ‚Print' und ‚Online' im professionellen Journalismus veranschaulicht die grundlegende Frage nach den Grenzen eines Mediums bzw. danach, wo ein bestehendes Medium aufhört und ein neues beginnt. Offensichtlich hängt dies davon ab, welche Eigenschaftsdifferenzen man jeweils als hinreichend betrachtet, um von einer neuen (Medien-)Kategorie zu sprechen.

Tonnemacher 2003: 158). Wenn wie in diesen Fällen nach dem Hinzutreten eines neuen Mediums die Nutzung der bereits etablierten Medien nicht zurückgeht oder sich im Gegenteil sogar erhöht, spricht man von *Komplementarität* bzw. von einer komplementären, sich ergänzenden Mediennutzung (vgl. Mögerle 2009: 56).[157]

Wie die *Uses-and-Gratifications-Forschung* immer wieder von neuem gezeigt hat, hängt die Nutzung eines Mediums bzw. Medienangebots massgeblich davon ab, wie gut es in den Augen der Rezipienten in der Lage ist, bestimmte Bedürfnisse, bspw. nach Wissenserweiterung, Orientierung, Erholung, Ablenkung u.a., zu befriedigen (vgl. Katz et al. 1974: 21f.). Welche Gratifikationen ein Medienangebot erfüllt, hängt wiederum stark (aber nicht nur) von seinem Inhalt ab. Aus diesem Grund macht es Sinn, neben der Verdrängung und Ergänzung von Medien in ihrer tatsächlichen Nutzung auch zwischen *funktionaler* Substitution und *funktionaler* Komplementarität zu unterscheiden, die sich auf die von den Mediennutzern erwarteten Funktionen bestimmter Medien beziehen. Substitution im funktionalen Sinn liegt vor, „wenn ein neues Medium in der Wahrnehmung der Nutzer die *gleichen Funktionen* wie ein altes Medium oder mehr Funktionen – bzw. die gleichen Funktionen besser – als ein altes Medium erfüllt" (Mögerle 2009: 55, Hervorh. S.B.). Entsprechend sind zwei Medien im funktionalen Sinn komplementär, wenn sie für einen Nutzer *unterschiedliche Funktionen* erfüllen und sich somit ergänzen (vgl. ebd.). Wenn bei neueren ‚bürgerjournalistischen' Medienangeboten im Internet wie bspw. Weblogs häufig von ‚Komplementarität' zu den Massenmedien bzw. zum professionellen Journalismus die Rede ist, ist primär funktionale Komplementarität gemeint. Selten wird dabei aber präzisiert, worin die funktionale Ergänzung solcher ‚bürgerjournalistischer' Angebote zum professionellen Journalismus genau besteht; das Attribut ‚komplementär' bedeutet dann lediglich ‚keine Konkurrenz'.

---

[157] In diesem Zusammenhang wird häufig auf das *Riepl'sche Gesetz* verwiesen, wonach neu hinzukommende Medien ältere nicht gänzlich und auf Dauer verdrängen, sondern sie lediglich zu einer Veränderung ihres Funktionsbereichs zwingen (vgl. Meier 2007: 77, Scherer/Schlütz 2004: 6). Allerdings ist in letzter Zeit auch Kritik an dieser ‚Gesetzmässigkeit' geübt worden, u.a. was den unklaren Medienbegriff im Originallaut Riepls, den je nach Lesart tautologischen Aussagegehalt (der Zwang zur Erschliessung neuer Funktionsbereiche kann als ‚Verdrängung' aufgefasst werden), die Einengung auf den Maximaleffekt des gänzlichen Verschwindens (statt eine graduelle Mehr- oder Minderutzung in den Blick zu nehmen) oder die Unwahrscheinlichkeit deterministischer Gesetze in den Sozialwissenschaften anbelangt (vgl. Peiser 2008: 162ff.; Scherer/Schlütz 2004: 7). Theorien wie das *principle of leisure displacement* von Himmelweit/Oppenheim/Vinze (1958) oder die *Nischentheorie* von Dimnick (1993) interessieren sich mehr für die Frage, welche Faktoren die Nutzung neuer und alter Medien beeinflussen, welche Rolle die ihnen zugeschriebenen Funktionen dabei spielen und unter welchen Umständen es allenfalls zu einer Verdrängung alter Medien durch neue kommen kann.

Neuberger, Nuernbergk und Rischke (2008, 2009b) unterscheiden in diesem Zusammenhang grundsätzlich die drei möglichen Beziehungsdimensionen *Konkurrenz*, *Komplementarität* und *Integration*. Zu einer *Konkurrenz* zwischen privaten Weblogs und professionellem Journalismus könne es gemäss den Autoren kommen, wenn es Laien gelinge, „journalistische Vermittlungsleistungen (Recherchieren, Thematisieren, Selektieren, Prüfen, Präsentieren) aus Sicht der Nachfrager zu substituieren" (Neuberger et al. 2008: 107). Gemeint ist hier also – unabhängig davon, ob man nun die Beschreibung ‚journalistischer Vermittlungsleistungen' mit den angegebenen Tätigkeiten für richtig hält oder nicht – eine Substitution des professionellen Journalismus durch Laien-Angebote im funktionalen Sinn, der natürlich auch eine tatsächliche Mehr*nutzung* ‚laienjournalistischer' und eine gleichzeitige Minder*nutzung* professionell-journalistischer Angebote folgen könnten.[158] Aufgrund einer eigenen umfangreichen Meta-Studie zur Weblogforschung bis ins Jahr 2006 halten die Autoren eine solche funktionale Konkurrenz aber eher für unwahrscheinlich. Stattdessen charakterisieren sie das Verhältnis zwischen Weblogs und professionellem Journalismus als *Komplementarität* (vgl. Neuberger et al. 2007: 110). Diese sehen sie etwa darin, dass Weblogs häufig die Themen aus Presse und Rundfunk aufnehmen und einen „Resonanzraum der Massenmedien" (ebd.: 109) darstellen, in dem die öffentliche Anschlusskommunikation über deren Berichterstattung stattfindet. In diesem Raum werde öffentlich diskutiert, was bisher nur im kleinen Kreis, etwa der Familie, dem Bekanntenkreis oder am Arbeitsplatz besprochen werden konnte (vgl. ebd.). Auch finde hier eine laufende Kommentierung der aktuellen massenmedialen Agenda statt. Umgekehrt könnten Weblogs Lieferanten neuer Themenideen und Quellen für den professionellen Journalismus sein. Zudem übten sie in der Form sogenannter ‚media watch blogs' eine Kritik- und Kontrollfunktion gegenüber den etablierten Medien aus (vgl. Neuberger et al. 2008: 107).

Ob für die hier angeführten, auch empirisch gut belegbaren Phänomene allerdings ‚Komplementarität' das passendste Begriffsetikett darstellt, erscheint fraglich. Denn was hier treffend beschrieben wird, sind ja eher Formen der *wechselseitigen Beziehung* zwischen Weblogs und Massenmedien, einer

---

[158] Zur möglichen Konkurrenz äussern sich ganz ähnlich Eilders et al. (2010), wenn auch mit der Einschränkung auf ‚politische Weblogs': „In dem Masse, in dem politische Weblogs eine Orientierung an der Vermittlungsfunktion des Journalismus zugeschrieben werden kann und sie sich mit Themen von allgemeiner Relevanz, Aktualität und Faktizität befassen, treten sie jedenfalls in Konkurrenz zum professionellen Journalismus und können hinsichtlich ihres inhaltlichen Beitrags zum öffentlichen Diskurs mit dem professionellen Journalismus verglichen werden" (ebd.: 66).

gegenseitigen Beeinflussung oder zumindest Bezugnahme, wenngleich dieser Einfluss, etwa was das Potenzial zur Themensetzung auf der jeweils anderen Seite betrifft, beträchtlich differiert. So weisen empirische Befunde darauf hin, dass das Agenda-Setting von den Massenmedien in Richtung Weblogs eindeutig häufiger stattfindet als umgekehrt (Haas 2005: 394; Katzenbach 2008: 91 u. 137; Neuberger et al. 2007: 106 u. 107; Schmidt et al. 2009: 53). Angemessener wäre es daher bei der Beschreibung der Beziehung zwischen Weblogs und Journalismus von gegenseitigen *Induktionen* (im Sinne von Einflüssen) und *Adaptionen* (im Sinne von Anpassungshandlungen) zu sprechen.[159] Bekannt ist dieses Begriffspaar aus einem anderen Zusammenhang: der Modellierung des Verhältnisses zwischen PR und Journalismus durch Bentele, Liebert und Seeling (1997). In ihrem *Intereffikationsmodell* charakterisieren die Autoren die Beziehungen zwischen PR und Journalismus als „komplexes Verhältnis eines gegenseitig vorhandenen Einflusses, einer gegenseitigen Orientierung und einer gegenseitigen Abhängigkeit zwischen zwei relativ autonomen Systemen" (Bentele et al. 1997: 240). Die Übertragung des Interkeffikationsmodells auf die Beziehung zwischen Journalismus und Weblogs geht allerdings aus zwei Gründen nicht auf. Zum einen geht das Modell von einer gegenseitigen *existentiellen Abhängigkeit* aus:

> „Die Kommunikationsleistungen jeder Seite sind nur möglich, weil die jeweils andere Seite existiert und mehr oder weniger bereitwillig ‚mitspielt' [...]. PR-Praktiker können ihre jeweiligen Kommunikationsziele in der Regel nur mithilfe des jeweiligen Mediensystems erreichen [...]. Umgekehrt ist die Existenz des Mediensystems [...] von der Zuliefer- und Kommunikationsleistung des PR-Systems abhängig [...]. Weil die Kommunikationsleistungen jeder Seite nur dadurch möglich sind, dass die Leistungen der anderen Seite vorhanden sind, ergibt sich die Feststellung, dass jede Seite so die Leistungen der anderen Seite ermöglicht. Dies führt zu dem Begriff der Intereffikation" (Bentele et al. 1997: 240).

---

[159] Das Etikett der ‚Komplementarität' passt allerdings dort sehr gut, wo weniger die wechselseitigen Beziehungen zwischen Weblogs und Massenmedien, sondern ihre spezifischen Unterschiede betreffend Funktion und Nutzung *im Hinblick auf ein mögliches Publikum* in den Blick genommen werden: Private Weblogs thematisieren z.B. im Gegensatz zu den Massenmedien häufig persönliche Themen. Weiter unterscheiden sich private Blogger bezüglich ihres Rollenselbstbildes und ihrer Schreibmotive deutlich von professionellen Journalisten, was sich wiederum in der Themenauswahl und -präsentation niederschlägt (vgl. Kap. 3.3.3).

Weder sind Weblogs jedoch in ihrem Bestand auf den professionellen Journalismus angewiesen, noch ist das Umgekehrte der Fall.[160] Prinzipiell könnte der Journalismus ohne die Blogosphäre existieren und hätten (die meisten) Weblogs auch ohne die Massenmedien eine Existenzgrundlage. Nachweisen lässt sich zwar eine gegenseitige Einflussnahme, z.B. in der häufigen Übernahme und Kommentierung massenmedialer Themen durch Weblogs, wobei aber auch das Umgekehrte vorkommt (vgl. Katzenbach 2008: 137). Zum anderen sind im Intereffikationsmodell unter Induktionen „intendierte, gerichtete Kommunikationsanregungen oder -einflüsse" zu verstehen, die „beobachtbare Wirkungen im jeweils anderen System haben" (Bentele et al. 1997: 241). Die Übernahme und Kommentierung massenmedialer Themen durch die Blogosphäre sind allerdings seitens der Massenmedien selten beabsichtigt; umgekehrt schaffen Themen und Geschichten aus der Blogosphäre den Sprung in die massenmediale Öffentlichkeit, auch ohne dass dies ursprünglich intendiert worden ist. Statt von einer Intereffikation ist hier also lediglich von einer *wechselseitigen Beeinflussung* bzw. *Bezugnahme* auszugehen.

Neben den angesprochenen Beziehungsmustern der Substitution (Konkurrenz) und Komplementarität (Ergänzung) stellt gemäss Neuberger et al. (2008, 2009c) schliesslich die *Integration* partizipativer Formate in journalistische Websites eine dritte denkbare Beziehungsdimension dar. Dazu zählen die Autoren etwa die nachträgliche Kommentierung von Online-Beiträgen durch die Leserschaft genauso wie deren Einbezug in den journalistischen Produktionsprozess als Leserreporter, die z.B. Bilder und Videos einsenden (vgl. Neuberger et al. 2009c: 174f.). Bei solcherlei Partizipation des Publikums am professionellen Journalismus, der im Hinblick auf diese Beteiligung dann auch ‚partizipativer Journalismus' bzw. ‚participatory journalism' genannt wird (vgl. Kap. 3.1.1), scheint es angebracht, gemäss Jönsson und Örnebring (2011) nach dem Grad des Lesereinbezugs zu differenzieren: Die Bewertung redaktioneller Beiträge auf einer Skala oder die Teilnahme an sogenannten ‚Polls' (einfache Online-Umfragen zu aktuellen gesellschaftlichen Debatten) sind für die Nutzer mit wenig Aufwand verbunden und beanspruchen auch auf Seiten der Redaktion verhältnismässig wenig Ressourcen (vgl. ebd.: 131). Das Verfassen von Online-Kommentaren zu redaktionellen Beiträgen hat Ähnlichkeiten mit dem Einsenden von Leserbriefen in der

---

[160] Einzig die sogenannten ‚media watch blogs', bei denen Medienkritik zum Programm gehört, indem sie die Qualität massenmedialer Berichterstattung laufend thematisieren, sind offensichtlich auf Massenmedien und professionellen Journalismus als ‚Beschreibungsobjekte' angewiesen.

Formen der öffentlichen Laienkommunikation

Presse und verlangt dem Nutzer einen etwas grösseren Einsatz ab, stellt aber immer noch bloss eine reaktive Beteiligungsform dar. Ein über solch marginale Partizipation hinausgehender Einbezug der Leserschaft in den journalistischen Produktionsprozess (z.B. Schreiben eigener Beiträge für den redaktionellen Teil, Prüfen oder Selektieren anderer Nutzerbeiträge etc.) ist für die Redaktion aufwändiger, wird von den Journalisten teils als Eindringen in die eigenen Berufskompetenzen empfunden und ist dementsprechend kaum anzutreffen (vgl. Domingo et al. 2008: 334ff.; Neuberger et al. 2009d: 291, vgl. im Überblick Schönhagen et al. 2014).[161]

Es kann also festgehalten werden, dass grundsätzlich unterschiedliche Beziehungsmuster zwischen öffentlicher Laienkommunikation und professionellem Journalismus denkbar sind. Sinnvollerweise ist dabei zu unterscheiden, ob man die jeweiligen Leistungen bzw. Funktionen beider Angebotsformen für ein mögliches Publikum in den Blick nimmt (funktionale Konkurrenz oder Komplementarität), ihre tatsächliche Nutzung bzw. Nachfrage auf dem Publikumsmarkt betrachtet (Konkurrenz oder Komplementarität im engeren Sinn) oder ob man vielmehr die wechselseitigen Einflüsse zwischen öffentlicher Laienkommunikation und professionellem Journalismus anvisiert. Wenn es in den folgenden beiden Kapiteln zum Forschungsstand darum geht, die Vorläufer des internetbasierten ‚Bürgerjournalismus' vorzustellen (vgl. Kap. 3.3.2) sowie auf ‚bürgerjournalistische' Formen öffentlicher Laienkommunikation im Web einzugehen (vgl. Kap. 3.3.3), so wird dabei auch versucht, unter Einbezug funktionaler Gesichtspunkte und der tatsächlichen Nutzung deren jeweiliges Verhältnis zum professionellen und in Massenmedien institutionalisierten Journalismus zu beschreiben.

3.3.2 Ältere Formen öffentlicher Laienkommunikation

Grob lassen sich zwei ältere Formen öffentlicher Laienkommunikation unterscheiden: *Alternativmedien* sowie *Angebote des dritten Rundfunksektors*. Mittlerweile haben sich beide Angebotsformen auch die Vorteile des Internets zunutze gemacht – so gibt es Alternativmedien im Netz genauso wie die Anbieter aus dem dritten Rundfunksektor ihre Inhalte über das Web verbrei-

---

[161] Historisch gesehen war eine substanzielle Bürgerbeteiligung bzw. Lesermitarbeit übrigens in den Lokalzeitungen des ausgehenden 18. und besonders 19. Jahrhunderts verbreitet (vgl. Schönhagen 1995). Damals riefen die Redaktionen ihre Leser ausdrücklich zum Einsenden von Beiträgen auf – dies nicht zuletzt auch, weil sie personell schwach ausgestattet waren. Die meist als ‚Eingesandt' bezeichneten Leserbeiträge wurden dabei nicht in gesonderte Rubriken verbannt, sondern in den redaktionellen Teil integriert (vgl. Schönhagen/Kopp 2007: 302).

ten (z.B. via Podcasts oder Live-Streaming). Dennoch sind beide Angebotsformen vor dem digitalen Zeitalter entstanden und bedienten sich ursprünglich anderer Medien.

Alternativmedien

Zu den vor dem digitalen Zeitalter entstandenen Alternativmedien werden gemeinhin die Alternativpresse, die Videobewegung sowie die Freien Radios (Piratenradios) gezählt (vgl. Eurich 1980: 15ff.; Starkulla 1988: 254; Weichler 1987: 10). Diese Medien sind im Umfeld der Neuen Sozialen Bewegungen in den 1970er Jahren entstanden und verstanden sich damals als Sprachrohr der aufkommenden Frauen-, Friedens-, Anti-Kernkraft- und Ökologiebewegung sowie unterschiedlicher, meist lokal begrenzter Bürgerinitiativen (vgl. Brüseke/Grosse-Oetringhaus 1981: 12; Flieger 1992: 76 u. 92; Weichler 1987: 124ff.).

Vor allem der alternative Pressesektor hat eine grosse Typenvielfalt mit Stadtteilzeitungen (Initiativzeitungen, Volksblättern und Szene-Blättern), Stadtmagazinen, zielgruppen- und themenorientierten Alternativblättern sowie alternativen Wochen- und Tageszeitungen hervorgebracht (vgl. Büteführ 1995: 177ff.; Weichler 1987: 206ff.). Die grösste Titeldichte erreichte die Alternativpresse zwar in den 1990er Jahren, doch hatte sie zu dieser Zeit ihre politische Bedeutung schon längst eingebüsst (vgl. Wilke 2009: 495). Technisch gesehen wurde ihre Verbreitung stark von der Entwicklung von Kleinoffset-Maschinen begünstigt, womit die Herstellung tiefer Auflagen im Druckverfahren wesentlich einfacher und billiger wurde (vgl. ebd.).

Die Stadtteilzeitungen, die als prototypische Vertreter der Alternativpresse angesehen werden können, gelten heute als tot. Sie wurden entweder eingestellt oder haben sich dermassen kommerzialisiert, dass sie nicht mehr zur Alternativpresse gezählt werden können (vgl. Hüttner 2006: 17). Dasselbe kann für die Stadtmagazine festgehalten werden. Gegenwärtig gibt es die alternative Presse vor allem noch in der Form von zielgruppen- und themenorientierten Titeln, die mehrheitlich überregional verbreitet werden. Daneben gibt es eine beschränkte Anzahl von weitestgehend professionalisierten alternativen Wochen- und Tageszeitungen (vgl. Leidinger 2011: 193ff.).

Zur Alternativpresse kamen im Laufe der 1970er Jahre andere Formen alternativer Medienarbeit hinzu, etwa die illegal sendenden Piratenradios (vgl. de Boer 1981; Busch 1981) oder die meist lokalen Aktionen von Videogruppen (vgl. Horst/Lohding 1977; Zacharias-Langhans 1977). In den 1980er

Jahren wurde ein Teil der als Piratensender betriebenen Radios eingestellt, ein anderer im Zuge der Liberalisierung des Rundfunks bzw. der Einführung des dualen Rundfunksystems lizenziert und somit legalisiert. Die politisch engagierte, alternative Videoarbeit gibt es in ihrer ursprünglichen Form nicht mehr, stattdessen werden heutzutage webbasierte Video- oder Fotoplattformen wie *Youtube* und *Flickr* auch als Ausdrucksmittel des politischen Protests genutzt (vgl. Earl et al. 2013; Thorson et al. 2013).

Welches sind die verbindenden Charakteristika von Alternativmedien? Mit Wimmer (2007) können hier grob zwei konstitutive Eigenschaftskomplexe genannt werden: Aufgrund ihrer Ablehnung der herkömmlichen Produktionsweise und Berichterstattung zeichnet Alternativmedien „eine *alternative Art* sowohl der *Produktion* als auch der *Kommunikation*" aus (ebd.: 211, Hervorh. i.O.; ebenso Atton 2002: 27). Der letztgenannte Aspekt, die alternative Medienkommunikation, ist *inhaltlich-funktionaler* Natur: Alternativmedien – und das gilt auch für solche im Netz – möchten zur Berichterstattung der etablierten Massenmedien eine ‚Alternative' bieten, indem sie die von diesen bewusst oder unbewusst ausgeblendeten oder vernachlässigten Themen aufgreifen sowie den in ihnen kaum zu Wort kommenden Minoritäten und Randgruppen Gehör verschaffen. Insofern stellen sie eine *Gegenöffentlichkeit* her (vgl. Dorer 1995: 328 u. 332; Eurich 1981: 11; Flieger 1992: 72; Weichler 1987: 61). Die Existenz bereits etablierter Massenmedien bildet somit notwendigerweise den Hintergrund, vor dem Alternativmedien überhaupt erst entstehen können (vgl. Starkulla 1988: 238).

Auch die englischsprachige Literatur hebt den inhaltlich-funktionalen Aspekt von Alternativmedien hervor. Das betrifft zum einen den Einbezug alternativer Ausgangspartner und Interessengruppen, die in den Massenmedien zu wenig zu Wort kommen: „[...] alternative media allow *those who are most often under- or misrepresented in mainstream media* to tell their own stories through their own media" (Pickard 2007: 12; Hervorh. S.B.). Zum anderen wird darauf hingewiesen, dass Alternativmedien eine im Vergleich zu den Massenmedien alternative Themenagenda bieten: „Most generally, alternative media could be defined as media devoted to providing representations of *issues and events which oppose those offered in the mainstream media* and to advocating social and political reform" (Haas 2004: 115; Hervorh. S.B.). Im zweiten Teil dieses letzten Definitionsvorschlags von Haas klingt zudem ein weiterer Aspekt an: Alternativmedien haben im Allgemeinen die Funktion von Katalysatoren des gesellschaftlichen Wandels. Als „agents of developmental power" (Downing et al. 2001: 45) stellen sie Foren für spezifische gesellschaftliche Kommunikationsinteressen dar – in der Regel die Anliegen bestimmter sozialer Bewegungen – und fungieren zugleich als deren Motoren. Für die in Alternativmedien Tätigen ist die Arbeit für das jeweilige Medium deshalb oft eine Variante oder die Fortsetzung ihres politischen Engagements (vgl. Weichler 1987: 53). Die Motivation zur alternativen Medienarbeit beziehen sie aus dem Bedürfnis, sich aktiv zugunsten gesellschaftlicher Reformen oder Umwälzungen zu betätigen (vgl. ebd.: 56). Für die Alternativpresse der 1970er und 80er Jahre war diese „Verbindung von Kommunikation und Aktion" (Beywl/Brombach 1982: 562) gar typisch.

Aufgrund ihrer meist sehr engen Verbindung mit bestimmten sozialen Bewegungen (vgl. Atton 2002: 80ff.; Downing et al. 2001: 23ff.; Haas 2004: 116) sind Alternativmedien grundsätzlich *parteiisch*. Ihre Vermittlungsleistungen unterscheiden sich deshalb vom in Massenmedien institutionalisierten Journalismus, dessen Primärfunktion in einer konzentrierten Form *autonomer Fremdvermittlung* ausgemacht worden ist (vgl. dazu Kap. 2.3).[162] Gemäss den weiter oben eingeführten und auf unterschiedlichen Vermittlungsformen beruhenden Kommunikationsmodi (vgl. Kap. 2.3.1) handelt es sich bei Alternativmedien vielmehr um Medien zur *Eigenvermittlung* oder partnereigenen *Ausgangsvermittlung* – zumindest dort, wo sie sich als Mitteilungsorgane bestimmter sozialer Bewegungen verstehen und von den Angehörigen dieser Bewegungen selbst hergestellt werden. Von den eingeführten Konstitutionsmerkmalen des Journalismus (vgl. Kap. 2.4) erfüllen Alternativmedien neben der Unparteilichkeit aber noch weitere Kriterien nicht oder nur in geringem Ausmass. Aufgrund ihrer inhaltlich einseitigen Ausrichtung fehlen ihnen der breite Nachrichtenüberblick (Universalität) sowie die Ausgewogenheit.[163] Aus diesem Blickwinkel ist es nicht ganz nachzuvollziehen, wenn ein Teil der (neuerdings v.a. englischsprachigen) Literatur als ‚alternative *journalism*' (vgl. Atton 2009b u. 2009a; Atton/Hamilton 2008; Harcup 2011) oder ‚alternativen *Journalismus*' (vgl. Traber 1989) deklariert, was früher einfach als ‚Alternativmedien' oder ‚alternative Medienarbeit' bezeichnet worden ist.

An welches Publikum richten sich Alternativmedien? Aufgrund ihrer meist engen Verbindung zu schwach organisierten sozialen Bewegungen dienen sie zum einen der Kommunikation *innerhalb* dieser Bewegungen.

---

[162] Die gelegentliche Bezeichnung alternativer Medien als ‚autonome' Medien darf nicht darüber hinwegtäuschen, dass es sich dabei um parteiische Medien handelt. Die proklamierte Autonomie meint dann vor allem ökonomische Unabhängigkeit, welche als Voraussetzung inhaltlicher Unabhängigkeit gesehen wird.

[163] Die fehlende thematische Universalität alternativer Medien offenbart sich übrigens auch in ihren Strukturen. Eine Ressortaufteilung, wie sie im Journalismus üblich ist (z.B. in Politik, Wirtschaft, Kultur, Sport etc.), kannte etwa die Alternativpresse der 1970er und 80er Jahre in der Regel nicht (vgl. Beywl/Brombach 1982: 557; Weichler 1987: 50).

Hier stellen sie als Medien zur Binnenkommunikation die notwendige Verständigung zwischen den Gruppenangehörigen her (vgl. Wagner 1995: 54). Zum anderen richtet sich ihre Wirkung insofern gegen *aussen*, als sie mit ihren Anliegen eine grössere Öffentlichkeit zu erreichen versuchen (vgl. Beywl 1982: 26f.; Flieger 1992: 72). Dorer (1995) weist darauf hin, dass Alternativmedien zwar meist im lokalen Raum verankert seien, sich ihre Anliegen aber weniger auf geografische Räume als auf gesellschaftliche Themen bezögen. Die beabsichtigte Herstellung von Gegenöffentlichkeit sei somit nicht lokal begrenzt und die Gleichsetzung von Alternativmedien mit lokalen Medien deshalb falsch (vgl. ebd.: 329 u. 331). Mit dem Aufkommen des Internets hat diese Auffassung sicherlich noch an Plausibilität gewonnen. International vernetzte Nachrichtenplattformen wie *Indymedia*, *GlobalVoices* oder *GroundReport* sind Alternativmedien, die am Beispiel lokal begrenzter Ereignisse und Konflikte globale Probleme (z.B. soziale Ungleichheit, Verletzung von Menschenrechten, Rassendiskriminierung, Klimawandel etc.) thematisieren und dafür weltweit die Aufmerksamkeit einer grösseren Öffentlichkeit erlangen möchten.

Zumindest indirekt erreichen Alternativmedien eine breite Öffentlichkeit, wenn ihre Anliegen von den Massenmedien aufgegriffen werden. Wie Mathes und Pfetsch (1991) am Beispiel der für 1983 vorgesehenen Volkszählung in der BRD sowie der Einführung eines neuen Personalausweises für die westdeutsche Bevölkerung zeigten, kann es dabei zu einem sogenannten ‚Spill-Over-Effekt' kommen, bei dem Themen, die eine Zeit lang ausschliesslich in Alternativmedien behandelt werden, von den Massenmedien aufgenommen werden und somit Eingang in den öffentlichen Diskurs finden (vgl. Mathes/Pfetsch 1991). Ähnlich konnten Strodthoff et al. (1985) inhaltsanalytisch Hinweise dafür finden, dass in einer längeren Zeitperiode von 1959 bis 1979 eine Diffusion ökologischer Themen von alternativen Special-Interest-Zeitschriften in die Massenmedien stattgefunden hat (ebd.: 147).

Neben dem *inhaltlich-funktionalen* Aspekt, der mit Wimmer (2007) weiter oben als ‚alternative Kommunikation' bezeichnet worden ist, betreiben Alternativmedien aber auch eine ‚alternative Produktion' (vgl. ebd.: 211). Damit sind im Vergleich zu den kommerziellen Massenmedien ‚alternative' Wege in Bezug auf die *ökonomische Zielsetzung* und *Finanzierung* (keine Gewinnorientierung; angestrebter Werbeverzicht), redaktionelle *Organisation* und *Produktionsweise* (Laientum; geringe Arbeitsteilung; flache Hierarchien; Mitarbeit des Publikums bzw. Aufhebung der Rollentrennung zwischen Sender und Empfänger) sowie *Vertrieb* (Strassenverkauf, Vertrieb über Bars, Buchhandlungen, Kinos etc.) gemeint. Die genannten Aspekte lassen sich prinzipiell auch auf Alternativmedien im Netz übertragen. Beim letztgenannten Aspekt, der alternativen Distributionsweise, unterscheiden sich diese dann allerdings nicht mehr von massenmedialen Internetangeboten wie etwa *faz.net*, *süddeutsche.de* oder *nytimes.co*. Zudem kann man in der partizipativen Publikationskultur des Internets auch den generellen Anspruch alternativer Medien verwirklicht sehen, den Rezipienten zum Medienproduzenten zu machen. Aus diesem Grund schlägt etwa Sandoval (2011) vor, die Alternativmedien im Netz in erster Linie über ihren herrschaftskritischen Inhalt zu definieren, da in der neuen Medienumgebung „partizipative Medienproduktion längst alltäglich und fester Bestandteil kommerzieller Mainstream-Onlinemedien geworden [ist]" (Sandoval 2011: 27).

Auch bei einer primär oder ausschliesslich inhaltlich-funktionalen Betrachtungsweise ist ein Bedeutungsverlust der Alternativmedien auszumachen. Seit den 1970er und 80er Jahren haben sich die gesellschaftlichen Verhältnisse verändert und haben alternative Themen erfolgreich Eingang in die etablierten Massenmedien gefunden. Die ursprüngliche inhaltliche Legitimation der Alternativmedien ist im damaligen Ausmass nicht mehr vorhanden, wie Hüttner (2006) für die Alternativpresse feststellt: „Das Segment der ‚Alternativpresse' hat seine Bedeutung eingebüsst, alternative Medienarbeit mit Printmedien hat gegenwärtig für das Erreichen einer auch nur marginalen Öffentlichkeit geringe Bedeutung. Die ‚Alternativpresse' war ein publizistisches Phänomen einer Zeit, in der gesellschaftliche und politische Rahmenbedingungen eine Gegenöffentlichkeit herausforderten" (ebd.: 18, vgl. ebenso Wimmer 2007: 213). Flieger (1992) konstatiert für Deutschland bereits anfangs der 1980er Jahre einen partiellen Rückgang der Alternativpresse, als die Bürgerinitiativ- und Ökologiebewegung zerfielen. Der Autor führt dies darauf zurück, dass Umweltanliegen damals von den etablierten Parteien und Organisationen verstärkt aufgegriffen worden seien. Zudem seien 1979 mit der Gründung der Partei *Die Grünen* die ökologischen Anliegen institutionalisiert worden (vgl. ebd.: 93). Bezogen auf die Vermittlung gesellschaftlicher Kommunikation bedeutet dies nichts Anderes, als dass Umweltthemen von jenem Zeitpunkt an dank legitimierter *Repräsentanten* bedeutend einfacher Eingang in die journalistische Berichterstattung finden konnten (vgl. dazu Kap. 2.3.1). Ein Hinweis darauf ist etwa die extensive Thematisierung des Waldsterbens in Presse und Rundfunk in den frühen 1980er Jahren. Damals schürten die Massenmedien das Schreckensszenario eines flächendeckenden Rückgangs der Wälder, das sich später aber als stark übertrieben herausstellte (vgl. Schäfer/Metzger 2009: 201f.).

Formen der öffentlichen Laienkommunikation

Medienangebote des dritten Rundfunksektors

Eine weitere Möglichkeit, mit eigenen Inhalten an die Öffentlichkeit zu gelangen, bietet der sogenannte dritte Rundfunksektor, der die öffentlich-rechtlichen sowie die privat-kommerziellen Rundfunkveranstalter in vielen Ländern der Welt ergänzt (vgl. Dorer 2004: 9ff; Kleinsteuber 2012: 270ff.; Peissl 2011: 257ff.). Hier handelt es sich um meist reichweitenschwache, nichtkommerzielle und lokal ausgerichtete Radio- und TV-Veranstalter, die den Bürgern in ihrem Verbreitungsgebiet einen niedrigschwelligen und gleichberechtigten Zugang zur Gestaltung und Verbreitung eigener Rundfunkprogramme bieten.

Anders als die Alternativmedien steht der dritte Rundfunksektor unter der Aufsicht und Kontrolle des Staates: Regulierungsbehörden erteilen nicht nur die nötigen Sendelizenzen, ohne welche das von den Bürgern produzierte Radio- oder TV-Programm gar nicht ausgestrahlt werden dürfte, sondern sie alimentieren den dritten Sektor in der Regel auch finanziell (z.B. aus einem Anteil der Rundfunkgebühren) und tragen so zur nötigen Infrastruktur wie bspw. Studios und Aufnahmegeräten bei. Beides – sowohl die Erteilung von Sendelizenzen als auch die finanzielle Unterstützung – setzt in der Regel die Erfüllung bestimmter gesetzlicher oder behördlich verfügter Programmvorgaben voraus. Somit befinden sich die entsprechenden Rundfunkveranstalter, im Gegensatz zu alternativen Print- und Netzpublikationen, in einer nicht unwesentlichen Abhängigkeit vom Staat und seinen Regulierungsbehörden.

Angaben des Europarats zufolge gibt es weltweit in über 115 Ländern einen dritten Rundfunksektor. Die entsprechenden Medien werden teils als ‚community media', ‚minority media' oder ‚civic media' bezeichnet. Trotz länderspezifischer Unterschiede sind ihnen mehrere Merkmale gemein: Sie sind unabhängig von Wirtschaftsunternehmen und von religiösen oder politischen Parteien, werbefrei und nicht profitorientiert, bieten Akteuren aus der Zivilgesellschaft einen freien Zugang zur Gestaltung eigener Programme und fördern den sozialen Zusammenhalt in ihrem Verbreitungsgebiet.[164] Gemäss einer vom *Community Media Forum Europe (CMFE)* 2012 durchgeführten Bestandsaufnahme gibt es in 17 europäischen Ländern insgesamt über 2'200 Radio- und 521 TV-Veranstalter, die diesem Mediensektor zugeschlagen werden können. In Österreich, Dänemark, Deutschland, Frankreich, Irland

---

[164] Vgl. die Definition dieses Mediensektors in der vom Europarat erlassenen *Declaration of the Committee of Ministers on the role of community media in promoting social cohesion and intercultural dialogue* vom 9. Februar 2009. URL: https://wcd.coe.int/ViewDoc.jsp?id= 1409919 (13. Februar 2016).

und den Niederlanden werden sie vergleichsweise stark von der öffentlichen Hand subventioniert, in Belgien, Italien, Norwegen und der Schweiz in geringerem Ausmass.[165]

Global gesehen ist der Stellenwert des dritten Rundfunksektors in verschiedenen Ländern unterschiedlich hoch. Während in Grossbritannien das erste community radio erst im Jahr 2005 zugelassen wurde, blickt Australien auf eine längere Tradition zurück. Community radios sind hier seit den 1970er Jahren neben den privat-kommerziellen und öffentlich-rechtlichen Programmveranstaltern auf Sendung. Gemäss der zuletzt verfügbaren Zählung von 2012 gibt es 285 voll lizenzierte community radios, an deren Programmarbeit sich landesweit insgesamt fast 20'000 Freiwillige beteiligen.[166] Im Publikum stossen die Sender auf hohe Akzeptanz, erreichen sie doch wöchentlich ungefähr fünf Millionen Bürger bzw. 28 Prozent der Bevölkerung über 15 Jahren.[167] Damit ist ihre Hörerschaft nur etwas weniger als halb so gross wie diejenige des kommerziellen Privatrundfunks. Den offenen Zugang zu den Sendern schreibt die *Australian Communications and Media Authority (ACMA)* als Lizenzierungsbehörde in ihrem *code of conduct* ausdrücklich vor. Gemäss Ziff. 2.1 verpflichten sich die Lizenznehmer, „[that] our station will make sure that people in our community who are not adequately served by other media are encouraged and assisted to participate in providing our service."[168] Die Programminhalte richten sich nach den Bedürfnissen bestimmter geografischer und/oder Interessengemeinschaften wie z.B. indigenen, religiösen, homosexuellen oder analphabetischen Bevölkerungsteilen.[169]

Auch in den Rundfunksystemen des Südens und in Entwicklungs- und Schwellenländern nehmen community media eine wichtige Stellung ein. In Südafrika, wo sie in der Verfassung ausdrücklich als ‚third sector'erwähnt werden, können über 120 commuity radios empfangen werden (Kivikuru 2008: 866). In Ghana, Sambia, Sri Lanka und Thailand wurden solche Radios

---

[165] Vgl. dazu das vom *CMFE* durchgeführte *First Mapping of Community Media in Europe* vom 23. Oktober 2012. URL: http://cmfe.eu/?p=864 (13. Februar 2016).

[166] Vgl. McNair Ingenuity Research (Hrsg.) (2013): Community Broadcasting Station Census 2012. URL: https://www.cbaa.org.au/broadcasters/get-data-national-listener-survey-station-census/station-census (13. Februar 2016).

[167] Vgl. Community Broadcasting Association of Australia (CBAA) (Hrsg.) (2015): About Community Media. URL: https://www.cbaa.org.au/about/about-community-broadcasting (13. Februar 2016).

[168] Australian Communications and Media Authority (ACMA) (Hrsg.) (2008): Community Radio Broadcasting. URL: http://www.acma.gov.au/webwr/_assets/main/lib410018/community_radio_broadcasting-code_of_practice_2008.pdf, S. 5 (13. Februar 2016).

[169] Vgl. ebd., S. 1.

in den 1990er Jahren in grosser Anzahl gegründet (vgl. ebd.). Während in den reichen Industriestaaten die Rundfunkveranstalter des dritten Sektors in erster Linie im Lokalen eine publizistische Ergänzung zum Angebot der privatkommerziellen und öffentlich-rechtlichen Programme darstellen, sind sie in den ärmeren Ländern des Südens, und hier vor allem in den medial unterversorgten ländlichen Lebensräumen, nicht selten die einzigen lokalen Medien (vgl. Kleinsteuber 2012: 275).

In Deutschland wird der dritte Rundfunksektor unter dem Oberbegriff der ‚Bürgermedien' zusammengefasst. Konzeptionell haben die entsprechenden Radio- und TV-Veranstalter sehr viel gemeinsam, ihre Organisations- und Rechtsformen variieren jedoch in Abhängigkeit der jeweiligen Landesmediengesetze. Im Einzelnen zählen zu den Bürgermedien die Offenen Fernseh- und/oder Hörfunkkanäle (OKs) sowie die nichtkommerziellen Lokalradios (NKLs), die es in zahlreichen Bundesländern gibt, sodann der Bürgerrundfunk (Bremen und Niedersachsen), Bürgerfernsehen und Bürgerfunk (Nordrhein-Westfalen), Hochschulrundfunk (Bayern, Nordrhein-Westfalen, Thüringen), Aus- und Fortbildungskanäle (Baden-Württemberg, Bayern, Sachsen) sowie Lernradios (Baden-Württemberg) (vgl. ALM 2015: 279ff.; Buchholz 2003: 75). Die *Arbeitsgemeinschaft der Landesmedienanstalten (ALM)* als Dachverband der Regulierungsbehörden aller Bundesländer fasst diesen Sektor seit einigen Jahren auch unter dem Oberbegriff der ‚Bürger- und Ausbildungsmedien' zusammen (vgl. ALM 2011: 324). Damit werden begrifflich zwei Schwerpunkte dieser Veranstalter zum Ausdruck gebracht: Während bei den Bürgermedien der offene Zugang zu den Produktionsmitteln im Rundfunk im Zentrum steht, womit theoretisch allen Bevölkerungsgruppen die Gestaltung und Verbreitung eigener Radio- und TV-Programme im gesetzlichen Rahmen ermöglicht werden soll, liegt der Schwerpunkt der Ausbildungsmedien (also des Hochschulrundfunks sowie der Aus- und Weiterbildungskanäle und Lernradios) auf der beruflichen Qualifizierung, d.h. der Aus- und Weiterbildung des journalistischen Nachwuchses. Träger der Bürger- und Ausbildungsmedien können gemeinnützige GmbHs, eingetragene Vereine, eigenständige Körperschaften des öffentlichen Rechts oder direkt die Landesmedienanstalten sein (vgl. ALM 2011: 325).

Trotz der Typenvielfalt und unterschiedlicher medienrechtlicher Vorgaben in den einzelnen Bundesländern haben die Veranstalter des dritten Rundfunksektors vier Strukturmerkmale gemeinsam (vgl. zum Folgenden ALM 2011: 325; Buchholz 2003: 75; Paukens 2008: 528):

1) Sie bieten der Bevölkerung einen *offenen Zugang* zur Gestaltung eigener Radio- oder Fernsehprogramme und ermöglichen ihr dadurch die Partizipation an der öffentlichen Kommunikation.

2) Sie sind *bürgernah* und haben einen klaren – meist mediengesetzlich verankerten – *Lokalbezug*.

3) Sie vermitteln *Medienkompetenz*, indem sie alle Interessierten handwerklich-redaktionell bei der Realisierung eigener Programmbeiträge unterstützen.

4) Sie sind werbefrei und *nicht-profitorientiert*, streben also keinen finanziellen Gewinn an.

Gemäss Schätzungen der *ALM* beteiligen sich im dritten Rundfunksektor bundesweit mindestens 20'000 bis 30'000 Laien auf regelmässiger Basis und ehrenamtlich an der Produktion von Radio- und TV-Programmen. Insgesamt produzieren sie pro Tag ca. 1'500 Programmstunden, was mehr als 60 Vollzeitprogrammen entspricht. Dieses Angebot wird täglich von ca. 1.5 Millionen Hörern bzw. Zuschauern genutzt (vgl. ALM 2011: 325). In einer Zeit, in der öffentliche Laienkommunikation vor allem mit ‚user generated content' im Internet und verschiedenen netzbasierten Kommunikationsanwendungen wie (Micro-)Blogs oder Sozialen Netzwerken in Verbindung gebracht wird, mögen solche Zahlen vergegenwärtigen, welche Dimension das bürgerschaftliche Engagement im Bereich der Medienproduktion auch ausserhalb des Internets tatsächlich erreicht.

Gleichzeitig belegt die bisherige Forschung deutlich, dass diese Form der Medienproduktion durch Laien nicht dieselbe Funktion zu übernehmen vermag wie der professionelle und (tages-)aktuelle Journalismus. Zum einen füllen die Bürgermedien in der Regel nur einen Bruchteil ihrer möglichen Sendezeit mit Eigenproduktionen. Bei den Offenen Fernsehkanälen umfasst das Nettosendevolumen, d.h. die für den Sender eigenproduzierten Erstausstrahlungen, meistens nur einige wenige Stunden pro Woche. Den grössten Teil des Sendeoutputs machen Sendungswiederholungen und Fremdproduktionen z.B. von anderen Offenen Fernsehkanälen aus (vgl. Kerkau et al. 2011: 28; Volpers et al. 2007: 35ff.). Beim technisch weniger aufwändigen Radio ist die Wiederholungsquote naturgemäss geringer (vgl. TLM 2004: 146).

Zum anderen hängen die in den ausgestrahlten Beiträgen behandelten *Themen* sehr stark von den persönlichen Interessen und Präferenzen der produzierenden Bürger ab (vgl. Breunig 1998: 243f.; Buchholz 2003: 77; Kerkau et al. 2011: 27; TLM 2004: 161; Volpers 2001: 29; Volpers et al. 2003: 147ff.). Die Inhalte der Bürgermedien sind so vielfältig wie die Interessen der Bürger, die sie gestalten. Im facettenreichen Programm der Offenen Fernseh- und Hörfunkkanäle Mecklenburg-Vorpommerns kommen bspw. Tierfreunde „genauso zu Wort wie Rentner, die von ihren Urlaubsreisen berichten, und Electro-DJs, für die die Offenen Kanäle eine willkommene Bühne sind, um sich der Öffentlichkeit zu präsentieren" (Kerkau et al. 2011: 27). Vor allem in Offenen Fernsehkanälen kommen Nachrichtensendungen so gut wie nicht vor (vgl. TLM 2004: 159 u. 161; Volpers 2001: 29; Volpers et al. 2007).

Mit den dominierenden Themen stimmen die *Motive* überein, die für ein Engagement in Bürgermedien ausschlaggebend sind. Gemäss mehreren Studien beteiligen sich Nutzer vorrangig zum Spass, aus Technikinteresse, um etwas Neues zu lernen, um einem grösseren Publikum selbst gestaltete Beiträge zu präsentieren, um die eigene Meinung zu artikulieren sowie um Themen aufzugreifen, die in anderen Medien zu kurz kommen (vgl. Buchholz 2003: 82; Kerkau et al. 2011: 31; TLM 2004: 118; Volpers et al. 2007: 68ff.). Bei einem kleineren Teil von Nutzern sind auch berufsbezogene Motive im Spiel – sie möchten nützliche Erfahrungen für den Einstieg in einen Medienberuf sammeln (vgl. TLM 2004: 116; Volpers et al. 2007: 70). Abgesehen von der Meinungskundgabe und dem Aufgreifen von Themen, die in anderen Medien unterrepräsentiert sind, gibt die Literatur keine Hinweise auf das Vorhandensein bestimmter kommunikativer Absichten, wie sie in spezifischen journalistischen Rollenselbstbildern zum Ausdruck kommen (vgl. z.B. Weischenberg et al. 2006b: 355f.; Bonfadelli et al. 2011: 20f.).[170]

Inhaltlich-funktional unterscheiden sich die Bürgermedien somit deutlich vom professionell-redaktionellen Journalismus, in dem die Themen- bzw. Nachrichtenauswahl weniger von den persönlichen Interessen der Journalisten gesteuert wird. Massgebend sind hier vielmehr übergreifende Selektionskriterien wie ein hoher Gegenwartsbezug (Aktualität im zeitlichen Sinn) und allgemein gültige Nachrichtenfaktoren, die sich im weitesten Sinn an gesellschaftlicher Relevanz orientieren (vgl. Kap. 2.2.3). Journalismus leistet eine zeitlich kontinuierliche Umweltbeobachtung, indem er aktuelle Themen und Probleme aus unterschiedlichen gesellschaftlichen Teilbereichen (wie Politik, Wirtschaft, Kultur, Sport etc.) einschliesslich der diesbezüglich kontroversen Meinungen und Positionen aus der Gesellschaft aufgreift und vermittelt.

---

[170] Die in den hier referierten Studien abgefragten Motive zur *Aufnahme* einer Tätigkeit im dritten Rundfunksektor *können*, müssen aber nicht mit den während der Arbeit verfolgten *kommunikativen Absichten* übereinstimmen, die in der journalistischen Berufsfeldforschung gerne als Indikatoren spezifischer Rollenselbstverständnisse (z.B. als ‚Anwalt', ‚Aufklärer', ‚neutraler Vermittler' etc.) herangezogen werden.

Dafür strebt er nach grösstmöglicher inhaltlich-thematischer Universalität, die er in der Form unabhängiger Fremddarstellung bzw. Fremdvermittlung zum Ausdruck bringt (vgl. Kap. 2.3). Im Gegensatz dazu ermöglichen die Bürgermedien, wie Jarren (2010) zutreffend feststellt, „vor allem die *Selbstthematisierung* [Hervorh. S.B.] von Einzelnen und Gruppen" (Jarren 2010: 26). Bürgermedien zeichnen sich also wie die Alternativmedien durch ihre Parteilichkeit aus: „Die spezifische Perspektive der Bürgermedien", so hält Paukens (2008) fest, „ist eine bewusst subjektive und keine ausgewogene, wie sie im Journalismus die Regel ist. Zugleich ist sie in den meisten Fällen parteiisch. Bürgermedien nehmen Stellung [...], sind einseitig" (Paukens 2008: 532). Dieser essenzielle Unterschied in der Funktionslogik (Selbst- vs. Fremdthematisierung) und in der damit korrespondierenden Einstellung (Parteilichkeit vs. Unparteilichkeit) darf freilich nicht als ‚Defizit' auf Seiten der Bürgermedien interpretiert werden, denn ihnen werden von der Medienpolitik auch ganz andere Funktionen zugeschrieben als dem in Massenmedien institutionalisierten Journalismus. Dazu gehört neben der Vermittlung von Medienkompetenz vor allem die Bereitstellung von Artikulationsmöglichkeiten: Über den offenen Zugang zu den Produktionsmitteln des Rundfunks sollen Bürger ihr im Grundgesetz verbrieftes Rechts auf freie Meinungsäusserung auch in einer grösseren Öffentlichkeit wahrnehmen können (vgl. Breunig 1998: 236; Paukens 2008: 528).

Fazit zu ‚älteren' Formen öffentlicher Laienkommunikation

Produktionsseitig ist die wohl grösste Parallele zwischen den *Alternativmedien* und den *Angeboten des dritten Rundfunksektors* darin zu sehen, dass es sich bei ihnen im Wesentlichen um ‚Laienmedien' handelt. Die ausgestrahlten Programme bzw. Sendungen (im nichtkommerziellen Rundfunk) und publizierten Artikel (in der Alternativpresse) wurden und werden meist ehrenamtlich von unbezahlten Laien erstellt, die in der Regel über keine oder nur eine geringe journalistische Berufsausbildung und -erfahrung verfügen.

Sowohl bei den Alternativmedien als auch bei den Programmveranstaltern des dritten Rundfunksektors handelt es sich um reichweitenschwache Medien, die nur kleine Teilöffentlichkeiten erreichen. Sie richten sich (im Unterschied zur potenziell erreichbaren Gesamtbevölkerung) an spezifische Zielgruppen und Interessengemeinschaften, denen sie zur Binnenkommunikation und Selbstverständigung ebenso wie als Vehikel dienen, um gemeinsame Anliegen in eine grössere Öffentlichkeit einzubringen. Die Alternativmedien und die Angebote des dritten Rundfunksektors haben schliesslich gemeinsam, dass sie sich bewusst von den Massenmedien und ihrer Berichterstattung abgrenzen, was die Auswahl und Darstellung von Themen, Akteuren und Meinungspositionen betrifft.

Eher als Ergänzung zu den kommerziellen und öffentlich-rechtlichen Medienangeboten verstehen sich die nichtkommerziellen Rundfunkveranstalter, da sie vor allem Themen und Anliegen von Gruppierungen zur Sprache bringen, die in den etablierten Medien zu kurz kommen. Bei den nichtkommerzorientierten ‚Komplementärradios' in der Schweiz ist diese Ergänzungsfunktion konzessionsrechtlich verankert und kommt sogar begrifflich in der Bezeichnung der entsprechenden Radioveranstalter zum Ausdruck. Gleichzeitig sind die Programmveranstalter des dritten Rundfunksektors stark vom Staat abhängig: Zum einen bedürfen sie seitens der Rundfunkregulierungsbehörden erteilter Sendelizenzen, um überhaupt ihre Programme verbreiten zu dürfen, zum anderen sind sie infolge Werbefreiheit zur Sicherung ihrer Existenz massgeblich auf Fördergelder der öffentlichen Hand angewiesen (z.B. einen Teil der Rundfunkgebühren). Beides – sowohl die Lizenzierung als auch die Subventionierung – macht der Staat in der Regel von der Erfüllung bestimmter Auflagen abhängig. Neben inhaltlichen Programmanforderungen können das organisatorische, arbeitsrechtliche u.a. Vorgaben sein. Den in der Schweiz vom *Bundesamt für Kommunikation (BAKOM)* zugelassenen nicht-kommerzorientierten Lokalradios werden per Konzession bspw. neben einem formulierten Programmauftrag auch Vorgaben bezüglich der Qualitätssicherung (obligatorisches Leitbild und Qualitätssicherungssystem), der Abgabe regelmässiger Evaluationsberichte, der Einhaltung arbeitsrechtlicher Pflichten gegenüber den (meist nur wenigen) Festangestellten und der Förderung der Aus- und Weiterbildung gemacht. Faktisch besitzt der Staat also einen beachtlichen Einfluss auf die Programmveranstalter des dritten Rundfunksektors.[171]

Demgegenüber haben Alternativmedien – und das gilt auch für solche im Netz – einen weitaus höheren Freiheitsgrad: Sie können (unter Beachtung allgemeiner Gesetze z.B. zum Schutz von Persönlichkeitsrechten) publizie-

---

[171] Dies gilt übrigens länderübergreifend. In Bezug auf die finanzielle Unterstützung US-amerikanischer community radios durch die öffentliche Hand bemerkt Barlow schon Ende der 80er Jahre: „In this respect, government funding usually translates into government influence in the areas of operations and programming" (Barlow 1988: 102). Übereinstimmend äussert sich McNulty zu den kanadischen community radios: „All government funding has the same basic disadvantage of encouraging dependency and of giving subtle direction to the funded organization through the encouragement of particular kinds of activities" (McNulty zit. Widlok 1983: 18f.).

ren, was sie möchten, und hierfür organisiert sein, wie sie möchten. In der Regel stehen sie mit bestimmten sozialen Bewegungen in Verbindung, die sich durch ihren Protestcharakter und die Ablehnung bestehender gesellschaftlicher Werte und Normen auszeichnen (vgl. Brand et al. 1986: 37; Büteführ 1995: 72). Dem Staat gegenüber, den sie tendenziell ablehnen, befinden sie sich in keinem Abhängigkeitsverhältnis. Ihre Kritik am status quo schlägt sich idealtypisch nicht nur in den publizierten Inhalten und ‚Gegeninformationen' nieder, womit die dominante Berichterstattung der Massenmedien als verlogen, einseitig und im Dienste der Interessen einer herrschenden Klasse stehend abgelehnt wird, sondern auch in der favorisierten Produktionsweise und Finanzierung, die nicht nach den Regeln des kapitalistischen Wirtschaftssystems erfolgen sollen. Der ursprüngliche Anspruch von Alternativmedien ist daher breiter und zielt letztendlich auf die Veränderung gesellschaftlicher Verhältnisse.

Wie lässt sich das Verhältnis von Alternativmedien und den Medienangeboten des dritten Rundfunksektors zum *Journalismus* und den *Massenmedien* charakterisieren? Wie in den vorausgehenden Kapiteln deutlich wurde, zeichnen sich beide Agnebotsformen durch ihre anwaltschaftliche Theamtisierung bestimmter (Minderheits-)Interessen aus, insbesondere von Themenfeldern und Meinungspositionen, die in den Massenmedien zu kurz kommen. Vermittlungstypologisch handelt es sich bei diesen Medien um Formen der *Eigenvermittlung*, der partnerabhängigen *Auftragsvermittlung* oder der *einseitigen Fremdvermittlung* (vgl. zu diesen Vermittlungsformen Kap. 2.3.2). Mit anderen Worten stellen sich in ihnen bestimmte Interessengruppen mit ihren Anliegen selbst dar (Eigenvermittlung) oder werden durch Dritte anwaltschaftlich dargestellt, wobei in diesem Fall unterschieden werden kann, ob die Initiative hierfür von ihnen selbst (partnerabhängige Auftragsvermittlung) oder von den in den jeweiligen Medien tätigen Programm- oder Zeitungsmachern ausgeht (einseitige Fremdvermittlung). Mit den hier genannten Vermittlungsformen korrespondiert die Grundhaltung der Parteilichkeit.[172]

Aus demokratietheoretischer Sicht leisten Alternativmedien und die von journalistischen Laien im dritten Rundfunksektor realisierten Medienangebote eine wichtige Funktion, die sich in Anlehnung an das Öffentlichkeitsmo-

---

[172] Natürlich gibt es auch Ausnahmen davon: Ein Teil der meist von Migranten gestalteten fremd- und mehrsprachigen Sendungen im dritten Rundfunksektor dient jener sprachkulturellen Minderheit, der sie selbst angehören, regelmässig als „Fenster" ins Heimatland. Angesichts fehlender anderssprachiger Medienangebote sind sie für die betreffenden Sprachcommunities eine Art ‚Berichterstattung en miniature', dank derer sie sich über die politischen, wirtschaftlichen und kulturellen Geschehnisse in ihrem Heimatland auf dem Laufenden halten können (Peissl et al. 2010: 101; Weyand et al. 2008: 156ff.).

dell von Gerhards und Neidhardt als Input- bzw. Transparenzfunktion beschreiben lässt (vgl. Gerhards/Neidhardt 1990; Neidhardt 1994). Demnach versuchen diese Medien und ihre Macher die von ihnen als wichtig erachteten Themen und als richtig angesehenen Meinungen aus einer mittleren Themenöffentlichkeit[173] in aggregierter Form in die höher liegende massenmediale Öffentlichkeit einzubringen (vgl. Gerhards/Neidhardt 1990: 22f., 24 u. 27). Diese Inputleistung ist wichtig, denn zur Herstellung einer allgemeinen Öffentlichkeit „braucht die Massenkommunikation den Informationsinput und die Kontrolle aus der sozialen Infrastruktur kleiner und mittlerer Öffentlichkeiten" (ebd.: 25). Der in Massenmedien institutionalisierte Journalismus konstituiert gemäss dieser Auffassung die oberste Öffentlichkeitsebene, die ‚massenmediale Öffentlichkeit' (vgl. ebd.: 24). Der Journalismus verfügt aber nicht nur über deutlich grössere Reichweiten bzw. Publizität als die Alternativmedien und die von Laien erstellten Medienangebote des dritten Rundfunksektors. Idealtypisch zielt er auch auf grösstmögliche Universalität – bezüglich der abzubildenden Themenfelder, der darzustellenden Akteure und sozialen Gruppierungen sowie der zu vermittelnden Meinungspositionen. Damit korrespondiert die Einstellung der Unparteilichkeit: Journalismus erbringt eine autonome, von gesellschaftlichen Einzelinteressen unabhängige Kommunikationsvermittlung (vgl. Kap. 2.3). Zwischen der hohen Publizität und Universalität journalistischer Medienangebote besteht übrigens eine regelhafte Beziehung, denn inhaltlich-thematische Pluralität stellt eine Voraussetzung für eine hohe Reichweite dar. Umgekehrt lassen sich sehr grosse Zielgruppen mit spezialisierten Inhalten kaum erreichen (vgl. Kap. 2.2).

Aufgrund der dem Journalismus inhärenten Selektions- und Konzentrationsleistungen, die notwendig sind, um das gesamtgesellschaftliche (Kommunikations-)Geschehen überhaupt überschaubar zu machen (vgl. Kap. 2.3.2), können sich die Artikulationschancen einzelner sozialer Gruppierungen und ihrer Sprecher in der journalistischen Fremdvermittlung vermindern. Besonders schwinden diese Chancen für nicht oder nur schlecht organisierte Minderheiten, deren Interessen dann Gefahr laufen, in der öffentlichen Kommunikation vernachlässigt zu werden. Alternativmedien sowie nichtkommerzielle Rundfunkangebote nehmen diese Interessen im Bestreben auf, ihnen öffentlich zu mehr Aufmerksamkeit zu verhelfen. Aus demokratie- und öffentlichkeitstheoretischer Sicht stellen sie deshalb eine für die gesamtgesell-

---

[173] Ausserhalb von Alternativ- und Bürgermedien konstituiert sich Themenöffentlichkeit v.a. im Rahmen von Versammlungen und Veranstaltungen, daher verwendet Neidhardt auch die Bezeichnung ‚Versammlungsöffentlichkeit' (vgl. Neidhardt 1994: 10).

schaftliche Kommunikation notwendige Ergänzung zu Massenmedien und Journalismus dar.

Mehr noch als von den hier behandelten traditionellen Formen öffentlicher Laienkommunikation wird gegenwärtig von Laienangeboten im Internet angenommen, sie könnten funktionale Äquivalente zur massenmedialen Berichterstattung darstellen und im Sinne eines eigenständigen ‚Bürgerjournalismus' entsprechende Leistungen erbringen (vgl. Kap. 1 und 3.2.1). Das nächste Kapitel trägt zur Klärung dieser These bei, indem der einschlägige Forschungsstand gesichtet und aufgearbeitet wird.

3.3.3 ‚Bürgerjournalistische' Angebote im Web

Welche Medienangebote, die im Web von Laien öffentlich erstellt und verbreitet werden, verfügen überhaupt über ein *journalistisches Potenzial*? Hier lohnt sich zuerst ein kurzer Blick auf das gesamte Spektrum von Social Media-Angeboten. Schmidt (2011a) unterscheidet insgesamt die folgenden fünf ‚Gattungen', die ihrerseits durch unterschiedliche ‚Angebote' repräsentiert werden (vgl. ebd.: 25ff.).:

- *Plattformen*, die einer Vielzahl von Nutzern eine gemeinsame Infrastruktur für Kommunikation oder Interaktion bieten (z.B. Soziale Netzwerke wie *Facebook* oder Multimediaplattformen wie *Youtube* oder *Flickr*)
- Werkzeuge des *Personal Publishing*, die das Veröffentlichen individueller Inhalte im Netz unterstützen, wobei hier die Autoren bzw. Urheber stärker im Zentrum stehen als auf den ‚Plattformen' (z.B. Weblogs, Microblogging-Dienste wie *Twitter* oder Podcasts mit Audio-Inhalten)
- *Wikis*, in denen Hypertext-Dokumente kollaborativ erstellt, erweitert und verknüpft werden (z.B. die Online-Enzyklopädie *Wikipedia*)
- Dienste des *Instant Messaging*, die Nutzern die zeitgleiche (sprachbasierte, zunehmend aber auch via Audio- oder Videotelefonie ablaufende) Kommunikation miteinander erlauben (z.B. *Yahoo Messenger* oder *Skype*)
- *Werkzeuge des Informationsmanagements* (z.B. RSS-Reader, Dienste zum gemeinsamen Sammeln und Ver-

schlagworten von Inhalten wie *Delicious* oder *Mister Wong*, aber auch Social News-Dienste zur kollektiven Verlinkung und Bewertung von Inhalten wie *digg* oder *ShortNews*)

Wie angesichts dieser Typologie ersichtlich wird und Schmidt selbst einräumt, erweist sich aufgrund wachsender Konvergenz der technischen Dienste eine konsequente und trennscharfe Systematisierung verschiedener Angebotsformen als kaum möglich. Zahlreiche hybride Angebote verbinden mittlerweile Elemente verschiedener Gattungen (vgl. ebd.: 25). So weist bspw. der von Schmidt dem ‚Personal Publishing' zugeordnete Kurznachrichtendienst *Twitter* auch Elemente einer ‚Plattform' im Sinne eines Sozialen Netzwerks auf, da sich hier Nutzer gegenseitig ‚folgen' und dadurch im ständigen Austausch bleiben. *Facebook* erlaubt umgekehrt eingeloggten Nutzern den synchronen Chat und weist somit Züge des ‚Instant Messaging' auf. Soziale Netzwerke können ihren Nutzern z.B. auch Blogs zur Verfügung stellen (vgl. Beck 2010b: 31). Während gewisse ‚Gattungen' offenbar durch den breiten Einsatz einer bestimmten Software und deren Funktionsumfang geprägt sind (z.B. mittels *MediaWiki* erstellte Wikis), folgen andere wie das ‚Personal Publishing' eher einer inhaltlich-funktionalen Bestimmung und umfassen im Prinzip ganz verschiedene Anwendungen und Softwarelösungen. Für die vorliegende Arbeit und den hier zu skizzierenden Forschungsstand erscheinen solche Ordnungsschwierigkeiten, die auch anderen Systematisierungsvorschlägen des ‚Social Web' eigen sind (vgl. z.B. Ebersbach et al. 2011: 37f.), jedoch weniger problematisch, denn im Vordergrund steht primär die Frage, welche Anwendungen im Web eine Affinität zu *journalistischen* Medienangeboten aufweisen.

Der folgende Forschungsüberblick konzentriert sich deshalb auf Angebote, die ausschliesslich von Laien erstellt und verbreitet werden und eine inhaltlich-funktionale Nähe zum Journalismus aufweisen, weshalb sie in der Literatur zur Journalismusforschung immer wieder genannt werden. Ausgeschlossen werden dabei Soziale Netzwerke, die primär dem Beziehungs- und Identitätsmanagement dienen (vgl. Busemann 2013; Smith 2011) sowie Videoportale wie *Youtube* und Fotoportale wie *Flickr* (vgl. Bruns 2008b: 234ff.; Trepte/Reinecke 2010: 215ff.), die bislang aufgrund ihrer Unterhaltungsorientierung in der Fachliteratur kaum in Verbindung mit dem Journalismus gebracht wurden.[174]

---

[174] Selten werden auch hier Bezüge zum Journalismus hergestellt (vgl. Antony/Thomas 2010).

Bürgerjournalismus

Weblogs

Ein grosser – wenn nicht sogar der grösste – Teil der empirischen Befunde zum ‚citizen journalism' stammt aus der Weblogforschung. Das hängt damit zusammen, dass Weblogs häufig als Pendant zum Journalismus gesehen wurden (oder immer noch werden), wobei sich diese Sicht nicht nur bei Bloggern und Kolumnisten (vgl. z.B. Alphonso 2004; Shirky 2008), sondern teils auch bei Wissenschaftlern findet (vgl. Bucher/Büffel 2005; Domingo/Heinonen 2008; Wall 2005). Angesprochen auf die Zukunft von Weblogs, kommentierte etwa der Blogger Richard MacManus den jährlich erscheinenden *state of the blogosphere* der Blog-Suchmaschine *Technorati* im Jahr 2008 mit den Worten: „The future of blogs will have arrived when you check your favorite blog for sports news in the morning, instead of your local paper".[175] Während Aussagen wie diese auf eine Substitution des professionellen Journalismus bzw. journalistischer Medien wie der Tageszeitung durch Blogs anspielen[176], lassen es andere dabei bewenden, Weblogs eine äquivalente Funktion wie Massenmedien und Journalismus zuzuschreiben. Die Wissenschaftler David Domingo und Ari Heinonen (2008) räumen zwar ein, dass der grösste Teil der Weblogs wohl persönlicher Natur sei, zeigen sich gleichzeitig jedoch von der Verbreitung sogenannter „journalistic weblogs" überzeugt, die von professionellen Journalisten genauso wie von Bürgern betrieben werden könnten. Solche Blogs hätten eine „clear intention to collect, analyze, interpret or comment on current events to wide audiences and in this way perform the very same social function usually associated with institutionalized media" (ebd.: 6). Auch Claudia Mast spricht im Zusammenhang mit der zunehmenden Verlagerung bei der Herstellung öffentlicher Kommunikation auf die Seite der Nutzer, die dadurch immer „mehr Einfluss und mehr Macht" (ebd.: 221) erhielten, von Weblogs als „eine[r] Art 'Jedermann-Journalismus', den die Redaktionen zunehmend in ihrer Berichterstattung berücksichtigen" (ebd.: 221). Nicht zuletzt infolge solcher Einschätzungen und Aussagen wurde das journalistische Potenzial von Blogs bzw. deren Verhältnis zum Journalismus und den Massenmedien bislang in der Forschung häufig diskutiert und evaluiert (vgl. u.a. Armborst 2006; Campell et al. 2010; Meraz 2009 u. 2011; Neuberger 2005a; Neuberger et al. 2009a; Papacharissi 2007; Quiggin 2005; Reese et al. 2007; Wall 2005).

---

[175] Zit. von Marshall Kirkpatrick in seinem Kommentar zum Jahresbericht 2008 unter http://readwrite.com/2008/09/22/state_of_the_blogosphere_2008/ (20. März 2016).
[176] Noch unmissverständlicher z.B. die Aussage von Don Alphonso (2004), wonach Weblogs „der Sargnagel für die professionellen Medien" im Internet werden (ebd.: 4).

Doch was ist eigentlich ein 'Weblog'? Die erstmalige öffentliche Verwendung des Begriffs wird im Allgemeinen Jorn Barger zugeschrieben, der im Dezember 1997 seine Website *Robot Wisdom*, auf der er eine Sammlung von Hyperlinks zu anderen Websites bzw. Fundstücken im Netz publizierte und laufend ergänzte, so bezeichnete (vgl. Ebersbach et al. 2011: 64; Garden 2012: 485). Damit ist auch bereits die erste Generation von Weblogs typisiert, die nicht viel mehr darstellten als veröffentlichte Linklisten und somit die Funktion von Navigationshilfen bzw. Filtern (engl. ‚filter-blogs') hatten (vgl. Campell et al. 2010: 30; Herring et al. 2004: 2f.). Begrifflich stellt ‚Weblog' einen Zusammenzug aus engl. ‚blog' (Protokoll, Fahrtenbuch, Tagebuch) und ‚web' dar, bezeichnete ursprünglich also so etwas wie ein Protokoll der Destinationen im WWW, die der Autor besucht bzw. ‚angesurft' hatte und die er, zusammengestellt zu einer kommentierten Linkliste, anderen Internetnutzern empfehlen wollte. Mit dem Aufkommen von benutzerfreundlicher Blog-Software wie *Blogger* oder *Pitas*, die keine HTML-Kenntnisse mehr voraussetzten, schnellte die Verbreitung von Weblogs – oder auch ‚Blogs', wie sie bald einfach genannt wurden – um die Jahrtausendwende sprunghaft in die Höhe. Im selben Zug nahmen Blogs vermehrt die Form von persönlichen Tagebüchern ihrer Autoren an (vgl. Ebersbach et al. 2011: 64; Garden 2012: 485; Herring et al. 2004: 6).

Ab 2002 erweiterte sich die Funktionalität von Blogs erheblich durch die softwareseitig geschaffene Möglichkeit zur Kommentierung von Beiträgen seitens der Leser. Die *Trackback*-Technologie erlaubte es zudem, dass Blogs automatisch benachrichtigt wurden (meistens in der Form eines kurzen Hinweises im Kommentarbereich eines Beitrags), wenn sie von anderen Blogs zitiert bzw. verlinkt wurden. Zudem konnten Nutzer mittels RSS-Feeds Blogs ‚abonnieren' und wurden automatisch informiert, sobald neue Einträge verfügbar waren. Nicht zuletzt dank dieser technologischen Weiterentwicklungen wurde Weblogs zunehmend das Potenzial zugeschrieben, „to pull more people into public conversations and perhaps provide opportunities for collective problem-solving" (Wall 2005: 167), d.h. eine Kultur der ‚Konversation' und des öffentlichen Diskurses im Netz zu etablieren (vgl. auch Domingo/Heinonen 2008: 5f.; Quiggin 2005: 10 u. 13). Wie eingangs erwähnt, wurden Weblogs sodann häufig in die Nähe des Journalismus gerückt oder ihm gleichgesetzt.

Was sagen hierzu empirische Befunde? Ein grundsätzliches Problem der Weblogforschung besteht darin, dass viele Studien mit unterschiedlichen (oder gar keinen) expliziten Definitionen ihres Gegenstands operieren. Denn was unter einem ‚Blog' genau zu verstehen ist, erscheint alles andere als klar (vgl. Garden 2012: 484). Wie Garden in ihrem Überblick zur Begriffsgeschichte und -verwendung zeigt, lassen sich grob zwei Kategorien von Definitionen unterscheiden: Einige Autoren begreifen Weblogs im Sinne einer operationalen Definition in erster Linie als Webangebote, die über ein bestimmtes Set von technisch-strukturellen Eigenschaften verfügen (müssen). Dazu gehören z.B. die regelmässige Aktualisierung des Blogs, die umgekehrt chronologische Anordnung der Beiträge, die Verwendung von Hyperlinks in den einzelnen Beiträgen und die Möglichkeit, diese zu kommentieren (vgl. mit Verweis auf mehrere Studien ebd.: 487f.). Ob ein Weblog vorliegt oder nicht, kann gemäss dieser Logik über das Vorhandensein solcher technisch-strukturellen Merkmale geprüft werden. Allerdings besteht in der Literatur keine Einigkeit darüber, bei welchen Merkmalen es sich um für Weblogs ‚notwendige' und bei welchen nur um ‚optionale' Merkmale handelt (vgl. Engesser 2013: 63 u. 112), d.h. ob ein Blog z.B. über Links und Kommentarmöglichkeiten verfügen *muss*. Gerade bei diesen zwei letztgenannten ‚Features' handelt es sich zwar um sehr häufige, wohl aber nicht zwingende Merkmale, da es auch als Blogs anerkannte Webangebote gibt, die nicht darüber verfügen (vgl. Garden 2012: 494). Nach einer auf das Minimum reduzierten softwaretechnischen Definition handelt es sich bei einem Blog wohl um eine Anwendung im Web, die eine Liste mit Artikeln ausgibt, welche einzeln über URLs bzw. *Permalink* adressierbar sind (vgl. Ebersbach et al. 2011: 61).[177] Die zweite Kategorie von Definitionen bemüht eine inhaltlich-funktionale Bestimmung von Blogs (vgl. mit Verweis auf mehrere Autoren Garden 2012: 488f.). Diese Definitionen sind offensichtlich von den Befunden der empirischen Weblogforschung geprägt. Aufgrund der Tatsache, dass ein Grossteil der Blogs persönlicher Natur ist und sich um die Erlebnisse und Erfahrungen der Autoren und deren Privatleben dreht, ist z.B. Matheson (2004) der Ansicht, dass Weblogs schlicht „online diaries" darstellten (ebd.: 33). Eine derartige funktionale Einengung steht aber im Widerspruch zur Tatsache, dass es auch ‚news blogs' bzw. ‚political blogs' gibt, die sich ausschliesslich mit Nachrichten aus Politik oder Wirtschaft beschäftigen und sogar oft über eine beachtliche Reichweite verfügen (vgl. u.a. Campell et al. 2010; Ekdale et al. 2010; el-Nawawy/Khamis 2011; Leccese 2009; Meraz 2009 u. 2011; Wallsten 2007). Daneben werden Blogs auch von professionellen Journalisten betrieben (sogenannte ‚j-blogs') und gehören vermehrt zum Inventar des Online-Angebots von Massenmedien (vgl. u.a. Bradshaw 2010; Chu 2012; Robinson 2006; Singer 2005).

---

[177] Gemäss den Autoren bieten die Beiträge zudem „in der Regel" die Möglichkeit, Kommentare zu hinterlassen (vgl. ebd.).

Eine Kategorisierung nach Inhalten (vgl. z.B. Ebersbach et al. 2011: 65). erscheint im Prinzip endlos, da es theoretisch so viele Themenschwerpunkte gibt wie Blogger. Dennoch haben sich einige Genres als relativ stabil etabliert. Sogenannte ‚Medienblogs' (engl. ‚media watch blogs') wie das in Deutschland bekannte und 2005 mit dem *Grimme Online Award* ausgezeichnete *Bildblog* stellen eine Form der Medienkritik dar, indem sie die Berichterstattung der Massenmedien kritisch begleiten, sachliche Fehler aufdecken und auf mögliche Verletzungen des Pressekodex hinweisen (vgl. Eberwein 2010; Fengler 2008; Schönherr 2008). In sogenannten ‚warblogs' liefern Soldaten oder betroffene Zivilisten vor Ort Augenzeugenberichte aus Kriegsgebieten, die für Angehörige von Presse und Rundfunk nur schwer zugänglich sind (vgl. Allan 2009; Roering/Ulrich 2009; Wall 2005 u. 2009). Auf grössere Aufmerksamkeit – auch für die Massenmedien – stiessen etwa während des Irakkriegs 2003 die Tagebucheinträge des Bloggers ‚Salam Pax', eines damals 29jährigen Architekten, der das Leben in Bagdad vor und nach dem Einmarsch der US-Truppen aus der Nähe dokumentierte (vgl. Allan 2009: 27; Bucher/Büffel 2005: 97ff.). Im englischsprachigen Raum erfreuen sich sogenannte ‚celebrity gossip blogs' zunehmender Beliebtheit, welche die Auftritte von Prominenten v.a. aus dem Unterhaltungsbusiness in der Öffentlichkeit dokumentieren und deren Leben auf Schritt und Tritt verfolgen (vgl. Meyers 2012).

Mit Blick auf die Betreiber können zudem jene Weblogs als ‚corporate blogs' bezeichnet werden, die von Unternehmen, Parteien, Verbänden oder NGOs primär als PR-Werkzeuge zur strategischen Kommunikation eingesetzt werden (vgl. Beck 2008: 63ff. u. 2010b: 31; Schmidt 2011b). Adams und Jacobs (2006) weisen in Anbetracht des breiten inhaltlich-funktionalen Spektrums konsequenterweise darauf hin, dass man sich nur sinnvoll über Blogs verständigen könne, wenn man mit sprachlichen Attributen (‚descriptive qualifiers') präzisiere, ob man z.B. von ‚diary blogs', ‚research blogs' oder ‚corporate blogs' spreche (vgl. ebd.: 3).

Methodisch sind Weblog-Studien grundsätzlich mit dem Problem konfrontiert, dass sie aufgrund der unbekannten Grundgesamtheit ihrer Untersuchungsobjekte nur sehr selten repräsentative Ergebnisse liefern können. Gemäss der Erhebungsmethode lassen sich grob Inhaltsanalysen und Befragungen unterscheiden. Während sich inhaltsanalytisch z.B. die Themen und verwendeten Quellen in Blogs ermitteln lassen, werden Befragungen zur Untersuchung der Motive und Praktiken der Blogger eingesetzt, wobei in diesem Rahmen natürlich auch inhaltliche Fragen z.B. zu den präferierten Themen im eigenen Blog gestellt werden können. Inhaltsanalysen sind für den Zugriff auf ihre Untersuchungseinheiten in der Regel auf Blog-Suchmaschinen wie *Google Blog Search* oder *Technorati* oder andere (unvollständige) Verzeichnisse angewiesen. Bei Befragungen besteht das Auswahlproblem sehr häufig in selbst-selektiven Stichproben, die durch Einladungen der Teilnehmer auf kooperierenden Websites oder nach dem Schneeballprinzip zustande kommen (vgl. Schmidt 2011a: 35). Diese methodischen Einschränkungen sind also beim folgenden Forschungsüberblick im Auge zu behalten, der sich auf einige zentrale der mittlerweile zahlreich vorhandenen Studien beschränkt.

Eine der frühesten Weblog-Studien aus den USA stammt von Herring et al. (2004). Die Autoren untersuchten inhaltsanalytisch 203 Blogs, die sie im Frühjahr 2003 per Zufallsauswahl dem Blog-Verzeichnis *blo.gs* entnahmen, in das fortlaufend neue Einträge von Bloghosting-Diensten und Ping-Servern wie *blogger.com*, *pitas.com* und *weblogs.com* eingespeist werden. Ihr Kategoriensystem unterschied dabei fünf Blogtypen. Weitaus am häufigsten waren persönliche Blogs im Stil eines Tagebuchs (‚personal blogs', 70.4 Prozent), gefolgt von Blogs in der Form von Linklisten (‚filter blogs', 12.6 Prozent), Wissensblogs einer Community z.B. aus Wissenschaftlern oder Experten zur Dokumentation von Resultaten oder Quellen (‚knowledge blogs', 3 Prozent), Mischformen von Blogs (‚mixed blogs', 9.5 Prozent) und sonstigen Blogs (‚others', 4.5 Prozent). In den allermeisten Fällen wurden die Weblogs von einer einzelnen Person betrieben (90.8 Prozent), im Durchschnitt wurden sie 2.2 Tage vor dem Erhebungszeitraum zum letzten Mal aktualisiert, zwischen dem letzten und vorletzten Eintrag lagen durchschnittlich fünf Tage. Etwa drei Viertel (73.5 Prozent) verfügten über ein Archiv mit älteren Beiträgen, weniger als die Hälfte erlaubte Kommentare (43 Prozent) und ca. ein Fünftel (18.5 Prozent) wies eine Suchfunktion auf. Zudem verfügte nur knapp ein Drittel der Beiträge (31.8 Prozent) über externe Links (vgl. ebd.: 5ff.). Gleicht man diese Befunde mit dem in Kap. 2.4 herausgearbeiteten Katalog von Konstitutionsmerkmalen journalistischer Medienangebote ab, kann zunächst festgehalten werden, dass die von Herring et al. (2004) untersuchten Blogs einzeln betrachtet offenbar weder über die thematische Universalität und gesellschaftliche Relevanz noch über die Periodizität journalistischer Medienangebote verfügten.

Das Bild, das sich hier von Weblogs als einem bestimmten Genre im Netz abzeichnet, wurde weiter gefestigt durch die im Rahmen des *Pew Internet & Amercian Life Project* durchgeführte und viel beachtete Studie von Amanda Lenhart und Susannah Fox (2006). In methodischer Hinsicht ist sie besonders aussagekräftig, weil sie als repräsentativ für die USA gelten kann.[178] Im Zeitraum zwischen 2005 und 2006 haben demnach acht Prozent der US-amerikanischen Bevölkerung ein Weblog geführt und 39 Prozent Weblogs gelesen (vgl. ebd.: I). Ca. 70 Prozent der befragten Blogger führten ihr Weblog allein, während sich 30 Prozent als Teil eines Autorenkollektivs bezeichneten (vgl. ebd.: 19).

Gefragt nach dem *wichtigsten Motiv* zum Betreiben eines Blogs, nannte die Mehrheit der Befragten (52 Prozent) die Möglichkeit, sich kreativ zu äussern, dicht gefolgt vom Wunsch, persönliche Erfahrungen und Erlebnisse zu dokumentieren und diese mit anderen zu teilen (50 Prozent). An dritter Stelle folgte als Hauptmotiv das Bedürfnis, mit Freunden und Bekannten in Kontakt zu bleiben (37 Prozent) (vgl. ebd.: 8). Als *Hauptthemen* ihres Blogs nannten die Befragten an erster Stelle das eigene Leben und persönliche Erfahrungen (37 Prozent), mit einigem Abstand gefolgt von Politik (11 Prozent), Themen aus dem Unterhaltungsbusiness (7 Prozent), Sport (6 Prozent), allgemeinen Nachrichten und aktuellem Geschehen sowie Wirtschaft (beide 5 Prozent). Eher selten wurde über Technologie, Religion, spezielle Hobbies, Gesundheitsthemen oder Erziehung gebloggt (jeweils unter 5 Prozent) (vgl. ebd.: 9). Was waren für die Befragten die konkreten *Anlässe zum Verfassen eines neuen Beitrags* in ihrem Blog? Mehr als drei Viertel (78 Prozent) liessen sich häufig durch persönliche Erlebnisse zu einem neuen ‚posting' inspirieren, über die Hälfte (54 Prozent) nahm regelmässig die Ereignisse zum Anlass, über die in den Massenmedien zu hören oder zu lesen war (vgl. ebd.: 9).

Nach ihrem *journalistischen Selbstverständnis* gefragt, betrachteten 65 Prozent der Befragten ihr Blog nicht als Journalismus, umgekehrt erachtete es immerhin ein Drittel (34 Prozent) „as a form of journalism" (ebd.: 10). Zudem zeigte sich, dass die Befragten ihr Blog nicht sehr häufig aktualisierten: Nur 13 Prozent der US-amerikanischen Blogger veröffentlichen täglich neue Inhalte. Darüber hinaus postete mit 70 Prozent der Befragten die Mehrheit ausschliesslich anlassbezogen neue Beiträge, d.h. wenn sich eine Gelegenheit dazu ergab, dagegen folgten bloss 22 Prozent einem regelmässigen Terminplan (vgl. ebd.: 12).

---

[178] Die Befragung von insgesamt 233 Bloggern wurde mittels Telefoninterviews durchgeführt. Die teilnehmenden Blogger wurden anhand zweier vorausgehender landesweiter Umfragen von insgesamt 7'012 Erwachsenen (davon n= 4'753 Internetnutzer) aufgrund ihrer Selbstidentifikation als ‚Blogger' ermittelt und sodann in einem *call back survey* befragt. Die vorausgehenden Studien beruhten auf einem *random digit dialing (RDD)* per Telefon (vgl. Lenhart/Fox 2006: 24f.).

Die referierten umfragebasierten Befunde von Lenhart und Fox (2006) stehen offenbar im Einklang mit den inhaltsanalytisch gewonnenen Daten von Herring et al. (2004). Wie sie belegen, drehen sich die meisten Blogs um das Privatleben ihrer Autoren, die hier auf eher unregelmässiger Basis persönliche Erlebnisse und Erfahrungen dokumentieren. Weitere Befragungen und Inhaltsanalysen aus dem englischsprachigen Raum bestätigen den hochgradig subjektiven Charakter der meisten Weblogs (Cenite et al. 2009: 583; Nardi et al. 2004: 42ff.; Papacharissi 2007: 31). Auch die im deutschen Sprachraum bislang durchgeführten Studien weisen auf die ausgeprägte Subjektivität der allermeisten Blogs hin. Dies betrifft die *Motive* zum Bloggen (Spass, Freude am Schreiben, Festhalten eigener Gedanken etc.) genauso wie die prioritär behandelten *Themen* (Anekdoten aus dem Privatleben, Berichte aus Schule, Studium, Beruf etc.) (vgl. Armborst 2006; Schmidt/Wilbers 2006; Schmidt et al. 2006). Einzeln betrachtet fehlt es diesen öffentlich zugänglichen Angeboten – soviel lässt sich einmal festhalten – an Periodizität, thematischer Universalität und gesellschaftlicher Relevanz, die journalistische Medienangebote im Allgemeinen kennzeichnen (vgl. Kap. 2.4).

Obschon die *meisten* Blogs aufgrund der Motivlage ihrer Autoren, deren Themenpräferenzen sowie ihrer Publikationspraxis sehr wenig mit journalistischer Berichterstattung gemeinsam haben, weist eine *Minderheit* eine Nähe zum Journalismus auf. Wie eingangs erwähnt erachtete in der repräsentativen Befragung von Lenhart und Fox (2006) immerhin ein Drittel der Befragten das eigene Weblog als „eine Art von Journalismus". Gemäss einer Befragung von 1'224 Bloggern durch Cenite et al. (2009) befasste sich etwa ein Viertel davon thematisch schwerpunktmässig mit Politik und Nachrichten (vgl. ebd.: 590). Zudem pflegten diese Blogger eher ‚journalistische' Praktiken: Sie gaben signifikant häufiger als die Betreiber persönlicher Weblogs an, auf die Richtigkeit der Fakten zu achten, diese nicht im Sinne ihrer eigenen Meinung zu verzerren, Quellen anzugeben sowie Fehler nachträglich richtigzustellen (vgl. ebd.: 588 u. 594). Ebenso liefert die Studie von Lowrey et al. (2011) empirische Belege für die Professionalisierung von ‚public interest blogs', etwa durch den Gewinn weiterer Autoren, Akquirieren von Werbung, regelmässigere Veröffentlichung von Beiträgen und vermehrte Anwendung journalistischer Praktiken (vgl. ebd.: 254ff.). Im deutschsprachigen Raum findet Neuberger (2005a) in einer 2003 durchgeführten Befragung Hinweise auf ein journalistisches Selbstverständnis von Bloggern. Zudem können Eilders et al. (2010) in einer von der Nachrichtenwerttheorie inspirierten Untersuchung ausgewählter, hoch vernetzter politischer Weblogs zeigen, dass bestimmte Nachrichtenfaktoren wie ‚Reichweite', ‚Schaden', ‚Personalisierung' und

‚Dauer' in den Beiträgen der Weblogs ähnlich ausgeprägt sind wie in der Vergleichsberichterstattung der untersuchten überregionalen Tageszeitungen. Angesichts ihrer Befunde gelangen die Autoren zum Schluss, „dass die zivilgesellschaftliche Realitätskonstruktion [in politischen Weblogs; Erg. S.B.] nicht grundsätzlich von der Medienlogik abweicht" (ebd.: 77).

Mehrere Studien zu politischen Blogs gehen der Frage nach, ob und wie stark sie die Agenda der Massenmedien mit eigenen Themen beeinflussen können oder ob sie umgekehrt bloss einen Resonanzraum der massenmedialen Berichterstattung darstellen. Mit anderen Worten steht die Richtung des Agenda-Setting-Prozesses in Frage. Reese et al. (2007) analysierten im Februar 2005 während einer Woche 410 Beiträge von sechs der meistgelesenen politischen Blogs in den USA sowie deren Verlinkungen. Nur in einem Prozent der Beiträge fanden sich exklusive Informationen im Sinne einer ‚firsthand observation' (z.B. Beobachtungen als Augenzeuge, direktes Zitieren von Quellen, mit denen der Blog-Autor mündlich in Kontakt war, Auszug aus Telefongesprächen etc.). Bei 60 Prozent der Beiträge handelte es sich um eigene Analysen des politischen Geschehens, in 39 Prozent um meinungsbetonte Kommentare dazu (vgl. ebd.: 247). Von den insgesamt 779 Hyperlinks dieser Beiträge verwies die relative Mehrheit auf professionell-journalistische Angebote der Massenmedien (48 Prozent), dagegen führte ca. ein Drittel (33.5 Prozent) zu anderen Weblogs. In nur sechs Prozent der Fälle wurde auf die Websites der Behörden und des Staates verwiesen, in vier Prozent auf Unternehmen und Organisationen (vgl. ebd.: 250). Angesichts dieser Befunde kommen die Autoren zum Schluss, „[that] the blogosphere – while dominated by citizen communicators – relied heavily on professional news sites and stories by journalists associated with professional media organizations" (ebd.: 257).

Leccese (2009) bestätigte die Befunde dieser Studie mittels einer ähnlichen Untersuchungsanlage. Auch er untersuchte während einer Woche die Linkstrukturen von sechs der meistgelesenen politischen Blogs in den USA.[179] Mit einem Anteil von 47 Prozent der über 2'000 untersuchten Hyperlinks verwiesen die Blogs ebenfalls mehrheitlich auf professionell-journalistische Angebote, darunter insbesondere die *New York Times*, die *Washington Post*, *msnbc.com*, *CNN* und *Yahoo*. Knapp ein Viertel (23 Prozent) der Links und somit etwas weniger als in der Studie von Reese et al. (2007) verwiesen auf andere Weblogs. Eine Bezugnahme auf Primärquellen (‚primary sources') fand Leccese nur bei 16 Prozent der Links. Angesichts

---

[179] Davon waren drei auch in der Stichprobe von Reese et al. (2007): *Talking Points Memo; Daily Kos; InstaPundit.*

der Befunde bezweifelt der Autor, dass Blogger Journalismus betrieben, wenn sie derart selten Informationen aus Primärquellen recherchierten (vgl. ebd.: 588). Stattdessen vergleicht er sie mit ‚opinion columnists' und ‚op-ed writers', die auf Informationen und Meinungsartikel aus Nachrichtenmedien und anderen Blogs als Basis für ihre eigenen Analysen und Kommentare zurückgreifen (vgl. ebd.: 587). Auch Wall (2005) kam in ihrer Inhaltsanalyse von 30 ‚warblogs' während des Irakkriegs 2003 zum Schluss, dass die relative Mehrheit der Hyperlinks (48 Prozent) auf professionelle Nachrichtemedien verwiesen (vgl. ebd.: 164).

Einen Schritt weiter geht die Analyse von Messner und Disasto (2008), da sie nicht nur nach dem Widerhall massenmedialer Inhalte in der politischen Blogosphäre fragt, sondern auch die Bezugnahme der Massenmedien auf Weblogs und somit die umgekehrte Richtung in den Blick nimmt. Dazu untersuchten die Autoren anhand einer Stichprobe von über 2'000 Nachrichtenbeiträgen, inwiefern sich die Berichterstattung der *New York Times* und der *Washington Post* zwischen der Zeit von 2000 und 2006 auf Weblogs bezog. In der analysierten Sechsjahresperiode nahmen Verweise auf Weblogs deutlich zu. Waren diese anfänglich bloss als interessantes Phänomen per se berichtenswert, wurden sie über die Jahre hinweg vermehrt als glaubwürdige Informationsquellen herangezogen und zitiert. Die Autoren interpretieren dies als zunehmende Akzeptanz von Weblogs als legitime Quellen seitens der Journalisten (vgl. ebd.: 455). Um ihr Bild zu vervollständigen, analysierten sie zudem für das Jahr 2005 die Verlinkungspraxis der gemäss *Technorati* 120 populärsten englischsprachigen Weblogs. Die relative Mehrheit (43 Prozent) aller Quellenverweise bezog sich auf die Massenmedien, knapp halb so viel (20 Prozent) auf andere Weblogs (vgl. ebd.: 457). Staatliche Behörden und Verwaltungsstellen wurden in fünf Prozent verlinkt, Politiker und politische Parteien in vier Prozent sowie private Unternehmen in einem Prozent. Insoweit schliessen die Befunde eng an die Studien von Reese et al. (2007) und Leccese (2009) an. Mit Blick auf den ebenfalls belegten Bezug der Massenmedien auf die Blogosphäre formulieren die Autoren ihre Schlussfolgerung allerdings leicht anders. Ihre Befunde sehen sie insgesamt als Indiz für einen wechselseitigen ‚news source cycle', der dadurch initiiert werde, dass Massenmedien durch ein starkes Agenda-Setting Themen generierten, die in der Blogosphäre aufgenommen, diskutiert und kommentiert würden. In dieser Phase bezögen sich Weblogs hauptsächlich auf die Massenmedien. Diese schenkten den eingeführten Themen jedoch aufgrund ihres starken Aktualitätsdrucks schnell keine Beachtung mehr. Einige dieser Themen würden in der Blogosphäre noch längere Zeit weiter thematisiert und möglicherweise irgendwann mit neuen Erkenntnissen und Sichtweisen angereichert, so dass sie erneut vom Themenradar der Massenmedien wahr- und schliesslich (wieder) in die journalistische Berichterstattung aufgenommen würden (vgl. ebd.: 459). Zur selben Einschätzung gelangen Campell et al. (2010). Ihnen zufolge könnten Weblogs zwar kaum die Agenda der Massenmedien beeinflussen, doch seien sie imstande, Themen wiederzubeleben „that mainstream media fail to follow up or accord low priority, and can give a story enough impetus to remerge on the mainstream news agenda" (ebd.: 42).

Empirische Belege für einen *wechselseitigen* Austausch im Themenfluss zwischen Massenmedien und politischer Blogosphäre liefert Wallsten (2007). Er ging mittels einer Zeitreihenanalyse während der US-amerikanischen Präsidentschaftswahlen 2004 der Frage nach, inwiefern bezüglich 35 wahlkampfrelevanter Themen (‚abortion', ‚9/11 commission', ‚Abu Ghraib', ‚immigration' u.a.) die Diskussion in Blogs eher der Intensivierung massenmedialer Berichterstattung folgte oder umgekehrt eine um sich greifende Konversation in der Blogosphäre über eines dieser Themen eine Zunahme der Medienberichterstattung darüber nach sich zog. Bei mehr als der Hälfte der untersuchten Themen fand sich eine positive bidirektionale Beziehung „indicating that media coverage was followed by more discussion in the blogosphere, and more discussion in the blogosphere was followed by more media coverage" (ebd.: 580). Da die meisten der beobachteten Thematisierungseffekte in einem relativ kurzen Zeitraum von ein bis vier Tagen auftraten, kommt Wallsten zum Schluss, das Verhältnis zwischen Massenmedien und politischer Blogosphäre sei „primarily a high-speed, two-way street rather than a slow moving, one-way road leading from media coverage to blog discussion or vice versa" (ebd.). Empirische Hinweise für eine zunehmende Interdependenz zwischen massenmedialer Berichterstattung und der Blogosphäre liefern zudem zwei Studien von Meraz (2009 u. 2011).

Zusammenfassend hat dieser Forschungsüberblick gezeigt, dass es sich beim grössten Teil der Weblogs – die bislang die Diskussion um den ‚citizen journalism' und mögliche Äquivalente zum professionellen Journalismus im Internet zu dominieren scheinen – um eher unregelmässig aktualisierte Webangebote persönlicher Natur handelt, die inhaltlich vorrangig dem Privatleben, den Erlebnissen und Gedanken ihrer Autoren gewidmet sind und insofern „persönliche Öffentlichkeiten" (Schmidt 2011a: 107) konstituieren. Abgesehen davon, dass ihnen die Reichweite bzw. ‚tatsächliche' Publizität massenmedialer Angebote fehlt, verfügen sie einzeln nicht über die Periodizität, thematische Universalität und gesellschaftliche Relevanz wie journalistische Medienangebote (vgl. Kap. 2.4). Vor diesem Hintergrund erstaunt es auch nicht, dass Weblogs in einer auf Deutschland bezogenen empirischen Ermittlung der ‚journalistischen Grundgesamtheit im Internet' durch Neuberger et al. (2009a) im Jahr 2007 bloss einen Anteil von 3.6 Prozent der aufgefundenen journalistischen Angebote ausmachten, weit abgeschlagen von den Ablegern traditioneller Massenmedien wie Presse und Rundfunk (vgl. ebd.: 222).[180] Bei diesem kleinen Teil handelt es sich höchstwahrscheinlich um ‚politische' Blogs, die sich mit Themen der traditionellen Berichterstattung auseinandersetzen und vergleichsweise über eine hohe Reichweite verfügen. Einige Studien zeigen, dass solche Weblogs stark auf die Massenmedien Bezug nehmen und vornehmlich deren Berichterstattung kommentieren (vgl. z.B. Leccese 2009; Reese et al. 2007; Wall 2005). Andere Studien belegen aber auch einen inhaltlich-thematischen Einfluss politischer Blogs auf die massenmediale Berichterstattung und verweisen auf die zunehmende Interdependenz zwischen den Massenmedien und der politischen Blogosphäre (vgl. Meraz 2009 u. 2011; Messner/Distaso 2008; Wallsten 2007). Zur Beantwortung der Frage, ob Weblogs ein funktionales Äquivalent zum professionellen Journalismus darstellen können, sind neben einer angebotszentrierten Perspektive sicher auch deren Nutzung (vgl. Kap. 3.2.2) und der ihnen vom Publikum zugeschriebene Glaubwürdigkeit und Qualität Rechnung zu tragen (vgl. Kap. 3.2.4). Beide Aspekte sprechen ebenfalls nicht dafür, dass Weblogs eine dem tagesaktuellen Journalismus entsprechende Vermittlungs- und Orientierungsfunktion erbringen.

Microblogging

Der Kurznachrichtendienst *Twitter* zog in den letzten Jahren mehrmals grössere Aufmerksamkeit auf sich, weil sich ‚breaking news' darüber in Windeseile verbreiteten. Hier zirkulierte am 2. Mai 2011 die Nachricht der Erschiessung des Top-Terroristen Osama Bin Laden durch eine amerikanische Sondereinheit in der Nähe der pakistanischen Stadt Abbottabad, bevor der amerikanische Präsident Obama damit vor die Medien trat. Ein ehemaliger Mitarbeiter im Verteidigungsministerium hatte die Information über den Kurznachrichtendienst verbreitet.[181] Auch die Nachricht der Notwasserung

---

[180] Massgebend für die Zuordnung zum Journalismus waren dabei die Kriterien Publizität, Aktualität, Periodizität, Universalität, Autonomie sowie Vollständigkeit (vgl. ebd.: 200f. u. 209f.).
[181] Vgl. dazu die Nachrichten in der *Neuen Zürcher Zeitung* vom 2. Mai 2011, online unter http://www.nzz.ch/aktuell/digital/twitter-meldet-tod-von-usama-bin-ladin-zuerst-1.10447036 (20. Februar 2016) sowie in der *taz*, online unter http://www.taz.de/!5121602/ (20. Februar 2016).

eines Linienflugzeugs im Januar 2009 im Hudson River bei New York wurde zuerst von einem Passagier einer sich in der Nähe befindenden Fähre über den Microblogging-Dienst publik (vgl. Murthy 2011: 782).

Darüber hinaus war *Twitter* – neben Sozialen Netzwerken wie *Facebook* – während der Proteste bei den iranischen Wahlen im Juni 2009 und den Regimeumstürzen im Arabischen Frühling 2011 infolge fehlender massenmedialer Berichterstattung nicht nur eine wichtige Informationsquelle, sondern diente insbesondere auch der Organisation und Koordination der Aufständischen (vgl. Radsch 2011; Weaver 2010). Wie gross der Mobilisierungseffekt der Social Media während dieser politisch bedeutsamen Ereignisse, die bald auch als ‚Twitter revolution' oder ‚Facebook revolution' bezeichnet wurden, tatsächlich war, ist allerdings umstritten. Netzkritiker wie Evgeny Morozov (2011) äussern diesbezüglich starke Zweifel und verweisen im Gegenteil z.B. auf die Möglichkeiten, die das Internet autoritären Regimes zur Überwachung ihrer Bürger an die Hand gibt (vgl. ebd.: 10 u. 16). Es dürfte klar sein, dass internetbasierten Kommunikationsdiensten (und anderen Medien) in Ländern, die nicht über ein funktionierendes und vor allem unabhängiges Mediensystem verfügen, eine ganz andere Bedeutung zukommt. Den zwei erstgenannten Beispielen ist dagegen gemeinsam, dass hier Einzelpersonen von wichtigen Ereignissen öffentlich wahrnehmbar Zeugnis ablegten, bevor sie auf dem Themenradar der Massenmedien auftauchten. Allein dieser Aktualitätsvorsprung, so lässt sich einwenden, stellt aber noch keine journalistische Leistung dar. Auch lässt die von *Twitter* vorgegebene Beschränkung der Nachrichten auf 140 Zeichen deutlich werden, dass es sich dabei bloss um *Hinweise* auf wichtige Vorfälle handeln kann. Die ressourcenintensive Orientierung der Allgemeinheit durch den Journalismus setzt in solchen Fällen erst danach ein – durch Einordnung, Aufarbeiten der Ursachen und Umstände, Befragen der Beteiligten und Abschätzen der Folgen.

Nichtsdestotrotz wurde *Twitter* immer wieder in die Nähe des Journalismus gerückt. Der Journalist und Blogger Mathew Ingram zeigte sich unter dem Eindruck der zuerst auf *Twitter* veröffentlichten Augenzeugenberichte von den Terroranschlägen in Mumbai Ende 2008 davon überzeugt „that what Twitter is doing is effectively journalism" (Ingram 2008: o.S.). Auch der Journalismusforscher Alfred Hermida (2010) sieht *Twitter* „as a form of ambient journalism" (ebd.: 302). Hermida versteht Mikroblogging im Allgemeinen als ein computerbasiertes „awareness system", das seine Nutzer laufend über die relevanten Ereignisse aus ihrer Umwelt und die Aktivitäten Anderer auf dem Laufenden hält. Wie man sich den daraus möglicherweise entstehenden „ambient journalism" genau vorzustellen hat, lässt der Autor allerdings weitgehend offen. Produktionsseitig scheinen immer noch berufstätige Journalisten nötig zu sein, die – was zu einem gewissen Grad nachvollziehbar erscheint – ihr Augenmerk vermehrt auf Dienste wie *Twitter* „as a collective intelligence system that provides early warnings about trends, people and news" (ebd.: 302) richten müssten. Für eine entsprechende Praxis in Redaktionen gibt es bereits empirische Belege (vgl. Neuberger et al. 2010), genauso wie für die zunehmende Verwendung von *Twitter* und Social Media durch Journalisten im Allgemeinen (vgl. Artwick 2013; Farhi 2009; Lasorsa et al. 2012; Newman 2009; Vis 2013). Bevor sich im Folgenden der ‚bürgerjournalistische' Beitrag von *Twitter* zur öffentlichen Kommunikation genauer beurteilen lässt, müssen zunächst die Charakteristika des Dienstes kurz vorgestellt werden.

Hinsichtlich seiner Funktionalität gehört *Twitter* zu den sogenannten Microblogging-Diensten, die es Nutzern erlauben, via Internet bzw. Smartphone kurze Textmitteilungen oder Bilder an ihr Netzwerk aus ‚Freunden' bzw. ‚Followern' zu schicken. Kommunikationstypologisch sind diese Dienste bzw. die darüber verbreiteten Kommunikate zwischen ‚Instant Messages', ‚Short Messages' (SMS) und ‚Blog Postings' einzuordnen (vgl. Beck 2010b: 30). Mit der SMS haben sie gemein, dass es sich um sehr kurze (teils anbieterabhängig in ihrer Länge begrenzte) Mitteilungen handelt. Mit dem Instant Messaging teilt das Microblogging, dass es seinen Teilnehmern nahezu eine synchrone Kommunikation und somit auf verbaler Ebene eine Annäherung an die Gesprächssituation erlaubt. Mit Weblogs sind die über Microblogging-Dienste abgesetzten Kurznachrichten insofern vergleichbar, als sie in der Regel über den direkten Empfängerkreis hinaus öffentlich zugänglich und – mindestens eine gewisse Zeit lang – mittels eigener URL adressierbar sind. Obschon es auch andere Microblogging-Dienste wie *tumblr.* oder *Plurk* gibt, wird *Twitter* aufgrund seiner Popularität und Verbreitung gern als Synonym für das Microblogging schlechthin verwendet (vgl. Ebersbach et al. 2011: 86). Anfangs 2016 zählte der Dienst weltweit 320 Millionen aktive Nutzer, seit dem Start des Dienstes zehn Jahre zuvor wurden weltweit über 500 Milliarden Kurznachrichten verschickt (vgl. Melchior 2016: o.S.). Auch die Forschung zum Microblogging hat sich bislang praktisch ausnahmslos mit *Twitter* beschäftigt, weshalb sich die folgenden Ausführungen in erster Linie darauf beziehen, stellvertretend jedoch auch für andere Microblogging-Dienste Gültigkeit haben dürften.

Der 2006 eingeführte Dienst *Twitter* erlaubt es seinen Nutzern (Individuen genauso wie z.B. Unternehmen, Behörden, Massenmedien etc.), über das Internet bzw. Mobiltelefon von ihrem eigenen Account aus Kurznachrichten mit maximal 140 Zeichen zu versenden, die neben Text auch Bilder und Links zu Videos oder Websites enthalten können (vgl. Busemann 2013: 397). Diese ‚Tweets' werden direkt von den Nutzern empfangen, die den entsprechenden Account als ‚Follower' abonniert haben. Daneben können einmal versendete ‚Tweets' prinzipiell von jedermann (auch nicht registrierten Nutzern) mittels Suchfunktion recherchiert und angezeigt werden, ausser sie wurden als ‚Direktnachrichten' ausschliesslich an einzelne Empfänger verschickt (wie eine nicht-öffentliche E-Mail oder SMS). ‚Tweets' lassen sich direkt beantworten, kommentieren oder einfach an das eigene Netzwerk aus ‚Followern' weiterleiten (‚retweeten'). Dank dieses Multiplikationseffekts vermögen sie sich in Windeseile im Netzwerk zu verbreiten.

Bei der Einschätzung des journalistischen Potenzials von *Twitter* muss dem Umstand Rechnung getragen werden, dass die über das Netzwerk versendeten Botschaften unabhängig davon, ob man sie nun als ‚Follower' des Absenders erhalten hat oder über eine Stichwortsuche auf sie gestossen ist, empfängerseitig einzig in chronologisch absteigender Reihenfolge ausgegeben werden. Eine Sortierung nach Relevanz, regionalem Bezug oder einer anderen Sachlogik findet nicht statt. Auch unterscheidet *Twitter* als bloss technische Infrastruktur nicht zwischen privaten Nachrichten und solchen, die allenfalls für einen breiteren Teil der Gesellschaft von Interesse sein könnten, darüber hinaus kann die Richtigkeit der hier veröffentlichten und weitergereichten Informationen nicht einfach unterstellt werden. Das ist besonders dann problematisch, wenn über das Netzwerk Gerüchte und Falschmeldungen verbreitet werden, was bspw. bei den Anschlägen von Mumbai im Herbst 2008 der Fall war (vgl. Busari 2008). Die aus kommunikations- und medienwissenschaftlicher Sicht relevanten Befunde zu *Twitter* werden ständig erweitert. An dieser Stelle kann bei weitem kein vollständiger Forschungsüberblick gegeben werden, weshalb sich die Darstellung auf die mit Blick auf das Erkenntnisinteresse dieser Arbeit relevantesten Ergebnisse beschränkt.[182]

Cheng et al. (2009) analysierten computergestützt im Mai 2009 insgesamt 11.5 Millionen *Twitter*-Accounts und die von ihnen abgesetzten Meldungen. Ihren Ergebnissen zufolge verschickten mehr als vier Fünftel (85.3 Prozent) aller Nutzer weniger als eine Nachricht pro Tag, gut ein Fünftel (21 Prozent) hatte noch gar nie einen ‚Tweet' abgesetzt (vgl. ebd.: 2). Lediglich fünf Prozent der registrierten Nutzer war für drei Viertel (75 Prozent) aller veröffent-

---

[182] Eine laufend aktualisierte Forschungsbibliographie zu Studien über *Twitter* aus Disziplinen wie der Anthropologie, Informationswissenschaft, Informatik, Linguistik, Kommunikations- und Medienwissenschaft, Politikwissenschaft, Soziologie und Wirtschaftswissenschaft findet sich auf der Website der Computerwissenschaftlerin Danah Boyd unter http://www.danah.org/research Bibs/twitter.php (16. Februar 2016).

lichten Meldungen verantwortlich, die 10 Prozent aktivsten Nutzer generierten 86 Prozent des Nachrichtenaufkommens und die aktivsten 30 Prozent sorgten für 97.4 Prozent der versendeten ‚Tweets' (vgl. ebd.: 14). Die Publikationsaktivität auf *Twitter* folgt somit einer Verteilung nach dem sogenannten ‚Power Law', die sich im Netz an vielen Stellen beobachten lässt: Sehr wenige registrierte Nutzer sind z.b. bei der *Wikipedia* für den grössten Teil der ‚edits' verantwortlich, während die grosse Mehrheit eher passiv bleibt, sehr wenige Weblogs (sogenannte A-List-Blogs) erhalten in der Blogosphäre sehr viel Aufmerksamkeit z.B. in Form eingehender Links, während der Grossteil kaum wahrgenommen wird (vgl. Fraas et al. 2012: 37). Eine Verteilung nach dem ‚Power Law' fanden Cheng et al. auch bei der Vernetzung: Die allermeisten *Twitter*-Nutzer (93.6 Prozent) wurden von weniger als 100 ‚Followern' abonniert, nur ein sehr kleiner Teil (weniger als ein Prozent) hatte dagegen über 1'000 ‚Follower' (vgl. ebd.: 8). Dazu gehörten z.B. prominente Musiker, Schauspieler oder Moderatoren. In einer Vertiefungsstudie zu den fünf Prozent aktivsten Accounts stellte sich zudem heraus, dass knapp ein Drittel davon (32 Prozent) offenbar von automatisch gesteuerten Computerprogrammen (sogenannte ‚Bots') betrieben wurde, die täglich über 150 Meldungen ausstiessen (vgl. Cheng/Evans 2009: o.S.). Darunter befanden sich z.B. Reiseunternehmen, die automatisierte Buchungsofferten für Hotels herumschickten, Massenmedien, die ihre Nachrichten über *Twitter* distribuierten, Wetterdienste oder Finanzmarktdienstleister, die hier ihre Informationen und Updates verbreiteten. Umgerechnet sorgten diese automatisierten ‚bots' für ein Viertel (25 Prozent) des gesamten Nachrichtenaufkommens (vgl. ebd.). An diesen Befunden wird deutlich, dass auf *Twitter* neben Kommunikation zwischen Individuen auch massenhaft Inhalte einseitig (‚one-way') verbreitet werden, deren Absender in der Regel nicht wirklich davon ausgehen, dass ihnen direkt geantwortet wird. Unternehmen nutzen den Dienst längst als effizienten Werbe- und PR-Kanal. Die Computerfirma *Dell* bietet bspw. über *Twitter* exklusive Sonderangebote und Restposten an. Zwischen 2007 und 2010 hat sich das Unternehmen auf diese Weise einen Kreis aus 1.5 Mio. ‚Followern' aufgebaut und über seinen *Twitter*-Account einen Umsatz in Millionenhöhe generiert (vgl. Ebersbach et al. 2011: 92).

Massenmedien nutzen den Dienst hauptsächlich als zusätzlichen Distributionskanal für ihre Nachrichten, indem sie mit Links versehene ‚Tweets' verschicken, die auf neu verfügbare Beiträge auf ihren Websites aufmerksam machen, wo zusätzliche Rezipienten auch mehr Werbeeinnahmen einbringen. Armstrong und Gao (2010) untersuchten während vier Monaten die ‚Tweets' von sechs Tageszeitungen und drei TV-Sendern in den USA (u.a. von *The*

New York Times, US Today, ABC News) und zogen die Schlussfolgerung „that the main use of *Twitter* is to drive traffic to the news site" (ebd.: 232). Auch eine Redaktionsbefragung in Deutschland kam zum Schluss, dass *Twitter* hauptsächlich als Werkzeug eingesetzt wird, um die Aufmerksamkeit der Nutzer auf die eigene Website zu lenken (vgl. Neuberger et al. 2010: 84). Nahezu ebenso häufig wird der Dienst aber auch zur ‚weichen' Recherche verwendet, etwa um Stimmungsbilder oder Themenideen einzuholen (vgl. ebd.).

Studien zu den von Einzelpersonen über *Twitter* ausgetauschten Inhalten legen den Schluss nahe, dass hier v.a. Privates (z.B. Mitteilungen über die eigene Befindlichkeit, den Aufenthaltsort oder persönliche Meinungen) eine grosse Rolle spielt. Naaman et al. (2010) unterzogen insgesamt 3'379 zufällig ausgewählte ‚Tweets' von insgesamt 350 Nutzern einer Inhaltsanalyse. Sie wählten dazu aus 125'593 Accounts, die in der öffentlich sichtbaren ‚Timeline' erschienen, in einem automatisierten Verfahren aktive Nutzer aus, die mindestens 10 ‚Follower' hatten und bereits 10 ‚Tweets' abgesetzt hatten. Von den codierten Nachrichten, bei denen eine Mehrfachzuordnung möglich war, handelte es sich beim weitaus grössten Teil (41 Prozent) um Aussagen über den momentanen Zustand und die Befindlichkeit ihres Verfassers (z.B. „tired and upset"). Es folgten mit geringeren Anteilen persönliche Gedanken und Feststellungen (25 Prozent, z.B. „I miss New York but I love LA", „the sky is blue in the winter here"), Meinungsäusserungen (24 Prozent, z.B. „Illmatic = greatest rap album ever") und für nützlich bzw. wertvoll befundene Informationen, die weiterführende Links enthielten (21 Prozent, z.B. „15 uses of WordPress") (vgl. ebd.: 191). Westman und Freund (2010) kamen in einer Genre-Analyse von 5'541 zufällig ausgewählten ‚Tweets' ebenfalls zum Schluss, dass beim weitaus grössten Teil persönliche Inhalte dominierten (vgl. ebd.: 325). Dass es beim persönlichen Gebrauch von Microblogging-Diensten v.a. um das Mitteilen von Alltagsaktivitäten, Befindlichkeiten und eigenen Gedanken geht, wurde empirisch auch für andere Dienste als *Twitter* festgestellt (vgl. Oulasvirta et al. 2010).

Gerade beim Blick auf ‚durchschnittliche' Einzelnachrichten wird aber ein wesentliches Moment des Mikrobloggings ausgeblendet. Bei *Twitter* sind nämlich nicht alle mitgeteilten Botschaften gleichwertig im Sinne von ‚gleich beachtet'. Im Netzwerk multiplizieren sich Nachrichten, die von vielen Nutzern als ‚Retweets' weitergeleitet werden. Sie erhalten innert Kürze viel Aufmerksamkeit, da sie im Netzwerk als interessant bzw. relevant angesehen werden (vgl. Suh et al. 2010: 178). *Twitter* weist dabei in Ranglisten (‚Toptweet'-Listen) länderspezifisch die am häufigsten weitergeleiteten bzw.

beachteten ‚Retweets' aus. Vor diesem Hintergrund haben Neuberger et al. (2010) während drei Monaten im Frühling 2010 alle Kurznachrichten (n= 963) aus der ‚Toptweet'-Liste für Deutschland einer näheren inhaltlichen Analyse unterzogen. Es kann davon ausgegangen werden, dass es sich dabei also um jene Mitteilungen handelt, welche die Nutzer für sehr relevant hielten. In den meisten Fällen (43 Prozent) waren die Autoren einfache Bürger (d.h. öffentlich nicht bekannte Personen), gefolgt von den Medien (einzelnen Journalisten, Redaktionen, Publizisten, Medien, Nachrichtenagenturen), auf welche 34 Prozent aller untersuchten ‚Toptweets' entfielen. Von Einzelpersonen in sonstigen Leistungsrollen stammten sieben Prozent, von organisierten zivilgesellschaftlichen Akteuren (z.B. NGOs, Bürgerinitiativen) fünf Prozent der weitergeleiteten Nachrichten (vgl. ebd.: 75). Wie die Studie weiter zutage fördert, drehte sich bloss eine kleine Minderheit der untersuchten ‚Retweets' (9 Prozent) eindeutig um das Privatleben des ursprünglichen Verfassers, während die grosse Mehrheit (91 Prozent) Themen von übergreifender Relevanz gewidmet war (z.B. Politik, Technik und Internet, Unterhaltung und Popkultur). Davon stellten 61 Prozent Kommentare bzw. Meinungsäusserungen der Autoren dar, eine eigenständige Berichterstattung in dem Sinne, dass *Twitter*-Nutzer vor Ort in der Rolle als Reporter, Augenzeugen (z.B. eines Unfalls) oder Teilnehmer eines öffentlichen Anlasses (z.B. einer Demonstration) live von einem Geschehen berichteten, fand so gut wie nie statt (vgl. ebd.: 77). Dagegen wurde häufig auf bereits anderswo publiziertes Material hingewiesen – 44 Prozent der untersuchten ‚Retweets' enthielten einen Hyperlink. Den hohen Anteil von Kurznachrichten einfacher Bürger bzw. von nicht öffentlich bekannten Personen deuten die Autoren dahingehend, dass sich der Kurznachrichtendienst als partizipatives Publikationsformat habe etablieren können. Die hier entstandene Teilöffentlichkeit komme einer „virtuellen Encounteröffentlichkeit" (ebd.: 75) gleich, die allerdings wesentlich sichtbarer und anschlussfähiger als vergleichbare Interaktionen ausserhalb des Internets in der Kommunikation unter Anwesenden sei (vgl. ebd.). Tatsächlich erscheint *Twitter* in dieser Hinsicht als ein anschauliches Beispiel für den Wandel der Öffentlichkeit im Internet, in der vormals relativ getrennte Sphären wie die Encounter-, Versammlungs- und massenmediale Öffentlichkeit (vgl. Gerhards/Neidhardt 1990: 19ff.) stärker ineinander übergehen und durchlässiger für Themen und Meinungen werden (vgl. Neuberger 2009: 41ff.). Insgesamt deuten die Befunde dieser Studie darauf hin, dass die untersuchten und innerhalb von *Twitter* besonders viel beachteten ‚Toptweets' inhaltlich-thematisch stark den ‚politischen' Weblogs bzw. ‚Nachrichtenblogs' ähneln. Zumindest für den deutschsprachigen Raum liefern die Ergebnisse keine Anhaltspunkte dafür, dass sich über *Twitter* ein eigenständiger ‚citizen journalism' im Sinne einer originären Berichterstattung von Laien konstituiert. Studien zu *Twitters* Rolle speziell während sozialer Proteste bekräftigen diesen Befund (vgl. Earl et al. 2013; Poell/Borra 2012).

Auch aus Sicht des einzelnen Nutzers muss das journalistische Potenzial von Microblogging in Frage gestellt werden. Kurznachrichtendienste wie *Twitter* bieten – sieht man von den professionell-redaktionell erstellten Inhalten ab, die von Massenmedien in Verweisform hierüber verbreitet werden – keine kontinuierliche, verlässliche Orientierung über verschiedene Teilbereiche der Gesellschaft in kompakter Form. Neben einer solch angebotszentrierten Sicht ist auch die aktive Nutzung von *Twitter* in der Bevölkerung zu beachten, die im Vergleich zu anderen Internetanwendungen (z.B. E-Mail, Soziale Netzwerke) sehr gering ist (vgl. Kap. 3.2.2).

Schliesslich stellt sich im Vergleich mit professionell-journalistischen Medienangeboten wie schon bei Weblogs die Frage nach der Qualitätseinschätzung und Glaubwürdigkeit im Publikum. Verschiedene Studien belegen, dass Social Media verglichen mit traditionellen Massenmedien wie Zeitungen und Rundfunk und deren Online-Angeboten aus Publikumssicht als weniger glaubwürdig wahrgenommen werden (vgl. Latzer et al. 2015; Melican/Dixon 2008; Trepte et al. 2008). Dagegen scheinen professionelle Medienmarken ihren Glaubwürdigkeitsvorsprung auf ihre offiziellen Web-Auftritte übertragen zu können. In einer Online-Befragung unter 1'000 Internetnutzern aus Deutschland, worin die Befragten gebeten wurden, die Glaubwürdigkeit und journalistische Qualität verschiedener Internetangebote zu beurteilen, stuften lediglich 9.9 Prozent der Befragten *Twitter* als sehr glaubwürdig ein, bei Weblogs betrug der entsprechende Anteil 7.7 Prozent (vgl. Neuberger 2012b). Demgegenüber wurden die Online-Angebote von Zeitungen und Zeitschriften von deutlich über der Hälfte (57.4 Prozent) und von Fernsehen und Radio von etwas weniger als der Hälfte (47.8) der Befragten als sehr glaubwürdig eingestuft. Auch mehrere dem Journalismus traditionellerweise zugeschriebene Eigenschaften wie Periodizität, Themenbreite, Aktualität, Sachlichkeit, allgemeine Relevanz und Quellentransparenz wurden den Online-Angeboten von Presse und Rundfunk in deutlich höherem Ausmass zugeschrieben als *Twitter* und Weblogs. Die beiden letzteren erzielten einzig bei den Eigenschaften ‚persönliche Perspektive des Autors' sowie ‚intensive Diskussion' bessere Bewertungen (vgl. ebd.: 47f.). Hierin bestätigen sich nochmals die weiter oben zusammengetragenen inhaltsanalytischen Befunde, wonach sowohl in Weblogs als auch über Microblogging hauptsächlich persönliche Ansichten und Erfahrungen publik gemacht werden und der Kontakt mit dem eigenen sozialen Netzwerk gepflegt wird. Im Falle von *Twitter* leisten allenfalls Augenzeugenberichte von unerwarteten und tragischen Vorfällen (z.B. Unfällen, Naturkatastrophen) einen gesellschaftlich relevanten Beitrag, stellen dann allerdings wie eingangs erwähnt noch nicht viel mehr als *Hinweise* auf relevante Ereignisse dar, die der Journalismus entsprechend seinen Normen und Routinen aufarbeiten muss.

Podcasts

Als mögliche Medien eines eigenständigen ‚Bürgerjournalismus' werden in der Literatur explizit auch Podcasts genannt (vgl. Pleil 2007: 173; Mocigemba 2007: 64; Löser/Peters 2007: 146). Den abonnierbaren Audio- und Videobeiträgen wird in diesem Zusammenhang gern das Potenzial zugeschrieben, die Brecht'sche Vision eines ‚Bürgerradios' im digitalen Zeitalter zu realisieren. In seiner Rede über die Funktion des Rundfunks hatte Brecht 1932 gefordert, das Radio „aus einem Distributionsapparat in einen Kommunikationsapparat zu verwandeln" (Brecht 1932: 129). In den Augen des politisch engagierten Schriftstellers war der Rundfunk „der denkbar grossartigste Kommunikationsapparat des öffentlichen Lebens, [...], das heisst, er wäre es, wenn er es verstünde, nicht nur auszusenden, sondern auch zu empfangen, also den Zuhörer nicht nur hören, sondern ihn auch sprechen zu machen" (ebd.). Unter Verweis auf Brecht stellt etwa Pleil (2007) fest, das Podcasting mache wie andere Internetanwendungen aus dem vormals passiven Publikum der Massenkommunikation ‚aktive' Sender (vgl. ebd.: 177). Gleichzeitig, räumt der Autor ein, sei es noch abzuwarten und empirisch zu untersuchen, „unter welchen Umständen in einem freiheitlichen massenmedialen System individuelle Akteure die Möglichkeit der öffentlichen Artikulation tatsächlich nutzen und wirklich *Bürgerjournalismus* proben, der über das Diskutieren bereits von klassischen Medien publizierter Themen hinausgeht" (ebd.: 175, Herv. i.O.).

Die bereits weiter oben für Weblogs und *Twitter* präsentierten Befunde haben gezeigt, dass dort im Wesentlichen entweder interpersonale Kommunikation über private Belange oder eben gerade Anschlusskommunikation über die massenmedial definierte Themenagenda stattfindet, während eine exklusive Eigenberichterstattung kaum anzutreffen ist. Es stellt sich mithin die Frage, ob es sich bei Podcasts anders verhält. Bevor unter Heranziehung des relevanten, bislang dünnen Forschungsstands versucht wird, diese Frage zu beantworten, erscheint es notwendig, die zentralen Begriffe zu klären.

Ein Podcast ist eine Sammlung von Audio- oder Videodateien, die in Serie (d.h. mit einer bestimmten Periodizität) veröffentlicht werden. Podcasts benachrichtigen ihre Abonnenten über einen sogenannten Feed (meistens RSS), wenn eine neue Sendung (,Episode') zum Download verfügbar ist.[183] Daneben gibt es auch Programme (sogenannte ,Podcatcher'), welche in regelmässigen Abständen nach neuen Episoden suchen, sie direkt herunterladen und mit weiteren Geräten (z.B. MP3-Playern oder Smartphones) synchronisieren (vgl. Alby 2008b: 73; Löser/Peters 2007: 139; Quandt 2013: 266). Wurden anfänglich vor allem Audio-Dateien als Podcasts angeboten, stehen in den letzten Jahren vermehrt abonnierbare Videodateien zur Verfügung. Obschon die Verwendung eines Feeds zur Bereitstellung eines Podcasts essenziell ist, da ohne ihn kein Abonnement möglich ist, werden (fälschlicherweise) auch Audiodateien als Podcasts bezeichnet, die ohne einen Feed zum einmaligen Download angeboten werden (vgl. Alby 2008b: 73). Im engeren Sinn handelt es sich bei Video- oder Audiodateien, die gleichzeitig mit ihrem Abruf im Webbrowser angehört bzw. -gesehen werden (sogenanntes Streamen), ebensowenig um Podcasts.

Teils werden Podcasts in der Literatur den Weblogs untergeordnet, da es sich bei beiden – unabhängig davon, ob sie Text, Bild oder Ton einbinden – um Webangebote handelt, die mit einer gewissen Regelmässigkeit neue Beiträge veröffentlichen und üblicherweise über RSS abonniert werden können (vgl. Ebersbach et al. 2011: 77; Mocigemba 2007: 62). In dieser Hinsicht haben Weblogs und Podcasts den Charakter von ,Push-Medien', die ihre Nutzer regelmässig über neu verfügbare Beiträge benachrichtigen. Des Weiteren teilen sie ihre Eigenschaft als Trägermedien für ganz unterschiedliche Inhalte von diversen Anbietern. Pleil (2007) formuliert etwas zugespitzt, es gebe wohl kein Thema, wozu sich nicht auch ein passender Podcast finde. Beispielhaft verweist er auf einen Tankwart, der von seinem Alltag an der Tankstelle berichte, auf eine Band, die aus ihrem Proberaum sende, religiöse Gemeinschaften, die mit ,Godcasting' ein neues Publikum suchten, oder auf einen Podcast zu ,Fakten, die keiner braucht' (vgl. ebd.: 175f.). Auch in Marketing, Werbung und der Öffentlichkeitsarbeit von Behörden werden Podcasts eingesetzt. Das schweizerische *Bundesamt für Verkehr (BAV)* ver-

---

[183] Begrifflich handelt es sich beim Podcast um eine Zusammensetzung aus dem Namen des populären MP3-Players ,iPod' von *Apple* sowie engl. ,(to) broadcast' (Rundfunksendung bzw. über Rundfunk ausstrahlen). Zum ersten Mal soll der Neologismus von Ben Hammersley, einem Journalisten des *Guardian*, im Jahr 2004 verwendet worden sein (vgl. Alby 2008b: 73; Markman 2012: 548, FN 1).

breitet bspw. seine neusten Informationen auch als Podcast[184], die deutsche Bundeskanzlerin Angela Merkel wendet sich jeden Samstagmorgen in einem Audio- und Videopodcast an die Bevölkerung und nimmt darin zu aktuellen politischen Fragen Stellung.[185] Schliesslich gilt für den Podcast, was bereits bei der Diskussion von Weblogs und *Twitter* deutlich wurde: Die traditionellen Massenmedien haben in den letzten Jahren dieses neue Medienformat erfolgreich adaptiert und ihre Vielfalt an Angeboten und Ausspielkanälen dadurch entscheidend erweitern können. Das *Schweizer Radio und Fernsehen (SRF)* z.B. bietet mittlerweile ausser Spielfilmen nahezu alle seine Radio- und TV-Sendungen als Podcasts an, die zeitversetzt genutzt werden können, was einem zunehmenden Bedürfnis der Mediennutzer entspricht (vgl. Kloppenburg et al. 2009; Stipp 2009).

Damit wurden auch schon die wesentlichen Stärken des Podcasts angedeutet: Waren bei dessen Popularisierung ab 2005 weder das Internet noch Audio-Files oder tragbare Audioplayer wirklich neu, konstituierte sich in Kombination mit RSS-Feeds ein eigenes Medienformat, das vom Nutzer offline, mobil und – eben im Gegensatz zur herkömmlichen Rezeption von Radio und Fernsehen – unabhängig von festen Sendezeiten genutzt werden konnte (vgl. Löser/Peters 2007: 146). Heute scheinen die populärsten Podcasts in erster Linie von den etablierten Rundfunkveranstaltern zu stammen. In den Schweizer Charts des Podcast-Verzeichnisses *podcasters.ch* befanden sich im September 2013 unter den Top 20 nur gerade vier unabhängige Anbieter, bei den restlichen 16 Podcasts handelte es sich um Sendungen traditioneller Massenmedien. In den deutschen Charts von *podcharts.de* stammten im selben Monat drei Viertel der meist abonnierten 20 Podcasts von traditionellen Rundfunkveranstaltern. Gemäss einer 2007 durch das Marktforschungsinstitut *House of Research* durchgeführten (nicht repräsentativen) Online-Befragung von 272 Podcast-Anbietern in Deutschland waren knapp 60 Prozent professionelle Anbieter (Radio- und Fernsehveranstalter, Verlage, Bildungsinstitutionen, Unternehmen etc.) und 40 Prozent Privatpersonen. Letztere veröffentlichten dabei im Schnitt weniger regelmässig neue Episoden (vgl. Martens/Bressler 2007: 7ff.). Zu vergleichbaren Befunden gelangt eine an der *Technischen Universität Ilmenau* verfasste Abschlussarbeit (vgl. Gerwin 2009: 44f.).

---

[184] Abrufbar unter http://www.bav.admin.ch/dokumentation/mediathek/00588/03853/?lang=de (16. Februar 2016).
[185] Abrufbar unter http://www.bundeskanzlerin.de/Webs/BKin/DE/Service/Podcast/podcast_node.html (16. Februar 2016).

Die kommunikations- und medienwissenschaftliche Erforschung des Phänomens ‚Podcast' ist nicht weit fortgeschritten. Das mag auch damit zusammenhängen, dass unabhängig bzw. hobbymässig produzierte Podcasts bei Weitem nicht so verbreitet sind wie Weblogs, zumal die Erstellung eines rezipierbaren Audio- oder Videobeitrags von einer gewissen Mindestqualität in Ton und Schnitt einiges aufwändiger ist als das Verfassen eines ‚Postings' in Textform. Trotzdem ist die Produktion eines Podcasts technisch im Prinzip nicht anspruchsvoll. Alles, was es dazu braucht, ist ein Mikrophon, ein Computer mitsamt Schnittsoftware, wovon es auch kostenlose Angebote gibt, und schliesslich wie beim Weblog eigener ‚Webspace' auf einem Server (vgl. Alby 2008b: 77ff.; Löser/Peters 2007: 139f.).

Einige kommunikations- und medienwissenschaftlich relevante Studien widmen sich ausschliesslich oder schwerpunktartig dem Publikum und der Rezeption von Podcasts (vgl. BlueSky Media 2009; Lauber et al. 2007; Martens/Amann 2007; Martens/Bressler 2007; Rampf 2008). Martens und Amann (2007) stellten in einer nicht repräsentativen Befragung von 447 Podcast-Nutzern im Jahr 2007 fest, dass es sich bei der Mehrheit (70 Prozent) um relativ junge Nutzer unter 40 Jahren handelte. Podcasts wurden häufig ausser Haus z.B. in öffentlichen Verkehrsmitteln, im Auto, am Arbeitsplatz oder in der Schule rezipiert (vgl. ebd.: 544). Inhaltlich interessierten sich die Befragten am meisten für Wissenssendungen und Informationen aus der Wissenschaft, Technik-, Computer- und IT-News, Comedy und Satire, akustische Tagebücher sowie Hörspiele. 28 Prozent aller Befragten hatten schon einmal selbst einen Podcast produziert (vgl. ebd.: 540 u. 545f.). Übereinstimmende Befunde liefert eine vom Marktforschungsunternehmen *BlueSky Media* (2009) durchgeführte Online-Befragung von 795 deutschen Podcast-Nutzern.

Gestützt auf Leitfadeninterviews mit 19 privat produzierenden deutschen Podcastern entwickelt Mocigemba (2007) eine Typologie mit folgenden sechs Typen (vgl. ebd.: 62ff.):

- Der *Explorer*, dem es darum geht, das neue Medium auszuprobieren. Die Themenwahl ist eher zweitrangig, technisch wird eine gewisse Grundfunktionalität angestrebt. Das Interagieren mit Hörern ist für den *Explorer* eher eine Überraschung denn eine Erwartung, hingegen steht er mit anderen Podcastern in regem Austausch, um ein bestimmtes technisches Know-How zu erlangen.

- Der *ThemeCaster*, der für „Bürgerjournalismus und Qualitätssicherung" (ebd.: 64) steht und sich durch seine fachliche Expertise auf einem bestimmten, von den Massenmedien oft nicht erschöpfend abgedeckten Themenfeld auszeichnet. In den Augen des *ThemeCasters*, der sich inhaltlich um Korrektheit, Aktualität und Verständlichkeit bemüht, soll sein Angebot einen Nutzwert für die Hörer haben. Deren Interesse und Aufmerksamkeit sind ihm Verpflichtung, regelmässig neue Beiträge von einer bestimmten Mindestqualität zu veröffentlichen.

- Der *Rebell*, der sein Podcast als politische Aktivität versteht und als Ausdruck des Protests betreibt, darin randständige Themen und nicht mehrheitsfähige Meinungen aufnimmt und sich – nicht selten mit absichtsvoll schlechter technisch-handwerklicher Qualität – bewusst gegen die als übermächtig empfundene Medien-, Musik- und Werbeindustrie wendet. Funktional stehen die Podcasts dieses Typs in der Nachfolge der Piratenradios der frühen 1980er Jahren (vgl. Kap. 3.3.2).

- Der *Personality Prototyper* betreibt mit seinem Podcast vor allem „Identitätsmanagement" (Schmidt 2011a: 76ff.). Er begreift Podcasting als Bühne, auf welcher er in verschiedene Rollen (z.B. Moderator, Comedian, DJ) schlüpfen und seine Wirkung auf sein Publikum ausprobieren kann. Gemäss Mocigemba (vgl. ebd.: 69) sind es vielfach diese Podcasts, die erstaunlich hohe Reichweiten erzielen.

- Der *Social Capitalist* möchte mittels Podcasting neue, interessante Menschen kennen lernen oder alte Kontakte wieder beleben. Sein Podcast soll als Werkzeug des „Beziehungsmanagements" (Schmidt 2011a: 86ff.) interessante Kommunikationssituationen schaffen und Kontakte herstellen. Aufgrund eines stetig wachsenden sozialen Netzwerks kommt dem *Social Capitalist* ein besonderes Potenzial als Meinungsführer im Sinne des ‚Two-Step-Flow of Communication' zu.

- Der *Social Gambler* ist zwischen dem *Personality Prototyper* und *Social Capitalist* zu verorten und dürfte nach Einschätzung Mocigembas (vgl. ebd.: 70) in der deutschen ‚Podosphäre' am wenigsten verbreitet sein. Er betreibt sein

Podcast als eine Art „Feldexperiment mit anderen, in dem er eruiert, wie weit er mit den Hörern gehen kann" (ebd.). Sein Publikum zu unerwarteten Reaktionen herauszufordern reizt ihn.

Die Typologie von Mocigemba (2007) vermag das Betätigungsfeld der aktiven unabhängigen Podcaster sehr plastisch einzugrenzen, doch als explorative Klassifikation kann sie keine Aussagen über die empirischen Häufigkeiten der beschriebenen Typen in der sozialen Realität machen. Immerhin schätzt der Autor die Verbreitung des *Social Gamblers* als vergleichsweise am tiefsten ein, für die restlichen fünf Typen bleibt aber offen, wie sie sich verteilen. Hier wäre also anschliessende deduktiv-quantifizierende Forschung angebracht. Mit Blick auf das Erkenntnisinteresse dieser Arbeit fällt auf, dass der potenzielle ‚Bürgerjournalist', dem Mocigemba am ehesten eine journalistische Funktion zuschreibt, nur einer von sechs Typen darstellt, deren Motivlage und Angebote ansonsten mit Journalismus sehr wenig zu tun haben. Umgekehrt lassen sie sehr viele Gemeinsamkeiten mit Weblogs erkennen, was ganz auf der Linie jener Autoren liegt, die Podcasts als Spielform des Weblogs verstehen (s.o.).

In einer jüngeren Studie untersuchte Markman (2012) zwischen Juni 2008 und März 2009 mittels einer webbasierten halbstandardisierten Befragung die Motive von 147 unabhängigen Audio-Podcastern, die ihr Podcast hobbymässig produzierten. Der Autor unterschied dabei zwei Gruppen von Motiven: solche, die anfänglich zum Podcasten inspiriert hatten, und solche, die zum Weiterführen der eigenen Sendung beitrugen. Viele Befragte gaben an, dass sie zu Beginn einfach ‚Radio machen' wollten. Manche wurden durch einen anderen Podcast dazu inspiriert oder waren fasziniert von der Technologie, die es auszuprobieren galt. Vielen lag aber auch ‚ihr' Thema am Herzen, vor allem unter den Betreibern von Musik-Podcasts war die Leidenschaft für eine bestimmte musikalische Stilrichtung gross. Die beruflich im Bildungswesen Tätigen sahen eine Motivation häufig darin, unterrichtsbezogene Inhalte in einem unkonventionellen Modus ausserhalb des Klassenzimmers zur Verfügung zu stellen. Die grösste Motivation für ein kontinuierliches Engagement bezogen die Befragten aus dem Spass, den ihnen ihr Podcast bereitete, sowie ihrem ungebrochenen Interesse an dem Thema, worauf sie sich spezialisiert hatten (vgl. ebd.: 553ff.). Obschon sich Markham nicht spezifisch nach journalistischen Motiven erkundigte, legen seine Befunde nahe, dass die befragten Anbieter unabhängiger Podcasts sich nicht als Konkurrenz, sondern als *Ergänzung* zum professionellen Journalismus verstehen. Eines der stärksten

Motive zum Podcasten ist Markham zufolge „to produce the kinds of content not available in traditional media outlets" (ebd.: 561). Auch gemäss einer von der *Bayerischen Landeszentrale für neue Medien (BLM)* unterstützten Online-Befragung von Jugendlichen und jungen Erwachsenen, die ein Podcast betreiben, bezog ein Grossteil die Motivation dafür aus der Überzeugung, mit eigenen Themen etwas zu sagen zu haben, was andere Leute ebenfalls interessieren könnte und von anderen Medien nicht angeboten wird (vgl. Lauber et al. 2007).

Zusammenfassend deuten die bislang nur wenigen, hier gesichteten Studien darauf hin, dass sich die Motivation unabhängiger Podcast-Produzenten häufig aus einem Interesse für ein spezifisches Themengebiet gepaart mit entsprechender Expertise ergibt, wobei zu Beginn auch eine Faszination für die technischen Aspekte des Podcastings eine Rolle spielt. Privat produzierte Podcasts scheinen ein Nischenpublikum mit Inhalten zu bedienen, die in den Massenmedien nur oberflächlich oder gar nicht behandelt werden. Insofern erfüllen sie eine komplementäre Funktion zum Journalismus. Auf der Nutzungsseite zeigen Studien, dass bislang weniger journalistische Inhalte im Sinne tagesaktueller Berichterstattung nachgefragt werden, sondern Sendungen zu Wissenschaft, Technik, Computer, Comedy sowie Hörspiele. Hinzu kommt, dass Podcasts bislang verglichen mit anderen Internetanwendungen bzw. Social Media nur von einem ausgesprochen kleinen Teil der Bevölkerung genutzt werden. Gemäss der *ARD/ZDF-Onlinestudie 2013* werden Audio-Podcasts lediglich von zwei Prozent, Video-Podcasts von vier Prozent der deutschen Internetnutzer ab 14 Jahren mindestens einmal pro Woche genutzt (vgl. den statistischen Anhang in Busemann 2013: 403). Auch auf der Nutzungsseite scheint hier also keine Konkurrenzsituation zu professionell-journalistischen Medienangeboten zu bestehen. Abschliessend bleibt festzuhalten, dass in Bezug auf die Anbieter unabhängiger Podcasts nach wie vor eine beträchtliche Forschungslücke besteht. Hier bräuchte es weitere Studien nicht nur zu den psychologischen Aspekten und Motiven unabhängiger Podcaster, sondern auch zu den formalen und inhaltlichen Spezifika ihrer Sendungen, zur Beziehung gegenüber ihren Hörern sowie den Massenmedien.

Social News

Unter Social News-Communities sind Plattformen im Web zu verstehen, auf denen Links auf aktuelle Nachrichten oder sonstige im Netz veröffentlichte Inhalte hinterlegt und aufgrund der Bewertungen durch zahlreiche Nutzer nach Beliebtheit bzw. empfundener Wichtigkeit sortiert werden (vgl. Ebersbach et al. 2011: 129). Auf diese Weise entsteht eine rein nutzergenerierte Agenda von Nachrichtenereignissen bzw. Inhalten. Bekannte Social News-Anbieter in Deutschland sind z.B. *ShortNews* und *webnews*, in den USA gehören *digg* und *reddit* zu den populärsten Vertretern. Das Funktionsprinzip von Social News-Plattformen umfasst im Wesentlichen drei Phasen (vgl. Schmidt et al. 2009: 54): 1.) Nutzer speisen Inhalte aus dem Web (Texte, Videos, Fotos) mittels Hyperlink und einer kurzen Zusammenfassung in die Plattform ein. Auf diese Selektion folgt 2.) ein kollaboratives Filtern, bei dem andere Nutzer der Plattform die hinterlegten Inhalte kommentieren und bewerten, indem sie eine Stimme (‚vote') für Beiträge abgeben, die sie als besonders interessant oder relevant erachten. Pro Beitrag ist dabei nur eine Stimmabgabe möglich, gewisse Dienste erlauben nicht nur positive Nutzervoten, sondern auch Negativstimmen. Im letzten Schritt werden schliesslich 3.) die einzeln für einen Beitrag abgegebenen Stimmen zu einer Gesamtsumme verrechnet, welche seinen Rang in einer dynamischen Liste bestimmt. Von vielen Nutzern positiv bewertete Beiträge erscheinen darin ganz oben, solche mit wenigen Stimmen weiter hinten. Social News-Plattformen schaffen auf diese Weise eine Nachrichtenagenda, die sich ganz an den Relevanzkriterien und Interessen der Nutzer orientiert.

Wie Schmidt et al. (2009) darlegen, entsteht durch dieses ‚soziale' Filtern eine Alternative zur massenmedial definierten Themenagenda. Statt wie bei der Nutzung journalistischer Medienangebote auf die Auswahlentscheidungen von professionellen Journalisten oder Redakteuren beschränkt zu sein, orientieren sich Nutzer von Social-News Plattformen an der Informationssuche und -auswahl anderer Nutzer und werden so z.B. auf Dokumente aufmerksam, die sie sonst nicht zur Kenntnis genommen hätten (vgl. ebd.: 55). Offenbar hatte auch Kevin Rose, der Gründer der mittlerweile bekanntesten Social News-Plattform *digg*, dieses Funktionsprinzip vor Augen, als er zu Protokoll gab: „People like the fact that it's a democratic approach to news [...] There's no handful of editors in a smoke-filled back room deciding which stories are important; the masses are deciding" (Rose zit. in Schmidt et al. 2009: 55).

Ähnlich wie Rose rückt Goode (2009) Social News-Plattformen in die Nähe des Journalismus, da sie in seinen Augen ebenfalls eine Agenda-Setting-Funktion erfüllten und dabei gerade nicht der massenmedialen Selektionslogik, sondern den Präferenzen und Interessen der Nutzer folgten. Vor diesem Hintergrund plädiert er für eine weite Begriffsbestimmung des ‚citizen journalism', worunter auch die blosse Selektionsleistung von Nutzern falle (vgl.

ebd.: 2 u. 4). Diese seien zwar auf Social News-Plattformen streng genommen nicht „content creators" (ebd.: 4), doch sie beteiligten sich an der „remediation" (ebd.: 5), also an der Weitervermittlung bestehender Inhalte z.B. durch „rating, commenting, tagging and re-posting" (ebd.: 4). Goode spricht bei diesen Aktivitäten auch von „metajournalism" (ebd.), da es sich nicht um die Schaffung originärer, sondern um die Weiterverbreitung, Gewichtung, Einordnung und Kommentierung bestehender Inhalte handle. An dieser Stelle verweist der Autor zudem darauf, dass auch der traditionelle Journalismus eine Instanz für das „re-mediating" sei, indem hier zu einem guten Teil Agenturmeldungen und Pressemitteilungen weiterverarbeitet würden. Aber auch dort, wo Journalisten genuine Nachrichtenbeiträge erstellten, würden sie in der Regel die Aussagen anderer Akteure oder Quellen wiedergeben (vgl. ebd.: 4f.). Im Hinblick auf die Neubewertung und Priorisierung von Nachrichten, wie sie Nutzer auf Social News-Plattformen vornehmen, folgert Goode „[that] the additional democratic appeal of citizen journalism lies in the prospect of citizens themselves participating in the agenda-setting process" (ebd.: 7). Der ‚Bürgerjournalismus' fördere somit eine Demokratisierung der Nachrichtenauswahl, an deren Ende der professionelle Journalismus und die Massenmedien Teil einer grösseren „Konversation" werden könnten – eine Vorstellung, die Goode mit den Ideen von Habermas (1990) und James Carey (1989) in Verbindung bringt (vgl. ebd.: 8).

Goodes Überlegungen sind interessant, doch müssen sie sowohl aus theoretischer Sicht als auch aufgrund empirischer Befunde relativiert werden. Wie die Diskussion im Theorieteil dieser Arbeit gezeigt hat, kann die Grundfunktion des Journalismus in der autonomen Fremdvermittlung gesellschaftlicher Kommunikation gesehen werden (vgl. Kap. 2.3). Goode stellt ja selbst auch fest, dass die Vermittlung (von Aussagen) ein zentraler Aspekt journalistischer Medienangebote ist. Entscheidend ist nun aber – und der Autor scheint diesen Punkt zu übersehen –, dass über diese *einseitige* Vermittlung *wechselseitige* Kommunikationsflüsse stattfinden. In qualitativ gutem Journalismus ist die Vermittlungsfunktion so ausgestaltet, dass sie die ‚Konversation' aller gesellschaftlich relevanten Gruppen einschliesst. Massenmedien haben demnach eine Forumsfunktion, weil sie unterschiedlichen gesellschaftlichen Kräften die Möglichkeit geben, Stellung zu beziehen und auf die (ebenfalls massenmedial vermittelten) Vorstösse oder die Kritik ihrer Gegner zu antworten. Das Funktionieren dieses kommunikativen Austauschs ist natürlich an die Einhaltung gewisser Qualitätskriterien auf Seiten des Journalismus und der Massenmedien als Vermittlungsinstanzen gebunden (z.B. Vielfalt, Ausgewogenheit, Vollständigkeit, Trennung von Nachricht und

Kommentar etc., vgl. Kap. 2.4), unter diesen Bedingungen sind sie nichts weniger als die Bühnen gesellschaftlicher ‚Konversation'. Diese Konversation wird somit nicht erst mit den als besonders interaktiv und demokratisch gepriesenen Webanwendungen wie Social News möglich, wie Goode (2009) vermutet.

Darüber hinaus verlieren Goodes Überlegungen, die er hauptsächlich im Hinblick auf Social News-Plattformen anstellt, angesichts der empirischen Tatsache an Überzeugungskraft, dass es auf solchen Plattformen nicht zu einer tiefgreifenden Rekonfiguration massenmedialer Berichterstattung zu kommen scheint. Wie eine Studie von Rölver und Alpar (2008) zeigt, führen Social News-Plattformen kaum zu einer Neuordnung der Themenagenda bzw. einer wesentlichen Erweiterung des Themenspektrums journalistischer Berichterstattung. Die beiden Autoren untersuchten die fünf Social News-Dienste *Digg, Colivia, Newstube, Webnews* und *Yigg* u.a. im Hinblick auf die Quellen, worauf die hier eingestellten Beiträge verweisen. Insgesamt stellten klassische Massenmedien und professionell betriebene Nachrichtenportale die eindeutig am meisten verlinkten Quellen dar (je nach Dienst zwischen 53 und 65 Prozent aller Beiträge). Weblogs und private Websites folgten mit tieferen Anteilen zwischen 18 und 40 Prozent an zweiter Stelle. Deutlich seltener wurden in allen Diensten die Websites von kommerziellen Unternehmen oder Diskussionsforen verlinkt. Unter den Massenmedien waren v.a. die Online-Auftritte von Zeitungen und Zeitschriften sehr beliebt, *Spiegel Online* belegte z.B. bei allen fünf untersuchten Diensten einen der ersten zwei Plätze, die Website des *Heise Zeitschriften Verlags* befand sich bei drei Diensten unter den ersten fünf der am meisten verlinkten Quellen (vgl. ebd.: 316f.). Massenmediale Inhalte, so kann dieser Studie zufolge festgehalten werden, machen den grössten Teil der Beiträge auf Social News-Plattformen aus. Ferner stellten die Autoren für alle Anbieter fest, dass der überwiegende Teil der Beiträge durch einen unproportional kleinen Teil der Nutzerschaft eingestellt wurde. Hier folgte die Nutzeraktivität also einer Verteilung nach dem ‚Power Law' (vgl. ebd.: 318), wie es bei anderen Webanwendungen mit ‚bürgerjournalistischem' Potenzial beobachtet werden kann. In den Augen der Autoren reichen die Funktionen von Social News „von einer möglicherweise unintendierten Verbreitung redaktioneller Inhalte der Internetpräsenzen klassischer Massenmedien bis zur Hervorhebung unbekannter Internetquellen. Von einer echten *Konkurrenz* zum Angebot klassischer Medien kann hier allerdings keine Rede sein" (ebd.: 326, Herv. S.B.).

Mit Schmidt et al. (2009) kann bei Social-News somit wohl von einer *Ergänzung* zum professionellen Journalismus ausgegangen werden (vgl. ebd.: 55). Insbesondere liegt dies daran, dass die Nutzer auf solchen Plattformen keine eigenen Beiträge erstellen, sondern mittels hinterlegter Hyperlinks und kurzer, dazugehörender Kommentare lediglich auf bereits publizierte Inhalte hinweisen. Sie sind somit nicht in die Produktion von Nachrichten im engeren Sinn involviert, sodass nicht von einer journalistischen Gesamtleistung die Rede sein kann. Allenfalls erfüllen sie eine *Teilfunktion* des Journalismus, indem sie einen Beitrag zur Orientierung und Verteilung von Aufmerksamkeit leisten. In diesem Zusammenhang wird gern auf den von Axel Bruns geprägten Begriff des „Gatewatching" hingewiesen, der in Abgrenzung zum „Gatekeeping" die Orientierung über bereits Publiziertes meint, die im Internet von traditionellen Massenmedien *und* zunehmend auch von Nutzern geleistet wird (vgl. Bruns/Highfield 2012: 19f.; Bruns 2005).

Wikis und Wikinews

Eine weitere Webanwendung, die in der kommunikations- und medienwissenschaftlichen Literatur mit journalistischen Leistungen in Verbindung gebracht wird, stellen Wikis dar – und hier insbesondere die kollaborative Nachrichtenplattform *Wikinews* (vgl. Allan 2006; Bruns 2006; Engesser 2010; McIntosh 2008; Thorsen 2008; Träsel 2008; Vis 2009).[186] Bevor jedoch auf dieses Nachrichtenwiki näher eingegangen wird, das auch Gegenstand des empirischen, dritten Teils dieser Arbeit ist, soll kurz erläutert werden, was unter einem Wiki überhaupt zu verstehen ist und durch welche Eigenschaften es sich auszeichnet.

Ein Wiki ist eine Anwendung im Web, die es Nutzern erlaubt, Hypertext-Dokumente direkt im Browser anzulegen, zu editieren und mit anderen Seiten des Wikis zu verlinken (vgl. Schmidt 2011a: 27). Wikis haben einen basisdemokratischen und egalitären Charakter, weil sie grundsätzlich allen Nutzern die gleichen Bearbeitungsrechte einräumen, obschon projektabhängig unterschiedliche Mitgliederrollen mit jeweils anderen Rechten möglich sind. Wikis verfügen über folgende Komponenten (vgl. Bradshaw 2009: 244; Ebersbach et al. 2011: 49f.):

---

[186] Zudem gibt es Beiträge zur gegenseitigen Zitation von Massenmedien und der bekannten Online-Enzyklopädie *Wikipedia* (vgl. Roessing/Podschuweit 2011) sowie zu deren Verwendung als Quelle bzw. Recherchewerkzeug durch Journalisten (vgl. Messner/South 2010; Neuberger et al. 2008).

- Grundsätzlich kann jede Seite eines Wikis über einen *Edit-Button* bearbeitet werden. Manche Seiten (z.B. die Startseite) sind von der Möglichkeit zur Bearbeitung ausgenommen.

- Auf jeder Seite eines Wikis lässt sich einfach auf eine andere Seite *verlinken* und können *neue Seiten* per Mausklick angelegt werden.

- Jede Seite verfügt über eine sogenannte *Versionsgeschichte* oder *Chronik*, worin alle früheren Versionen der Seite dokumentiert sind und wieder hergestellt werden können. So lassen sich Fehler in einer neueren Version jederzeit wieder rückgängig machen. Die Versionsgeschichte bzw. Chronik ist deshalb ein effektives Werkzeug gegen Vandalismus und Missbrauch.

- Die meisten Wikis verfügen zudem über *Diskussionsseiten*, die den Inhaltsseiten (bspw. den Lexikonartikeln, Nachrichtenbeiträgen etc.) angehängt sind und über einen Reiter geöffnet werden können. Auf der Diskussionsseite können sich alle interessierten Nutzer über Änderungsvorschläge, Qualitätsaspekte, Mängel etc. der zu bearbeitenden Inhaltsseite austauschen und bei Meinungsverschiedenheiten versuchen, einen Konsens zu erreichen.

- Je nach Projektziel verfügen Wikis auch über eine *Statusdifferenzierung* zwischen unangemeldeten und registrierten Nutzern. Registrierte Nutzer können zudem bestimmte Rollen annehmen bzw. sich für solche bewerben, womit sie über zusätzliche Rechte verfügen. Als ‚Administratoren' können sie bspw. Seiten sperren, Artikel löschen oder andere Benutzer blockieren. Als noch höher gestellte ‚Bürokraten' können sie registrierte Benutzer zu ‚Administratoren' ernennen oder Namen von registrierten Benutzern ändern.

Das bekannteste Wiki ist sicherlich die Online-Enzyklopädie *Wikipedia*, ein in seiner Breite beeindruckendes Nachschlagewerk, das unzählige Nutzer in über 250 Sprachversionen seit seiner Gründung 2001 ständig erweitern und aktualisieren. Die *Wikipedia* steht unter der Schirmherrschaft der *Wikimedia Foundation*, einer nichtstaatlichen Non-Profit-Organisation mit Sitz in Florida.[187] Die Wikis der *Wikimedia Foundation* laufen unter der freien Software *MediaWiki* und ihre Inhalte stehen unter einer *Creative Commons Licence*, die grundsätzlich deren freie Verwendung und Bearbeitung erlaubt.[188]

Daneben gibt es zahlreiche öffentlich zugänglich Wikis, die nicht von der *Wikimedia Foundation* beaufsichtigt werden und *MediaWiki* oder eine andere Wiki-Software verwenden. In die Schlagzeilen hat es etwa das *GuttenPlag-Wiki* geschafft, das als Werkzeug zur Aufdeckung der plagiierten Doktorarbeit des ehemaligen deutschen Verteidigungsministers Karl-Theodor zu Guttenberg eingesetzt wurde (vgl. zur kommunikationswissenschaftlichen Einordung Reimer/Ruppert 2011).[189]

Des Weiteren gibt es zahlreiche sogenannte Stadtwikis wie das *Karlsruher Stadtwiki*[190], in denen Ortskundige für Einheimische und Touristen Wissenswertes u.a. zu Geschichte, Brauchtum und Gebäuden sammeln und dokumentieren.[191] Aufgrund ihrer vielseitigen Anwendungsmöglichkeiten kommen Wikis zudem sehr oft als didaktisches Mittel im Unterricht zum Einsatz (vgl. u.a. Bruns/Humphreys 2005; Büffel et al. 2007; Dittler et al. 2007; Paus-Hasebrink et al. 2008) oder werden in Organisationen zum internen Wissensmanagement der Mitarbeiter verwendet (vgl. u.a. Komus/Wauch 2011; Mayer/Schoeneborn 2008; Seibert et al. 2011). Schliesslich werden Wikis auch im professionellen Journalismus eingesetzt, und zwar sowohl für die redaktionelle Zusammenarbeit von Journalisten (vgl. Bradshaw 2009: 245) als auch – zumindest versuchsweise – als Mittel der Publikumsbeteiligung (vgl. zum ‚partizipativen Journalismus' Kap. 3.1.1). Bei der *Los Angeles Times* lief ein entsprechendes Experiment allerdings schief. Das Blatt lud seine Leser in seinem ‚Wikitorial' dazu ein, einen geplanten Leitartikel für

---

[187] Siehe die Website unter http://wikimediafoundation.org (13. Februar 2016). Die *Wikimedia Foundation* betreibt zahlreiche weitere Wiki-Projekte, u.a. *Wikiquote*, eine Sammlung von Zitaten und geflügelten Worten, *Wiktionary*, ein Wörterbuch in verschiedenen Sprachen, das Artenverzeichnis *Wikispecies* oder die elektronische Bibliothek *Wikibooks*, in der Nutzer gemeinschaftlich frei zugängliche Fach- und Lehrbücher erstellen. Eine Übersicht der durch die *Wikimedia Foundation* geförderten Projekte findet sich unter https://wikimedia foundation.org/wiki/Our_projects (16. Februar 2016).

[188] Bei der für die *Wikipedia* geltenden Version 3.0 (*Attribution-ShareAlike 3.0 Unported*), ist z.B. eine Vervielfältigung, Bearbeitung und kommerzielle Nutzung der Inhalte erlaubt, sofern eine Nennung der *Wikipedia* als Quelle erfolgt und die damit geschaffenen Derivate unter derselben Lizenz verfügbar gemacht werden (vgl. die Lizenzangaben unter http://creativecommons.org/licenses/by-sa/3.0/deed.de, 16. Februar 2016).

[189] Das Wiki findet sich unter http://de.guttenplag.wikia.com/wiki/GuttenPlag_Wiki (16. Februar 2016).

[190] Das Wiki ist abrufbar unter http://ka.stadtwiki.net/Hauptseite (16. Februar 2016).

[191] Eine Übersicht über Stadtwikis aus Deutschland, Österreich und der Schweiz findet man unter http://allmende.stadtwiki.info/wiki/Node:Portal (16. Februar 2016).

die nächste Ausgabe kollaborativ zu bearbeiten und zu erweitern, musste das Wiki jedoch innert kurzer Zeit sperren, weil Nutzer obszöne Aussagen und Fotos einstellten (Paulussen et al. 2008: 276).

Einen Versuch, wikibasiert qualitativ hochwertigen ‚Bürgerjournalismus' (zum Begriff vgl. Kap. 3.1) anzubieten, stellt *Wikinews* dar, ein ebenfalls von der *Wikimedia Foundation* gefördertes Projekt, das es mittlerweile weltweit in über dreissig Sprachversionen gibt.[192] Bei der deutschsprachigen Version, die im Dezember 2004 aufgeschaltet wurde, handelt es sich mit einem Archiv von mittlerweile über 12'800 publizierten Nachrichtenbeiträgen um den viertgrössten Ableger des Projekts hinter der serbischen, französischen und englischen Sprachversion.[193] Weil dieses Nachrichtenwiki zugleich den Gegenstand des empirischen Teils dieser Arbeit bildet, wird im Folgenden etwas ausführlicher darauf eingegangen.

Nach eigenen Angaben versteht sich *Wikinews* als „Projekt zur Erstellung und Verbreitung freier und neutraler journalistischer Artikel, bei dem jeder mitmachen kann."[194] Dafür ist nicht einmal eine Registrierung notwendig – beteiligen kann sich grundsätzlich jedermann, der die Website besucht. Nachdem hier ein beliebiger Nutzer einen Artikelentwurf in der sogenannten ‚Artikelschmiede', einem bestimmten Unterbereich des Wikis, erstellt hat, wird er innert kurzer Zeit von der Community begutachtet, korrigiert, womöglich erweitert oder umgeschrieben. Auf der angegliederten ‚Diskussionsseite' können sich alle bei der Erstellung des Artikels engagierten Nutzer über dessen Mängel, Lücken oder inhaltliche Ausrichtung austauschen. Werden innerhalb von zwei Stunden keine Änderungen am Beitrag mehr vorgenommen, kann ihn der Initiator oder ein anderer Nutzer ‚veröffentlichen', indem er ihn auf der Hauptseite des Portals verlinkt, die nach journalistischen Ressorts wie ‚Politik', ‚Wirtschaft', ‚Kultur', ‚Sport', ‚Wissenschaft' u.a. gegliedert ist.[195] Anders als im professionellen Journalismus gibt es in *Wikinews* somit *keine* Redaktion, die als zentrale Selektions- und Kontrollinstanz im Sinne eines ‚Gatekeepers' fungieren würde. Sämtliche Beiträge werden in einer teilnehmeroffenen Gemeinschaft von Nutzern erstellt.[196]

---

[192] Die deutschsprachige Version befindet sich unter www.wikinews.de (13. Februar 2016).
[193] Siehe die Übersicht aller Länder- bzw. Sprachversionen unter https://meta.wikimedia.org/wiki/Wikinews (16. Februar 2016).
[194] Siehe die Angabe unter https://de.wikinews.org/wiki/Wikinews:Willkommen (16. Februar 2016).
[195] Siehe dazu die Handlungsanleitung unter https://de.wikinews.org/wiki/Hilfe:Erste_Schritte (27. Februar 2016).
[196] Allerdings verfügen wie in anderen Wikis auch hier nicht alle Nutzer über die genau gleichen Rechte und haben einzelne Mitglieder einen Sonderstatus: ‚Administratoren' können Seiten sperren, Artikel löschen und theoretisch Benutzer blockieren, ‚Bürokraten' besitzen darüber

Die Grundidee von *Wikinews* ähnelt derjenigen der *Wikipedia*, allerdings sollen hier statt zeitloser enzyklopädischer Einträge aktuelle Nachrichten verfasst und veröffentlicht werden. Der Aktualitätsbezug ist denn auch eines der auffälligsten Distinktionsmerkmale gegenüber dem bekannten enzyklopädischen Schwesterprojekt – die Nutzer werden auf *Wikinews* darauf hingewiesen, dass „Berichte ohne Bezug auf ein aktuelles Ereignis [...] besser in Wikipedia aufgehoben sind."[197] Neben *Aktualität* wird aber auch inhaltliche *Vielfalt* angestrebt – berichtet werden soll über „Nachrichten aller Art"[198], die von den Nutzern als interessant und relevant erachtet werden.

Ein unverrückbarer und von der *Wikipedia* übernommener Grundsatz des kollaborativen Nachrichtenportals besteht in der sogenannten *policy of neutral point of view* (vgl. dazu eingehend Thorsen 2008), was sich am ehesten als ‚Grundsatz eines neutralen Standpunkts' übersetzen lässt. Demgemäss sollen Artikel „sachlich und neutral über wichtige Ereignisse informieren. Persönliche Meinungen gehören nicht in Artikel." Und weiter heisst es an gleicher Stelle: „Der neutrale Standpunkt schliesst kritische Berichterstattung nicht aus, er fordert sie: Eine gut geschriebene Meldung sollte über Hintergründe aufklären, alle relevanten Aspekte erwähnen und Vertreter der unterschiedlichen Standpunkte zu Wort kommen lassen."[199] In diesem Statement tauchen mithin zwei weitere Qualitätskriterien als Ansprüche an das eigene Nachrichtenangebot auf: *Trennung von Nachricht und Kommentar* und *Meinungsvielfalt*. Und dabei bleibt es nicht. Bei genauerem Hinsehen verweist *Wikinews* in seinen ‚Grundsätzen' und den dazugehörenden, handlungsleitenden ‚Richtlinien' auf sämtliche Konstitutions- bzw. Qualitätsmerkmale des Journalismus, die im Theorieteil dieser Arbeit herausgestellt worden sind (vgl. Kap. 2.4). Im Folgenden werden weitere Passagen daraus auszugsweise zitiert und in Klammern jeweils angegeben, auf welches Kriterium sie sich beziehen.[200]

---

hinaus das Recht, Mitglieder zu ‚Administratoren' zu ernennen, nachdem sie in einem Wahlverfahren von der Mehrheit der Gemeinschaft gewählt worden sind (vgl. dazu die Angabe unter http://de.wikinews.org/wiki/Wikinews:Bürokraten, 27. Februar 2016).

[197] Siehe die Angabe unter https://de.wikinews.org/wiki/Wikinews:Was_Wikinews_nicht_ist (27. Februar 2016)

[198] Siehe die Angabe unter https://de.wikinews.org/wiki/Wikinews:Über_Wikinews (27. Februar 2016).

[199] Siehe die Angaben unter https://de.wikinews.org/wiki/Wikinews:Neutraler_Standpunkt (27. Februar 2016).

[200] Die im folgenden Absatz wörtlich oder sinngemäss zitierten Aussagen stammen allesamt aus den ‚Grundsätzen und Richtlinien' von *Wikinews*, hier insbesondere aus den Bereichen ‚Qualitätskriterien', ‚Was Wikinews nicht ist' sowie ‚Journalistische Grundsätze' (alle abrufbar unter https://de.wikinews.org/wiki/Wikinews:Grundsätze_und_Richtlinien, 27. Februar 2016).

Gemäss eigenen Angaben soll *Wikinews* „keine Plattform für einseitige Berichterstattung" sein (*Ausgewogenheit*) sowie „keine Werbeplattform für Produkte egal welcher Art" darstellen, „auch nicht für Eigenwerbung" (*Autonomie bzw. Unabhängigkeit von partikularen Kommunikationsinteressen*). Zudem sollen die Artikelinhalte „von öffentlichem Interesse sein. Artikel, deren Inhalte eher privater Natur sind, gehören nicht hierher. Das schließt Artikel über Ereignisse von nur regionaler Bedeutung nicht aus" (*gesellschaftliche Relevanz*). Darüber hinaus gibt *Wikinews* seinen Autoren eine Reihe konkreter Regeln an die Hand, die beim Schreiben beachtet werden sollen. Das Wichtigste gehöre bei einem neuen Beitrag schon in den ersten Satz, eine gute Nachricht beantworte zudem die sechs W-Fragen: Wer hat was, wann, wo, wie und warum getan (*Vollständigkeit*). Zur Angabe von Quellen heisst es dezidiert: „Gib deine Quellen an! Woher hast du die Information? Füge Links am Ende des Artikels an. Wenn du Leute zitierst, gib an, woher das Zitat stammt" (*Quellentransparenz*). Die Grundsätze der Trennung von Nachricht und Kommentar und Quellentransparenz werden zudem wie folgt konkretisiert: „Schreibe neutral und objektiv. Persönliche Wertungen gehören nicht in eine Nachricht. Über Themen, von denen du persönlich betroffen oder in die du involviert bist, solltest du besser andere berichten lassen. Wenn eine Sache von einer dritten Person bewertet wird, mache klar, dass die Bewertung von dieser Person stammt." Schliesslich wird an die Achtung der Menschenwürde, die Respektierung des sittlichen und religiösen Empfindens Anderer und das Diskriminierungsverbot appelliert sowie ausdrücklich auf den *Pressekodex* des *Deutschen Presserates* und die *Declaration of Principles on the Conduct of Journalists* der *International Federation of Journalists (IFJ)* verwiesen, an denen man sich orientiere.

Insgesamt machen die hier auszugsweise wiedergegebenen Grundsätze und Richtlinien sehr deutlich, dass sich *Wikinews* als vollwertiges journalistisches Medienangebot versteht, das sich an den Qualitätsvorstellungen und Handlungsnormen des professionellen Journalismus orientiert. Darauf deuten auch die Befunde einer Befragung der hier engagierten Nutzer hin, die im Rahmen einer Abschlussarbeit an der *Universität Wien* Ende 2006 durchgeführt wurde (vgl. Krauze 2006). Darin konnte eine grosse Übereinstimmung im Rollenselbstbild von professionellen Journalisten und sogenannten ‚Bürgerreportern' ermittelt werden, wovon ein Teil auch für *Wikinews* tätig war.[201] Die meiste Zustimmung in beiden Kommunikatorgruppen fanden

---

[201] Insgesamt wurden dazu 29 professionell tätige Journalisten von deutschen und österreichischen Tageszeitungen sowie 46 ‚Bürgerjournalisten' befragt, die sich für *Wikinews*, *ShortNews* oder *Indymedia* engagierten (vgl. Krauze 2006: 114). Leider wurden diese drei Dienste, die sich

dabei die Aufgabenbereiche eines neutralen Informationsjournalismus, wofür etwa Items standen wie „dem Publikum möglichst schnell Informationen vermitteln", „die Realität so abbilden, wie sie ist" oder „komplexe Sachverhalte erklären" (vgl. ebd.: 122f.). Am wenigsten Zustimmung erhielten umgekehrt in beiden Gruppen die Items zur Kritik- und Kontrollfunktion des Journalismus, wofür Aussagen standen wie „die Mächtigen in Politik und Gesellschaft kontrollieren", „mich als Gegenpart zu offiziellen (politischen) Stellen verstehen", „mich als Gegenpart zur Wirtschaft verstehen" oder „dem Publikum eigene Ansichten präsentieren" (vgl. ebd.: 125). Darüber hinaus kam die Studie zum Schluss, dass sich beide Gruppen bei der Themenselektion in erster Linie an Ereignissen von hoher Aktualität orientierten, die voraussichtlich ein allgemeines Interesse erwecken konnten (vgl. ebd.: 135).

Offensichtlich handelt es sich bei den ‚Grundsätzen' und ‚Richtlinien' von *Wikinews* nicht nur um ein leeres Lippenbekenntnis, sondern findet sich ein entsprechendes journalistische Rollenselbstbild auch unter den Machern. Wie hochwertig bzw. leistungsstark der hier gebotene Journalismus allerdings ist, stellt eine empirisch zu klärende Frage dar, die bislang noch nicht beantwortet worden ist. Dies erstaunt umso mehr, als sich wohl kein Vertreter der in den vorausgehenden Kapiteln behandelten Webangebote findet, der über einen vergleichbaren journalistischen Anspruch verfügt wie *Wikinews*. Die vollständig von Laien unterhaltene Nachrichtenplattform drängt sich somit geradezu als ‚vielversprechendes' Untersuchungsobjekt auf, woran sich zeigen müsste, ob ein eigenständiger ‚Bürgerjournalismus' im Internet funktioniert und infolgedessen hier tatsächlich mit funktionalen Äquivalenten zum professionellen Journalismus zu rechnen ist. Die bisherige Forschung, die sich ausschliesslich oder auch nur am Rand mit *Wikinews* beschäftigt, verfolgte durchwegs andere Ziele – eine Qualitätsbeurteilung der im Nachrichtenwiki produzierten Beiträge und insbesondere ein systematischer (d.h. nicht nur punktueller) Leistungsvergleich mit dem professionellen Journalismus fanden noch nicht statt. Im Folgenden sollen die vorhandenen Studien und die sich daraus ergebenden Schlussfolgerungen kurz dargestellt werden.

---

sowohl inhaltlich als auch strukturell deutlich unterscheiden, bei der Ergebnispräsentation nicht differenziert, sondern gesamthaft als ‚Bürgerjournalismus' ausgewiesen. Bei *ShortNews* handelt es sich um einen Social News-Dienst, bei dem die Nutzer mittels eines Hyperlinks und einer kurzen Notiz auf eine im Internet verfügbare Quelle verweisen. *Indymedia* stellt ein Alternativmedium dar, in dem bewusst ideologische Standpunkte vertreten und politische Aktionen angekündigt und unterstützt werden (vgl. Allan 2006: 126; Haas 2007: 157). Trotz der deutlich anderen Ausrichtung belegen die in der Arbeit genannten, auf Mittelwerten zusammengefasster Fragebogenitems beruhenden Befunde jedenfalls die Stellung von *Wikinews* als neutrale Informationsquelle.

Einar Thorsen (2008) und Shawn McIntosh (2008) befassen sich eingehend mit der erwähnten *policy of neutral point of view*. In den ‚Grundsätzen' und ‚Richtlinien' von *Wikinews* ist diese Norm zwar explizit verankert, muss aber von den Nutzern bei der Erstellung neuer Beiträge von Fall zu Fall auf den angegliederten ‚Diskussionsseiten' neu verhandelt werden. Beide Arbeiten legen ihr Augenmerk auf diese ‚Diskussionsseiten' und betrachten die Art und Weise, wie hier die Nutzer untereinander aushandeln, was sie unter ‚news' und Neutralität verstehen und mit welchen Strategien sie für deren Sicherstellung sorgen (vgl. Thorsen 2008: 942ff.; McIntosh 2008: 198).

Gemäss Thorsen (2008) gehören zu diesen ‚Neutralisierungsstrategien' etwa das Entfernen wertgeladener Wörter durch andere Nutzer oder das Eliminieren bzw. Hinzufügen von ganzen Absätzen, um eine bestimmte subjektive Sicht zu entfernen oder zu einer bestehenden eine entgegengesetzte Sicht hinzuzufügen (vgl. ebd.: 942). Trotz der kollaborativen Qualitätssicherung findet Thorsen in seiner qualitativen Inhaltsanalyse von fünf Nachrichtenartikeln und dem dazugehörigen Quellenmaterial auch Beispiele, in denen das Neutralitätsgebot offenbar verletzt wurde. In einem Beitrag fand sich z.B. ein Statement eines Umweltwissenschaftlers prominent an erster Stelle, während es in der Originalquelle – einem im *Miami Herald* erschienenen Beitrag – erst an fünfter Stelle genannt wurde, in *Wikinews* also deutlich mehr Gewicht erhielt (vgl. ebd.: 945). Auch wurden teils in der Originalquelle enthaltene Zitate weggelassen oder Informationen aus ihrem ursprünglichen Kontext herausgerissen (vgl. ebd.: 946 u. 948). Insgesamt kommt Thorsen zum Schluss, dass die Umsetzung der *policy of neutral point of view* auf Artikelebene nicht einheitlich erfolgt und auch nur als das Produkt der verhältnismässig wenigen (im Durchschnitt zwischen fünf und sechs) Wikireporter angesehen werden kann, die sich bei der Entstehung eines Artikels aktiv auf dessen ‚Diskussionsseite' beteiligen. McIntosh (2008) kann – ebenfalls anhand der Durchsicht der ‚Diskussionsseiten' – zeigen, wie stark die *policy of neutral point of view* den Nachrichtenproduktionsprozess strukturiert und dass teils sogar Nutzer aufgrund mehrmaliger Verstösse dagegen ausgeschlossen wurden (vgl. ebd.: 206). Träsel (2008) stellt anhand der Untersuchung aller nutzerseitig vorgenommenen Bearbeitungen in sieben *Wikinews*-Artikeln aus einer künstlichen Woche fest, dass die meisten ‚edits' der Nutzer die Qualität und Vielfalt der Artikel eindeutig verbesserten (z.B. durch Hinzufügen weiterer Quellen, zusätzlicher Fakten und Argumente) (vgl. ebd.: 79).

Die hier dargestellten drei Studien beschäftigen sich allesamt mit dem Bearbeitungsmodus der Nutzer auf den sogenannten ‚Diskussionsseiten', nehmen aber keine Qualitätsbeurteilung der tatsächlich veröffentlichten Nachrichtenartikel vor, indem sie diese systematisch mit der Berichterstattung des professionellen Journalismus vergleichen. Mehrfach wird in der Literatur allerdings die Vermutung geäussert, dass sich *Wikinews* grösstenteils auf bereits publizierte Beiträge der Massenmedien beziehe und diese in etwas anderer Form synthetisiere, während eine originäre Berichterstattung der Nutzer kaum stattfinde (Allan 2006: 137; Bruns 2006: o.S.; Thorsen 2008: 937). Erste empirische Hinweise zur Erhärtung dieser These lieferte bislang einzig Vis (2009) anhand einer ereignisbezogenen Inhaltsanalyse der Berichterstattung von *Wikinews* zum Hurrikan *Katrina*, der im August 2005 über die Stadt *New Orleans* zog und verheerende Schäden anrichtete. Wie die Autorin zeigt, waren nur acht der von ihr insgesamt untersuchten 78 Beiträge „first-hand news items written by Wikinews contributors reporting news events on the spot" (ebd.: 67). Beim weit grösseren Teil handelte es sich um eine Zweitverwertung massenmedialer Quellen. Angesichts dessen gelangt Vis zum Schluss „[that] the site, struggling to produce original reports, continued to rely on a syndication of other news media" (ebd.: 72).

Engesser (2010) kommt schliesslich im Rahmen eines Experiments, bei dem 18 Probanden die aktive Beteiligung an sechs unterschiedlichen Medienangeboten in Netz erproben sollten, im Zuge der Auswertung der anschliessenden Leitfadeninterviews zum Schluss, dass die Experimentteilnehmer bei *Wikinews* im Vergleich zu den anderen getesteten Anbietern (*süddeutsche.de, bild.de, OhmyNews, Readers Edition, Indymedia*) vor allem die technischen Hürden sowie den Zeitaufwand zur Erstellung eines neuen Beitrags als hoch empfanden (vgl. ebd.: 161f.). Dies ist sicherlich einer der Gründe, weshalb *Wikinews* bislang vergleichsweise nicht sehr viele Nutzer angezogen hat. Andererseits funktionieren hier die Bearbeitung und Veröffentlichung von Beiträgen nahezu gleich wie beim Erfolgsprojekt *Wikipedia*, woran sich wesentlich mehr Nutzer beteiligen.[202] Eine nur technische Erklärung dürfte hier also zu kurz greifen. Vielmehr scheinen die ‚journalismusimmanenten' Anforderungen der Aktualität, Periodizität und Universalität eher ungünstige Ausgangsbedingungen für eine erfolgreiche freiwillige Gemeinschafsproduktion journalistischer Nachrichten im Vergleich zu ande-

---

[202] Zum Vergleich: Im September 2015 beteiligten sich auf dem deutschsprachigen *Wikinews* 9 aktive Wikireporter, die in diesem Monat jeweils mindestens 5 Edits bzw. Bearbeitungen vorgenommen hatten (vgl. die Statistik unter http://stats.wikimedia.org/wikinews/DE/ ChartsWikipediaDE.htm); im gleichen Monat beteiligten sich auf der deutschsprachigen *Wikipedia* jedoch 580 Wikipedianer mit mindestens 5 Bearbeitungen, was mehr als sechzig Mal so vielen aktiven Nutzern entspricht (vgl. die Statistik unter http://stats.wikimedia.org/DE/ChartsWikipediaDE.htm) (27. Februar 2016).

ren Formen der ‚produsage' (vgl. Bruns 2008b: 8ff.; Bruns/Schmidt 2011) wie z.B. der zeitlosen Enzyklopädie *Wikipedia* oder Open-Source-Software-Projekten wie *Linux* darzustellen (vgl. Kap. 3.2.3).

Zusammenfassend kann mit Blick auf die dargestellten Studien zu *Wikinews* festgehalten werden, dass die systematische Qualitätsbeurteilung der auf dem Nachrichtenwiki veröffentlichten Amateurberichterstattung – insbesondere auch im Vergleich zum professionellen Journalismus – eine Forschungslücke darstellt. Dies erstaunt umso mehr, als sich wohl kaum ein anderes komplett von Laien unterhaltenes Webangebot ausschliesslich journalistischer Berichterstattung widmet und dabei an die Qualität der eigenen Veröffentlichungen derart hohe Ansprüche stellt. Zur Überprüfung der in der Fachliteratur aufgeworfenen Frage, ob im Internet aufgrund ‚bürgerjournalistischer' Angebote mit funktionalen Äquivalenten zum professionellen Journalismus zu rechnen ist (vgl. Neuberger/Quandt 2010: 70; Neuberger 2008a: 27ff.), drängt sich *Wikinews* somit als Untersuchungsobjekt geradezu auf. Entsprechende Erkenntnisse könnten die bereits geleisteten Forschungsbemühungen zu bestimmten Webangeboten – insbesondere zu Weblogs und *Twitter* – ergänzen und somit zur Erschliessung des Feldes beitragen.

Für ein konkretes Forschungsvorhaben ergeben sich an dieser Stelle zwei Fragen: 1.) Inwiefern erbringt *Wikinews* im Vergleich zu Angeboten des professionellen Journalismus im Netz tatsächlich journalistische Leistungen? 2.) Wie stark bezieht sich das ‚bürgerjournalistische' Portal auf die Massenmedien und ist strukturell von diesen abhängig? Die zweite Frage lässt sich direkt aus dem Forschungsstand zu *Wikinews* ableiten. Dort wird mehrfach die Vermutung geäussert, dass sich das Laienportal hauptsächlich auf Massenmedien als Quellen beruft. Abgesehen von der erwähnten Fallstudie von Vis (2009), die sich auf die Berichterstattung zu einem Einzelereignis bezieht, liegen dazu jedoch noch keine Befunde vor. Die Beantwortung der ersten Frage läuft darauf hinaus, empirisch zu überprüfen, inwiefern die auf *Wikinews* veröffentlichte Berichterstattung die in Kap. 2.4 zusammengetragenen Konstitutions- und Qualitätskriterien des Journalismus erfüllt. Der empirische Teil dieser Arbeit nimmt sich genau dieser Fragen an und versucht sie am Beispiel des deutschsprachigen *Wikinews* zu beantworten. Dort sind auch die einzelnen Unterfragen ausformuliert, die sich daraus ergeben (vgl. Kap. 6). Zuvor wird in einem letzten Kapitel ein kurzer Überblick über weitere einschlägige Studien gegeben, deren Untersuchungsobjekte keiner der Webanwendungen zugeordnet werden können, die in den vorausgehenden Kapiteln behandelt worden sind, die aber im Hinblick auf das Erkenntnisinteresse dieser Arbeit als sehr relevant erscheinen.

Weitere Webangebote und Studien zum ‚Bürgerjournalismus' im Netz

An dieser Stelle folgt ein Überblick über im Hinblick auf das Erkenntnisinteresse der vorliegenden Arbeit relevante Angebote und Studien, die sich nicht vollständig einer der Webanwendungen zuordnen lassen, die in den vorausgehenden Kapiteln vorgestellt worden sind. Es handelt sich also gewissermassen um die ‚Residualklasse', welche durch die hier vorgenommene Typologie nicht erfasst wird, aber wichtig erscheint, um den Überblick zum Forschungsstand abzurunden.

Immer wieder in der Literatur angeführt wird die vollständig von Laien unterhaltene Plattform *Indymedia*. Allan (2006) ordnet das Projekt dem ‚participatory journalism' zu (vgl. ebd.: 123ff.), Atton und Hamilton (2008) sprechen von ‚alternative journalism' (vgl. ebd.: 99f.) und Platon und Deuze (2003) schlicht von ‚Indymedia journalism' (vgl. ebd.: 336). Tatsächlich handelt es sich bei *Indymedia* um ein Alternativmedium (vgl. Kap. 3.3.2), oder genauer gesagt: um ein globales Netzwerk von ‚Independent Media Centers (IMC)' aus über 50 Ländern der Welt, die neben ihren eigenen Internetauftritten über eine gemeinsame Plattform im Web verfügen.[203] 2006 zählte das unabhängige Netzwerk über 150 Gruppen mit eigener Webpräsenz (vgl. Atton/Hamilton 2008: 99). Hervorgegangen aus aktivistischer Medienarbeit während der Proteste gegen die Ministerkonferenz der Welthandelsorganisation (WTO) 1999 in Seattle, wurde die Plattform zum Publikationsorgan von Globalisierungsgegnern, Umweltaktivisten und der antikapitalistischen Bewegung. Nach eigenen Angaben versteht sich *Indymedia* als „network of collectively run media outlets for the creation of radical, accurate, and passionate tellings of the truth. We work out of a love and inspiration for people who continue to work for a better world, despite corporate media's distortions and unwillingness to cover the efforts to free humanity."[204] Mit *Wikinews* teilt das Projekt die Eigenschaft der völligen Zugangsoffenheit. Jedermann kann hier relativ unkompliziert Beiträge veröffentlichen. Allerdings – und darin liegt ein wesentlicher Unterschied – besteht kein kollabora-

---

[203] Die internationale Startseite, die auf sämtliche Länderseiten weiterleitet, ist abrufbar unter www.indymedia.org. Deutschlands Indymedia-Webpräsenz findet sich unter http://de.indymedia.org/, den schweizerischen Ableger findet man unter http://switzerland.indymedia.org/, der österreichische Webauftritt wurde mittlerweile eingestellt (Stand: Februar 2016).

[204] Siehe die Angaben unter http://www.indymedia.org/or/static/about.shtml (26. Februar 2016).

tives Überarbeiten und Prüfen von Artikeln. Mechanismen der gemeinschaftlichen Qualitätssicherung sind keine vorhanden.

Auch inhaltlich ist *Indymedia* völlig anders ausgerichtet als journalistische Medienangebote. Die Plattform bezweckt keine kontinuierliche und neutrale Berichterstattung über das aktuelle Geschehen in verschiedenen Teilsystemen der Gesellschaft, sondern wird hauptsächlich von links-alternativen Kreisen als Sprachrohr zur Ankündigung und Bewerbung von Protestaktionen und Kundgebungen genutzt. Die Grenze zwischen Veröffentlichung und politischer Aktion ist dabei – wie es für Alternativmedien im Allgemeinen kennzeichnend ist (vgl. Kap. 3.3.2) – fliessend. In Bristol wurde bspw. ein Server von *Indymedia* wegen eines Hinweises auf einen möglichen Eisenbahnanschlag polizeilich beschlagnahmt (vgl. Allan 2006: 128). Allan (2006) berichtet zudem von Hassreden, Verleumdungen und falschen Behauptungen, die hier in der Vergangenheit publik gemacht wurden (vgl. ebd.: 126). Ein grundsätzliches Glaubwürdigkeitsproblem sieht er darin, dass Beiträge in der Regel anonym veröffentlicht werden (vgl. ebd.: 127). Gemäss Atton und Hamilton (2008) verfügt die Plattform über einen „socialist anarchist angle of vision" (ebd.: 100). Atton (2009a) hingegen warnt davor, *Indymedia* eine einheitliche aktivistische Ausrichtung und Praxis zu unterstellen, da es zwischen den Portalen verschiedener Gruppen bzw. Länder erhebliche Unterschiede gebe (vgl. ebd.: 273). Milioni (2009) stellte in ihrer Studie zum griechischen Ableger von *Indymedia* fest, dass in den analysierten 1'703 Einträgen am häufigsten auf Beiträge der Massenmedien Bezug genommen wurde (bei 32 Prozent der Einträge traf dies zu), die persönlich kommentiert und in der Community diskutiert wurden. Die Befunde deuten in den Augen der Autorin auf eine „supplementary function of IMC in relation to mainstream media" (ebd.: 420).

Neben *Indymedia* als alternativer Plattform ist hier zudem auf einige Studien zu verweisen, deren Untersuchungsobjekte sich ebenfalls nicht ausschliesslich einer der in den vorausgehenden Kapiteln behandelten Webanwendungen zuordnen lassen, da ihnen eine Auswahl unterschiedlicher Angebotsformen zugrunde liegt.

Carpenter (2008 u. 2010) ging in zwei Veröffentlichungen mehreren Fragen nach, die sich mit der Qualität ‚bürgerjournalistischer' Medienangebote im Vergleich zum professionellen Journalismus im Internet beschäftigten. Zum einen untersuchte die Autorin, wie ‚Bürgerjournalisten' im Vergleich zu professionellen Journalisten mit dem Neutralitätsgebot umgehen und welche Quellen sie in ihrer Berichterstattung verwenden (vgl. Carpenter 2008). Zum anderen wurde die thematische und formale Vielfalt ‚bürgerjournalistischer'

Beiträge im Vergleich zum Nachrichtenangebot der Websites von Tageszeitungen beurteilt (vgl. Carpenter 2010). Beiden Veröffentlichungen liegt derselbe Datensatz zugrunde, der aus 480 ‚online newspaper articles' und 482 ‚online citizen journalism articles' besteht (total n= 982 Beiträge), die im März 2007 veröffentlicht wurden. Da in dieser Studie ein aufwändiges Auswahlverfahren zum Zuge kam, sind die Resultate für die USA äusserst belastbar. Das Auswahlverfahren hatte zum Ziel, für jeden der 50 US-Bundesstaaten zwei ‚online citizen journalism sites' auszuwählen, deren Inhalte einen klaren geografischen Bezug erkennen liessen. Ein Angebot sollte jeweils eine Stadt abdecken, die weniger als 100'000 Einwohner hatte, ein weiteres Angebot sollte aus einer Stadt mit mehr als 100'000 Einwohnern stammen (vgl. Carpenter 2008: 537 u. 2010: 1071). Die Auswahl entsprechender Angebote erfolgte über die beiden einschlägigen Webverzeichnisse *Cyberjournalist.net* und *Placeblogger*. Da darin nicht für alle 50 Staaten zwei ‚citizen journalism'-Angebote mit den geforderten Eigenschaften nachgewiesen waren, enthielt das verwendete Sample schliesslich 72 ‚online citizen journalism sites'. Nach dem Matching-Prinzip wurden sodann 50 Websites von Tageszeitungen – für jeden Bundesstaat eine – ausgewählt, die denselben geografischen Raum wie die ‚online citizen journalism sites' abdeckten (vgl. ebd.). Bezüglich der Quellenverwendung kam Carpenter zum Schluss, dass die untersuchten ‚bürgerjournalistischen' Medienangebote in ihren Beiträgen deutlich weniger Quellen (Durchschnitt: 1.4) als die Tageszeitungen (Durchschnitt: 3.6) zitierten. Dabei wurde weiter zwischen offiziellen und inoffiziellen (‚unofficial') Quellen unterschieden. Erstere stellten Repräsentanten dar, die sich im Namen einer Organisation (z.B. staatlicher Behörde, Wirtschaftsunternehmen oder Non-Profit-Organisation) äusserten, letztere ergriffen im eigenen Namen das Wort, etwa durchschnittliche Bürger und anonyme Einzelpersonen (z.B. Museums- oder Kinobesucher), aber auch Wissenschaftler und Experten (vgl. Carpenter 2008: 538). Solche inoffiziellen Quellen wurden in den Berichten der ‚citizen journalism sites' signifikant häufiger angeführt als in den Tageszeitungen (61 vs. 37 Prozent), umgekehrt wurden offizielle Quellen signifikant weniger zitiert (30 vs. 75 Prozent) (vgl. ebd.: 540). Im Weiteren wurden die Beiträge danach klassifiziert, ob sie mehrheitlich faktenorientiert und wertungsfrei verfasst waren oder vorwiegend die Meinungen und Spekulationen des Autors wiedergaben (vgl. ebd.: 538). Auch hier fand Carpenter einen hoch signifikanten Unterschied, waren doch 42 Prozent der 482 untersuchten ‚bürgerjournalistischen' Artikel reine Meinungsbeiträge, während deren Anteil bei den Websites von Tageszeitungen lediglich 11 Prozent betrug (vgl. ebd.: 539). Dieser Befund erstaunt nicht, stammten doch 51 Prozent der ‚online citizen journalism sites' in der Stichprobe aus dem Verzeichnis *Placeblogger*, worin Weblogs ausgewiesen werden. Wie weiter oben gezeigt worden ist, widmen sich Weblogs sehr häufig den persönlichen Meinungen oder privaten Belangen ihrer Autoren. Die häufigere Zitation offizieller Repräsentanten von Organisationen in den Tageszeitungen ist ein weiterer empirischer Beleg für die Konzentrationsleistung, die journalistische Fremdvermittlung erbringt – darauf wurde in Kapitel 2.3.1 ausführlich eingegangen. Offensichtlich folgten die ‚online citizen journalism sites' nicht diesem Konzentrationsprinzip, was auch damit zusammenhängen kann, dass ihnen generell der Zugang zu Repräsentanten nicht im selben Masse möglich war wie den untersuchten Tageszeitungen.

Unter Verwendung derselben Stichprobe beurteilte Carpenter (2010) auch die Vielfalt der ‚bürgerjournalistischen' Medienangebote in formaler und inhaltlicher Hinsicht. Formale Vielfalt operationalisierte die Autorin dabei über die Verwendung von Hyperlinks und Multimedia-Elementen in den Beiträgen, die inhaltliche Vielfalt wurde anhand verschiedener Themenkategorien beurteilt, denen die Artikel zugeordnet werden konnten. Hier fanden sich allerdings nur wenige aussagekräftige Unterschiede. So berichteten die ‚online citizen journalism sites' signifikant weniger als die untersuchten Tageszeitungen über Wirtschaft und Unternehmen (10 vs. 16 Prozent) sowie Kriminalität (4 vs. 14 Prozent). Umgekehrt widmeten sie sich signifikant häufiger Unterhaltungsthemen (16 vs. 9 Prozent) (vgl. ebd.: 1074). In formaler Hinsicht verfügten die ‚bürgerjournalistischen' Beiträge durchschnittlich über mehr Hyperlinks als die Artikel der Tageszeitungen (1.5 vs. 0.75 Link pro Beitrag). Sie verlinkten zudem signifikant häufiger auf externe Inhalte (1.1 vs. 0.2 Link pro Beitrag), umgekehrt versuchten die Tageszeitungen bzw. deren Online-Angebote mit etwas häufiger verwendeten internen Links die Leser eher auf ihrer Website zu behalten (0.6 vs. 0.4 Link pro Beitrag) (vgl. ebd.). Bezüglich der Verwendung multimedialer Inhalte zeigte sich eine stärkere Einbindung von Fotos, Umfragen und Grafiken in den Artikeln der ‚citizen journalism sites', während aufwändiger gestaltete, zusammenhängende Fotostrecken (‚slideshows') häufiger in den Beiträgen der Tageszeitungen zu finden waren (vgl. ebd.: 1075). Auch hier kann die stärkere Orientierung der ‚citizen journalism sites' an Unterhaltungsthemen wohl dadurch erklärt werden, dass es sich bei einem wesentlichen Teil (51 Prozent) davon um Weblogs handelt, die über das Verzeichnis *Placeblogger* Eingang in die Stichprobe fanden.

Zu ganz ähnlichen Resultaten gelangten zwei weitere US-amerikanische Studien unter Mitarbeit teils derselben Autoren. Darin wurde der Frage nachgegangen, inwiefern ‚citizen journalism sites' ein Substitut für Tages- und Wochenzeitungen darstellen (vgl. Fico et al. 2013; Lacy et al. 2010). In beiden methodisch ähnlich angelegten Inhaltsanalysen wurden ‚bürgerjournalistische' Angebote über einschlägige Verzeichnisse ausgewählt (*Cyberjournalism.net, Placeblogger, Knight Citizen News Network*) und ex post facto weiter aufgeteilt in ‚citizen news sites' und ‚citizen blog sites': Jene Angebote, deren Beiträge sich aufgrund der inhaltsanalytischen Befunde als mehrheitlich meinungsbetont herausstellten, wurden als ‚citizen blog sites' kategorisiert, jene mit einer Mehrheit von faktenorientierten Beiträgen als ‚citizen news sites' (vgl. Fico et al. 2013: 159; Lacy et al. 2010: 39). Aus methodischer Sicht stellt sich hier die Frage, aufgrund welcher und wie vieler Wertungen ein einzelner Beitrag als meinungsbetont ausgewiesen wurde – in keiner der beiden Veröffentlichungen wird dies offen gelegt. Im Ergebnis gelangen beide Studien zum Schluss, dass die ‚bürgerjournalistischen' Medienangebote keinen gleichwertigen Ersatz, wohl aber eine Ergänzung für Tages- und Wochenzeitungen darstellen. Die Autoren führen dies u.a. darauf zurück, dass die untersuchten Angebote ihre Websites in der Untersuchungszeit weniger häufig aktualisierten (vgl. Fico et al. 2013: 160; Lacy et al. 2010: 40) und deutlich seltener über das politische Geschehen in entlegeneren Städten und Agglomerationen informierten, die im Gegensatz von den untersuchten Tages- und Wochenzeitungen hinreichend abgedeckt wurden (vgl. Fico et al. 2013: 160). Hinzu kommt der Befund, dass die massenmedialen Angebote in ihren Beiträgen deutlich mehr Quellen unterschiedlicher Herkunft zu Wort kommen liessen als die ‚citizen journalism sites' (vgl. ebd.: 163). Dies steht im Einklang mit den erwähnten Ergebnissen von Carpenter (2008).

Engesser (2013) untersuchte schliesslich die Qualität von 112 Plattformen des ‚partizipativen Journalismus'[205] im Netz mittels einer Inhaltsanalyse (codiert wurden jeweils fünf Beiträge pro Plattform), die er mit einer angebotsbezogenen Befragung der Plattformbetreiber kombinierte. Die Auswahlgesamtheit für die zu untersuchenden partizipativen Medienangebote bildete dabei neben einer Eigenrecherche (n= 128) das Verzeichnis des *Knight Community News Network (KCNN)*, das u.a. auch in den erwähnten Studien von Lacy et al. (2010) und Fico et al. (2013) herangezogen wurde (n= 781). In dieser im Jahr 2007 erstellten Datenbank finden sich Bürgermedien „with

---

[205] Aufgrund einer sehr breiten Definition des ‚partizipativen Journalismus' fallen für Engesser darunter sowohl Formen der Publikumsbeteiligung bei professionell-journalistischen Angeboten, professionell-partizipative Angebote, bei denen eine professionelle Redaktion vorhanden ist, Nutzer aber eigene Beiträge erstellen und veröffentlichen können, sowie eigenständige ‚bürgerjournalistische' Angebote wie private Weblogs (vgl. ebd.: 60ff.).

any original reporting, analysis, commentary, reviews, photos, audio, video or other content on local news, events or issues, created by individuals not employed by professional news organizations" (zit. nach Engesser 2013: 236). Es ist davon auszugehen, dass darin nicht nur eigenständige ‚bürgerjournalistische' Medienangebote, sondern auch professionell-partizipative und professionell-redaktionelle Angebote mit Publikumsbeteiligung verzeichnet sind. Die Studie von Engesser kommt u.a. zum Schluss, dass in den Beiträgen der untersuchten Plattformen oft gegen das Gebot der Trennung von Nachricht und Kommentar verstossen wurde – lediglich 3 Prozent aller meinungsbetonten Beiträge waren als solche gekennzeichnet (vgl. ebd.: 293) –, die Autoren relativ häufig in der ersten Person (Ich-Perspektive) berichteten (vgl. ebd.: 294f.), die Beiträge gemessen an den Nachrichtenfaktoren ‚Reichweite' und ‚politischer Einfluss des Hauptakteurs' eine eher geringe gesellschaftliche Relevanz erkennen liessen (vgl. ebd.: 299ff.), die Vollständigkeit der Beiträge aufgrund der Beantwortung der journalistischen W-Fragen eher zu wünschen übrig liess (vgl. ebd.: 309) und die relative Mehrheit der Beiträge die verwendeten Informationen über das thematisierte Hauptereignis von Massenmedien bzw. professionell-journalistischen Nachrichtenanbietern bezog (vgl. ebd.: 303). Obschon der Untersuchungsfokus in dieser Studie nicht auf einem Vergleich partizipativer Medienangebote mit dem professionellen Journalismus lag und entsprechend auch keine massenmedialen Angebote als Referenzobejkte analysiert wurden, deuten die Befunde darauf hin, dass die untersuchten Beiträge über eine deutlich andere Qualität verfügten, als es dem Standard professionell-journalistischer Berichterstattung entspricht. Angesichts dessen liefert auch diese Studie Hinweise dafür, dass partizipative bzw. ‚bürgerjournalistische' Angebote eher eine Ergänzung zum professionellen Journalismus darstellen.

Fazit zu ‚bürgerjournalistischen' Webangeboten

In den vorausgehenden Kapiteln wurden unterschiedliche Webanwendungen bzw. Medienangebote im Internet vorgestellt, die in der öffentlichen Debatte wie auch in der kommunikations- und medienwissenschaftlichen Literatur regelmässig mit journalistischen Leistungen in Verbindung gebracht und mitunter als ‚Bürgerjournalismus' bzw. ‚citizen journalism' bezeichnet werden.

Bei der Diskussion hat sich gezeigt, dass über solche Webanwendungen sehr oft interpersonale und Gruppenkommunikation stattfinden, wobei mehrheitlich über persönliche Belange oder Alltagsaktivitäten kommuniziert wird (z.B. Microblogging, Weblogs). Geht es um Inhalte von gesellschaftlicher Relevanz, welche die Allgemeinheit betreffen, handelt es sich in der Regel um Anschlusskommunikation zur massenmedialen Berichterstattung, die aus eigener Anschauung heraus kommentiert und interpretiert wird. Insofern liegt hier *Eigenvermittlung* und somit ein anderer Vermittlungsmodus als im durch *Fremdvermittlung* gekennzeichneten Journalismus vor (vgl. Kap. 2.3.2). Bei gewissen Angeboten besteht diese Eigenvermittlung auch darin, persönliches Spezialwissen etwa zu Wissens-, Technik- und Musikthemen öffentlich zu machen (z.B. Podcasts, Weblogs). Schliesslich gibt es Webanwendungen, worüber lediglich auf bereits im Netz Publiziertes – und hier häufig auf die massenmediale Berichterstattung – verwiesen wird (z.B. Social News). Solche Dienste erbringen offensichtlich keine journalistische *Eigenleistung*, allenfalls kann eine Teilfunktion des Journalismus darin gesehen werden, dass sie rezipientenseitig der Orientierung und Verteilung von Aufmerksamkeit dienen.

Legt man die in Kap. 2.4 herausgearbeiteten Konstitutions- und Qualitätsmerkmale für den Journalismus an diese Webangebote an, ist deutlich geworden, dass sie einzeln betrachtet in der Regel nicht über die *Aktualität* und *Periodizität* (z.B. Weblogs, Podcasts), inhaltliche *Universalität* (z.B. Weblogs, Microblogging, Podcasts), *gesellschaftliche Relevanz* (z.B. Weblogs, Microblogging, Social News) und *Vollständigkeit* (z.B. Microblogging) verfügen wie der tagesaktuelle Journalismus. Im Hinblick auf ihre ganz unterschiedlichen kommunikativen Funktionen für ihre Nutzer stellen diese Anwendungen und Angebote deshalb eine Ergänzung und weniger eine Konkurrenz zur professionell-journalistischen Berichterstattung dar.

Von allen gesichteten Angeboten fand sich am deutlichsten bei *Wikinews* ein journalistischer Anspruch. Das vollständig von Laien betriebene Nachrichtenwiki, das es weltweit in über dreissig Sprachversionen gibt, versteht sich als vollwertiges journalistisches Medienangebot und stellt an die eigenen Veröffentlichungen sehr hohe Ansprüche bezüglich journalistischer Qualität. Am ehesten müsste sich also hier zeigen, ob ein eigenständiger ‚Bürgerjournalismus' im Netz tatsächlich funktionieren und infolgedessen von einem funktionalen Äquivalent zum professionellen Journalismus gesprochen werden kann. Die bis anhin eher dünne und auf andere Aspekte gerichtete Forschung zu *Wikinews* nimmt die vorliegende Arbeit zum Anlass, eine bestehende Forschungslücke zu füllen. Konkret soll untersucht werden, inwieweit *Wikinews* im Vergleich zu massenmedialen Angeboten im Internet tatsächlich journalistische Leistungen erbringt. Ein solches Unterfangen läuft darauf hinaus zu überprüfen, inwiefern die in Kap. 2.4 zusammengestellten Konstitutions- und Qualitätsmerkmale des Journalismus von der wikibasierten Amateurberichterstattung erfüllt werden. Aus dem Forschungsstand zu *Wikinews* lässt sich zudem die Frage ableiten, wie stark die kollaborative Nachrichtenplattform auf die Massenmedien als vorgelagerte Quellen verweist und somit in seiner Berichterstattung von diesen abhängig ist. Diese beiden Fragen stellen den Ausgangspunkt für den folgenden empirischen und dritten Teil dieser Arbeit dar. Die damit verbundenen einzelnen Unterfragen werden dort nochmals gesondert ausformuliert (vgl. Kap. 6).

4 Untersuchungsleitende Fragestellungen und Vorbemerkungen zur Empirie

Die vorliegende Arbeit trägt zur Klärung der Frage bei, welchen journalistischen Beitrag Laienkommunikatoren bzw. -vermittler für die Öffentlichkeit leisten. Damit versteht sie sich als Teil eines Forschungsstrangs, dessen übergeordnetes Erkenntnisinteresse in der Frage besteht, inwiefern im Internet in der Form eines eigenständigen ‚Bürgerjournalismus' funktionale Äquivalente zu Medienangeboten des professionell-redaktionellen Journalismus entstehen (vgl. dazu auch Neuberger/Quandt 2010: 70; Neuberger 2008a: 27ff.; Schönhagen/Kopp 2007: 300). Im theoretischen, ersten Teil dieser Arbeit wurden aus unterschiedlichen Ansätzen der Journalismustheorie die folgenden zwölf Kriterien hergeleitet, die mehrheitlich auf einer inhaltlich-funktionalen Ebene – und darauf liegt hier der Schwerpunkt – angesiedelt sind und Journalismus im Internet, in Presse, Radio und Fernsehen bzw. unabhängig von seiner organisationalen Verfasstheit und medialen Verbreitungsart ausmachen: *Autonomie, Publizität, Periodizität, Aktualität, Universalität/Vielfalt, Ausgewogenheit, Faktizität, gesellschaftliche Relevanz, Vollständigkeit, Quellentransparenz, Trennung von Nachricht und Kommentar, Sinntreue* (vgl. zusammenfassend Kap. 2.4).

Im Rahmen des empirischen Teils dieser Arbeit soll am Beispiel des kollaborativen Nachrichtenportals *Wikinews* (vgl. Kap. 3.3.3) mittels Inhaltsanalyse untersucht werden, inwiefern die Berichterstattung von Amateuren mit journalistischen Ambitionen die genannten Kriterien im Vergleich zum professionellen Journalismus im Internet erfüllt. Für einen derartigen Leistungsvergleich stellt *Wikinews* ein sehr geeignetes Untersuchungsobjekt dar: Im Gegensatz zu vielen anderen Social Media-Angeboten (vgl. zur Übersicht Kap. 3.3.3), die von Laien z.B. zur Kontaktpflege oder Selbstdarstellung genutzt werden, veröffentlicht das gemeinschaftlich von Laien betriebene Wiki gemäss eigenem Leitbild und internen Richtlinien (z.B. zur Einhaltung gängiger journalistischer Qualitätskriterien) aktuelle Nachrichten aus diversen Themenbereichen des gesellschaftlichen Lebens. Aufgrund seines explizit journalistischen Anspruchs bietet sich *Wikinews* somit besonders als Untersuchungsobjekt einer empirischen Studie an, die zur Klärung der Frage beitragen möchte, ob im Internet mit ‚bürgerjournalistischen' funktionalen Äquivalenten zum professionellen Journalismus zu rechnen ist.

Untersuchungsleitende Fragestellungen

Bekanntlich hat die Wahl des Untersuchungsobjekts bzw. der Untersuchungseinheiten einer Studie – und dieser Punkt verdient vorab Erwähnung – Folgen für die Generalisierbarkeit der Ergebnisse. Partizipative Online-Formate unterscheiden sich hinsichtlich ihres Zwecks, ihrer Funktionsweise, der Statusdifferenzierung ihrer Mitglieder u.v.m. erheblich untereinander – das gilt selbst innerhalb derselben Angebotskategorien wie z.B. professionell-partizipativen Websites (vgl. Deuze et al. 2007: 323, im Überblick Engesser 2013: 91ff.), Social News (vgl. Goode 2009: 16ff.) und Wikis (vgl. Bradshaw 2009: 248ff.). Aus diesem Grund kann hier nicht einfach von *Wikinews* auf andere partizipative Online-Angebote oder Citizen-Media-Projekte geschlossen werden. Die kollaborative Laienberichterstattung steht mithin nicht repräsentativ für den ‚Bürgerjournalismus', dessen Grundgesamtheit ohnehin kaum definiert werden kann (vgl. Engesser 2013: 118f.). Bei der Verallgemeinerbarkeit der empirischen Befunde der vorliegenden Arbeit ist deshalb Vorsicht geboten. Streng genommen können sie nur Gültigkeit für die Laienberichterstattung innerhalb des *Wikinews*-Netzwerks mit seinen weltweit über dreissig Sprachportalen, und hiervon auch nur für das deutschsprachige Portal beanspruchen. Trotz dieser Einschränkung vermögen die Resultate sehr wohl Aufschluss über das journalistische *Potenzial* kollaborativer Nachrichtenproduktion durch Laien im Allgemeinen zu geben.

Eine weitere Anmerkung betrifft die verwendeten Prüfkriterien: Drei der im Theorieteil herausgearbeiteten Konstitutionsmerkmale journalistischer Medieninhalte wurden in dieser Arbeit nicht empirisch geprüft. Keiner inhaltsanalytischen Überprüfung bedurften die (institutionelle) Autonomie und Publizität, da diese Kriterien sowohl für *Wikinews* als auch für Online-Angebote des professionellen Journalismus als grundsätzlich gegeben erachtet werden können: Beide Angebotsformen sind nicht von einer Herausgeberschaft mit partikularen Kommunikationsinteressen (z.B. einer politischen Partei, einer religiösen Organisation, Interessenvereinigung etc.) abhängig und dienen nicht der blossen Produktwerbung oder Anzeigenveröffentlichung. Des Weiteren sind beide Angebotsformen aufgrund ihrer Verbreitung über das Internet öffentlich und somit grundsätzlich jedermann zugänglich.[206] Schliesslich konnte in dieser Arbeit die Sinntreue als einziges der zwölf hergeleiteten Kriterien empirisch nicht überprüft werden. Da Sinntreue allein mittels Inhaltsanalysen nicht hinreichend untersucht werden kann und der zusätzliche Aufwand einer Befragung zitierter Quellen nicht als verhältnis-

---

[206] Die Bejahung der institutionellen Autonomie und Publizität für professionell-journalistische Angebote im Internet sowie für *Wikinews* erfolgt hier im Einklang mit der Einschätzung von Neuberger et al. (2009a: 201 u. 209f.; für *Wikinews* insbesondere Fussnote 30 auf S. 221).

mässig erschien bzw. aus zeitlichen Gründen nicht zu rechtfertigen war, wurde auf eine empirische Überprüfung verzichtet.[207]

Nach diesen Vorbemerkungen werden die konkreten Forschungsfragen (FF) präsentiert, woran sich die empirische Untersuchung orientiert. Die erste Frage ergibt sich direkt aus dem dargestellten Forschungsstand zu *Wikinews* (vgl. Kap. 3.3.3). Demzufolge greift das Nachrichtenportal grösstenteils auf bereits publizierte Beiträge der Massenmedien als Informationsquellen zurück, ohne eine nennenswerte journalistische Eigenleistung zu erbringen. Entsprechend lautet die Frage:

FF1) Wie hoch ist im Allgemeinen der Anteil von Artikeln in *Wikinews*, die auf massenmedialen Beiträgen beruhen?

Alle weiteren Forschungsfragen adressieren direkt die weiter oben hergeleiteten Konstitutionsmerkmale journalistischer Medieninhalte (vgl. zur Übersicht Kap. 2.4):

FF2) Mit welcher *Periodizität* bzw. *Regelmässigkeit* werden auf *Wikinews* neue Beiträge veröffentlicht?

FF3) Wie *aktuell* sind die auf *Wikinews* veröffentlichten Nachrichten und Berichte?

FF4) Wie *vielfältig* ist die Amateurberichterstattung von *Wikinews*?

FF5) Wie *ausgewogen* sind die auf *Wikinews* veröffentlichten Nachrichten und Berichte?

FF6) Inwiefern beziehen sich die auf *Wikinews* veröffentlichten Beiträge auf real-weltliches, *faktisches* Geschehen statt auf fiktionale Inhalte?

---

[207] Um Sinntreue zu untersuchen, werden üblicherweise die in der Berichterstattung zitierten Quellen danach befragt, inwiefern ihre Aussagen aus ihrer Sicht von den Journalisten sinngemäss wiedergegeben worden sind. Eine theoretische Einordnung des Sinntreue-Kriteriums mit einem Überblick über die bislang wenigen, weil sehr aufwändigen Studien bietet Schönhagen (2006). Im englischen Sprachraum wird Sinntreue im Rahmen der sogenannten Accuracy-Forschung untersucht. Entsprechende Ergebnisse für die USA, Italien und die Schweiz liefern Maier (2005) und Porlezza et al. (2012).

Untersuchungsleitende Fragestellungen

FF7) Über welche *gesellschaftliche Relevanz* verfügt die Laienberichterstattung von *Wikinews*?

FF8) Wie *vollständig* sind die auf *Wikinews* veröffentlichten Beiträge?

FF9) Wie *transparent* sind die Quellenangaben in der Berichterstattung von *Wikinews*?

FF10) Inwiefern wird in *Wikinews* die journalistische Handwerksregel der *Trennung von Nachricht und Kommentar* eingehalten?

In welchem Grad *Wikinews* die in diesen Fragen genannten Kriterien erfüllt, soll empirisch *vergleichend* festgestellt werden, indem dasselbe Messinstrument gleichzeitig auf das kollaborative Nachrichtenportal und den professionellen Journalismus im Internet angewendet wird. Da die zu prüfenden Kriterien und die Teildimensionen, in die sie weiter aufgeschlüsselt werden können, teils unterschiedliche Anforderungen an das Forschungsdesign mit sich bringen (bspw. kann *Themenvielfalt* in Inhaltsanalysen gut auf Beitragsebene untersucht werden, wohingegen *Meinungs-* bzw. *Argumentenvielfalt* nur sinnvoll zu einem gegebenen und strittigen Thema auf Aussagenebene zu ermitteln ist, siehe auch Kap. 7.1), wird der Fragenkatalog mittels zwei aufeinander folgender Inhaltsanalysen beantwortet.

Im Folgenden werden beide Teilstudien mit ihren Ergebnissen nacheinander dokumentiert (vgl. Kap. 5 bis 8). Die wichtigsten Befunde und Interpretationen werden danach in einer gemeinsamen Zusammenfassung festgehalten (vgl. Kap. 9). Die Darstellung hält sich für beide Teilstudien an dieselbe Reihenfolge: Zuerst werden im Rahmen eines Kapitels zu Konzeption und Vorgehen die Untersuchungskriterien (Prüfkriterien) und das Forschungsdesign vorgestellt. Daraufhin werden Untersuchungszeitraum und Stichprobe dokumentiert. Es folgen Angaben zur gewählten Erhebungsmethode, der Operationalisierung und der Reliabilität der Datenerhebung. Die Ergebnisse werden jeweils in einem eigenen Kapitel präsentiert.

5 Konzeption und Vorgehen der ersten Teilstudie (Themenfrequenzanalyse)

5.1 Untersuchungskriterien und Anforderungen an das Forschungsdesign

In der ersten Teilstudie wurde zunächst der Frage nachgegangen, in welchem Umfang *Wikinews* auf Massenmedien als vorgelagerte Vermittlungsinstanzen zurückgreift (FF1). Sodann wurden die Kriterien *Periodizität* (FF2) und *Aktualität* (FF3) untersucht. Die *Vielfalt* und *Ausgewogenheit* der Laienberichterstattung in *Wikinews* wurden in dieser ersten Teilstudie in Bezug auf die grobe Themenstruktur (z.B. Politik, Wirtschaft, Sport, Kultur etc.) sowie die geografischen Bezugsräume (Länder und Regionen) untersucht (FF4 und FF5). Mit den abgedeckten Themenbereichen in enger Beziehung steht zudem die Frage nach der *Faktizität* bzw. *Fiktionalität* der Inhalte (FF6). Schliesslich interessierte die gesellschaftliche *Relevanz* der Laienberichterstattung (FF7). Genauere Angaben zur Operationalisierung dieser sechs von 12 Kriterien finden sich in Kap. 5.4. Die Datenerhebung erfolgte mittels standardisierter Inhaltsanalyse anhand einer relativ geringen Analysetiefe. Als Untersuchungs- bzw. Analyseeinheiten dienten dabei einzelne Beiträge, die einen Querschnitt der gesamten Berichterstattung von *Wikinews* wiedergeben.

5.2 Vergleichsberichterstattung

Da die Untersuchungskriterien im Vergleich zum professionellen Journalismus im Internet beurteilt werden sollten, wurde als Vertreter des professionellen tagesaktuellen Journalismus das Online-Angebot *süddeutsche.de* als Vergleichsobjekt herangezogen. Entscheidend für diese Auswahl war insbesondere der Umstand, dass es sich bei der *Süddeutschen Zeitung*, dem Muttermedium, wovon ein grosser Teil der Beiträge auch in der Online-Ausgabe erscheint, um eine für ihre Qualität allgemein anerkannte überregionale deutsche Tageszeitung (vgl. Schrag 2007: 152) und somit um einen typischen Vertreter des professionellen Journalismus handelt. Damit zusammen hängt wohl, dass die Anzahl der Besucher bzw. Unique Visitors von *süddeutsche.de* zu den höchsten der tagesaktuellen deutschen Massenmedien gehört.[208] Sowohl bei *Wikinews* als auch bei *süddeutsche.de* handelt es sich somit um eine bewusste Auswahl von zwei Medienangeboten, was die Verallgemeinerbarkeit der Befunde einschränkt. Trotzdem wird ein Vergleich beider Angebote Aufschluss über die Gemeinsamkeiten und Unterschiede zwischen kollaborativen Bürgerjournalismus-Projekten mit explizit journalistischem Anspruch und dem professionellen Online-Journalismus geben können. Wenn in den folgenden Kapiteln von der „Repräsentativität" gebildeter Stichproben die Rede ist, ist als Grundgesamtheit bzw. Population für einen statistischen Repräsentationsschluss somit nur die Berichterstattung dieser beiden Medienangebote gemeint, nicht mehr und nicht weniger.

5.3 Untersuchungszeitraum und Stichprobe

Untersuchungszeitraum

Der Untersuchung zugrunde gelegt wurde die Berichterstattung, die zwischen dem 1. September und dem 30. November 2009 auf *Wikinews* und *süddeutsche.de* veröffentlicht wurde. Statistisch handelt es sich dabei um die Auswahlgesamtheit, d.h. um jene Menge von Elementen (in diesem Fall: Beiträgen), die grundsätzlich eine Chance haben, in die Stichprobe zu gelangen (vgl. Schnell et al. 2008: 271). Die für die Auswahlgesamtheit berücksichtigten ca. drei Monate stellen eine hinreichend grosse Zeitspanne dar, um ein repräsentatives bzw. verkleinertes strukturgleiches Abbild der Berichterstattung beider einbezogenen Medien wiederzugeben. Die angestrebte Grund- bzw. Zielgesamtheit (vgl. ebd.), worüber schlussendlich Erkenntnisse beabsichtigt werden, entspricht hier der gesamten Berichterstattung von *Wikinews* und *süddeutsche.de*.

Auf *Wikinews* sind in dem besagten Zeitraum insgesamt 199 Beiträge publiziert worden. Dafür wurde eine Vollerhebung durchgeführt. Während auf dem Laienportal in diesen drei Monaten somit pro Tag durchschnittlich bloss zwei bis drei neue Beiträge erschienen, waren es auf *süddeutsche.de* nahezu achtzig, d.h. bis zu vierzigmal mehr. Grundsätzlich hat man es hier also mit erheblich unterschiedlichen Informationsmengen zu tun, was sich wiederum in den Ergebnissen niederschlagen dürfte. Für ‚bürgerjournalistische' Ange-

---

[208] Vgl. die Reichweitedaten der Informationsgemeinschaft zur Feststellung der Verbreitung der Werbeträger (IVW) unter http://ausweisung.ivw-online.de/index.php?i=111# (23. März 2016).

bote dürfte der geringe Publikationsoutput ein allgemeines Charakteristikum darstellen. Von den 112 partizipativen Web-Angeboten, die Engesser (2013) sichtete, publizierte die relative Mehrheit (34.8 Prozent) nur zwischen zwei und zehn Beiträgen pro Tag (vgl. ebd.: 283).[209]

Da eine Vollerhebung mehrerer tausend Artikel im Fall von *süddeutsche.de* aus forschungsökonomischen Gründen nicht zu leisten war, wurde die Auswahlgesamtheit auf eine handhabbare Stichprobe reduziert. Dazu wurde das in der Medieninhaltsforschung weit verbreitete Auswahlverfahren der ‚künstlichen Woche' verwendet (vgl. Rössler 2005 56; Riffe et al. 1993: 139): Zu diesem Zweck werden aus einer längeren Untersuchungszeit jeweils sieben unterschiedliche Wochentage (Mo bis So) ausgewählt, die zusammen eine komplette ‚künstliche' Woche ergeben, deren einzelne Untersuchungstage aber jeweils aus unterschiedlichen Kalenderwochen stammen. Für *süddeutsche.de* wurden aus der Zeitspanne zwischen dem 1. September und 30. November 2009 die folgenden sieben Untersuchungstage ausgewählt:

Tabelle 3: Untersuchungstage für *süddeutsche.de*

Montag	7. September
Dienstag	6. Oktober
Mittwoch	4. November
Donnerstag	24. September
Freitag	23. Oktober
Samstag	21. November
Sonntag	11. Oktober

Datenbasis: Künstliche Woche aus dem Zeitraum zwischen dem 1.September und 30. November 2009.

Wie Tabelle 3 zu entnehmen ist, wurden aus jedem der drei Untersuchungsmonate zwei Wochentage und aus einem zusätzlich ein Sonntag ausgewählt. Die Beiträge wurden aus dem Online-Archiv der *Süddeutschen Zeitung* (‚Medienport') gemäss Erscheinungsdatum als einzelne PDF-Dateien herun-

---

[209] Allerdings wurden in jener Studie auch Angebote mit berücksichtigt, die über feste Mitarbeiter verfügen bzw. in denen professionelle Journalisten und Nutzer gemeinsam in irgendeiner Weise (wenn auch nur marginal) am Produktionsprozess beteiligt sind.

tergeladen und auf Festplatte gespeichert.[210] Die Artikel von *Wikinews* sind chronologisch geordnet im Archiv des Portals frei abrufbar und wurden als Word-Dateien heruntergeladen und gespeichert.[211]

Ressorts (Rubriken) und journalistische Darstellungsformen

Sowohl für *Wikinews* als auch für *süddeutsche.de* wurden alle Ressorts (Rubriken wie ‚Politik', ‚Wirtschaft', ‚Geld', ‚Kultur', ‚Sport', ‚Leben', ‚Karriere' etc.) in die Untersuchung mit einbezogen. Untersuchungsrelevant waren grundsätzlich alle *redaktionell* (im Fall von *Wikinews* von der Community) gestalteten Beiträge. Dazu zählten verschiedene journalistische Darstellungsformen wie Nachrichten und Berichte, Kommentare, Reportagen, Interviews etc.

Ausschlusskriterien

Nicht zum Untersuchungsmaterial gezählt wurden die folgenden während der Untersuchungszeit publizierten Inhalte: *Wetterprognosen, Horoskope, Gewinnspiele, Lottozahlen, Veranstaltungskalender bzw. -hinweise, TV- und Radioprogramme, Werbung für Produkte und Dienstleistungen sowie Inserate (Stellen-, Kaufs- und Verkaufsanzeigen sowie Partnerbörsen).* In *Wikinews* wurden nur die als ‚veröffentlicht' gekennzeichneten Beiträge als Gegenstand der Untersuchung berücksichtigt. Ausgeschlossen wurden die jedem einzelnen Beitrag angehängte Diskussionsseite (abrufbar unter dem Reiter ‚Diskussion'), auf der sich Nutzer während der gemeinschaftlichen Erstellung eines Beitrags austauschen können, sowie die Meinungsseite (abrufbar unter ‚Meinungen'), worauf Nutzer einen fertigen und veröffentlichten Beitrag kommentieren können.

---

[210] Vgl. den kostenpflichtigen bzw. hochschulgebundenen Zugang unter http://www.sz-archiv.de/sueddeutsche-zeitung-archiv/onlinearchive/medienport-uebersicht (23. März 2016).
[211] Vgl. den Zugang unter http://de.wikinews.org/wiki/Wikinews:Archiv/Veröffentlichte_Artikel/2009 (23. März 2016).

Resultierende Stichprobe

Unter Anwendung der genannten Ein- und Ausschlussregeln resultierte eine bereinigte Stichprobe (Nettostichprobe) von insgesamt n= 752 Beiträgen gemäss Tabelle 4.

Tabelle 4: Stichprobe der ersten Teilstudie

wikinews.de	199
süddeutsche.de	553
Total	**752**

Datenbasis: Beiträge aus dem Zeitraum zwischen dem 1. September und dem 30. November 2009.

5.4 Methode und Operationalisierung

Die Beiträge und ihre inhaltlichen und formalen Eigenschaften wurden mittels quantitativer Inhaltsanalyse nach einem einheitlichen Kategoriensystem codiert. Diese Methode erlaubt es im Allgemeinen, quantifizierende Aussagen über eine grössere Menge von Text-, Bild-, Audio- oder Videomaterial zu machen, wobei sich ihre Verlässlichkeit gerade daraus ergibt, dass das Instrument auf alle Untersuchungseinheiten invariant angewandt wird (vgl. Bonfadelli 2002: 53). Die Operationalisierung der Untersuchungskriterien wird in den folgenden Unterkapiteln kurz beschrieben. Detailliertere Angaben finden sich im Codebuch (vgl. Anhang B.1).

5.4.1 Vorgelagerte Vermittlungsinstanzen

Bei vorgelagerten Vermittlungsinstanzen handelt es sich im weitesten Sinn um allgemein zugängliche Quellen, die eine Information oder Aussage bereits veröffentlicht haben, bevor sie ein (journalistisches) Medium z.B. als Teil einer Nachricht vermittelt (vgl. Schröter 1992: 48). In dieser Studie wurden folgende Vermittlungsinstanzen unterschieden: Massenmedien („wie die Sonntagszeitung berichtet..."), Nachrichtenagenturen, Websites von staatlichen Institutionen, Websites von privaten Organisationen, private Websites von Einzelpersonen, sonstige Vermittlungsinstanzen. Die Codierung dieser Kategorien in *Wikinews* bezog sich dabei jeweils auf den Abschnitt „Quellen", der hier stets den Abschluss eines Beitrags bildet. Darin sollen die Autoren bzw. Nutzer gemäss plattforminternen Richtlinien alle ihre verwendeten Quellen angeben.[212]

5.4.2 Aktualität und Periodizität

Zeitliche Aktualität im Sinne von grösstmöglicher Gegenwartsnähe wird in der Medieninhaltsforschung häufig über den sogenannten Ereignis-Lag gemessen, d.h. die Zeitspanne zwischen einem Ereignis und seiner journalistischen Vermittlung als Nachricht (vgl. Hagen 1995b: 129). Die Aktualität des Hauptereignisses eines Beitrags wurde in der vorliegenden Arbeit in Anlehnung an Rössler (2005: 138ff.) anhand einer Variablen mit sechs möglichen Ausprägungen erhoben: keine zeitliche Einordnung ist möglich, der Beitrag behandelt ein historisches und abgeschlossenes Ereignis (z.B. anlässlich eines Gedenktags), er widmet sich einem Thema der Gegenwart mit allerdings nur allgemeinen Informationen, orientiert über ein Geschehnis des vergangenen Monats, thematisiert ein Geschehen der letzten Woche bzw. 7 Tage, berichtet über ein hochaktuelles Ereignis der letzten 24 Stunden oder befasst sich mit einem künftigen Ereignis (vgl. dazu auch die Angaben im Codebuch im Anhang B.1). Zur Auswertung boten sich Kreuztabellen und Balkendiagramme an.

Periodizität ist neben Aktualität ein weiteres Charakteristikum journalistischer Medieninhalte und grenzt diese von anderen Publikationsformen wie Büchern, Plakaten, online zugänglichen Datenbanken u.v.m. ab, die nur einmalig oder zumindest nicht regelmässig erscheinen oder aktualisiert werden. Journalismus orientiert sich traditionell am Tagesrhythmus, prototypisch für diese Taktung steht die in sich abgeschlossene Ausgabe einer Tageszeitung. Allerdings ist die Publikation im Tagesrhythmus nicht zwingend. So gab es Zeiten, in denen Zeitungen wie z.B. die *Neue Zürcher Zeitung* in drei Ausgaben pro Tag erschienen (vgl. Meier 2007: 76). Im Online-Journalismus ist die Veröffentlichung zu fixen Zeitpunkten einer flexiblen Publikationspraxis gewichen, und Beiträge können dem Online-Angebot zu unterschiedlichen Zeitpunkten hinzugefügt werden. In der vorliegenden Arbeit wurde Periodizität als mindestens *tägliche* Aktualisierung operationalisiert. Dazu wurde sowohl für *Wikinews* als auch für *süddeutsche.de* ermittelt, ob es im dreimonatigen Untersuchungszeitraum zwischen dem 1. September und 30. Novem-

---

[212] Vgl. die Angaben unter http://de.wikinews.org/wiki/Wikinews:Journalistische_Grundsätze sowie detaillierter unter http://de.wikinews.org/wiki/Hilfe:Quellen (23. März 2016).

ber 2009 Tage gab, an denen keine neuen Beiträge veröffentlicht wurden. Während solche Publikationslücken bei *süddeutsche.de* als Online-Angebot einer überregionalen Tageszeitung kaum zu erwarten waren, erschien es fraglich, ob und in welchem Umfang sie in *Wikinews* zu beobachten waren.[213]

5.4.3 Vielfalt und Ausgewogenheit

Die Vielfalt journalistischer Medienangebote ist – wie im Theorieteil erläutert – mehrdimensional. Unterschieden werden können mindestens strukturelle, formale und inhaltliche Vielfalt. Strukturelle Vielfalt bezieht sich auf unterschiedliche Funktionen wie Bildung, Information, Beratung und Unterhaltung, deren Erfüllung von den Massenmedien in demokratisch verfassten Gesellschaften im Allgemeinen erwartet bzw. sogar medienrechtlich verlangt wird.[214] Unter formaler Vielfalt wird der Einsatz unterschiedlicher Präsentationsformen und journalistischer Darstellungsformen verstanden. Inhaltliche Vielfalt bezieht sich schliesslich auf die Berücksichtigung unterschiedlicher Themen, Akteure und Meinungen (vgl. Kap. 2.2.2) sowie geografischer Bezugsorte. In dieser Arbeit wurde beim Versuch, einen *inhaltlich-funktionalen* Kern des Journalismus herauszuarbeiten, der vom jeweiligen Verbreitungskanal bzw. der Mediengattung und somit von gattungsspezifischen Präsentationsformen unabhängig ist, u.a. auf die Wesensmerkmale der ‚Zeitung' von Otto Groth (1928 u. 1960) zurückgegriffen. Groth diskutiert unter dem Begriff der Universalität in erster Linie – wenn auch nicht nur – die inhaltliche Vielfalt. Darauf wurde auch im empirischen Teil der vorliegenden Arbeit der Schwerpunkt gelegt.

Da in der vorliegenden Studie vorerst die *thematische* und *geografische* Vielfalt der Berichterstattung von *Wikinews* im Vergleich zum professionellen Journalismus untersucht wurde, musste zunächst geklärt werden, wie Themen und regionale Bezüge definiert und bei der Datenerhebung identifiziert werden konnten. Im Allgemeinen lassen sich ‚Themen' gemäss Rössler

---

[213] Die gewählte Operationalisierung fällt somit strenger aus, als sie von Neuberger et al. (2009a) zur Ermittlung journalistischer Angebote – auch solcher von Laien – im Internet vorgenommen wird. Die Autoren verlangen dafür eine Aktualisierung des Web-Angebots an mindestens zwei unterschiedlichen Tagen innerhalb der zurückliegenden sieben Tage (vgl. ebd.: 210).
[214] Vgl. für Deutschland bspw. §11 des *Rundfunkstaatsvertrags* in seiner 15. Fassung vom 1. Januar 2013. Online unter http://www.die-medienanstalten.de/fileadmin/Download/ Rechtsgrundlagen/Gesetze_aktuell/15_RStV_01-01-2013.pdf (23. März 2016). Für die Schweiz siehe Art. 94 Abs. 2 der Bundesverfassung. Online unter http://www.admin.ch/ ch/d/sr/101/a93.html (23. März 2016).

Konzeption der Themenfrequenzanalyse

(2005:122ff.) „als ‚quasihierarchische' Netzwerke über- bzw. untergeordneter Sachverhalte verstehen und [...] in Ebenen von verschiedenem Allgemeinheitsgrad zerlegen." Dabei können mindestens drei Abstraktionsebenen unterschieden werden (vgl. ebd.): Auf der untersten Ebene finden sich die konkreten, tagesaktuellen *Ereignisse*, worüber berichtet wird. Hierbei kann es sich bspw. um einen Flugzeugabsturz, um einen Besuch eines ausländischen Präsidenten oder eine bekannt gewordene Unternehmensfusion handeln. Generell können Ereignisse als objektiv (bzw. intersubjektiv) festellbare, zeitlich und räumlich abgeschlossene Vorgänge definiert werden (Fretwurst 2008: 9 u. 104). Darunter fallen sowohl Geschehnisse in der Natur (z.B. Erdbeben, Vulkanausbrüche etc.) als auch menschliche Handlungen (z.B. der Abschluss eines Vertrags oder die Festnahme eines Straftäters). Ereignisse sind ihrerseits jeweils in übergreifende *gesellschaftliche Diskurse* eingebettet, die im Allgemeinen über mehrere Tage oder Wochen hinweg geführt werden, oder sie setzen solche in Gang. Diese Diskurse werden gesellschaftlich kontrovers geführt, d.h. sie schliessen unterschiedliche Meinungen, Bewertungen und Lösungsalternativen im Hinblick auf den Diskursgegenstand mit ein (vgl. ebd.: 9 u. 110). Im ‚quasihierarchischen Netzwerk' von über- bzw. untergeordneten Sachverhalten bilden sie die zweite Abstraktionsebene. Ein Flugzeugabsturz löst bspw. eine Debatte über die Erneuerung der nationalen Flugsicherung aus oder wird Teil einer bereits bestehenden solchen Debatte. Der Besuch des ausländischen Präsidenten steht im Zeichen der Bemühungen zweier Länder, ihre Handelsbeziehungen wieder aufzunehmen. Und die Fusion zweier Unternehmen kann als Folge einer im ganzen Land zu spürenden Wirtschaftskrise gedeutet werden. Die gesellschaftlichen Diskurse, in die solche Ereignisse eingebettet sind, ändern sich mit der Zeit. Auf einer dritten Abstraktionsebene können sie aber bestimmten stabilen *gesellschaftlichen Feldern* bzw. Themenbereichen zugeordnet werden, in den genannten Beispielen etwa dem Verkehrswesen bzw. der Verkehrspolitik, der Aussenpolitik oder der Wirtschaft.

In der vorliegenden Arbeit wurden, wie in vielen Inhalts- bzw. Themenfrequenzanalysen üblich (vgl. Rössler 2005: 126; Kuhlmann 2007: 139ff.), Themen im Sinne übergreifender Themenbereiche (z.B. Politik, Wirtschaft, Kultur, Sport etc.) codiert. Die einzelnen Ausprägungen wurden dabei auf der Grundlage von Standardwerken zur Inhaltsanalyse (z.B. Früh 2007; Rössler 2005) sowie von bestehenden Codebüchern aus Studien entwickelt, deren Forschungsfragen mit einer allgemeinen Beschreibung der Themenstrukturen in Massenmedien verbunden sind (z.B. Bonfadelli et al. 1979; Fretwurst 2008; Kepplinger/Staab 1992; Kepplinger/Maurer 2005; Maurer 2005). Festgehalten wurde pro Beitrag jeweils der Themenbereich, dem das berichtete *Hauptereignis* zuzuordnen ist. Als Hauptereignis galt dabei das als zentral dargestellte zeitlich und räumlich abgeschlossene Geschehen im Beitrag, welches Anlass zur Berichterstattung gab. Zur Ermittlung des Hauptereignisses wurde der ganze Beitragstext gelesen, besonderes Augenmerk wurde dabei auf Überschriften sowie Dach- und Unterzeilen gelegt (vgl. auch die Angaben im Codebuch im Anhang B.1). Die Vielfalt der geografischen Bezüge der Berichterstattung wurde über eine globale Länderliste erschlossen. Erfasst wurde mit der entsprechenden Variablen das Land, worauf sich das identifizierte Hauptereignis in einem Beitrag direkt oder in seinen Konsequenzen bezieht. Die codierten Länder wurden nachträglich im Zuge der Auswertung zu Klassen zusammengefasst (z.B. Europa, USA, Südamerika, Naher Osten, Asien, Russland, Afrika).

Sowohl die Vielfalt als auch die Ausgewogenheit von inhaltlichen Kategorien (wie Themenbereichen oder geografischen Bezügen) haben mit deren Häufigkeitsverteilung zu tun. Generell kann unter der Vielfalt die Anzahl unterschiedlicher Kategorien verstanden werden, während sich die Ausgewogenheit auf eine gleichmässige bzw. als gerecht empfundene Verteilung der Kategorienhäufigkeiten bezieht (vgl. Fahr 2001: 22; Hagen 1995b: 124). In dieser ersten Teilstudie erfolgte die Auswertung der Vielfalt und Ausgewogenheit von Themenbereichen und geografischen Bezugsräumen primär über Kreuztabellen und Balkendiagramme unter Einbezug von Signifikantestes. Darüber hinaus wurden als Indikatoren für eine gleichverteilte bzw. ‚gleichgewichtige' Vielfalt (vgl. Schatz/Schulz 1992: 693) Masszahlen der relativen Entropie herangezogen (vgl. mit weiteren Hinweisen Fahr 2001: 22). Konkret wurden *Simpson's D* und *Shannon's H* als Indizes für Ausgewogenheit und Vielfalt verwendet. Beide sind in der Medieninhaltsforschung verbreitet und berücksichtigen neben der Anzahl auch die Gleichverteilung von Kategorien (vgl. McDonald/Dimmick 2003: 66ff.; zur Anwendung siehe z.B. Carpenter 2010 u. Schramm 1954).[215]

5.4.4 Faktiziät

Wie im theoretischen Teil dieser Arbeit dargelegt, orientiert sich Journalismus primär an *faktischem*, d.h. real-weltlichem Geschehen (vgl. Kap. 2.1). Das Kriterium der *Faktizität* geht massgeblich auf die systemtheoretisch

---

[215] Erläuterungen zur Berechnung und Interpretation dieser Indizes erfolgen im Ergebnisteil (vgl. Kap. 6.3).

orientierten Arbeiten von Scholl und Weischenberg zurück, wo es die soziale Dimension von Aktualität bezeichnet (vgl. Scholl/Weischenberg 1998: 75ff.; Scholl 1997: 473ff.). Journalismus nimmt mit anderen Worten auf die intersubjektiv erfahrbare Ereignisrealität bzw. ‚Welt' Bezug und grenzt sich so von fiktionalen Medienangeboten wie bswp. Spielfilmen, Romanen oder Werken der bildenden Kunst ab. In der vorliegenden Arbeit wurde der Grad an Faktizität der untersuchten Berichterstattung über eine eigene Ausprägung der Themenvariable erhoben, die für Beiträge mit ausschliesslich fiktionalen Inhalte wie Gedichten, Erzählungen oder Fortsetzungsromanen vergeben wurde. Die Analyse erfolgte im Rahmen der Auswertung der thematischen Vielfalt (s.o.).

5.4.5 Gesellschaftliche Relevanz

Die gesellschaftliche Relevanz journalistischer Medieninhalte lässt sich, wie im theoretischen Teil dargelegt, über die Nachrichtenwerttheorie und die darin entwickelten Nachrichtenfaktoren erschliessen (vgl. Kap. 2.2.3). Im weitesten Sinne wird gesellschaftliche Relevanz dabei als tatsächliche oder mögliche Wirkung eines Ereignisses auf Güter, Werte und Normen der Allgemeinheit verstanden. In der Literatur (vgl. Eilders 1997: 98ff., insbes. 104; Fretwurst 2008: 119; Maier et al. 2010: 87; Schatz/Schulz 1992: 698) werden u.a. folgende Nachrichtenfaktoren als Relevanzindikatoren ausgewiesen: *Reichweite* bzw. *Tragweite* von Ereignissen (Anzahl der real oder potenziell Betroffenen), berührte Werte und Normen (materieller, ideeller oder existenzieller *Schaden* oder *Nutzen*) sowie *Konflikt* bzw. *Kontroverse* (sachliche Auseinandersetzungen und Meinungsverschiedenheiten, persönliche Beleidigungen und Beschimpfung). Für die vorliegende Studie erfolgte die Operationalisierung der genannten drei Faktoren in Übereinstimmung mit Studien aus dem Bereich der Nachrichtenwertforschung (z.B. Fretwurst 2008: 322ff.; Maier et al. 2006: 68ff.; Ruhrmann et al. 2003; für genauere Angaben zu der Formulierung der Ausprägungen siehe das Codebuch im Anhang B.1). Tabelle 5 gibt überblicksartig wieder, mit welchen Indikatoren die einzelnen Untersuchungskriterien gemessen wurden und welche Auswertungsstrategien dafür gewählt wurden. Ergänzend ist die Forschungsliteratur angeführt, woran sich die Operationalisierung jeweils anlehnt.

Tabelle 5: Operationalisierung und Auswertung der Untersuchungskriterien

Kriterium	Indikatoren und Operationalisierung	Auswertung	Referenzen
Vorgelagerte Vermittlungsinstanzen (nur bei *Wikinews*)	Angaben im Quellenbereich der Beiträge	Einfache Häufigkeitsauszählung bzw. Balkendiagramme	Schröter 1992: 48 u. 253
Periodizität	Tägliche Aktualisierung	Kreuztabellen bzw. Balkendiagramme	Neuberger et al. 2009a: 210
Aktualität	Ereignis-Lag (Differenz zwischen Hauptereignis und Veröffentlichung)	Kreuztabellen bzw. Balkendiagramme	Rössler 2005: 138ff.
Inhaltliche Vielfalt	Themenbereiche und geografische Bezüge	Kreuztabellen bzw. Balkendiagramme	Bonfadelli et al. 1979; Fretwurst 2008; Früh 2007; Kepplinger/Staab 1992; Kepplinger/Maurer 2005; Maurer 2005; Rössler 2005
Inhaltliche Ausgewogenheit	Themenbereiche und geografische Bezüge	Kreuztabellen bzw. Balkendiagramme	Bonfadelli et al. 1979; Fretwurst 2008; Früh 2007; Kepplinger/Staab 1992; Kepplinger/Maurer 2005; Maurer 2005; Rössler 2005
Faktizität	Fehlen fiktionaler Inhalte	Kreuztabellen bzw. Balkendiagramme	Scholl/Weischenberg 1998: 75ff.; Scholl 1997: 473ff.
Gesellschaftliche Relevanz	Nachrichtenfaktoren: Reichweite / Betroffenheit; Schaden / Nutzen; Kontroverse / Konflikt	Kreuztabellen bzw. Balkendiagramme	Eilders 1997: 98ff., insbes. 104; Fretwurst 2008: 119; Maier et al. 2010: 87; Schatz/Schulz 1992: 698

5.5 Qualität der Datenerhebung und Messgenauigkeit

5.5.1 Bemerkungen zur Reliabilität und Validität

Die zentralen Gütekriterien sozialwissenschaftlicher Forschung sind Validität und Reliabilität (vgl. Schnell et al. 2008: 151). Ein Erhebungsinstrument gilt als valide (gültig), wenn es tatsächlich jene theoretischen Konstrukte misst, die es messen soll. Als reliabel (zuverlässig) wird das Messinstrument bezeichnet, wenn es von unterschiedlichen Forschern und zu unterschiedlichen Zeiten angewandt dieselben Ergebnisse hervorbringt. Reliabilitätstests beruhen somit auf der Idee einer Gegenüberstellung mehrerer paralleler Messungen bzw. der Messwiederholung. Weil es möglich ist, dass wiederholte Messungen zuverlässig ein ‚falsches' Resultat erbringen (z.B. eine Gewichtsmessung mittels falsch justierter Waage) und somit eine perfekte Reliabilität ausweisen, obschon sie die interessierende Dimension (im gegebenen Bsp. das Gewicht) nicht korrekt erfassen, stellt Validität das übergeordnete Gütekriterium dar (vgl. ebd.: 154). Mit anderen Worten setzt Validität stets Reliabilität voraus, während das Umgekehrte nicht der Fall ist.

Angewandt auf quantitative Inhaltsanalysen steht Reliabilität für die möglichst übereinstimmende Text- und/oder Bildverschlüsselung durch unterschiedliche Codierer, die dasselbe Codebuch auf dasselbe Untersuchungsmaterial anwenden (Intercoderreliabilität). Auch die Stabilität der Codierung eines einzelnen Codierers über die Zeit hinweg bzw. zu Beginn und zum Schluss der Feldphase ist ein Aspekt der Reliabilität (Intracoderreliabilität) (vgl. Früh 2007: 188). Während sich die Reliabilität einer Messung aus dem Datenmaterial selbst ermitteln und rechnerisch mithilfe gewisser Kennzahlen (Reliabilitätskoeffizienten) ausdrücken lässt, bedarf die Beurteilung der Validität stets einer darüber hinausreichenden inhaltlichen Argumentation (vgl. Rössler 2005: 185). Diesbezüglich kommt der Operationalisierung im konzeptionellen Teil einer Studie eine entscheidende Bedeutung zu, denn mit deren Qualität steht und fällt die Gültigkeit der gemessenen Daten hinsichtlich der zu beantwortenden Forschungsfragen. In der vorliegenden Arbeit wurde grosser Wert auf die Operationalisierung der einzelnen Untersuchungskriterien gelegt. Die Messung von Qualitätskriterien journalistischer Medienangebote (vgl. im Überblick Kap. 2.4) wurde in Übereinstimmung mit der einschlägigen Literatur der Medieninhaltsforschung vorgenommen und zeichnet sich somit über einen hohen ‚Bewährtheitsgrad' aus (vgl. Kap. 5.4 und 7.6). Inhaltlich wurden die Messprozeduren intersubjektiv nachvollziehbar begründet. Es kann aus diesem Grund davon ausgegangen werden, dass

Qualität der Datenerhebung

die Datenerhebung hinsichtlich der Forschungsfragen über eine hohe Gültigkeit verfügt.

Um die Zuverlässigkeit der Codierung in beiden durchgeführten Teilstudien zu gewährleisten, wurden vor der eigentlichen Feldphase Reliabilitätstests durchgeführt, deren Befunde in die letzten Überarbeitungen der Codebücher einfliessen konnten. Im Rahmen dieser Pretests wurde die Reliabilität der Codierung einzelner Variablen auf der Grundlage des Reliabilitätskoeffizienten nach Krippendorff (2004) beurteilt.[216] Wie bei anderen Reliabilitätskoeffizienten (vgl. zur Übersicht z.B. Merten 1995: 305ff.) bewegt sich dieses Übereinstimmungsmass zwischen den Werten 0 und 1, wobei 0 für das Fehlen jeglicher Übereinstimmung und 1 für völlige Deckungsgleichheit steht. *Krippendorff's Alpha* besitzt im Vergleich zur bloss prozentualen Übereinstimmung z.B. nach Holsti (1969) eine Reihe von Vorteilen: *Alpha* kann u.a. unabhängig vom Skalenniveau der Daten berechnet werden, während sich der Reliabilitätskoeffizient nach Holsti nur für nominalskalierte Daten eignet. Da in den durchgeführten Teilstudien Variablen mit unterschiedlichen Skalenniveaus (Nominal-, Ordinal- sowie Intervallskala) erhoben wurden, wurde *Krippendorff's Alpha* der Vorrang gegeben. Dieser Reliabilitätskoeffizient ist zudem zufallsbereinigt, d.h. er enthält eine Korrektur für zufällige Übereinstimmungen, die insbesondere bei Variablen mit nur wenigen Ausprägungen ein Problem darstellen. Schliesslich kann *Alpha* auch unter Einbezug fehlender Werte (missing values) und für beliebig viele Codierer kalkuliert werden (vgl. Hayes/Krippendorff 2007: 83ff.). Aufgrund dieser Vorzüge wird in der zumeist jüngeren Forschungsliteratur die Anwendung von *Krippendorff's Alpha* für Reliabilitätstests im Rahmen von Inhaltsanalysen im Allgemeinen empfohlen (vgl. Vogelgesang/Scharkow 2012: 338; Kolb 2004).

Im Folgenden Kapitel wird der Reliabilitätstest der ersten Teilstudie dokumentiert. Für die zweite Teilstudie erfolgt die Dokumentation im Kapitel zur Konzeption und dem Vorgehen der Argumentationsanalyse (vgl. Kap. 7.7).

---

[216] Zur Kalkulation kann ein von Hayes und Krippendorff (2007) programmiertes Macro benutzt werden, das sich als Syntax-Befehl u.a. in SPSS importieren lässt. Das von den Autoren als ‚KALPHA' bezeichnete Macro sowie die entsprechende Anleitung zur Datenaufbereitung sind allgemein zugänglich unter http://www.afhayes.com/spss-sas-and-mplus-macros-and-code.html (23. März 2016).

5.5.2 Reliabilität und Durchführung der Themenfrequenzanalyse

Am Codiervorgang in der Feldphase der Themenfrequenzanalyse waren insgesamt zwei Codierer beteiligt. 568 Beiträge (ca. 75 Prozent) der Gesamtstichprobe wurden vom Autor selbst codiert. Ein kleinerer Teil von 184 Beiträgen (ca. 25 Prozent) wurde durch eine weitere wissenschaftliche Mitarbeiterin des Lehrstuhls verschlüsselt.[217] Das Codebuch wurde vorher eingehend zu zweit besprochen. Das von jedem Codierer verschlüsselte Untersuchungsmaterial setzte sich je zur Hälfte aus Beiträgen von *süddeutsche.de* und *wikinews.de* zusammen, so dass beide Codierer Teile beider Publikationstypen analysiert haben. Die einzelnen Beiträge bzw. Artikel stellten dabei die Untersuchungseinheiten bzw. Merkmalsträger dar, deren unterschiedliche Eigenschaften klassifiziert wurden.

Im Rahmen eines Reliabilitätstests wurde vor dem Eintritt in die Feldphase anhand der Gegenüberstellung der Codierleistungen beider Codierer die Intercoderreliabilität berechnet. Dazu wurden 54 zufällig ausgewählte Beiträge aus der Gesamtstichprobe (27 aus *sueddeutsche.de* und 27 aus *wikinews.de*) von beiden Codierern parallel verschlüsselt. Die Teststichprobe genügte somit den Empfehlungen von Rössler (2005: 191) und Früh (2007: 189), die für den Reliabilitätstest als Richtwert mindestens 30 bis 50 Codierungen pro Variable angeben. Die einzelnen Reliabilitätskoeffizienten sind in Tabelle 6 zusammengestellt. Danach folgen deren Interpretation sowie die Darstellung von Massnahmen, wodurch anfänglich unbefriedigende Werte zugunsten einer höheren Zuverlässigkeit des Instruments verbessert werden konnten.

---

[217] Mein ausserordentlicher Dank gilt an dieser Stelle Lea Unternährer für die tatkräftige Unterstützung.

Tabelle 6: Reliabilitätskoeffizienten

Formale Variablen	α-Wert
Identifikationsnummer (Id)	1.0
Medium (Med)	1.0
Datum (Dat)	1.0
Umfang (Umf)	.96

Inhaltliche Variablen	α-Wert
Verfasserangaben (Transparenz des Vermittlungskontextes)	
• Verfasserangaben namentlich (VerfN)	1.0
• Verfasserangaben Kürzel (VerfK)	1.0
• Gemeinschaft von Nutzern (VerfG)	1.0
Vorgelagerte Vermittlungsinstanzen	
• Agenturen (Verm_Agent)	.98
• Eigene Printausgabe (Verm_Print)	.98
• Andere professionell-redaktionelle Massenmedien (Verm_Med)	.86
• Staatliche Institutionen u. internationale Organisationen (Verm_Staat)	.87
• Private Organisationen (Verm_PrivOrg)	.79
• Privatpersonen (Verm_PrivPers)	.80
• Sonstiges (Verm_Sonst)	.78
Aktualität (Akt)	.74
Bezugsland (BezLand)	.81
Themenbereich (T)	.82
Nachrichtenfaktoren	
• Reichweite (Reichw)	.78
• Kontroverse (Kontro)	.74
• Valenz	
- Nutzen (Nutz)	.79
- Schaden (Schad)	.77

Anmerkung: Krippendorff's α, n= 54 Beiträge.

Wie Tabelle 6 zu entnehmen ist, wurde bei den formalen Variablen grösstenteils eine perfekte ($\alpha = 1.0$) Übereinstimmung erzielt. Bei den inhaltlichen Variablen wurden die Verfasserangaben und ein Teil der vorgelagerten Vermittlungsinstanzen ausserordentlich gut codiert, ebenfalls als robust erwies sich die Codierung des Themenbereichs und des Bezugslandes. Von den insgesamt 21 Variablen lag der Reliabilitätskoeffizient bei sieben unter .80, allerdings schneiden diese mit α-Werten $\geq .74$ immer noch akzeptabel ab (vgl. Früh 2007: 192; Rössler 2005: 192). Dass die Reliabilitätswerte gerade bei eher schwer zu codierenden Nachrichtenfaktoren tendenziell tiefer liegen, ist ein in der Forschungspraxis bekanntes Phänomen (vgl. Fretwurst 2008: 236; Maier et al. 2006: 90; Weber 2012: 27).

Bei vier inhaltlichen Variablen wurden anfänglich ungenügende Werte ($\alpha \leq .70$) erzielt. Mittels einer Zusammenfassung von Ausprägungen konnte die Reliabilität jedoch erheblich verbessert werden. Das Codebuch wurde entsprechend angepasst. Betroffen war hier zum einen die Themenvariable, die ursprünglich viel zu differenziert vorlag. Die insgesamt elf übergeordneten Themenfelder (Politik, Wirtschaft, innere und äussere Sicherheit, Sozialordnung, Kultur, Sport, Natur und Umwelt, Unglücke und Kriminalität, Ratgeber-Themen, Human-Touch-Themen und Fiktionales) wiesen im Durchschnitt über mehr als zehn Subkategorien auf (bei Politik z.B. Wirtschaftspolitik, Sicherheits- und Verteidigungspolitik, Bildungspolitik etc.; bei innerer und äusserer Sicherheit z.B. Friedenssicherung und -verhandlungen, Krieg und bewaffnete Konflikte, Menschenrechtsverletzungen und Folter, Flüchtlinge und humanitäre Hilfe etc.). Diese Unterkategorien erwiesen sich als nicht hinreichend überschneidungsfrei, so dass sich ihre grössere semantische Differenziertheit in häufigeren Codierabweichungen niederschlug. Der Mangel konnte behoben werden, indem nur die höchste Ebene der hierarchisch angelegten Themenvariable beibehalten wurde und die Subcodes aus dem Kategoriensystem entfernt bzw. nur noch als Ankerbeispiele beibehalten wurden. Zum anderen erwies sich die Reliabilität der Codierung auch bei der ursprünglichen Konzeption einiger Nachrichtenfaktoren als ungenügend. Dieser Mangel konnte ebenfalls durch Zusammenfassung von Ausprägungen behoben werden. So wurde der Faktor ‚Reichweite' mit ursprünglich fünf möglichen Realisationen (0= nicht einschätzbar; 1= geringste Reichweite; 2= geringe Reichweite; 3= grosse Reichweite; 4= grösste Reichweite) auf drei Ausprägungen reduziert, indem die Werte 1 und 2 sowie 3 und 4 zusammengeführt wurden (neu 0= nicht einschätzbar; 1= geringe Reichweite; 2= grosse Reichweite). Analog wurde mit den Valenzfaktoren ‚Schaden' und ‚Nutzen' verfahren (ursprünglich 0= nicht vorhanden; 1= geringer Nutzen bzw. Schaden; 2= grosser Nutzen bzw. Schaden; neu nur binär mit 0= nicht vorhanden; 1= vorhanden). Nach diesen Änderungen, die zu einer markant besseren Codierübereinstimmung geführt haben, konnte mit dem Instrument zuverlässig gearbeitet werden.

6 Ergebnisse der Themenfrequenzanalyse[218]

6.1 Vorgelagerte Vermittlungsinstanzen

In der Literatur wurde bislang mehrfach die Vermutung geäussert, die kollaborative Laienberichterstattung von *Wikinews* beruhe massgeblich auf massenmedialen Quellen, ohne eine substanzielle Eigenleistung darzustellen (vgl. Allan 2006: 137; Bruns 2006: o.S.; Thorsen 2008: 937). Trifft dies zu, dürften in *Wikinews* kaum Beiträge zu finden sein, die auf eigene Recherche unterschiedlicher nicht-massenmedialer Quellen zurückgehen. Um dies zu überprüfen, wurde die Art der angegebenen Quellen im Sinne *vorgelagerter Vermittlungsinstanzen* untersucht. Dazu wurden die Angaben im sogenannten „Quellenbereich" am Ende jedes Beitrags klassifiziert. Dort müssen User aufgrund plattforminterner Richtlinien genau angeben, woher ihre verwendeten Informationen stammen. Abbildung 6 zeigt die Struktur der in *Wikinews* während des gesamten Untersuchungszeitraums genannten Vermittlungsquellen.

Abbildung 6: Vorgelagerte Vermittlungsinstanzen in *Wikinews* (n=199)

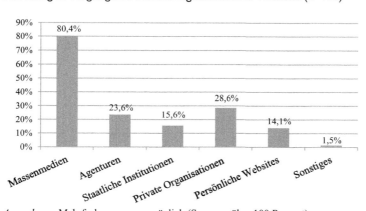

Anmerkung: Mehrfachnennungen möglich (Summen über 100 Prozent).

---

[218] Die Ergebnisse dieser ersten Teilstudie wurden bereits im Rahmen eines Tagungsbandes veröffentlicht (vgl. Bosshart/Schönhagen 2011).

Wie in Abbildung 6 gut zu erkennen ist, verweisen vier Fünftel (160 bzw. 80.4 Prozent) aller *Wikinews*-Beiträge auf Massenmedien als zugrunde liegende Informationsquellen. Dazu zählen etwas die Online-Ableger von Pressetiteln (z.B. *welt.de*, *faz.net*, *suedkurier.de* etc.) genauso wie die Websites von Rundfunkanstalten und ihren Sendeangeboten (z.B. *heute.de*, *tagesschau.de*, etc.). Umgekehrt handelt es sich bei bloss einem Fünftel (19.6 Prozent) um ‚originäre' Beiträge, d.h. um im engeren Sinne journalistische ‚Eigenleistung'. Damit sind selbst recherchierte und/oder erarbeitete Artikel der *Wikinews*-Macher gemeint, worin die Verwendung von Agenturmaterial, wie sie im professionellen Journalismus üblich ist, sogar mit eingeschlossen ist. Vor dem Hintergrund der Tatsache, dass in *Wikinews* pro Tag durchschnittlich nur zwei bis drei Beiträge neu aufgeschaltet werden, dürfte allein aufgrund der Quellenstruktur deutlich werden, dass nicht von einer dem professionellen Journalismus entsprechenden Vermittlungsleistung ausgegangen werden kann. Vielmehr, so scheint es, handelt es sich bei der Berichterstattung in *Wikinews* grösstenteils um eine Reproduktion professionell-journalistischer Inhalte, etwa indem bereits in verschiedenen Massenmedien veröffentliche Beiträge zum selben Ereignis in einem einzigen Artikel zusammengefasst werden. Somit erweisen sich die in der Forschungsliteratur geäusserten Vermutungen als zutreffend. In deutlich geringerem Umfang wurden als Quellen die Websites von staatlichen Behörden (z.B. Bundesämtern), kommerziellen (z.B. Software-Herstellern) und Non-Profit-Organisationen (z.B. Naturschutzverbänden) sowie von Privatpersonen (z.B. Weblogs) genannt. Der (im Balkendiagramm nicht ausgewiesene) Anteil von Beiträgen, die *ausschliesslich* Quellen der letztgenannten vier Kategorien enthalten, d.h. weder auf Massenmedien noch auf Agenturmeldungen beruhen, beträgt lediglich 15.1 Prozent.

6.2 Aktualität und Periodizität

Wie *aktuell* sind die Beiträge in *Wikinews* verglichen mit der professionell-journalistischen Berichterstattung von *süddeutsche.de*? Wie Abbildung 7 zu erkennen gibt, enthält das Laienportal nur unwesentlich weniger Beiträge zu hochaktuellen Ereignissen der letzten vierundzwanzig Studenten als die professionell-journalistische Vergleichsberichterstattung (24.6 vs. 29.1 Prozent). Statistisch ist dieser Unterschied nicht signifikant. Über alle Kategorien hinweg springen nur zwei grössere Unterschiede ins Auge: In *Wikinews* enthalten 28.6 Prozent der Beiträge gar keine Zeitangabe, während dies auf *süd-*

deutsche.de bei 17.5 Prozent der Artikel der Fall ist. Das stellt zwar immer noch einen beachtlichen Anteil dar, liegt aber deutlich unter dem entsprechenden Wert in *Wikinews*. Statistisch ist dieser Unterschied hoch signifikant.[219]

Abbildung 7: Aktualität der Berichterstattung

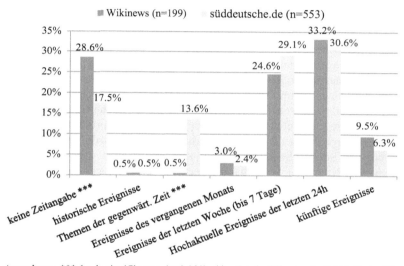

Anmerkung: *** hoch signifikanter (p<0.001), ** sehr signifikanter (p<0.01), * signifikanter Unterschied (p<0.05). Der z-Test prüft die Anteilswerte derselben Kategorie in beiden Medienangeboten auf Gleichverteilung.

Offensichtlich, so lässt sich festhalten, mangelt es der Laienberichterstattung besonders an Transparenz hinsichtlich der zeitlichen Einordnung des Geschehens. Der zweite, statistisch ebenfalls hoch signifikante Unterschied betrifft Beiträge zu Themen der heutigen Zeit, in denen die Angaben nur ungenau einen Bezug zur Gegenwart erkennen lassen („heutzutage", „der moderne Mensch", „in jüngster Zeit"). Auf *süddeutsche.de* erscheinen solche Artikel deutlich zahlreicher als in *Wikinews* (13.6 vs. 0.5 Prozent). Häufig handelt es sich hier um Beiträge mit Ratgeberfunktion (z.B. Versicherungs- und Mieter-Tipps), Hintergrundanalysen oder allgemeine Gesellschaftskritik in Kommentaren. Wie es scheint, stellt die professionelle Berichterstattung

---

[219] Dir Irrtumswahrscheinlichkeiten sind im Folgenden jeweils in die Grafiken integriert.

somit Ereignisse häufiger in einen allgemeinen Kontext und bietet eine Einordung des Zeitgeschehens über den Tag hinaus.

Die *Periodizität* bzw. Frequenz der Berichterstattung wurde in dieser Studie als mindestens *tägliche Aktualisierung* des Web-Angebots operationalisiert (vgl. Kap. 5.4.2). Mit anderen Worten wurde geprüft, ob beide Medienangebote während des Untersuchungszeitraums vom 1. September bis 30. November 2009 täglich mindestens einen neuen Beitrag veröffentlichten. Für die professionell-redaktionelle Berichterstattung von *süddeutsche.de* war dies der Fall.[220] In *Wikinews* erschienen während des insgesamt 91 Tage umfassenden Untersuchungszeitraums hingegen an 16 Tagen keine Beiträge, dafür an gewissen Tagen gleich mehrere. Prozentuiert man diesen Anteil bezogen auf alle 91 Untersuchungstage, erreicht das Laienportal bloss eine Periodizität von 82.4 Prozent im Vergleich zu *süddeutsche.de* mit einer täglichen Veröffentlichungsrate von 100 Prozent.[221] Die Laienberichterstattung verfügt somit über eine deutlich geringere Kontinuität als die professionelle Vergleichsberichterstattung. Zudem – und dieser Punkt wurde bereits weiter oben bei der Stichprobenbildung (vgl. Kap. 5.3) sowie den verwendeten Quellen (vgl. Kap. 6.1) erwähnt – unterscheidet sich der gesamte Publikationsoutput in beiden Medientypen erheblich. Während *Wikinews* pro Tag durchschnittlich nur zwischen zwei und drei neue Artikel veröffentlichte, erschienen auf *süddeutsche.de* im Untersuchungszeitraum durchschnittlich fast achtzig neue Beiträge täglich. Somit stellen beide Medienangebote ihrem Publikum unterschiedlich grosse Informationsmengen zur Verfügung. Inwiefern sich dies in *Wikinews* z.B. in einer geringeren Themenvielfalt niederschlägt, zeigt das nächste Kapitel.

6.3 Vielfalt, Ausgewogenheit und Faktizität

Inhaltliche Vielfalt und Ausgewogenheit als konstituierende Qualitätskriterien des Journalismus wurden in dieser ersten Teilstudie im Hinblick auf die *Themenbereiche* und *geografischen Bezüge* der Berichterstattung untersucht.[222] Abbildung 8 gibt die grobe Themenstruktur der Amateurberichter-

---

[220] Dazu wurde nicht nur die Nettostichprobe (künstliche Woche) betrachtet, sondern aus dem Online-Archiv von *süddeutsche.de* die Publikationsstatistik für den gesamten Zeitraum zwischen dem 1. September und 30. November herangezogen.
[221] Berechnung für *Wikinews*: 75/91 x 100 = 82.4.
[222] Die Vielfalt und Ausgewogenheit von Akteuren und Meinungen bzw. Argumenten sind Gegenstand der zweiten Teilstudie (vgl. Kap. 7 u. 8).

stattung von *Wikinews* im Vergleich zur professionellen Berichterstattung von *süddeutsche.de* wieder.

Abbildung 8: Themenverteilung im Vergleich

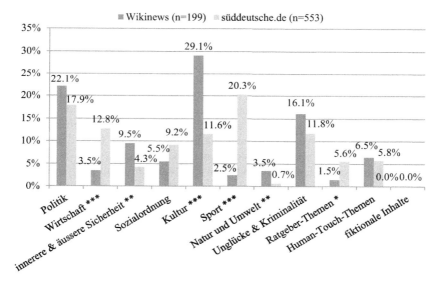

Anmerkung: *** hoch signifikanter (p<0.001), ** sehr signifikanter (p<0.01), * signifikanter Unterschied (p<0.05). Der z-Test prüft die Anteilswerte derselben Kategorie in beiden Medienangeboten auf Gleichverteilung.

Deutliche Unterschiede bestehen insbesondere bezüglich der Themenbereiche Wirtschaft, Kultur und Sport. Besonders sticht dabei der hohe Anteil an Kulturberichten in *Wikinews* hervor. Nahezu jeder dritte Beitrag (29.1 Prozent) widmet sich hier schwerpunktmässig einem kulturellen Thema. Darunter fallen Subthemen wie Bildung und Forschung, Religion und Kirche, Kunst (Literatur, bildende Kunst, Musik, Film, Tanz etc.), Volksfeste und Brauchtum sowie Medienthemen (Individual- und Massenmedien). Auf *süddeutsche.de* widmet sich nur knapp jeder neunte Beitrag (11.6 Prozent) einem solchen Thema. Dieser Unterschied ist statistisch hoch signifikant. Umgekehrt kaum abgedeckt sind in *Wikinews* Sportthemen mit einem Anteil von lediglich 2,5 Prozent (z.B. Resultate und Berichte zur Champions League, zu nationalen und internationalen Wettkämpfen etc.), auf *sueddeutsche.de* machen sie dagegen gut ein Fünftel (20.3 Prozent) aller Beiträge aus. Zu erwähnen ist, dass die in der Artikelstichprobe bzw. künstlichen Woche von *süddeutsche.de* vorhandenen Untersuchungstage nicht durch ein sportliches Grossereignis geprägt waren, so dass der ausgewiesene hohe Anteil beim professionellen Nachrichtenanbieter kein verzerrtes Bild wiedergeben sollte. Statistisch ist auch dieser Unterschied zur Laienberichterstattung hoch signifikant. Dasselbe trifft auf die Differenz bei der Wirtschaftsberichterstattung zu. Darunter fallen sowohl Nachrichten zu allgemeinen Wirtschaftsthemen (Konjunktur, Preissteigerungen, Löhne, Steuern etc.) als auch die Berichterstattung zu einzelnen Unternehmen (Konkurse, Jahresgewinne, Entlassungen etc.). Auf *süddeutsche.de* widmet sich mehr als jeder zehnte Beitrag (12.8 Prozent) einem solchen Thema, in *Wikinews* hingegen bloss 3.5 Prozent. Weitere (statistisch sehr signifikante) Unterschiede betreffen die Berichterstattung über innere und äussere Sicherheit (z.B. Friedensverhandlungen, kämpferische Einsätze, Krieg) und Natur und Umwelt (z.B. Umweltverschmutzung, Abbau von Rohstoffen, erneuerbare Energien), die in *Wikinews* verhältnismässig einen etwas höheren Stellenwert einnimmt. Umgekehrt bietet *süddeutsche.de* statistisch signifikant mehr Beiträge mit Ratgeberfunktion an (z.B. zu Miet- und Finanzfragen, Gesundheit und Konsum). Wie Abbildung 8 ebenfalls erkennen lässt, enthalten weder *Wikinews* noch *süddeutsche.de* Fiktionales (z.B. Gedichte, Erzählungen, Fortsetzungsromane, Kurzkrimis). Beide Medienangebote orientieren sich mithin am realweltlichen, intersubjektiv erfahrbaren Geschehen und verfügen somit über denselben Grad an *Faktizität*.

Insgesamt kann festgehalten werden, dass sich die Laienberichterstattung von *Wikinews* und die professionelle Berichterstattung von *süddeutsche.de* durch recht unterschiedliche Themenschwerpunkte auszeichnen. Beide Angebote verfügen zwar über ein ähnliches Themenspektrum, gewichten jedoch die einzelnen Themenbereiche jeweils anders. Gesamthaft werden drei Themenfelder (Wirtschaft, Sport, Ratgeber-Themen) im professionellen Medienangebot höher gewichtet, drei anderen (innere und äussere Sicherheit, Kultur, Natur und Umwelt) wird in *Wikinews* mehr Beachtung geschenkt. Grundsätzlich kann auf der Ebene grober Themenbereiche also nicht von einer grösseren Vielfalt im professionellen Medienangebot ausgegangen werden. Wie die Befunde deutlich zeigen, handelt es sich bei *Wikinews* nicht um ein monothematisches oder themenspezifisches Angebot, wie es etwa Weblogs typischerweise darstellen (vgl. Kap. 3.3.3). Der eigene Anspruch des Laienportals, Nachrichten aus ganz unterschiedlichen Themenbereichen anzubieten, ist somit kein blosses Lippenbekenntnis. Bedenkt man allerdings die Tatsache, dass sich die meisten Beiträge in *Wikinews* auf massenmediale Quellen stützen (s.o.), verwundert es kaum, dass hier eine ähnliche thematische Vielfalt gegeben ist, wenn auch mit anderen Schwerpunkten.

Welche Aussagen lassen sich neben der Vielfalt bezüglich der Ausgewogenheit der Themenverteilung in beiden Medienangeboten machen? Versteht man im Allgemeinen Ausgewogenheit im Sinne einer ‚gleichgewichtigen Vielfalt' (vgl. Schatz/Schulz 1992: 693), lassen sich verschiedene Medienangebote rechnerisch mithilfe zweidimensionaler Masszahlen vergleichen, in die sowohl die Anzahl von Kategorien (‚Vielfalt') als auch deren Verteilung (‚Ausgewogenheit im engeren Sinn') einfliessen (vgl. McDonald/Dimmick 2003: 63ff.). Als ideal gilt bei einem solchen Verständnis von Ausgewogenheit eine möglichst gleichmässige Verteilung aller Elemente auf möglichst viele Kategorien. Entsprechende zweidimensionale Ausgewogenheitsmasse stellen *Simpson's D* und *Shannon's H* dar, die schon länger in der Medienforschung Anwendung finden (vgl. Dimmick 2003; Schramm 1954). Sowohl bei *Simpsons' D* als auch bei *Shannon's H* stehen grössere Zahlen für eine grössere Ausgewogenheit bzw. gleichgewichtige Vielfalt, wobei sich *Simpson's D* stets zwischen 0 und 1 bewegt und 1 für eine absolute Gleichverteilung steht, während *Shannon's H* über 1 liegen kann.[223] Berechnet man diese Indizes für die Themenstrukturen von *Wikinews* und *süddeutsche.de*, erweist sich die professionelle Berichterstattung insgesamt als etwas ausbalancierter (D= 0.86; H= 2.11) als die Amateurberichterstattung (D= 0.82; H= 1.94).[224]

Angesichts der Tatsache, dass ein Grossteil der in *Wikinews* publizierten Beiträge auf massenmediale Berichterstattung zurückgeht, erscheint ein Blick auf die ‚originären' Beiträge des Portals besonders interessant. Für *Wikinews* wurden dazu alle Artikel in die Auswertung einbezogen, die nicht auf massenmedialen Quellen beruhen. Im Falle von *süddeutsche.de* wurden sämtliche Beiträge ausgeschlossen, die von der Print-Redaktion der *Süddeutschen Zeitung* übernommen wurden (sogenannte ‚shovel-ware') und auf *süddeutsche.de* mit dem Kürzel „SZ" gekennzeichnet sind.[225] Abbildung 9 gibt die entsprechenden Anteilswerte wieder.

---

[223] Simpson's D berechnet sich einfach, indem man die Summe der quadrierten Anteilswerte aller Kategorien von eins subtrahiert. Formal: $1 - \sum p_i^2$. Shannon's H ist die negative Summe der Produkte, die aus jedem Anteilswert und seinem natürlichen Logarithmus gebildet werden. Formal: $-\sum p_i \ln p i$ (vgl. McDonald/Dimmick 2003: 61; für die Anwendung beim Vergleich zweier Medienangebote vgl. Carpenter 2010: 1073).
[224] Nicht einbezogen in die Kalkulation wurde dabei bewusst die Kategorie ‚Fiktionales', die kein Konstitutionsmerkmal journalistischer Medieninhalte darstellt (s.o.).
[225] Die *Süddeutsche Zeitung* und das Nachrichtenangebot *süddeutsche.de* verfügen über zwei eigenständige, getrennte Redaktionen, vgl. die Angaben unter http://www.sueddeutscherverlag.de/business/sueddeutsche_zeitung/online_tv (23. März 2016).

Ergebnisse der Themenfrequenzanalyse

Abbildung 9: Themenverteilung eigenproduzierter Beiträge im Vergleich

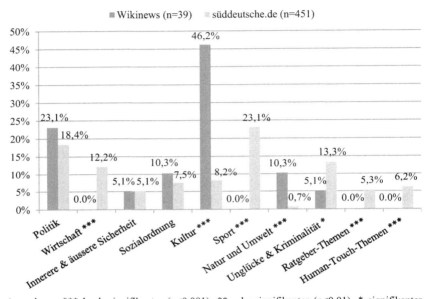

Anmerkung: *** hoch signifikanter (p<0.001), ** sehr signifikanter (p<0.01), * signifikanter Unterschied (p<0.05). Der z-Test prüft die Anteilswerte derselben Kategorie in beiden Medienangeboten auf Gleichverteilung.

Wie aus Abbildung 9 hervorgeht, verstärken sich die zuvor festgestellten Unterschiede in den drei Themenfeldern Wirtschaft, Kultur und Sport, wenn nur die journalistische ‚Eigenleistung' des Portals betrachtet wird. Obschon die Datenbasis bezüglich Wikinews (n=39) bei der Interpretation der eigenproduzierten Beiträge nun schmal ist, zeigt sich ein klares Themenprofil mit einer Schwerpunktsetzung auf kulturellen Themen. Nahezu jeder zweite Beitrag widmet sich einem solchen Thema (46.2 Prozent). Ein weiterer Schwerpunkt im Vergleich zur professionellen Berichterstattung liegt bei Natur- und Umweltthemen (10.3 Prozent in *Wikinews* vs. 0.7 Prozent auf *süddeutsche.de*). Umgekehrt fehlen Beiträge zu Wirtschaft, Sport, Ratgeber- sowie Human-Touch-Themen gänzlich. Statistisch sind diese Unterschiede hoch signifikant. Insgesamt wird das Themenspektrum nicht ausgeschöpft, was trotz der kleinen Fallzahl auf eine deutlich geringere Themenuniversalität der eigenproduzierten Beiträge schliessen lässt. Auch die beiden Ausgewogenheitsmasse *Simpson's D* und *Shannon's H* fallen für das Laienportal deutlich niedriger als für die professionelle Berichterstattung aus (*Wikinews*: D= 0.71; H= 1.47; *süddeutsche.de*: D= 0.86; H= 2.09). Die ‚Eigenleistung' von *Wikinews* bei der Realisierung eines breiten und ausgewogenen Themenspektrums entspricht somit nicht der eines professionellen Massenmediums.

Wie sieht nun die Vielfalt *geografischer Bezugsräume* bzw. Länder der Laienberichterstattung von *Wikinews* im Vergleich zur professionellen Berichterstattung von *süddeutsche.de* aus? Wie Abbildung 10 klar zu erkennen gibt, liegen hier im Gegensatz zur Themenstruktur kaum grössere Unterschiede vor.

Abbildung 10: Geografische Bezugsräume der Berichterstattung im Vergleich

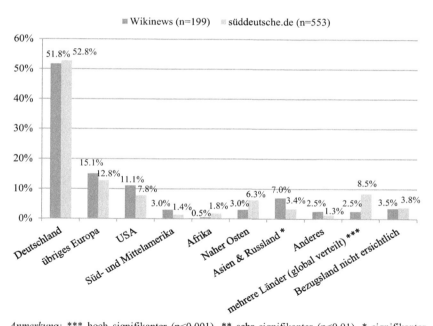

Anmerkung: *** hoch signifikanter (p<0.001), ** sehr signifikanter (p<0.01), * signifikanter Unterschied (p<0.05). Der z-Test prüft die Anteilswerte derselben Kategorie in beiden Medienangeboten auf Gleichverteilung.

Weitaus der grösste Teil der Beiträge bezieht sich in beiden Nachrichtenangeboten auf Deutschland (*Wikinews:* 51.8; *süddeutsche.de:* 52.8 Prozent). Es folgen mit 15.1 Prozent (*Wikinews*) bzw. 12.8 Prozent (*süddeutsche.de*) das übrige Europa an zweiter und mit 11.1 Prozent (*Wikinews*) bzw. 7.8 Prozent (*süddeutsche.de*) die USA an dritter Stelle. Diesen drei Regionen widmen sich zusammen genommen etwa drei Viertel aller Beiträge in *Wikinews* (77.9 Prozent) und *süddeutsche.de* (73.7 Prozent). Auf die übrigen Regionen und Kontinente (Süd- und Mittelamerika, Afrika, Naher Osten, Asien und Russland) beziehen sich insgesamt 13.6 Prozent der Artikel in *Wikinews* und 13.0 Prozent auf *sueddeutsche.de*. Die einzelnen Differenzen sind dabei gering. Signifikante Unterschiede bestehen zum einen betreffend Nachrichten aus Asien und Russland, denen *Wikinews* (7.0 Prozent) etwas mehr Aufmerksamkeit schenkt als *süddeutsche.de* (3.4 Prozent). Zum anderen werden in den Artikeln des professionellen Medienangebots häufiger mehrere Länder gleichzeitig adressiert (8.5 vs. 2.5 Prozent). Die insgesamt starken Parallelen der geografischen Bezüge lassen sich höchstwahrscheinlich wiederum durch den hohen Stellenwert massenmedialer Beiträge im *Wikinews*-Angebot erklären. Der beachtliche Anteil der Auslandsberichterstattung zeigt aber auch, dass *Wikinews* nicht zu jenen hyperlokalem citizen journalism-Angeboten gerechnet werden kann, wie sie in den USA mittlerweile zahlreich existieren (vgl. Carpenter 2008 u. 2010; Engesser 2013: 95ff.; Schaffer 2007) und die eher mit lokalen Massenmedien zu vergleichen wären.

6.4 Gesellschaftliche Relevanz

Über welche *gesellschaftliche Relevanz* verfügen die Beiträge in *Wikinews* im Vergleich zur professionellen Berichterstattung von *süddeutsche.de*? Wie weiter oben dargelegt (vgl. Kap. 5.4.5), wurde gesellschaftliche bzw. öffentliche Relevanz in dieser Arbeit über die Nachrichtenfaktoren ‚Reichweite/Betroffenheit', ‚Valenz' (Schaden/Nutzen) und ‚Kontroverse/Konflikt' operationalisiert. Bei allen drei Relevanzindikatoren lassen sich deutliche Unterschiede zwischen der Laienberichterstattung und der professionellen Berichterstattung ausmachen (vgl. Abbildung 11).

Gesellschaftliche Relevanz

Abbildung 11: Nachrichtenfaktoren als Relevanzindikatoren im Vergleich

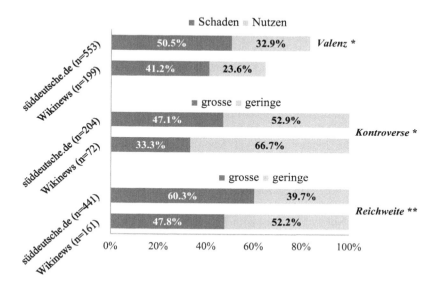

Anmerkung: *** hoch signifikanter (p<0.001), ** sehr signifikanter (p<0.01), * signifikanter Unterschied (p<0.05). Der z-Test prüft die Anteilswerte derselben Kategorie in beiden Medienangeboten auf Gleichverteilung.

In beiden Medienangeboten ist der Nachrichtenfaktor ‚Reichweite' (Anzahl der von einem Ereignis direkt betroffenen Personen) zwar in rund vier Fünfteln der Beiträge nachzuweisen, d.h. es finden sich konkrete Aussagen über die Grösse des Betroffenenkreises (*Wikinews*: 80.9 Prozent; *süddeutsche.de*: 79.7 Prozent). Richtet man den Blick nur auf diese Beiträge, unterscheidet sich jedoch die Intensität des Faktors deutlich. So berichtet *Wikinews* viel häufiger über Geschehnisse mit *geringer* Reichweite (betroffen sind Einzelpersonen oder kleine bis mittlere Personengruppen) als *süddeutsche.de* (52.2% vs. 39.7%). Umgekehrt werden auf *süddeutsche.de* deutlich mehr Beiträge zu Ereignissen mit *grosser* Reichweite (betroffen ist die Bevölkerung einer Grossstadt, eines Bundeslandes oder eines ganzen Staates) veröffentlicht als in *Wikinews* (60.3 vs. 47.8 Prozent). Wie der Nachrichtenfaktor ‚Reichweite' kommt auch der Faktor ‚Kontroverse' (erkennbare Darstellung unterschiedlicher Standpunkte) in beiden Medienangeboten nahezu gleich häufig vor (ca. 36 Prozent). Allerdings besteht auch hier ein Unterschied hinsichtlich seiner Intensität. In *Wikinews* sind Beiträge häufiger, die *geringe*

Kontroversen im Sinne einer sachlichen Darstellung divergierender Ansichten erkennen lassen (66.7 vs. 52.9 Prozent), während auf *süddeutsche.de* häufiger *grosse* Kontroversen thematisiert werden, d.h. heftiger Streit, persönliche bzw. beleidigende Vorwürf oder gerichtliche Auseinandersetzungen (47.1 vs. 33.3 Prozent). Die Dominanz von Beiträgen mit geringer Kontroverse in *Wikinews* könnte daher rühren, dass deren Verfasser das Leitbild der Plattform, möglichst sachlich und neutral zu schreiben, als einen Verzicht auf eine stark kontroverse Berichterstattung auslegen – dies widerspräche dann aber einer umfassenden *Fremdvermittlung* von Positionen, also auch von Konflikten und Meinungsverschiedenheiten, und damit gerade einem Wesenselement des Journalismus (vgl. Kap. 2.3). Schliesslich kommt der Nachrichtenfaktor ‚Valenz', d.h. die Thematisierung eines materiellen, ideellen oder existenziellen Nutzens oder Schadens, in beiden Medienangeboten ungleich häufig vor. Auf *süddeutsche.de* sprechen prozentual deutlich mehr Beiträge einen Schaden oder Nutzen an als in *Wikinews* (Schaden: 50.5 vs. 41.2 Prozent; Nutzen: 32.9 vs. 23.6 Prozent).

Insgesamt kann infolge der deutlich geringeren Intensität (‚Reichweite', ‚Kontroverse') bzw. des selteneren Vorhandenseins (‚Schaden' und ‚Nutzen') der erhobenen Nachrichtenfaktoren festgehalten werden, dass die in *Wikinews* thematisierten Ereignisse und Themen eine geringere gesellschaftliche Relevanz erkennen lassen als die professionelle Berichterstattung auf *süddeutsche.de*. Dabei sei dahingestellt, ob es sich bei den gemessenen Nachrichtenfaktoren quasi um ‚objektive ' Eigenschaften unterschiedlicher Ereignisse handelt, worüber das Laienportal und der professionelle Nachrichtenanbieter berichten, oder ob sie bloss als das Resultat einer divergierenden Relevanzzuschreibung seitens der *Wikinews*-Autoren und der professionellen Journalisten bei der Thematisierung an sich vergleichbarer Ereignisse anzusehen sind.

Die vorausgehenden Kapitel haben insgesamt gezeigt, dass die Laienberichterstattung von *Wikinews* in Bezug auf die ermittelten Themen-, Raum- und Zeitstrukturen sowie Relevanzindikatoren zwar über einige Gemeinsamkeiten mit dem professionellen Journalismus verfügt, doch liessen sich auch deutliche Unterschiede zwischen beiden Angebotsformen aufzeigen. Da sich die gewonnenen Befunde teils auf eine hohe Abstraktionsebene beziehen (z.B. Vielfalt grober Themenbereiche und geografischer Bezüge), wurden die noch nicht beantworteten Forschungsfragen (vgl. Kap. 4) und die ihnen zugrunde liegenden theoretisch hergeleiteten Kriterien in einer zweiten empirischen Studie mit grösserer Analysetiefe bearbeitet. Während es in der ersten Studie also eher um das allgemeine inhaltliche Profil von *Wikinews* ging, sollte die zweite Teilstudie darüber Aufschluss geben, *wie* die Nutzer von *Wikinews* ein *konkretes*, gesellschaftlich kontrovers diskutiertes Nachrichtenthema bearbeiten, d.h. welche Akteure und Quellen sie anführen, welche Meinungen und Argumente sie aufgreifen, inwiefern sie sich dabei an die Trennung von Nachricht und Kommentar halten und wie transparent und vollständig ihre Berichterstattung ausfällt. Die Konzeption und Ergebnisse dieser zweiten Teilstudie werden im Folgenden vorgestellt (vgl. Kap. 7 und 8). Eine gemeinsame Zusammenfassung der Befunde beider Teilstudien erfolgt am Schluss (vgl. Kap. 9).

7 Konzeption und Vorgehen der zweiten Teilstudie (Argumentationsanalyse)

7.1 Untersuchungskriterien und Anforderungen an das Forschungsdesign

In der zweiten Teilstudie wurden in einem vertiefenden Qualitäts- bzw. Leistungstest die letzten drei Forschungsfragen (FF) beantwortet (vgl. Kap. 4), die nicht Gegenstand der ersten Teilstudie waren. Die Untersuchung bezog sich zum einen auf die Kriterien *Vollständigkeit* (FF8), *Transparenz* (FF9) und *Trennung von Nachricht und Kommentar* (FF10). Zum anderen wurden weitere wichtige Teildimensionen von *Vielfalt* (FF4) und *Ausgewogenheit* (FF5) untersucht, die nicht Teil der ersten Studie waren.[226] Konkret ging es dabei um folgende Teilaspekte: Vielfalt bzw. Ausgewogenheit der in der Berichterstattung zu Wort kommenden Akteure, ihrer Meinungen sowie der spezifischen Themenaspekte, worauf sie sich in ihrer Argumentation beziehen. Neben diesen Teildimensionen der *inhaltlichen* Vielfalt interessierte auch das Spektrum der verwendeten journalistischen Darstellungsformen als Indikator für *formale* Vielfalt.

Die Messung einiger der genannten Merkmale bedurfte einerseits einer grösseren Analysetiefe, als sie Inhaltsanalysen erlauben, die mit dem einzelnen Beitrag als Analyseeinheit operieren. Anderseits erforderte ihre Überprüfung ein anderes Untersuchungsdesign, als in der ersten Teilstudie gewählt wurde. So wird in der Literatur zur Medieninhaltsforschung verschiedentlich hervorgehoben, dass sich Qualitätskriterien wie die Vielfalt und Ausgewogenheit von Meinungen und Argumenten sowie ihrer Urheber am ehesten am Beispiel von *konkreten Nachrichtenereignissen* bzw. *-themen* und somit im Rahmen von Fallstudien prüfen lassen (vgl. Fahr 2001: 22; Maurer 2005: 98; Weiss/Trebbe 1994: 143). Der Grund dafür liegt darin, dass die genannten Kriterien erst durch den Abgleich mit einem Universum von Argumenten und Meinungen beurteilt werden können, die zu einem konkreten

---

[226] Wie im Theorieteil gezeigt wurde, können sich inhaltliche Vielfalt und Ausgewogenheit auf verschiedene Dimensionen beziehen (vgl. Kap. 2.2.2). Gegenstand der ersten Teilstudie waren die Vielfalt und Ausgewogenheit von groben Themenbereichen (wie Politik, Wirtschaft, Sport, Kultur etc.) und geografischen Bezugsräumen (Ländern und Regionen).

Ereignis bzw. Thema tatsächlich gegeben bzw. geäussert worden sind. Umgekehrt ist eine bloss ‚abstrakte' inhaltsanalytische Messung der Vielfalt und Ausgewogenheit von Meinungen und Argumenten ohne Kenntnis ihrer Bezugsobjekte nicht möglich. Zudem wird zur inhaltsanalytischen Prüfung dieser Kriterien nicht auf beliebige Nachrichtenereignisse zurückgegriffen, sondern in der Regel ein „öffentlich umstrittenes Thema" (Weiss 1989: 476) bzw. „ein kontroverses Thema von allgemeiner Bedeutung" (Weiss/Trebbe 1994: 43) gewählt (siehe z.b. auch Fahr 2001; Hagen 1992 u. 1995a; Schönbach 1977; Weiss/Rudolph 1993). Kontroverse Themen von allgemeiner Bedeutung verfügen über eine hohe Intensität gewisser Nachrichtenfaktoren (‚Kontroverse/Konflikt', ‚Reichweite/Betroffenheit', ‚tatsächlicher oder möglicher Schaden' etc.), wozu auch gehört, dass während einer längeren Zeit über sie berichtet wird (‚Thematisierung'). Unterschiedliche Meinungen und gesellschaftliche Interessen artikulieren sich im Kontext solcher Themen besonders deutlich.

Als weiterer Punkt kommt hinzu, dass sich Studien zum massenmedial vermittelten Meinungsspektrum mit Blick auf die Untersuchungsanalage nicht bloss auf ein einzelnes Medienangebot, dessen journalistische Qualität womöglich aufgrund der Fragestellung besonders interessiert, als Untersuchungsobjekt beschränken können. Vielmehr sind die Vielfalt und Ausgewogenheit der in einem Medium vermittelten Meinungen und Argumente nur sinnvoll anhand eines Vergleichs mit der Referenzberichterstattung *mehrerer* anderer Medien zu beurteilen (vgl. Fahr 2001: 82 u. 86; Hagen 1992: 446 u. 1995c: 162; Weiss 1985: 846 u. 1988: 470; Weiss/Trebbe 1994: 51). Dahinter steht die begründete Auffassung, dass erst die Gesamtberichterstattung und Kommentierung mehrerer journalistischer Medien das vollständige Meinungsspektrum zu einem in der Öffentlichkeit kontrovers diskutierten Thema abbilden und sich somit ein etwaiger Bias einzelner Anbieter gegenseitig aufhebt. Häufig wird aus diesem Grund neben den eigentlich interessierenden Medienangeboten (z.B. den Nachrichtensendungen von privaten Rundfunkveranstaltern) auch die Berichterstattung überregionaler Qualitätszeitungen wie z.B. der *Welt*, der *Frankfurter Allgemeinen Zeitung*, der *Süddeutschen Zeitung* und der *Frankfurter Rundschau* mit berücksichtigt, deren Gesamtangebot dann als vielfältige und ausgewogene ‚Referenzberichterstattung' dient (vgl. z.B. Fahr 2001: 82f. u. 86; Kepplinger 1985: 19 u. 28; Schönbach 1977: 61ff.). Zu beachten ist bei solchen ereignis- bzw. themenbezogenen Inhaltsanalysen schliesslich, dass sich ihre Befunde infolge des Fallstudien-Charakters kaum generalisieren lassen (vgl. Weiss/Trebbe 1994: 143). Zusammenfassend kann somit festgehalten werden, dass die Messung der Vielfalt und Ausgewogenheit der vermittelten Meinungen bzw. Argumente und ihrer Urheber anhand einer Inhaltsanalyse zu einem *kontroversen Thema von allgemeiner Bedeutung* durchzuführen war, die zugleich *mehrere* Referenzmedien mit einbezog.[227]

7.2 Themenwahl: *Stuttgart 21* als kontroverses Thema von allgemeiner Bedeutung

Zur Durchführung der zweiten Teilstudie wurde das städtebauliche Grossprojekt *Stuttgart 21* als Fallbeispiel eines kontroversen Themas von allgemeiner Bedeutung ausgewählt. Aufgrund der über Jahre hinweg intensiven Medienberichterstattung (auch über Deutschland hinaus) ist dieses Thema in der Öffentlichkeit bereits seit längerer Zeit etabliert. Selbst nach einer Volksabstimmung im November 2011 ist das Infrastrukturprojekt in der deutschen Politik sowie der betroffenen Bevölkerung rund um Baden-Württembergs Landeshauptstadt immer noch höchst umstritten. *Stuttgart 21* steht längst nicht mehr nur für den Umbau des Stuttgarter Kopfbahnhofs in einen unterirdischen Durchgangsbahnhof und die damit verbundene Schaffung einer neuen S-Bahn-Linie zwischen Wendlingen und Ulm, sondern für heftigen Bürgerprotest, für den Ruf nach mehr Partizipation an politischen Entscheidungen, die Forderung nach einem Ausbau der Volksrechte im politischen System Deutschlands, ausser Kontrolle geratene Polizeigewalt und nicht zuletzt für einen historischen Machtwechsel in der Landesregierung Baden-Württembergs im Frühjahr 2011. *Stuttgart 21* ist ein vielschichtiges kontroverses Thema mit zahlreichen Konfliktdimensionen, wozu sich bislang nicht nur die etablierten politischen Parteien, sondern auch Justiz- und Verwaltungsbehörden sowie verschiedene zivilgesellschaftliche Kräfte wie Umweltschutzverbände und Bürgerbewegungen mit unterschiedlichen Positionen

---

[227] Umgekehrt wird hier davon ausgegangen, dass in der ersten Teilstudie u.a. zur Aktualität, den groben Themenbereichen und der gesellschaftlichen Relevanz der Berichterstattung von *Wikinews* der Vergleich mit einem einzigen professionellen Anbieter (*süddeutsche.de*) aussagekräftig und methodisch angemessen ist. Es gibt keine Gründe anzunehmen, dass sich die Berichterstattung auf *süddeutsche.de* durch eine völlig andere Aktualität, divergierende Nachrichtenfaktoren und unterschiedliche allgemeine Themenbereiche bzw. Ressorts (Politik, Wirtschaft, Kultur, Sport etc.) auszeichnet im Vergleich zu anderen Online-Angeboten überregionaler Tageszeitungen. Viel eher wird sich die jeweils spezifische redaktionelle Linie eines Anbieters auf die *Art und Weise* der Darstellung bestimmter (politisch) kontroverser Themen auswirken, also eher auf das „Wie" der Berichterstattung statt auf das „Ob".

eingebracht haben. Das umstrittene Infrastrukturprojekt erschien deshalb als ein geeignetes Fallbeispiel für die zweite Teilstudie.

7.3 Vergleichsberichterstattung

In der ersten Teilstudie (vgl. vorausgehende Kap. 5 und 6) wurde mit *süddeutsche.de* bewusst das Online-Angebot einer überregional verbreiteten Qualitätszeitung ausgewählt, um einen typischen und mit Blick auf die Qualität seiner tagesaktuellen Berichterstattung anerkannten Vertreter des professionellen Journalismus zu berücksichtigen. Für die Inhaltsanalyse der Berichterstattung zu *Stuttgart 21* wurde diese Logik bei der Auswahl der Referenzberichterstattung, die nun aufgrund der Untersuchungsanlage aus mehreren Medienangeboten bestehen sollte, beibehalten. Wiederum wurden also professionelle Nachrichtenanbieter als Vergleichsmedien hinzugezogen, die für die journalistische Qualität ihrer überregionalen Berichterstattung allgemein anerkannt sind. Zudem sollten diese professionell-journalistischen Vergleichsmedien unterschiedlichen Verlagshäusern angehören, um einen allfälligen Einfluss wirtschaftlicher Interessen auf die Berichterstattung zu kompensieren.[228] Aus gleichen Überlegungen sollten die berücksichtigten Medien – sofern bekannt – unterschiedliche redaktionelle Linien vertreten, um ein möglichst breites Meinungsspektrum abzubilden.

Aus den genannten Gründen wurden neben der *Süddeutschen Zeitung* bzw. *süddeutsche.de* (Südwestdeutsche Medien Holding) die *Welt* bzw. *welt.de* (Axel Springer Verlag), die *Frankfurter Allgemeine Zeitung* bzw. *faz.net* (Frankfurter Allgemeine Zeitung GmbH) sowie die *taz* bzw. *taz.de* (taz Verlagsgenossenschaft) in die Analyse einbezogen. Diesen Publikationen werden im Allgemeinen unterschiedliche politisch-ideologische Grundhaltungen zugeschrieben, was sich jeweils in einer entsprechenden Kommentierung von Nachrichten niederschlägt. Demzufolge nehmen die *Welt* und die *FAZ* auf dem politischen Spektrum insgesamt eine rechte Position ein, die *Süddeut-*

---

[228] So wurde z.B. der *Stuttgarter Zeitung* und den *Stuttgarter Nachrichten*, die in Stuttgart eine Monopolstellung inne haben und grösstenteils der *Südwestdeutschen Medien Holding (SWMH)* gehören, vom Verein *LobbyControl* vorgeworfen, im Konflikt um *Stuttgart 21* für die Projektbefürworter Position bezogen zu haben. Der Vorwurf gründet auf der Tatsache, dass die *Südwestdeutsche Medien Holding* zur Finanzierung der Übernahme des *Süddeutschen Verlags* im Jahr 2008 von der *Landesbank Baden-Württemberg (LBBW)* ein Darlehen in der Höhe von 300 Mio. Euro aufgenommen hatte, das sie zeitweilig nicht mehr habe bedienen können. Die Unternehmensgruppe und ihre Verlage seien somit komplett von der *LBBW* abhängig (vgl. Bähr 2010: o.S.; Jellen 2010: o.S.). Die Redaktion der *Stuttgarter Zeitung* bekannte sich am 1. September 2010 öffentlich grundsätzlich zur Realisierung von *Stuttgart 21* (vgl. Maurer 2010: o.S.).

sche Zeitung und die *taz* sind für ihre gemässigt bzw. progressiv linke Linie bekannt. Diese Positionen auf dem politischen Spektrum sind über die letzten Jahrzehnte hinweg erstaunlich stabil und wurden wiederholt mittels Expertenbefragungen und Inhaltsanalysen bestätigt (vgl. im Überblick Jandura 2007: 103f.). Unterstellt wird im vorliegenden Fall, dass sich die redaktionelle Linie dieser Tageszeitungen ebenfalls in ihren Webangeboten niederschlägt.

7.4 Untersuchungszeitraum und Stichprobe

Untersuchungszeitraum

Eingang in die Analyse fanden alle redaktionellen Beiträge aus *Wikinews, süddeutsche.de, faz.net, welt.de* und *taz.de*, die sich mit dem umstrittenen städtebaulichen Grossprojekt *Stuttgart 21* befassen und zwischen dem 29. September 2010 und dem 1. Januar 2011 erschienen sind. Der Untersuchungszeitraum umfasst somit 3 Monate (13 Wochen) und 3 Tage. Die Festlegung dieses Zeitraums erfolgte bewusst aufgrund folgender Umstände: In allen fünf Medienangeboten kam es in diesem Quartal zu einer deutlichen Intensivierung der Berichterstattung über *Stuttgart 21*. Keiner der fünf Nachrichtenanbieter publizierte in den vorausgehenden und folgenden Monaten und Wochen so viele Beiträge zu *Stuttgart 21* wie in der genannten Zeitspanne, die durch zwei zusammenhängende Ereignisse mit hohem Nachrichtenwert eingegrenzt wird: Am 30. September 2010 fand im Stuttgarter Schlossgarten eine Grossdemonstration statt, bei der mehrere tausend aufgebrachte Bürger gegen das bevorstehende Fällen von alten Bäumen zwecks Verlegung neuer Gleise protestierten. Während dieser Demonstration kam es zu einem – nachträglich von vielen Kritikern als völlig unverhältnismässig eingestuften – Polizeieinsatz, in dessen Verlauf Demonstranten, aber auch Polizisten verletzt wurden. Im Zusammenhang mit diesen Ereignissen wurde am 28. Dezember 2010 (*welt.de* und *süddeutsche.de*) bzw. 1. Dezember 2011 (*Wikinews*) bekannt, dass der beim erwähnten Polizeieinsatz durch Wasserwerfer erblindete Demonstrant Dietrich Wagner von Baden-Württembergs Innenminister Stefan Mappus (CDU) eine offizielle Entschuldigung bei der Bevölkerung Stuttgarts einforderte. In den dazwischen liegenden 14 Wochen lieferten sich Befürworter und Gegner des Projekts einen heftigen Schlagabtausch, in dem es nicht nur um den erwähnten Polizeieinsatz ging, sondern u.a. auch um Kosten, Planungsfehler, Vetternwirtschaft, Umweltschutz, die Rechtmässigkeit von Baumassnahmen oder die Möglichkeit eines Volksentscheids. Diese und weitere Aspekte spielen in der Berichterstattung zu *Stuttgart 21* während des gewählten Zeitraums eine wichtige Rolle (vgl. zur chronologischen Darstellung der wichtigsten Ereignisse im Untersuchungszeitraum Kap. 8.1).

Ressorts (Rubriken) und journalistische Darstellungsformen

In den ausgewählten Medienangeboten wurden grundsätzlich alle journalistischen Darstellungsformen wie Nachrichten, Berichte, Reportagen, Interviews, Kommentare, Glossen u.a. berücksichtigt. Mit anderen Worten waren die Berichterstattung *und* Kommentierung Gegenstand der Analyse. Nicht codiert wurden einzig bildbasierte Formate wie Bildstrecken und Fotogalerien (selbst wenn sie mit einem kurzen Begleittext versehen sind). Um keine Themenkontexte auszuschliessen, in denen *Stuttgart 21* behandelt wurde, wurden sämtliche Ressorts (Rubriken wie ‚Politik', ‚Wirtschaft', ‚Kultur', ‚Leben' etc.) einbezogen, worin von der eigenen Redaktion oder ihren Mitarbeitern (im Fall von *Wikinews* von der Community) gestaltete Textbeiträge zum Infrastrukturprojekt erschienen.

Aufgreifkriterien

Sämtliche potenziell für die Analyse relevanten Beiträge wurden mittels Stichwortkombinationen in den Web-Archiven von *sueddetusche.de, faz.net, welt.de* und *taz.de* gesucht. Als Aufgreifkriterien wurden die Wortkombinationen „Stuttgart 21" und „Stuttgart21" verwendet.[229] Im Falle von *Wikinews* wurden bis auf einen alle Artikel berücksichtigt, die der eigenen Themenkategorie ‚Stuttgart 21' zugewiesen sind.[230] Um auszuschliessen, dass auf diesem Weg unter Umständen relevante Artikel fehlen, die von der Community

---

[229] Wo keine exakte Phrasensuche mittels Anführungszeichen möglich war, wurden Treffer ausgegeben, die sowohl den Begriff „Stuttgart" als auch die Ziffer „21" enthielten, aber nicht zwingend aufeinanderfolgend. Bei diesen Trefferlisten war der Anteil irrelevanter Beiträge erwartungsgemäss sehr gross, wie sich anschliessend bei der weiteren Eingrenzung des Untersuchungsmaterials zeigte (siehe nachfolgend).
[230] In *Wikinews* werden für bedeutende Themen, wozu in der Regel über längere Zeit hinweg Beiträge erstellt werden, sogenannte ‚Kategorien' angelegt. Sie entsprechen den häufig auf Websites von Tageszeitungen zur Verfügung gestellten ‚Themendossiers' zu Grossereignissen. Die Artikel zur Themenkategorie ‚Stuttgart 21' sind in *Wikinews* online abrufbar unter http://de.wikinews.org/wiki/Kategorie:Stuttgart_21 (23. März 2016). Bis auf einen (falsch verlinkten) befassen sich alle mit *Stuttgart 21* als Hauptthema.

nicht dieser Themenkategorie zugewiesen worden waren, wurde zusätzlich in der allgemeinen Suchmaske nach den Wortkombinationen „Stuttgart 21" und „Stuttgart21" gesucht, womit alle bislang publizierten Seiten von *Wikinews* in die Suche eingeschlossen werden konnten. Diese Prozedur förderte einen weiteren relevanten Beitrag zutage, der nicht ins Themendossier ‚Stuttgart 21' verlinkt war und noch in das Artikelkorpus aufgenommen wurde.

Die mittels der beschriebenen Recherchestrategien ermittelte Menge von Beiträgen, aus der schliesslich das für die Codierung relevante Untersuchungsmaterial bestimmt wurde, umfasste insgesamt n= 1'105 Beiträge (385 für *süddeutsche.de*, 224 für *faz.net*, 253 für *welt.de*, 210 für *taz.de* und 33 für *Wikinews*).

Ausschlusskriterien

Die beiden professionell-redaktionellen Nachrichtenanbieter *süddeutsche.de* und *taz.de* erlaubten in dem für die Artikelrecherche genutzten Suchformular auf ihrer Website keine Phrasensuche mittels Anführungszeichen, d.h. eine Suche nach der exakten Wortkombination „Stuttgart 21" bzw. „Stuttgart21" war nicht möglich. Stattdessen wurden bei diesen Anbietern alle Treffer ausgegeben, die mindestens einmal den Begriff „Stuttgart" und die Zahl „21" enthielten. Die Trefferliste beinhaltete somit neben den gewünschten Beiträgen zum städtebaulichen Grossbauprojekt zahlreiche Beiträge v.a. aus der Sportberichterstattung, die sich mit dem VfB Stuttgart befassten und z.B. aus einem Bundesliga-Spiel einen Torschuss um 21.19 Uhr vermeldeten oder das Verhalten eines 21-jährigen Stürmers diskutierten. Mittels einer Durchsicht der gesamten Trefferliste wurden folglich alle Treffer ausgeschieden, welche nicht die exakte Wortfolge „Stuttgart 21" bzw. „Stuttgart21" enthielten. Bei den anderen beiden professionell-redaktionellen Anbietern (*faz.net* und *welt.de*) war dieser Schritt nicht nötig, da sie eine exakte Phrasensuche erlaubten.

Die Trefferlisten aller Anbieter wurden anschliessend weiter bereinigt, weil bei weitem nicht alle redaktionellen Beiträge, die an mindestens einer Stelle die exakte Wortfolge „Stuttgart 21" oder „Stuttgart21" enthielten, sich auch inhaltlich schwerpunktmässig mit dem kontroversen Infrastrukturprojekt befassten. Aus diesem Grund wurden folgende zwei *Ausschlussregeln* angewandt:

Konzeption der Argumentationsanalyse

1. Aus den Trefferlisten weiter ausgeschlossen wurden alle Artikel, welche die Begriffe „Stuttgart 21" oder „Stuttgart21" bloss metaphorisch zum Zweck eines Vergleichs enthielten, ansonsten aber keinerlei Bezug zu *Stuttgart 21* erkennen liessen:

Beispiel: Beitrag über den deutschen Fernsehpreis aus *faz.net* vom 8. Oktober 2010, in dem es heisst: „Was die Branche dieser Tage erlebt, ist in der Tat das ‚Stuttgart 21' des Fernsehens. Dabei muss man sich vor Augen halten, dass die Sender, beziehungsweise deren kluge Köpfe im Beirat des Deutschen Fernsehpreises, etwas tun mussten. Erst 1999 ins Leben gerufen, war der Preis nach einem halben Jahrzehnt schon tot. [...]"

2. Ferner wurden nur jene Beiträge beibehalten, in denen *Stuttgart 21* oder ein wesentlicher Aspekt davon thematisiert wurde. Solche Beiträge behandelten die Umsetzung bzw. versuchte Verhinderung des Infrastrukturprojekts in irgendeiner Weise oder griffen Ereignisse und Sachverhalte auf, die den Projektbefürwortern oder -gegnern als Argument für oder gegen die Realisierung des neuen Bahnhofs hätten dienen können bzw. tatsächlich gedient haben. Ausgeschlossen wurden jene Beiträge, in denen keine der im Codebuch unterschiedenen Konfliktdimension zu *Stuttgart 21* angesprochen wurde, weder vom Journalisten selbst noch von anderen Ausgangspartnern bzw. zitierten Sprechern.[231]

Beispiel: Beitrag aus *süddeutsche.de* vom 17. Dezember 2010 über die Gesellschaft für deutsche Sprache (GfdS), die den Begriff „Wutbürger" zum Wort des Jahres gekürt hat, gefolgt von „Stuttgart 21" auf dem zweiten und „Sarrazin-Gen" auf dem dritten Platz.

---

[231] Zur Definition der Konfliktdimension siehe nachfolgend Kap. 8.3.2 sowie das Codebuch im Anhang B.2.

Untersuchungszeitraum und Stichprobe

Resultierende Stichprobe[232]

Unter Anwendung der obigen Ausschlussregeln schied über die Hälfte bzw. 58 Prozent aller aufgefundenen Beiträge aus, da sie nicht im engeren Sinne zur Berichterstattung und Kommentierung von *Stuttgart 21* gehörten. Die für die Analyse relevante und bereinigte Stichprobe (Nettostichprobe) umfasste somit n=466 Beiträge, die sich wie in Tabelle 7 dargestellt aufteilen:

Tabelle 7: Stichprobe der zweiten Teilstudie

Medium	Beiträge	Argumente
wikinews.de	33	303
süddeutsche.de	134	1'738
faz.net	90	1'312
welt.de	119	1'695
taz.de	90	1'394
Total	**466**	**6'442**

Datenbasis: Beiträge zu *Stuttgart 21* aus dem Zeitraum zwischen dem 29. September 2010 und dem 1. Januar 2011.

Hinzuweisen ist an dieser Stelle auf die – wie sich im Rahmen der ersten Teilstudie bereits gezeigt hat – deutlich geringere Fallzahl von Beiträgen in *Wikinews*. Obschon für quantitative Inhaltsanalysen in der Regel höhere Fallzahlen wünschenswert sind, erwies sich das vorhandene Korpus von *Wikinews*-Artikeln als ausreichend für die durchgeführte Argumentationsanalyse. Bei dieser Form der Inhaltsanalyse stellen die massgebenden Analyseeinheiten nicht Artikel, sondern Argumente bzw. Kernaussagen dar (vgl. z.B. Hagen 1992: 446; Weiss/Trebbe 1994: 146), die in Tabelle 7 ebenfalls ausgewiesen sind. Darauf beziehen sich im Anschluss an die Datenerhebung auch die allermeisten Auswertungen. Üblicherweise vereint ein einzelner Beitrag zahlreiche Argumente, so dass die Anzahl der Untersuchungseinheiten ein Vielfaches der Beiträge beträgt.

---

[232] Aus pragmatischen Gründen wird hier von ‚Stichprobe' gesprochen, obschon nur eine zeitliche und thematische *Eingrenzung* des Untersuchungsmaterials stattfand, wofür an-schliessend eine Vollerhebung durchgeführt wurde.

7.5 Argumentationsanalyse: Das Nachzeichnen öffentlicher Kontroversen

7.5.1 Anwendungsbereich und allgemeines Vorgehen

Im Rahmen der zweiten Teilstudie wurde eine Argumentationsanalyse als spezifische Form der quantitativen Inhaltsanalyse durchgeführt. Argumentationsanalysen zeichnen sich durch eine grössere Analysetiefe als reine Themenfrequenzanalysen aus und beziehen die Meinungspositionen bzw. Argumente verschiedener gesellschaftlicher Sprecher zu einem gegebenen kontroversen Thema von allgemeiner Bedeutung mit ein. Mittels Argumentationsanalysen kann themenbezogen untersucht werden, wer mit welchen Argumenten bzw. Meinungspositionen vermittelt über die Massenmedien in einer öffentlichen Kontroverse zu Wort kommt. Dabei können auch die spezifischen Auswahlstrategien bzw. Konstruktionsprinzipien der in die Untersuchung einbezogenen Medien analysiert und somit Parallelen und Abweichungen in der Tendenz ihrer Berichterstattung und Kommentierung aufgezeigt werden. Argumentationsanalysen werden aus diesem Grund insbesondere in der News-Bias-Forschung eingesetzt. Sie lassen sich auf unterschiedliche Mediengattungen anwenden (vgl. u.a. für Print Hagen 1992; Weiss 1985 u. 1988; für Radio Weiss/Rudolph 1993; für Fernsehen Weiss/Trebbe 1994; für Print, Radio und Fernsehen Schönbach 1977). In benachbarten sozialwissenschaftlichen Disziplinen wie der Politikwissenschaft sind ähnliche inhaltsanalytische Verfahren unter den Begriffen ‚political claim analysis' (PCA) und ‚core sentence analysis' (CSA) etabliert (vgl. mit weiteren Hinweisen Helbling/Tresch 2011: 177f.).

Das Vorgehen der Argumentationsanalyse umfasst grundsätzlich zwei Schritte (vgl. zum Folgenden auch die methodischen Beiträge von Weiss 1989 u. 1992). In einem ersten induktiven bzw. qualitativen Schritt werden mittels einer Durchsicht des ganzen Untersuchungsmaterials alle Argumente ermittelt und aufgelistet, die zum umstrittenen Thema vorgebracht werden – vom Journalisten selbst, insbesondere aber auch von direkt oder indirekt zitierten Ausgangspartnern bzw. Sprechern. Vereinfacht gesagt sind Argumente Aussagen über einen Sachverhalt, die in einer öffentlichen Kontroverse eher die Position der Befürworter oder der Gegner einer zur Debatte stehenden Handlungsoption stärken. Argumente können in einer solchen Kontroverse als ein Schritt in einer Beweisführung für oder gegen die eine oder andere Meinungsposition aufgefasst werden (vgl. Hagen 1992: 446).[233] Gleichzeitig mit den Argumenten können deren Urheber (Ausgangspartner bzw. Sprecher) festgehalten bzw. in eine Liste überführt werden, je nach Untersuchungsfrage zudem weitere Akteure, die als Beteiligte, Betroffene oder sonstige Aussageobjekte in der Berichterstattung und Kommentierung genannt werden, ohne selbst zu Wort zu kommen. Ebenfalls zur qualitativen Vorarbeit gehört die anschliessende inhaltliche ‚Dimensionierung' der gefundenen Argumente, d.h. ihre Bündelung nach gemeinsamen Merkmalen und die Zuweisung zu inhaltlich übergeordneten ‚Konfliktdimensionen' (vgl. Weiss 1989: 480 u. 1992: 383). Mit letzteren sind sachlich unterscheidbare Dimensionen gemeint, bezüglich deren jeweils für oder gegen die umstrittene Handlungsoption argumentiert wird. Analog wird mit den Argumenturhebern und den sonstigen Akteuren verfahren. Sie werden aufgrund übereinstimmender Merkmale zu übergeordneten Akteurskategorien zusammengefasst. Das Ziel dieser qualitativen Vorarbeit besteht stets in der Generierung abgeschlossener Variablenlisten mit möglichen Ausprägungen, womit in der anschliessenden quantitativen Analyse – dem zweiten Schritt – gearbeitet werden kann.

Je nach Fragestellung bietet es sich an, bei der induktiven Sammlung möglicher Argumente und ihrer Urheber in einer öffentlichen Kontroverse auch nicht-massenmediale Quellen wie Parteiprogramme, Positionspapiere, Flugschriften, Statistiken, Weblogs, Diskussionsforen etc. zu berücksichtigen (vgl. Weiss 1989: 480). In der Praxis der Argumentationsanalyse wird dies allerdings aus forschungsökonomischen Gründen nur selten getan.[234] Meistens begnügt man sich mit der Durchsicht der Berichterstattung und Kommentierung jener Massenmedien, die zugleich die Untersuchungsobjekte der anschliessenden quantitativen Inhaltsanalyse sind (vgl. z.B. Hagen 1992; Weiss 1985 u. 1988; Schönbach 1977). Sollen in diesem Fall Erkenntnisse über die inhaltliche Vielfalt und Ausgewogenheit bzw. Tendenz der Behandlung eines kontroversen Themas bei einzelnen Nachrichtenanbietern gewonnen werden, muss insbesondere darauf geachtet werden, dass die Gesamtheit der in die Analyse eingeschlossenen Medien ein möglichst breites politisches Spektrum und erwartungsgemäss alle möglichen gesellschaftlichen Positionen und Argumente im Hinblick auf das umstrittene Thema abdeckt. Bei der Wahl der Vergleichsmedien für diese Studie wurde diesem Punkt Beachtung geschenkt (vgl. vorausgehendes Kap. 7.3.) Im Folgenden wird die konkrete

---

[233] Zur genauen Definition eines Arguments vgl. die Angaben im Codebuch im Anhang B.2.
[234] Eine Ausnahme stellt hier die Untersuchung von Weiss/Rudolph (1993) dar.

Anwendung der Argumentationsanalyse am Beispiel der Berichterstattung über *Stuttgart 21* erläutert.

7.5.2 Vorgehen am Beispiel von *Stuttgart 21*

Zur Untersuchung der Berichterstattung über *Stuttgart 21* wurden die zwei zuvor skizzierten Schritte der Argumentationsanalyse wie folgt konkretisiert: In einem ersten (qualitativen) Schritt wurde das komplett in digitaler Form vorliegende Untersuchungsmaterial einmal durchgelesen. Dabei wurden Aussagen gesammelt, die im Hinblick auf *Stuttgart 21* eine bestimmte Instrumentalität aufwiesen. Konkret wurde bei allen in der Berichterstattung und Kommentierung erwähnten Sachverhalten danach gefragt, ob sie grundsätzlich Argumentcharakter im Hinblick auf *Stuttgart 21* besitzen, d.h. ob sie losgelöst vom jeweiligen Kontext die Position der Befürworter oder der Gegner des Grossprojekts zu stützen vermögen.[235] War dies der Fall, wurden die entsprechenden Textstellen markiert, aufgrund inhaltlicher Gemeinsamkeiten gruppiert und sachlich passenden übergeordneten Konfliktdimensionen zugeordnet (z.B. Argumente rund um Kostenfragen, Sicherheitsaspekte, Umweltschutz, Stadtplanung, Bürgerbeteiligung und politische Mitsprache etc.). Gleichzeitig mit den Argumenten wurden auch deren Urheber als Ausgangspartner erfasst und anschliessend zu übergeordneten Akteurskategorien zusammengefasst (z.B. Angehörige verschiedener politischer Parteien, Wissenschaftler, Bürger, zivilgesellschaftliche Vereine und Interessengruppen, Wirtschaftsunternehmen und ihre Vertreter etc.). Ergänzt wurde diese Akteursliste schliesslich durch alle individuellen, korporativen und kollektiven Akteure, die im Nachrichtentext als Adressaten bzw. Zielpartner der Aussagen der Ausgangspartner erkennbar waren und ggf. von ihnen bewertet wurden.[236]

---

[235] Unerheblich ist an dieser Stelle, wie das Argument im Text konkret gebraucht bzw. bewertet wurde, ob es z.B. von einem Befürworter von *Stuttgart 21* vorgebracht oder von einem Gegner widerlegt oder relativiert wurde. Diese ‚Argumenttendenz' wurde in der an-schliessenden quantitativen Analyse mittels einer eigenen Variable von Fall zu Fall codiert (vgl. dazu die Angaben im Codebuch in Anhang B.2).

[236] Die hier geschilderten qualitativen Schritte zur Ermittlung und Klassifikation von Argumenten, Ausgangspartnern und (möglicherweise bewerteten) Zielpartnern wurden computergestützt mittels der Software MAXQDA durchgeführt. Sachlich entspricht das Vorgehen der empiriegeleiteten bzw. induktiven Kategorienbildung als möglichem Teilschritt einer quantitativen Inhaltsanalyse (vgl. Früh 2007: 156ff.; siehe dazu sinngemäss auch die drei Schritte der Strukturierung, Explikation und Zusammenfassung im Rahmen qualitativer Inhaltsanalysen bei Nawratil/Schönhagen 2008: 340f.).

Abbildung 12 veranschaulicht, wie sich die Kontroverse rund um *Stuttgart 21* in verschiedene Konfliktdimensionen zergliedern lässt, die wiederum unterschiedliche Einzelaspekte umfassen. Auf jeder Konfliktdimension können Ausgangspartner (Argumenturheber), die sich kommunikativ ggf. erkennbar an bestimmte Zielpartner (Adressaten) wenden, bestimmte Meinungspositionen einnehmen, die für oder gegen die Realisierung des städtebaulichen Grossprojekts sprechen.

Abbildung 12: Konfliktdimensionen und Meinungspositionen zu *Stuttgart 21* (S21)

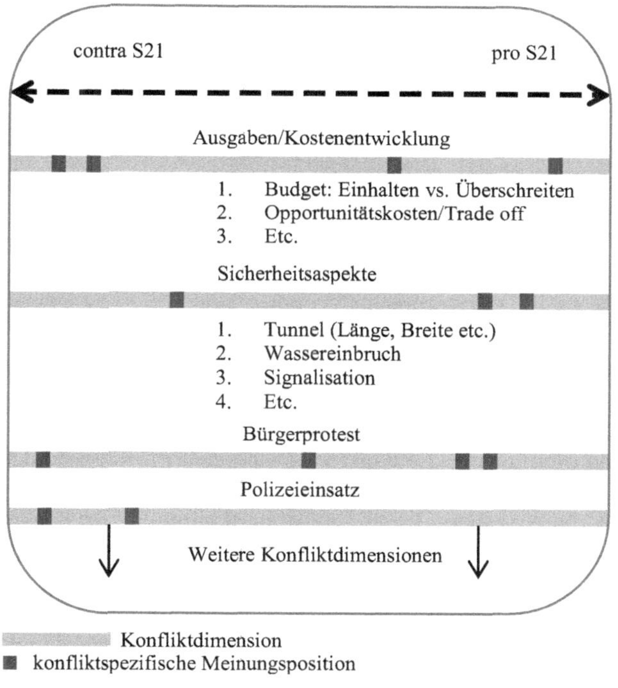

```
       contra S21                            pro S21
  <----------------------------------------------->
              Ausgaben/Kostenentwicklung
              1. Budget: Einhalten vs. Überschreiten
              2. Opportunitätskosten/Trade off
              3. Etc.
              Sicherheitsaspekte
              1. Tunnel (Länge, Breite etc.)
              2. Wassereinbruch
              3. Signalisation
              4. Etc.
              Bürgerprotest
              Polizeieinsatz
        ↓     Weitere Konfliktdimensionen    ↓
```

▬▬▬ Konfliktdimension
■ konfliktspezifische Meinungsposition

Das Ziel der hier skizzierten induktiven Kategorienbildung bestand in der Generierung von abgeschlossenen Listen mit Ausprägungen für Konfliktdimensionen und Kommunikationspartner als Variablen eines Codebuchs, dessen Kategoriensystem (mit zahlreichen weiteren, deduktiv hergeleiteten Variablen) in der anschliessenden quantitativen Inhaltsanalyse systematisch und invariant auf das ganze Untersuchungsmaterial angewandt wurde.

Konzeption der Argumentationsanalyse

Insgesamt stimmt die hier dargestellte und für die zweite Teilstudie konzipierte Argumentationsanalyse im Wesentlichen mit dem Vorgehen von Weiss (1989: 478ff.; 1992: 380ff.; für Anwendungen siehe 1985 u. 1988) und Weiss/Trebbe (1994: 143ff.) überein, das seinerseits grosse Ähnlichkeiten mit dem Vorgehen von Hagen (1992) aufweist. Auf folgende konzeptionelle Unterschiede und Ergänzungen ist dennoch hinzuweisen (vgl. dazu auch das Codebuch im Anhang B.2).

1. Statt zwischen einer (fest mit dem Argument verbundenen) *Argumenttendenz* und einer zusätzlichen (vom Kontext und jeweiligen Urheber abhängigen) *Bewertungstendenz* des Arguments mittels zweier eigener Variablen zu unterscheiden (vgl. Weiss 1989: 483f.), wurde hier die Tendenz eines Arguments stets im Kontext seiner konkreten Verwendung durch einen Urheber codiert und somit bloss mittels einer einzigen Variablen erhoben. Grund dafür ist der Umstand, dass Aussagen zu einem bestimmten thematischen Schwerpunkt je nach Kontext sowohl für oder gegen eine Meinungsposition in der öffentlich ausgetragenen Debatte um *Stuttgart 21 (S21)* sprechen konnten und für die Auswertung später allein diese kontextgebundenen Argumentverwendungen entscheidend waren. Wird in einem Beitrag bspw. die Kostenentwicklung zu *S21* thematisiert (Konfliktdimension: Kosten), könnte ein Argument der Projektinitiatoren lauten, die Kosten würden sich im Rahmen des aufgestellten Budgets bewegen (Position zugunsten von *S21*), ein Argument der Projektgegner könnte indessen sein, die Projektkosten seien so hoch wie noch bei keinem anderen städtebaulichen Projekt in Deutschland oder die nötigen Finanzmittel würden dringender an anderer Stelle benötigt (Positionen zuungunsten von *S21*). Die Projektgegner könnten aber auch argumentieren, der zunehmende Bürgerprotest, der u.a. in zahlreichen Demonstrationen zum Ausdruck komme (Konfliktdimension: Bürgerprotest), signalisiere eine grundlegende Ablehnung des Projekts in der Bevölkerung, die es ernst zu nehmen gelte (Positionen zuungunsten von *S21*). Umgekehrt können die Befürworter von *S21* der Meinung sein, hier werde ein nur kleiner und bei weitem nicht repräsentativer Teil der Bevölkerung von den Grünen

mobilisiert und instrumentalisiert (Position zugunsten von *S21*). Die Werthaltigkeit von Aussagen bezüglich einer bestimmten Konfliktdimension wurde also nicht a priori für jedes Argument festgelegt und durch eine möglicherweise anderslautende Bewertung (z.B. Verneinung) eines Akteurs im Text relativiert, sondern für jedes Argument gemäss seiner jeweiligen Verwendung codiert. Für diese Vereinfachung spricht auch, dass Weiss in Anwendungen der Methode aus der ‚bewerteten Argumenttendenz' jeweils noch eine ‚Gesamttendenz' errechnen muss (vgl. Weiss 1985: 860 u. 1988: 484f.), was bei einer kontextabhängigen Codierung der Argumenttendenz entfällt.

2. Statt nur Aussagen über einen bestimmten Sachaspekt der Kontroverse als Argumente aufzufassen, die eine eindeutige Werthaltigkeit zugunsten oder zuungunsten von *S21* aufweisen, wurde hier auch die neutrale Erwähnung des betreffenden Aspekts als (unbewertete) Realisation eines Arguments aufgefasst. Damit wurde dem Umstand Rechnung getragen, dass Journalisten durch das bewusste Hoch- und Herunterspielen von Sachverhalten indirekt eine bestimmte Position im öffentlichen Meinungsstreit unterstützen können. Kepplinger spricht hier von instrumenteller Aktualisierung (vgl. Kepplinger 1989: 12; ebenso Kepplinger 1992), Schönbach von impliziter Vermischung von Berichterstattung und Kommentierung (vgl. Schönbach 1977: 26). Erst in späteren Studien wurde diesem Umstand Rechnung getragen. So haben Weiss und Trebbe (1994) in ihrer Fallstudie zu Tarifauseinandersetzungen im öffentlichen Dienst auch die neutrale Erwähnung einer Konfliktdimension ohne erkennbare Meinungstendenz als Argument berücksichtigt (vgl. ebd.: 156).

7.6 Operationalisierung

7.6.1 Vielfalt

Im Rahmen der zweiten Teilstudie bzw. Argumentationsanalyse, womit eine grössere Analysetiefe als in der ersten Teilstudie angestrebt wurde, interessierten folgende Aspekte *inhaltlicher* Vielfalt (vgl. auch Kap. 7.1): 1) Ausgangspartner bzw. Sprecher, die in der Berichterstattung über *Stuttgart 21* zu Wort kommen sowie 2) thematisierte Konfliktdimensionen von *Stuttgart 21*. Punkt eins bezieht sich dabei auf die Akteurs- bzw. Quellenvielfalt, Punkt zwei adressiert die Vielfalt einzelner Themenaspekte von *Stuttgart 21*. Schliesslich interessierte die *formale* Vielfalt in Bezug auf unterschiedliche journalistische Darstellungsformen.

Die genannten Aspekte der inhaltlichen Vielfalt wurden wie folgt operationalisiert: Die Akteursvielfalt wurde anhand der Häufigkeiten unterschiedlicher Ausgangspartner bzw. Sprecher und der jeweiligen Kollektive, die sie vertreten, gemessen (vgl. sinngemäss z.B. Maurer 2005: 102f. u. 201ff.). Die Vielfalt von Themenaspekten von *Stuttgart 21* wurde anhand der Häufigkeitsverteilung codierter Konfliktdimensionen gemessen (vgl. sinngemäss z.B. Weiss/Trebbe 1994: 149 u. 159). Die formale Vielfalt wurde schliesslich anhand der verwendeten journalistischen Darstellungsformen beurteilt, die mittels einer Variablen auf Beitragsebene codiert wurden. Die Vielfalt der genannten Aspekte wurde abgesehen von Häufigkeitsauszählungen und Kreuztabellen mittels rechnerischer Kennwerte zum Ausdruck gebracht. Hierfür eigneten sich neben der Mittelwertbildung (z.B. für die Anzahl unterschiedlicher Sprecher pro Beitrag) wiederum die Indizes *Simpson's D* und *Shannon's H*, die im Rahmen der ersten Teilstudie bereits verwendet wurden (vgl. Kap. 6.3). Sie berücksichtigen neben der Vielzahl von Kategorien auch deren Gleichverteilung und stellen somit ein Mass für Vielfalt *und* Ausgewogenheit zugleich dar (vgl. McDonald/Dimmick 2003: 66ff.).

7.6.2 Ausgewogenheit

Analog zur Vielfalt (s.o.) wurde die Ausgewogenheit in Bezug auf folgende Inhaltsaspekte untersucht: 1) Ausgangspartner bzw. Sprecher, die in der Berichterstattung über *Stuttgart 21* zu Wort kommen sowie 2) thematisierte Konfliktdimensionen von *Stuttgart 21*. Zusätzlich interessierten unter dem Aspekt der Ausgewogenheit insbesondere 3) die durch Ausgangspartner vorgenommenen *Bewertungen* von Konfliktdimensionen und Zielpartnern als Ausdruck unterschiedlicher Argumente bzw. Meinungen.

Ausgewogenheit steht in einem engen Verhältnis zur Vielfalt. Während sich Vielfalt im Allgemeinen auf die Anzahl unterschiedlicher Kategorien bezieht, steht Ausgewogenheit für das Verhältnis von Kategorienhäufigkeiten (vgl. Fahr 2001: 22). Als ausgewogen gilt dabei eine als ‚gerecht' empfundene uns somit immer auch begründungspflichtige Verteilung (vgl. Hagen 1995b: 120). Diesbezüglich bestehen unterschiedliche Auffassungen. Teilweise wird Ausgewogenheit im Sinne einer mathematischen Gleichverteilung erwartet. Dies ist typischerweise bei Wahlen und politischen Streitfragen der Fall, bei denen eine gleichmässige Berücksichtigung von Befürwortern und Gegnern eines Kandidaten bzw. einer Handlungsalternative in der Berichterstattung gefordert wird (vgl. ebd.). Weiss und Trebbe (1994: 163) etwa verstehen Ausgewogenheit als gleichmässige Repräsentation der Positionen von Arbeitnehmern und Arbeitgebern in der Berichterstattung über Tarifauseinandersetzungen im öffentlichen Dienst. Als Indikator für Ausgewogenheit im Sinne einer solchen gleichverteilten bzw. gleichgewichtigen Vielfalt können Masszahlen der relativen Entropie herangezogen werden (vgl. mit weiteren Hinweisen Fahr 2001: 22). In der vorliegenden Arbeit wurden *Simpson's D* und *Shannon's H* als Indizes für Ausgewogenheit (und Vielfalt, s.o.) verwendet, die neben der Anzahl auch die gleichmässige Verteilung von Kategorien berücksichtigen und die sich bereits in der ersten Teilstudie bewährt haben (vgl. Kap. 6.3). Darüber hinaus wurden sämtliche Pro- und Contra-Argumente bzw. positiv und negativ bewertete Konfliktdimensionen von *Stuttgart 21* verrechnet und in arithmetische Mittelwerte überführt, welche die Tendenz der Berichterstattung zum Ausdruck bringen (vgl. sinngemäss Weiss 1985: 857 u. 860; 1988: 479 u. 485; Weiss/Trebbe 1994: 151 u. 163).

Nicht immer erscheint es sinnvoll, Ausgewogenheit im Sinne einer strikten Gleichverteilung zu interpretieren. Es kann mit der nötigen Begründung auch die Auffassung vertreten werden, bestimmten Akteuren, Meinungen oder Themen komme in der Berichterstattung eine grössere Bedeutung zu als anderen (vgl. Fahr 2001: 22). Als Ausgewogenheitsmassstab für die Darstellung unterschiedlicher Meinungspositionen in der Berichterstattung werden deshalb auch die Einstellung der Bevölkerung (vgl. Rosengren 1979: 40) oder die parlamentarischen Mehrheitsverhältnisse (vgl. Voltmer 1998: 40) diskutiert. Zahlreiche Studien wählen einen dritten Weg: Sie definieren die Gesamtberichterstattung eines breiten Spektrums von Vergleichsmedien als ausgewogen und interpretieren Abweichungen einzelner Anbieter als Einschränkungen der Ausgewogenheit (vgl. Fahr 2001: 24; Hagen 1992: 446;

Kepplinger 1985: 19 u. 28; Schönbach 1977: 61ff.). In der vorliegenden Studie wurden bei bestimmten Kriterien (zu Wort kommenden Sprechern sowie thamtisierten Konfliktdimensionen) die Häufigkeitsverteilungen aller fünf untersuchten Medienangebote (*wikinews.de, süddeutsche.de, faz.net, welt.de* und *taz.de*) miteinander verglichen. Rechnerisch wurden die Abweichungen bzw. Übereinstimmungen der Kategorienhäufigkeiten durch Kreuztabellierung und Korrelationskoeffizienten zum Ausdruck gebracht (vgl. Fahr 2001: 136ff.; Fico et al. 2013: 161). Auch Mittelwertvergleiche zwischen den einzelnen Anbietern wurden durchgeführt. Zur grafischen Darstellung der Schwerpunktsetzung (bezüglich zu Wort kommender Sprecher und thematisierter Konfliktdimensionen) boten sich zudem Korrespondenzanalysen an (vgl. Fahr 2001: 137, Maurer 2005: 233). Insgesamt wurde mit der skizzierten Operationalisierung inhaltlicher Ausgewogenheit dem Vorschlag von Fahr (2001: 24) gefolgt, sowohl Indikatoren für die Gleichverteilung als auch solche für die Abweichung von einer als ausgewogen erachteten Referenzberichterstattung zu berücksichtigen.

7.6.3   Vollständigkeit

Wie im theoretischen Teil dieser Arbeit erläutert, stellt das in der Verständlichkeitsforschung entwickelte Nachrichtenschema (vgl. van Dijk/Kintsch 1983) eine Möglichkeit zur Messung der Vollständigkeit von Nachrichten und Berichten dar (vgl. Kap. 2.2.4). In der Weiterentwicklung von Hagen (1995b: 99) umfasst das Nachrichtenschema sieben Dimensionen des Hauptereignisses, worüber in einem Nachrichtenbeitrag berichtet wird: unmittelbare Vorereignisse (dazu gehören auch Ursachen) sowie die weiter zurück liegende Geschichte, Umstände, Folgen, Prognosen, Bewertungen und Forderungen (vgl. ebd.). Grundsätzlich gilt, dass ein Beitrag umso eher als vollständig gelten kann, je mehr dieser Nachrichtenkategorien darin angesprochen bzw. mit Informationen ausgefüllt werden. Mehrere kommunikationswissenschaftliche Studien haben bislang zur Messung der Vollständigkeit auf die Nachrichtenkategorien zurückgegriffen (vgl. im Anschluss an Hagen 1995c u. 1995b z.B. Fahr 2001 u. Maurer 2005). In dieser Arbeit wurden sie ebenfalls als Vollständigkeitsindikatoren verwendet.

Da das Nachrichtenschema ursprünglich mit Blick auf den stereotypen Aufbau einer Nachricht entwickelt wurde (vgl. van Dijk 1988), können seine Kategorien nur auf die ‚nachrichtlichen' journalistischen Darstellungsformen angewandt werden – in der vorliegenden Arbeit waren das Nachrichten und

Berichte sowie die sogenannten nicht markierten Kommentare.[237] Grundsätzlich war dabei unerheblich, von welchen Ausgangspartnern bzw. Sprechern die einzelnen Nachrichtenkategorien bzw. die Informationen dazu eingebracht wurden, also ob von den Journalisten bzw. *Wikinews*-Autoren selbst oder von anderen, zitierten Sprechern. Einzig bei Prognosen, Bewertungen und Forderungen kommt der Urheberschaft eine wichtige Bedeutung zu, denn dieselben Kategorien sollten nicht einerseits zur Vollständigkeit der Berichterstattung beitragen, andererseits aber nach allgemeinem Verständnis einen Verstoss gegen die Trennung von Nachricht und Kommentar darstellen und somit im Widerspruch zu einem anderen wichtigen (und hier ebenfalls geprüften, s.u.) journalistischen Qualitätskriterium stehen. Aus diesem Grund wurde bei der Codierung von Prognosen, Bewertungen und Forderungen nach deren Urheberschaft differenziert (vgl. ebenso Maurer 2005: 163). Für die Auswertung wurde neben der Häufigkeitsauszählung und Kreuztabellierung ein Summenindex aus allen pro Beitrag codierten Schemakategorien gebildet sowie ein anschliessender Mittelwertvergleich (durchschnittliche Anzahl Schemakategorien pro Beitrag) zwischen den verschiedenen Anbietern durchgeführt (vgl. ebd.: 242f. u. Fahr 2001: 164f.).

7.6.4 Quellentransparenz

Journalismus stellt im Wesentlichen Kommunikationsvermittlung, d.h. die Vermittlung von Aussagen gesellschaftlicher Ausgangspartner dar (vgl. Kap. 2.3). Vor diesem Hintergrund besteht für das Publikum ein berechtigtes Anliegen, die Ausgangspartner als Urheber der in der Berichterstattung vermittelten Aussagen hinreichend erkennen zu können. Generell kann die Glaubwürdigkeit der Berichterstattung besser beurteilt werden, wenn die Identität der Quellen sowie deren Interessenbindungen und Sachkompetenz von Journalisten offen gelegt werden (vgl. Kap. 2.3.2).

In der zweiten Teilstudie wurde in Anlehnung an Schröter (1992: 113ff. u. 263) für jedes Argument erhoben, inwiefern dessen Ausgangspartner bzw. Urheber identifiziert werden konnte. Folgende Möglichkeiten wurden dabei unterschieden: In der Regel werden in der Berichterstattung Personenangaben (d.h. mindestens die Nachnamen) explizit genannt und die Kommunikations-

---

[237] Als nicht markierte Kommentare wurden in dieser Arbeit Beiträge bezeichnet, die äusserlich Nachrichten und Berichten entsprechen und wie diese faktenbasiert über ein aktuelles Ereignis orientieren, aber zusätzlich eindeutige journalistische Wertungen oder Interpretationen enthalten, ohne als ‚Kommentar', ‚Meinungsartikel' o.Ä. gekennzeichnet oder in einer entsprechenden Rubrik eingeordnet zu sein (vgl. auch das Codebuch im Anhang B.2).

partner dadurch kenntlich gemacht. Dasselbe gilt für Organisationen als Ausgangspartner, die namentlich (z.B. mit dem Firmennamen) genannt werden („Wie die Deutsche Bahn gestern bekannt gab,..."). Teils bleiben die Angaben jedoch unvollständig und mehrdeutig. Anonyme Ausgangspartner können einerseits auftreten, wenn dem Journalisten keine näheren Identifikationsmerkmale bekannt sind oder er mehrere Einzelakteure zu einem abstrakten Kollektiv zusammenfasst (z.B. „Betroffene Bürger vor Ort verlangen nun..."). Andererseits kann Anonymisierung dem Schutz eines Ausgangspartners dienen, dessen volle Identität dem Journalisten oder der Redaktion zwar bekannt ist, jedoch nicht preisgegeben werden soll („Ein naher Vertrauter des Ministers liess bei einem Gespräch durchblicken..."; „Ein nicht genannt werden wollender Beamter hat die Gerüchte bestätigt, wonach..." etc.). Schliesslich sind in der Berichterstattung selten auch Aussagen anzutreffen, bei denen es sich offensichtlich um die Wiedergabe fremder Äusserungen handelt bzw. der Journalist als Ausgangspartner ausgeschlossen werden kann, die Quelle jedoch völlig unbekannt bleibt („In einem Brief an die Deutsche-Bahn-Tochter DB Projektbau AG ist von einem ‚Risikopotenzial' die Rede", vgl. *Wikinews* vom 29. September 2010).

Die genannten Abstufungen zur Identifikation von Sprechern wurden im Falle von Individuen als Ausgangspartnern durch weitere Variablen ergänzt, welche Aufschluss über deren Sachkompetenz und Interessenbindungen gaben. Zum einen wurde codiert, ob bestimmte (berufliche) Funktionszuweisungen („Innenminister Rech"; „Polizeipräsident Stumpf"; „Bundestagsabgeordnete Mattheis") und Titel („Professor Siebert, leitender Arzt des Katharina-Spitals") angeführt wurden (vgl. sinngemäss Schröter 1992: 266). Zum anderen wurde erhoben, ob Organisationen (z.B. Parteien, Vereine etc.) genannt wurden, denen die individuellen Ausgangspartner angehören bzw. deren Interessen sie gegen aussen vertreten („Innenminister Rech (CDU)"; „Gangolf Stocker von der Bürgerinitiative *Leben in Stuttgart*") (vgl. sinngemäss ebd.: 264f.). Im Hinblick auf die Auswertung bot es sich an, aus den genannten Variablen einen Transparenzindex zu bilden und dessen Mittelwert (durchschnittliche Transparenz pro Ausgangspartner) zwischen verschiedenen Anbietern zu vergleichen.

7.6.5 Trennung von Nachricht und Kommentar

Wie die Quellentransparenz trägt auch die Trennung von Nachricht und Kommentar massgeblich dazu bei, dass journalistische Kommunikationsvermittlung funktioniert. Unter diesem Gesichtspunkt kann man bei beiden Kriterien von ‚Vermittlungsprinzipien' sprechen (vgl. Kap. 2.3.2). Die Trennung von Nachricht und Kommentar soll sicherstellen, dass Rezipienten zuverlässig zwischen den Ansichten und Werturteilen der Journalisten selbst und der gesellschaftlichen Ausgangspartner bzw. Sprecher, deren Aussagen sie vermitteln, unterscheiden können. Aus diesem Grund wird in der Praxis zwischen der Berichterstattung im engeren Sinn und der Kommentierung, d.h. zwischen informationsbetonten, referierenden journalistischen Darstellungsformen (z.B. Nachricht, Bericht) einerseits und meinungsbetonten, räsonierenden Textsorten (z.B. Kommentar, Glosse) andererseits unterschieden, die ausdrücklich als solche gekennzeichnet werden sollen. Fliessen journalistische Wertungen dagegen expressis verbis in die Berichterstattung ein, gilt dies als Verstoss gegen die Trennungsnorm, es liegt eine „explizite Vermischung von Berichterstattung und Kommentierung" vor (Schönbach 1977: 26).

Der explizite Verstoss gegen die Trennungsnorm wurde in dieser Studie sowohl auf Beitrags- als auch auf Aussagenebene untersucht. Auf *Beitragsebene* wurde er anhand des Vorkommens sogenannter ‚nicht markierter Kommentare' gemessen. Als solche wurden Beiträge bezeichnet, die äusserlich wie Nachrichten und Berichte aufgemacht sind und wie diese über ein aktuelles Geschehen berichten, gleichzeitig jedoch eindeutig journalistische Wertungen oder Interpretationen enthalten, ohne formal als ‚Kommentar', ‚Rezension/TV-Kritik', ‚Meinung' o.Ä. gekennzeichnet bzw. in einer entsprechenden Rubrik eingeordnet zu sein.[238] Nicht markierte Kommentare verletzen somit die Kennzeichnungspflicht und verstossen explizit gegen das Gebot der Trennung von Nachricht und Kommentar. Auf *Aussagenebene* wurde der explizite Verstoss gegen die Trennungsnorm in der vorliegenden Arbeit anhand der Häufigkeit von Konfliktdimensionen bzw. Themenaspekten von *Stuttgart 21* operationalisiert, die von Journalisten oder *Wikinews*-Autoren im Nachrichtenteil bzw. der Berichterstattung im engeren Sinn eindeutig bewertet wurden.

---

[238] Schönbach (1977) bezeichnet solche Beiträge in seiner Studie zur Trennung von Nachricht und Kommentar als bloss „formale" Nachrichten (vgl. ebd.: 47).

Werturteile und politisch-ideologische Ansichten von Journalisten können nicht nur über explizite Bewertungen Eingang in die Berichterstattung im engeren Sinn finden, sondern sich – subtiler und schwieriger zu erkennen – durch die blosse Auswahl bestimmter Ausgangspartner und Fakten darin niederschlagen. Sofern auf diese Weise ein einseitiger Nachrichtenteil zustande kommt, der mit einem ebenso einseitigen Kommentarteil des Mediums parallel läuft, kann man mit Schönbach (1977: 26) von einer „implizite[n] Vermischung von Berichterstattung und Kommentierung" sprechen. Es liegt damit ein Verstoss gegen das Prinzip der Ausgewogenheit vor, weil sowohl Berichterstattung als auch Kommentierung gleichsinnig einseitig ausfallen. In dieser Studie wurde die implizite Verletzung der Trennungsnorm anhand der Korrelation der Meinungstendenz der Aussagen von Journalisten bzw. *Wikinews*-Autoren mit der Meinungstendenz der im selben Medium zu Wort kommenden gesellschaftlichen Ausgangspartner beurteilt. Die Befunde werden im Ergebnisteil zur Ausgewogenheit präsentiert.

Tabelle 8 gibt im Überblick nochmals wieder, mit welchen Indikatoren die einzelnen Untersuchungskriterien in der zweiten Teilstudie gemessen wurden und welche Auswertungsmöglichkeiten sich im Anschluss dafür anboten. Ebenfalls aufgeführt ist die Forschungsliteratur, woran sich die Operationalisierung jeweils anlehnt.

Operationalisierung

Tabelle 8: Operationalisierung und Auswertung der Untersuchungskriterien

Kriterium	Indikatoren und Operationalisierung	Auswertung	Referenzen
Inhaltliche Vielfalt	Ausgangspartner bzw. Sprecher Erwähnte Themenaspekte (Konfliktdimensionen) von *S21*	Kreuztabellen Mittelwertvergleiche Simpson's D, Shannon's H	Carpenter 2010: 1073; Maurer 2005: 102f. u. 201ff.; McDonald/Dimmick 2003: 66ff.; Weiss/Trebbe 1994: 149 u. 159
Formale Vielfalt	Journalistische Darstellungs-formen	Kreuztabellen	Fahr 2001: 192; Maurer 2005: 176
Inhaltliche Ausgewogenheit	Ausgangspartner bzw. Sprecher Erwähnte Themenaspekte (Konfliktdimensionen) von *S21* Meinungen bzw. Argumente (*bewertete* Konfliktdimensionen und Zielpartner)	Kreuztabellen Simpson's D, Shannon's H Korrelationskoeffizienten Korrespondenzanalysen	Carpenter 2010: 1073; Fahr 2001: 136ff.; Fico et al. 2013: 161; Maurer 2005: 233; McDonald/Dimmick 2003: 66ff.; Weiss 1985: 857 u. 860; 1988: 479 u. 485; Weiss/Trebbe 1994: 151 u. 163
Vollständigkeit	Kategorien des Nachrichtenschemas	Kreuztabellen Vollständigkeitsindex Mittelwertvergleiche	Fahr 2001: 161ff.; Hagen 1995b: 99; Maurer 2005: 243ff.
Quellentransparenz	Basisidentifikation (Namen) Funktionszuweisung Nennung von Titeln Organisationszugehörigkeit	Kreuztabellen Transparenzindex Mittelwertvergleiche	Schröter 1992: 113ff. u. 263ff.
Trennung von Nachricht und Kommentar	*Explizit:* Nicht markierte Kommentare Eigenbewertete (von Journalist / *Wikinews*-Autor) Konfliktdimensionen von *S21* im Nachrichtenteil *Implizit:* Einseitigkeit und Gleichsinnigkeit von Eigenbewertungen und Fremdbewertungen der Konfliktdimensionen von *S21* (Korrelation)	Kreuztabellen Korrelationskoeffizienten	Hagen 1992: 448f.; Schönbach 1977: 26

7.7 Reliabilität und Durchführung der Argumentationsanalyse[239]

Der Argumentationsanalyse zur Berichterstattung über *Stuttgart 21* lagen insgesamt 466 Beiträge zugrunde (vgl. Kap. 7.4). Die basalen Untersuchungseinheiten bildeten dabei nicht diese Beiträge selbst, sondern die darin als relevant identifizierten Argumente bzw. Aussagen, die anschliessend hierarchisch codiert wurden (vgl. dazu Rössler 2005: 73ff.). Festgehalten wurden dabei sowohl auf Beitragsebene liegende Eigenschaften (z.B. Datum, Medium, journalistische Darstellungsform etc.) als auch Merkmale der Aussagenebene (z.B. Ausgangspartner und Zielpartner, angesprochene Konfliktdimension etc.). In einem einzelnen Beitrag konnten dabei im Prinzip beliebig viele Argumente vorkommen. Insgesamt wurden 6'442 relevante Argumente identifiziert und vom Verfasser allein codiert. Da deren Identifikation (d.h. die Bildung von Untersuchungseinheiten auf unterster Ebene) mit der Festlegung der Artikelstichprobe noch nicht eindeutig erfolgte, bedurfte es dazu fortlaufender Interpretationsentscheide während des Codiervorgangs. Mit Blick auf die Reliabilität spezifisch der Argumentencodierung erscheint es deshalb angezeigt, hier zwischen der *Identifikationsreliabilität* einerseits und der *Intracoderreliabilität* andererseits zu unterscheiden (vgl. ebd.: 189f.). Entsprechend musste in einem Reliabilitätstest zuerst geprüft werden, mit welcher Übereinstimmung relevante Argumente als Untersuchungseinheiten identifiziert wurden. Anschliessend konnte für die zuverlässig erkannten Argumente die Übereinstimmung hinsichtlich der Codierung der Argumentvariablen ermittelt werden.

Für den skizzierten Reliabilitätstest wurden 25 Artikel (je fünf Artikel pro Medium) zufällig ausgewählt und eine Woche[240] nach ihrer ersten Codierung erneut verschlüsselt. Da die Datenerhebung allein durch den Codierer erfolgte, stand bei diesem Pretest die Stabilität der Codierung über die Zeit hinweg im Vordergrund. In den zu zwei Zeitpunkten total erfassten 50 Artikeln wurden 677 Argumente unterschieden, 305 im ersten Codierdurchgang und 372 im zweiten. Davon wurden 278 übereinstimmend identifiziert.[241] Daraus

---

[239] Für die allgemeinen Ausführungen zur Reliabilität und Validität vgl. Kap. 5.5. Die dortigen Bemerkungen zur Validität gelten sinngemäss auch für diese zweite Teilstudie.
[240] Der zeitliche Abstand für den Test der Intracoderreliabilität war damit vergleichsweise kurz.
[241] Als Übereinstimmungen galten innerhalb desselben Beitrags jeweils identische Ausprägungen bei den Variablen ‚Ausgangspartner' und ‚Konfliktdimension'. Mit anderen Worten wurden in beiden Codiervorgängen jene Argumente als übereinstimmend identifiziert anerkannt, die mindestens hinsichtlich Ausgangspartner und adressierter Konfliktdimension übereinstimmten (vgl. dazu das Codebuch im Anhang B.2).

ergibt sich eine noch gute Identifikationsreliabilität nach Holsti (vgl. Vogelgesang/Scharkow 2012: 336) von 0.82. Bei der anspruchsvollen Argumentcodierung wurden mithin über vier von fünf bedeutungsrelevanten Argumenten übereinstimmend erkannt.

In Tabelle 9 und 10 sind die Reliabilitätskoeffizienten der Variablen auf Beitrags- und Argumentenebene dokumentiert. Daran anschliessend folgt ihre Interpretation.

Tabelle 9: Reliabilitätskoeffizienten der Variablen auf Beitragsebene

Formale Variablen	α-*Wert*
Identifikationsnummer (Id_Bei)	1.0
Medium (Med)	1.0
Publikationsdatum (Dat)	1.0
Umfang (Umf)	.98
Inhaltliche Variablen	α-*Wert*
Verfasser (Verf)	.90
Journalistische Darstellungsform (Journ_D)	.76
Kategorien des Nachrichtenschemas	
• Geschichte (Gesch)	.93
• Vorereignisse und Ursachen (Vor_Ur)	.93
• Umstände (Umst)	.89
• Folgen (Folg)	.98
• Forderungen (Ford)	.86
• Prognosen und Spekulationen (Prog_Spek)	.77
• Bewertungen (Bew)	.91

Anmerkung: Krippendorff's α, n= 25 Beiträge.

Konzeption der Argumentationsanalyse

Tabelle 10: Reliabilitätskoeffizienten der Variablen auf Argumentenebene

Inhaltliche Variablen	α-*Wert*
Textteil (Txt_T)	0.83
Ausgangspartner	
• Ausgangspartner pro Beitrag (AP_Tot)	0.94
• Ausgangspartner: Status (AP_St)	0.97
• Ausgangspartner: Akteursliste (AP_List)	1.0
Transparenz: Ausgangspartner	
• Basisidentifikation (Trans_Bas)	.93
• Funktionsangaben (Trans_Fu)	.89
• Angabe von Titeln (Trans_Ti)	.93
• Zugehörigkeit zu Körperschaft (Trans_Org)	.89
Konfliktdimension (Konf_D)	1.0
Argumenttendenz (Arg_T)	.89
Zielpartner	
• Zielpartner: Akteursliste (ZP_List)	.69
• Zielpartner: Bewertung (ZP_Bewert)	.86

Anmerkung: Krippendorff's α, n= 278 Argumente.

Wie Tabelle 9 zu entnehmen ist, wurde auf Beitragsebene abgesehen von einzelnen etwas tieferen, jedoch immer noch akzeptablen Werten etwa bei der ‚journalistischen Darstellungsform' und den ‚Prognosen und Spekulationen' ausserordentlich zuverlässig codiert.

Wie weiter oben erwähnt galten die Argumente (Untersuchungseinheiten) als übereinstimmend identifiziert, wenn sie mindestens bezüglich Ausgangspartner und Konfliktdimension gleich codiert wurden. Aus diesem Grund betragen die Reliabilitätskoeffizienten für beide Variablen in Tabelle 10 α= 1.0. Wie weiter zu erkennen ist, wurden in den gemeinsam identifizierten Argumenten nahezu sämtliche Argumentenvariablen mit sehr hoher Übereinstimmung codiert, einzig die Codierung der Zielpartner erwies sich als weniger reliabel (α= .69). Der Grund dafür liegt offensichtlich in der Kategoriendefinition (vgl. Codebuch im Anhang B.2), wonach ein Zielpartner nicht explizit in der Aussage eines Ausgangspartners erwähnt zu werden brauchte, sondern auch implizit aus dem Kontext heraus adressiert werden konnte. Hätte man die Zielpartner-Codierung auf ausdrücklich genannte Adressaten begrenzt, wäre zwar bestimmt ein besserer Reliabilitätswert erzielt worden, allerdings hätte dies der Logik der Textkohärenz kaum Rechnung getragen.[242] Aufgrund der tiefen Reliabilitätswerte wird im Ergebnisteil auf eine Auswertung der Akteursvielfalt in Bezug auf die Zielpartner verzichtet. Als zusammengefasste Oberkategorien von ‚Gegnern' und ‚Befürwortern' von *Stuttgart 21* spielen sie jedoch bei der Analyse von Akteursbewertungen noch eine Rolle.

---

[242] Eine simple Aussage wie „Ministerpräsident Mappus (CDU) wies diese Vorwürfe entschieden zurück" wäre in diesem Fall ohne Zielpartner codiert worden, obschon sich in einem solchen Fall das Dementi des Ministerpräsidenten inhaltlich mit grosser Wahrschein-lichkeit an zuvor im Text genannte Adressaten richtet. Hier zeigt sich exemplarisch die Differenz zwischen Textoberfläche und Texttiefenstruktur, die bei der Codierung von Aussagen Probleme bereiten kann.

8 Ergebnisse der Argumentationsanalyse

Um die Ergebnisse dieser Fallstudie zur Berichterstattung über *Stuttgart 21* möglichst nachvollziehbar zu präsentieren, wird zuerst der Ereigniskontext im gewählten Untersuchungszeitraum skizziert. Der Ereignisablauf wird dabei in groben Zügen chronologisch geschildert, wie er in den ausgewählten Medien *süddeutsche.de*, *faz.net*, *welt.de*, *taz.de* und *wikinews.de* in der Zeit vom 29. September 2010 bis 1. Januar 2011 dargestellt worden ist.

8.1 *Stuttgart 21:* Chronologie der Ereignisse

Am 30. September 2010 versammelten sich einige tausend *Stuttgart-21-*Gegner im Schlossgarten unmittelbar neben dem Stuttgarter Bahnhof, um gegen die bevorstehende Abholzung mehrerer alter Bäume zu protestieren, die im Zuge der Erstellung des unterirdischen Bahnhofs gefällt werden sollten. Einige Aktivisten haben sich an die Baumstämme gekettet, andere harren seit mehreren Tagen im Schichtwechsel in den Baumkronen aus. In einem Grossaufgebot und unterstützt von Einsatzkräften u.a. aus Bayern, Hessen und Rheinland-Pfalz marschiert die Stuttgarter Polizei auf, um den Baggern einen Weg in den Schlossgarten zu bahnen. Gegen den starken Widerstand einiger nach Angaben der Polizei aggressiver Demonstranten gehen die Polizisten mit Schlagstöcken, Pfefferspray und schliesslich Wasserwerfern vor. Der Einsatz eskaliert, es kommt zu über 100 Verletzten, die v.a. Augenverletzungen und Prellungen erleiden. Mindestens ein Demonstrant erblindet irreversibel auf einem Auge durch einen Wasserwerfer, drei weitere verlieren ihr Augenlicht beinahe. Unter den Verletzten befinden sich Senioren sowie Kinder einer gleichzeitig stattfindenden Schülerdemonstration, aber auch Polizisten.

Die Gewalteskalation an diesem „schwarzen Donnerstag" (*faz.net*, 20. November 2010) beschäftigt darauf hin selbst die Bundespolitik. Kanzlerin Angela Merkel (CDU) ruft die zerstrittenen Parteien zur Besinnung und Gewaltlosigkeit auf. Cem Özdemir, der Bundesvorsitzende der Grünen, wirft dem baden-württembergischen Ministerpräsidenten Stefan Mappus (CDU) derweil vor, „Blut sehen zu wollen" (*welt.de*, 1. Oktober 2010). Umgekehrt kritisiert Mappus die Grünen, eine Opposition zu organisieren, „die so tut, als ob wir in einer Diktatur leben" (*süddeutsche.de*, 2. Oktober 2010). Baden-Württembergs Innenminister Heribert Rech (CDU) hält den Demonstranten vor, Kinder und Jugendliche für den Protest instrumentalisiert zu haben.

Am Tag nach den gewalttätigen Ausschreitungen findet eine friedliche Grossdemonstration in Stuttgart mit mindestens 50'000 Teilnehmern statt. Die bewegte Masse skandiert in Sprechchören „Oben bleiben!" und „Mappus weg!" (*faz.net*, 1. Oktober 2010). Gleichzeitig fordern Bundespolitiker von SPD und Linken den Rücktritt von Innenminister Rech. Die baden-württembergische Landesregierung aus CDU und FDP erhält indessen Rückendeckung aus ihren Parteien, nicht zuletzt aus Berlin. Bundeskanzlerin Angela Merkel (CDU) verteidigt *Stuttgart 21* als für die Zukunft und Wirtschaftlichkeit des Landes wichtiges Infrastrukturprojekt.

Um die hoch emotional geführte Debatte wieder auf eine sachlichere Ebene zurückzuführen, einigen sich CDU und die Grünen noch in der ersten Oktoberwoche 2010, den 80jährigen früheren CDU-Generalsekretär Heiner Geissler, selbst Mitglied der globalisierungskritischen Vereinigung *Attac*, als Sachschlichter im Streit um *Stuttgart 21* einzusetzen. Geissler, der bereits mehrere Tarifschlichtungen zu einem gütlichen Ende gebracht hat, soll beide Seiten wieder an einen Tisch bringen. Als Vorbedingung für gemeinsame Gespräche fordern die Grünen allerdings vehement einen Baustopp während der Schlichtungszeit, da ein Ausstieg aus dem Projekt mit jeder weiteren Baumassnahme und Auftragsvergabe teurer werde. Die Landesregierung sowie die Deutsche Bahn als Projektträgerin lehnen einen Baustopp kategorisch ab, da sie Verträge einhalten müssten und jeder Unterbruch der Bauarbeiten die Kosten in die Höhe treibe. Schliesslich wird ein Kompromiss gefunden, die Baumassnahmen auf das absolut Nötigste während der Schlichtungsphase zu reduzieren, u.a. auf sicherheitsrelevante Arbeiten beim Grundwassermanagement, das der Kontrolle des Grundwasserspiegels sowie dem Schutz der Stuttgarter Mineralquellen dient. Am 22. Oktober beginnen die Schlichtungsgespräche. Während der kommenden fünf Wochen (bis am 30. November) tauschen Befürworter und Gegner in insgesamt neun moderierten Schlichtungsrunden Fakten und Argumente zu *Stuttgart 21* aus. Die Gespräche unter der Leitung von Schlichter Heiner Geissler werden live im Internet sowie über den TV Sender *Phoenix* übertragen und erreichen mitunter bis zu 1.5 Mio. Zuschauer (vgl. *süddeutsche.de*, 30. November 2010). Geissler spricht von einem „Demokratieexperiment" (ebd.) und wirbt gleichzeitig für mehr Bürgerbeteiligung und direkte Demokratie bei künftigen ähnlichen Grossprojekten in Deutschland.

Gegenstand der einzelnen Schlichtungsrunden sind die Leistungsfähigkeit des geplanten unterirdischen Durchgangsbahnhofs einschliesslich der Neubaustrecke Wendlingen-Ulm, die Kosten und Wirtschaftlichkeit des Projekts, Geologie und Umweltschutz, Sicherheitsfragen, städtebauliche (d.h. architektonische und ästhetische) Aspekte sowie die Vor- und Nachteile der von den Gegnern propagierten Projektalternative *Kopfbahnhof 21 (K21)*, die einen Erhalt des bestehenden Kopfbahnhofes kombiniert mit einer Verbesserung der oberirdischen Zufahrten vorsieht (vgl. *taz.de*, 22. Oktober 2010). Einige Argumente spielen im öffentlichen Diskurs eine dominierende Rolle. Die Projektgegner prognostizieren u.a. eine Kostenexplosion, zweifeln an der Leistungsfähigkeit des unterirdischen Bahnhofs und machen ökologische Einwände gegen die Untertunnelung geltend. Die Projektbefürworter halten dagegen, den gesetzten Kostenrahmen von 4.5 Milliarden Euro nicht zu überschreiten. Auch rechnen sie mit anderen Prämissen bei der Beurteilung der Leistungsfähigkeit des neuen Bahnhofs und der Belegung seiner Gleise. Schliesslich verweisen sie auf die demokratische Legitimation des Projekts, das in einem über zehnjährigen Planungsverfahren inklusive Bürgerbeteiligung von parlamentarischen Mehrheiten auf allen politischen Ebenen beschlossen worden ist. Der Rechtsstaat werde ausgehebelt, so ihr Argument, wenn rechtskräftig zustande gekommene Beschlüsse umgestossen werden, sobald eine Minderheit genügend laut dagegen protestiere.

Während der Schlichtungszeit wird u.a. bekannt, dass Baden-Württembergs Verkehrsministerin Tanja Gönner (CDU) im Beirat der ECE-Stiftung sitzt, die auf den frei werdenden Gleisflächen den Bau eines Shopping-Centers plant. Gönner tritt darauf hin aus dem Gremium aus, um den ohnehin seit längerem im Raum stehenden Spekulationen um Vetternwirtschaft und Filz ein Ende zu bereiten (vgl. *taz.de*, 11. Oktober 2010). Ende Oktober nimmt im baden-württembergischen Landtag ein von der SPD geforderter Untersuchungsausschuss zur Aufklärung des Polizeieigrosseinsatzes vom 30. September seine Arbeit auf. Das Gremium soll u.a. klären, ob eine Vorgabe der CDU/FDP-Landesregierung für das harte Vorgehen der Einsatzkräfte im Stuttgarter Schlossgarten bestanden habe.

Seit sich die Fronten rund um das Bahnhofsprojekt verhärtet haben, fordern Exponenten der SPD und der Grünen immer wieder einen Volksentscheid über *Stuttgart 21*. Diesbezüglich kommen von der CDU in Auftrag gegebene Rechtsgutachten allerdings zum Schluss, dass ein landesweites Plebiszit verfassungswidrig sei. Von der SPD beauftragte Verfassungsrechtler sehen dies anders, einen von der Partei eingebrachten Gesetzesvorschlag, der eine verfassungskonforme Volksabstimmung ermöglichen würde, lehnt der baden-württembergische Landtag allerdings Ende Oktober ab (vgl. *süddeutsche.de*, 28. Oktober 2010). Derweil erklärt Angela Merkel die im März 2011 anstehende Landtagswahl in Baden-Württemberg zur Abstimmung über *Stuttgart 21* und heizt somit den Wettbewerb unter den Parteien an. Politisch profitieren vom anhaltenden Widerstand gegen das Grossproejkt vor allem die Grünen, die in Baden-Württemberg noch nie erreichte Umfragewerte erreichen. Der grüne Landtagsabgeordnete Winfried Kretschmann wird bereits als erster grüner Ministerpräsident gehandelt, der den amtierenden Ministerpräsidenten Mappus (CDU) im März beerben könnte.

Inzwischen kommt das von Heiner Geissler moderierte Schlichtungsverfahren zu seinem vorgesehenen Ende. Am 30. November spricht sich Geissler in seinem von den Beteiligten und der Öffentlichkeit mit Spannung erwarteten Schlichterspruch für ‚Stuttgart 21 plus' aus, d.h. für die Weiterführung von *Stuttgart 21* unter Berücksichtigung umfangreicher Verbesserungen, die den Projektgegnern entgegen kommen sollen. U.a. sollen die durch den Gleisabbau freiwerdenden Grundstücke der Immobilienspekulation entzogen und in eine Stiftung überführt werden, welche für die Schaffung von ökologischem, familienfreundlichem und erschwinglichem Wohnraum sorgt. Zudem muss die Bahn in einem sogenannten ‚Stresstest' unter Beweis stellen, dass der geplante unterirdische Durchgangsbahnhof um 30 Prozent leistungsfähiger ist als der bestehende Kopfbahnhof (vgl. *süddeutsche.de*, 30. November 2010).

Unterstützt von den Grünen künden die enttäuschten *Suttgart-21*-Gegner an, ihren friedlichen Protest fortzusetzen. Im Dezember beginnt im Untersuchungsausschuss des Landtags zur Aufklärung des Polizeieinsatzes vom 30. September die Zeugeneinvernahme. Mehrere Demonstranten schildern, wie sie von Polizisten drangsaliert und von Wasserwerfern hart getroffen worden seien. Die Grünen und die SPD vermuten, dass der Einsatz von politisch höchster Stelle beeinflusst worden sei. Auch aus Polizeikreisen sind Stimmen zu vernehmen, wonach es politische Vorgaben der Landesregierung gegeben habe. Ministerpräsident Stefan Mappus (CDU) weist allerdings jede politische Einflussnahme auf die Einsatzplanung von sich (vgl. *welt.de*, 22. Dezember 2010). Ende Dezember fordert der durch einen Wasserwerfer auf einem Auge erblindete Demonstrant Dietrich Wagner Ministerpräsident Mappus auf, sich bei der Bevölkerung Stuttgarts zu entschuldigen. Ein eigenes Mitverschulden an seinen Verletzungen streitet der Demonstrant ab, der nach Angaben der Polizei zuerst aus dem Schlossgarten weggebracht worden und später wieder zurückgekehrt sei (vgl. *süddeutsche.de*, 28. Dezember 2010).

8.2 Vorbemerkungen zur Repräsentativität der Ergebnisse

Die Untersuchungsanlage der durchgeführten Fallstudie zur Berichterstattung über *Stuttgart 21* brachte es mit sich, dass die gewonnenen Befunde – anders als in der ersten Teilstudie – nicht ohne Weiteres auf die restliche Berichterstattung von *Wikinews* und der übrigen einbezogenen Nachrichtenmedien übertragen werden dürfen. Obschon ein solcher statistischer Repräsentationsschluss nahe liegt, ist er streng genommen nicht zulässig, da in diesem Fall nicht mit einer repräsentativen Auswahl der Gesamtberichterstattung der einbezogenen Medien gearbeitet worden ist, sondern deren Berichterstattung zu einem *Einzelthema* untersucht wurde. So ist es etwa denkbar, dass die *Wikinews*-Community abhängig vom Thema unterschiedlich arbeitet und sich bei der Nachrichtenproduktion zu verschiedenen Ereignissen und Themen jeweils andere Nutzer beteiligen, die eine abweichende Auffassung von Nachrichtenqualität vertreten, was sich wiederum in der unterschiedlichen Realisierung der untersuchten Qualitätskriterien niederschlagen könnte. Aus diesem Grund wird in der folgenden Ergebnispräsentation bewusst auf Signifikanztests mit dem Ziel einer statistischen Inferenz verzichtet.

8.3 Aspekte der Vielfalt und Ausgewogenheit

Da Vielfalt und Ausgewogenheit beides Aspekte der Häufigkeitsverteilung von Kategorien darstellen und somit in einem engen Verhältnis zueinander stehen, werden in diesem Kapitel die Befunde zu beiden Kriterien gemeinsam präsentiert. Beantwortet werden sollen dabei folgende Fragen, die in den jeweils angegebenen Unterkapiteln behandelt werden: Wie vielfältig und ausgewogen treten unterschiedliche Kommunikationspartner in der Rolle von Ausgangspartnern (Sprechern) in der Berichterstattung von *Wikinews* im Vergleich zur professionellen Berichterstattung von *süddeutsche.de, faz.net, welt.de* und *taz.de* in Erscheinung (vgl. Kap. 8.3.1)? Wie vielfältig und ausgewogen wird in der untersuchten Laienberichterstattung im Vergleich zu den jeweiligen Massenmedien über unterschiedliche thematische Aspekte von *Stuttgart 21* berichtet (vgl. Kap. 8.3.2)? Wie vielfältig und ausgewogen fallen in der Laienberichterstattung im Vergleich zur professionellen Berichterstattung die Meinungsäußerungen der zu Wort kommenden Ausgangspartner zu *Stuttgart 21* aus (vgl. Kap. 8.3.3)? Wie ausgewogen bewerten diese ihre Zielpartner (vgl. Kap. 8.3.4)? Wie vielfältig ist in der untersuchten

Laienberichterstattung im Vergleich zur professionellen Berichterstattung der Einsatz unterschiedlicher journalistischer Darstellungsformen als Indikator für formale Vielfalt (vgl. Kap. 8.3.5)?

8.3.1 Ausgangspartner (Sprecher)

Um die Frage nach der Vielfalt und Ausgewogenheit der im (massen-)medial vermittelten Diskurs über *Stuttgart 21* zu Wort kommenden Sprecher zu beantworten, kann eine erste und eher grobe Klassifikation danach vorgenommen werden, ob es sich bei den Urhebern der codierten Argumente um die Journalisten bzw. *Wikinews*-Autoren selbst, um von ihnen oder anderen Quellen[243] zitierte Sprecher oder um unbekannte Quellen handelt. Die genannten Kategorien der Ausgangspartnerschaft sind in Tabelle 11 nach Medientyp aufgeschlüsselt.

Tabelle 11: Ausgangspartner (Argumenturheber) nach Quellentyp

	Wikinews	Süddeutsche.de	Faz.net	Welt.de	Taz.de
Journalist	33.0%	34.1%	31.9 %	31.6%	33.0%
Übrige Ausgangspartner	63.4%	65.6%	67.5%	67.7%	66.3%
Unbekannte Quelle	3.6%	0.3%	0.6%	0.8%	0.7%
Total	100% (n=303)	100% (n=1738)	100% (n=1312)	100% (n=1695)	100% (n=1394)

Zunächst springen die grossen Übereinstimmungen ins Auge. In der Berichterstattung sowohl des Laienportals als auch der professionellen Nachrichtenanbieter wurde jeweils knapp ein Drittel der relevanten Argumente erkennbar von den Journalisten bzw. *Wikinews*-Autoren selbst hervorgebracht. Bei ungefähr (*Wikinews*) bzw. genau (professionelle Anbieter) zwei Dritteln und somit dem Grossteil der Argumente handelt es sich um Äusserungen von Sprechern, die direkt oder indirekt von den Journalisten bzw. *Wikinews*-Autoren oder anderen Quellen zitiert werden. Dieser Befund bestätigt die im Theorieteil vertretene Auffassung, wonach Journalismus im Wesentlichen

---

[243] Dies ist der eher seltene Fall, dass Journalisten bzw. *Wikinews*-Autoren Sprecher zitieren, die ihrerseits die Äusserungen anderer Akteure (,Dritter') wiedergeben.

Fremdvermittlung von Kommunikation darstellt (vgl. Kap. 2.3). Offensichtlich trifft dies auch auf *Wikinews* zu, das sich wie die betrachteten professionellen Anbieter durch ein Primat der Fremdvermittlung gegenüber der Eigenvermittlung auszeichnet (zu dieser Unterscheidung vgl. Kap. 2.3.2). In Bezug auf die grundlegenden Vermittlungsstrukturen lässt sich somit zunächst festhalten, dass das Laienportal ein ‚journalistisches' Profil besitzt. Allerdings verwundert dieser Befund angesichts der Tatsache wenig, dass die hier veröffentlichten Beiträge grösstenteils auf massenmedialen bzw. journalistischen Quellen beruhen, wie sich in der ersten Teilstudie zeigte (vgl. Kap. 6.1). Auch das Neutralitätsgebot von *Wikinews* ist wohl mit ein Grund für diesen Befund. Umgekehrt unterscheidet sich das Laienportal von anderen Formen öffentlicher Laienkommunikation wie z.B. dem privaten Gebrauch von Weblogs oder *Twitter*, welcher primär der *Eigenvermittlung* dient, indem sich die Nutzer über diese Kanäle selbst äussern.

Trotz der groben Übereinstimmung in der Quellenstruktur zeigen sich bei genauerem Hinsehen auch Unterschiede. So enthält die Laienberichterstattung häufiger unbekannte Quellen (*Wikinews*: 3.6; Massenmedien: 0.8 Prozent und weniger), womit sie im Hinblick auf das Transparenzgebot schlechter abschneidet als der professionelle Journalismus (vgl. dazu auch die detaillierteren Ergebnisse in Kap. 8.5).

Neben der groben Quellenstruktur drängt sich bei der Analyse der Kommunikationspartner auch ein Blick auf deren Sprecherstatus auf. Unter dem Sprecherstatus wird hier verstanden, ob die Ausgangspartner jeweils als Einzelpersonen für sich selbst sprechen oder als *Repräsentanten* für eine Organisation das Wort ergreifen, welche sie kommunikativ vertreten. Der Begriff der Organisation wird dabei weit gefasst: Darunter fallen juristische Personen wie Behörden, politische Parteien oder Vereine mit hohem Organisationsgrad genauso wie losere Interessengruppen oder Aktionsbündnisse (etwa das ‚Aktionsbündnis gegen Stuttgart 21', die sogenannten ‚Parkschützer' etc.). Tabelle 12 gibt den Sprecherstatus für alle zu Wort kommenden Akteure wieder, wobei die in der vorausgehenden Tabelle 11 noch ausgewiesenen Journalisten bzw. *Wikinews*-Autoren und unbekannten Quellen hier nicht mehr berücksichtigt sind.

Ergebnisse der Argumentationsanalyse

Tabelle 12: Sprecherstatus der Ausgangspartner

	Wikinews	Professionelle Nachrichtenanbieter
Ausgangspartner spricht für sich	30.7%	29.5%
Ausgangspartner spricht als Repräsentant einer Organisation	46.4%	55.8%
Ausgangspartner ist eine Organisation	22.9%	14.6%
Total	100% (n=192)	100% (n=4095)

Anmerkung: Nicht eingeschlossen sind Journalisten, *Wikinews*-Autoren und unbekannte Quellen.

Wie unschwer zu erkennen ist, äussert sich der Grossteil der gesellschaftlichen Ausgangspartner sowohl in der professionellen als auch in der Laienberichterstattung im Namen einer Organisation, deren Interessen sie als Mitglieder oder Angehörige teilen und die sie unter Umständen auch offiziell gegen aussen vertreten dürfen. Dieses Prinzip der *Kommunikationsrepräsentanz* wurde im Theorieteil dieser Arbeit als funktional für eine hochkonzentrierte Kommunikationsvermittlung angesehen, wie sie Journalismus darstellt (vgl. Kap. 2.3). Seine Gültigkeit wird durch die vorliegenden Ergebnisse offensichtlich bestätigt, und zwar wiederum sowohl für die professionelle Berichterstattung über *Stuttgart 21* als auch für diejenige von *Wikinews*. Freilich fällt auf, dass in den professionellen Nachrichtenangeboten noch häufiger Repräsentanten zu Wort kommen (55.8 Prozent) als in der Berichterstattung des Laienportals (46.4 Prozent). Allerdings äussern sich umgekehrt in *Wikinews* nicht etwa bedeutend mehr Einzelpersonen im eigenen Interesse (30.7 vs. 29.5 Prozent), vielmehr werden häufiger ganze Organisationen zitiert („Die baden-württembergische Regierung teilte gestern Nachmittag mit..."; „der Bundesrechnungshof kündigte an..."). In solchen Fällen wird ein korporativer Akteur gleichsam ‚personifiziert' und selbst zum Sprecher gemacht, während die Zitation über Repräsentanten („der Ministerpräsident...", „ein Sprecher des Bundesrechnungshofs...") auf die Sprechakte natürlicher Personen referiert. Wie auch immer die konkrete Formulierung ausfällt, entscheidend ist, dass in beiden Fällen eine Konzentration bei der Vermittlung von Kommunikation stattfindet, da den wiedergegebenen Positionen in der Regel Meinungsbildungsprozesse innerhalb der am öffentlichen Diskurs beteiligten Organisationen vorausgehen, in welchen deren ‚offizielle' Positionen durch Aggregation von Einzelmeinungen ausgehandelt und verdichtet worden sind (in politischen Parteien z.B. durch Abstimmung aller Mitglieder an einer Generalversammlung). In der konzentrierten Vermittlung der Kommunikate von korporativen Akteuren und ihren Repräsentanten sind also die ‚Vertretenen' stets mit eingeschlossen. Auch das in *Wikinews* – zwar in etwas geringerem Umfang – feststellbare Prinzip der Kommunikationsrepräsentanz deutet somit darauf hin, dass das Laienportal über ein ‚journalistisches' Profil verfügt. Wiederum lässt sich dieser Befund wohl durch den hohen Stellenwert der Massenmedien für die Plattform erklären, worauf sich deren Nutzer sehr häufig als Informationsquellen berufen.

Ein Gradmesser für die Vielfalt (und somit Leistungsfähigkeit) der Kommunikationsvermittlung ist sicherlich auch darin zu sehen, wie viele unterschiedliche gesellschaftliche Ausgangspartner im (massen-)medial vermittelten Diskurs zu *Stuttgart 21* über eine Sprechmöglichkeit verfügen. Ein Indikator dafür stellt die durchschnittliche Anzahl unterschiedlicher Sprecher (inkl. Journalisten bzw. *Wikinews*-Autoren) pro Beitrag dar, die sich zum Bauprojekt äussern können. Tabelle 13 gibt diese Durchschnittswerte für *Wikinews* und die untersuchten Massenmedien wieder.

Tabelle 13: Anzahl Ausgangspartner, die sich zu *Stuttgart 21* äussern

	Wikinews	Prof. Nachrichtenanbieter	Süddeutsche.de	Faz.net	Welt.de	Taz.de	*Gesamt*
ø Ausgangspartner pro Beitrag, die sich zu S21 äussern	3.8	*5.2*	4.8	5.7	5.1	5.5	*5.1*
ø Umfang (Wörter) pro Beitrag	323.8	*651.3*	685.0	727.9	558.4	647.2	*628.1*
Anzahl Beiträge	n=33	n=433	n=134	n=90	n=119	n=90	n=466

Anmerkung: Eingeschlossen sind Journalisten, *Wikinews*-Autoren und unbekannte Quellen.

In der professionellen Berichterstattung der betrachteten vier Titel (*süddeutsche.de*, *faz.net*, *welt.de* und *taz.de*) äussern sich pro Beitrag durchschnittlich fünf (ungerundet 5.2), in *Wikinews* vier (ungerundet 3.8) unterschiedliche Sprecher zu *Stuttgart 21*, einschliesslich der Journalisten bzw. *Wikinews*-Autoren selbst. Auf dem Laienportal kommt somit pro Artikel im Zusammenhang mit dem umstrittenen Bauprojekt durchschnittlich ein aktiver Sprecher weniger zu Wort als in den Massenmedien. Da der entsprechende Wert in allen vier professionellen Medientiteln höher liegt als in *Wikinews*, handelt es sich offensichtlich um einen systematischen Unterschied zwischen der professionellen und der Laienberichterstattung. Gleichzeitig sind die Beiträge der professionellen Anbieter mit durchschnittlich 651 Wörtern aber auch gut doppelt so umfangreich wie diejenigen von *Wikinews* mit einem Umfang von durchschnittlich 324 Wörtern. Dies kann mit ein Grund sein für die unterschiedliche Sprechervielfalt. Ungeachtet dessen kann festgehalten werden: *Wikinews* weist auf Beitragsebene eine geringere Vielfalt an Sprechern auf, die sich zu *Stuttgart 21* äussern (können), als die untersuchten Massenmedien.

In der öffentlichen Auseinandersetzung um *Stuttgart 21* stehen sich im Wesentlichen zwei Meinungslager aus Befürwortern und Gegnern des geplanten unterirdischen Bahnhofs gegenüber, die im gegenseitigen Schlagabtausch Argumente vorbringen, die für oder gegen das Bauvorhaben sprechen. Unter dem Aspekt der *Ausgewogenheit* der kommunikativen Teilhabemöglichkeiten ist zunächst von Interesse, in welchem Umfang den Befürwortern und Gegnern im (massen-)medial vermittelten Diskurs von den Journalisten bzw. *Wikinews*-Autoren das Wort erteilt wird. Lassen sich hier klare Unterschiede zwischen der professionellen Berichterstattung von *süddeutsche.de, faz.net, welt.de* und *taz.de* und der Amateurberichterstattung von *Wikinews* beobachten? Tabelle 14 zeigt auf, in welchem Umfang sich die Befürworter und Gegner von *Stuttgart 21* in den fünf untersuchten Medientiteln äussern können.[244] Demnach machen in der untersuchten professionellen Berichterstattung die beiden offiziellen Meinungslager aus Befürwortern und Gegnern des neuen Bahnhofs die Mehrheit aller zitierten Ausgangspartner aus. Der Anteil anderer Quellen (z.B. Experten, Wissenschaftler, Wirtschaftsunternehmen, Streitschlichter Heiner Geissler etc.) beträgt hier gesamthaft 42.5 Prozent. In *Wikinews* stammt hingegen mehr als die Hälfte der Zitate von anderen Ausgangspartnern (61.6 Prozent).

---

[244] Als ‚Befürworter' wurden dabei jene Akteure aus dem Codebuch (vgl. Anhang B.2) zusammengefasst, die das Infrastrukturprojekt offiziell unterstützen: Landesregierung von Baden-Württemberg und ihre Vertreter (z.B. Minister), Deutsche Bahn und ihre Vertreter, CDU/CSU und ihre Vertreter, FDP und ihre Vertreter, korporative zivilgesellschaftliche Körperschaften für *Stuttgart 21* (z.B. ‚Bürger für Stuttgart 21') und ihre Vertreter, übrige Befürworter von *Stuttgart 21*. Als ‚Gegner' wurden alle Akteure aus dem Codebuch zusammengefasst, die offiziell gegen das Infrastrukturprojekt eintreten: Bündnis90/Die Grünen und ihre Vertreter, korporative zivilgesellschaftliche Akteure gegen *Stuttgart 21* (z.B. ‚Aktionsbündnis gegen Stuttgart 21') und ihre Vertreter, übrige Gegner von *Stuttgart 21*.

Vielfalt und Ausgewogenheit

Tabelle 14: Befürworter und Gegner von *Stuttgart 21* (S21) als Ausgangspartner

	Wikinews	*Prof. Nachrichtenanbieter*	Süddeutsche.de	Faz.net	Welt.de	Taz.de	*Gesamt*
Befürworter von *S21*	19.2%	*33.4%*	32.3%	35.4%	35.3%	30.3%	*32.7%*
Gegner von *S21*	19.2%	*24.2%*	23.8%	23.4%	25.8%	23.4%	*24.0%*
Andere Ausgangspartner	61.6%	*42.5%*	43.9%	41.2%	38.9%	46.3%	*43.4%*
Total	100% (n=203)	100% (n=4131)	100% (n=1145)	100% (n=893)	100% (n=1159)	100% (n=934)	100% (n=4334)

Wie weiter zu erkennen ist, zeichnet sich *Wikinews* bei der Zitation von Befürwortern und Gegnern von *Stuttgart 21* durch absolute Ausgewogenheit aus. Im Nachrichtenangebot des Laienportals kommen beide Meinungslager exakt gleich häufig zu Wort, nämlich jeweils mit einem Anteil von 19.2 Prozent an allen zitierten Quellen. Im Gegensatz dazu sind in allen professionellen Medienangeboten die Befürworter von *Stuttgart 21* gegenüber den Gegnern als Sprecher in der Mehrheit. Die Differenzen zwischen beiden Lagern betragen hier zwischen 6.9 Prozent (*taz.de*) und 12 Prozent (*faz.net*). Gemessen an ihrem zahlenmässigen Auftreten dominieren somit die Befürworter von *Stuttgart 21* im massenmedial vermittelten Diskurs, während die Gegner deutlich weniger Sprechchancen erhalten. In *Wikinews* ist das Verhältnis zwischen beiden Meinungslagern ausgewogen. Dieser bemerkenswerte Befund sagt allerdings noch wenig aus, denn wichtiger als die blosse Zuteilung von Artikulationschancen zu beiden Meinungslagern scheint vielmehr zu sein, *wie* sich die zu Wort kommenden Sprecher über *Stuttgart 21* äussern und mit welchen Argumenten sie sich in den Diskurs einbringen können. Dafür müssen also die geäusserten Argumente und ihre Richtung näher betrachtet werden (vgl. Kap. 8.3.3 zur Argumenttendenz der Meinungsäusserungen).

Unter dem Aspekt der *Vielfalt* der beteiligten Kommunikationspartner interessiert schliesslich die Frage, welchen sozialen Gruppen und gesellschaftlichen Teilbereichen die in der untersuchten Berichterstattung zitierten Sprecher angehören. Tabelle 15 gibt diese Zugehörigkeit wieder. Unbekannte Quellen sowie die Journalisten bzw. *Wikinews*-Autoren sind wiederum aus der Datenbasis ausgeschlossen.

Ergebnisse der Argumentationsanalyse

Tabelle 15: Ausgangspartner

	Wikinews	Süddeutsche.de	Faz.net	Welt.de	Taz.de
Regierung und Verwaltung	18.2%	23.6%	23.7%	24.1%	23.0%
Parlamente und Parlamentarier	19.8%	19.2%	20.6%	23.1%	16.0%
Mitglieder politischer Parteien ohne Amt[1]	4.7%	5.6%	10.8%	6.5%	4.9%
Gerichte und Richter	2.6%	0.7%	0.5%	0.4%	0.6%
Polizei und Polizisten	5.2%	3.6%	3.4%	4.6%	4.0%
Deutsche Bahn und Bahnvertreter	0.0%	8.2%	10.6%	7.2%	6.8%
Übrige Wirtschaftsunternehmen	0.0%	0.4%	2.8%	1.2%	0.4%
Experten und Wissenschaftler	6.8%	4.4%	6.0%	4.3%	5.3%
Schlichter Heiner Geissler	5.7%	15.0%	8.7%	8.3%	13.0%
Befürworter und Gegner von S21[2]	5.2%	9.6%	5.4%	7.4%	8.1%
Zivilgesellschaftliche Akteure	21.4%	5.3%	5.1%	7.9%	11.0%
Bevölkerung und einzelne Bürger	0.0%	1.6%	1.0%	0.7%	2.9%
Demonstranten	7.3%	1.9%	0.9%	3.4%	3.2%
Künstler	0.0%	0.4%	0.2%	0.5%	0.8%
Medien	3.1%	0.6%	0.2%	0.3%	0.5%
Total	100.0% (n=192)	100.0% (n=1140)	100.0% (n=885)	100.0% (n=1146)	100.0% (n=924)

Anmerkung: Nicht eingeschlossen sind Journalisten, *Wikinews*-Autoren und unbekannte Quellen.
[1] Diese Kategorie umfasst Repräsentanten politischer Parteien, deren Amtszugehörigkeit nicht erwähnt wird. Angehörige politischer Parteien, deren Zugehörigkeit zu Regierung und Verwaltung oder Parlamenten erwähnt wird, sind dort zugeordnet.
[2] Dieser Kategorie wurden nur Akteure zugeordnet, die explizit als „Befürworter" oder „Gegner" von *Stuttgart 21* bezeichnet wurden und unter keine spezifischere Sprecherkategorie fallen.

Wie Tabelle 15 zu entnehmen ist, wird die (massen-)medial ausgetragene Kontroverse zu *Stuttgart 21* insgesamt von Akteuren des etablierten politischen Systems aller staatlichen Ebenen (Bund, Baden-Württemberg und Stadt Stuttgart) dominiert, d.h. von Regierung und Verwaltung, den Parlamenten sowie den Vertretern politischer Parteien. Ihr Anteil an allen Sprechern bewegt sich insgesamt (aufgerundet) zwischen 43 Prozent (*Wikinews*) und 54 Prozent (*welt.de*). Verhältnismässig am häufigsten kommen in *Wikinews* zivilgesellschaftliche Gruppen und deren Vertreter wie bspw. Aktionsbündnisse für und gegen *Stuttgart 21*, Gewerkschaften, Naturschutzvereine,

Parkschützer etc. zu Wort (21.4 Prozent)[245], gefolgt von parlamentarischen Abgeordneten (19.8 Prozent) erst an zweiter und Regierungs- und Verwaltungsangehörigen (18.2 Prozent) an dritter Stelle. In allen professionellen Nachrichtenanbietern kommen verhältnismässig die Vertreter von Regierung und Verwaltung am häufigsten zu Wort, etwa die Minister von Baden-Württembergs schwarz-gelber Landesregierung, Bundeskanzlerin Angela Merkel (CDU), Bundesverkehrsminister Peter Ramsauer (CDU) oder andere Bundespolitiker. Am zweithäufigsten äussern sich parlamentarische Abgeordnete zu *Stuttgart 21*, an dritter Stelle folgt der von der Politik eingesetzte offizielle Streitschlichter, der ehemalige CDU-Generalsekretär Heiner Geissler. In den professionellen Medien sind die sich am häufigsten äussernden drei Akteursgruppen somit durchwegs Repräsentanten des etablierten politischen Systems.

Systematische Unterschiede zwischen professioneller und Laienberichterstattung von mindestens 2.5 Prozent finden sich bei fünf Sprechergruppen, die zur Verdeutlichung in Tabelle 15 grau hinterlegt sind: In den Massenmedien kommen Regierungs- und Verwaltungsangehörige, Vertreter der Deutschen Bahn, die zusammen mit Baden-Württembergs Landesregierung die Projektträgerin von *Stuttgart 21* ist, sowie der Schlichter Heiner Geissler eindeutig mehr zu Wort, während in *Wikinews* zivilgesellschaftliche Akteure und Demonstranten mehr Artikulationschancen erhalten. Dabei ist zu beachten, dass auch zwischen den professionellen Anbietern bezüglich einzelner Sprechergruppen deutliche Unterschiede auszumachen sind. Bspw. treten auf *faz.net* Mitglieder politischer Parteien ohne Amtszugehörigkeit häufiger in Erscheinung als in den übrigen professionellen Angeboten, auf *süddeutsche.de* werden die Aussagen des offiziellen Streitschlichters Heiner Geissler überdurchschnittlich häufig wiedergegeben und auf *taz.de* sticht der höhere Anteil an zivilgesellschaftlichen Akteuren ins Auge. Der letztgenannte Befund zeigt übrigens exemplarisch, wie die überregionale *taz* immer noch den Idealen der Alternativpresse verbunden ist, der sie pressegeschichtlich zuzuordnen ist (vgl. Kap. 3.3.2).

Trotz dieser Varianz innerhalb der professionellen Berichterstattung offenbart sich bezüglich der genannten fünf Sprechergruppen ein systematischer Unterschied zwischen der professionellen Berichterstattung einerseits und der Laienberichterstattung von *Wikinews* andererseits. Insbesondere die Stimmen aus der Zivilgesellschaft und von Demonstraten werden im ‚Bür-

---

[245] Auch Demonstranten sind zivilgesellschaftliche Akteure, die hier allerdings eigens ausgewiesen werden. Als ‚Demonstranten' wurden gemäss Codebuch nur Akteure codiert, die ausdrücklich so bezeichnet wurden (vgl. die Kategoriendefinition im Codebuch im Anhang B.2).

germedium' deutlich häufiger vermittelt, Vertreter der *Deutschen Bahn* als Projektträger kommen indessen überhaupt nicht zu Wort. Offensichtlich reproduziert *Wikinews* hier nicht massstabsgetreu die Kommunikationsstrukturen massenmedialer Berichterstattung, worauf es sich – wie die erste Teilstudie deutlich gezeigt hat – grösstenteils als Quelle beruft. Die stärkere Gewichtung zivilgesellschaftlicher Akteure und der fehlende Einbezug der Projektträger deuten darauf hin, dass *Wikinews* das umstrittene Infrastrukturprojekt unter einem anderen Fokus thematisiert als die etablierten Massenmedien. Darauf wird bei den thematisierten Konfliktdimensionen zurückzukommen sein (vgl. Kap. 8.3.2).

Um grafisch zu veranschaulichen, dass die Unterschiede zwischen den professionellen Titeln bezüglich der zu Wort kommenden Sprechergruppen insgesamt geringer ausfallen als im Vergleich zu *Wikinews*, wurde die aus fünf Medientiteln und fünfzehn unterschiedlichen Sprechergruppen gebildete Tabelle 15 einer Korrespondenzanalyse unterzogen. Im Allgemeinen dient dieses Verfahren der Visualisierung der Datenstruktur einer bivariaten Kreuztabelle, die aufgrund der vielen Ausprägungen beider Variablen sehr gross ist. Die Grundidee der Korrespondenzanalyse besteht darin, die Zeilen und Spalten einer solchen Tabelle grafisch als Punkte in einem Koordinatensystem mit zwei Achsen darzustellen und dadurch einer inhaltlichen Interpretation zugänglich zu machen (vgl. Fromm 2010: 223).[246] Abbildung 13 verortet die untersuchten Medien hinsichtlich der Ähnlichkeit ihrer Sprecherstrukturen in einem solchen gemeinsamen Projektionsraum. Bei der Interpretation gilt grundsätzlich, dass Profilpunkte, die näher beieinander liegen, einander ähnlicher sind als solche, die weit voneinander entfernt sind. Hierzu müssen sowohl die horizontalen als auch die vertikalen Abstände zwischen den Profilpunkten betrachtet werden. Der Nullpunkt des Koordinatensystems gibt den Durchschnitt aller Profilpunkte wieder. Je grösser also der Abstand einzelner Profilpunkte von diesem Nullpunkt, desto stärker weichen sie vom gemeinsamen Durchschnitt ab. Die x- und y-Achsen des Koordinatensystems und ihre Skalierungen sind darüber hinaus nicht weiter interpretierbar (vgl. ebd.: 226f.).

---

[246] Auf die rechnerischen Details dieses Verfahrens kann hier aus Platzgründen nicht eingegangen werden. Eine allgemeine Einführung bietet Blasius (2001), gute anwendungs-orientierte Darstellungen zur Durchführung mittels SPSS finden sich etwas in Bühl (2008: 765ff.) und Fromm (2010 :223ff.). Zur Anwendung in der Medieninhaltsforschung siehe Fahr (2001) und Maurer (2005).

Vielfalt und Ausgewogenheit

Abbildung 13: Korrespondenzanalyse bezüglich der Ausgangspartner

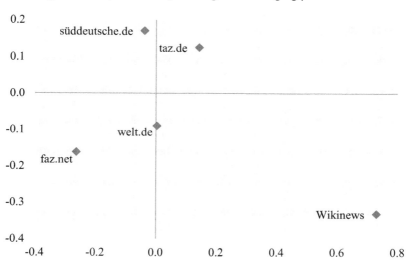

Normalisierungsmethode: Spaltenprinzipal (Spaltenvariable: Medium; Zeilenvariable: Ausgangspartner).

Am stärksten vom gemeinsamen Durchschnitt bezüglich der zu Wort kommenden Ausgangspartner weicht *Wikinews* ab, die vier betrachteten professionellen Anbieter sind dem Nullpunkt deutlich näher und sich insofern ähnlicher. In der Horizontalen sind die Abstände zwischen *Wikinews* und den vier professionellen Titeln allesamt grösser als die Abstände zwischen diesen untereinander. Anders in der Vertikalen: Hier sind die Abstände zwischen den professionellen Nachrichtenanbietern teils untereinander grösser als zu *Wikinews*. Insgesamt kommt das unterschiedliche Profil von *Wikinews* im Vergleich zu den professionellen Nachrichtenanbietern aber grafisch klar zum Ausdruck.

Dass sich die beteiligten Sprechergruppen der professionellen Berichterstattung ähnlicher sind als im Vergleich zu *Wikinews*, belegen neben der nur grafischen Visualisierung mittels Korrespondenzanalyse auch Korrelationsmasse, welche die Übereinstimmung von Häufigkeitsverteilungen zum Ausdruck bringen (zur Anwendung in der Medieninhaltsforschung siehe Fahr 2001: 142f.; Fico et al. 2013: 161). Der Spearman-Rang-Korrelationskoeffizient (Rho) zwischen der Sprecherstruktur in *Wikinews* und den untersuchten vier professionellen Angeboten (*süddeutsche.de, faz.net, welt.de* und *taz.de*) beträgt r= 0.59 und weist somit auf eine mittelgrosse Strukturähnlichkeit, während die Übereinstimmung der professionellen Nachrichtenanbieter untereinander mit Korrelationsmassen von r= 0.90 und höher als äusserst gross anzusehen ist.[247]

Wie ein Blick zurück auf Tabelle 15 erkennen lässt, werden in *Wikinews* einzelne Gruppierungen als aktive Sprecher *gar nicht* am öffentlichen Diskurs über *Stuttgart 21* beteiligt, obschon sie im Konflikt um den Bahnhofsumbau eine bedeutende Rolle spielen. Das Fehlen diskursrelevanter gesellschaftlicher Sprecher kann zweifellos als Einschränkung journalistischer Vielfalt interpretiert werden. Nicht präsent in der Amateurberichterstattung sind etwa die Deutsche Bahn AG und deren Vertreter – ein erstaunlicher Befund angesichts der Tatsache, dass die Bahn Bauherrin des geplanten unterirdischen Bahnhofs und zusammen mit der baden-württembergischen Landesregierung Projektträgerin von *Stuttgart 21* ist. Die Positionen dieses Akteurs werden im Laienportal nicht direkt vermittelt. Umgekehrt sind in jedem der professionellen Nachrichtenangebote die Bahn und deren Vertreter mit Anteilen zwischen 6.8 und 10.6 Prozent der zitierten Sprecher an der Kontroverse über das Grossbauprojekt aktiv beteiligt. Darüber hinaus kommen in *Wikinews* auch Einzelpersonen in ihrer Rolle als Bürger, Wirtschaftsunternehmen und deren Vertreter sowie Künstler (Schriftsteller, Musiker, Maler etc.) überhaupt nicht zu Wort. Einschränkend ist hier allerdings anzumerken, dass deren kommunikative Teilhabe auch in der Berichterstattung der professionellen Anbieter mit durchschnittlich unter zwei Prozentpunkten sehr gering ausfällt.

Wie ist neben der Vielfalt die Ausgewogenheit im Sinne einer *gleichmässigen* Berücksichtigung unterschiedlicher gesellschaftlicher Sprecher zu beurteilen? Enthält man sich eines Urteils über die relative Wichtigkeit eines bestimmten Akteurs und betrachtet alle (potenziellen) Kommunikationspartner als gleich wichtig bzw. ‚vermittlungswürdig', relativiert sich das Bild. Berechnet man nämlich als Indikatoren für die gleichgewichtige Vielfalt *Simpson's D* und *Shannon's H,* die bereits in der ersten Teilstudie als Indizes für eine gleichmässige Verteilung möglichst vieler Kategorien eingeführt wurden (vgl. Kap. 6.3), ergeben sich bezüglich der zitierten Sprecher kaum interpretierbare Unterschiede.[248] Rechnerisch betrachtet schneiden alle fünf

---

[247] Die Korrelationen mit den jeweils anderen professionellen Nachrichtenanbietern betragen im Detail: für *süddeutsche.de* r= 0.95, für *faz.net* r= 0.90, für *welt.de* r= 0.96 und für *taz.de* r= 0.93.

[248] *Simpson's D* beträgt für *Wikinews, süddeutsche.de, faz.net* und *welt.de* übereinstimmend 0.86, für *taz.de* 0.87. *Shannon's H* liegt für *Wikinews* bei 2.15, für *süddeutsche.de* und *faz.net* bei 2.19, für *welt.de* bei 2.20 und für *taz.de* bei 2.29. *Shannon's H* streut aufgrund einer unterschiedlichen Berechnungsgrundlage etwas mehr. Die Berichterstattung von *taz.de* weist bei der Verwendung beider Masszahlen eine minim grössere, diejenige von *Wikinews* auf der Grundlage von

Nachrichtenangebote hinsichtlich einer *gleichmässigen* Berücksichtigung verschiedener Sprechergruppen in etwa gleich gut bzw. schlecht ab, was damit zusammenhängt, dass es in jedem Titel bestimmte (wenn auch nicht übergreifend dieselben) schwach vertretene oder fehlende Sprechergruppen gibt. Mit Blick auf *Stuttgart 21* kann man dies so formulieren: Während im ‚Bürgermedium' *Wikinews* die Regierung und Verwaltung, der offizielle Schlichter Heiner Geissler sowie die Deutsche Bahn als Projektträgerin kommunikativ vergleichsweise untervertreten sind, kommen in den professionellen Medien zivilgesellschaftliche Akteure und Demonstranten bedeutend weniger zu Wort. Aufgrund dieses Befundes kann nicht davon ausgegangen werden, dass die professionelle Berichterstattung bezüglich der Berücksichtigung unterschiedlicher gesellschaftlicher Kräfte als aktive Sprecher ‚besser' oder qualitativ hochstehender ist als die Laienberichterstattung in *Wikinews*. Beide setzen offensichtlich unterschiedliche Schwerpunkte, wem sie in welchem Umfang eine Artikulationschance bieten. Insofern besteht eine Parallele zum – bereits im Rahmen der ersten Teilstudie untersuchten – allgemeinen Themenprofil von *Wikinews*, das ebenfalls andere Schwerpunkte erkennen liess als der professionelle Journalismus (vgl. Kap. 6.3). Insgesamt weisen die Befunde zum allgemeinen Themenprofil wie auch zu den Sprecherstrukturen in der Berichterstattung über *Stuttgart 21* darauf hin, dass es sich beim Laienportal mit journalistischem Anspruch und der untersuchten professionell-journalistischen Berichterstattung nicht um *konkurrierende*, sondern um *komplementäre* Angebote handelt.

8.3.2   Konfliktdimensionen

Die Vielfalt und Ausgewogenheit der Berichterstattung über *Stuttgart 21* von *Wikinews* und den professionellen Nachrichtenanbietern lassen sich nicht nur anhand der unterschiedlichen Kommunikationspartner beurteilen, die sich am (massen-)medial vermittelten öffentlichen Diskurs beteiligen können. Unter Vielfalts- und Ausgewogenheitsaspekten ist ebenso von Interesse, welche Konfliktdimensionen von *Stuttgart 21* die beteiligten Kommunikationspartner in ihren Aussagen thematisieren. Mit solchen Konfliktdimensionen sind thematische Aspekte von *Stuttgart 21* gemeint, worum sich die öffentliche Auseinandersetzung dreht. Konfliktdimensionen besitzen ein argumentatives Potenzial, da sie in der Kontroverse als sachliche Argumente für oder

---

Shannon's H eine leicht geringere Ausgewogenheit als die übrigen Nachrich-tenangebote auf. Die Unterschiede sind aber äusserst gering.

Ergebnisse der Argumentationsanalyse

gegen *Stuttgart 21* eingesetzt werden können. Die hohen Kosten der Untertunnelung können bspw. von den Gegnern als Argument gegen das Bahnhofsprojekt ins Feld geführt werden. Genauso können jedoch die Befürworter argumentieren, sie hätten die Kosten im Griff und es komme zu keinen weiteren Kostensteigerungen. Ob und welche Argumenttendenz eine thematisierte Konfliktdimension (wie z.b. die Kosten) besitzt, hängt jeweils vom Kontext ab, d.h. von wem sie wie thematisiert wird.[249]

Als ein erster Gradmesser für die Vielfalt der behandelten Themenaspekte von *Stuttgart 21* kann die Anzahl Konfliktdimensionen betrachtet werden, die in der Berichterstattung der untersuchten Medientitel durchschnittlich pro Beitrag behandelt werden, und zwar unabhängig davon, ob sie durch den Journalisten (bzw. im Falle von *Wikinews* durch das Autoren-Kollektiv) oder durch übrige gesellschaftliche Ausgangspartner aufgegriffen werden. Tabelle 16 gibt die durchschnittliche Anzahl thematisierter Konfliktdimensionen pro Beitrag und Medientitel wieder.

Tabelle 16: Thematisierte Konfliktdimensionen von *Stuttgart 21* (Mittelwerte)

	Wikinews	*Prof. Nachrichtenanbieter*	Süddeutsche.de	Faz.net	Welt.de	Taz.de	*Gesamt*
ø thematisierte Konfliktdimensionen pro Beitrag	9.2	*13.4*	11.8	13.8	13.7	14.8	*13.1*
Anzahl Beiträge	n=33	n=433	n=134	n=90	n=119	n=90	n=466

Wie Tabelle 16 zu erkennen gibt, werden in allen professionellen Nachrichtenangeboten im Durchschnitt mehr Konfliktdimensionen pro Beitrag thematisiert als in der Laienberichterstattung. Am meisten unterschiedliche Themenaspekte von *Stuttgart 21* werden im Nachrichtenangebot von *taz.de* aufgegriffen. Pro Beitrag werden hier über eineinhalb Mal so viele Konfliktdimensionen thematisiert wie in *Wikinews* (14.8 vs. 9.2). Generell, so lässt sich zunächst festhalten, behandeln die professionellen Massenmedien *Stuttgart 21* zumindest auf Beitragsebene vielfältiger als *Wikinews*.

Konfliktdimensionen können grob unterteilt werden in ‚direkte' Argumente und ‚indirekte' Argumente. Bei den *direkten Argumenten* handelt es sich um sachliche Aspekte, die eng mit der Planung des Bahnhofsprojekts ver-

---

[249] Zur genauen Definition der Konfliktdimension und weiteren Beispielen vgl. das Codebuch im Anhang B.2.

bunden sind. Mit diesen projektbezogenen Argumenten kann rational für oder gegen den Bahnhofsumbau argumentiert werden. Das konkrete Verhalten der Gegner oder Befürworter spielt dabei weniger eine Rolle. Hierunter fallen etwa Aspekte wie Finanzierung, Rentabilität und Kosten des neuen Bahnhofs, Ökologie und Umweltschutz, Sicherheitslücken, Steigerung oder Verminderung der Transportkapazität der Bahn bzw. der Mobilität der Bevölkerung, Lärmbelästigung, behindertengerechte Ausstattung, Schaffung von neuen Arbeitsplätzen etc. Diese direkten Argumente ergeben sich aus der Projektplanung zu *Stuttgart 21*. Daneben gibt es *indirekte Argumente*, die vor allem mit dem konkreten Verhalten der Bahnhofsgegner und -befürworter während des Untersuchungszeitraums (29. September 2010 bis 1. Januar 2011) zu tun haben. Bspw. können die *Stuttgart-21*-Gegner angesichts des Bürgerprotests, der sich im Nachgang des Polizeieinsatzes vom 30. September stark ausweitete, argumentieren, das Grossprojekt finde in der Bevölkerung keine Akzeptanz mehr und müsse deshalb einer Volksabstimmung unterzogen werden. Oder die Legitimität des Bahnhofsumbaus wird in Zweifel gezogen, weil der Landesregierung politische Einflussnahme auf den besagten Polizeieinsatz unterstellt wird. Ähnlich gelagert ist der Vorwurf, einige CDU-Exponenten wollten sich bloss eigene ökonomische Vorteile durch Immobilienspekulationen und Bautätigkeiten im geplanten Stadtviertel verschaffen. Von Vetternwirtschaft und politisch-wirtschaftlichem Filz ist dann die Rede. Umgekehrt werfen die Bahnhofsbefürworter aus CDU und FDP etwa den Grünen vor, den Bürgerprotest zu schüren, um daraus politisches Kapital im Hinblick auf die bevorstehenden Landtagswahlen im März 2011 zu schlagen. Solchen Argumenten ist gemeinsam, dass sie weniger mit der Projektplanung an sich zu tun haben, sondern vielmehr mit den Reaktionen und dem Verhalten der Befürworter und Gegner während des Untersuchungszeitraums. Darüber hinaus können sie schlechter verifiziert werden als die direkten Argumente. Tabelle 17 gibt die Häufigkeiten aller direkten und indirekten Argumente aus der untersuchten Berichterstattung wieder.

Ergebnisse der Argumentationsanalyse

Tabelle 17: Direkte und indirekte Argumente zu *Stuttgart 21*

	Wikinews	*Prof. Nachrichtenanbieter*	Süddeutsche.de	Faz.net	Welt.de	Taz.de	*Gesamt*
Keine Konfliktdimension vorhanden[1]	0.0%	*5.7%*	9.1%	5.6%	3.6%	4.2%	*5.5%*
Direkte Argumente	15.8%	*34.5%*	33.1%	40.3%	32.9%	32.6%	*33.6%*
Indirekte Argumente	84.2%	*59.8%*	57.7%	54.1%	63.5%	63.2%	*60.9%*
Total	100% (n=303)	*100% (n=6139)*	100% (n=1738)	100% (n=1312)	100% (n=1695)	100% (n=1394)	*100% (n=6442)*

[1] Keine Konfliktdimension ist bei reinen Akteursbewertungen vorhanden, d.h. wenn Ausgangspartner Zielpartner bzw. Adressaten bewerten, ohne zugleich eine Konfliktdimension von *Stuttgart 21* zu thematisieren.

Die Auswertung nach Argumenttyp gemäss Tabelle 17 ergibt für die untersuchten Medientitel ein klares Profil. Die professionellen Nachrichtenanbieter (*süddeutsche.de, faz.net, welt.de und taz.de*) vermitteln allesamt zu mindestens etwa einem Drittel direkte Argumente. Über den höchsten Anteil dieser sachlichen, unmittelbar auf das projektierte Bauvorhaben bezogenen Argumente verfügt *faz.net* (40.3 Prozent), gefolgt von *süddeutsche.de* (33.1 Prozent), *welt.de* (32.9 Prozent) und *taz.de* (32.6 Prozent). Im Gegensatz dazu vermittelt *Wikinews* knapp halb so viele direkte Argumente (15.8 Prozent) und unterscheidet sich diesbezüglich klar von der professionellen Berichterstattung. Aspekte wie Kosten, Finanzierung, Ausstattung des Bahnhofs, Sicherheitsfragen, Ökologie und Umweltschutz, Kapazitäts- und Mobilitätssteigerung, internationale Zugsanbindung etc. werden hier deutlich seltener thematisiert. Mit mehr als vier Fünfteln (84.2 Prozent) enthält *Wikinews* dafür deutlich mehr indirekte Argumente. Somit werden hier weniger sachliche Argumente für oder gegen den Bahnhofsumbau thematisiert, sondern es steht das konkrete (Fehl-)Verhalten der Befürworter und Gegner von *Stuttgart 21* im Mittelpunkt, also bspw. der umstrittene Polizeieinsatz im Stuttgarter Schlossgarten vom 30. September, die Filz-Vorwürfe der Grünen und Projektgegner an die Seite von CDU/CSU und FDP, Rücktrittsforderungen an die Adresse von Baden-Württembergs Ministerpräsident Stefan Mappus (CDU) und Innenminister Heribert Rech (CDU) etc. Ferner unterscheiden sich professionelle und Laienberichterstattung bezüglich der Argumente ohne erkennbare Konfliktdimension. Damit sind Aussagen gemeint, womit Ausgangspartner bestimmte Zielpartner bewerten, ohne zugleich eine spezifische

Konfliktdimension von *Stuttgart 21* anzusprechen.[250] In *Wikinews* sind solche einfachen Bewertungen gar nicht, in den professionellen Angeboten im einstelligen Prozentbereich vorhanden. Im Folgenden wird ein genauerer Blick auf die direkten und indirekten Argumente geworfen (vgl. Tabelle 18 und 19).

Nahezu alle der in Tabelle 18 einzeln ausgewiesenen 18 direkten Argumente zu *Stuttgart 21* werden in der professionellen Berichterstattung häufiger thematisiert als in *Wikinews*. Nur für drei Themenaspekte gilt das nicht: Planungsverfahren (z.B. Planung von Tunnelarbeiten, Dauer von Planfeststellungsverfahren), Sicherheitsaspekte (z.B. fehlende Brandmelder) und behindertengerechte Ausstattung (z.B. rollstuhlgängige Zugänge zum unterirdischen Bahnhof). Sie werden im Laienportal verhältnismässig etwas häufiger behandelt als in den Massenmedien, wobei die absoluten Fallzahlen sehr klein sind.[251] Alle übrigen 15 Themenaspekte werden in den Massenmedien breiter behandelt. Auffallend gross ist der Unterschied bei der Berichterstattung über laufende Bau- und Abrissarbeiten (*Wikinews*: 3.0 Prozent; Massenmedien: 9.3 Prozent und darüber). Konkret geht es dabei um die Abholzung von Bäumen im Stuttgarter Schlossgarten zwecks Verlegung von Gleisen, um Arbeiten am Grundwassermanagement sowie um die zwischen den Fronten sehr umstrittene Frage, ob die Deutsche Bahn während des Schlichtungsverfahrens ihre Bauarbeiten fortsetzen darf.

Dass sich die massenmedialen Nachrichtenanbieter untereinander deutlich ähnlicher sind als im Vergleich zu *Wikinews*, belegen auch Korrelationsmasse. Die Korrelation nach Spearman beträgt zwischen *Wikinews* und den Massenmedien r= 0.68, zwischen den einzelnen professionellen Anbietern jedoch konstant über r= 0.90.[252] Bezüglich der behandelten Themenaspekte, die in einem direkten Bezug zum Bauprojekt stehen, lässt sich somit eine sehr hohe Übereinstimmung der professionellen Medientitel untereinander feststellen, wohingegen sie *Wikinews* deutlich weniger ähnlich sind.

---

[250] Bsp.: „Der stellvertretende Vorsitzende der Fraktion ‚Die Linke' im baden-württembergischen Landtag, Ulrich Maurer, kritisierte Innenminister Rech (CDU) scharf"; *süddeutsche.de*, 2. Oktober 2010).
[251] Über das Planungsverfahren wird in *taz.de* mehr berichtet als in *Wikinews*, über behindertengerechte Ausstattung in *faz.net*.
[252] Die Korrelationen zu den übrigen professionellen Nachrichtenangeboten betragen im Einzelnen: für *süddeutsche.de* r= 0.91, für *faz.net* r= 0.96, für *welt.de* r= 0.97 und für *taz.de* r= 0.96.

Ergebnisse der Argumentationsanalyse

Tabelle 18: Einzelauswertung *direkter* Argumente zu *Stuttgart 21* (S21)

	Wikinews	Süddeutsche.de	Faz.net	Welt.de	Taz.de
Kopfbahnhof K21 und andere Alternativen	0.3%	2.0%	1.4%	1.1%	1.4%
S21 plus als Schlichtungskompromiss	0.0%	0.5%	0.5%	0.4%	0.4%
Planungsverfahren	2.0%	1.2%	1.7%	1.7%	2.4%
Bau- und Abrissarbeiten	3.0%	11.1%	9.2%	10.9%	9.8%
Verkehrsbewältigung, Leistungsfähigkeit	1.3%	2.8%	4.4%	2.8%	3.4%
Stresstest	0.7%	1.7%	1.5%	0.9%	0.8%
Kosten, Finanzierung und Rentabilität	5.0%	6.0%	10.1%	7.4%	6.7%
Ökologie, Geologie und Umweltschutz	0.7%	1.5%	2.7%	2.0%	2.3%
Lärmbelästigung	0.0%	0.2%	0.1%	0.2%	0.2%
Sicherheitsaspekte	1.3%	0.6%	0.8%	0.7%	0.5%
Behindertengerechte Ausstattung und Zugänge	0.3%	0.2%	0.4%	0.1%	0.1%
Möglicher Nutzern durch S21	0.0%	1.5%	1.9%	1.0%	0.9%
Möglicher Schaden durch S21	0.0%	0.6%	0.2%	0.0%	0.0%
Städtebauliche Aspekte (Architektur etc.)	0.3%	0.9%	1.5%	1.2%	0.9%
Kosten eines Ausstiegs aus S21	0.3%	0.6%	0.8%	0.8%	0.9%
Projektverbesserungen bzw. -nachbesserungen	0.7%	1.2%	2.3%	0.9%	1.2%
Internationale Zugsanbindung	0.0%	0.5%	0.6%	0.5%	0.3%
Schaffung von Arbeitsplätzen durch S21	0.0%	0.1%	0.1%	0.2%	0.3%
Indirekte Argumente	84.2%	57.7%	54.1%	63.5%	63.2%
Keine Konfliktdimension erkennbar	0.0%	9.1%	5.6%	3.6%	4.2%
Total	100% (n=303)	100% (n=1738)	100% (n=1312)	100% (n=1695)	100% (n=1394)

Wie in Tabelle 18 weiter zu erkennen ist, verfügt die Laienberichterstattung über mehrere ‚blinde Flecken', d.h. einige Konfliktdimensionen werden hier überhaupt nicht thematisiert, was insbesondere unter dem Aspekt der *Vielfalt* ein Problem darstellt. Gar kein Thema in den Amateurnachrichten sind das vom offiziellen Streitschlichter Heiner Geissler nach Abschluss des Schlichtungsverfahrens empfohlene Projekt ‚Stuttgart 21 plus', das einen Kompromiss mit substanziellen Zugeständnissen an die Projektgegner darstellt. Auch mögliche Lärmemissionen durch Bauarbeiten am neuen Bahnhof, die internationale Anbindung der Züge sowie die Schaffung von Arbeitsplätzen durch das Grossprojekt werden in *Wikinews* gar nicht thematisiert, wobei einzuräumen ist, dass diese Aspekte auch in der professionellen Berichterstattung vergleichsweise wenig Aufmerksamkeit erhalten. Dennoch, so lässt sich festhalten, findet man in der Berichterstattung des Laienportals nicht ein derart breites Spektrum von direkten Argumenten wie in den Massenmedien. Entsprechend fallen die weiter oben bereits eingeführten zweidimensionalen Indizes *Simpson's D* und *Shannon's H* durchwegs erheblich tiefer für *Wikinews* als für die professionellen Medientitel aus.[253]

Wie sieht das Bild nun bei jenen Konfliktdimensionen aus, die sich auf das Verhalten von Bahnhofsgegnern und -befürwortern in der öffentlichen Auseinandersetzung beziehen und eher der indirekten Argumentation für oder gegen *Stuttgart 21* dienen? Tabelle 19 gibt die entsprechenden Häufigkeiten wieder. Von den darin einzeln ausgewiesenen 15 indirekten Argumenten werden neun häufiger in *Wikinews* als in den professionellen Nachrichtenangeboten thematisiert. Die Grobgewichtung ist hier also genau umgekehrt wie bei den direkten Argumenten. Im Detail werden im Laienportal häufiger aufgegriffen: Demonstrationen gegen *Stuttgart 21*, Gewaltanwendung und Sachbeschädigung durch *S21*-Gegner, Polizeieinsätze, Ausländerfeindlichkeit, Sexismus und Diskriminierung, Aspekte der politischen Partizipation der Bürger, Fragen der Legitimität des Verhaltens von Befürwortern und Gegnern des neuen Bahnhofs, Konsequenzen aus *Stuttgart 21* für Politik und Politiker, politischer und wirtschaftlicher Filz sowie ökonomische Einzelinteressen (z.B. Immobiliengeschäfte, Spekulation mit frei werdendem Boden etc.). Umgekehrt werden fünf Konfliktdimensionen verhältnismässig häufiger in den Massenmedien behandelt: Der allgemeine Bürgerprotest und Widerstand gegen *Stuttgart 21*, die Eskalation der Gewalt bzw. Gewaltanwendung auf Seiten der Befürworter und Gegner von *Stuttgart 21*, der Dialog zwischen beiden Fronten sowie das offizielle Schlichtungsverfahren unter Heiner Geissler, die Argumentationsweise der Befürworter und Gegner des Projekts sowie die Rolle der Medien.[254]

---

[253] *Wikinews:* D= 0.29, H= 0.77; *süddeutsche.de:* D= 0.64, H= 1.65; *faz.net:* D= 0.68, H= 1.78; *welt.de:* D= 0.58; H= 1.48; *taz.de:* D= 0.58, H= 1.51. Gemäss beiden Indizes verfügt *Wikinews* klar über die geringste gleichgewichtige Vielfalt bei den direkten Argumenten. Am vielfältigsten und ausgewogensten gemäss beiden Indizes berichtet *faz.net*, gefolgt von *süddeutsche.de* an zweiter, *welt.de* an dritter und *taz.de* an vierter Stelle.
[254] Einzige Ausnahmen: Allgemeiner Bürgerprotest und Widerstand gegen *Stuttgart 21* werden auf *faz.net* seltener behandelt als in *Wikinews*, Fragen der politischen Partizipation der Bürger dafür häufiger. Die bevorstehenden Landtagswahlen werden auf *faz.net* und *taz.de* häufiger, auf *süddeutsche.de* und *welt.de* seltener thematisiert als auf *Wikinews*.

Ergebnisse der Argumentationsanalyse

Tabelle 19: Einzelauswertung *indirekter* Argumente zu *Stuttgart 21* (S21)

	Wikinews	Süddeut-sche.de	Faz.net	Welt.de	Taz.de
Bürgerprotest und allg. Widerstand gegen S21	3.3%	4.0%	2.4%	3.9%	3.7%
Demonstrationen gegen S21	6.3%	3.2%	2.1%	4.5%	4.6%
Gewaltanwendung, Sachbeschädigung durch S21-Gegner	2.6%	1.1%	1.2%	1.4%	0.6%
Eskalation, Gewaltanwendung auf beiden Seiten	0.7%	1.8%	1.8%	3.1%	1.4%
Polizeieinsätze	20.8%	7.9%	5.7%	11.9%	10.0%
Ausländerfeindlichkeit, Sexismus, Diskriminierung	3.6%	0.3%	0.0%	0.2%	0.0%
Politische Partizipation der Bürger	10.9%	8.2%	11%	8.6%	9.0%
Dialog und Schlichtungsverfahren zu S21	6.6%	16.5%	13%	14.1%	13.2%
Legitimität des Verhaltens von Gegnern und Befürwortern von S21	14.2%	6.5%	6.1%	7.4%	8.7%
Argumentation von Gegnern und Befürwortern von S21	1.0%	2.3%	2.1%	1.3%	2.1%
Konsequenzen von S21 für Politik(er)	5.3%	1.6%	1.3%	1.7%	1.9%
Bevorstehende Landtagswahlen in Baden-Württemberg	4.6%	2.8%	5.1%	3.7%	5.5%
Politischer und wirtschaftlicher Filz	2.3%	0.1%	0.3%	0.4%	0.6%
Ökonomische Einzelinteressen	2.0%	2.0%	0.5%	0.1%	0.8%
Rolle der Medien im Streit um S21	0.0%	0.0%	1.1%	1.4%	1.1%
Direkte Argumente	15.8%	15.8%	40%	32.9%	32.6%
Keine Konfliktdimension erkennbar	0.0%	0.0%	5.6%	3.6%	4.2%
Total	100% (n=303)	100% (n=1738)	100% (n=1312)	100% (n=1695)	100% (n=1394)

Grössere Unterschiede, die mindestens drei Prozentpunkte ausmachen, lassen sich in einigen wenigen Themenfeldern ausmachen. So konzentriert sich die Amateurberichterstattung auffallend stark auf Polizeieinsätze (*Wikinews*: 20.8 Prozent; Massenmedien: 11.9 Prozent und tiefer). Dabei geht es im Untersuchungszeitraum hauptsächlich um die umstrittene Räumung des Stuttgarter Schlossgartens, bei der über hundert Demonstranten, darunter Schüler und Rentner, die gegen die bevorstehende Abholzung alter Bäume protestierten, sowie einige Polizisten verletzt wurden. Der im Verhältnis hohe Stellenwert, den dieser Polizeieinsatz in *Wikinews* einnimmt, rechtfertigt einen differenzierteren Blick. Tabelle 20 gibt die Unterkategorien wieder, auf die sich die Codierung im Detail verteilt.

Tabelle 20: Unterkategorien für die Codierung von Polizeieinsätzen

	Wikinews	Süddeutsche.de	Faz.net	Welt.de	Taz.de
Polizeieinsätze (generell)	4.6%	0.7%	1.1%	1.6%	1.4%
Einfluss der Landesregierung auf den Einsatz vom 30. September	4.3%	0.7%	0.5%	0.8%	2.1%
Gewaltanwendung auf Seiten der Polizei	5.0%	1.8%	1.0%	2.9%	2.7%
Verletzung von Demonstranten durch die Polizei	4.6%	3.6%	1.8%	4.5%	2.6%
Verletzung von Polizisten	0.0%	0.2%	0.3%	0.7%	0.4%
Rechtmässigkeit von Polizeieinsätzen	2.3%	0.9%	1.1%	1.4%	0.9%
Restliche Argumente	79.2%	90.0%	90.6%	85.1%	86.7%
Keine Konfliktdimension erkennbar	0.0%	5.1%	3.6%	3.0%	3.2%
Total	100% (n=303)	100% (n=1738)	100% (n=1312)	100% (n=1695)	100% (n=1394)

Wie die Aufstellung zeigt, werden nahezu alle codierten Unteraspekte von Polizeieinsätzen häufiger in *Wikinews* thematisiert als in den Massenmedien. Offensichtlich schenken die Amateurreporter diesem Thema mit all seinen Facetten besonders viel Aufmerksamkeit. Zu erwähnen ist dabei der Umstand, dass anlässlich von Polizeieinsätzen nicht nur Demonstranten, sondern

Ergebnisse der Argumentationsanalyse

auch Polizisten verletzt wurden. Während *Wikinews* auf diesen Sachverhalt nicht hinweist, tun dies die Massenmedien, wenn auch in geringem Umfang.

Weitere grössere Unterschiede zwischen der professionellen und der Laienberichterstattung, die drei Prozentpunkte oder mehr ausmachen, finden sich beim Themenkomplex Ausländerfeindlichkeit, Sexismus und Diskriminierung (*Wikinews:* 3.6%; Massenmedien: 0.3% und darunter). Der Grund dafür ist der vergleichsweise hohe Stellenwert, den *Wikinews* zwei Ereignissen in diesem Kontext einräumt. Zum einen handelt es sich um die als ‚rassistisch' bezeichneten Äusserungen des baden-württembergischen Landtagsabgeordneten Reinhard Löffler (CDU) gegenüber Cem Özdemir, dem Bundesparteivorsitzenden der Grünen. Löffler nahm in einer seiner Äusserungen die türkische Herkunft Özdemirs zum Anlass für die Frage: „Könnte es sein, dass noch immer Gedankengut von Blutfehde aus der anatolischen Vergangenheit in ihm [Cem Özdemir; Erg. S.B.] lebendig ist?" Selbst Exponenten der CDU distanzierten sich daraufhin von Löfflers Entgleisung (vgl. *wikinews.de* vom 13. Oktober 2010). Das zweite Ereignis ist der Verkauf eines als ‚sexistisch' eingestuften T-Shirts an einer Kundgebung der *Stuttgart-21*-Befürworter. Auf dem T-Shirt soll die Silhouette einer knieenden, nackten Frau abgebildet gewesen sein, daneben der Schriftzug „Tu' IHN unten rein! Stuttgart 21" (vgl. *wikinews.de*, 14. November 2010). Der Deutsche Gewerkschaftsbund sowie der Landesfrauenrat kritisierten diesen Werbeartikel als frauenfeindlich. Zwar wurde über beide Ereignisse auch in den professionellen Medienangeboten berichtet, doch nehmen sie dort im Vergleich zur übrigen Berichterstattung zu *Stuttgart 21* weniger Raum ein (vgl. Tabelle 19 oben).

Deutlich unterschiedlich (mit einer Differenz von mindestens drei Prozentpunkten) thematisiert werden schliesslich der Dialog zwischen Befürwortern und Gegnern von *Stuttgart 21* (z.B. Zugeständnisse der Befürworter an die Gegner und umgekehrt) und das offizielle Schlichtungsverfahren unter Heiner Geissler (*Wikinew*s: 6.6 Prozent; Massenmedien: 13 Prozent und mehr), die Legitimität des Verhaltens von Befürwortern und Gegnern (*Wikinews:* 14.2 Prozent; Massenmedien: 8.7 Prozent und weniger) sowie die Konsequenzen von *Stuttgart 21* für Politik und Politiker wie z.B. Rücktrittsforderungen, Vertrauensverlust etc. (*Wikinews:* 5.3 Prozent; Massenmedien: 1.9 Prozent und weniger) (vgl. Tabelle 19 oben).

Grafisch lassen sich die Unterschiede mittels einer Korrespondenzanalyse veranschaulichen, welche die Profile der einzelnen Medientitel bezüglich der thematisierten Konfliktdimensionen in einen gemeinsamen zweidimensionalen Raum projiziert.[255] Abbildung 14 gibt das entsprechende Koordinatensystem wieder.

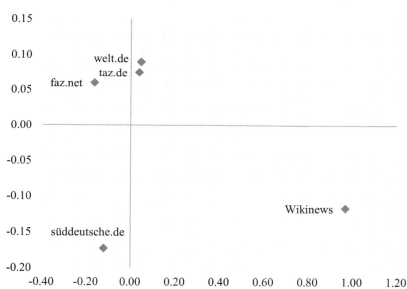

Abbildung 14: Korrespondenzanalyse zum Vorkommen indirekter Argumente

Normalisierungsmethode: Spaltenprinzipal (Spaltenvariable: Medium; Zeilenvariable: Konfliktdimensionen, womit sich indirekt für oder gegen *Stuttgart 21* argumentieren lässt).

Insgesamt liegen darin alle vier professionellen Nachrichtenangebote (*süddeutsche.de, faz.net, welt.de* und *taz.de*) in der Horizontalen sehr nahe am gemeinsamen Durchschnitt (Nullpunkt). *Wikinews* befindet sich dagegen vergleichsweise weit davon entfernt. In der Vertikalen liegen *welt.de, taz.de* und *faz.net* sehr nahe beieinander, während *süddeutsche.de* als professioneller Anbieter deutlich ausschert und noch weiter von den übrigen professionellen Anbietern entfernt liegt als *Wikinews*. Beide letztgenannten vereint ein hoher Anteil an indirekten Argumenten, der mit einem niedrigen Anteil direkter Argumente (15.8 Prozent) einhergeht. Berücksichtigt man die Horizontale und Vertikale gleichzeitig, so wird das unterschiedliche Profil von *Wikinews*

---

[255] Zum Vorgehen vgl. die Ausführungen bei der Auswertung der Kommunikationspartner weiter oben (vgl. Kap. 8.3.1).

grafisch sehr deutlich. Rechnerisch belegen auch Korrelationsmasse, dass die professionellen Nachrichtenanbieter untereinander deutlich homogener sind als im Vergleich zu *Wikinews*. Die Spearman-Korrelation zwischen der Laienberichterstattung und den professionellen Nachrichtenangeboten beläuft sich bloss auf r= 0.53, während sie zwischen den letztgenannten jeweils mindestens r= 0.94 beträgt.[256] Bezüglich der Konfliktdimensionen indirekter Argumente, so lässt sich festhalten, unterscheidet sich die Laienberichterstattung also deutlich von den untersuchten professionellen Medien.

Anders als bei den sachlichen Konfliktdimensionen, die direkt mit dem projektierten Bahnhofsumbau zu tun haben (vgl. Tabelle 18), gibt es bei den Konfliktdimensionen, die das Verhalten der Befürworter und Gegner im Untersuchungszeitraum betreffen (vgl. Tabelle 19), abgesehen von einer Ausnahme (Rolle der Medien) keine ‚blinden Flecken' in *Wikinews* – also Themenaspekte, worüber gar nicht berichtet wird. Im Gegenteil werden die indirekten Argumente vergleichsweise sogar häufiger im Laienportal behandelt als in den professionellen Nachrichtenangeboten. Entsprechend weisen hier verglichen mit der professionellen Berichterstattung etwas höhere Werte für *Simpson's D* und *Shannon's H* auf eine leicht höhere gleichgewichtige Vielfalt hin.[257]

Abschliessend lässt sich mit Blick auf die Behandlung konfliktspezifischer Themenaspekte von *Stuttgart 21* festhalten, dass die untersuchte Laienberichterstattung von *Wikinews* im Durchschnitt deutlich weniger Konfliktdimensionen des kontroversen Themas pro Beitrag aufgreift als die professionelle Vergleichsberichterstattung. Inhaltlich setzen zudem beide offensichtlich unterschiedliche Akzente. Während in den massenmedialen Nachrichtenangeboten die sachlichen Argumente für und wider den Bahnhofsumbau (wie etwa Finanzierungsfragen und Kosten, Sicherheitsaspekte, Ökologie und Umweltschutz, Lärmemissionen, internationale Zugsanbindung, Schaffung von Arbeitsplätzen etc.) vergleichsweise deutlich häufiger thematisiert werden als in *Wikinews*, fokussieren die Nachrichten des Laienportals stärker auf das Verhalten der Bahnhofsbefürworter und -gegner während des Untersuchungszeitraums. Polizeieinsätze, Demonstrationen, Ausländerfeindlichkeit, Sexismus und Diskriminierung, generell die Legitimität der Handlungen von Stuttgart-*21*-Befürwortern und Gegnern sowie die Konsequenzen für die

---

[256] Die Korrelationen mit den übrigen professionellen Anbietern betragen im Einzelnen: für *süddeutsche.de* r= 0.95, für *faz.net* r= 0.98, für *welt.de* r= 0.94 und für *taz.de* r= 0.97.
[257] *Wikinews:* D= 0.88, H= 2.36; *süddeutsche.de:* D= 0.83, H= 2.17; *faz.net:* D= 0.79, H= 2.05; *welt.de:* D= 0.84, H= 2.20; *taz.de:* D= 0.84, H= 2.21. Gemäss beiden Indizes verfügt *Wikinews* bei den Konfliktdimensionen indirekter Argumente über eine leicht höhere Vielfalt und Ausgewogenheit als die professionellen Anbieter.

etablierte Politik (Rücktrittsforderungen, Vertrauensverlust etc.) erhalten hier mehr Aufmerksamkeit. Offensichtlich reproduziert *Wikinews* somit nicht bloss die massenmedialen Argumentationsstrukturen zu *Stuttgart 21*. Während die professionellen Nachrichtenanbieter gesamthaft gesehen vielfältiger und ausgewogener über die verschiedenen Argumente zu *Stuttgart 21* berichten und keine ‚Lücken' im Sinne gar nicht behandelter Konfliktdimensionen aufweisen, erfolgt der Themenzugriff auf dem Laienportal selektiver im Hinblick auf einzelne Aspekte. Diesbezüglich erweist sich das Laienportal mithin nicht als *konkurrierendes*, sondern *komplementäres* Medienangebot zum professionellen Journalismus.

8.3.3 Meinungsäusserungen zu *Stuttgart 21*

Eine zentrale untersuchungsleitende Forschungsfrage dieser Arbeit betrifft die Ausgewogenheit der in den untersuchten Medien veröffentlichten *Meinungen* bezüglich *Stuttgart 21* (vgl. Kap. 7.1). Das Hauptinteresse liegt wiederum beim Vergleich der Laienberichterstattung von *Wikinews* und des Nachrichtenangebots von *süddeutsche.de*, *faz.net*, *welt.de* und *taz.de*. Die argumentative Richtung für oder gegen *Stuttgart 21* wurde dabei auf Argumentebene erhoben: Bei jeder codierten Aussage eines Ausgangspartners bzw. Sprechers (auch der Journalisten bzw. *Wikinews*-Autoren selbst) wurde zusätzlich zur thematisierten Konfliktdimension die Argumenttendenz in Bezug auf *Stuttgart 21* codiert. Unterschieden wurden drei Ausprägungen der Argumenttendenz: Pro *Stuttgart 21*, neutral (Erwähnung der Konfliktdimension ohne Wertung) sowie contra *Stuttgart 21*.

Wie fällt nun gesamthaft die Argumenttendenz zu *Stuttgart 21* in der professionellen im Vergleich zur Laienberichterstattung aus? Dazu werden zunächst alle Argumente bzw. Aussagen betrachtet, in denen eine Konfliktdimension thematisiert wird, unabhängig davon, ob sie von Journalisten bzw. *Wikinews*-Autoren selbst oder von zitierten Quellen stammen und in welcher journalistischen Darstellungsform sie geäussert bzw. vermittelt werden.[258] Tabelle 21 gibt Auskunft über die entsprechenden Anteile.

---

[258] Für diesen Auswertungsschritt wird bewusst noch nicht zwischen Meinungsäusserungen seitens der Journalisten bzw. *Wikinews*-Autoren und von ihnen zitierter Ausgangspartner (Quellen) unterschieden. Auch die Unterscheidung zwischen Berichterstattung im engeren Sinn (referierenden journalistischen Darstellungsformen) und Kommentierung (räsonierenden Textformen) ist hier noch nicht von Belang (vgl. dazu aber Kap. 8.6).

Ergebnisse der Argumentationsanalyse

Tabelle 21: Tendenz aller publizierten Argumente

	Wikinews (n=303)	*Prof. Nachrichtenanbieter (n=5788)*	Süddeutsche.de (n=1579)	Faz.net (n=1239)	Welt.de (n=1634)	Taz.de (n=1336)	*Gesamt (n=6091)*
Contra Stuttgart 21	7.6%	*7.8%*	8.7%	6.8%	7.0%	8.7%	*7.8%*
neutral	89.8%	*84.1%*	83.7%	81.0%	84.9%	86.7%	*84.4%*
Pro Stuttgart 21	2.6%	*8.1%*	7.6%	12.3%	8.1%	4.6%	*7.8%*
Differenz Pro minus Contra	-5.0%	*+0.3%*	-1.1%	+5.5%	+1.1%	-4.1%	*0.0%*

Datenbasis: Argumente, in denen eine Konfliktdimension von *Stuttgart 21* thematisiert wird.

Vergleicht man die Anteile der Pro- und Contra-Argumente gemäss Tabelle 21 in einem ersten Schritt für die Amateurberichterstattung von *Wikinews* und die Berichterstattung der professionellen Nachrichtenanbieter, fällt auf, dass über alle Angebote hinweg in über vier Fünfteln der codierten Aussagen keine eindeutige Position für oder gegen *Stuttgart 21* bezogen wird. Es dominieren somit neutrale Aussagen. Stellt man im selben Angebot hingegen die Aussagen mit einer klaren Argumenttendenz für oder gegen das Grossbauprojekt einander gegenüber, ergibt sich für *Wikinews* angesichts eines Anteils von 7.6 Prozent Contra-Argumenten und 2.6 Prozent Pro-Argumenten insgesamt eine leichte Tendenz contra *Stuttgart 21* (Differenz: 5 Prozent). Mit anderen Worten publiziert *Wikinews* erkennbar häufiger konfliktspezifische Aussagen zugunsten der Gegner des neuen Bahnhofs. Wie in Tabelle 21 weiter ersichtlich ist, weist jedes der vier professionellen Medienangebote (*süddeutsche.de, faz.net, welt.de* und *taz.de*) in Bezug auf das umstrittene Infrastrukturprojekt eine (unterschiedlich starke) Argumenttendenz auf, wobei hier noch unerheblich ist, welche Ausgangspartner (Journalisten oder von ihnen zitierte Quellen) mit ihrer Argumentation dafür ausschlaggebend sind. In der Summe am stärksten zugunsten *Stuttgart 21* fallen die auf *faz.net* veröffentlichten konfliktspezifischen Argumente (+5.5 Prozent) aus. Im Gegensatz dazu sind Berichterstattung und Kommentierung von *taz.de* am stärksten gegen *Stuttgart 21* gerichtet (-4.1 Prozent). Eine deutlich schwächere Tendenz weisen die Beiträge von *welt.de* zugunsten von *Stuttgart 21* (+1.1 Prozent) und diejenigen von *süddeutsche.de* zuungunsten des Projekts (-1.1 Prozent) auf. Als aufschlussreich erweist sich der Blick auf die Gesamttendenz aller untersuchten Medienangebote inklusive *Wikinews* in der äussersten Spalte am rechten Rand von Tabelle 21. Offensichtlich erreichen alle fünf Medientitel zusammen genommen eine im rechnerischen Sinn perfekte Ausgewogenheit, wie die Null-Differenz zwischen veröffentlichten Pro- und Contra-Argumenten belegt.

Da die Argumenttendenz als ordinalskalierte Variable erhoben wurde, bei der die Pro-Argumente mit dem Wert ‚+1', die neutralen Argumente mit dem Wert ‚0' und die Contra-Argumente mit dem Wert ‚-1' codiert wurden, können die Positionen der untersuchten Medien in Bezug auf *Stuttgart 21* auch anhand von Mittelwerten dargestellt werden.[259] Abbildung 15 gibt diese Durchschnittswerte für alle Medientitel auf einer Geraden wieder, die einen Ausschnitt aus dem möglichen Wertebereich von ‚-1' (wäre gegeben, wenn es sich in einem Medium bei allen veröffentlichten Aussagen um Contra-Argumente handelte) bis ‚+1' (wäre gegeben, wenn es sich in einem Medium bei allen veröffentlichten Aussagen um Pro-Argumente handelte) darstellt.

Abbildung 15: Argumenttendenz (Mittelwerte)

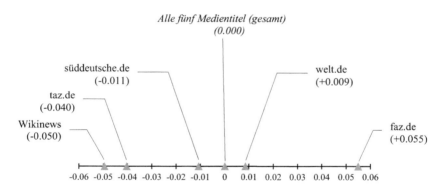

Abbildung 15 lässt die unterschiedlichen Positionen der fünf untersuchten Medientitel in Bezug auf ihre Berichterstattung und Kommentierung zu *Stuttgart 21* gut erkennen. Während die Beiträge von *faz.de* und *welt.de* insgesamt mehr Pro-Argumente enthalten, weisen *Wikinews, taz.de* und *süddeutsche.de* gesamthaft eine Argumenttendenz gegen *Stuttgart 21* auf. Generell ist allerdings darauf hinzuweisen, dass sich keines der untersuchten Angebote durch eine extreme Unausgewogenheit zugunsten einer Position für

---

[259] Dazu werden jeweils die Werte aller Argumente miteinander verrechnet und durch die Gesamtzahl der Argumente dividiert.

oder gegen das Grossprojekt auszeichnet, da sich die jeweiligen Prozentsatzdifferenzen zwischen den positiven und negativen Argumenten bei allen Titeln im einstelligen Prozentbereich bewegen (vgl. Tabelle 21 oben).[260] Unter diesem Vorbehalt am einseitigsten erweisen sich die Berichterstattung und Kommentierung von *faz.net* (+0.055) sowie *Wikinews* (-0.050), am ausgewogensten jene von *welt.de* (+0.009) und *süddeutsche.de* (-0.011). Das Angebot von *taz.de* (-0.040) erweist sich ebenfalls als kritisch gegenüber *Stuttgart 21*, allerdings etwas weniger als *Wikinews*. Betrachtet man Berichterstattung und Kommentierung aller fünf Medienangebote gleichzeitig, beträgt ihre gemeinsame Argumenttendenz null (0.000). Das heisst: Akzeptiert man als Ausgewogenheitsmass die Tendenz der Berichterstattung und Kommentierung der einbezogenen fünf Medien, deckt sich dieses ‚empirische' Ausgewogenheitsmass im vorliegenden Fall mit einer ‚theoretischen' Ausgewogenheit im Sinne einer absoluten Gleichverteilung von Pro- und Contra-Argumenten. Die relativen Positionen der untersuchten Medienangebote ändern sich somit nicht in Abhängigkeit davon, ob man nun ein theoretisches Ausgewogenheitsmass zugrunde legt oder ein empirisches, d.h. aus den Daten ermitteltes.

Insgesamt kann mit Blick auf Tabelle 21 und Abbildung 15 festgehalten werden, dass sich bezüglich der Ausgewogenheit der Berichterstattung und Kommentierung zu *Stuttgart 21* kein systematischer Unterschied zwischen professioneller und Laienberichterstattung erkennen lässt. In allen untersuchten Angeboten dominieren die neutralen Aussagen ohne klaren Positionsbezug. Betrachtet man nur die eindeutig für oder gegen *Stuttgart 21* gerichteten Argumente, erweisen sich in der Summe *Wikinews* und *taz.de* als kritisch eingestellt gegenüber dem Bauprojekt, auf *faz.net* lässt sich demgegenüber eine befürwortende Linie erkennen.

8.3.4 Akteursbewertungen

In der öffentlichen Auseinandersetzung um *Stuttgart 21* treten sich die Befürworter und Gegner des Bahnhofsprojekts nicht nur mit sachlichen Argumenten z.B. betreffend Kosten, mögliche Kapazitätssteigerungen im Personenverkehr, Chancen für die Stadtentwicklung, Umweltschutz etc. gegenüber, die – wie vorausgehende Auswertungen zur Argumenttendenz gezeigt

---

[260] Entsprechend liegen die in Abbildung 15 ausgewiesenen Mittelwerte im Bereich zwischen -0.1 und +0.1, d.h. die Differenzen zwischen Pro- und Contra-Argumenten betragen durchwegs weniger als zehn Prozent.

haben (vgl. Kap. 8.3.3) – von den untersuchten Medien bei weitem nicht gleich ausgewogen vermittelt werden, sondern sie äussern sich auch urteilend über ihre Kontrahenten und Mitstreiter, indem sie erstere als Adressaten ihrer Argumente z.B. kritisieren oder ihnen Vorwürfe machen, letztere dagegen loben oder bezüglich ihres Verhaltens in Schutz nehmen.

Neben der Meinungstendenz der in den untersuchten Medien vermittelten Argumente zu *Stuttgart 21* interessiert also auch die Frage, wie die Befürworter und Gegner als Adressaten bzw. Zielpartner bewertet werden. Grundsätzlich und unabhängig davon, ob solche Bewertungen nun von Journalisten bzw. *Wikinews*-Autoren selbst oder von zu Wort kommenden gesellschaftlichen Ausgangspartnern stammen, gilt: Die Kritik am Verhalten der Befürworter bzw. Projektträger von *Stuttgart 21* stärkt in der öffentlichen Wahrnehmung tendenziell die Gegner des neuen Bahnhofs und deren Argumentationsweise, von dezidiert positiven Bewertungen gegenüber Befürwortern profitieren hingegen deren eigenes Lager sowie die Argumentation für den neuen Bahnhof. Gleiches gilt für Bewertungen gegenüber den *Stuttgart-21*-Gegnern: Negative öffentliche Kritik an ihrem Verhalten stärkt im Allgemeinen das Meinungslager der Befürworter des neuen Bahnhofs, von positiven Bewertungen profitieren im öffentlichen Diskurs dagegen das Lager der Bahnhofsgegner sowie deren Argumentation. Ein Beispiel: Der im Untersuchungszeitraum von den Grünen gegen die baden-württembergische Umwelt- und Verkehrsministerin Tanja Gönner (CDU) geäusserte Vorwurf, in der Kontroverse um den neuen Bahnhof eigene wirtschaftliche Interessen zu verfolgen bzw. Vetternwirtschaft zu betreiben, stärkt im öffentlich ausgetragenen Meinungsstreit die Argumentation der *Stuttgart-21*-Gegner. Der Vorwurf stützt sich auf die kurz zuvor im Untersuchungszeitraum bekannt gewordene Tatsache, dass Gönner Mitglied im Beirat der Stiftung *Lebendige Stadt* ist, hinter welcher der Hamburger Shopping-Center-Betreiber *ECE* steht, der im Umfeld des geplanten Bahnhofs ein neues Einkaufszentrum bauen möchte. Nach ersten Reaktionen aus den Reihen der Opposition gibt Gönner ihr Mandat umgehend auf, um weiteren Filzvorwürfen vorzubeugen (vgl. *taz.de* vom 11. Oktober 2010; *welt.de*, 12. Oktober 2010; *wikinews.de*, 20. Oktober 2010).

Vor dem Hintergrund obiger Ausführungen interessiert die Frage, wie die Befürworter und Gegner von *Stuttgart 21* als Zielpartner (Adressaten) in der professionellen und der Laienberichterstattung bewertet werden. Tabelle 22

Ergebnisse der Argumentationsanalyse

gibt zunächst die Anteile der Befürworter und Gegner an allen identifizierten Zielpartnern wieder.[261]

Tabelle 22: Befürworter und Gegner von *Stuttgart 21* (S21) als Zielpartner

	Wikinews	*Prof. Nach-richten-anbieter*	Süddeut-sche.de	Faz.net	Welt.de	Taz.de
Befürworter von *S21*	55.3%	*44.4%*	39.7%	41.3%	51.6%	44.5%
Gegner von *S21*	15.3%	*29.8%*	35.6%	33.5%	23.2%	26.3%
Übrige Zielpartner	29.4%	*25.8%*	24.7%	25.2%	25.2%	29.2%
Total	100% (n=85)	*100% (n=1187)*	100% (n=348)	100% (n=281)	100% (n=349)	100% (n=209)

Über zwei Drittel und somit der Grossteil aller im Untersuchungsmaterial erkennbaren Zielpartner können einem der beiden gegensätzlichen Meinungslager zugeordnet werden. Das gilt sowohl für die Laienberichterstattung von *Wikinews* als auch für die einzelnen professionellen Titel. Wie Tabelle 22 zudem erkennen lässt, sind die Befürworter von *Stuttgart 21* in beiden Medientypen häufiger als die Gegner in der Rolle der Adressaten angesprochen. Des Weiteren fällt auf, dass auf *Wikinews* die Befürworter häufiger adressiert werden als in sämtliclhen professionellen Titeln, während die Gegner von *Stuttgart 21* in der professionellen Berichterstattung durchwegs häufiger als Zielpartner in Erscheinung treten. Dieser Befund allein sagt allerdings noch wenig aus. Von Bedeutung ist vielmehr, *wie* Befürworter und Gegner angesprochen bzw. bewertet werden. Tabelle 23 gibt deshalb deren Bewertungen wieder. Unterschieden werden die positiv oder negativ wertende sowie die neutrale Erwähnung dieser Adressaten.

---

[261] Als ‚Befürworter' wurden dabei jene Akteure aus dem Codebuch (vgl. Anhang B.2) zusammengefasst, die das Infrastrukturprojekt offiziell unterstützen: Landesregierung von Baden-Württemberg und ihre Vertreter (z.B. Minister), Deutsche Bahn und ihre Vertreter, CDU/CSU und ihre Vertreter, FDP und ihre Vertreter, zivilgesellschaftliche Körperschaften für *Stuttgart 21* (z.B. ‚Bürger für Stuttgart 21') und ihre Vertreter, übrige Befürworter von *Stuttgart 21*. Als ‚Gegner' wurden alle Akteure aus dem Codebuch (vgl. Anhang B.2) zusammengefasst, die offiziell gegen das Infrastrukturprojekt eintreten: Bündnis90/Die Grünen und ihre Vertreter, zivilgesellschaftliche Körperschaften gegen *Stuttgart 21* (z.B. ‚Aktionsbündnis gegen Stuttgart 21') und ihre Vertreter, übrige Gegner gegen *Stuttgart 21*.

Vielfalt und Ausgewogenheit

Tabelle 23: Bewertung der Befürworter und Gegner von *Stuttgart 21* (S21)

	Wikinews	*Prof. Nachrichtenanbieter*	Süddeutsche.de	Faz.net	Welt.de	Taz.de	*Gesamt*
			Befürworter von S21				
(-)	61.7%	*30.8%*	24.8%	24.8%	39.1%	35.1%	*32.7%*
(o)	16.7%	*28.4%*	27.9%	30.0%	28.4%	27.0%	*27.6%*
(+)	0.0%	*0.7%*	0.0%	0.5%	1.5%	0.7%	*0.6%*
			Gegner von S21				
(-)	16.7%	*15.4%*	16.0%	14.3%	16.9%	13.5%	*15.5%*
(o)	5.0%	*24.3%*	31.3%	30.0%	14.2%	21.6%	*23.1%*
(+)	0.0%	*0.5%*	0.0 %	0.5 %	0.0%	2.0%	*0.4%*
Total	100% (n=60)	*100% (n=881)*	100% (n=262)	100% (n=210)	100% (n=261)	100% (n=148)	*100% (n=941)*

Datenbasis: Befürworter und Gegner von *Stuttgart 21*, die als Zielpartner angesprochen sind. Negative Akteursbewertungen sind mit ‚(-)', positive mit ‚(+)', neutrale (blosse Erwähnung eines Adressaten) mit ‚(o)' symbolisiert.

In *Wikinews* werden die Befürworter *von Stuttgart 21* mit Abstand am häufigsten negativ bewertet. Dies stimmt eng mit dem Befund überein, wonach das Laienportal verglichen mit den professionellen Angeboten am wenigsten Pro-Argumente zugunsten des Bauprojekts publiziert (vgl. Kap. 10.3.3) und zivilgesellschaftliche Akteure besonders häufig zu Wort kommen lässt (vgl. Kap. 10.3.1). In der professionellen Berichterstattung werden die Befürworter bedeutend seltener mit einer negativen Wertung angesprochen. Die Anteile der einzelnen professionellen Anbieter bewegen sich zwischen 24.8 Prozent (*süddeutsche.de; faz.net*) und 39.1 Prozent (*welt.de*) und liegen allesamt deutlich unter dem entsprechenden Anteil von *Wikinews* (61.7 Prozent), wo die baden-württembergische Landesregierung und die Deutsche Bahn als Projektinitiatoren, die CDU/CSU und die FDP sowie deren Vertreter offensichtlich überdurchschnittlich häufig mit Kritik konfrontiert werden.

Wie sieht das Bild nun bei den Gegnern von *Stuttgart 21* aus? Wie Tabelle 23 ebenfalls zu entnehmen ist, werden sie generell – und das gilt für alle untersuchten Medientitel – viel seltener negativ bewertet als die Befürworter.

Die entsprechenden Anteile liegen zwischen 13.5 Prozent (*taz.de*) und 16.9 Prozent (*welt.de*). Unterschiede zwischen der professionellen Berichterstattung der Online-Angebote der vier Tageszeitungen einerseits und der Amateurberichterstattung von *Wikinews* andererseits sind hier kaum festzustellen. Wie Tabelle 23 zudem zeigt, sind *positive* Bewertungen im Untersuchungsmaterial eine Seltenheit. Sowohl Gegner als auch Befürworter von *Stuttgart 21* werden äusserst selten positiv angesprochen, d.h. etwa für ihr Verhalten gelobt. Dieser Befund überrascht kaum und entspricht der von Nachrichtenfaktoren geprägten Selektionslogik der (Massen-)Medien, die sich u.a. an Negativismus und Kontroverse orientiert („bad news are good news').

Die Bewertung von Zielpartnern wurde in dieser Arbeit mittels einer ordinalskalierten Variablen erhoben, bei der eine positive Bewertung eines Adressaten mit dem Wert ‚+1', eine negative Bewertung mit dem Wert ‚-1' sowie eine neutrale Erwähnung mit dem Wert ‚0' codiert wurden. Deshalb lassen sich die in Tabelle 23 ausgewiesenen Anteile auch zu einem einzigen arithmetischen Mittelwert pro Medium verrechnen. Da wie eingangs zu diesem Kapitel erwähnt die im öffentlichen Diskurs geäusserten Bewertungen gegenüber Befürwortern und Gegnern des Bahnhofsumbaus miteinander in Beziehung stehen und indirekt auch Stellungnahmen in Bezug auf *Stuttgart 21* darstellen, können zur Berechnung dieses Mittelwerts die Bewertungen beider Meinungslager berücksichtigt werden.

Der Mittelwert aus den Bewertungen der Befürworter *und* Gegner repräsentiert dann die durchschnittliche Bewertung, welche Ausgangspartner (einschliesslich Journalisten bzw. *Wikinews*-Autoren) in den einzelnen Medien gegenüber den beiden Meinungslagern und deren Argumentation vornehmen.[262] Abbildung 16 gibt diese Bewertungstendenz für alle Medientitel auf einer Geraden wieder, die einen Ausschnitt aus dem möglichen Wertebereich von ‚-1' (wäre gegeben, wenn in einem Medium alle von den Ausgangspartnern angesprochenen Gegner von *Stuttgart 21* positiv und alle Befürworter negativ bewertet würden) bis ‚+1' (wäre gegeben, wenn in einem Medium alle von den Ausgangspartnern angesprochenen Gegner von *Stuttgart 21* negativ und alle Befürworter positiv bewertet würden) abdeckt. Minuswerte auf der Skala repräsentieren also eine Unterstützung der Gegner von *Stuttgart*

---

[262] Zur Berechnung dieses Mittelwerts werden alle negativen Bewertungen der *S21*-Befürworter sowie alle positiven Bewertungen der *S21*-Gegner, die gleich (nämlich contra *S21*) gepolt sind, mit ‚-1' multipliziert und mit den positiven Bewertungen der *S21*-Befürworter sowie den negativen Bewertungen der *S21*-Gegner, die ebenfalls gleich (nämlich pro *S21*) gepolt sind und mit dem Faktor ‚+1' multipliziert werden, zusammengezählt und durch die Gesamtsumme aller (inkl. der neutralen) Bewertungen dividiert. Berechnungs-beispiel für *taz.de*: (52x -1) + (3x -1) + (1x +1) + (20x +1) / 148 = -0.23.

Vielfalt und Ausgewogenheit

21 und deren Argumentation, Pluswerte eine Unterstützung der Befürworter des neuen Bahnhofs und deren Argumentation aufgrund entsprechender Akteursbewertungen.

Abbildung 16: Bewertungstendenz (Mittelwerte)

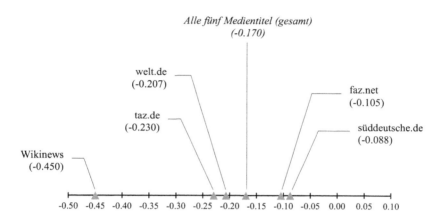

Abbildung 16 lässt den bereits weiter oben (vgl. Tabelle 23) ausgewiesenen äusserst hohen Anteil an negativen Bewertungen von *Stuttgart-21*-Befürwortern in *Wikinews* deutlich erkennen. Entsprechend nimmt das Laienportal eine Position ganz links auf dem dargestellten Bewertungsspektrum ein (-0.450). Die in *Wikinews* zwar ebenfalls vorhandenen Negativ-Bewertungen von Gegnern des neuen Bahnhofs vermögen an dieser *Stuttgart-21*-kritischen Position nichts zu ändern, da sie verhältnismässig ähnlich häufig bzw. kaum zahlreicher sind als in den anderen Medien (vgl. Tabelle 23). Insgesamt fällt in keinem der professionellen Vergleichsmedien die Bewertung der beiden sich im Streit um *Stuttgart 21* gegenüberstehenden Meinungslager so einseitig bzw. unausgewogen aus wie auf dem Laienportal. Offenbar liegt hier ein systematischer Unterschied zur professionell-redaktionellen Berichterstattung vor. In der Bewertungstendenz folgt erst mit grossem Abstand auf *Wikinews* die Berichterstattung von *taz.de*, in der ebenfalls die kritischen Stellungnahmen gegenüber den Befürwortern von *Stuttgart 21* und ihrer Argumentation überwiegen (-0.230). Ähnlich stark gegen die Befürworter des neuen Bahnhofs gerichtet sind insgesamt die auf *welt.de* vermittelten Bewertungen (-0.207). Etwas weniger stark fällt die durchschnittliche Bewertungstendenz *aller* fünf einbezogenen Medientitel aus

(-0.170). Offensichtlich ist auch sie leicht zugunsten eines Meinungslagers gerichtet: Negativ gegenüber den Befürworten von *Stuttgart 21* und positiv gegenüber den Gegnern. Akzeptiert man diesen gemeinsamen Durchschnitt der fünf untersuchten Medientitel als Ausgewogenheitsmass, fallen die Berichterstattung von *faz.net* (-1.05) und *süddeutsche.de* (-0.088) bezüglich der darin vermittelten Akteursbewertungen vergleichsweise am wohlgesinntesten gegenüber *Stuttgart 21* und seinen Initianten und Befürwortern aus, obschon auch sie noch schwach im Minusbereich liegen. Gleichzeitig zeigt sich daran exemplarisch, wie ein ‚empirisch' ermitteltes von einem ‚theoretisch' bestimmten Ausgewogenheitsmass, das in Abbildung 16 durch den Nullpunkt repräsentiert würde, abweichen kann. Bei der Argumenttendenz, d.h. den direkten Stellungnahmen gegenüber *Stuttgart 21* mittels (sachlichen) Pro- und Contra-Argumenten, zeigte sich diesbezüglich noch ein anderes Bild (vgl. Kap. 8.3.3. oben). Dort stimmte die durchschnittliche Argumentation aller fünf Medientitel genau mit dem theoretischen Ausgewogenheitswert, also einer Gleichverteilung von Pro- und Contra-Argumenten überein.

Zwischen der anhand von Pro- und Contra-Argumenten ermittelten Argumenttendenz (vgl. Abbildung 15 in Kap. 8.3.3) und der anhand von Akteursbewertungen ermittelten Bewertungstendenz (vgl. Abbildung 16 oben) gibt es einen deutlichen Zusammenhang: Gemäss beiden Dimensionen findet sich auf *Wikinews* die kritischste (und somit extremste) Position gegen *Stuttgart 21* und dessen Befürwortern, gefolgt von der Berichterstattung von *taz.de*. Gemessen am gemeinsamen Durchschnitt aller fünf Medientitel repräsentiert zudem die Berichterstattung von *faz.net* eine Position, die klar am positivsten gegenüber *Stuttgart 21* und verhältnismässig noch am wenigsten kritisch gegenüber dessen Initiatoren und Befürwortern eingestellt ist. Die Nachrichtenangebote von *süddeutsche.de* und *welt.de* zeigen bezüglich Argumenttendenz und Bewertungstendenz keine eindeutige Richtung. Bei ihnen handelt sich bezüglich dieser Dimensionen klar um die ausgewogensten Medientitel in der untersuchten Berichterstattung zu *Stuttgart 21*. Insgesamt kann somit festgehalten werden, dass in denjenigen Medienangeboten, in denen einseitig zugunsten einer bestimmten Position argumentiert wird bzw. entsprechende Argumente bevorzugt vermittelt werden, auch die Akteure, welche diese Positionen vertreten, entsprechend einseitig bewertet werden. Der positive lineare Zusammenhang zwischen Argumenttendenz und Bewertungstendenz wird vorliegend durch eine entsprechend hohe Korrelation beider Wertereihen belegt (*Pearson's* r= 0.70). Die in dieser Fallstudie ermittelte Übereinstimmung von Argumentationsrichtung und Akteursbewertung in einseitigen Medienangeboten lässt sich vermutlich über *Stuttgart 21* hinaus als allgemeines Berichterstattungsmuster generalisieren, bedürfte dazu aber noch weiterer empirischer Überprüfung anhand von Einzelfallstudien.

8.3.5 Journalistische Darstellungsformen

Vielfalt besitzt als Konstitutionsmerkmal journalistischer Medieninhalte nicht nur eine inhaltliche Dimension, bei der es um das vermittelte Spektrum von Themen, Quellen und Meinungen geht, sondern auch eine formale Komponente, die sich u.a. auf die eingesetzten Präsentations- und Darstellungsformen bezieht (vgl. dazu Kap. 2.2.2). Im Rahmen der Analyse der Berichterstattung zu *Stuttgart 21* interessiert in diesem Zusammenhang folgende Frage: Wie vielfältig ist der Einsatz unterschiedlicher journalistischer Darstellungsformen in der untersuchten Laienberichterstattung von *Wikinews* im Vergleich zur professionellen Berichterstattung von *süddeutsche.de*, *faz.net*, *welt.de* und *taz.de*? Dazu wurden auf Beitragsebene die verschiedenen journalistischen Darstellungsformen erhoben.

Wie aus Tabelle 24 hervorgeht, sind Nachrichten und Berichte in allen fünf untersuchten Medienangeboten die dominierende Textsorte. Gesamthaft beträgt ihr Anteil ca. 59 Prozent, im Detail variiert er anbieterabhängig zwischen 44.4 (*faz.net*) und 90.9 Prozent (*Wikinews*). Bei Nachrichten und Berichten handelt es sich um faktenorientierte Beiträge, die in sachlichem Stil über ein aktuelles Ereignis orientieren, indem sie auf verschiedene Quellen zurückgreifen und deren Aussagen (auch Werturteile bzw. Meinungen) zum dargestellten Geschehen vermitteln. Am zweithäufigsten in den untersuchten Medienangeboten treten die sogenannten nicht markierten Kommentare auf. Bei dieser Darstellungsform, die insgesamt knapp 12 Prozent aller Beiträge ausmacht, handelt es sich um eine Mischform aus Nachrichten bzw. Berichten und gekennzeichneten Kommentaren: Einerseits sind sie aufgemacht wie Nachrichten und Berichte und stellen inhaltlich wie diese ein aktuelles Ereignis dar, andererseits enthalten sie wie Kommentare eindeutig wertende oder interpretierende journalistische Anteile, ohne jedoch als Kommentare oder Meinungsartikel gekennzeichnet oder in einer entsprechenden Rubrik eingeordnet zu sein. Mit anderen Worten handelt es sich um ‚verkappte' Kommentare, die gegen die Kennzeichnungspflicht verstossen. Ihr Anteil streut stark in Abhängigkeit vom Anbieter zwischen 4.2 (*welt.de*) und 23.3 Prozent (*faz.net*).

Ergebnisse der Argumentationsanalyse

Tabelle 24: Journalistische Darstellungsformen aller Beiträge

	Wikinews	Prof. Nachrichtenanbieter	Süddeutsche.de	Faz.net	Welt.de	Taz.de	Gesamt
Nachricht, Bericht	90.9%	56.1%	57.5%	44.4%	66.4%	52.2%	58.6%
Reportage	0.0%	5.3%	9.7%	3.3%	5.0%	1.1%	4.9%
Portrait	0.0%	3.5%	3.7%	5.6%	0.0%	5.6%	3.2%
Interview	0.0%	6.7%	6.7%	6.7%	5.0%	8.9%	6.2%
Kommentar, Meinungsartikel	0.0%	10.4%	5.2%	8.9%	14.3%	14.4%	9.7%
Nicht markierter Kommentar, Meinungsartikel	9.1%	12.0%	9.0%	23.3%	4.2%	15.6%	11.8%
Gastbeitrag, -essay	0.0%	2.3%	2.2%	3.3%	2.5%	1.1%	2.1%
Rezension, Veranstaltungskritik	0.0%	2.3%	3.7%	2.2%	3.5%	0.0%	2.1%
Sonstiges	0.0%	1.4%	2.2%	2.2%	0.0%	1.1%	1.3%
Total	100% (n=33)	100% (n=433)	100% (n=134)	100% (n=90)	100% (n=119)	100% (n=90)	100% (n=466)

An dritter Stelle gemäss Tabelle 24 folgen mit einem Anteil von insgesamt ca. 10 Prozent die Kommentare und Meinungsartikel (z.B. Glossen), die als solche gekennzeichnet und für den Rezipienten erkennbar sind. Bei den restlichen Beiträgen, die gesamthaft etwa 20 Prozent des Untersuchungsmaterials ausmachen, handelt es sich um Interviews, Reportagen, Portraits, Gastbeiträge sowie Rezensionen bzw. Veranstaltungsbesprechungen. Sehr selten treten auch Textformen auf, die keiner der acht genannten journalistischen Darstellungsformen zuzuordnen sind und unter ‚Sonstiges' codiert wurden. Gemeint sind etwa Blogbeiträge von Journalisten oder Jahresrückblicke gegen Ende des Untersuchungszeitraums (29. September 2010 bis 1. Januar 2011).

Insgesamt fällt mit Blick auf Tabelle 24 auf, dass *Wikinews* über keine anderen journalistischen Darstellungsformen verfügt als Nachrichten und Berichte sowie nicht markierte Kommentare. Diesbezüglich unterscheidet sich das Laienportal deutlich von den professionellen Medienangeboten, die sich offensichtlich durch eine grössere Vielfalt eingesetzter journalistischer Darstellungsformen auszeichnen. Der Mangel an unterschiedlichen Textsorten und den damit verbundenen Stilmitteln in *Wikinews* lässt sich womöglich mit dessen Leitbild und Richtlinien erklären. Wie an anderer Stelle dieser Arbeit bereits dargestellt (vgl. Kap. 3.3.3), verpflichtet sich das Laienportal zu strikter Neutralität. Gemäss eigenem Leitbild versteht es sich als „Projekt mit dem Ziel, gemeinsam über Nachrichten aller Art *von einem* [Herv. S.B.] aus zu berichten."[263] Mehrere Richtlinien konkretisieren dieses Leitbild und sehen z.B. vor, dass *Wikinews* „keine Plattform für persönliche Kommentare" sein soll.[264] Das gänzliche Fehlen von Kommentaren und Meinungsartikeln könnte mithin solchen plattformimmanenten Vorgaben geschuldet sein.[265] Doch selbst wenn dieser Erklärungsansatz zutrifft, lässt sich damit noch nicht begründen, weshalb andere journalistische Darstellungsformen wie etwa die Reportage oder das Interview, die nicht per se als Formen der Kommentierung erachtet werden können, gänzlich fehlen.

In diesem Zusammenhang spielen noch andere Gründe eine Rolle, allen voran die wohl knappen personellen und zeitlichen Ressourcen, die den Laien für ihre Publikationstätigkeit zur Verfügung stehen. So ist das Führen eines Interviews oder die Vor-Ort-Recherche für eine längere Reportage mit einem vergleichsweise hohen Aufwand verbunden. Im Falle des Interviews kommt hinzu, dass ein weithin unbekannter und reichweitenschwacher Medienanbieter mit anonymer Autorenschaft wie *Wikinews* kaum Persönlichkeiten aus Politik, Wirtschaft, Sport oder Kultur als – potenziell für die Allgemeinheit interessante – Interviewpartner gewinnen kann. Aus Sicht möglicher Gesprächspartner, die über ein Interview ihre eigenen Botschaften und Ansichten öffentlichkeitswirksam verbreiten können, müssen bekanntere und reichweitenstarke Medienmarken allemal attraktiver erscheinen.

---

[263] Vgl. die Angaben unter http://de.wikinews.org/wiki/Wikinews:Über_Wikinews (23. März 2016).

[264] Vgl. die Angaben unter http://de.wikinews.org/wiki/Wikinews:Was_Wikinews_nicht_ist (23. März 2016).

[265] Dass *Wikinews* trotz eigenem Anspruch in geringem Umfang gegen das Neutralitätsgebot verstösst, belegen die – freilich nur wenigen – nicht markierten Kommentare. In den professionellen Medienangeboten sind sie teils noch häufiger anzutreffen (vgl. dazu auch die Ergebnisse zur expliziten Verletzung der Trennungsnorm in Kap. 8.6).

Ergebnisse der Argumentationsanalyse

Insgesamt kann bezüglich des Spektrums eingesetzter journalistischer Darstellungsformen festgehalten werden, dass die deutlich niedrige Formenvielfalt in *Wikinews* wohl nicht nur dem eigenen Leitbild geschuldet ist, welches Nachrichten bzw. die Berichterstattung im engeren Sinn als Kernaufgabe erachtet und Formen der Kommentierung explizit ausschliesst, sondern auch als eine Folge der deutlich geringeren zeitlichen und personellen Ressourcen anzusehen ist, die dem Laienportal im Vergleich zu professionellen Anbietern zur Verfügung stehen. Da journalistische Textsorten konventionalisierte Formen der Artikulationsmöglichkeiten für gesellschaftliche Sprecher und Journalisten darstellen (vgl. Wagner 1977), bedeutet eine geringere Vielfalt der Darstellungsformen auch ein Defizit bestimmter Vermittlungsformen (z.B. journalistischer Eigenvermittlung im Rahmen von Kommentaren und Meinungsartikeln, extensiver Fremdvermittlung dank eines grossen Artikulationsraums für einen einzelnen Ausgangspartner beim Interview).

8.4 Vollständigkeit

Wie vollständig sind die auf *Wikinews* veröffentlichten Beiträge im Vergleich zur professionellen Vergleichsberichterstattung von *süddeutsche.de, faz.net, welt.de* und *taz.de*? In der journalistischen Praxis gelten Nachrichten und Berichte gemeinhin als vollständig, wenn sie die sogenannten W-Fragen beantworten. Diesen Fragen sehr ähnlich, aber noch differenzierter ausgearbeitet, sind die Kategorien des Nachrichtenschemas (vgl. van Dijk 1988: 55), die als Vollständigkeitsindikatoren erfolgreich Eingang in die Medieninhaltsforschung gefunden haben (vgl. z.B. Fahr 2001; Maurer 2005; Hagen 1995c u. 1995b). In der Weiterführung von Hagen (1995b: 99) enthält das Nachrichtenschema neben dem Hauptereignis sieben weitere Elemente, die sich auf das Hauptereignis beziehen: unmittelbare Vorereignisse (dazu gehören auch Ursachen), die weiter zurück liegende Geschichte, Umstände, Folgen, Prognosen, Bewertungen und Forderungen. Im Allgemeinen kann eine Nachricht umso eher als vollständig gelten, je mehr dieser Kategorien darin angesprochen bzw. mit Informationen ausgefüllt werden. Im Rahmen der vorliegenden Untersuchung der Berichterstattung zu *Stuttgart 21* wurde bei allen ‚nachrichtlichen' journalistischen Darstellungsformen[266] pro Beitrag erhoben, für

---

[266] Dazu zählen Nachrichten und Berichte sowie die sogenannten ‚nicht markierten Kommentare', die sich von den erstgenannten nur darin unterscheiden, dass sie eindeutig journalistische Wertungen oder Interpretationen enthalten, ohne jedoch als ‚Kommentare', ‚Meinungsartikel' o.Ä. gekennzeichnet oder in einer entsprechenden Rubrik eingeordnet zu sein (vgl. auch das

welche der sieben genannten Nachrichtenkategorien konkret Informationen vermittelt werden und für welche nicht – immer bezogen auf das im Beitrag thematisierte Hauptereignis. Dabei spielte grundsätzlich keine Rolle, ob diese Informationen von Seiten der Journalisten bzw. *Wikinews*-Autoren selbst oder der von diesen zitierten Ausgangspartner eingebracht wurden. Einzig bei den Prognosen, Bewertungen und Forderungen wurde zusätzlich nach der Urheberschaft unterschieden. Relevant als Vollständigkeitsindikatoren für die Berichterstattung im engeren Sinn sind dabei nur die *fremdvermittelten* Prognosen, Bewertungen und Forderungen, da eigenvermittelte Prognosen, Bewertungen und Forderungen seitens der Journalisten bzw. *Wikinews*-Autoren nicht einerseits zur Vollständigkeit beitragen können, andererseits aber nach allgemeinem Verständnis das Gebot der Trennung von Nachricht und Kommentar verletzen und somit im Widerspruch zu einem anderen journalistischen Qualitätskriterium stehen (vgl. ebenso Maurer 2005: 163). Tabelle 25 bietet eine Übersicht über die Anteile aller für die Nachrichten, Berichte sowie nicht markierten Kommentare codierten Nachrichtenkategorien.

Weitaus am häufigsten enthalten demnach die untersuchten Nachrichtenbeiträge Informationen zu den *Begleitumständen* der Ereignisse, worüber sie berichten. Dazu gehören etwa die Angaben, wo, wann und wie sich etwas zugetragen hat. Gesamthaft werden solche Umstände in fast neun von zehn Nachrichtenbeiträgen (89.6 Prozent) genannt. In *Wikinews* werden sie durchgehend etwas häufiger erwähnt als in der professionellen Berichterstattung. Die insgesamt zweithäufigste Nachrichtenkategorie stellen fremdvermittelte *Bewertungen* dar. Gesamthaft in etwas mehr als drei von vier Nachrichtenbeiträgen (77.7 Prozent) werden Bewertungen wiedergegeben, welche unterschiedliche gesellschaftliche Ausgangspartner im Zusammenhang mit dem berichteten Geschehen oder gegenüber den daran beteiligten Akteuren zum Ausdruck bringen. Bezüglich der vermitteln Bewertungen von gesellschaftlichen Ausgangspartnern unterscheiden sich die Anbieter stark, schwankt der entsprechende Anteil doch zwischen 60.7 Prozent bei *faz.net* und 90.5 Prozent bei *welt.de*.

Codebuch im Anhang B.2). Sie stellen somit eine Mischform aus Nachrichten bzw. Berichten und Kommentaren dar.

Ergebnisse der Argumentationsanalyse

Tabelle 25: Kategorien des Nachrichtenschemas in der Berichterstattung

	Wikinews (n=33)	Prof. Nachrichtenanbieter (n=295)	Süddeutsche.de (n=89)	Faz.net (n=61)	Welt.de (n=84)	Taz.de (n=61)	Gesamt (n=328)
Geschichte	21.2%	26.1%	25.8%	32.8%	26.2%	19.6%	25.6%
Vorereignisse und Ursachen	39.4%	35.3%	37.1%	26.2%	41.7%	32.8%	35.7%
Umstände	93.9%	89.2%	88.8%	86.9%	90.5%	90.2%	89.6%
Folgen	12.1%	7.5%	9.0%	9.8%	3.6%	8.2%	7.9%
fremdvermittelte Forderungen	45.5%	63.7%	62.9%	60.7%	69.0%	60.7%	61.9%
fremdvermittelte Bewertungen	72.8%	78.3%	73.0%	65.6%	90.5%	82.0%	77.7%
fremdvermittelte Prognosen	15.2%	31.9%	42.7%	36.0%	27.4%	18.0%	30.2%

Datenbasis: Nachrichten und Berichte sowie nicht markierte Kommentare, die zwar wie Nachrichten/Berichte aufgemacht sind, aber eindeutig wertende journalistische Anteile aufweisen. Ausgewiesen sind pro Zeile die Anteile der Beiträge, welche die entsprechende Nachrichtenkategorie enthalten. Da mehrere Kategorien pro Beitrag zutreffen können, ergeben die Summen über 100 Prozent.

Am dritthäufigsten werden gesamthaft betrachtet die *Forderungen* gesellschaftlicher Ausgangspartner vermittelt. Gut sechs von zehn Beiträgen (61.9 Prozent) des Nachrichtenteils enthalten solche fremdvermittelten Forderungen. In *Wikinews* werden sie deutlich seltener vermittelt als in den Massenmedien (45.5 vs. 63.7 Prozent und mehr). Auch fremdvermittelte *Prognosen* werden in den Beiträgen des Laienportals durchwegs seltener vermittelt als im Nachrichtenteil der professionellen Anbieter (15.2 vs. 18.0 Prozent und mehr). Insgesamt lässt Tabelle 25 deutlich erkennen, dass Bewertungen, Prognosen und Forderungen gesellschaftlicher Ausgangspartner, die insbesondere der Einordnung des berichteten Geschehens dienen und zu verstehen helfen, wie es in der Sozialwelt rezipiert wird, in der Amateurberichterstattung seltener vermittelt werden als in der professionellen Berichterstattung.[267]

---

[267] Einzige Ausnahme: Im Nachrichtenteil von *faz.net* sind weniger Beiträge mit fremdvermittelten Bewertungen vorhanden als in *Wikinews*.

Vollständigkeit

Demgegenüber orientieren die Amateurbeiträge neben den bereits erwähnten Umständen durchwegs häufiger über die Folgen des berichteten Geschehens und erleichtern somit die kausale Verknüpfung einzelner Informationen in einer Nachricht, was das Verständnis im Allgemeinen fördert. Angesichts dieser Einzelbefunde fällt es schwer, ein eindeutiges Gesamturteil zu fällen, zumal man über die Wichtigkeit einzelner Nachrichtenkategorien unterschiedlicher Meinung sein kann.

Statt die erhobenen sieben Nachrichtenkategorien wie in Tabelle 25 einzeln auszuweisen, bietet es sich an, zunächst pro Beitrag alle zutreffenden Kategorien aufzusummieren und sodann die Mittelwerte dieses Summenindexes aller fünf Anbieter miteinander zu vergleichen. Die einzelnen Nachrichtenkategorien zählen dabei alle gleich viel (vgl. zur Anwendung auch Fahr 2001: 165). Die errechneten Mittelwerte stellen dann einen *Vollständigkeitsgrad* dar, der zwischen dem Wert ‚0' (durchschnittlich wird pro Beitrag keine Nachrichtenkategorie genannt) und ‚7' (durchschnittlich werden pro Beitrag alle sieben Nachrichtenkategorien genannt) liegen kann. Tabelle 26 gibt den Vollständigkeitsgrad für alle fünf untersuchten Medientitel an.

Tabelle 26: Anzahl Nachrichtenkategorien pro Beitrag (Mittelwerte)

	Wikinews (n=33)	*Prof. Nachrichtenanbieter (n=295)*	Süddeutsche.de (n=89)	Faz.net (n=61)	Welt.de (n=84)	Taz.de (n=61)	*Gesamt (n=328)*
Vollständigkeitsgrad	3.0	*3.3*	3.4	3.2	3.5	3.1	*3.3*

Datenbasis: Nachrichten, Berichte und nicht markierte Kommentare. Der Vollständigkeitsgrad kann zwischen dem Minimalwert ‚0' (keine Nachrichtenkategorien sind erwähnt) und ‚7' (alle sieben Nachrichtenkategorien sind erwähnt) liegen.

Durchschnittlich werden in der gesamten untersuchten Berichterstattung 3.3 Nachrichtenkategorien pro Beitrag angesprochen. Dabei handelt es sich um einen relativ tiefen Vollständigkeitsgrad, wenn man sich vor Augen hält, dass somit im Durchschnitt pro Artikel weniger als die Hälfte aller sieben möglichen Nachrichtenkategorien adressiert werden. Unter dem Vorbehalt, dass hier alle Nachrichtenkategorien als gleich wichtig erachtet worden und somit mit demselben Gewicht in die Berechnung eingeflossen sind, ergibt sich ein sehr geringer Unterschied zwischen der Laienberichterstattung von *Wikinews* einerseits und den Nachrichtenangeboten der professionellen Anbieter andererseits. Letztere weisen durchwegs einen leicht höheren Vollständigkeitsgrad auf. In methodischer Hinsicht bleibt anzumerken, dass die gewählte Vorgehensweise, Vollständigkeit auf Beitragsebene über das Vorkommen der sieben Nachrichtenkategorien zu messen, bei weitem nicht die Tiefe liefern kann wie etwa eine Erfassung dieser Kategorien auf Argumenten- bzw. Aussagenebene. Die Aussagekraft der hier dargestellten Befunde ist somit begrenzt (vgl. ebenso Maurer 2005: 245).

8.5 Transparenz der Primärquellen (Ausgangspartner)

Inwiefern werden die im (massen-)medial vermittelten Diskurs über *Stuttgart 21* zu Wort kommenden Ausgangspartner bzw. Sprecher transparent gemacht? Im theoretischen Teil dieser Arbeit wurde dargelegt, dass Journalismus im Wesentlichen der *Vermittlung* gesellschaftlicher Kommunikation dient, d.h. der Aussagen unterschiedlicher gesellschaftlicher Ausgangspartner sowie der Organisationen oder Kollektive, die sie vertreten (vgl. Kap. 2.3). Vor diesem Hintergrund erscheint es für Rezipienten besonders wichtig, die unterschiedlichen Quellen der vom Journalismus vermittelten Kommunikate hinreichend erkennen zu können, um deren Herkunft, Interessengebundenheit und Glaubwürdigkeit verlässlich einschätzen zu können (vgl. Kap. 2.3.2).

Die Transparenz der Primärquellen wurde hier mittels vier unterschiedlicher Variablen erhoben. Im Rahmen einer Basisidentifikation wurde zunächst festgehalten, ob der zu Wort kommende Ausgangspartner dank der vorhandenen Angaben namentlich identifizierbar ist, anonym gehalten wird („Wie Augenzeugen berichten..."; „Ein nicht näher genannt sein wollender Beamter räumte ein...") oder gar unbekannt bleibt („Seit Monaten wird das Projekt nun schlechtgeredet, doch niemand..."). Im Falle von Individuen als Ausgangspartnern kommen drei weitere, binäre Variablen hinzu. Zum einen wurde erhoben, ob die Ausgangspartner im Nachrichtentext mit Funktionsangaben wie Berufsbezeichnungen oder Angaben zum Tätigkeitsfeld („Polizeipräsident", „Landtagsabgeordneter" etc.) sowie akademischen oder beruflichen Titeln („Doktor", „diplomierter Wirtschaftsprüfer" etc.) näher bestimmt werden. Schliesslich wurde codiert, ob sie erkennbar einer Organisation (z.B. Behörde, Partei, Verein) angehören, deren Interesse sie gegen aussen vertreten („Cem Özdemir, der Bundesvorsitzende der Grünen, bekräftigt auf Anfrage...") (vgl. auch zur Operationalisierung Kap. 7.6.4).

In die folgende Auswertung der vier genannten Transparenzindikatoren werden alle codierten Ausgangspartner ausser die Journalisten bzw. *Wikinews*-Autoren selbst sowie die – vergleichsweise selten auftretenden – fremdzitierten Ausgangspartner einbezogen. Bei letzteren handelt es sich um Sprecher, die von gesellschaftlichen Ausgangspartnern gleichsam als

‚Dritte' zitiert werden. Die Analyse wird somit bewusst auf jenen Teil der Kommunikationspartner begrenzt, für dessen Vermittlung „der Journalist [und in diesem Fall auch der *Wikinews*-Autor, Erg. S.B.] ohne Einschränkung verantwortlich gemacht werden kann" (Schröter 1992: 114). Die Auswertung der Funktions- und Titelangaben sowie der Zugehörigkeit zu einer Organisation bezieht sich zudem nur auf individuelle (und nicht auf korporative) Ausgangspartner. Tabelle 27 bietet einen Überblick über die Anteile aller vier Transparenzindikatoren.

Tabelle 27: Transparenz gesellschaftlicher Ausgangspartner

	Wikinews	*Prof. Nachrichtenanbieter*	Süddeutsche.de	Faz.net	Welt.de	Taz.de	*Gesamt*
Basisidentifikation							
namentlich genannt	81.8%	*86.9%*	87.8%	90.4%	85.6%	84.1%	*86.7%*
anonym	12.6%	*12.2%*	11.8%	8.7%	13.3%	14.8%	*12.2%*
unbekannt	5.6%	*0.9%*	0.5%	0.9%	1.1%	1.1%	*1.1%*
Total	n=198	*n=4042*	n=1106	n=872	n=1147	n=917	*n=4240*
Funktionsangaben vorhanden	77.9%	*84.6%*	84.7%	86.7%	86.2%	80.3%	*84.3%*
Titelangaben vorhanden	0.6%	*0.4%*	0.1%	0.6%	0.3%	0.8%	*0.4%*
Organisationszugehörigkeit genannt	57.8%	*66.4%*	62.0%	75.9%	70.1%	58.4%	*66.0%*
Total	n=154	*n=3443*	n=988	n=709	n=981	n=765	*n=3597*

Anmerkung: Ausgeschlossen sind Journalisten, *Wikinews*-Autoren und fremdzitierte Ausgangspartner. Die *Basisidentifikation* bezieht sich sowohl auf individuelle als auch korporative (Organisationen) Ausgangspartner, die *Funktions-* und *Titelangaben* sowie die *Organisationszugehörigkeit* beziehen sich nur auf individuelle Ausgangspartner. Deshalb sind die Fallzahlen bei der Basisidentifikation höher.

Bezüglich der Basisidentifikation kann zunächst festgehalten werden, dass der grösste Teil (86.7 Prozent) aller in der untersuchten Berichterstattung über *Stuttgart 21* zu Wort kommenden gesellschaftlichen Ausgangspartner *namentlich* genannt wird. Zwischen den professionellen Nachrichtenanbietern und *Wikinews* besteht offensichtlich ein systematischer Unterschied, denn in sämtlichen massenmedialen Angeboten werden die Ausgangspartner häufiger mit Namen genannt als in der Amateurberichterstattung (*Wikinews*: 81.8 Prozent; Massenmedien: 84.1 Prozent und mehr). Keine interpretierba-

Ergebnisse der Argumentationsanalyse

ren Unterschiede zwischen beiden Medientypen bestehen bei den *anonym* belassenen Ausgangspartnern. Allerdings fällt der vergleichsweise hohe Anteil *unbekannter* Quellen in *Wikinews* in Auge (5.6 Prozent), der bei sämtlichen untersuchten Massenmedien um ein Vielfaches tiefer liegt. Auch wenn es sich bei den unbekannten Quellen insgesamt um ein marginales Phänomen handelt, stellen fehlende Quellenangaben im Hinblick auf die geforderte Quellentransparenz ein ernsthaftes Problem dar. Der vergleichsweise hohe Anteil fehlender Quellenangaben in *Wikinews* fällt deshalb besonders ins Gewicht. Die geringere Quellentransparenz bei der Basisidentifikation wird durch weitere Transparenzindikatoren bestätigt. Sowohl bei den Funktionsangaben als auch bei der Nennung der Organisationszugehörigkeit, die beide der besseren Einordnung einer Quelle, ihrer Kompetenz sowie ihrer Interessengebundenheit dienen, schneiden alle professionellen Anbieter besser als das Laienportal ab. Ein Randphänomen stellen offenbar akademische Titel und Ausbildungszertifikate dar – in beiden Medientypen werden sie den zu Wort kommenden Ausgangspartnern höchst selten attribuiert. Insgesamt kann somit festgehalten werden, dass nahezu alle erhobenen Indikatoren bei *Wikinews* eine geringere Quellentransparenz als bei den untersuchten Massenmedien erkennen lassen.

Analog zum im vorausgehenden Kapitel gebildeten Vollständigkeitsgrad, der aus dem Summenindex verschiedener Nachrichtenkategorien gebildet worden ist, lässt sich zur Verdichtung der in Tabelle 27 ausgewiesenen Anteile ein *Transparenzgrad* berechnen. Dazu werden zunächst für jeden Ausgangspartner die auf ihn zutreffenden Transparenzkategorien aufsummiert. Sodann werden die Mittelwerte dieses Summenindexes zwischen allen fünf Medientiteln verglichen.[268] Eine sinnvolle Interpretation erlaubt dieses Verfahren allerdings nur für individuelle gesellschaftliche Ausgangspartner, weil für korporative Sprecher bzw. Organisationen („Die Deutsche Bahn AG liess

---

[268] Da zur Basisidentifikation drei Ausprägungen mit den Werten ‚0' (unbekannte Quelle), ‚1' (anonyme Quelle) und ‚2' (namentlich genannte Quelle) vorhanden sind und ‚0' für den tiefsten sowie ‚2' für den höchsten Transparenzwert dieser Variablen steht, werden die Ausprägungen der übrigen drei Transparenzindikatoren (Funktionsangaben, Titelangaben, Organisationszugehörigkeit), die nur binär (d.h. mit den Werten ‚0' und ‚1') codiert wurden, für die Berechnung des Summenindexes angepasst bzw. gewichtet: Fehlen entsprechende An-gaben, wird der ursprünglich codierte Wert ‚0' beibehalten, trifft die Kategorie zu, wird der Wert ‚2' (statt ‚1') verwendet. Der höchste Wert aller (auch der binären) Variablen beträgt somit ‚2', der tiefste ‚0'. Der Wert ‚1' ist nur bei der Basisidentifikation für eine anonyme Quelle vorgesehen, was inhaltlich gerechtfertigt scheint: Anonyme Quellen (wie „ein Augen-zeuge", „ein Beamter" etc.) liefern punkto Quellentransparenz etwas mehr Informationen als gänzlich fehlende Quellenangaben, erlauben aber nicht eine derart exakte Identifikation wie eine namentliche Nennung. Das für die Berechnung des Summenindexes gewählte nume-rische Relativ entspricht somit dem empirischen Relativ.

in einer Stellungnahme verlauten...", „Die Landesregierung teilte mit...") abgesehen von der Basisidentifikation bei den drei übrigen Transparenzvariablen keine inhaltlich interpretierbaren Ausprägungen zur Verfügung stehen. Der Transparenzgrad wird folglich nur für individuelle Ausgangspartner berechnet. Tabelle 28 gibt die entsprechenden Werte wieder.[269]

Tabelle 28: Transparenz gesellschaftlicher Ausgangspartner (Mittelwerte)

	Wikinews (n=154)	*Prof. Nachrichtenanbieter* (n=3443)	Süddeutsche.de (n=988)	Faz.net (n=709)	Welt.de (n=981)	Taz.de (n=765)	*Gesamt* (n=3597)
Transparenzgrad	4.4	*4.9*	4.8	5.1	5.0	4.6	*4.8*

Datenbasis: Alle Ausgangspartner ausser Journalisten, *Wikinews*-Autoren, fremdzitierte und korporative Akteure (Organisationen). Der Transparenzgrad kann zwischen den Werten ‚0' und ‚8' liegen.

Der hier ausgewiesene Transparenzgrad kann theoretisch zwischen den Werten ‚0' und ‚8' liegen. Der tiefste Wert bedeutet, dass für jeden Ausgangspartner jeweils nur die geringste Ausprägung der vier Transparenzvariablen codiert werden konnte – die Identität der Sprecher wird im Nachrichtentext somit nicht offen gelegt. Der höchste Wert bedeutet dagegen, dass für jeden Ausgangspartner jeweils die höchste Ausprägung der vier Transparenzvariablen codiert werden konnte – die Sprecher werden somit im Text maximal transparent gemacht: Mit Namen, Angaben zur (Berufs-)Funktion, Titel und Organisationszugehörigkeit. Tabelle 28 lässt noch deutlicher erkennen, was sich bereits weiter oben bei der Einzelauswertung der Transparenzindikatoren andeutete (vgl. Tabelle 27): Der Transparenzgrad ist in keinem der professionellen Nachrichtenangebote so tief wie in *Wikinews*. Den höchsten Wert erreicht er bei *faz.net* (5.1), den vergleichsweise tiefsten bei *taz.de* (4.6). Die Amateurberichterstattung – so lässt sich abschliessend festhalten – zeichnet sich durch eine geringere Quellentransparenz als die untersuchte professionelle Berichterstattung aus.

8.6 Trennung von Nachricht und Kommentar

Inwiefern verstösst die untersuchte Laienberichterstattung von *Wikinews* im Vergleich zur professionellen Berichterstattung von *süddeutsche.de, faz.net, welt.de* und *taz.de* explizit gegen das Trennungsgebot? Der explizite Verstoss gegen die Trennungsnorm in der Berichterstattung über *Stuttgart 21* wurde

---
[269] Berechnungsgrundlage ist Tabelle A3 im Anhang.

Ergebnisse der Argumentationsanalyse

dabei sowohl auf Beitrags- als auch auf Aussagenebene gemessen (vgl. zur Operationalisierung Kap. 7.6.5). Im Folgenden werden die Ergebnisse gemäss beiden Vorgehensweisen präsentiert.

Auf *Beitragsebene* wurden anhand einer Variablen zur Klassifikation der journalistischen Darstellungsform jene Beiträge als ‚nicht markierte Kommentare' codiert, die äusserlich wie Nachrichten und Berichte aufgemacht sind und wie diese über ein aktuelles Geschehen berichten, gleichzeitig jedoch eindeutig journalistische Wertungen oder Interpretationen enthalten, ohne formal als ‚Kommentar', ‚Rezension/TV-Kritik', ‚Meinung' o.Ä. gekennzeichnet bzw. in einer entsprechenden Rubrik eingeordnet zu sein. Nicht markierte Kommentare verletzen somit die Kennzeichnungspflicht und verstossen explizit gegen das Gebot der Trennung von Nachricht und Kommentar. Tabelle 29 gibt die Anteile solcher Beiträge in den untersuchten fünf Medientiteln wieder.

Tabelle 29: Nicht markierte Kommentare

	Wikinews	Süddeutsche.de	Faz.net	Welt.de	Taz.de
Nicht markierte Kommentare	9.1%	9.0 %	23.3%	4.2%	15.6%
Übrige journalistische Darstellungsformen	90.9%	91.0%	76.7%	95.8%	84.4%
Total	100% (n=33)	100% (n=134)	100% (n=90)	100% (n=119)	100% (n=90)

Auf Beitragsebene kommt in allen fünf Medienangeboten in sehr unterschiedlichem Umfang eine explizite Vermischung von Berichterstattung und Kommentierung vor. Wie aus Tabelle 29 hervorgeht, sind im Nachrichtenteil von *welt.de* nur in etwas mehr als jedem fünfundzwanzigsten Beitrag (4.2 Prozent) eindeutige journalistische Wertungen und Interpretationen vorhanden, während sich auf *faz.net* grob in jedem vierten bis fünften Beitrag (23.3 Prozent) nüchterner Nachrichtenstil mit journalistischen Werturteilen oder Interpretationen vermischt.[270] Einschränkend muss erwähnt werden, dass jede

---

[270] Beispiele für eindeutige journalistische Wertungen oder Interpretationen aus dem Untersuchungskorpus sind: „Trotzdem vertrat Ministerpräsident Stefan Mappus (CDU) zu-nächst hartnäckig die Auffassung, dass die Schuld allein bei den Demonstranten liege" (*wikinews.de*, 22. Oktober 2010); „So sehr hat die Bundeskanzlerin und CDU-Vorsitzende ihre Parteibasis lange nicht mehr begeistert" (*süddeutsche.de*, 11. November 2010); „Die Stuttgarter Tafelrunde war nur der Versuch, die Ohnmächtigen mit ihrer Niederlage zu ver-söhnen. Heiner Geißler hatte viel Chuzpe, aber wenig Mumm" (*süddeutsche.de*, 3. Dezember 2010); „Für Mappus geht es jetzt

eindeutige journalistisch wertende oder interpretierende Wortwahl für die Codierung ausschlaggebend war, d.h. ein spezifischer Bezug zu *Stuttgart 21* musste in solchen Aussagen nicht hergestellt werden. Zudem geben die Anteile in Tabelle 29 keinen Aufschluss darüber, wie stark meinungsbetont die entsprechenden Beiträge insgesamt sind, da bereits eine einzelne eindeutige journalistische Wertung oder Interpretation die Codierung des gesamten Beitrags als nicht markierter Kommentar zur Folge hatte. Die Operationalisierung ist somit nicht ‚streng' angelegt. Genauere Aussagen erlauben die Ergebnisse auf Aussagenebene (s.u.).

Unter den genannten Vorbehalten zeigt Tabelle 29 das Ausmass, in dem die Kennzeichnungspflicht in der untersuchten Berichterstattung über *Stuttgart 21* verletzt wird bzw. Beiträge als sachliche Nachrichten und Berichte aufgemacht werden, obschon ihre Autoren offenkundig Werturteile abgeben oder das berichtete Geschehen selbst interpretieren. Vergleicht man mit Blick auf die explizite Verletzung der Trennungsnorm die vier professionellen Nachrichtenanbieter (*süddeutsche.de, faz.net, welt.de* und *taz.de*) mit *Wikinews*, lässt sich kein eindeutiger Unterschied zwischen professioneller und Laienberichterstattung feststellen. In *Wikinews* werden Nachricht und Kommentar auf Beitragsebene etwa gleich häufig bzw. selten nicht getrennt wie auf *süddeutsche.de* (9.1 und 9.0 Prozent), noch besser schneidet – mit weniger als einem halb so grossen Anteil – nur noch das Nachrichtenangebot von *welt.de* ab. Auffallend gross sind die Unterschiede zwischen den massenmedialen Anbietern selbst. Hier scheint sich ein an anderer Stelle bereits formulierter Befund zu bestätigen: Professionelle Berichterstattung, vorliegend am Beispiel der Online-Angebote sogenannter Qualitätsmedien wie der *Welt* oder *Frankfurter Allgemeinen Zeitung*, erweist sich im Hinblick auf die Erfüllung bestimmter Qualitätskriterien anbieterabhängig als sehr heterogen (vgl. auch die Befunde zur Ausgewogenheit der Argument- und Bewertungstendenz in Kap. 8.3.3 und 8.3.4 weiter oben).

Wie sieht das Bild nun auf der *Aussagenebene* aus, wo einzelne journalistische Meinungsäusserungen präziser erhoben werden können als auf Beitragsebene mittels Codierung der journalistischen Darstellungsform? Zur Beantwortung dieser Frage werden alle Argumente von Journalisten bzw.

---

darum, aus dem Konflikt über das Verkehrsprojekt Kon-sequenzen zu ziehen und Lernbereitschaft zu demonstrieren" (*faz.net*, 2. Dezember 2010); „Doch was in Stuttgart eigentlich ausgefochten wird, ist der Kampf unserer Gesellschaft mit ihrer eigenen Hybris" (*faz.net*, 16. Oktober 2010); „Ein bisschen Schlichtung gibt es nicht. Diese bittere Lektion musste der frischgebackene Stuttgart-21-Vermittler Heiner Geißler gleich am ersten Dienstag lernen" (*welt.de*, 8. Oktober 2010); „Zum ersten Mal wird Merkel, die Physikerin der Macht, die kühl abwägt, was funktioniert und was nicht, ein wirkliches Problem haben" (*taz.de*, 25. Oktober 2010).

Ergebnisse der Argumentationsanalyse

Wikinews-Autoren näher betrachtet, die eine Konfliktdimension von *Stuttgart 21* thematisieren und im Nachrichtenteil (d.h. in Nachrichten und Berichten sowie in nicht markierten Kommentaren) enthalten sind. Im Unterschied zum vorausgehenden Schritt erfolgt die Prüfung der expliziten Trennung von Nachricht und Kommentar somit zwar präziser, doch bezieht sie sich nun ausschliesslich auf Aussagen zu *Stuttgart 21*. Aus diesem Grund weichen die in der folgenden Tabelle 30 wiedergegebenen Proportionen von jenen in Tabelle 29 ab.

Tabelle 30: Journalistische Bewertung von *Stuttgart 21* (S21) im Nachrichtenteil

	Wikinews	*Prof. Nachrichtenanbieter*	Süddeutsche.de	Faz.net	Welt.de	Taz.de	*Gesamt*
neutral	99.0%	*97.0%*	96.4%	92.7%	99.7%	98.7%	*97.1%*
wertend[1]	1.0%	*3.0%*	3.6%	7.3%	0.3%	1.3%	*2.9%*
Total	100% (n=100)	100% *(n=1323)*	100% (n=364)	100% (n=301)	100% (n=361)	100% (n=297)	100% *(n=1423)*

Datenbasis: Tendenz aller im Nachrichtenteil publizierten Argumente zu *Stuttgart 21*, die von Journalisten bzw. Wikinews-Autoren geäussert werden.
[1] Pro oder contra *Stuttgart 21*.

Wenn sich Journalisten und *Wikinews*-Autoren im Nachrichtenteil selbst über *Stuttgart 21* äussern, tun sie dies zum allergrössten Teil – nämlich in 97.1 Prozent ihrer Aussagen – neutral, d.h. sie vermitteln Fakten (z.B. zum Polizeieinsatz im Stuttgarter Schlossgarten, zu den Schlichtungsgesprächen, der Kostenentwicklung etc.), ohne dabei explizit für oder gegen das Grossprojekt Position zu beziehen. Hinsichtlich der relativ seltenen wertenden Stellungnahmen für oder gegen das Projekt lassen sich nur geringfügige Unterschiede zwischen der Laienberichterstattung und der gesamten professionellen Berichterstattung erkennen. In den Nachrichten und Berichten von *Wikinews* ist bloss ein Prozent (absolut betrachtet eine einzige) aller eigenvermittelten Aussagen eindeutig wertend in Bezug auf *Stuttgart 21*, in den professionellen Nachrichtenangeboten sind es insgesamt drei Prozent. Stärker ins Auge fallen – und hier besteht eine Ähnlichkeit zum vorausgehenden Befund zur expliziten Trennung von Nachricht und Kommentar auf Beitragsebene sowie zu den Ergebnissen zur Ausgewogenheit der Argumenttendenz im Allgemeinen (s.o.) – die teils grösseren Unterschiede zwischen den einzelnen professionellen Medientiteln, etwa von *faz.net* mit einem Anteil von 7.3 und *welt.de* mit einem Anteil von bloss 0.3 Prozent eindeutig wertenden journalistischen Aussagen zu *Stuttgart 21* im Nachrichtenteil.

Insgesamt kann bezüglich der expliziten Verletzung der Trennungsnorm somit festgehalten werden, dass *Wikinews* gemäss beiden angewandten Auswertungsverfahren nicht schlechter als die untersuchten Massenmedien abschneidet, die sich ihrerseits als recht heterogen erweisen. Da das Laienportal über keinen expliziten Kommentarteil verfügt (ausser Nachrichten und Berichten sowie nicht markierten Kommentaren wurden im Untersuchungszeitraum keine anderen journalistischen Darstellungsformen beobachtet) und innerhalb des Nachrichtenteils vergleichsweise in äusserst geringem Umfang gegen die explizite Trennungsnorm verstösst, lässt sich der Schluss ziehen, dass die kollaborative Publikationstätigkeit von Laien in *Wikinews* offensichtlich nicht der *expliziten* Meinungskundgabe dient, wie es angesichts des Forschungsstands zu anderen, weiter verbreiteten Formen öffentlicher Laienkommunikation im Netz (z.B. privaten Weblogs und *Twitter*, siehe Kap. 3.3) hätte erwartet werden können.

Neben dem expliziten Verstoss gegen die Trennungsnorm gibt es auch eine subtilere und für Rezipienten weitaus schwieriger zu erkennende Form journalistischer Wertung. Sie kommt durch eine einseitige Auswahl von Quellen, Argumenten und Fakten gemäss der eigenen redaktionellen Linie zustande (vgl. Schönbach 1977: 26). Inwiefern besteht nun eine solche „implizite Vermischung von Berichterstattung und Kommentierung" (ebd.) über *Stuttgart 21* im Angebot von *Wikinews* im Vergleich zu den professionellen Medienangeboten? Im Allgemeinen gilt: Die Tendenz sämtlicher journalistischer Meinungsäusserungen in der Berichterstattung *und* Kommentierung eines Mediums kann als Indikator für dessen redaktionelle Linie betrachtet werden (vgl. Hagen 1992: 447). Dazu in Beziehung gesetzt werden kann die Meinungstendenz der Aussagen aller von Journalisten (bzw. *Wikinews*-Autoren) zitierten Ausgangspartner. Sind die Meinungsäusserungen der Journalisten (bzw. *Wikinews*-Autoren) und der von ihnen zitierten Quellen beide einseitig *und* gleichsinnig, d.h. weisen sie eindeutig in dieselbe Richtung, so liegt im weiteren Sinn eine Synchronisation vor: Journalisten (bzw. *Wikinews*-Autoren) zitieren dann insbesondere jene Quellen, welche dieselbe Meinung vertreten wie sie selbst. Ausgangspartnern bzw. Sprechern erteilen sie im Sinne von ‚opportunen Zeugen' (vgl. Hagen 1992) das Wort, um die eigene redaktionelle Linie argumentativ zu unterfüttern.[271]

---

[271] Der Begriff der ‚Synchronisation' wurde – bezogen auf journalistische Berichterstattung – ursprünglich von Schönbach geprägt (vgl. Schönbach 1977). Bei ihm bezeichnet

Ergebnisse der Argumentationsanalyse

Da die Argumenttendenz konfliktspezifischer Aussagen zu *Stuttgart 21* in der vorliegenden Studie als ordinalskalierte Variable erhoben wurde, bei der eine Meinungsäusserung pro *Stuttgart 21* mit dem Wert ‚+1', die Erwähnung einer Konfliktdimension ohne Wertung mit dem Wert ‚0' sowie eine Meinungsäusserung contra *Stuttgart 21* mit dem Wert ‚-1' codiert wurden, lässt sich die Argumenttendenz der publizierten konfliktspezifischen Aussagen zu *Stuttgart 21* durch Mittelwertbildung zum Ausdruck bringen (vgl. dazu auch Kap. 8.3.3). In Abbildung 17 wird nun die durchschnittliche Argumenttendenz aller fünf untersuchten Medienangebote getrennt nach Urheberschaft auf zwei Achsen dargestellt: Auf der x-Achse ist die Argumenttendenz aller Aussagen zu *Stuttgart 21* von den Journalisten bzw. *Wikinews*-Autoren eingetragen. Auf der y-Achse ist die Argumenttendenz der Aussagen zu *Stuttgart 21* aller übrigen Ausgangspartner (Quellen) dargestellt, die von den Journalisten bzw. *Wikinews*-Autoren zitiert werden. Grundlage für die Berechnung sind die Anteile aller Pro- und Contra-Argumente in sämtlichen journalistischen Darstellungsformen der analysierten Medienangebote (vgl. Tabellen A1 und A2 im Anhang).

Synchronisation (im engeren Sinne) die Gleichsinnigkeit zwischen einer einseitigen Wiedergabe von Fakten und Zitaten im Nachrichtenteil eines Mediums und der ebenso einseitigen Argumentation von Journalisten im Kommentarteil dieses Mediums (vgl. ebd.: 54). Synchronisation kommt also durch Einseitigkeit (Unausgewogenheit) *und* Gleichsinnigkeit zustande und bezeichnet die Anpassung des Nachrichtenteils an die redaktionelle Linie eines Mediums (vgl. ebd.). Wie Hagen (1992) plausibel argumentiert, können als Gradmesser für die re-daktionelle Linie eines Mediums nicht nur die von Journalisten in Kommentaren und Leit-artikeln (d.h. im Kommentarteil) getätigten, sondern ebenso ihre in Nachrichten und Berichten (d.h. in der Berichterstattung i.e.S.) bekundeten Meinungsäusserungen herangezogen werden (vgl. Hagen 1992: 447). Als Indikator für die redaktionelle Linie werden deshalb auch in der vorliegenden Studie sämtliche von Journalisten bzw. *Wikinews*-Autoren bekundeten Mei-nungsäusserungen verwendet, unabhängig von der journalistischen Darstellungsform, in der sie auftreten. Eine Übereinstimmung in der Tendenz der Meinungsäusserungen der Journalis-ten bzw. *Wikinews*-Autoren und der Meinungsäusserungen der von ihnen zitierten Ausgangs-partner wird deshalb im Folgenden als Synchronisation *im weiteren Sinn* bezeichnet.

Abbildung 17: Synchronisation der Bewertung von *Stuttgart 21*

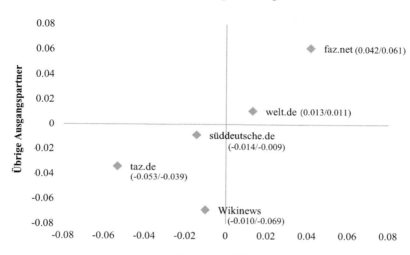

Journalisten bzw. *Wikinews*-Autoren

Datenbasis: Argumente von Journalisten bzw. *Wikinews-Autoren* sowie der von ihnen zitierten Quellen.

Wie in Abbildung 17 gut zu erkennen ist, besteht bei allen fünf untersuchten Medienangeboten ein positiver linearer Zusammenhang zwischen der Argumenttendenz der Aussagen von Journalisten bzw. *Wikinews*-Autoren und der Argumenttendenz der von ihnen zitierten Quellen.[272] Mit anderen Worten fällt in Medienangeboten, in denen die Journalisten bzw. Autoren insgesamt gegen *Stuttgart 21* argumentieren (*taz.de*, *süddeutsche.de* und *Wikinews*), auch die Argumenttendenz der Aussagen der von ihnen zitierten Ausgangspartner negativ aus. Analog äussern sich die zitierten Quellen in jenen Medienangeboten positiv gegenüber *Stuttgart 21,* deren Journalisten sich gesamthaft zugunsten des Infrastrukturprojekts positionieren (*faz.net* sowie *welt.de*). Es kann somit festgehalten werden, dass in allen untersuchten Medienangeboten eine Synchronisation im weiteren Sinn stattfindet: Journalisten und *Wikinews*-Autoren wählen ihre Quellen mehr oder weniger stark gemäss ihrer eigenen Überzeugung bzw. gemäss der redaktionellen Linie des Mediums aus, für das sie tätig sind.

---

[272] Der Pearson-Korrelationskoeffizient beträgt r= 0.75.

Als am grössten kann diese Angleichung in jenem Medienangebot erachtet werden, in dem die meisten Meinungsäusserungen gesellschaftlicher Ausgangspartner, die zugunsten einer bestimmten Position ausgerichtet und somit gesamthaft einseitig sind, mit gleichgerichteten Meinungsäusserungen von Journalisten bzw. *Wikinews*-Autoren zusammentreffen. Gemäss dieser Definition, die Einseitigkeit *und* Gleichsinnigkeit voraussetzt (vgl. Schönbach 1977: 54ff.), ist *Wikinews* das am stärksten synchronisierende Medienangebot. Hier treffen am meisten von zitierten Sprechern eingebrachte Argumente gegen *Stuttgart 21* auf eine gleichgerichtete Argumentation der *Wikinews*-Autoren, die allein betrachtet allerdings nur sehr schwach ausgeprägt ist. Mit anderen Worten: Die Autoren-Community in *Wikinews* äussert sich selbst kaum wertend zu *Stuttgart 21,* wie die Befunde zur expliziten Trennung von Nachricht und Kommentar weiter oben ja auch zeigen, sie zitiert jedoch umso extensiver kritisch eingestellte Quellen. Der auffallend neutrale Nachrichtenstil in *Wikinews* ist mithin nur die eine Seite der Medaille. Auf der anderen ist eine tendenziöse Auswahl der Nachrichtenquellen deutlich zu erkennen. Hieran zeigt sich exemplarisch, dass die explizite Trennung von Nachricht und Kommentar wenig aussagekräftig ist, wenn gleichzeitig Berichterstattung und Kommentierung implizit vermischt werden. Am zweitstärksten fällt die Synchronisation von fremdvermittelten Meinungen und redaktioneller Linie bei *faz.net* aus, gefolgt mit einigem Abstand von *taz.de*. Die Nachrichtenangebote von *welt*.de und *süddeutsche.de* lassen dagegen nur eine äusserst geringe Synchronisation im weiteren Sinn erkennen.

Hiermit bestätigen sich im Grossen und Ganzen die weiter oben bereits formulierten Befunde zur Ausgewogenheit (vgl. Kap. 8.3.3). Wie sich dort zeigte, erweisen sich auch bei einer Betrachtung der Argumenttendenz, die nicht danach differenziert, ob die Pro- und Contra-Argumente von den Journalisten bzw. *Wikinews*-Autoren selbst oder den von ihnen zitierten Ausgangspartnern eingebracht werden, die Medienangebote *Wikinews* und *faz.net* eindeutig als am unausgewogensten, gefolgt von der Berichterstattung und Kommentierung auf *taz.de*. Über eine vergleichsweise hohe Ausgewogenheit in der Argumentation verfügen hingegen *süddeutsche.de* und *welt.de* (vgl. Kap. 8.3.3).

Bezüglich der Trennung von Nachricht und Kommentar lässt sich abschliessend festhalten, dass zwischen der professionellen Berichterstattung der vier untersuchten Tageszeitungen bzw. ihrer Online-Angebote und der Amateurberichterstattung von *Wikinews* ein aussagekräftiger Unterschied entdeckt wurde: Das Laienportal erfüllt die explizite Trennung von Nachricht und Kommentar angesichts seines auffallend neutralen Nachrichtenstils so gut wie fast kein anderes untersuchte Medienangebot (noch besser schneidet nur *welt.de* ab), verletzt jedoch die implizite Vermischung von Berichterstattung und Kommentierung angesichts seiner auffallend einseitigen Zitation von Quellen bzw. Ausgangspartnern vergleichsweise am stärksten. In keinem anderen der untersuchten Medienangebote besteht eine derart grosse Diskrepanz zwischen ausgewogener bzw. neutraler Wortwahl der Autoren in Bezug auf *Stuttgart 21* und einseitiger Selektion kritischer bzw. contra *Stuttgart 21* argumentierender Quellen. Einschränkend bleibt anzumerken, dass auch in den untersuchten professionellen Angeboten die Auswahl der Quellen zugunsten der eigenen redaktionellen Linie verzerrt ist. Eine solche Synchronisation im weiteren Sinne liess sich somit in unterschiedlichem Umfang in allen fünf untersuchten Medientiteln nachweisen.

9 Kernbefunde und Grenzen beider Teilstudien

Wie die erste Teilstudie gezeigt hat, greifen vier Fünftel der Beiträge von *Wikinews* auf die Massenmedien und somit den professionellen Journalismus als Informationsquellen zurück. Aufgrund dieser umfangreichen ‚Zweitverwertung' ist die journalistische Eigenleistung des Portals als eher gering einzustufen. Da während des Untersuchungszeitraums an mehreren Tagen keine neuen Beiträge auf *Wikinews* veröffentlicht wurden, liegt die *Periodizität* der Laienberichterstattung eindeutig unter derjenigen der Vergleichsberichterstattung von *süddeutsche.de*. Punkto *Aktualität* bzw. Gegenwartsbezug fallen die auf dem Laienportal veröffentlichten Nachrichten und Berichte allerdings nicht von der professionellen Vergleichsberichterstattung ab, doch ist der Anteil von Beiträgen mit fehlender Zeitangabe in *Wikinews* höher als auf *süddeutsche.de*, womit die Einordung des zeitlichen Geschehens in der Laienberichterstattung häufiger nicht möglich ist. Sowohl *Wikinews* als auch die professionelle Vergleichsberichterstattung orientieren sich gleichermassen am intersubjektiv-erfahrbaren Geschehen in der ‚Welt' und verfügen somit über denselben Grad an *Faktizität*. Beide Angebotsformen verfügen zudem über ein ähnliches Themenspektrum und somit eine vergleichbare *thematische Vielfalt*, gewichten jedoch die einzelnen Themenbereiche jeweils anders: Während Wirtschaft, Sport und Ratgeber-Themen im professionellen Medienangebot signifikant häufiger thematisiert werden, erhalten innere und äussere Sicherheit, Kultur, Natur und Umwelt in *Wikinews* mehr Raum. Die *thematische Ausgewogenheit* ist dennoch beim professionellen Nachrichtenanbieter grösser, da hier die unterschiedlichen Themenfelder ausbalancierter behandelt werden. Punkto *Vielfalt* und *Ausgewogenheit der geografischen Bezüge* der Berichterstattung sind keine nennenswerten Unterschiede zwischen beiden Angebotsformen auszumachen. Indessen lassen die auf *süddeutsche.de* veröffentlichten Beiträge insgesamt eine grössere *gesellschaftliche Relevanz* erkennen als die Laienberichterstattung von *Wikinews*.

Während die genannten Befunde der ersten Teilstudie dazu geeignet sind, die allgemeinen Themen-, Raum- und Zeitstrukturen der kollaborativen Laienberichterstattung von *Wikinews* mit einem professionell-journalistischen Nachrichtenangebot zu vergleichen, liefert der in einer zweiten Teilstudie durchgeführte weitere ‚performance test' zur Berichterstattung über *Stuttgart 21* detailliertere Befunde dazu, *wie* die Amateurberichterstattung ein bestimmtes (politisch) kontroverses Nachrichtenthema von allgemeiner Bedeutung behandelt. Auch hierzu fallen die Ergebnisse differenziert aus: Betrachtet man am Beispiel der durchgeführten Fallstudie zu *Stuttgart 21* die grundlegenden Vermittlungsstrukturen der untersuchten Amateurberichterstattung von *Wikinews* und der professionellen Referenzberichterstattung von *süddeutsche.de, faz.net, welt.de* und *taz.de*, so erweist sich das kollaborative Nachrichtenportal auf den ersten Blick nicht als weniger ‚journalistisch' als die untersuchten Massenmedien. Hier wie dort besteht ein deutliches Primat der für Journalismus im Allgemeinen charakteristischen *Fremdvermittlung* gegenüber der *Eigenvermittlung* (vgl. dazu auch Kap. 2.3.2 im Theorieteil), d.h. die relevanten Argumente bzw. Aussagen werden nicht primär von den Journalisten bzw. *Wikinews*-Autoren selbst geäussert, sondern stammen von unterschiedlichen gesellschaftlichen Ausgangspartnern, die in der Berichterstattung über direkte und indirekte Zitate zu Wort kommen. Darüber hinaus kommt in der untersuchten Berichterstattung sowohl von *Wikinews* als auch der Massenmedien das *Prinzip der Kommunikationsrepräsentanz* zum Tragen, das eine hochkonzentrierte und somit effiziente Fremdvermittlung, wie sie Journalismus darstellt, erst ermöglicht (vgl. dazu im Besonderen Kap. 2.3.1). Schliesslich zeichnen sich die Beiträge auf der Laienplattform durch Neutralität aus, soweit damit das Fehlen expliziter Meinungsäusserungen seitens der Autorinnen und Autoren gemeint ist (vgl. Kap. 8.6). Im Grundsatz verfügt *Wikinews* also über ein ‚journalistisches' Profil. Allerdings dürften diese Parallelen darauf zurückzuführen sein, dass *Wikinews* – wie bereits in der ersten Teilstudie deutlich wurde – grösstenteils auf Massenmedien als Informationsquellen zurückgreift. Trotz der grundsätzlich ähnlichen Vermittlungsstrukturen (Prinzipien der neutralen Fremdvermittlung und Kommunikationsrepräsentanz) unterscheidet sich das Laienportal eindeutig im *Umfang* seiner Fremdvermittlung von den professionellen Anbietern. So kommt in *Wikinews* pro Beitrag im Durchschnitt ein Ausgangspartner weniger in Bezug auf *Stuttgart 21* zu Wort. In diesem Punkt schneiden alle vier untersuchten professionellen Nachrichtenangebote besser ab als das Laienportal.

Mit Blick auf die Vielfalt und Ausgewogenheit der zu Wort kommenden Sprecher zeigen unterschiedliche Verfahren (Korrelationsmasse, Korrespondenzanalyse), dass sich *süddeutsche.de, faz.net, welt.de* und *taz.de* bezüglich der meisten Sprechergruppen untereinander deutlich ähnlicher sind als jeweils im Vergleich zu *Wikinews*. Den unterschiedlichen gesellschaftlichen Gruppierungen kommt somit in der Laien- und der professionellen Berichterstattung ein jeweils anderer Stellenwert als aktive Sprecher zu. In *Wikinews* können sich zivilgesellschaftliche Akteure wie Gewerkschaften, Naturschutzverbände, die ‚Parkschützer' u.a. sowie Demonstranten deutlich häufiger äussern. Insofern zeigt *Wikinews* eine Affinität zu den Alternativmedien (vgl. Kap. 3.3.2), obschon andere Befunde (z.b. der geringe Grad an Kommentierung durch die Autoren selbst, s.u.) eher gegen eine generelle Zuordnung des Portals zu dieser Mediengattung sprechen. In den Massenmedien erhalten umgekehrt die Vertreter von Regierung und Verwaltung, die Deutsche Bahn sowie der offizielle Streitschlichter Heiner Geissler mehr Artikulationschancen. *Wikinews* verfügt insgesamt zwar über eine etwas geringere Vielfalt der als aktive Sprecher einbezogenen gesellschaftlichen Gruppierungen als die professionelle Vergleichsberichterstattung, doch belegen Ausgewogenheitsindizes (*Simpson's D* und *Shannon's H*), dass beide Angebotsformen mit Blick auf die Zuteilung von Sprechmöglichkeiten zu unterschiedlichen sozialen Kräften gleich ausgewogen bzw. unausgewogen sind. Die Massenmedien schneiden diesbezüglich also nicht ‚besser' oder ‚schlechter' ab als *Wikinews*, doch setzen beide offensichtlich unterschiedliche Akzente, wen sie in der öffentlichen Kontroverse um *Stuttgart 21* bevorzugt zu Wort kommen lassen. Diesbezüglich besteht zwischen der Laien- und der professionellen Berichterstattung somit keine Konkurrenz, sondern ein Verhältnis der Komplementarität. Dieser Befund steht im Einklang mit Studien zu anderen Formen öffentlicher Laienkommunikation im Web (vgl. zur Übersicht Kap. 3.3.3).

Die bevorzugte Behandlung zivilgesellschaftlicher Akteure und Demonstranten als aktive Sprecher setzt sich bei *Wikinews* in einer Präferenz für bestimmte Themenaspekte von *Stuttgart 21* fort, die im Diskurs für oder gegen das Bauprojekt als Argumente dienen können. Im Vergleich zu den Massenmedien berichtet das Laienportal u.a. deutlich häufiger über Aspekte wie Polizeieinsätze, Demonstrationen, Filz-Vorwürfe, Rücktrittsforderungen, Ausländerfeindlichkeit, Sexismus und Diskriminierung, die als *indirekte* Argumente bezeichnet wurden, weil sie mit der Verhaltensweise der Befürworter und Gegner zu tun haben. Umgekehrt erhalten in den Massenmedien die sachlichen *direkten* Argumente für oder gegen den Bahnhofsumbau (z.B. Kostenfragen, mögliche Kapazitätssteigerung der Bahn, Ökologie, Umweltschutz, städtebauliche Aspekte, Schaffung von Arbeitsplätzen etc.) mehr Aufmerksamkeit. Auch dieser Befund bestätigt, dass es sich bei der untersuchten Laienberichterstattung von *Wikinews* und den professionellen Vergleichsmedien nicht um konkurrierende, sondern komplementäre Angebote handelt. Insgesamt schneidet das Laienportal bezüglich der Vielfalt und Ausgewogenheit behandelter Themenaspekte von *Stuttgart 21* schlechter ab als die professionellen Nachrichtenangebote, denn es greift im Untersuchungszeitraum zu keinem Zeitpunkt Themenaspekte auf, die sich nicht auch in den Massenmedien – dort womöglich mit einer anderen Gewichtung – beobachten lassen. Umgekehrt referieren die professionellen Medientitel auf einzelne Themenaspekte von *Stuttgart 21*, die im Laienportal gänzlich fehlen (z.B. Lärmbelästigung, internationale Anbindung der Züge, Schaffung von Arbeitsplätzen). Zudem werden in den Massenmedien durchschnittlich pro Beitrag deutlich mehr unterschiedliche konfliktspezifische Themenaspekte bzw. Argumente für oder gegen *Stuttgart 21* behandelt als in *Wikinews*. Inhaltlich-argumentativ sind die professionell-journalistischen Beiträge also reichhaltiger.

Neben den beteiligten Kommunikationspartnern und den behandelten Themenaspekten interessierte in Bezug auf die Ausgewogenheit der Berichterstattung über *Stuttgart 21* insbesondere auch die Frage, wie das umstrittene Bahnhofsprojekt in den untersuchten Medien bewertet wurde. Wie die Befunde zeigen, steht *Wikinews* aufgrund der Tendenz aller vermittelten Argumente *Stuttgart 21* am kritischsten gegenüber, gefolgt von der Berichterstattung und Kommentierung auf *taz.de*. Auch dies belegt die Nähe des kollaborativen Nachrichtenportals zu den Alternativmedien, in deren Tradition die *taz* immer noch steht. Als noch einseitiger – und zwar zugunsten des Projekts – erweist sich einzig die Berichterstattung von *faz.net*. Bezüglich der Unausgewogenheit der Argumentation kann also nicht von einem systematischen Unterschied zwischen der Laien- und der professionellen Berichterstattung gesprochen werden. Generell fällt in jenen Medienangeboten, die insgesamt einseitig zugunsten einer Position ausgerichtet sind (*faz.net*, *Wikinews* und *taz.de*), auch die allgemeine Bewertung der Befürworter und Gegner von *Stuttgart 21* entsprechend aus, d.h. hier stimmen Argumenttendenz und Akteursbewertung überein. Die Bewertung der beiden Konfliktparteien fällt in *Wikinews* allerdings erheblich einseitiger bzw. unausgewogener (und zwar zugunsten der *Stuttgart-21*-Gegner) als in sämtlichen professionellen Vergleichsmedien aus.

Was die Vielfalt unterschiedlicher journalistischer Darstellungsformen anbelangt, fäll *Wikinews* deutlich hinter die untersuchten vier professionellen Medientitel zurück, da auf dem Laienportal nahezu ausschliesslich Nachrichten und Berichte, nicht aber andere Textformen veröffentlicht werden. Das Defizit an unterschiedlichen journalistischen Darstellungsformen mag dem Leitbild des kollaborativen Nachrichtenportals geschuldet sein, das die Berichterstattung im engeren Sinn als Kernaufgabe erachtet und Formen der Kommentierung (d.h. gekennzeichnete Kommentare, Glossen, Meinungsartikel etc.) ausschliesst. Damit lässt sich allerdings das Fehlen bestimmter anderer journalistischer Darstellungsformen wie etwa der Reportage oder des Interviews noch nicht erklären. Offensichtlich sind dafür andere Gründe verantwortlich, allen voran wohl fehlende personelle und zeitliche Ressourcen der Amateurberichterstattung in *Wikinews*.

Im Hinblick auf die Erfüllung der expliziten Trennung von Nachricht und Kommentar besteht kein systematischer Unterschied zwischen der Laienberichterstattung von *Wikinews* und der professionellen Vergleichsberichterstattung. In den Nachrichten und Berichten des Laienportals finden sich auf Seiten der Autoren nur äusserst selten Meinungsäusserungen in Bezug auf *Stuttgart 21*. Der plattforminterne Anspruch grösstmöglicher Neutralität wird somit zumindest *der Form nach* eingehalten. Der auffallend neutrale Nachrichtenstil ist allerdings nur die eine Seite der Medaille. Auf der anderen ist eine einseitige *Auswahl* kritischer Quellen gegenüber *Stuttgart 21* und somit eine implizite Vermischung von Berichterstattung und Kommentierung zu erkennen (vgl. dazu auch Schönbach 1977: 26). Die Synchronisation eigenvermittelter und fremdvermittelter Meinungsäusserungen und die damit einhergehende Angleichung der Tendenz des Nachrichtenteils an die redaktionelle Linie sind grundsätzlich in allen fünf untersuchten Medienangeboten zu erkennen, in *Wikinews* ist allerdings die Diskrepanz zwischen der weitgehend fehlenden expliziten und der vergleichsweise stärksten impliziten Wertung aufgrund entsprechender Quellenauswahl am grössten: In keinem der untersuchten professionellen Medienangebote finden sich gleichzeitig so wenige explizite journalistische Meinungsäusserungen in Bezug auf *Stuttgart 21* und so viele ausdrückliche Stellungnahmen gegen das Infrastrukturprojekt auf Seiten selektierter Quellen.

Wie vollständig und transparent ist schliesslich die Amateurberichterstattung im Vergleich zur professionellen Berichterstattung? Gemessen am Vorkommen der Nachrichtenkategorien erreicht die Berichterstattung von *Wikinews* einen – allerdings nur wenig – tieferen Vollständigkeitsgrad als die Nachrichten und Berichte der professionellen Medienangebote. Deutlich schlechter als in der professionellen Berichterstattung fällt die Transparenz der Primärquellen bzw. Sprecher aus.

Obschon auf die Konzeption und Durchführung der hier präsentierten beiden Teilstudien grosse Sorgfalt verwendet wurde, muss in methodischer Hinsicht auf nicht gewählte Alternativen und Schwächen hingewiesen werden. Zum einen hätten die verwendeten Untersuchungskriterien teilweise sicherlich anders operationalisiert werden können, als dies geschehen ist (vgl. Kap. 5.4 u. 7.6). Bspw. hätte ‚Periodizität' weniger streng als über eine *tägliche* Aktualisierung der Angebote definiert werden können. ‚Vollständigkeit' hätte zudem anstatt über die Erfüllung eher abstrakter Nachrichtenkategorien auch über das Vorhandensein sogenannter Kern- oder Primäraussagen (vgl. z.B. Fahr 2001: 86) in Bezug auf *Stuttgart 21* und somit gegenstandsbezogen operationalisiert werden können. Allerdings lässt sich das Spektrum adressierter Konfliktdimensionen von *Stuttgart 21*, das in dieser Arbeit als einer von mehreren Indikatoren für ‚Vielfalt' verwendet wurde, ebenso gut als Mass für eine ereignisbezogene ‚Vollständigkeit' interpretieren. Zudem hätte man ‚Publizität' nicht wie in der Literatur vorgeschlagen bei öffentlich zugänglichen Internetangeboten als grundsätzlich gegeben erachten, sondern im Sinne einer ‚tatsächlichen Publizität' die Seitenaufrufe (Page Impressions oder Visits) und somit die Nutzung der untersuchten Angebote betrachten können. Darauf wurde bewusst verzichtet. Zwar finden sich für *Wikinews* Zugriffsstatistiken[273], doch erlauben es diese nicht danach zu unterscheiden, wie viele Seitenaufrufe des Wikis von den Autoren während der Erstellung von Inhalten (d.h. von Nachrichtenbeiträgen, aber auch anderen, z.B. internen Dokumenten zum gegenseitigen Austausch) generiert werden und wie viele tatsächlich auf die Nutzung der veröffentlichten Nachrichten durch die Rezipienten anfallen.[274] Die Zahlen sind somit nicht geeignet und können nicht mit den konsolidierten Zugriffszahlen der Websites von Massenmedien, wie sie in Deutschland z.B. die *Informationsgemeinschaft zur Feststellung der Verbreitung von Werbeträgern (IVW)* oder in der Schweiz die *NET-Metrix AG* veröffentlichten, verglichen werden.

Trotzdem lässt sich die passive bzw. rezeptive Nutzung von kollaborativen Nachrichtenportalen wie *Wikinews* im Vergleich zu professionell-journalistischen Medienangeboten über vorhandene Befragungsdaten sehr grob abschätzen. Gemäss einer von Neuberger (2012) in Kooperation mit dem *Deutschen Fachjournalisten-Verband (DFJV)* durchgeführten Online-Befragung (n= 1000 Personen) mit starker Annäherung an die Quotenvorgaben der jährlich durchgeführten repräsentativen *ARD/ZDF-Onlinestudie* nutzen 18.1 Prozent der Befragten mindestens einmal pro Woche Nachrichtenplattformen wie *Wikinews* oder *Indymedia*, bei denen jedermann mitschreiben kann. Für Weblogs beträgt der entsprechende Anteil 21.6 Prozent, für *Twitter* 11.9 Prozent. Demgegenüber werden die Internetangebote von Zeitungen und Zeitschriften von 42.1 Prozent und die Websites von Fernsehen und Radio

---

[273] Vgl. etwa die von Erik Zachte für die *Wikimedia Foundation* laufend nachgeführte Dokumentation unter http://stats.wikimedia.org/wikinews/EN/TablesPageViewsMonthly.htm (23. März 2016).
[274] Zwischen Produzenten und Rezipienten in klassischem Sinn lässt sich hier ohnehin kaum trennen. Nutzer von *Wikinews* können in produktiver, rein rezeptiver oder in einer Mischrolle als ‚produser' auftreten (vgl. Bruns 2008b: 9ff.; Bruns/Schmidt 2011).

von 37.8 Prozent der Befragten ein- oder mehrmals wöchentlich aufgesucht. Wie diese Zahlen nahe legen, verfügen die Massenmedien also über eine deutlich höhere ‚tatsächliche' Publizität im Netz als die erwähnten partizipativen Online-Angebote.[275]

Zum anderen kann, wie zu Beginn des empirischen Teils bereits erwähnt wurde (vgl. Kap. 4), vom kollaborativen Nachrichtenportal *Wikinews* nicht ohne Weiteres auf andere partizipative Online-Angebote oder gar den ‚Bürgerjournalismus' im Netz schlechthin geschlossen werden, dessen Grundgesamtheit sich ohnehin kaum festlegen lässt. Aufgrund fehlender Repräsentativität ist bei der Generalisierung der dargestellten Befunde somit grosse Vorsicht geboten. Zur Klärung der Ausgangsfrage, ob im Internet allenfalls funktionale Äquivalente zum professionellen Journalismus entstehen, vermag die Fallstudie zu *Wikinews* dennoch einen Beitrag zu leisten. Das Nachrichtenwiki stellt aufgrund seines explizit journalistischen Anspruchs, der sich in einem entsprechenden Leitbild und plattforminternen Richtlinien manifestiert (vgl. Kap. 3.3.3), ein besonders vielversprechendes Beispiel für funktionierenden ‚Bürgerjournalismus' dar. Zum Zweck eines Leistungsvergleichs mit dem professionellen Journalismus hat es sich somit – und die Befunde rechtfertigen diese Wahl – geradezu aufgedrängt. Vermutlich gibt es derzeit kein anderes von Laien erstelltes, komplett internetbasiertes Nachrichtenangebot, das dem (Informations-)Journalismus so nahe kommt wie *Wikinews*. In diesem Sinne vermögen die empirischen Befunde zu illustrieren, welche journalistischen Vermittlungsleistungen Laien über netzbasierte, räumlich getrennte Zusammenarbeit mit einem nur geringen Organisationsgrad *bestenfalls* erbringen können. Trotzdem, so zeigen die Ergebnisse beider durchgeführten Studien deutlich, entspricht die hier veröffentlichte Berichterstattung bei weitem nicht den journalistischen Vermittlungsleistungen des professionellen und in Massenmedien institutionalisierten Journalismus.

---

[275] Allerdings ist auch in der erwähnten Studie nicht klar, auf welche Aktivitäten sich die Seitenaufrufe genau beziehen. Bei den erwähnten Social Media-Angeboten wie *Twitter*, Weblogs und Nachrichten-Beteiligungsplattformen ist davon auszugehen, dass die Erstellung von Inhalten in den angegebenen Zahlen enthalten ist.

10 Zusammenfassung und Fazit

Die übergeordnete Fragestellung dieser Arbeit lautet, inwiefern die in den letzten Jahren zugenommene Publikationstätigkeit von Laien im Internet, die öffentlich wahrnehmbar über verschiedene Webanwendungen erfolgt und in der Literatur teils unter dem Begriff des ‚Bürgerjournalismus' bzw. ‚citizen journalism' zusammengefasst wird, tatsächlich journalistische, d.h. mit dem Angebot des professionell betriebenen und in Massenmedien institutionalisierten Journalismus vergleichbare Leistungen erbringt (vgl. Neuberger 2008a: 27; Neuberger/Quandt 2010: 70ff.; Schönhagen/Kopp 2007: 297). Um diese Frage zu beantworten, ist vorab grundlegend zu klären, was unter Journalismus überhaupt zu verstehen ist, worin dessen Orientierungs- und Vermittlungsleistungen bestehen und anhand welcher Merkmale er sich identifizieren lässt. Mit einem Kapitel zum Journalismus zu Beginn dieser Arbeit wird deshalb das theoretische Fundament für alle weiteren Kapitel gelegt (vgl. Kap. 2).

Die empirische Journalismusforschung hat bisher zur Eingrenzung ihres Gegenstands in der Regel auf Strukturmerkmale wie ‚Profession' (Journalismus wird hauptberuflich von fest angestellten oder freien Journalisten ausgeübt) und ‚Redaktion' (Journalismus findet sich in Medienorganisationen und ist in einer bestimmten Weise redaktionell organisiert) zurückgegriffen (vgl. z.B. Bonfadelli et al. 2011: 13; Marr et al. 2001: 52ff.; Weischenberg et al. 2006b: 347; im Überblick Malik 2011: 261ff.). Allerdings erscheint es gerade im Hinblick auf Phänomene wie den ‚Bürgerjournalismus' fraglich, ob es sich dabei tatsächlich um *notwendige* Merkmale von Journalismus bzw. journalistischer Leistungen im Allgemeinen handelt (vgl. Neuberger 2003: 132 u. 2008a: 19). Würde man solche Strukturmerkmale als notwendige Voraussetzungen des Journalismus verstehen, wäre die Möglichkeit eines von lose im Netz zusammenarbeitenden Laien erbrachten ‚Bürgerjournalismus' a priori ausgeschlossen. In einer *funktionalen* Betrachtungsweise ist Journalismus deshalb allein sinnhaft abzugrenzen, und nicht etwa anhand der in einer bestimmten Art und Weise verfassten Medien, über die er verbreitet wird (vgl. Görke/Kohring 1996: 17ff.; Kohring 2000: 153 u. 162; Kohring 2005: 275). Dieser Auffassung zufolge ergeben sich die Konstitutionsmerkmale des Journalismus in erster Linie aus seiner *Funktion*. Folglich werden in dieser Arbeit zuerst systemtheoretische Journalismuskonzepte gesichtet, in denen die Ka-

Zusammenfassung und Fazit

tegorien ‚Funktion' und ‚Leistung' theorieimmanent eine wichtige Rolle spielen (vgl. u.a. Blöbaum 1994; Görke 2000; Kohring 2000; Rühl 1969a). Aus den systemtheoretischen Ansätzen lassen sich einige Kriterien wie u.a. *Autonomie, Faktizität, Aktualität* und *Relevanz* ableiten, die Journalismus kennzeichnen. Gleichzeitig müssen die systemtheoretischen Bestimmungen der *Funktion* des Journalismus jedoch als wenig stringent und kaum operabel eingestuft werden (vgl. Kap. 2.1).

Aus diesem Grund wendet sich die Arbeiit sodann einer – scheinbar gänzlich anderen, im Ergebnis aber erstaunlich konvergenten – Theorietradition zu und findet im zeitungswissenschaftlichen Werk von Otto Groth (1928 u. 1960) eine mehrfach ergiebige theoretische Basis (vgl. Kap. 2.2). Zum einen lassen sich Groths ‚Wesensmerkmale' der Zeitung (u.a. sind das *Publizität, Periodizität, Aktualität* und *Universalität*) auf den Journalismus schlechthin – also auch den Journalismus im Internet – übertragen (vgl. z.B. Meier 2007: 74; Neuberger et al. 2009a: 200f. u. 209). Diese Kriterien können dabei unter Heranziehung der neueren Literatur zur Qualität im Journalismus noch differenziert und ergänzt werden (vgl. u.a. Arnold 2009; Fahr 2001; Hagen 1995b; Wyss 2002). Zum anderen versteht Groth die primäre *Funktion* des Journalismus in der ‚Kommunikationsvermittlung', was später in der *Theorie der Sozialen Zeit-Kommunikation* vollständig ausgearbeitet und kommunikationsgeschichtlich erhärtet wird (vgl. insbesondere Wagner 1978a u. 1995).

Die Primärfunktion des Journalismus erkennt dieser Ansatz in der hochkonzentrierten *Vermittlung* aktueller gesellschaftlicher Kommunikation. Er zeichnet dabei historisch nach, wie sich ausgehend vom frühen Botenwesen in der Antike und dem Mittelalter – Nachrichten waren zielgenau adressiert und wurden bestimmungsgemäss ihrem Empfänger übermittelt – ein unabhängig und auf eigene Rechnung arbeitendes Dienstleistungsgewerbe von Zeitungsmachern entwickelte, das nicht zuletzt dank des Ausbaus der Verkehrsnetze und der Entwicklung des Postwesens die ersten journalistischen Medien (u.a. mit einem breiten Nachrichtenüberblick) auf dem Markt anbieten konnte. Deren Herstellung und Verbreitung rationalisierten sich dank weiteren technischen Fortschritts (Druckerpresse, Rundfunk, Internet), womit sich jeweils auch die Vermittlungsbedingungen änderten.

Der Mehrwert dieser kommunikationshistorischen Herangehensweise liegt darin, dass sie die Entwicklung des Journalismus seit seiner Entstehung evolutiv nachzeichnet und somit dessen überdauerndes Funktionsprinzip der *Vermittlung* freilegen kann. Neuerdings findet sich diese Perspektive mit erstaunlichen Parallelen auch in der englischsprachigen Fachliteratur (vgl. Domingo et al. 2008: 327ff.; Quandt 2011: 158ff.). Belegt ist in diesem Zu-

Zusammenfassung und Fazit

sammenhang zudem, dass die Macher der ersten Zeitungen bereits an bestimmte ‚Vermittlungsprinzipien' gebunden waren (*Allseitigkeit, Quellentransparenz, Trennung von Nachricht und Kommentar, Sinntreue*), die sich noch heute im Qualitätsdiskurs zum Journalismus wiederfinden (vgl. Schönhagen 1998 u. 1999; Schröter 1988b u. 1992) (vgl. Kap. 2.3). Insbesondere der Anspruch einer allseitigen, d.h. potenziell alle gesellschaftlichen Gruppierungen und deren Interessen inkludierenden Kommunikationsvermittlung entspricht dabei auch einer normativen Anforderung verschiedener Öffentlichkeitsmodelle (vgl. Neidhardt 1994; Habermas 1990).

Aus den hier nur kurz skizzierten theoretischen Strängen leitet die Arbeit schliesslich ein Raster von Kriterien ab, die es erlauben sollen, Journalismus unabhängig von seiner institutionellen Verfasstheit und medialen Verbreitungsart zu identifizieren: *Autonomie, Publizität, Universalität* bzw. *Vielfalt, Ausgewogenheit, Periodizität, Aktualität, gesellschaftliche Relevanz, Vollständigkeit, Faktizität, Quellentransparenz, Sinntreue* sowie *Trennung von Nachricht und Kommentar*. Die Diskussion dieser Kriterien lässt erkennen, dass zwischen so unterschiedlichen theoretischen Herangehensweisen wie der systemtheoretischen Journalismustheorie und dem zeitungswissenschaftlichen Ansatz Groths erhebliche Konvergenzen bestehen, was gleichzeitig stark für die allgemeine Gültigkeit der daraus abgeleiteten Kriterien spricht. Deren Erfüllung ist, wie die Diskussion weiter zeigt, voraussetzungsreich und wird nicht von ungefähr von einem professionalisierten Vermittlungsgewerbe mit beruflich tätigen Journalisten erbracht (vgl. Kap. 2.4).

Sodann wendet sich die Arbeit ihrem Untersuchungsgegenstand zu (vgl. Kap. 3). Den Beginn macht dabei ein Unterkapitel zu den grundlegenden Begriffen – darin wird der sogenannte ‚Bürgerjournalismus' bzw. ‚citizen journalism' gegenüber ähnlichen Konzepten wie dem ‚partizipativen Journalismus' bzw. ‚participatory journalism' (vgl. u.a. Thurman/Hermida 2010; Singer et al. 2011), und dem ‚public journalism' (vgl. u.a. Glasser 1999; Forster 2006) abgegrenzt und für die vorliegende Arbeit definiert (vgl. Kap. 3.1).

Im darauf folgenden Kapitel werden die in der Literatur regelmässig anzutreffenden Argumentationslinien erörtert, wonach im Internet überhaupt ein eigenständiger und leistungsfähiger ‚Bürgerjournalismus' entstehen könnte. Das Spektrum reicht hier vom allenthalben thematisierten technischen Medienwandel – Stichwort: Digitalisierung – über soziologische Befunde einer erhöhten Partizipation in verschiedenen Gesellschaftsbereichen durch die Neukonfiguration der Rollen von Leistungserbringern und -empfängern, die in digitalen Medienumgebungen beobachtbare ‚kollektive Intelligenz' einer grossen Zahl von Nutzern bei der gemeinsamen Schaffung von Wissens- und Kulturgütern (Bsp.: *Wikipedia, Linux; Project Gutenberg*) bis zu ökonomischen Argumenten und dem Glaubwürdigkeitsverlust der Massenmedien (vgl. Kap. 3.2). Wie die Disskussion zeigt, vermögen diese Argumentationsstränge nicht restlos zu klären, ob das Internet gleichsam von selbst einen ‚Bürgerjournalismus' hervorbringt, dessen Leistunngsfähigkeit mit dem professionellen Journalismus vegleichbar wäre.

Wie der im Anschluss (vgl. Kap. 3.3) dargestellte Forschungsstand dann allerdings erkennen lässt, stellt die öffentlich sichtbare Publikationstätigkeit von Laien bislang keine gleichwertige Alternative zum professionellen und in Massenmedien institutionalisierten Journalismus dar. Dies gilt nicht nur für die bereits ‚älteren' Formen öffentlicher Laienkommunikation (Alternativmedien und Angebote des dritten Rundfunksektors), welche die massenmediale Berichterstattung inhaltlich ergänzen, aber mitnichten mit ihr konkurrieren (vgl. Kap. 3.3.2), sondern auch für die ‚jüngeren' Formen im Web. Zahlreiche Studien zu Weblogs, Microblogging-Diensten wie *Twitter*, Podcasts und Social News deuten darauf hin, dass es sich bei diesen Formaten weniger um funktionale Äquivalente zum Journalismus, sondern um komplementäre Phänomene handelt (vgl. Kap. 3.3.3). Zum einen zeigt sich das bei den vermittelten Inhalten, zum anderen haben die aktiven Nutzer der genannten Internetanwendungen (Produzenten) grösstenteils aber auch keine journalistischen Ambitionen bzw. möchten gar nicht Journalismus betreiben. Insofern erscheint es fragwürdig, in diesem Kontext überhaupt von Journalismus zu sprechen.

Angesichts des Forschungsstands erstaunt es allerdings, dass bisher noch kaum jene von Laien erstellten Netzangebote in den Blick genommen worden sind, die *explizit* – etwa aufgrund ihres Leitbildes, ihrer Nutzungsbestimmungen, aber auch des Rollenselbstverständnisses ihrer aktiven Nutzerschaft – einen journalistischen Anspruch erheben. Dazu gehören kollaborativ erstellte Nachrichtenangebote wie *Wikinews*, das im empirischen Teil der Arbeit hinsichtlich seines journalistischen Potenzials näher untersucht wird.[276]

Zu diesem Zweck wird in zwei Stufen eine vergleichende quantitative Inhaltsanalyse durchgeführt, um den im theoretischen Teil hergeleiteten Katalog von Konstitutionsmerkmalen des Journalismus gleichzeitig auf die Laienberichterstattung in *Wikinews* und die professionell-journalistische Berichterstattung ausgewählter Massenmedien anzuwenden (vgl. Kap. 4 bis 9).

---

[276] Die deutschsprachige Version von *Wikinews* ist online abrufbar unter www.wikinews.de (23. März 2016).

Zusammenfassung und Fazit

Im Rahmen einer ersten Teilstudie wird die Berichterstattung des kollaborativen Nachrichtenportals mit dem Online-Angebot der *Süddeutschen Zeitung* (süddeutsche.de) verglichen. In einer allgemeinen Themenstrukturanalyse wird für einen Untersuchungszeitraum von drei Monaten (September bis November 2009) die Berichterstattung beider Publikationstypen im Hinblick auf die Dimensionen Vielfalt und Ausgewogenheit der behandelten Themenbereiche und geografischen Ereignisräume, Aktualität, Periodizität, gesellschaftliche Relevanz sowie Faktizität der veröffentlichten Beiträge untersucht. Eine zweite Teilstudie von grösserer Analysetiefe geht der Frage nach, wie in *Wikinews* im Vergleich zu den Online-Angeboten der *Süddeutschen Zeitung* (süddeutsche.de), der *Welt* (welt.de), der *Frankfurter Allgemeinen Zeitung* (faz.net) sowie der *taz* (taz.de) während ebenfalls dreier Monate (Oktober bis Dezember 2010) über das in der Öffentlichkeit kontrovers diskutierte Infrastrukturprojekt *Stuttgart 21* berichtet wird. Im Rahmen einer Argumentationsanalyse wird u.a. erhoben, wer im öffentlichen Streit vermittelt über die Medien gegenüber wem mit welchen Argumenten und Meinungspositionen zu Wort kommt. Methodisch stellt die Arbeit hier eine Modifikation und Fortentwicklung bisheriger Argumentationsanalysen (vgl. u.a. Weiss 1989; Hagen 1992) dar, da sie den sachlichen Gehalt eines Arguments (Konfliktdimension) und seine Richtung (Argumenttendenz) im Meinungsstreit für oder gegen das Grossbauprojekt *Stuttgart 21* getrennt erfasst. Zudem wird zur Identifikation von Äusserungen (und Argumenten als deren Bestandteile) im Untersuchungsmaterial auf die Sprechakttheorie zurückgegriffen.[277]

Wie die erste Teilstudie zeigt, veröffentlicht *Wikinews* zwar gemäss dem eigenen Anspruch Nachrichten mit hohem Gegenwartsbezug (*Aktualität*) aus verschiedenen gesellschaftlichen Themenbereichen (*thematische Vielfalt*), verfügt aber nicht über die *Periodizität* des professionellen (Tages-)Journalismus, da zwischen der Veröffentlichung neuer Artikel teils mehrere Tage liegen. Das vorgefundene Themenspektrum erweist sich zudem nicht als derart *ausgewogen* wie im professionellen Journalismus, z.B. sind Neuigkeiten aus der Sportwelt, Ratgeber-Themen und Wirtschaftsnachrichten vergleichsweise sehr selten, während ein Schwerpunkt bei kulturellen Themen auszumachen ist. Den in *Wikinews* behandelten Ereignissen wird von der Community angesichts schwächer ausgeprägter Nachrichtenfaktoren eine geringere *gesellschaftliche Relevanz* zugeschrieben. Grössere Parallelen zur professionellen Vergleichsberichterstattung bestehen indessen bei den Raumbezügen der Berichterstattung: *Wikinews* offenbart sich als überregionaler

---

[277] Siehe dazu die Angaben im Codebuch im Anhanng B.2.

Zusammenfassung und Fazit

Nachrichtenanbieter, der über einen nahezu identischen Anteil an Auslandsnachrichten wie *süddeutsche.de* verfügt. Insgesamt erstaunt diese Parallele nicht, denn das Laienportal ist – dies ein weiterer und zentraler Befund – in bedeutendem Umfang von den redaktionellen Leistungen des professionellen Journalismus abhängig, in gut 80 Prozent der Beiträge wird auf die Massenmedien als zugrunde liegende Informationsquellen verwiesen. Aufgrund dieser umfangreichen ‚Zweitverwertung' ist die journalistische Eigenleistung von *Wikinews* als gering einzustufen.

Die Fallstudie zu *Stuttgart 21* verdeutlicht, dass *Wikinews* zwar insofern über ein ‚journalistisches' Profil verfügt, als der primäre Vermittlungsmodus wie bei den professionellen Vergleichsmedien in der *Fremdvermittlung* besteht (dies im Gegensatz zur sogenannten Eigenvermittlung, wie sie für Weblogs und Soziale Netzwerke charakteristisch ist). Allerdings ist der Umfang dieser Fremdvermittlung geringer, denn auf *Wikinews* kommt im Durchschnitt pro Beitrag ein Sprecher weniger zu *Stuttgart 21* zu Wort als in der Online-Berichterstattung der untersuchten Tageszeitungen.

Hinsichtlich der *Vielfalt* und *Ausgewogenheit* zu Wort kommender Akteure zeigen verschiedene Verfahren (Korrelationsmasse, Korrespondenzanalyse), dass sich die professionellen Titel untereinander ähnlicher sind als jeweils im Vergleich zu *Wikinews*. Im ‚Bürgermedium' werden deutlich mehr zivilgesellschaftliche Sprecher (z.B. Vertreter von Aktionsbündnissen, Naturschutzverbänden, Gewerkschaften etc.) zitiert als in der professionellen Referenzberichterstattung. Umgekehrt kommt die *Deutsche Bahn AG* als offizielle Trägerin des umstrittenen Infrastrukturprojekts kein einziges Mal selbst zu Wort. In den Massenmedien erhalten Regierungs- und Verwaltungsvertreter sowie der offizielle Streitschlichter Heiner Geissler mehr Artikulationsraum. Bezüglich der berücksichtigten Sprechergruppen sind die Massenmedien und das Laienportal insofern ähnlich *(un-)ausgewogen*, als sie bestimmte Schwerpunkte in der Auswahl ihrer Quellen setzen. Dieses Muster zeigt sich auch bei den Argumenten für oder gegen *Stuttgart 21*: Während sich die Berichterstattung der Massenmedien mehr um sogenannte *direkte Argumente* dreht, welche sachlich für oder gegen das Bauprojekt sprechen (z.B. Kostenfragen, mögliche Kapazitätssteigerungen der Bahn, Umweltschutz, städtebauliche Aspekte, Schaffung von Arbeitsplätzen etc.), greift *Wikinews* erkennbar häufiger sogenannte *indirekte Argumente* auf, die sich auf die moralisch bewertbare Verhaltensweise der Kontrahenten beziehen (z.B. Filz-Vorwürfe an die Regierung, Rücktrittsforderungen, Polizeieinsätze, Ausländerfeindlichkeit etc.). Angesichts dieser Befunde weist *Wikinews* eine Nähe zu den Alternativmedien auf (vgl. z.B. Hüttner et al. 2011; Weichler 1987), obschon sich eine generelle Zuordnung zu diesem Medientyp aufgrund anderer Eigenschaften – insbesondere aufgrund des Primats der Fremd- gegenüber der Eigenvermittlung – verbietet.

Während *Wikinews* die explizite Trennung von Nachricht und Kommentar im Untersuchungszeitraum besser als die vier verglichenen Tageszeitungen in ihrer Online-Berichterstattung eingehalten hat – Meinungsäusserungen und Werturteile durch die ‚Wikireporter' selbst waren sozusagen keine zu finden –, wurden hier bedeutend häufiger ‚opportune Zeugen' (vgl. Hagen 1992) zitiert, die sich sehr kritisch gegenüber dem Jahrhundertbauvorhaben äusserten. Insgesamt fällt die Berichterstattung von *Wikinews* dadurch zwar einseitig, aber nicht unausgewogener als jene der professionellen Referenzmedien aus. Defizite bestehen hingegen bei der *Vielfalt journalistischer Darstellungsformen* und der *Quellentransparenz*.

Die vorliegende Arbeit trägt zur weiteren Erschliessung des Forschungsfelds des ‚citizen journalism' bei und fügt sich als Mosaikstein in ein Gesamtbild ein, das auf der Grundlage von Erkenntnissen zu Webanwendungen wie Weblogs, Microblogging-Diensten wie *Twitter*, Podcasts oder Social News-Plattformen deutlichere Konturen annimmt. Die Beispielstudie zu *Wikinews* ist insofern sehr aufschlussreich, als es zurzeit vermutlich kein anderes kollaborativ von Laien erstelltes Nachrichtenangebot im Internet gibt, das dem Anspruch des (Informations-)Journalismus so nahe kommt. Obschon von dieser Einzelfallstudie streng genommen nicht auf die Gesamtheit ‚bürgerjournalistischer' Angebote im Netz geschlossen werden kann, vermögen die Befunde somit zu illustrieren, welche journalistischen Vermittlungsleistungen Laienpublikationen im Netz *bestenfalls* erbringen können. Dabei ist gut denkbar, dass sich künftig noch weitere Dienste im Web ausbreiten, die vorschnell als neue Formen des ‚Journalismus' ausgerufen werden – wobei hier nicht der Umstand gemeint ist, dass der professionelle Journalismus sich neue Kommunikationsmittel und Kanäle erschliesst bzw. sie adaptiert und integriert (sogenannter ‚partizipativer Journalismus'). Nicht nur der gesichtete Forschungsstand zu den erwähnten unterschiedlichen Anwendungsformen ‚journalismusnaher' öffentlicher Laienkommunikation im Netz, auch die im Rahmen dieses Forschungsprojekts gewonnenen empirischen Befunde speziell zur wikibasierten Berichterstattung durch Laien zeigen die grosse – im Falle von *Wikinews*: existenzielle – Abhängigkeit des sogenannten ‚Bürgerjournalismus' von der massenmedialen Berichterstattung. Der professionelle und in Massenmedien institutionalisierte Journalismus scheint für die Vermittlung gesamtgesellschaftlicher Kommunikation somit auch im Zeitalter von Social Media unersetzbar zu sein.

Abbildungen

Abbildung 1: Verhältnis von Universalität, Aktualität und Relevanz 50
Abbildung 2: Modell der vermittelten Mitteilung nach Otto Groth 71
Abbildung 3: Viergliedrige Rollenstruktur der Kommunikationsvermittlung 76
Abbildung 4: Journalismus als Vermittlung gesellschaftlicher Kommunikation 83
Abbildung 5: ‚Bürgerjournalismus' und ‚partizipativer Journalismus' 129
Abbildung 6: Vorgelagerte Vermittlungsinstanzen in *Wikinews* (n=199) 251
Abbildung 7: Aktualität der Berichterstattung 253
Abbildung 8: Themenverteilung im Vergleich 255
Abbildung 9: Themenverteilung eigenproduzierter Beiträge im Vergleich.............. 258
Abbildung 10: Geografische Bezugsräume der Berichterstattung im Vergleich 259
Abbildung 11: Nachrichtenfaktoren als Relevanzindikatoren im Vergleich 261
Abbildung 12: Konfliktdimensionen und Meinungspositionen zu *Stuttgart 21* 277
Abbildung 13: Korrespondenzanalyse bezüglich der Ausgangspartner 307
Abbildung 14: Korrespondenzanalyse zum Vorkommen indirekter Argumente...... 319
Abbildung 15: Argumenttendenz (Mittelwerte) 323
Abbildung 16: Bewertungstendenz (Mittelwerte) 329
Abbildung 17: Synchronisation der Bewertung von *Stuttgart 21* 347

Tabellen

Tabelle 1: Konstitutionsmerkmale journalistischer Medienangebote 112
Tabelle 2: ‚Citizen', ‚participatory' und ‚public journalism' im Vergleich 132
Tabelle 3: Untersuchungstage für *süddeutsche.de* 235
Tabelle 4: Stichprobe der ersten Teilstudie 237
Tabelle 5: Operationalisierung und Auswertung der Untersuchungskriterien 243
Tabelle 6: Reliabilitätskoeffizienten 247
Tabelle 7: Stichprobe der zweiten Teilstudie 273
Tabelle 8: Operationalisierung und Auswertung der Untersuchungskriterien 287
Tabelle 9: Reliabilitätskoeffizienten der Variablen auf Beitragsebene 289
Tabelle 10: Reliabilitätskoeffizienten der Variablen auf Argumentenebene 290
Tabelle 11: Ausgangspartner (Argumenturheber) nach Quellentyp 298
Tabelle 12: Sprecherstatus der Ausgangspartner 300
Tabelle 13: Anzahl Ausgangspartner, die sich zu *Stuttgart 21* äussern 301
Tabelle 14: Befürworter und Gegner von *Stuttgart 21* als Ausgangspartner 303
Tabelle 15: Ausgangspartner 304
Tabelle 16: Thematisierte Konfliktdimensionen von *Stuttgart 21* 310
Tabelle 17: Direkte und indirekte Argumente zu *Stuttgart 21* 312
Tabelle 18: Einzelauswertung *direkter* Argumente zu *Stuttgart 21* 314
Tabelle 19: Einzelauswertung *indirekter* Argumente zu *Stuttgart 21* 316
Tabelle 20: Unterkategorien für die Codierung von Polizeieinsätzen 317
Tabelle 21: Tendenz aller publizierten Argumente 322
Tabelle 22: Befürworter und Gegner von *Stuttgart 21* als Zielpartner 326
Tabelle 23: Bewertung der Befürworter und Gegner von *Stuttgart 21* 327
Tabelle 24: Journalistische Darstellungsformen aller Beiträge 332
Tabelle 25: Kategorien des Nachrichtenschemas in der Berichterstattung 336
Tabelle 26: Anzahl Nachrichtenkategorien pro Beitrag (Mittelwerte) 337
Tabelle 27: Transparenz gesellschaftlicher Ausgangspartner 339
Tabelle 28: Transparenz gesellschaftlicher Ausgangspartner (Mittelwerte) 341
Tabelle 29: Nicht markierte Kommentare 342
Tabelle 30: Journalistische Bewertung von *Stuttgart 21* im Nachrichtenteil 344

Literatur

Adams, Richard (2011): Huffington Post Sold to AOL for $315m. In: The Guardian, 7. Februar. URL: http://www.guardian.co.uk/world/richard-adams-blog/2011/feb/07/huffington-post-sale-aol-ariana (19. Februar 2016).

Alby, Tom (2008a): Professionell Bloggen mit Wordpress. München: Hanser.

Alby, Tom (2008b): Web 2.0. Konzepte, Anwendungen, Technologien. 3. Aufl., München: Hanser.

Allan, Stuart (2006): Online News: Journalism and the Internet. Maidenhead: Open University Press.

Allan, Stuart (2009): Histories of Citizen Journalism. In: Allan, Stuart / Thorsen, Einar (Hrsg.): Citizen Journalism. Global Perspectives. New York: Peter Lang, S. 17-31.

Alpar, Paul / Blaschke, Steffen (2008): Phänomen Web 2.0. In: Alpar, Paul / Blaschke, Steffen (Hrsg.): Web 2.0. Eine empirische Bestandsaufnahme. Wiesbaden: Vieweg & Teubner, S. 3-14.

Alphonso, Don (2004): Ein Dutzend Gründe, warum Blogs den Journalismus im Internet aufmischen werden. In: Alphonso, Don / Pahl, Kai (Hrsg.): Blogs! Text und Form im Internet. Berlin: Schwarzkopf & Schwarzkopf, S. 23-43.

Altmeppen (2000a): Online-Medien: Das Ende des Journalismus? Formen und Folgen der Aus- und Entdifferenzierung des Journalismus. In: Altmeppen, Klaus-Dieter / Bucher, Hans-Jürgen / Löffelholz, Martin (Hrsg.): Online-Journalismus. Perspektiven für Wissenschaft und Praxis. Wiesbaden: Westdeutscher Verlag, S. 123-138.

Altmeppen, Klaus-Dieter (2000b): Entscheidungen und Koordinationen. Dimensionen journalistischen Handelns. In: Löffelholz, Martin (Hrsg.): Theorien des Journalismus. Ein diskursives Handbuch. Wiesbaden: Westdeutscher Verlag, S. 293-310.

Altmeppen, Klaus-Dieter / Löffelholz, Martin (1998): Journalismus. In: Jarren, Otfried / Sacrinelli, Ulrich / Saxer, Ulrich (Hrsg.): Politische Kommunikation in der demokratischen Gesellschaft. Ein Handbuch mit Lexikonteil. Wiesbaden: Westdeutscher Verlag, S. 414-421.

Ammann, Ilona / Krämer, Benjamin / Engesser, Sven (2010): Bildhafte Themen und kuriose Typen. Die Bedeutung der Fotos der Bild-Leserreporter. In: Medien & Kommunikations-wissenschaft, Jg. 58, Heft 1, S. 83-101.

Andrews, Paul (2003): Is Blogging Journalism? In: Nieman Reports, Jg. 57, Heft 3, S. 63-64.

Antony, Mary G. / Thomas, Ryan J. (2010): This Is Citizen Journalism at Its Finest: YouTube and the Public Sphere in the Oscar Grant Shooting Incident. In: New Media & Society, Jg. 12, Heft 8, S. 1280-1296.
Arbeitsgemeinschaft der Landesmedienanstalten (ALM) (Hrsg.) (2011): ALM Jahrbuch. Landesmedienanstalten und privater Rundfunk in Deutschland. Berlin: Vistas.
Arbeitsgemeinschaft der Landesmedienanstalten (ALM) (Hrsg.) (2015): ALM Jahrbuch. Landesmedienanstalten und privater Rundfunk in Deutschland. Berlin: Vistas.
Arge, Philip (1998): Building an Internet Culture. In: Telematics and Informatics, Jg. 15, Heft 3, S. 231-234.
Armborst, Matthias (2006): Kopfjäger im Internet oder publizistische Avantgarde? Was Journalisten über Weblogs und ihre Macher wissen sollten. Berlin: LIT.
Armstrong, Cory L. / Gao, Fangfang (2010): Now Tweet This. How News Organizations Use Twitter. In: Electronic News, Jg. 4, Heft 4, S. 218-235.
Arnold, Klaus (2009): Qualitätsjournalismus. Die Zeitung und ihr Publikum. Konstanz: UVK.
Arthur, Charles (2008): How Twitter and Flickr Recorded the Mumbai Terror Attacks. In: The Guardian, 27 November. URL: http://www.guardian.co.uk/technology/2008/nov/27/mumbai-terror-attacks-twitter-flickr (26. März 2016).
Artwick, Claudette G. (2013): Reporters on Twitter. Product or Service? In: Digital Journalism, Jg. 1, Heft 2, S. 212-228.
Atton, Chris (2002): Alternative Media. London: Sage.
Atton, Chris (2008): Citizen Journalism In: Donsbach, Wolfgang (Hrsg.): The International Encyclopedia of Communication. Malden: Blackwell, S. 487-495.
Atton, Chris (2009a): Alternative and Citizen Journalism. In: Wahl-Jorgensen, Karin / Hanitzsch, Thomas (Hrsg.): The Handbook of Journalism Studies. New York: Routledge, S. 265-278.
Atton, Chris (2009b): Why Alternative Journalism Matters. In: Journalism, Jg. 10, Heft 3, S. 283-285.
Atton, Chris / Hamilton, James F. (2008): Alternative Journalism. Los Angeles: Sage.
Austin, John L. (1962): How to Do Things with Words. Oxford: Clarendon Press.
Baerns, Barbara (1985): Öffentlichkeitsarbeit oder Journalismus? Zum Einfluss im Mediensystem. Köln: Verlag Wissenschaft und Politik.
Bähr, Günther (2010): Schuldenlast: Eigner des Süddeutschen Verlags unzufrieden. In: Focus Online, 3. Mai. URL: http://www.focus.de/kultur/medien/media-box-schuldenlast-eigner-des-sueddeutschen-verlags-unzufrieden_aid_504087.html (26. März 2016).

Literatur

Baran, Stanley J. / Davis, Dennis K. (2012): Mass Communication Theory: Foundations, Ferment, and Future. 6th ed., Boston: Wadsworth.

Barlow, William (1988): Community Radio in the US: The Struggle for a Democratic Medium. In: Media, Culture & Society, Jg. 10, Heft 1, S. 81-105.

Baum, Achim (1994): Journalistisches Handeln. Eine kommunikationstheoretisch begründete Kritik der Journalismusforschung. Opladen: Westdeutscher Verlag.

Baumert, Dieter Paul (1928): Die Entstehung des deutschen Journalismus. Eine sozialgeschichtliche Studie. München / Leipzig: von Duncker & Humblot.

Beck, Hanno (2011): Medienökonomie. Print, Fernsehen und Multimedia. 3. Aufl., Berlin: Springer.

Beck, Klaus (1989): Telefongeschichte als Sozialgeschichte: Die soziale und kulturelle Aneignung des Telefons im Alltag. In: Forschungsgruppe Telefonkommunikation (Hrsg.): Telefon und Gesellschaft. Beiträge zu einer Soziologie der Telekommunikation. Berlin: Spiess, S. 45-75.

Beck, Klaus (2006a): Aktualität. In: Günter, Bentele / Brosius, Hans-Bernd / Jarren, Otfried (Hrsg.): Lexikon Kommunikations- und Medienwissenschaft. Wiesbaden: VS, S. 11-13.

Beck, Klaus (2006b): Computervermittelte Kommunikation im Internet. München: Oldenbourg.

Beck, Klaus (2008): Neue Medien – alte Probleme? Blogs aus medien- und kommunikationsethischer Sicht. In: Zerfass, Ansgar / Welker, Martin / Schmidt, Jan (Hrsg.): Kommunikation, Partizipation und Wirkungen im Social Web. Bd. 1: Grundlagen und Methoden: Von der Gesellschaft zum Individuum. Köln: Herbert von Halem Verlag, S. 62-77.

Beck, Klaus (2010a): Kommunikationswissenschaft. 2. Aufl., Konstanz: UVK.

Beck, Klaus (2010b): Soziologie der Online-Kommunikation. In: Schweiger, Wolfgang / Beck, Klaus (Hrsg.): Handbuch Online-Kommunikation. Wiesbaden: VS, S. 15-35.

Beck, Klaus / Reineck, Dennis / Schubert, Christiane (2010): Journalistische Qualität in der Wirtschaftskrise. Konstanz: UVK.

Beiler, Markus (2013): Nachrichtensuche im Internet. Inhaltsanalyse zur journalistischen Qualität von Nachrichtensuchmaschinen. Konstanz: UVK.

Benkler, Yochai (2006): The Wealth of Networks. How Social Production Transforms Markets and Freedom. New Haven: Yale University Press.

Bentele, Günter (1988): Wie objektiv können Journalisten sein. In: Erbring, Lutz (Hrsg.): Medien ohne Moral. Variationen über Journalismus und Ethik. Berlin: Argon, S. 196-225.

Bentele, Günter / Liebert, Tobias / Seeling, Stefan (1997): Von der Determination zur Intereffikation. Ein integriertes Modell zum Verhältnis von Public Relations und

Journalismus. In: Bentele, Günter / Haller, Michael (Hrsg.): Aktuelle Entstehung von Öffentlichkeit. Akteure – Strukturen – Veränderungen. Konstanz: UVK, S. 225-250.

Berendt, Bettina / Schlegel, Martin / Koch, Robert (2008): Die deutschsprachige Blogosphäre: Reifegrad, Politisierung, Themen und Bezug zu Nachrichtenmedien. In: Zerfaß, Ansgar / Welker, Martin / Schmidt, Jan (Hrsg.): Kommunikation, Partizipation und Wirkungen im Social Web. Bd. 2: Strategien und Anwendungen: Perspektiven für Wirtschaft, Politik, Publizistik. Köln: Herbert von Halem Verlag, S. 72-96.

Best, Stefanie (2000): Der Intra-Extra-Media-Vergleich – ein wenig genutztes Analyseinstrument und seine methodischen Anforderungen. In: Publizistik, Jg. 45, Heft 1, S. 51-69.

Beywl, Wolfgang (1982): Die Alternativpresse – ein Modell für Gegenöffentlichkeit und seine Grenzen. In: Aus Politik und Zeitgeschichte (Beilage zur Wochenzeitung Das Parlament), Jg. 1982, Heft 45, S. 18-31.

Beywl, Wolfgang / Brombach, Hartmut (1982): Kritische Anmerkungen zur Theorie der Alternativpresse. In: Publizistik, Jg. 27, Heft 4, S. 551-569.

Blasius, Jörg (2001): Korrespondenzanalyse. München: Oldenbourg.

Blättel-Mink, Birgit (2010): Vorwort. In: Blättel-Mink, Birgit / Hellmann, Kai-Uwe (Hrsg.): Prosumer Revisited. Zur Aktualität einer Debatte. Wiesbaden: VS, S. 7-12.

Blöbaum, Bernd (1994): Journalismus als soziales System. Geschichte, Ausdifferenzierung und Verselbständigung. Opladen: Westdeutscher Verlag.

Blöbaum, Bernd (2002): Strukturwandel der Alternativpresse. Die taz und ihr Publikum. In: Baum, Achim / Schmidt, Siegfried J. (Hrsg.): Fakten und Fiktionen. Über den Umgang mit Medienwirklichkeiten. Konstanz: UVK, S. 127-138.

Blood, Rebecca (2003): Weblogs and Journalism: Do They Connect? In: Nieman Reports, Jg. 57, Heft 3, S. 61-63.

BlueSky Media (2009): Die Podcaster. Zielgruppenanalyse der Nutzer von Podcasts: Nutzung, Motive und Werbeakzeptanz. URL: http://blog.podcast.de/files/ Podcaststudie-2009_podcastDe_BlueSkyMedia.pdf (15. Februar 2016).

Bogen, Cornelia / Domaschke, Madlen / Pabst, Sabine / Viehoff, Reinhold (2008): Senioren in sachsen-anhaltischen Bürgermedien (Schriftenreihe der Medienanstalt Sachsen-Anhalt, Bd. 8). Berlin: Vistas.

Bonfadelli, Heinz (2002): Medieninhaltsforschung. Grundlagen, Methoden, Anwendungen. Konstanz: UVK.

Bonfadelli, Heinz / Keel, Guido / Wyss, Vinzenz / Marr, Mirko (2011): Journalists in Switzerland: Structures and Attitudes. In: Studies in Communication Sciences, Jg. 11, Heft 2, S. 7-26.

Bonfadelli, Heinz / Saxer, Ulrich / Hättenschwiler, Walter (1979): 20 Jahre Blick. Analyse einer schweizerischen Boulevardzeitung. Zürich.

Borger, Merel / van Hoof, Anita / Costera Meijer, Irene / Sanders, José (2013): Constructing Participatory Journalism as a Scholarly Object. In: Digital Journalism, Jg. 1, Heft 1, S. 117-134.

Bosshart, Stefan (2012): ‚Peer Production' und Journalismus: Gemeinschaftsproduktion im Internet und ihre Übertragbarkeit auf wikibasierte Laienberichterstattung. In: Medien Journal. Zeitschrift für Kommunikationskultur, Jg. 36, Heft 2, S. 20-37.

Bosshart, Stefan / Schönhagen, Philomen (2011): Kollaborative Nachrichtenproduktion durch Laien: Was leistet der sogenannte Citizen Journalism im Internet? In: Wolling, Jens / Will, Andreas / Schumann, Christina (Hrsg.): Medieninnovationen. Wie Medienentwicklungen die Kommunikation in der Gesellschaft verändern. Konstanz: UVK, S. 61-81.

Bowman, Shayne / Willis, Chris (2003): We Media. How Audiences Are Shaping the Future of News and Information. Reston: Media Center at the American Press Institute.

Bradshaw, Paul (2009): Wiki Journalism. In: Thorsen, Einar / Allan, Stuart (Hrsg.): Citizen Journalism. Global Perspectives. New York: Peter Lang, S. 243-254.

Bradshaw, Paul (2010): Blogging Journalists: The Writing on the Wall. In: Tunney, Sean / Monaghan, Garrett (Hrsg.): Web Journalism. A New Form of Citizenship? Brighton: Sussex Academic Press, S. 97-106.

Brand, Karl-Werner / Büsser, Detlef / Rucht, Dieter (1986): Aufbruch in eine andere Gesellschaft neue soziale Bewegungen in der Bundesrepublik. Frankfurt, Main: Campus-Verlag.

Brecht, Bertolt (1932): Rede über die Funktion des Rundfunks. Nachgedruckt 1967 in: Schriften zur Literatur und Kunst, Bd. 1, Frankfurt a. M.: Suhrkamp, S. 119-134.

Breunig, Christian (1998): Offene Fernseh- und Hörfunkkanäle in Deutschland. In: Media Perspektiven, Heft 5, S. 236-249.

Brosda, Carsten (2007): Diskursiver Journalismus. Journalistisches Handeln zwischen kommunikativer Vernunft und mediensystemischem Zwang. Wiesbaden: VS.

Brosius, Hans-Bernd / Berry, Colin (1990): Ein Drei-Faktoren-Modell der Wirkung von Fernsehnachrichten. In: Media Perspektiven, Heft 9, S. 573-583.

Brosius, Hans-Bernd / Koschel, Friederike (2005): Methoden der empirischen Kommunikationsforschung. Eine Einführung. 3. Aufl., Wiesbaden: VS.

Brosius, Hans-Bernd / Zubayr, Camille (1996): Vielfalt im deutschen Fernsehprogramm. Eine empirische Anwendung eines Qualitätsmassstabs. In: Rundfunk und Fernsehen, Jg. 44, Heft 2, S. 185-213.

Brunhuber, Robert (1907): Das moderne Zeitungswesen (System der Zeitungslehre). Leipzig: G. J. Göschen'sche Verlagshandlung.
Bruns, Axel (2005): Gatewatching. Collaborative Online News Production. New York: Peter Lang.
Bruns, Axel (2006): Wikinews: The Next Generation of Alternative Online News? In: Scan, Jg. 3, Heft 1. URL: http://scan.net.au/scan/journal/display.php?journal_id=69 (26. März 2016).
Bruns, Axel (2008a): The Active Audience: Transforming Journalism from Gatekeeping to Gatewatching. In: Paterson, Chris / Domingo, David (Hrsg.): Making Online News. The Ethnography of New Media Production. New York: Peter Lang, S. 171-184.
Bruns, Axel (2008b): Blogs, Wikipedia, Second Life, and Beyond: From Production to Produsage. New York: Peter Lang.
Bruns, Axel / Highfield, Tim (2012): Blogs, Twitter, and Breaking News: The Produsag of Citizen Journalism. In: Lind, Rebecca Ann (Hrsg.): Produsing Theory in a Digital World. The Intersection of Audiences and Production in Contemporary Theory. New York: Peter Lang, S. 15-32.
Bruns, Axel / Humphreys, Sal (2005): Wikis in Teaching and Assessment: The M/Cyclopedia Project. In: Proceedings of the 2005 International Symposium on Wikis, S. 25-32. URL: http://doi.acm.org/10.1145/1104973.1104976 (26. März 2016).
Bruns, Axel / Jacobs, Joanne (2006): Introduction. In: Bruns, Axel / Jacobs, Joanne (Hrsg.): Uses of Blogs. New York: Peter Lang, S. 1-8.
Bruns, Axel / Schmidt, Jan-Hinrik (2011): Produsage: A Closer Look at Continuing Developments. In: New Review of Hypermedia and Multimedia, Jg. 17, Heft 1, S. 3-7.
Bruns, Thomas / Marcinkowski, Frank (1997): Politische Information im Fernsehen. Eine Längsschnittstudie zur Veränderung der Politikvermittlung in Nachrichten und politischen Informationssendungen. Opladen: Leske + Budrich.
Brüseke, Franz / Grosse-Oetringhaus, Hans-Martin (1981): Blätter von unten. Alternativzeitungen in der Bundesrepublik. Offenbach: Verlag 2000.
Bucher, Hans-Jürgen (2003): Journalistische Qualität und Theorien des Journalismus. In: Bucher, Hans-Jürgen / Altmeppen, Klaus-Dieter (Hrsg.): Qualität im Journalismus. Grundlagen, Dimensionen, Praxismodelle. Wiesbaden: Westdeutscher Verlag, S. 11-34.
Bucher, Hans-Jürgen (2004): Journalismus als kommunikatives Handeln. Grundlagen einer handlungstheoretischen Journalismustheorie. In: Löffelholz, Martin (Hrsg.): Theorien des Journalismus. Ein diskursives Handbuch. 2. Aufl., Wiesbaden: VS, S. 263-285.

Literatur

Bucher, Hans-Jürgen / Altmeppen, Klaus-Dieter (Hrsg.) (2003): Qualität im Journalismus. Grundlagen, Dimensionen, Praxismodelle. Wiesbaden: Westdeutscher Verlag.

Bucher, Hans-Jürgen / Büffel, Steffen (2005): Vom Gatekeeper-Journalismus zum Netzwerk-Journalismus. Weblogs als Beispiel journalistischen Wandels unter den Bedingungen globaler Medienkommunikation. In: Behmer, Markus / Blöbaum, Bernd / Scholl, Armin / Stöber, Rudolf (Hrsg.): Journalismus und Wandel. Analysedimensionen, Konzepte, Fallstudien. Wiesbaden: VS, S. 85-122.

Buchholz, Klaus-Jürgen (1998): Offene Kanäle und nichtkommerzielle Lokalradios in Niedersachsen. Ein erster Projektbericht. Hannover: Niedersächsische Landesmedienanstalt für Privaten Rundfunk.

Buchholz, Klaus-Jürgen (2003): Vielfalt gegen Einfalt – Bürgermedien in Deutschland. In: Medien Journal, Heft 4, S. 75-84.

Buchstein, Hubertus (1996): Bittere Bytes: Cyberbürger und Demokratietheorie. In: Deutsche Zeitschrift für Philosophie, Jg. 44, Heft 4, S. 583-607.

Büffel, Steffen / Pleil, Thomas / Schmalz, Jan Sebastian (2007): Net-Wiki, PR-Wiki, KoWiki. Erfahrungen mit kollaborativer Wissensproduktion in Forschung und Lehre. In: kommunikation@gesellschaft, Jg. 8, S. 1-23. URL: http://www.soz.uni-frankfurt.de/K.G/F2_2007_Bueffel_Pleil_Schmalz.pdf (26. März 2016).

Bühl, Achim (2008): SPSS 16. Einführung in die moderne Datenanalyse. 11. Aufl., München: Pearson Studium.

Burkart, Roland (2002): Kommunikationswissenschaft. Grundlagen und Problemfelder. Umrisse einer interdisziplinären Sozialwissenschaft. 4. Aufl., Wien/Köln/Weimar: Böhlau.

Burkhardt, Steffen (2009): Praktischer Journalismus. München: Oldenbourg.

Busari, Stephanie (2008): Tweeting the Terror: How Social Media Reacted to Mumbai. In: CNN.com, 28 November. URL: http://edition.cnn.com/2008/WORLD/asiapcf/11/27/mumbai.twitter (26. März 2016).

Busch, Christoph (1981): Was Sie schon immer über freie Radios wissen wollten, aber nie zu fragen wagten! Münster: Freundeskreis Freie Radios.

Busemann, Katrin (2013): Wer nutzt was im Social Web? Ergebnisse der ARD/ZDF-Onlinestudie 2013. In: Media Perspektiven, Heft 7/8, S. 391-399.

Busemann, Katrin / Gscheidle, Christoph (2012): Web 2.0: Habitualisierung der Social Communitys. Ergebnisse der ARD/ZDF-Onlinestudie 2012. In: Media Perspektiven, Heft 7/8, S. 380-390.

Bussmann, Hadumod (1990): Lexikon der Sprachwissenschaft. 2. Aufl., Stuttgart: Kröner.

Büteführ, Nadja (1995): Zwischen Anspruch und Kommerz. Lokale Alternativpresse 1970-1993: Systematische Herleitung und empirische Überprüfung. Münster: Waxmann.

Campell, Vincent / Gibson, Rachel / Gunter, Berrie / Touri, Maria (2010): News Blogs, Mainstream News and News Agendas. In: Tunney, Sean / Monaghan, Garrett (Hrsg.): Web Journalism. A New Form of Citizenship? Brighton: Sussex Academic Press, S. 29-45.

Carey, James W. (1989): Communication as Culture. Essays on Media and Society. Boston: Unwin Hyman.

Carpenter, Serena (2008): How Online Citizen Journalism Publications and Online Newspapers Utilize the Objecticity Standard and Rely on External Sources. In: Journalism & Mass Communication Quarterly, Jg. 85, Heft 3, S. 531-548.

Carpenter, Serena (2010): A Study of Content Diversity in Online Citizen Journalism and Online Newspaper Articles. In: New Media Society, Jg. 12, Heft 7, S. 1064-1084.

Cenite, Mark / Detenber, Benjamin H. / Koh, Andy W. K. / Lim, Alvin L. H. / Soon, Ng Ee (2009): Doing the Right Thing Online: A Survey of Bloggers' Ethical Beliefs and Practices. In: New Media & Society, Jg. 11, Heft 4, S. 575-597.

Chadha, Kalyani (2012): Twitter as Media Watch-Dog? Lessons from India's Radia Tapes Scandal. In: Global Media and Communication, Jg. 8, Heft 2, S. 171-176.

Cheng, Alex / Evans, Mark (2009): An In-Depth Look at the 5% of Most Active Users (edited by Sysomos Inc.). URL: http://www.sysomos.com/insidetwitter/mostactiveusers/ (26. März 2016).

Cheng, Alex / Evans, Mark / Singh, Harshdeep (2009): Inside Twitter. An In-Depth Look Inside the Twitter World (edited by Sysomos Inc.). URL: http://www.sysomos.com/docs/Inside-Twitter-BySysomos.pdf (26. März 2016).

Christians, Clifford / Glasser, Theodore / McQuail, Denis / Nordenstreng, Kaarle / White, Robert (2009): Normative Theories of the Media. Journalism in Democratic Societies. Chicago: University of Illinois Press.

Chu, Donna (2012): Interpreting News Values in J-Blogs: Case Studies of Journalist Bloggers in Post-1997 Hong Kong. In: Journalism, Jg. 13, Heft 3, S. 371-387.

Corrigan, Don H. (1999): The Public Journalism Movement in America. Evangelists in the Newsroom. Westport: Praeger.

Corsten, Michael / Kauppert, Michael (2007): Wir-Sinn und fokussierte Motive. Zur biographischen Genese bürgerschaftlichen Engagements. In: Zeitschrift für Soziologie, Jg. 36, Heft 5, S. 346-363.

Crowley, David / Heyer, Paul (2007): Communication in History: Technology, Culture, Society. 5. Aufl., Boston: Pearson Allyn & Bacon.

Literatur

Curran, James (2007): Reinterpreting the Democratic Roles of the Media. In: Brazilian Journalism Research, Jg. 3, Heft 1, S. 31-54.

Dahinden, Urs / Kaminski, Piotr / Niederreuther, Raoul (2004): „Content is King" – Qualitätsbeurteilung von Online-Zeitungen aus Angebots- und Rezipientenperspektive. In: Beck, Klaus / Schweiger, Wolfgang / Wirth, Werner (Hrsg.): Gute Seiten – schlechte Seiten. Qualität in der Online-Kommunikation. München: Reinhard Fischer, S. 103-126.

Dahl, Jürgen (1996): Abschied von der Schreibmaschine. Das Ende einer Kulturtechnik. In: Die Zeit, 30. August, S. 76.

de Boer, Hendrik (1981): Sendungsbewußte Piraten. Zur Situation der „Freien Radios". In: Medium, Jg. 11, Heft 3, S. 14-21.

De Keyser, Jeroen / Sehl, Annika (2011): May They Come in? A Comparison of German and Flemish Efforts to Welcome Public Participation in the News Media. In: First Monday, Jg. 16, Heft 10. URL: http://firstmonday.org/ojs/index.php/fm/article/view/3457/3064 (26. März 2016).

Debatin, Bernhard (1999): Allwissenheit und Grenzenlosigkeit: Mythen um Computernetze. In: Wilke, Jürgen (Hrsg.): Massenmedien und Zeitgeschichte. Konstanz: UVK, S. 481-490.

Deuze, Mark / Bruns, Axel / Neuberger, Christoph (2007): Preparing for an Age of Participatory News. In: Journalism Practice, Jg. 1, Heft 3, S. 322-338.

Diekmann, Andreas (2002): Empirische Sozialforschung Grundlagen, Methoden, Anwendungen. 9. Aufl., Reinbek bei Hamburg: Rowohlt Taschenbuch Verlag.

Dimmick, John (1993): Ecology, Economics, and Gratification Utilities. In: Alexander, Alison / Owers, James / Carveth, Rod (Hrsg.): Media Economics. Theory and Practice. Hillsdale: Lawrence Erlbaum Associates, S. 135-156.

Dimmick, John W. (2003): Media Competition and Coexistence. The Theory of the Niche. New York: L. Erlbaum Associates.

Dittler, Ullrich / Kindt, Michael / Schwarz, Christine (Hrsg.) (2007): Online-Communities als soziale Systeme: Wikis, Weblogs und Social Software im E-Learning. Münster: Waxmann.

Domingo, David / Heinonen, Ari (2008): Weblogs and Journalism: A Typology to Explore the Blurring Boundaries. In: Nordicom Review Jg. 29, Nr. 1, S. 3-15.

Domingo, David / Quandt, Thorsten / Heinonen, Ari / Paulussen, Steve / Singer, Jane B. / Vujnovic, Marina (2008): Participatory Journalism Practices in the Media and Beyond: An International Comparative Study of Initiatives in Online Newspapers. In: Journalism Practice, Jg. 2, Heft 3, S. 326-342.

Donges, Patrick / Leonarz, Martina / Meier, Werner A. (2005): Theorien und theoretische Perspektiven. In: Bonfadelli, Heinz / Jarren, Otfried / Siegert, Gabriele

(Hrsg.): Einführung in die Publizistikwissenschaft. 2. Aufl., Bern: Haupt, S. 103-147.

Donsbach, Wolfgang (1993): Das Verhältnis von Journalismus und Politik im internationalen Vergleich. In: Bürger fragen Journalisten e.V. (Hrsg.): Medien in Europa. Angst als publizistische Strategie. Erlangen: TM-Verlag, S. 67-82.

Donsbach, Wolfgang (2009): Journalismus als Wissensprofession. Technische und wirtschaftliche Einflüsse erfordern eine neue Definition journalistischer Kompetenz. In: Holtz-Bacha, Christina / Reus, Gunter / Becker, Lee B. (Hrsg.): Wissenschaft mit Wirkung. Beiträge zu Journalismus- und Medienwirkungsforschung. Wiesbaden: VS, S. 191-204.

Dorer, Johanna (1995): Struktur und Ökonomie der „Alternativpresse". Eine Bestandesaufnahme des nichtkommerziellen Zeitschriftenmarktes am Beispiel Österreich. In: Publizistik, Jg. 40, Heft 3, S. 327-344.

Dorer, Johanna (2004): Another Communication is Possible. Triales Rundfunksystem und die Geschichte der Freien Radios in Österreich. In: Medien & Zeit, Jg. 19, Heft 3, S. 4-14.

Dovifat, Emil (1968): Handbuch der Publizistik. Bd. 1: Allgemeine Publizistik. Berlin: Walter de Gruyter.

Dovifat, Emil / Wilke, Jürgen (1976): Zeitungslehre. 6. Aufl., Berlin: Walter de Gruyter.

Downing, John / Ford, Tamara Villarreal / Gil, Genève / Stein, Laura (2001): Radical Media. Rebellious Communication and Social Movements. Thousand Oaks: Sage.

Dyson, Esther (1997): Release 2.0. A Digital Design for Living in the Digital Age. London: Viking.

Earl, Jennifer / McKee Hurwitz, Heather / Mejia Mesinas, Analicia / Tolan, Margaret / Arlotti, Ashley (2013): This Protest will be Tweeted. Twitter and Protest Policing during the Pittsburgh G20. In: Information, Communication & Society, Jg. 16, Heft 4, S. 459-478.

Ebersbach, Anja / Glaser, Markus / Heigl, Richard (2011): Social Web. 2. Aufl., Konstanz: UVK.

Eberwein, Tobias (2010): Von „Holzhausen" nach „Blogville" – und zurück. Medienbeobachtung in Tagespresse und Weblogs. In: Eberwein, Tobias / Müller, Daniel (Hrsg.): Journalismus und Öffentlichkeit. Eine Profession und ihr gesellschaftlicher Auftrag. Festschrift für Horst Pöttker. Wiesbaden: VS, S. 143-168.

Eichhorn, Wolfgang (2002): Journalismus, Öffentlichkeit und Demokratie. Die Idee des 'Public Journalism'. In: Nawratil, Ute / Schönhagen, Philomen / Starkulla jr., Heinz (Hrsg.): Medien und Mittler sozialer Kommunikation. Beiträge zu Theorie,

Geschichte und Kritik von Journalismus und Publizistik. Leipzig: Leipziger Universitätsverlag, S. 329-350.

Eilders, Christiane (1997): Nachrichtenfaktoren und Rezeption. Eine empirische Analyse zur Auswahl und Verarbeitung politischer Information. Opladen: Westdeutscher Verlag.

Eilders, Christiane / Geißler, Sebastian / Hallermayer, Michael / Noghero, Michael / Schnurr, Jan-Mathis (2010): Zivilgesellschaftliche Konstruktionen politischer Realität. Eine vergleichende Analyse zu Themen und Nachrichtenfaktoren in politischen Weblogs und professionellem Journalismus. In: Medien und Kommunikationswissenschaft, Jg. 58, Heft 1, S. 63-81.

Ekdale, Brian / Namkoong, Kang / Fung, Timothy K.F. / Perlmutter, David D. (2010): Why blog? (Then and Now). Exploring the Motivations for Blogging by Popular American Political Bloggers. In: New Media & Society, Jg. 12, Heft 2, S. 217-234.

el-Nawawy, Mohammed / Khamis, Sahar (2011): Political Blogging and (Re) Envisioning the Virtual Public Sphere: Muslim-Christian Discourses in Two Egyptian Blogs. In: The International Journal of Press/Politics, Jg. 16, Heft 2, S. 234-253.

Engels, Kerstin (2003): Kommunikationsarbeit in Online-Medien. Zur beruflichen Entwicklung kommunikativer Erwerbstätigkeiten. Eine explorative Studie aus institutionentheoretischer Sicht. Wiesbaden: Westdeutscher Verlag.

Engesser, Sven (2008): Partizipativer Journalismus: Eine Begriffsanalyse. In: Zerfass, Ansgar / Welker, Martin / Schmidt, Jan (Hrsg.): Kommunikation, Partizipation und Wirkungen im Social Web. 2 Bde., Bd. 2 : Strategien und Anwendungen: Perspektiven für Wirtschaft, Politik und Publizistik. Köln: Halem, S. 47-71.

Engesser, Sven (2010): Barrieren medialer Partizipation. Ergebnisse eines explorativen Feldexperiments. In: Wolling, Jens / Seifert, Markus / Emmer, Martin (Hrsg.): Politik 2.0? Die Wirkung computervermittelter Kommunikation auf den politischen Prozess. Baden-Baden: Nomos, S. 151-168.

Engesser, Sven (2013): Die Qualität des Partizipativen Journalismus im Web. Bausteine für ein integratives theoretisches Konzept und eine explanative empirische Studie. Wiesbaden: VS.

Engesser, Sven / Krämer, Benjamin / Ammann, Ilona (2010): Bereichernd oder belanglos? Der Nachrichtenwert partizipativer Pressefotografie im Boulevardjournalismus. In: Publizistik, Jg. 55, Heft 2, S. 129-151.

ENIGMA GfK (2011): Reichweiten des niedersächsischen Bürgerrundfunks (hrsg. von der Niedersächsischen Landesmedienanstalt). URL: http://www.nlm.de/fileadmin/dateien/buergersender/pdf/RW_Bürgerrundfunk_2011.pdf (26. März 2016).

Enzensberger, Hans Magnus (2000): Das digitale Evangelium. Propheten, Nutzniesser, Verächter. In: Glotz, Peter (Hrsg.): Christoph-Martin-Wieland-Vorlesungen. Erfurt: Sutton, S. 10-25.

Ermert, Monika (2011): ITU bilanziert alte und neue digitale Gräben In: heise online, 16. September. URL: http://www.heise.de/netze/meldung/ITU-bilanziert-alte-und-neue-digitale-Graeben-1344379.html (26. März 2016).

Essler, Wilhelm K. (1971): Wissenschaftstheorie II. Theorie und Erfahrung. Freiburg / München: Verlag Karl Alber.

Eurich, Claus (1980): Gegen- oder Komplementärmedien? Zu Gegenstand, Funktion und Ursache „Alternativer Kommunikation". In: Jarren, Otfired (Hrsg.): Stadtteilzeitung und lokale Kommunikation (Dortmunder Beiträge zur Zeitungsforschung, Bd. 32). München: Saur, S. 13-37.

Eurich, Claus (1981): Alternativ-Publizistik. In: Koszyk, Kurt / Pruys, Hugo (Hrsg.): Handbuch der Massenkommunikation. München: dtv, S. 11-12.

Eurostat (2012): Haushalte mit häuslichem Internetzugang. URL: http://appsso.eurostat.ec.europa.eu/nui/show.do?dataset=isoc_pibi_hiac&lang=de (26. März 2016).

Expertengruppe Offener Kanal (1980): Erläuterungen zu den Regeln für den Offenen Kanal. In: Longolius, Christian (Hrsg.): Fernsehen in Deutschland. Offerer Kanal: Eröffnung der Diskussion. Hamburg: Hans-Bredow-Institut, S. 28-39.

Fabris, Hans Heinz (1979): Journalismus und bürgernahe Medienarbeit. Formen und Bedingungen der Teilhabe an gesellschaftlicher Kommunikation. Salzburg: Verlag Wolfgang Neugebauer.

Fahr, Andreas (2001): Katastrophale Nachrichten. Eine Analyse der Qualität von Fernsehnachrichten. München: Reinhard Fischer.

Fahr, Andreas (2006): Vielfalt. In: Günter, Bentele / Brosius, Hans-Bernd / Jarren, Otfried (Hrsg.): Lexikon Kommunikations- und Medienwissenschaft. Wiesbaden: VS, S. 304.

Farhi, Paul (2009): The Twitter Explosion. In: American Journalism Review, Jg. 31, Heft 3, S. 26-31.

Fengler, Susanne (2008): Media WWWatchdogs? Die Rolle von Blogs für die Medienkritik in den USA. In: Quandt, Thorsten / Schweiger, Wolfgang (Hrsg.): Journalismus online – Partizipation oder Profession? Wiesbaden: VS, S. 157-171.

Fico, Frederick / Lacy, Stephen / Wildman, Steven S. / Baldwin, Thomas / Bergan, Daniel / Zube, Paul (2013): Citizen Journalism Sites as Information Substitutes and Complements for United States Newspaper Coverage of Local Governments. In: Digital Journalism, Jg. 1, Heft 1, S. 152-168.

Fisch, Martin / Gscheidle, Christoph (2008): Mitmachnetz Web 2.0: Rege Beteiligung nur in Communitys. Ergebnisse der ARD/ZDF-Onlinestudie 2008. In: Media Perspektiven, Heft 7, S. 356-364.

Literatur

Flichy, Patrice (1995): Dynamics of Modern Communication. The Shaping and Impact of New Communication Technologies. London: Sage.

Flieger, Wolfgang (1992): Die TAZ. Vom Alternativblatt zur linken Tageszeitung. München: Ölschläger.

Forster, Klaus (2006): Journalismus im Spannungsfeld zwischen Freiheit und Verantwortung. Das Konzept des „Public Journalism" und seine empirische Relevanz. Köln: Herbert von Halem Verlag.

Fraas, Claudia / Meier, Stefan / Pentzold, Christian (2012): Online-Kommunikation. Grundlagen, Praxisfelder und Methoden. München: Oldenbourg.

Fretwurst, Benjamin (2008): Nachrichten im Interesse der Zuschauer. Eine konzeptionelle und empirische Neubestimmung der Nachrichtenwerttheorie. Konstanz: UVK.

Fromm, Sabine (2010): Datenanalyse mit SPSS für Fortgeschrittene. Multivariate Verfahren für Querschnittsdaten. Wiesbaden: VS.

Früh, Werner (2007): Inhaltsanalyse. Theorie und Praxis. 6. Aufl., Konstanz: UVK.

Früh, Werner / Wünsch, Carsten (2007): Unterhaltung. In: Scholl, Armin / Renger, Rudi / Blöbaum, Bernd (Hrsg.): Journalismus und Unterhaltung. Theoretische Ansätze und empirische Befunde. Wiesbaden: VS, S. 31-52.

Fürst, Silke / Schönhagen, Philomen / Bosshart, Stefan (2015): Mass Communication Is More Than A One-Way Street: On the Persistent Function and Relevance of Journalism. In: Javnost – The Public, Jg. 22, Heft 4, S. 328-344.

Galtung, Johan / Ruge, Mari Holmboe (1965): The Structure of Foreign News. In: Journal of Peace Research, Jg. 2, Heft 1, S. 64-90.

Garden, Mary (2012): Defining Blog: A Fool's Errand or a Necessary Undertaking. In: Journalism, Jg. 13, Heft 4, S. 483-499.

Gellner, Winand / Köllmer, Christian / Römer, Mario (1996): Offene Kanäle und gleichberechtigter Zugang (LPR-Schriftenreihe, Bd. 16). Ludwigshafen: LPR.

Gellner, Winand / Schrader, Holger (2002): Learning by doing! Bürgermedien als Vermittler von Medienkompetenz. München: KoPäd.

Gensicke, Thomas / Geiss, Sabine (2010): Zivilgesellschaft, soziales Kapital und freiwilliges Engagement in Deutschland. (Hauptbericht des Freiwilligensurveys 2009, in Auftrag gegeben durch das Bundesministerium für Familie, Senioren, Frauen und Jugend). München: Infratest Sozialforschung.

Gerhards, Jürgen (1997): Diskursive versus liberale Öffentlichkeit. Eine empirische Auseinandersetzung mit Jürgen Habermas. In: Kölner Zeitschrift für Soziologie und Sozialpsychologie, Jg. 49, Heft 1, S. 1-34.

Gerhards, Jürgen (2001): Der Aufstand des Publikums. Eine systemtheoretische Interpretation des Kulturwandels in Deutschland zwischen 1960 und 1989. In: Zeitschrift für Soziologie, Jg. 30, Heft 3, S. 163-184.

Gerhards, Jürgen / Neidhardt, Friedhelm (1990): Strukturen und Funktionen moderner Öffentlichkeit. Fragestellungen und Ansätze. Berlin: Wissenschaftszentrum für Sozialforschung.

Gerwin, Jan (2009): Was sind Podcasts? Merkmale, Inhalte und Funktionen des neuen Mediums – Eine systematisierende Inhaltsanalyse (Abschlussarbeit zur Erlangung des Bachelor of Arts an der Technischen Universität Ilmenau). URL: http://www.mindmeister.com/generic_files/get_file/113417?filetype=attachment_file (26. Februar 2016).

Giles, Jim (2005): Internet Encyclopaedias Go Head to Head. In: Nature, Bd. 438, S. 900-901.

Gillmor, Dan (2004): We the Media. Grassroots Journalism by the People, for the People. Sebastopol: O'Reilly.

Gillmor, Dan (2005): A Citizen Journalism Breakthrough. In: Dan Gillmor on Grassroots Journalism, 3. April. URL: http://dangillmor.typepad.com/dan_gillmor_on_grassroots/2005/04/a_citizen_journ.html (26. März 2016).

Glasser, Theodore L. (Hrsg.) (1999): The Idea of Public Journalism. New York: Guilford Press.

Goode, Luke (2009): Social News, Citizen Journalism and Democracy. In: New Media & Society, Jg. 11, Heft 8, S. 1-19.

Görke, Alexander (2000): Systemtheorie weiterdenken. Das Denken in Systemen als Herausforderung für die Journalismusforschung. In: Löffelholz, Martin (Hrsg.): Theorien des Journalismus. Ein diskursives Handbuch. Wiesbaden: Westdeutscher Verlag, S. 435-454.

Görke, Alexander (2002): Journalismus und Öffentlichkeit als Funktionssystem. In: Scholl, Armin (Hrsg.): Systemtheorie und Konstruktivismus in der Kommunikationswissenschaft. Konstanz: UVK, S. 69-90.

Görke, Alexander (2004): Programmierung, Netzwerkbildung, Weltgesellschaft. In: Löffelholz, Martin (Hrsg.): Theorien des Journalismus. Ein diskursives Handbuch. 2. Aufl., Wiesbaden: VS, S. 233-247.

Görke, Alexander / Kohring, Matthias (1996): Unterschiede, die Unterschiede machen. Neuere Theorieentwürfe zu Publizistik, Massenmedien und Journalismus. In: Publizistik, Jg. 4, Heft 1, S. 15-31.

Gritti, Felice (2011): Webspam oder Kooperation? Neue Details über Blog-Schleichwerbung. In: taz.de, 28. Januar. URL: http://www.taz.de/1/netz/netzoekonomie/artikel/1/webspam-oder-kooperation/ (26. März 2016).

Grob, Ronnie (2009): Das Internet fördert die Demokratie. Warum die Menge intelligenter und effizienter als Eliten entscheidet. In: Neue Zürcher Zeitung, 6. März, S. 17.

Groth, Otto (1928): Die Zeitung. Ein System der Zeitungskunde (Journalistik). Bd. 1. Mannheim: J. Bensheimer.
Groth, Otto (1960): Die unerkannte Kulturmacht. Grundlegung der Zeitungswissenschaft (Periodik). 7 Bde., Bd. 1: Das Wesen des Werkes. Berlin: Walter de Gruyter.
Groth, Otto (1961): Die unerkannte Kulturmacht. Grundlegung der Zeitungswissenschaft (Periodik). 7 Bde., Bd. 2: Das Sein des Werkes. Berlin: Walter de Gruyter.
Groth, Otto (1962): Die unerkannte Kulturmacht. Grundlegung der Zeitungswissenschaft (Periodik). 7 Bde., Bd. 4: Das Werden des Werkes, 2. Teil. Berlin: Walter de Gruyter.
Groth, Otto (1998): Vermittelte Mitteilung. Ein journalistisches Modell der Massenkommunikation (hrsg. von Wolfgang R. Langenbucher). München: Reinhard Fischer.
Haas, Hannes (1999): Empirischer Journalismus. Verfahren zur Erkundung gesellschaftlicher Wirklichkeit. Wien: Böhlau Verlag.
Haas, Tanni (2004): Alternative Media, Public Journalism and the Pursuit of Democratization. In: Journalism Studies, Jg. 5, Heft 1, S. 115-121.
Haas, Tanni (2005): From „Public Journalism" to the „Public's Journalism". Rhetoric and Reality in the Discourse on Weblogs. In: Journalism Studies, Jg. 6, Heft 3, S. 387-396.
Haas, Tanni (2007): The Pursuit of Public Journalism. Theory, Practice, and Criticism. New York: Routledge.
Habermas, Jürgen (1990): Strukturwandel der Öffentlichkeit. Untersuchungen zu einer Kategorie der bürgerlichen Gesellschaft. Frankfurt am Main: Suhrkamp.
Hachten, William A. (2005): The Troubles of Journalism. A Critical Look at What's Right and Wrong With the Press. 3. Aufl., Mahwah, New Jersey: Lawrence Erlbaum Associates.
Hacket, Robert A. (1984): Decline of a Paradigm? Bias and Objectivity in News Media Studies. In: Critical Studies in Mass Communication, Jg. 1, Heft 3, S. 229-259.
Hagemann, Walter (1966): Grundzüge der Publizistik – als eine Einführung in die Lehre von der sozialen Kommunikation (hrsg. von Henk Prakke, unter Mitarbeit von Winfried B. Lerg und Michael Schmolke). 2. Aufl., Münster: Regensberg.
Hagen, Lutz (1992): Die opportunen Zeugen. Konstruktionsmechanismen von Bias in der Zeitungsberichterstattung über die Volkszählungsdiskussion. In: Publizistik, Jg. 37, Heft 4, S. 444-460.
Hagen, Lutz (1995a): Informationsqualität von Fernsehnachrichten. Empirische Konzepte und aktuelle Problemfelder. In: Ludes, Peter / Schanze, Helmut (Hrsg.):

Medienwissenschaften und Medienwertung. Wiesbaden: Westdeutscher Verlag, S. 119-137.

Hagen, Lutz (1995b): Informationsqualität von Nachrichten. Messmethoden und ihre Anwendung auf die Dienste von Nachrichtenagenturen. Opladen: Westdeutscher Verlag.

Hagen, Lutz (1995c): Relevanz von Nachrichten. Messmethoden für ein zentrales Qualitätskriterium und ihre Anweundung auf Dienste von Nachrichtenagenturen. In: Rundfunk und Fernsehen, Jg. 43, Heft 2, S. 158-177.

Hagenbuch, Stefan / Weber, Gabriel (2010): Server- und Systemadministration. Grundlagen für die Administration von Client-Server-Systemen mit Beispielen, Aufgaben und Lösungen. Zürich: Compendia.

Haller, Michael (1993): Journalistisches Handeln: Vermittlung oder Konstruktion von Wirklichkeit? In: Bentele, Günter / Rühl, Manfred (Hrsg.): Theorien der öffentlichen Kommunikation. Problemfelder, Positionen, Perspektiven. München: Ölschläger, S. 137-151.

Haller, Michael (2004a): Die zwei Kulturen. Journalismustheorie und journalistische Praxis. In: Löffelholz, Martin (Hrsg.): Theorien des Journalismus. Ein diskursives Handbuch. 2. Aufl., Wiesbaden: VS, S. 129-150.

Haller, Michael (2004b): Typen des Journalismus. In: Pürer, Heinz (Hrsg.): Praktischer Journalismus: Presse, Radio, Fernsehen, Online. 5. Aufl., Konstanz: UVK, S. 81-93.

Hanekop, Heidemarie / Wittke, Volker (2010): Kollaboration der Prosumenten. Die vernachlässigte Dimension des Prosuming-Konzepts. In: Blättel-Mink, Birgit / Hellmann, Kai-Uwe (Hrsg.): Prosumer Revisited. Zur Aktualität einer Debatte. Wiesbaden: VS, S. 96-113.

Harcup, Tony (2011): Alternative Journalism as Active Citizenship. In: Journalism, Jg. 12, Heft 1, S. 15-31.

Harrison, Teresa M. / Barthel, Brea (2009): Wielding New Media in Web 2.0: Exploring the History of Engagement with the Collaborative Construction of Media Products. In: New Media & Society, Jg. 11, Heft 1-2, S. 155-178.

Hartley, John (2008): Journalism as a Human Right. The Cultural Approach to Journalism. In: Löffelholz, Martin / Weaver, David (Hrsg.): Global Journalism Research. New York: John Wiley & Sons, S. 39-51.

Hayes, Andrew F. / Krippendorff, Klaus (2007): Answering the Call for a Standard Reliability Measure for Coding Data. In: Communication Methods and Measures, Jg. 1, Heft 1, S. 77-89.

Heidinger, Veronika / Schwab, Frank / Winterhoff-Spurk, Peter (1993): Offene Kanäle nach der Aufbauphase. Bilanz bisheriger Begleitforschungen. In: Media Perspektiven, Heft 7, S. 336-341.

Helbling, Marc / Tresch, Anke (2011): Measuring Party Positions and Issue Salience from Media Coverage: Discussing and Cross-Validating New Indicators. In: Electoral Studies, Jg. 30, Heft 1, S. 174-183.

Held, Barbara / Russ-Mohl, Stefan (2005): Qualitätsmanagement als Mittel der Erfolgssicherung: Erfahrungen – Probleme – Perspektiven. In: Fasel, Christoph / Haller, Michael (Hrsg.): Qualität und Erfolg im Journalismus. Konstanz: UVK, S. 49-63.

Hellmann, Kai-Uwe (2010): Prosumer revisited: Zur Aktualität einer Debatte. Eine Einführung. In: Blättel-Mink, Birgit / Hellmann, Kai-Uwe (Hrsg.): Prosumer Revisited. Zur Aktualität einer Debatte. Wiesbaden: VS, S. 13-48.

Henig, Samantha (2005): Citizens, Participants and Reporters. In: Columbia Journalism Review, 8. Juli. URL: http://www.cjr.org/politics/citizens_participants_and_repo.php?page=all (26. März 2016).

Hepp, Andreas (2004): Netzwerke der Medien. Medienkulturen und Globalisierung. Wiesbaden: VS.

Hermes, Sandra (2006): Qualitätsmanagement in Nachrichtenredaktionen. Köln: Herbert von Halem.

Hermida, Alfred (2010): Twittering the News. The Emergence of Ambient Journalism. In: Journalism Practice, Jg. 4, Heft 3, S. 297-308.

Hermida, Alfred / Thurman, Neil (2008): A Clash of Cultures. The Integration of User-Generated Content within Professional Journalistic Frameworks at British Newspaper Websites. In: Journalism Practice, Jg. 2, Heft 3, S. 343-356.

Herring, Susan / Kouper, Inna / Paolillo, John / Scheidt, Lois Ann / Tyworth, Michael / Welsch, Peter / Wright, Elijah / Yu, Ning (2005): Conversations in the Blogosphere: An Analysis from the Bottom up. In: Proceedings of the 38th Annual Hawaii International Conference on System Sciences, S. 1-11. URL: http://citeseerx.ist.psu.edu/viewdoc/download?doi=10.1.1.95.2673&rep=rep1&type=pdf (26. März 2016).

Herring, Susan / Scheidt, Lois Ann / Bonus, Sabrina / Wright, Elijah (2004): Bridging the Gap: A Genre Analysis of Weblogs. In: Proceedings of the 37th Hawaii International Conference on System Sciences, S. 1-11. URL: http://www.computer.org/csdl/proceedings/hicss/2004/2056/04/205640101b.pdf (26. März 2016).

Himmelweit, Hilde / Oppenheim, Abraham N. / Vince, Pamela (1958): Television and the Child: An Empirical Study of the Effect of Television on the Young. New York: Oxford University Press.

Hoffman, Lindsay H. (2006): Is Internet Content Different After All? A Content Analysis of Mobilizing Information in Online and Print Newspapers. In: Journalism & Mass Communication Quarterly, Jg. 83, Heft 1, S. 58-76.

Hohlfeld, Ralf (2003): Journalismus und Medienforschung. Theorie, Empirie, Transfer. Konstanz: UVK.

Holsti, Ole R. (1969): Content Analysis for Social Sciences and Humanities. Reading: Addison-Wesley.

Holt, Kristoffer / Karlsson, Michael (2011): Edited Participation. Comparing Editorial Influence on Traditional and Participatory Online Newspapers in Sweden. In: Javnost – The Public, Jg. 18, Heft 2, S. 19-35.

Holtz-Bacha, Christina (1997): Das fragmentierte Medien-Publikum. Folgen für das politische System. In: Aus Politik und Zeitgeschichte (Beilage zur Wochenzeitung Das Parlament), Heft 42, S. 13-21.

Horst, Hartmut / Lohding, Wolfgang (1977): Operatives Video. 2. Aufl, Berlin: Medienoperative Berlin e.V.

Hostway (Hrsg.) (2005): Hostway Blog Survey. URL: http://www.hostway.com/press-releases/2005/0419.html (26. März 2016).

Howe, Jeff (2008): Crowdsourcing: Why the Power of the Crowd Is Driving the Future of Business. New York: Crown Business.

Hurwitz, Harold (1972): Die Stunde Null der deutschen Presse. Köln: Verlag Wissenschaft und Politik.

Hüttner, Bernd (2006): Alternative Medien sind tot, es leben die alternativen Medien. Zur Definition, Entwicklung und Zukunft alternativer Medien. In: Hüttner, Bernd (Hrsg.): Verzeichnis der Alternativmedien 2006/2007. Neu-Ulm: AG SPAK Bücher, S. 13-22.

Hüttner, Bernd / Leidinger, Christiane / Oy, Gottfried (Hrsg.) (2011): Handbuch Alternativmedien 2011/2012. Printmedien, Freie Radios, Archive & Verlage in der BRD, Österreich und der Schweiz. Neu-Ulm: AG SPAK Bücher.

Ingram, Mathew (2008): Yes, Twitter is a Source of Journalism, 26. November, URL: http://www.mathewingram.com/work/2008/11/26/yes-twitter-is-a-source-of-journalism/ (26. März 2016).

Institut für Demoskopie Allensbach (2012): Allensbacher Computer- und Technikanalyse (ACTA). Internet: Genutzte Inhalte, Content-Beiträge, Social Media, Apps (Auszug). URL: http://www.ifd-allensbach.de/acta/startseite-acta.html (26. März 2016).

Jacobi, Richard (1902): Der Journalist. Hannover: Gebrüder Jänecke.

Jaenicke, Angelika / Fingerling, Michael (1999): Der Offene Kanal Kassel und seine Zuschauer. Eine Studie zur Rezeption (Schriftenreihe der LPR Hessen, Bd. 7). München: KoPäd.

Jandura, Olaf (2007): Kleinparteien in der Mediendemokratie. Wiesbaden: VS.

Jarren, Otfried (2000): Gesellschaftliche Integration durch Medien? Zur Begründung normativer Anforderungen an die Medien. In: Medien & Kommunikationswissenschaft, Jg. 48, Heft 1, S. 22-48.

Jarren, Otfried (2010): Das Netz zivilisieren. Über Bürgermedien und Netzkommunikation. In: epd medien, Heft 89, S. 21-27.

Jarren, Otfried / Donges, Patrick (2006): Politische Kommunikation in der Mediengesellschaft. Eine Einführung. 2. Aufl., Wiesbaden: VS.

Jarren, Otfried / Grothe, Thorsten / Müller, Roy (1994): Bürgermedium Offener Kanal. Der Offene Kanal Hamburg aus der Sicht von Nutzern und Experten. Eine empirische Studie zu Nutzung und Bewertung des Offenen Kanals (Schriftenreihe der Hamburgischen Anstalt für Neue Medien, Bd. 8). Berlin: Vistas.

Jellen, Reinhard (2010): Stuttgart 21 und die Immobilienlobby. In: Telepolis, 25. Oktober. URL: http://www.heise.de/tp/artikel/33/33536/1.html (26. März 2016).

Jenkins, Henry (2006): Fans, Bloggers, and Gamers. Exploring Participatory Culture. New York: New York University Press.

Jenkins, Henry / Purushotma, Ravi / Weigel, Margaret / Clinton, Katie / Robison, Alice (2009): Confronting the Challenges of Participatory Culture. Media Education for the 21st Century. Massachusetts: MIT Press.

Johnson, Thomas J. / Kaye, Barbara K. / Bichard, Shannon L. / Wong, W. Joann (2008): Every Blog Has Its Day: Politically-Interested Internet Users' Perceptions of Blog Credibility. In: Journal of Computer-Mediated Communication, Jg. 13, Heft 1, S. 100-122.

Jönsson, Anna Maria / Örnebring, Henrik (2011): User-Generated Content and The News. Empowerment of Citizens or Interactive Illusion? In: Journalism Practice, Jg. 5, Heft 2, S. 127-144.

Just, Marion / Belt, Todd / Crigler, Ann (2008): New Media, Old Media: The Same Old Story? Paper presented at the annual meeting of the APSA 2008. URL: http://citation.allacademic.com/meta/p_mla_apa_research_citation/2/8/0/1/0/pages280107/p280107-1.php (6. April 2014).

Katz, Ehilu / Blumler, Jay G. / Gurevitsch, Michael (1974): Utilization of Mass Communication by the Individual. In: Blumler, Jay G / Katz, Ehilu (Hrsg.): The Uses of Mass Communications: Current Perspectives on Gratifications Research. Beverly Hills: Sage, S. 19-32.

Katzenbach, Christian (2008): Weblogs und ihre Öffentlichkeiten. Motive und Strukturen der Kommunikation im Web 2.0. München: Rheinhard Fischer.

Keller, Albert (2006): Allgemeine Erkenntnistheorie. 3. Aufl., Stuttgart: Kohlhammer.

Kepplinger, Hans Mathias (1982): Massenkommunikation. Rechtsgrundlagen, Medienstrukturen, Kommunikationspolitik. Stuttgart: Teubner.

Kepplinger, Hans Mathias (1985): Die aktuelle Berichterstattung des Hörfunks. Eine Inhaltsanalyse der Abendnachrichten und politischen Magazine. Freiburg i. Br.: Karl Alber.
Kepplinger, Hans Mathias (1989): Theorien der Nachrichtenauswahl als Theorien der Realität. In: Aus Politik und Zeitgeschichte (Beilage zur Wochenzeitung Das Parlament), Jg. 15, S. 3-16.
Kepplinger, Hans Mathias (1992): Ereignismanagement. Wirklichkeit und Massenmedien. Zürich / Osnabrück: Fromm.
Kepplinger, Hans Mathias (1993): Erkenntnistheorie und Forschungspraxis des Konstruktivismus. In: Bentele, Günter / Rühl, Manfred (Hrsg.): Theorien der öffentlichen Kommunikation. Problemfelder, Positionen, Perspektiven. München: Ölschläger, S. 118-125.
Kepplinger, Hans Mathias / Maurer, Marcus (2005): Abschied vom rationalen Wähler. Warum Wahlen im Fernsehen entschieden werden. Freiburg: Verlag Karl Alber.
Kepplinger, Hans Mathias / Staab, Joachim Friedrich (1992): Das Aktuelle in RTL plus. Analysemethoden – Untersuchungsergebnisse – Interpretationsmuster. München: Reinhard Fischer.
Kerkau, Florian / Mertins, Johanna-Sophie / Schwab, Christoph / Wiegand, André (2011): Evaluierung der Offenen Kanäle in Mecklenburg-Vorpommern seit 1996 (Schriftenreihe der Medienanstalt Mecklenburg-Vorpommern, Bd. 3). Schwerin: Medienanstalt Mecklenburg-Vorpommern.
Kertscher, Brigitte (2005): Freie Meinungsäußerung und Medienkompetenz – Bürgerrundfunk in Deutschland. Entwicklung, Strukturen und Funktionen der offenen Hörfunk- und Fernsehkanäle und der nichtkommerziellen lokalen Hörfunksender. Aachen: Shaker.
Kiefer, Marie Luise (2011): Die schwierige Finanzierung des Journalismus. In: Medien & Kommunikationswissenschaft, Jg. 59, Heft 1, S. 5-22.
Kivikuru, Ullamaija (2008): Community Media. In: Donsbach, Wolfgang (Hrsg.): The International Encyclopedia of Communication. Malden: Blackwell, S. 866-870.
Kleinsteuber, Hans Jürgen (2012): Radio. Eine Einführung. Wiesbaden: VS.
Kloppenburg, Gerhard / Simon, Erk / Vogt, Melanie / Schmeisser, Daniel (2009): Der flexible Zuschauer. Zeitversetztes Fernsehen aus Sicht der Rezipienten. Ergebnisse einer qualitativen Grundlagenstudie. In: Media Perspektiven, Heft 1, S. 2-8.
Knies, Karl (1996): Der Telegraph als Verkehrsmittel. Über den Nachrichtenverkehr überhaupt. (Faksimile-Nachdruck der Originalausgabe. Tübingen 1857. Mit einer Einleitung von Hans Wagner). München: Reinhard Fischer.
Koch, Ursula (1996): 70 Jahre „Rundfunk für alle". Meilensteine der deutschen Hörfunkgeschichte. In: Koch, Ursula / Aigner, Wolfgang (Hrsg.): Hörfunk in

Deutschland und Frankreich. Journalisten und Forscher im Gespräch. 2. Aufl., München: Fischer, S. 49-72.

Köhler-Terz, Kai (Hrsg.) (2004): Medienkompetenzerwerb und medienpädagogisches Handeln in offenen Kanälen. Aachen: Shaker.

Köhler-Terz, Kai (Hrsg.) (2012): Medienpädagogik in den Offenen Kanälen Sachsen-Anhalts. Eine Bestandsaufnahme. Aachen: Shaker.

Kohring, Matthias (1997): Die Funktion des Wissenschaftsjournalismus. Ein systemtheoretischer Entwurf. Opladen: Westdeutscher Verlag.

Kohring, Matthias (2000): Komplexität ernst nehmen. Grundlagen einer systemtheoretischen Journalismustheorie. In: Löffelholz, Martin (Hrsg.): Theorien des Journalismus. Ein diskursives Handbuch. Wiesbaden: Westdeutscher Verlag, S. 153-167.

Kohring, Matthias (2004): Journalismus als soziales System. Grundlagen einer systemtheoretischen Journalismustheorie. In: Löffelholz, Martin (Hrsg.): Theorien des Journalismus. Ein diskursives Handbuch. 2. Aufl., Wiesbaden: VS, S. 185-200.

Kohring, Matthias (2005): Wissenschaftsjournalismus. Forschungsüberblick und Theorieentwurf. Konstanz: UVK.

Kohring, Matthias (2006): Öffentlichkeit als Funktionssystem der modernen Gesellschaft. Zur Motivationskraft von Mehrsystemzugehörigkeit. In: Ziemann, Andreas (Hrsg.): Medien der Gesellschaft – Gesellschaft der Medien. Konstanz: UVK, S. 161-181.

Kolb, Steffen (2004): Verlässlichkeit von Inhaltsanalysedaten. Reliabilitätstest, Errechnen und Interpretieren von Reliabilitätskoeffizienten für mehr als zwei Codierer. In: Medien & Kommunikationswissenschaft, Jg. 52, Heft 3, S. 335-354.

Kolbitsch, Josef / Maurer, Hermann (2006): The Transformation of the Web: How Emerging Communities Shape the Information We Consume. In: Journal of Universal Computer Science, Jg. 12, Heft 2, S. 187-213.

Kolo, Castulus / Meyer-Lucht, Robin (2007): Erosion der Intensivleserschaft. Eine Zeitreihenanalyse zum Konkurrenzverhältnis von Tageszeitungen und Nachrichtensites. In: Medien & Kommunikationswissenschaft, Jg. 55, Heft 4, S. 513-533.

Komus, Ayelt / Wauch, Franziska (2011): Wikimanagement: Anwendungsfelder und Implikationen von Wikis. In: Walsh, Gianfranco / Hass, Berhold / Kilian, Thomas (Hrsg.): Web 2.0. Neue Perspektiven für Marketing und Medien. 2. Aufl, Berlin: Springer, S. 109-124.

Köster, Jens / Wolling, Jens (2006): Nachrichtenqualität im internationalen Vergleich. Operationalisierungen und empirische Ergebnisse. In: Weischenberg, Siegfried / Loosen, Wiebke / Beuthner, Michael (Hrsg.): Medien-Qualitäten. Öffentliche

Kommunikation zwischen ökonomischem Kalkül und Sozialverantwortung. Konstanz: UVK, S. 75-94.

Krallmann, Dieter / Ziemann, Andreas (2001): Grundkurs Kommunikationswissenschaft. München: Wilhelm Fink Verlag.

Krauze, Joanna (2006): Professionelle und kollaborative Nachrichtenanbieter im Internet. Identität, Funktionen, Qualitätsaspekte. (Unveröffentl. Diplomarbeit an der Universität Wien).

Krippendorff, Klaus (2004): Content Analysis. An Introduction to Its Methodology. 2nd ed., Thousand Oaks: Sage.

Kromrey, Helmut (1998): Empirische Sozialforschung. Modelle und Methoden der Datenerhebung und Datenauswertung. 8. Aufl., Opladen: Leske + Budrich.

Krüger, Udo Michael (1985): Aspekte der Nachrichtenpräsentation in SAT.1, ARD und ZDF. In: Media Perspektiven, Heft 3, S. 232-239.

Kubicek, Herbert (1997): Das Internet auf dem Weg zum Massenmedium? Ein Versuch, Lehren aus der Geschichte alter und neuer Medien zu ziehen In: Werle, Raymund / Lang, Christa (Hrsg.): Modell Internet? Entwicklungsperspektiven neuer Kommunikationsnetze. Frankfurt am Main / New York: Campus, S. 213-239.

Kuhlmann, Christoph (2007): Die vieldimensionale Welt – Themenanalysen und das Problem der Kommunikationswissenschaft mit der Realität. In: Wirth, Werner / Stiehler, Hans-Jörg / Wünsch, Carsten (Hrsg.): Dynamisch-transaktional denken. Theorie und Empirie der Kommunikationswissenschaft. Köln: Halem, S. 127-152.

Kümmel, Albert / Scholz, Leander / Schumacher, Eckhard (2004): Vorwort der Herausgeber. In: Kümmel, Albert / Scholz, Leander / Schumacher, Eckhard (Hrsg.): Einführung in die Geschichte der Medien. Padeborn: Wilhelm Fink Verlag, S. 7-10.

Kunczik, Michael / Zipfel, Astrid (2005): Publizistik. Ein Studienhandbuch. 2. Aufl., Köln: Böhlau.

Lacy, Stephen / Duffy, Margaret / Riffe, Daniel / Thorson, Esther / Fleming, Ken (2010): Citizen Journalism Web Sites Complement Newspapers. In: Newspaper Research Journal, Jg. 31, Heft 2, S. 34-46.

Langenbucher, Wolfgang R. (1998): Einführung – Zu Person und Werk. In: Groth, Otto: Vermittelte Mitteilung. Ein journalistisches Modell der Massenkommunikation (hrsg. von Wolfgang R. Langenbucher). München: Reinhard Fischer, S. 151-186.

Langenbucher, Wolfgang R. (2002): Komplementarität und Konkurrenz im Medienwandel. Nachfragen – drei Jahrzehnte nach der Wiederentdeckung von Wolfgang Riepl. In: Nawratil, Ute / Schönhagen, Philomen / Starkulla, Heinz (Hrsg.): Medien und Mittler sozialer Kommunikation. Beiträge zu Theorie, Geschichte und

Kritik von Journalismus und Publizistik. Leipzig: Leipziger Universitätsverlag, S. 443-452.

Lasica, Joseph D. (2002): Weblogs: A New Source of News. In: Rodzvilla, John (Hrsg.): We've Got Blog. How Weblogs are Changing our Culture. Reading, Oxford: Perseus Publishing, S. 171-182.

Lasica, Joseph D. (2003a): What is Participatory Journalism? In: Online Journalism Review, 7. August. URL: http://www.ojr.org/ojr/workplace/1060217106.php (26. März 2016).

Lasica, Joseph Daniel (2003b): Blogs and Journalism Need Each Other. In: Nieman Reports, Jg. 57, Heft 3, S. 70-74.

Lasorsa, Dominic L. / Lewis, Seth C. / Holton, Avery E. (2012): Normalizing Twitter. Journalism Practice in an Emerging Communication Space. In: Journalism Studies, Jg. 13, Heft 1, S. 19-36.

Lasswell, Harold D. (1948): The Structure and Function of Communication in Society. In: Bryson, Lyman (Hrsg.): The Communication of Ideas. A Series of Addresses. New York: Harper & Row, S. 37-51.

Latzer, Michael / Büchi, Moritz / Just, Natascha / Festic, Noemi (2015): Vertrauen und Sorgen bei der Internet-Nutzung in der Schweiz 2015. Themenbericht aus dem World Internet Project – Switzerland 2015. Zürich: Universität Zürich.

Lauber, Achim / Wagner, Ulrike / Theunert, Helga (2007): Internetradio und Podcasts – neue Medien zwischen Radio und Internet. Eine explorative Studie zur Aneignung neuer Audioangebote im Auftrag der Bayerischen Landeszentrale für neue Medien (BLM). Institut für Medienpädagogik München. URL: http://www.jff.de/dateien/Endbericht_Internetradio_Podcasts.pdf (26. März 2016).

Leccese, Mark (2009): Online Information Sources of Political Blogs. In: Journalism and Mass Communication Quarterly, Jg. 86, Heft 3, S. 578-593.

Leidinger, Christiane (2011): Adressen von Printmedien. In: Hüttner, Bernd / Leidinger, Christiane / Oy, Gottfried (Hrsg.): Handbuch Alternativmedien 2011/2012. Printmedien, Freie Radios, Archive & Verlage in der BRD, Österreich und der Schweiz. Neu-Ulm: Verein zur Förderung der sozialpolitischen Arbeit, S. 147-214.

Lenhart, Amanda / Fox, Susannah (2006): Bloggers: A Portrait of the Internet's New Storytellers. (Bericht des Pew Internet and American Life Project). URL: http://www.pewinternet.org/Reports/2006/Bloggers.aspx (26. April 2016).

Lerg, Winfried (1981): Verdrängen oder ergänzen die Medien einander? Innovation und Wandel in Kommunikationssystemen. In: Publizistik, Jg. 26, Heft 2, S. 193-201.

Lewis, Seth C. / Kaufhold, Kelly / Lasorsa, Dominic L. (2010): Thinking about Citizen Journalism. The Philosophical and Practical Challenges of User-Generated

Content for Community Newspapers. In: Journalism Practice, Jg. 4, Heft 2, S. 163-179.

Lin, Jia / Halavais, Alexander / Zhang, Bin (2007): The Blog Network in America: Blogs as Indicators of Relationships among US Cities. In: Connections, Jg. 27, Heft 2, S. 15-23.

Löbl, Emil (1903): Kultur und Presse. Leipzig: Verlag von Duncker & Humblot.

Löbner, Sebastian (2003): Semantik. Eine Einführung. Berlin: Walter de Gruyter.

Löffelholz, Martin (1997): Perspektiven politischer Öffentlichkeiten. Zur Modellierung einer system- und evolutionstheoretischen Analyse. In: Kamps, Klaus (Hrsg.): Elektronische Demokratie? Perspektiven politischer Partizipation. Wiesbaden: Westdeutscher Verlag, S. 263-280.

Löffelholz, Martin (2002): Journalismuskonzepte. Eine synoptische Bestandesaufnahme. In: Neverla, Irene / Grittmann, Elke / Pater, Monika (Hrsg.): Grundlagentexte zur Journalistik. Konstanz: UVK, S. 35-51.

Löffelholz, Martin (2004): Theorien des Journalismus. Eine historische, metatheoretische und synoptische Einführung. In: Löffelholz, Martin (Hrsg.): Theorien des Journalismus. Ein diskursives Handbuch. 2. Aufl., Wiesbaden: VS, S. 17-63.

Löffelholz, Martin / Quandt, Thorsten (2003): Kommunikationswissenschaft im Wandel. Orientierung in einer dynamischen, integrativen und unüberschaubaren Disziplin. In: Löffelholz, Martin / Quandt, Thorsten (Hrsg.): Die neue Kommunikationswissenschaft. Theorien, Themen und Berufsfelder im Internet-Zeitalter. Eine Einführung. Wiesbaden: Westdeutscher Verlag, S. 13-42.

Löffelholz, Martin / Quandt, Thorsten / Thomas, Tanja (2004): Systemorientierte Ansätze der Journalismustheorie. In: Löffelholz, Martin (Hrsg.): Theorien des Journalismus. Ein diskursives Handbuch. 2. Aufl., Wiesbaden: VS, S. 181-183.

Loosen, Wiebke (2013): Publikumsbeteiligung im Journalismus. In: Meier, Klaus / Neuberger, Christoph (Hrsg.): Journalismusforschung. Stand und Perspektiven. Baden-Baden: Nomos, S. 147-163.

Löser, Peter / Peters, Daniel (2007): Podcasting – Aus der Nische an die Öffentlichkeit. In: Diemand, Vanessa / Mangold, Michael / Weibel, Peter (Hrsg.): Weblogs, Podcasting und Videojournalismus. Neue Medien zwischen demokratischen und ökonomischen Potentialen. Hannover: Heise, S. 139-153.

Lowrey, Wilson / Parrott, Scott / Meade, Tom (2011): When Blogs Become Organizations. In: Journalism, Jg. 12, Heft 3, S. 243-259.

Lüger, Heinz-Helmut (1995): Pressesprache. 2. Aufl., Tübingen: Niemeyer.

Luhmann, Niklas (1964): Funktionen und Folgen formaler Organisation. Berlin: Duncker & Humblot.

Luhmann, Niklas (1971a): Moderne Systemtheorien als Form gesamtgesellschaftlicher Analyse. In: Habermas, Jürgen / Luhmann, Niklas (Hrsg.): Theorie der Gesellschaft oder Sozialtechnologie. Was leistet die Systemforschung. Frankfurt a. Main: Suhrkamp, S. 7-24.

Luhmann, Niklas (1971b): Sinn als Grundbegriff der Soziologie. In: Habermas, Jürgen / Luhmann, Niklas (Hrsg.): Theorie der Gesellschaft oder Sozialtechnologie – Was leistet die Systemforschung? Frankfurt am Main: Suhrkamp, S. 25-100.

Luhmann, Niklas (1996): Die Realität der Massenmedien. 2. Aufl., Opladen: Westdeutscher Verlag.

Luhmann, Niklas (2001): Was ist Kommunikation? In: Luhmann, Niklas: Aufsätze und Reden (hrsg. von Oliver Jahraus). Stuttgart: Reclam, S. 94-110.

Lünenborg, Margreth (2005): Public Journalism. Konzept – Entstehung – gesellschaftliche Relevanz. In: Behmer, Markus / Blöbaum, Bernd / Scholl, Armin / Stöber, Rudolf (Hrsg.): Journalismus und Wandel. Analysedimensionen, Konzepte, Fallstudien. Wiesbaden: VS, S. 143-160.

Lünenbürger-Reichenbach, Wolfgang (2005): Wie verändern Blogs und Blogger den Journalismus? Was bedeutet das für PR? In: Netzwerk Recherche (Hrsg.): Online-Journalismus. Chanen, Risiken und Nebenwirkungen der Internet-Kommunikation. Wiesbaden, S. 97-102.

Mai, Ralf / Swiaczny, Frank (2008): Demographische Entwicklung: Potenziale für Bürgerschaftliches Engagement. Materialien zur Bevölkerungswissenschaft des Bundesinstituts für Bevölkerungsforschung. Wiesbaden. URL: https://www.bib-demografie.de/DE/Veroeffentlichungen/Materialien/Hefte/126.html (26. März 2016).

Maier, Michaela / Ruhrmann, Georg / Klietsch, Kathrin (2006): Der Wert von Nachrichten im deutschen Fernsehen. Ergebnisse einer Inhaltsanalyse 1992-2004. Düsseldorf: Landesanstalt für Medien Nordrhein-Westfalen (LfM).

Maier, Michaela / Stengel, Karin / Marschall, Joachim (2010): Nachrichtenwerttheorie. Baden-Baden: Nomos.

Maier, Scott (2005): Accuracy Matters. A Cross-Market Assessment of Newspaper Error and Credibility. In: Journalism & Mass Communication Quarterly, Jg. 82, Heft 3, S. 533-551.

Maier, Scott (2010a): All the News Fit to Post? Comparing News Content on the Web to Newspapers, Television, and Radio. In: Journalism and Mass Communication Quarterly, Jg. 87, Heft 3/4, S. 548-562.

Maier, Scott R. (2010b): Newspapers Offer More News Than Do Major Online Sites. In: Newspaper Research Journal, Jg. 31, Heft 1, S. 6-19.

Maletzke, Gerhard (1963): Psychologie der Massenkommunikation. Theorie und Systematik. Hamburg: Hans-Bredow-Institut.

Malik, Maja (2011): Repräsentativität als Herausforderung für Journalistenbefragungen in Deutschland. In: Jandura, Olaf / Quandt, Thorsten / Vogelgesang, Jens (Hrsg.): Methoden der Journalismusforschung. Wiesbaden: VS, S. 259-275.

Marcinkowski, Frank (1993): Publizistik als autopoietisches System. Politik und Massenmedien. Eine systemtheoretische Analyse. Opladen: Westdeutscher Verlag.

Markman, Kris M. (2012): Doing Radio, Making Friends, and Having Fun: Exploring the Motivations of Independent Audio Podcasters. In: New Media & Society, Jg. 14, Heft 4, S. 547-565.

Marr, Mirko / Wyss, Vinzenz / Blum, Roger / Bonfadelli, Heinz (2001): Journalisten in der Schweiz. Eigenschaften, Einstellungen, Einflüsse. Konstanz: UVK-Medien.

Martens, Dirk / Amann, Rolf (2007): Podcast: Wear-out oder Habitualisierung? Paneluntersuchung zur Podcastnutzung. In: Media Perspektiven, Heft 11, S. 538-551.

Martens, Dirk / Bressler, Sebastian (2007): Podcast in Deutschland 2007: Nutzung und Chancen von Podcast in Deutschland. URL: http://www.house-of-research.de/fileadmin/user_upload/Veroeffentlichungen/Podcast/2007_Martens_Bressler_Podcast_in_Deutschland_2007_02.pdf (26. März 2016).

Mast, Claudia (2000): ABC des Journalismus ein Leitfaden für die Redaktionsarbeit. 9. Aufl., Konstanz: UVK.

Mathes, Rainer / Pfetsch, Barbara (1991): The Role of the Alternative Press in the Agenda-Building Process: Spill-Over Effects and Media Opinion Leadership. In: European Journal of Communication, Jg. 6, Heft 1, S. 33-62.

Matheson, Donald (2004): Negotiating Claims to Journalism: Webloggers' Orientation to News Genres. In: Convergence: The International Journal of Research into New Media Technologies, Jg. 10, Heft 4, S. 33-54.

Maurer, Michael (2010): Die Zeitung muss Stellung beziehen. In: Stuttgarter Zeitung, 1. September. URL: http://www.stuttgarter-zeitung.de/inhalt.stuttgart-21-die-zeitung-muss-stellung-beziehen.5a0faf77-146e-4e7c-be2f-fef7a5028ecb.html (26. März 2016).

Maurer, Torsten (2005): Fernsehnachrichten und Nachrichtenqualität. Eine Längsschnittstudie zur Nachrichtenentwicklung in Deutschland. München: Reinhard Fischer.

Mayer, Florian / Schoeneborn, Dennis (2008): WikiWebs in der Organisationskommunikation. In: Raabe, Johannes / Stöber, Rudolf / Theis-Berglmair, Anna / Wied, Kristina (Hrsg.): Medien und Kommunikation in der Wissensgesellschaft. Konstanz: UVK, S. 159-172.

McChesney, Robert / Nichols, John (2010): The Death and Life of American Journalism: The Media Revolution That Will Begin the World Again. New York: Nation Books.

McDonald, Daniel G. / Dimmick, John (2003): The Conceptualization and Measurement of Diversity. In: Communication Research, Jg. 30, Heft 1, S. 60-79.

McIntosh, Shawn (2008): Collaboration, Consensuns, and Conflict. In: Journalism Practice, Jg. 2, Heft 2, S. 197-211.

McQuail, Denis (1992): Media Performance. Mass Communication and the Public Interest. London: Sage.

Meibauer, Jörg (2001): Pragmatik. Eine Einführung. 2. Aufl., Tübingen: Stauffenburg-Verlag.

Meier, Klaus (2007): Journalistik. Konstanz: UVK.

Melchior, Laura (2016): Twitter wird 10 Jahre und präsentiert erstmals User-Zahlen für Deutschland. In: Internet World, 21. März. URL: http://www.internetworld.de/social-media/twitter/twitter-10-jahre-praesentiert-erstmals-user-zahlen-deutschland-1085330.html (26. März 2016).

Melican, Debra Burns / Dixon, Travis L. (2008): News on the Net: Credibility, Selective Exposure, and Racial Prejudice. In: Communication Research, Jg. 35, Heft 2, S. 151-168.

Meraz, Sharon (2009): Is There an Elite Hold? Traditional Media to Social Media Agenda Setting Influence in Blog Networks. In: Journal of Computer-Mediated Communication, Jg. 14, Heft 3, S. 682-707.

Meraz, Sharon (2011): Using Time Series Analysis to Measure Intermedia Agenda-Setting Influence in Traditional Media and Political Blog Networks. In: Journalism & Mass Communication Quarterly, Jg. 88, Heft 1, S. 176-194.

Merritt, Davis (1995): Public Journalism And Public Life. Why Telling the News Is not Enough. Hillsdale: Erlbaum.

Merten, Klaus (1995): Inhaltsanalyse. Einführung in die Theorie, Methode und Praxis. 2. Aufl., Opladen: Westdeutscher Verlag.

Merten, Klaus (1973): Aktualität und Publizität. Zur Kritik der Publizistikwissenschaft. In: Publizistik, Jg. 18, Heft 3, S. 216-235.

Merz, Pia (1998): Bürgerfunk zwischen Anspruch und Wirklichkeit. In: Media Perspektiven, Heft 5, S. 250-258.

Messner, Marcus / Distaso, Marcia Watson (2008): The Source Cylce. In: Journalism Studies, Jg. 9, Heft 3, S. 447-463.

Messner, Marcus / South, Jeff (2010): Legitimizing Wikipedia. How US National Newspapers Frame and Use the Online Encyclopedia in their Coverage. In: Journalism Practice, Jg. 5, Heft 2, S. 145-160.

Meyer, Ernst (1968): Einführung in die antike Staatskunde. Darmstadt: Wissenschaftliche Buchgesellschaft.

Meyers, Erin A. (2012): 'Blogs Give Regular People the Chance to Talk Back': Rethinking 'Professional' Media Hierarchies in New Media. In: New Media & Society, Jg. 14, Heft 6, S. 1022-1038.

Milioni, Dimitra L. (2009): Probing the Online Counterpublic Sphere: The Case of Indymedia Athens. In: Media, Culture & Society, Jg. 31, Heft 3, S. 409-431.

Mlitz, Andrea (2008): Dialogorientierter Journalismus. Leserbriefe in der deutschen Tagespresse. Konstanz: UVK.

Mocigemba, Dennis (2007): Sechs Podcast-Sendetypen und ihre theoretische Verortung. In: Kimpeler, Simone / Mangold, Michael / Schweiger, Wolfgang (Hrsg.): Die digitale Herausforderung. Zehn Jahre Forschung zur computervermittelten Kommunikation. Wiesbaden: VS, S. 61-73.

Mögerle, Ursina (2009): Substitution oder Komplementarität? Die Nutzung von Online- und Print-Zeitungen im Wandel. Konstanz: UVK.

Morozov, Evgeny (2011): The Net Delusion. How Not to Liberate the World. New York: Public Affairs.

Mortensen, Mette (2012): When Citizen Photojournalism Sets the News Agenda: Neda Agha Soltan as a Web 2.0 Icon of Post-Election Unrest in Iran. In: Wall, Melissa (Hrsg.): Citizen Journalism: Valuable, Useless or Dangerous? New York: International Debate Education Association, S. 125-139.

Münch, Richard (1984): Die Struktur der Moderne. Grundmuster und differentielle Gestaltung des institutionellen Aufbaus der modernen Gesellschaften. Frankfurt: Suhrkamp.

Münch, Richard (1991): Dialektik der Kommunikationsgesellschaft. Frankfurt: Suhrkamp.

Münker, Stefan (2009): Emergenz digitaler Öffentlichkeiten. Die Sozialen Medien im Web 2.0. Frankfurt am Main: Suhrkamp.

Murthy, Dhiraj (2011): Twitter: Microphone for the Masses? In: Media, Culture & Society, Jg. 33, Heft 5, S. 779-789.

Naaman, Mor / Boase, Jeffrey / Lai, Chih-Hui (2010): Is It Really about Me? Message Content in Social Awareness Streams. In: Proceedings of the 2010 ACM Conference on Computer Supported Cooperative Work, S. 189-192. URL: http://dl.acm.org/citation.cfm?id=1718953 (26. März 2016).

Nardi, Bonnie A. / Schiano, Diane J. / Gumbrecht, Michelle / Swartz, Luke (2004): Why We Blog. In: Communications of the ACM, Jg. 47, Heft 12, S. 41-46.

Nawratil, Ute / Schönhagen, Philomen (2008): Die qualitative Inhaltsanalyse: Rekonstruktion der Kommunikationswirklichkeit. In: Wagner, Hans (unter Mitarbeit von Philomen Schönhagen, Ute Nawratil, Heinz Starkulla): Qualitative Metho-

den in der Kommunikationswissenschaft. Ein Lehr- und Studienbuch. 4. Aufl., München: Reinhard Fischer, S. 333-346.
Negroponte, Nicholas (1995): Beeing Digital. New York: Vintage Books.
Neidhardt, Friedhelm (1994): Öffentlichkeit, öffentliche Meinung, soziale Bewegungen. In: Neidhardt, Friedhelm (Hrsg.): Öffentlichkeit, öffentliche Meinung, soziale Bewegungen (Kölner Zeitschrift für Soziologie und Sozialpsychologie, Sonderheft 34). Opladen: Westdeutscher Verlag, S. 7-41.
Neuberger, Christoph (2002): Alles Content, oder was? Vom Unsichtbarwerden des Journalismus im Internet. In: Hohlfeld, Ralf / Meier, Klaus / Neuberger, Christoph (Hrsg.): Innovationen im Journalismus. Forschung für die Praxis. Münster: LIT, S. 25-70.
Neuberger, Christoph (2003): Onlinejournalismus: Veränderungen – Glaubwürdigkeit – Technisierung. In: Media Perspektiven, Heft 3, S. 131-138.
Neuberger, Christoph (2004): Journalismus als systembezogene Akteurskonstellation. Grundlagen einer integrativen Journalismustheorie. In: Löffelholz, Martin (Hrsg.): Theorien des Journalismus. Ein diskursives Handbuch. 2. Aufl., Wiesbaden: VS, S. 17-63.
Neuberger, Christoph (2005a): Formate der aktuellen Internetöffentlichkeit. Über das Verhältnis von Weblogs, Peer-to-Peer-Angeboten und Portalen zum Journalismus – Ergebnisse einer explorativen Anbieterbefragung. In: Medien & Kommunikationswissenschaft, Jg. 53, Heft 1, S. 73-92.
Neuberger, Christoph (2005b): Medien als Diskursprodukte. Die Selbstthematisierung neuer und alter Medien in der Medienöffentlichkeit. In: Arnold, Klaus / Neuberger, Christoph (Hrsg.): Alte Medien – neue Medien. Theorieperspektiven, Medienprofile, Einsatzfelder. Wiesbaden: VS, S. 76-103.
Neuberger, Christoph (2006): Weblogs verstehen. Über den Sturkturwander der Öffentlichkeit im Internet. In: Picot, Arnold / Fischer, Tim (Hrsg.): Weblogs professionell. Grundlagen, Konzepte und Prayis im unternehmerischen Umfeld. Heidelberg: dpunkt, S. 113-129.
Neuberger, Christoph (2007a): Nutzerbeteiligung im Online-Journalismus. Perspektiven und Probleme der Partizipation im Internet. In: Rau, Harald (Hrsg.): Zur Zukunft des Journalismus. Frankfurt am Main, S. 61-94.
Neuberger, Christoph (2007b): „Weblogs = Journalismus"? Kritik einer populären These. In: Diemand, Vanessa / Mangold, Michael / Weibel, Peter (Hrsg.): Weblogs, Podcasting und Videojournalismus. Neue Medien zwischen demokratischen und ökonomischen Potenzialen. Hannover: Heise, S. 107-135.
Neuberger, Christoph (2008a): Internet und Journalismusforschung. Theoretische Neujustierung und Forschungsagenda. In: Quandt, Thorsten / Schweiger, Wolf-

gang (Hrsg.): Journalismus online – Partizipation oder Profession? Wiesbaden: VS, S. 17-42.

Neuberger, Christoph (2008b): Neue Medien als Herausforderung für die Journalismustheorie: Paradigmenwechsel in der Vermittlung öffentlicher Kommunikation. In: Winter, Carsten / Hepp, Andreas / Krotz, Friedrich (Hrsg.): Theorien der Kommunikations- und Medienwissenschaft. Grundlegende Diskussionen, Forschungsfelder und Theorieentwicklungen. Wiesbaden: VS, S. 251-267.

Neuberger, Christoph (2009): Internet, Journalismus und Öffentlichkeit. Analyse des Medienumbruchs. In: Neuberger, Christoph / Nuernbergk, Christian / Rischke, Melanie (Hrsg.): Journalismus im Internet. Profession – Partizipation – Technisierung. Wiesbaden: VS, S. 19-105.

Neuberger, Christoph (2012a): Bürgerjournalismus als Lösung? Empirische Ergebnisse zu den journlaistischen Leistungen von Laienkommunikatoren. In: Jarren, Otfired / Künzler, Matthias / Puppis, Manuel (Hrsg.): Medienwandel oder Medienkrise? Folgen für Medienstrukturen und ihre Erforschung. Baden-Baden: Nomos, S. 53-76.

Neuberger, Christoph (2012b): Journalismus im Internet aus Nutzersicht. In: Media Perspektiven, Heft 1, S. 40-55.

Neuberger, Christoph / Nuernbergk, Christian / Rischke, Melanie (2007): Weblogs und Journalismus: Konkurrenz, Ergänzung oder Integration? Eine Forschungssynopse zum Wandel der Öffentlichkeit im Internet. In: Media Perspektiven, Heft 2, S. 96-112.

Neuberger, Christoph / Nuernbergk, Christian / Rischke, Melanie (2008): Konkurrenz, Komplementarität, Integration? Zum Beziehungsgeflecht zwischen Weblogs, Wikipedia und Journalismus – Ergebnisse einer Befragung von Nachrichtenredaktionen. In: Raabe, Johannes / Stöber, Rudolf / Theis-Berglmair, Anna M. / Wied, Kristina (Hrsg.): Medien und Kommunikation in der Wissensgesellschaft. Konstanz: UVK, S. 105-117.

Neuberger, Christoph / Nuernbergk, Christian / Rischke, Melanie (2009a): Journalismus – neu vermessen. Die Grundgesamtheit journalistischer Internetangebote. Methode und Ergebnisse. In: Neuberger, Christoph / Nuernbergk, Christian / Rischke, Melanie (Hrsg.): Journalismus im Internet. Profession – Partizipation – Technisierung. Wiesbaden: VS, S. 197-230.

Neuberger, Christoph / Nuernbergk, Christian / Rischke, Melanie (Hrsg.) (2009b): Journalismus im Internet. Profession – Partizipation – Technisierung. Wiesbaden: VS.

Neuberger, Christoph / Nuernbergk, Christian / Rischke, Melanie (2009c): Journalismus im Internet: Zwischen Profession, Partizipation und Technik. In: Media Perspektiven, Heft 4, S. 174-188.

Neuberger, Christoph / Nuernbergk, Christian / Rischke, Melanie (2009d): Profession, Partizipation, Technik. Anbieterbefragung II: Internetjournalismus im Beziehungsgeflecht. In: Neuberger, Christoph / Nuernbergk, Christian / Rischke, Melanie (Hrsg.): Journalismus im Internet. Profession – Partizipation – Technisierung. Wiesbaden: VS, S. 269-294.

Neuberger, Christoph / Quandt, Thorsten (2010): Internet-Journalismus: Vom traditionellen Gatekeeping zum partizipativen Journalismus? In: Beck, Klaus / Schweiger, Wolfgang (Hrsg.): Handbuch Online-Kommunikation. Wiesbaden: VS, S. 59-79.

Neuberger, Christoph / vom Hofe, Hanna Jo / Nuernbergk, Christian (2010): Twitter und Journalismus. Der Einfluss des „Social Web" auf die Nachrichten (Dokumentation der Landesanstalt für Medien Nordrhein-Westfalen, Bd. 38). Düsseldorf.

Neumann-Braun, Klaus (2000): Wo jeder etwas zu sagen hat... oder Formen der Rezipientenbeteiligung an der Radiokommunikation. In: Neumann-Braun, Klaus / Müller-Doohm, Stefan (Hrsg.): Medien- und Kommunikationssoziologie. Eine Einführung in zentrale Begriffe und Theorien. Weinheim: Juventa, S. 9-27.

Neverla, Irene (1998): Gewissheiten der Journalistikwissenschaft. Sichere Referenzpunkte in Bewegung. In: Publizistik, Jg. 43, Heft 3, S. 292-294.

Neverla, Irene (2001): Das Netz – eine Herausforderung für die Kommunikationswissenschaft. In: Maier-Rabler, Ursula / Latzer, Michael (Hrsg.): Kommunikationskulturen zwischen Kontinuität und Wandel. Universelle Netzwerke für die Zivilgesellschaft. Konstanz: UVK, S. 29-46.

Newman, Nic (2009): Thee Rise of Social Media and Its Impact on Mainstream Journalism. Reuters Institute for the Study of Journalism. University of Oxford. URL: https://reutersinstitute.politics.ox.ac.uk/sites/default/files/The%20rise%20of%20 social%20media%20and%20its%20impact%20on%20mainstream%20journalism _0.pdf (26. März 2016).

Nip, Joyce Y. M. (2006): Exploring the Second Phase of Public Journalism. In: Journalism Studies, Jg. 7, Heft 2, S. 212-236.

Noelle-Neumann, Elisabeth / Reumann, Karl (1971): Nachrichtenwesen. In: Noelle-Neumann, Elisabet / Schulz, Werner (Hrsg.): Das Fischer Lexikon Publizistik. Frankfurt a. M., S. 195-210.

Örnebring, Henrik (2008): The Consumer as Producer – of What? In: Journalism Studies, Jg. 9, Heft 5, S. 771-785.

Östgaard, Einar (1965): Factors Influencing the Flow of News. In: Journal of Peace Research, Jg. 2, Heft 1, S. 39-63.

Oulasvirta, Antti / Lehtonen, Esko / Kurvinen, Esko / Raento, Mika (2010): Making the Ordinary Visible in Microblogs. In: Personal Ubiquitous Computing, Jg. 14, Heft 3, S. 237-249.

Outing, Steve (2005): The 11 Layers of Citizen Journalism. In: Poynter, 15. Juni. URL: http://www.poynter.org/2005/the-11-layers-of-citizen-journalism/69328/ (16. März 2016).

Papacharissi, Zizi (2007): Audience as Media Producers: Content Analysis of 260 Blogs. In: Tremayne, Mark (Hrsg.): Blogging, Citizenship, and the Future of Media. London / New York: Routledge, S. 21-38.

Papart, Uwe (2001): „Total Lokal". Offene Fernsehkanäle in Deutschland. In: Landsmedienanstalt, Bremische (Hrsg.): Zukunft Offener Fernsehkanäle. Nicht kommerzielles Fernsehen in Deutschland. Bremen: WMIT, S. 5-15.

Patalong, Frank (2007): Wikipedia schlägt die Profis. In: Spiegel Online, 5. Dezember. URL: http://www.spiegel.de/netzwelt/web/vergleichstest-wikipedia-schlaegt-die-profis-a-521457.html (16. März 2016).

Paukens, Hans (2008): Bürgermedien. In: Sander, Uwe / von Gross, Friederike / Hugger, Kai-Uwe (Hrsg.): Handbuch Medienpädagogik. Wiesbaden: VS, S. 527-532.

Paulussen, Steve / Domingo, David / Heinonen, Ari / Singer, Jane / Quandt, Thorsten / Vujnovic, Marina (2008): Citizen Participation in Online News Media. An Overview of Current Developments in four European Countries and the United States. In: Quandt, Thorsten / Schweiger, Wolfgang (Hrsg.): Journalismus online – Partizipation oder Profession? Wiesbaden: VS, S. 263-283.

Paus-Hasebrink, Ingrid / Jadin, Tanja / Wijnen, Christine (2008): Web 2.0-Klasse – projektorientiertes Lernen mit Wikis. Österreichische Hauptschülerinnen und Hauptschüler stellen ihren Nationalpark vor. In: Medien und Erziehung, Jg. 52, Heft 2, S. 46-49.

Peiser, Wolfgang (2008): Riepls „Gesetz" von der Komplementarität alter und neuer Medien. In: Arnold, Klaus / Behmer, Markus / Semrad, Bernd (Hrsg.): Kommunikationsgeschichte. Berlin: Lit Verlag, S. 155-184.

Peissl, Helmut (2011): Public Value Freier Radios. In: Karmasin, Matthias / Süssenbacher, Daniela / Gonser, Nicole (Hrsg.): Public Value. Theorie und Praxis im internationalen Vergleich. Wiesbaden: VS, S. 257-262.

Peissl, Helmut / Pfisterer, Petra / Purkarthofer, Judith / Busch, Brigitta (2010): Mehrsprachig und lokal. Nichtkommerzieller Rundfunk und Public Value in Österreich. Wien: RTR.

Peters, Bernhard (1994): Der Sinn von Öffentlichkeit. In: Neidhardt, Friedhelm (Hrsg.): Öffentlichkeit, öffentliche Meinung, soziale Bewegungen (Kölner Zeitschrift für Soziologie und Sozialpsychologie, Sonderheft 34). Opladen: Westdeutscher Verlag, S. 42-76.

Peters, Jeremy W. (2011): Betting on News, AOL Is Buying The Huffington Post. In: The New York Times, 7. Februar. URL: http://www.nytimes.com/2011/02/07/business/media/07aol.html?_r=3&hp (16. März 2016).

Pfetsch, Barbara (1996): Konvergente Fernsehformate in der Politikberichterstattung? Eine vergleichende Analyse öffentlich-rechtlicher und privater Programme 1985/86 und 1993. In: Rundfunk und Fernsehen, Jg. 44, Heft 4, S. 479-498.

Pickard, Victor W. (2007): Alternative Media. In: Schaefer, Todd M. / Birkland, Thomas A. (Hrsg.): Encyclopedia of Media and Politics. Washington: CQ Press, S. 12-13.

Platon, Sara / Deuze, Mark (2003): Indymedia Journalism: A Radical Way of Making, Selecting and Sharing News? In: Journalism, Jg. 4, Heft 3, S. 336-355.

Pleil, Thomas (2007): Offener Kanal reloaded oder nur ein neuer Vertriebskanal? In: Diemand, Vanessa / Mangold, Michael / Weibel, Peter (Hrsg.): Weblogs, Podcasting und Videojournalismus. Neue Medien zwischen demokratischen und ökonomischen Potentialen. Hannover: Heise, S. 173-190.

Poell, Thomas / Borra, Erik (2012): Twitter, YouTube, and Flickr as Platforms of Alternative Journalism: The Social Media Account of the 2010 Toronto G20 Protests. In: Journalism, Jg. 13, Heft 6, S. 695-713.

Porlezza, Colin (2013): Gefährdete journalistische Unabhängigkeit. Zum wachsenden Einfluss von Werbung auf redaktionelle Inhalte. Konstanz: UVK.

Porlezza, Colin / Maier, Scott R. / Russ-Mohl, Stephan (2012): News Accuracy in Switzerland and Italy. A Transatlantic Comparison with the US Press. In: Journalism Practice, Jg. 6, Heft 4, S. 530-546.

Pöttker, Horst (2000): Kompensation von Komplexität. Journalismustheorie als Begründung journalistischer Qualitätsmassstäbe. In: Löffelholz, Martin (Hrsg.): Theorien des Journalismus. Ein diskursives Handbuch. Wiesbaden: Westdeutscher Verlag, S. 375-390.

Pöttker, Horst (2001): Ist der Journalismus autopoietisch? Thesen und Anregungen zur Debatte über die Art der Steuerung und die Eigengesetzlichkeit eines sozialen Systems. In: Communicatio Socialis, Jg. 34, Heft 1, S. 59-65.

Priedhorsky, Reid / Chen, Jilin / Lam, Shyong / Panciera, Katherine / Terveen, Loren / Riedl, John (2007): Creating, Destroying, and Restoring Value in Wikipedia. Proceedings of the 2007 International ACM Conference on Supporting Group Work, S. 1-10. URL: http://www-users.cs.umn.edu/~reid/papers/group282-priedhorsky.pdf (26. März 2016).

Priller, Eckhard / Alscher, Mareike / Dathe, Dietmar / Speth, Rudolf (2009): Bericht zur Lage und zu den Perspektiven des bürgerschaftlichen Engagements in Deutschland. Berlin: Wissenschaftszentrum Berlin für Sozialforschung.

Pürer, Heinz (2003): Publizistik- und Kommunikationswissenschaft. Ein Handbuch. Konstanz: UVK.

Putnam, Robert D. (2000): Bowling alone. New York: Simon & Schuster.

Quandt, Thorsten (2011): Understanding a New Phenomenon. The Significance of Participatory Journalism. In: Singer, Jane B. / Hermida, Alfred / Domingo, David / Paulussen, Steve / Quandt, Thorsten / Vujnovic, Marina (Hrsg.): Participatory Journalism. Guarding Open Gates at Online Newspapers. Chicester: Wiley-Blackwell, S. 155-176.

Quandt, Thorsten (2013): Podcast. In: Bentele, Günter / Brosius, Hans-Bernd / Jarren, Otfried (Hrsg.): Lexikon Kommunikations- und Medienwissenschaft. 2. Aufl., Wiesbaden: Springer VS, S. 266.

Quiggin, John (2005): Blogs, Wikis and Creative Innovation. (Australian Public Policy Program Working Paper P06#1, University of Queensland). URL: http://ageconsearch.umn.edu/bitstream/151511/2/WPP06_1.pdf (26. März 2016).

Radsch, Courtney C. (2011): Double-Edged Sword: Social Media's Subversive Potential. In: The Huffington Post, 28. Februar. URL: http://www.huffingtonpost.com/courtney-c-radsch/doubleedged-sword-social-_b_826354.html (26. März 2016).

Rager, Günther (1994): Dimensionen der Qualität. Weg aus den allseitig offenen Richter-Skalen? In: Bentele, Günter / Hesse, Kurt R. (Hrsg.): Publizistik in der Gesellschaft. Konstanz: UVK, S. 189-209.

Rager, Günther / Weber, Bernd (1992): Publizistische Vielfalt zwischen Markt und Politik. In: Media Perspektiven, Heft 6, S. 357-366.

Rampf, Barbara (2008): Podcastnutzer – Gemeinsamkeiten und Unterschiede. Darstellung des deutschen Podcastangebotes und eine Typologisierung seiner Nutzer. München: Reinhard Fischer.

Reese, Stephen D. / Rutigliano, Lou / Hyun, Kideuk / Jeong, Jaekwan (2007): Mapping the Blogosphere. Professional and Citizen-Based Media in the Global News Arena. In: Journalism, Jg. 8, Heft 3, S. 235-261.

Regan, Tom (2003): Weblogs Threaten and Inform Traditional Journalism. In: Nieman Reports, Jg. 57, Heft 3, S. 68-70.

Reich, Zvi (2008): How Citizens Create News Stories. In: Journalism Studies, Jg. 9, Heft 5, S. 739-758.

Reimer, Julius / Ruppert, Max (2011): Das *Gutten*Plag-Wiki. Theoretische Einordnung und Analyse der Erfolgsfaktoren eines kollbaorativen Internet-Phänomens. In: Medien Journal. Zeitschrift für Kommunikationskultur, Jg. 35, Heft 4, S. 4-15.

Rheingold, Howard (1993): The Virtual Community. Homesteading on the Electronic Frontier. Massachusetts: Addison-Wesley.

Ridder, Christa-Maria / Engel, Bernhard (2010): Massenkommunikation 2010: Mediennutzung im Intermediavergleich. Ergebnisse der 10. Welle der ARD/ZDF-Langzeitstudie zur Mediennutzung und -bewertung. In: Media Perspektiven, Heft 11, S. 523-536.

Riebling, Fee (2011): Warum unermüdlich geschrieben wird. In: 20 Minuten online, 20. Januar. URL: http://www.20min.ch/wissen/news/story/15119100 (26. März 2016).

Riffe, Daniel / Charles, Aust / Lacy, Stephen (1993): The Effectiveness of Random Consecutive Day and Constructed Week Samples in Newspaper Content Analysis. In: Journalism Quarterly, Jg. 70, Heft 1, S. 133-39.

Robinson, Susan (2006): The Mission of the J-Blog: Recapturing Journalistic Authority Online. In: Journalism, Jg. 7, Heft 1, S. 65-83.

Roering, Johanna / Ulrich, Anne (2009): 'And Now Here Is What Really Happened': CNN und Warblogs als konkurrierende Deutungsinstanzen im Irakkrieg 2003. In: Müller, Daniel / Ligensa, Annemone / Gendolla, Peter (Hrsg.): Leitmedien. Konzepte – Relevanz – Geschichte. Bielefeld: Transcript, S. 285-309.

Roesler, Alexander (1997): Bequeme Einmischung. Internet und Öffentlichkeit. In: Münker, Stefan / Roesler, Alexander (Hrsg.): Mythos Internet. Frankfurt, Main: Suhrkamp, S. 171-192.

Roessing, Thomas / Podschuweit, Nicole (2011): Wikipedia im Wahlkampf: Politiker, Journalisten und engagierte Wikipedianer. In: Schweitzer, Eva Johanna / Albrecht, Steffen (Hrsg.): Das Internet im Wahlkampf. Analysen zur Bundestagswahl 2009. Wiesbaden: VS, S. 297-314.

Rölver, Markus / Alpar, Paul (2008): Social news, die neue Form der Nachrichtenverteilung? In: Alpar, Paul / Blaschke, Steffen (Hrsg.): Web 2.0. Eine empirische Bestandesaufnahme. Wiesbaden: Vieweg & Teubner, S. 295-330.

Rosen, Jay (1996): Getting the Connections Right. Public Journalism and the Troubles in the Press. New York: Twentieth Century Fund Press.

Rosen, Jay (1999): What Are Journalists For? New Haven: Yale University Press.

Rosen, Jay (2006): The People Formerly Known as the Audience. In: Press Think, 27. June. URL: http://archive.pressthink.org/2006/06/27/ppl_frmr.html (26. April 2016).

Rosenberry, Jack / Burton, St. John III (Hrsg.) (2010): Public Journalism 2.0. The Promise and Reality of a Citizen-Engaged Press. New York: Routledge.

Rosengren, Karl Erik (1974): International News: Methods, Data and Theory. In: Journal of Peace Research, Jg. 11, Heft 2, S. 145-156.

Rosengren, Karl Erik (1979): Bias in the News: Methods and Concepts. In: Studies of Broadcasting, Jg. 15, S. 31-45.

Rössler, Patrick (2000): Vielzahl = Vielfalt = Fragmentierung. Empirische Anhaltspunkte zur Differenzierung von Medienangeboten auf der Mikroebene. In: Jarren, Otfired / Imhof, Kurt / Blum, Roger (Hrsg.): Zerfall der Öffentlichkeit. Wiesbaden: Westdeutscher Verlag, S. 168-186.

Rössler, Patrick (2005): Inhaltsanalyse. Konstanz: UVK.

Rössler, Patrick / Beck, Klaus (2001): Aufmerksamkeitskalküle bei verschiedenen Modi der Online-Kommunikation. In: Beck, Klaus / Schweiger, Wolfgang (Hrsg.): Attention please! Online-Kommunikation und Aufmerksamkeit. München: Reinhard Fischer, S. 141-158.

Rubin, Allan / Rubin, Rebecca (1992): Call-in Talk Radio in den USA. In: Rundfunk und Fernsehen, Jg. 40, Heft 3, S. 386-397.

Rühl, Manfred (1969a): Die Zeitungsredaktion als organisiertes soziales System. Bielefeld: Bertelsmann.

Rühl, Manfred (1969b): Systemdenken und Kommunikationswissenschaft. In: Publizistik, Jg. 14, Heft 4, S. 185-206.

Rühl, Manfred (1980): Journalismus und Gesellschaft. Bestandesaufnahme und Theorieentwurf. Mainz: v. Hase und Koehler.

Rühl, Manfred (1989): Organisatorischer Journalismus. Tendenzen der Redaktionsforschung. In: Kaase, Max / Schulz, Winfried (Hrsg.): Massenkommunikation. Theorien, Methoden, Befunde. (Kölner Zeitschrift für Soziologie und Sozialpsychologie, Sonderheft 30). Opladen: Westdeutscher Verlag, S. 253-269.

Rühl, Manfred (1992): Theorie des Journalismus. In: Burkart, Roland / Hömberg, Walter (Hrsg.): Kommunikationstheorien. Ein Textbuch zur Einführung. Wien: Braumüller, S. 117-133.

Ruhrmann, Georg (1989): Rezipient und Nachricht. Struktur und Prozess der Nachrichtenrekonstruktion. Opladen: Westdeutscher Verlag.

Ruhrmann, Georg / Woelke, Jens / Maier, Michaela / Diehlmann, Nicole (2003): Der Wert von Nachrichten im deutschen Fernsehen. Ein Modell zur Validierung von Nachrichtenfaktoren. Opladen: Leske + Budrich.

Russ-Mohl, Stefan (1992): Am eigenen Schopfe... Qualitätssicherung im Journalismus – Grundfragen, Ansätze, Näherungsversuche. In: Publizistik, Jg. 37, Heft 1, S. 83-96.

Russ-Mohl, Stefan (2003): Journalismus. Das Hand- und Lehrbuch. Frankfurt a. M.

Russ-Mohl, Stephan (1994): Der I-Faktor. Qualitätssicherung im amerikanischen Journalismus: Modell für Europa? Zürich: Edition Interfrom.

Sandoval, Marisol (2011): Warum es an der Zeit ist, den Begriff der Alternativmedien neu zu definieren. In: Hüttner, Bernd / Leidinger, Christiane / Oy, Gottfried

Literatur

(Hrsg.): Handbuch Alternativmedien 2011/2012. Printmedien, Freie Radios, Archive & Verlage in der BRD, Österreich und der Schweiz. Neu-Ulm: Verein zur Förderung der sozialpolitischen Arbeit, S. 24-36.

Sarno, David (2011): A Brief History of the Huffington Post. In: Los Angeles Times, 7. Februar. URL: http://articles.latimes.com/2011/feb/07/business/la-fi-huffington-post-timeline-20110207 (26. April 2016).

Sauer, Moritz (2010): Blogs, Video & Online-Journalismus. 2. Aufl., Köln: O'Reilly.

Saxer, Ulrich (1974): Die Objektivität publizistischer Information. In: Langenbucher, Wolfgang (Hrsg.): Zur Theorie der politischen Kommunikation. München, S. 206-235.

Saxer, Ulrich (1974/75): Dysfunktionale Folgen unzulänglicher Journalistenaus- und -fortbildung. In: Publizistik, Jg. 19/20, S. 278-315.

Schade, Edzard (2000): Herrenlose Radiowellen. Die schweizerische Radiopolitik bis 1939 im internationalen Vergleich. Baden: hier + jetzt.

Schäfer, Erich / Lakemann, Ulrich (1999): Offener Fernsehkanal Gera. Wahrnehmung, Nutzung und Bewertung (TLM-Schriftenreihe, Bd. 6). München: KoPäd.

Schäfer, Roland / Metzger, Birgit (2009): Was macht eigentlich das Waldsterben? In: Masius, Patrick / Sparenberg, Ole / Sprenger, Jana (Hrsg.): Umweltgeschichte und Umweltzukunft: Zur gesellschaftlichen Relevanz einer jungen Disziplin. Göttingen: Universitätsverlag Göttingen, S. 201-227.

Schaffer, Jan (2007): Citizen Media: Fad or the Future of News? The Rise and Prospects of Hyperlocal Journalism. Maryland: Philip Merrill College of Journalism.

Schatz, Heribert / Schulz, Werner (1992): Qualität von Fernsehprogrammen. Kriterien und Mehtoden zur Beurteilung von Programmqualität im dualen Fernsehsystem. In: Media Perspektiven, Heft 11, S. 690-712.

Scherer, Helmut / Schlütz, Daniela (2004): Das neue Medien-Menü: Fernsehen und WWW als funkionale Alternativen? In: Publizistik, Jg. 49, Heft 1, S. 6-24.

Scherrer, Adrian (2012): Die Presse in der deutschen Schweiz. In: Historisches Lexikon der Schweiz (hrsg. von der Stiftung Historisches Lexikon der Schweiz). URL: http://www.hls-dhs-dss.ch/textes/d/D10464.php (26. März 2016).

Schmidt, Jan (2011a): Das neue Netz. Merkmale, Praktiken und Folgen des Web 2.0. 2. Aufl., Konstanz: UVK.

Schmidt, Jan (2011b): Weblogs in Unternehmen. In: Walsh, Gianfranco / Hass, Berhold / Kilian, Thomas (Hrsg.): Web 2.0. Neue Perspektiven für Marketing und Medien. 2. Aufl., Berlin: Springer, S. 97-108.

Schmidt, Jan / Frees, Beate / Fisch, Martin (2009): Themenscan im Web 2.0. Neue Öffentlichkeiten in Weblogs und Social-News-Plattformen. In: Media Perspektiven, Heft 2, S. 50-59.

Schmidt, Jan / Paetzolt, Matthias / Wilbers, Martin (2006): Stabilität und Dynamik von Weblog-Praktiken: Ergebnisse der Nachbefragung zur „Wie ich blogge?!"-Umfrage. In: Berichte der Forschungsstelle „Neue Kommunikationsmedien" der Universität Bamberg, Nr. 03-06. URL: http://www.kowi.uni-bamberg.de/fonk/pdf/fonkbericht0603.pdf (26. März 2016).

Schmidt, Jan / Wilbers, Martin (2006): Wie ich blogge?! Erste Ergebnisse der Weblogbefragung 2005. In: Berichte der Forschungsstelle „Neue Kommunikationsmedien" der Universität Bamburg, Nr. 06-01. URL: http://www.kowi.uni-bamberg.de/fonk/pdf/fonkbericht0601.pdf (26. März 2016).

Schmitz Weiss, Amy / Higgins Joyce, Vanessa de Macedo (2009): Compressed Dimensions in Digital Media Occupations: Journalists in Transformation. In: Journalism, Jg. 10, Heft 5, S. 587-603.

Schneider, Volker (1989): Technikentwicklung zwischen Politik und Markt: Der Fall Bildschirmtext. Frankfurt am Main: Campus.

Schnell, Rainer / Hill, Paul Bernhard / Esser, Elke (2008): Methoden der empirischen Sozialforschung. 8. Aufl., München: Oldenbourg.

Scholl, Armin (1997): Journalismus als Gegenstand empirischer Forschung. In: Publizistik, Jg. 42, Heft 4, S. 468-486.

Scholl, Armin (2004): Die Inklusion des Publikums. Theorien zur Analyse von Journalismus und Publikum. In: Löffelholz, Martin (Hrsg.): Theorien des Journalismus. Ein diskursives Handbuch. 2. Aufl., Wiesbaden: VS, S. 517-536.

Scholl, Armin / Weischenberg, Siegfried (1998): Journalismus in der Gesellschaft. Theorie, Methodologie und Empirie. Opladen: Westdeutscher Verlag.

Scholz, Leander (2004): Die Industria des Buchdrucks. In: Kümmel, Albert / Scholz, Leander / Schumacher, Eckhard (Hrsg.): Einführung in die Geschichte der Medien. Padeborn: Wilhelm Fink, S. 11-34.

Schönbach, Klaus (1977): Trennung von Nachricht und Meinung. Empirische Untersuchung eines journalistischen Qualitätskriteriums. Freiburg: Alber.

Schönbach, Klaus (1997): Das hyperaktive Publikum – Essay über eine Illusion. In: Publizistik, Jg. 42, Heft 3, S. 279-286.

Schönbach, Klaus (2008): Das Prinzip der zuverlässigen Überraschung. Bürgerjournalismus und die Zukunft der traditionellen Nachrichtenmedien. In: Pörksen, Bernhard / Loosen, Wiebke / Scholl, Armin (Hrsg.): Paradoxien des Journalismus. Wiesbaden: VS, S. 503-511.

Schönhagen, Philomen (1995): Die Mitarbeit der Leser. Ein erfolgreiches Zeitungskonzept des 19. Jahrhunderts. München: Reinhard Fischer

Schönhagen, Philomen (1998): Unparteilichkeit im Journalismus. Tradition einer Qualitätsnorm. Tübingen: Niemeyer.

Schönhagen, Philomen (1999): Der Journalist als unbeteiligter Beobachter. In: Publizistik, Jg. 44, Heft 3, S. 271-287.

Schönhagen, Philomen (2001): Zur Entwicklung der Unparteilichkeitsmaxime im deutschen Journalismus. In: Medien und Zeit, Jg. 16, Heft 4, S. 9-18.

Schönhagen, Philomen (2004): Soziale Kommunikation im Internet. Zur Theorie und Systematik computervermittelter Kommunikation vor dem Hintergrund der Kommunikationsgeschichte. Bern: Peter Lang.

Schönhagen, Philomen (2006): Die Wiedergabe fremder Aussagen – eine alltägliche Herausforderung für den Journalismus. In: Publizistik, Jg. 51, Heft 4, S. 498-512.

Schönhagen, Philomen (2008a): Gesellschaftliche Kommunikation im Wandel der Geschichte. In: Batinic, Bernad / Appel, Markus (Hrsg.): Medienpsychologie. Heidelberg: Springer, S. 46-76.

Schönhagen, Philomen (2008b): Massenkommunikation und Internet. Skizzen zu ihrem Verhältnis aus Sicht der Kommunikationsgeschichte und -theorie. In: Myrach, Thomas / Zwahlen, Sara M. / Müller, Christoph (Hrsg.): Virtuelle Welten? Die Realität des Internets. Bern: Peter Lang, S. 81-91.

Schönhagen, Philomen / Hofstetter, Brigitte / Bosshart, Stefan (2014): Nutzerbeteiligung und journalistisches Handeln in Schweizer Redaktionen. In: Stark, Birgit / Quiring, Oliver / Jackob, Nikolaus (Hrsg.): Von der Gutenberg-Galaxis zur Google-Galaxis. Alte und neue Grenzvermessungen nach 50 Jahren DGPuK. Konstanz: UVK, S. 151-167.

Schönhagen, Philomen / Kopp, Mirjam (2007): „Bürgerjournalismus" – Revolution des Journalismus? In: Zeitschrift für Politik, Jg. 54, Heft 3, S. 296-322.

Schönherr, Katja (2008): Medienwatchblogs als Form journalistischer Qualitätskontrolle. In: Zerfaß, Ansgar / Welker, Martin / Schmidt, Jan (Hrsg.): Kommunikation, Partizipation und Wirkungen im Social Web. Bd. 2: Strategien und Anwendungen. Perspektiven für Wirtschaft, Politik, Publizistik. Köln: Herbert von Halem, S. 116-133.

Schrag, Wolfram (2007): Medienlandschaft Deutschland. Konstanz: UVK.

Schramm, Wilbur L. (Hrsg.) (1954): The Process and Effects of Mass Communication. Urbana: University of Illinois Press.

Schröter, Detlef (1988a): Journalistische Objektivität. In: Knopp, Guido / Quandt, Siegfried (Hrsg.): Geschichte im Fernsehen. Ein Handbuch. Darmstadt: Wissenschaftliche Buchgesellschaft, S. 168-174.

Schröter, Detlef (1988b): Mitteilungs-Adäquanz. Studien zum Fundament eines realitätsgerechten journalistischen Handelns. In: Wagner, Hans (Hrsg.): Idee und Wirklichkeit des Journalismus. München, S. 175-216.

Schröter, Detlef (1992): Qualität im Journalismus. Testfall Unternehmensberichterstattung in Printmedien. München: Reinhard Fischer.

Schudson, Michael (2008): Why Democracies Need an Unlovable Press. Cambridge: Polity Press.

Schulz, Winfried (1976): Die Konstruktion von Realität in den Nachrichtenmedien: Analyse der aktuellen Berichterstattung. Freiburg i. Br. / München: Alber.

Schulz, Winfried (1989): Massenmedien und Realität. Die „ptolemäische" und die „kopernikanische" Auffassung. In: Kaase, Max / Schulz, Winfried (Hrsg.): Massenkommunikation. Theorien, Methoden, Befunde (Kölner Zeitschrift für Soziologie und Sozialpsychologie, Sonderheft 30). Opladen: Westdeutscher Verlag, S. 135-149.

Schulz, Winfried (1997): Probleme der Medienexpansion als Forschungsthema. Umwertung der Nachrichtenwerte, Fragmentierung der Nutzung und Wirklichkeitsverlust. In: Publizistik, Jg. 42, Heft 1, S. 83-89.

Schütz, Alfred (1971): Das Problem der Relevanz (hrsg. von Richard Zaner und mit einer Einleitung von Thomas Luckmann). Frankfurt a.M.: Suhrkamp.

Searle, John R. (1969): Speech Acts. An Essay in the Philosophy of Language. Cambridge: Cambridge University Press.

Searle, John R. (1976): A Classification of Illocutionary Acts. In: Language in Society, Jg. 5, Heft 1, S. 1-23.

Sehl, Annika (2013a): Partizipativer Journalismus im Lokalteil von Tageszeitungen. In: Pöttker, Horst / Vehmeier, Anke (Hrsg.): Das verkannte Ressort. Probleme und Perspektiven des Lokaljournalismus. Wiesbaden: Springer VS, S. 88-99.

Sehl, Annika (2013b): Partizipativer Journalismus in Tageszeitungen. Eine empirische Analyse zur publizistischen Vielfalt im Lokalen. Baden-Baden: Nomos.

Seibert, Martin / Preuss, Sebastian / Rauer, Mathias (2011): Enterprise Wikis: Potenziale, Einführung, Stolperfallen, produktive und effiziente Nutzung. Wiesbaden: Betriebswirtschaftlicher Verlag Gabler.

Shapiro, Andrew L. (1999): The Control Revolution. How the Internet is Putting Individuals in Charge and Changing the World We Know. New York: PublicAffairs.

Shirky, Clay (2008): Here Comes Everybody. The Power of Organizing Without Organizations. New York: Penguin Press.

Simons, Margaret (2012): Journalism at the Crossroads. Crisis and Opportunity for the Press. London: Scribe.

Simovic, Vladimir / Bonfranchi-Simonvic, Thordis (2008): WordPress. Das Praxisbuch. 2. Aufl., Heidelberg: mitp.

Singer, Jane B. (2005): The Political J-Blogger. 'Normalizing' a New Media Form to Fit Old Norms and Practices. In: Journalism, Jg. 6, Heft 2, S. 173-198.

Literatur

Singer, Jane B. / Hermida, Alfred / Domingo, David / Paulussen, Steve / Quandt, Thorsten / Vujnovic, Marina (2011): Participatory Journalism. Guarding Open Gates at Online Newspapers. Chichester: Wiley-Blackwell.

Slotten, Hugh Richard (2000): Radio and Television Regulation: Broadcast Technology in the United States, 1920-1960. Baltimore: Johns Hopkins University Press.

Smith, Aaron (2011): Why Americans Use Social Media. (Bericht des Pew Internet and American Life Project). URL: http://www.pewinternet.org/2011/11/15/why-americans-use-social-media/ (26. März 2016).

Smith, Aaron / Brenner, Joanna (2012): Twitter Use 2012. (Bericht des Pew Internet and American Life Project). URL: http://www.pewinternet.org/2012/05/31/twitter-use-2012/ (26. März 2016).

Spael, Wilhelm (1928): Publizistik und Journalistik und ihre Erscheinungsformen bei Joseph Görres. Köln: Gilde.

Staab, Joachim Friedrich (1990): Nachrichtenwert-Theorie. Formale Struktur und empirischer Gehalt. Freiburg i. Br.: Alber.

Stark, Birgit (2008): Die Vielfalt der Messung ›der Vielfalt‹ – Überlegungen zur methodischen Umsetzung des Vielfaltskonzepts. In: Matthes, Jörg / Wirth, Werner / Daschmann, Gregor / Fahr, Andreas (Hrsg.): Die Brücke zwischen Theorie und Empirie: Operationalisierung, Messung und Validierung in der Kommunikationswissenschaft. Köln: Herbert von Halem, S. 196-216.

Starkulla, Heinz (1963): Publizistik und Kommunikation. Ein Beitrag zur wissenschaftlichen Erkenntnis der kommunikativen Wirklichkeit. In: Publizistik, Jg. 8, Heft 5-6, S. 562-571.

Starkulla, Heinz (1988): „Alternativmedien" in der Bundesrepublik Deutschland. In: Wagner, Hans (Hrsg.): Idee und Wirklichkeit des Journalismus. München: Olzog, S. 217-255.

Stein, Klaus / Hess, Claudia (2008): Viele Autoren, gute Autoren? Eine Untersuchung ausgezeichneter Artikel in der deutschen Wikipedia. In: Alpar, Paul / Blaschke, Steffen (Hrsg.): Web 2.0. Eine empirische Bestandesaufnahme. Wiesbaden: Vieweg & Teubner, S. 107-129.

Stichweh, Rudolf (1988): Inklusion in Funktionssysteme der modernen Gesellschaft. In: Mayntz, Renate / Rosewitz, Bernd / Schimank, Uwe / Stichweh, Rudolf (Hrsg.): Differenzierung und Verselbständigung. Zur Entwicklung gesellschaftlicher Teilsysteme. Frankfurt a.M.: Campus, S. 261-293.

Stipp, Horst (2009): Verdrängt Online-Sehen die Fernsehnutzung? Zehn aktuelle Medientrends in den USA. In: Media Perspektiven, Heft 5, S. 226-232.

Stölzel, Thomas (2009): Schleichwerbung in Blogs soll öffentlich angeprangert werden. In: Wirtschaftswoche, 10. Oktober. URL: http://www.wiwo.de/technikwissen/schleichwerbung-in-blogs-soll-oeffentlich-angeprangert-werden-410460/ (26. März 2016).

Street, Sean (2002): A Concise History of British Radio, 1922-2002. Tiverton: Kelly Publications.

Strodthoff, Glenn G. / Hawkins, Robert P. / Schoenfeld, A. Clay (1985): Media Roles in a Social Movement: A Model of Ideology Diffusion. In: Journal of Communication, Jg. 35, Heft 2, S. 134-153.

Strömbäck, Jesper (2010): Democracy and the Media: A Social Contract Dissolved? In: Dosenrode, Søren (Hrsg.): Freedom of the Press. On Censorship, Self-Censorship, and the Press Ethics. Baden-Baden: Nomos, S. 172-191.

Suh, Bongwon / Hong, Lichan / Piroll, Peter / Chi, Ed H. (2010): Want to be Retweeted? Large Scale Analytics on Factors Impacting Retweet in Twitter Network. In: Proceedings of the 2010 IEEE Second International Conference on Social Computing, S. 177-184. URL: http://dl.acm.org/citation.cfm?id=1907388 (26. März 2016).

Sullivan, Andrew (2002): The Blogging Revolution. In: Wired Magazine, 1st May. URL: http://www.wired.com/2002/05/the-blogging-revolution/ (26. März 2016).

Surowiecki, James (2005): The Wisdom of Crowds: Why the Many Are Smarter Than the Few and How Collective Wisdom Shapes Business, Economies, Societies and Nations. New York: Anchor Books.

Sweetser, Kaye D. / Porter, Lance V. / Soun Chung, Deborah / Eunseong, Kim (2008): Credibility and the Use of Blogs among Professionals in the Communication Industry. In: Journalism and Mass Communication Quarterly, Jg. 85, Heft 1, S. 169-185.

Tapscott, Don / Williams, Anthony D. (2006): Wikinomics. How Mass Collaboration Changes Everything. New York: Portfolio.

Thorsen, Einar (2008): Journalistic Objectivity Redefined? Wikinews and the Neutral Point of View. In: New Media & Society, Jg. 10, Heft 6, S. 935-954.

Thorson, Kjerstin / Driscoll, Kevin / Ekdale, Brian / Edgerly, Stephanie / Thompson, Liana Gamber / Schrock, Andrew / Swartz, Lana / Vraga, Emily K. / Wells, Chris (2013): Youtube, Twitter and the Occupy Movement. Connecting Content and Circulation Practices. In: Information, Communication & Society, Jg. 16, Heft 3, S. 421-451.

Thüringer Landesmedienanstalt (TLM) (Hrsg.) (2004): Formenreichtum als Erfolgsprinzip. Organisation, Nutzer und Beiträge in den Offenen Kanälen in Thüringen. München: KoPäd Verlag.

Thurman, Neil (2008): Forums for Citizen Journalists? Adoption of User Generated Content Initiatives by Online News Media. In: New Media & Society, Jg. 10, Heft 1, S. 139-157.

Thurman, Neil / Hermida, Alfred (2010): Gotcha: How News Room Norms Are Shaping Participatory Journalism Online. In: Tunney, Sean / Garrett, Monaghan (Hrsg.): Web Journalism. A New Form of Citizenship? Brighton: Sussex Academic Press, S. 46-62.

Toffler, Alvin (1970): Future Shock. New York: Random House.

Toffler, Alvin (1980): The Third Wave. New York: Bantam Books.

Tonnemacher, Jan (2003): Kommunikationspolitik in Deutschland. Konstanz: UVK.

Traber, Michael (1989): Alternativer Journalismus. In: Wunden, Wolfgang (Hrsg.): Medien zwischen Markt und Moral. Frankfurt am Main: J. F. Steinkopf Verlag, S. 111-122.

Träsel, Marcelo (2008): Grassrots Online Journalism. Public Intervention in Kuro5hin and Wikinews. In: Brazilian Journalism Research, Jg. 4, Heft 2, S. 69-87.

Trebbe, Joachim / Maurer, Torsten (2006): Fernsehqualität aus der Perspektive des Rundfunkprogrammrechts. In: Weischenberg, Siegfried / Loosen, Wiebke / Beuthner, Michael (Hrsg.): Medien-Qualitäten. Öffentliche Kommunikation zwischen ökonomischem Kalkül und Sozialverantwortung. Wiesbaden: VS, S. 37-52.

Trepte, Sabine / Reinecke, Leonard (2010): Unterhaltung online. Motive, Erleben, Effekte. In: Schweiger, Wolfgang / Beck, Klaus (Hrsg.): Handbuch Online-Kommunikation. Wiesbaden: VS, S. 211-233.

Trepte, Sabine / Reinecke, Leonard / Behr, Katharina-Maria (2008): Qualitätserwartungen und ethischer Anspruch bei der Lektüre von Blogs und von Tageszeitungen. In: Publizistik, Jg. 53, Heft 4, S. 509-534.

van Dijk, Teun Adrianus (1988): News as Discourse. Hillsdale: Erlbaum.

van Dijk, Teun Adrianus / Kintsch, Walter (1983): Strategies of Discourse Comprehension. San Diego: Academic Press.

van Eimeren, Birgit / Frees, Beate (2013): Rasanter Anstieg des Internetkonsums: Onliner fast drei Stunden täglich im Netz. Ergebnisse der ARD/ZDF-Onlinestudie 2013. In: Media Perspektiven, Heft 7/8, S. 358-372.

Viégas, Fernanda / Wattenberg, Martin / Kushal, Dave (2004): Studying Cooperation and Conflict between Authors with History Flow Visualization. In: ACM Proceedings of the 2004 Conference on Human Factors in Computing Systems, S. 575-582. URL: http://alumni.media.mit.edu/~fviegas/papers/history_flow.pdf (26. März 2016).

Vis, Farida (2009): Wikinews Reporting of Hurricane Katrina. In: Thorsen, Einar / Allan, Stuart (Hrsg.): Citizen Journalism. Global Perspectives. New York: Peter Lang, S. 65-74.

Vis, Farida (2013): Twitter as a Reporting Tool For Breaking News. Journalists Tweeting the 2011 UK Riots. In: Digital Journalism, Jg. 1, Heft 1, S. 27-47.

Vlasic, Andreas (2004): Die Integrationsfunktion der Massenmedien. Begriffsgeschichte, Modelle, Operationalisierung. Wiesbaden: VS.

Vogelgesang, Jens / Scharkow, Michael (2012): Reliabilitätstests in Inhaltsanalysen. In: Publizistik, Jg. 57, Heft 3, S. 333-345.

Volkmann, Ute (2008): Leser-Reporter: Die neue Macht des Publikums? In: Jäckel, Michael (Hrsg.): Medienmacht und Gesellschaft. Zum Wandel öffentlicher Kommunikation. Frankfurt: Campus, S. 219-240.

Volkmann, Ute (2010): Sekundäre Leistungsrolle. Eine differenzierungstheoretische Einordnung des Prosumenten am Beispiel des „Leser-Reporters". In: Blättel-Mink, Birgit / Hellmann, Kai-Uwe (Hrsg.): Prosumer Revisited. Zur Aktualität einer Debatte. Wiesbaden: VS, S. 206-220.

Volpers, Helmut (2001): 15 Jahre Bürgerfernsehen. Eine kritische Bilanz aus der Sicht der Forschung. In: Bremische Landsmedienanstalt (Hrsg.): Zukunft Offener Fernsehkanäle. Nicht kommerzielles Fernsehen in Deutschland. Bremen: WMIT, S. 24-31.

Volpers, Helmut / Salwiczek, Christian / Schnier, Detlef (2001): Image- und Akzeptanzuntersuchung nichtkommerzieller Lokalradios in Hessen. Endbericht zum Begleitforschungsprojekt im Auftrag der Hessischen Landesanstalt für privaten Rundfunk (LPR Hessen). München: KoPäd.

Volpers, Helmut / Salwiczek, Christian / Schnier, Detlef (2003): Hörfunklandschaft Niedersachsen 2001. Eine vergleichende Analyse des privaten Hörfunks (Schriftenreihe der NLM, Bd. 15). Berlin.

Volpers, Helmut / Werner, Petra / Salwiczek, Christian / Schnier, Detlef (Hrsg.) (2007): Bürgerfernsehen in Nordrhein-Westfalen. Eine Organisations- und Programmanalyse. Berlin: Vistas.

Voltmer, Katrin (1998): Medienqualität und Demokratie. Eine empirische Analyse publizistischer Informations- und Orientierungsleistungen in der Wahlkampfkommunikation. Baden-Baden: Nomos.

von La Roche, Walther (2006): Einführung in den praktischen Journalismus. Mit genauer Beschreibung aller Ausbildungswege in Deutschland, Österreich, Schweiz. 17. Aufl., Berlin: Econ.

Wagner, Hans (1977): Vermittlungsverfassung in der Massenkommunikation. Zeitungswissenschaftliche Theorie der journalistischen und publizistischen Darstellungsformen. In: Publizistik, Jg. 22, Heft 1, S. 5-13.

Wagner, Hans (1978a): Kommunikation und Gesellschaft. Teil 1: Einführung in die Zeitungswissenschaft. München: Olzog.

Wagner, Hans (1978b): Kommunikation und Gesellschaft. Teil 2: Kasuistik/Arbeitsbuch. München: Olzog.

Literatur

Wagner, Hans (1980): Rationalisierungsprozesse der Sozialen Kommunikation. Materialien zu einem besseren Verständnis der Massenkommunikation. In: Politische Bildung, Jg. 13, Heft 1, S. 3-32.

Wagner, Hans (1991): Medien-Tabus und Kommunikationsverbote. Die manipulierte Wirklichkeit. München: Olzog.

Wagner, Hans (1995): Journalismus I: Auftrag. Gesammelte Beiträge zur Journalismustheorie. Erlangen: Junge & Sohn.

Wagner, Hans (1998): Das Fachstichwort: Massenkommunikation. In: Groth, Otto (Hrsg.): Vermittelte Mitteilung. Ein journalistisches Modell der Massenkommunikation (hrsg. von Wolfgang R. Langenbucher). München: Reinhard Fischer, S. 187-240.

Wagner, Hans (2003): Journalismus mit beschränkter Haftung? Gesammelte Beiträge zur Journalismus- und Medienkritik. München: Reinhard Fischer.

Wall, Melissa (2005): 'Blogs of War': Weblogs as News. In: Journalism, Jg. 6, Heft 2, S. 153-172.

Wall, Melissa (2009): The Taming of the Warblogs: Citizen Journalism and the War in Iraq. In: Thorsen, Einar / Allan, Stuart (Hrsg.): Citizen Journalism. Global Perspectives. New York: Peter Lang, S. 33-42.

Wallner, Cornelia / Gruber, Oliver / Herczeg, Petra (2012): Kommunikative Partizipation als Sprecher: zum Standing unterschiedlicher Akteure in mediatisierten öffentlichen Diskursen. In: Stegbauer, Christian (Hrsg.): Ungleichheit: Medien- und kommunikationssoziologische Perspektiven. VS, S. 37-56.

Wallsten, Kevin (2007): Agenda Setting and the Blogosphere: An Analysis of the Relationship between Mainstream Media and Political Blogs. In: Review of Policy Research, Jg. 24, Heft 6, S. 567-587.

Walther, Christoph J. (2005): Innovationszug bereits wieder verpasst? Internettrends – sind Sie gewappnet? In: Media Trend Journal. Das Monatsmagazin für Medien und Marketingkommunikation, Heft 4, S. 42-55.

Weaver, Matthew (2010): Iran's 'Twitter Revolution' Was Exaggerated. West Accused of Focusing Too Much on Social Networking Sites during Last Year's Post-Election Protests in Iran. In: The Guardian, 9 June 2010. URL: http://www.guardian.co.uk/world/2010/jun/09/iran-twitter-revolution-protests (26. März 2016).

Weber, Bernd (2006): „Wir müssen auch Geld damit verdienen". Zeitungsverlage als Wirtschaftsunternehmen. In: Rager, Günther / Graf-Szczuka, Karola / Hassemer, Gregor / Süper, Stephanie (Hrsg.): Zeitungsjournalismus. Empirische Leserschaftsforschung. Konstanz: UVK, S. 44-56.

Weber, Patrick (2012): Nachrichtenfaktoren und User Generated Content. Die Bedeutung von Nachrichtenfaktoren für Kommentierungen der politischen Berichter-

stattung auf Nachrichtenwebsites. In: Medien & Kommunikationswissenschaft, Jg. 60, Heft 2, S. 218-239.
Weber, Stefan (2010): Systemtheorien der Medien. In: Weber, Stefan (Hrsg.): Theorien der Medien. Von der Kulturkritik bis zum Konstruktivismus. 2. Aufl., Konstanz: UVK, S. 189-206.
WebWatch, Consumer Reports (Hrsg.) (2005): Leap of Faith: Using the Internet despite the Dangers. Results of a National Survey of Internet Users for Consumer Reports. New York. URL: http://www.consumerwebwatch.org/pdfs/princeton.pdf (26. März 2016).
Weichert, Stephan / Kramp, Leif (2009): Das grosse Zeitungssterben. In: Medienheft, 20. Februar 2009, S. 1-8. URL: http://www.medienheft.ch/politik/bibliothek/p09_KrampWeichert_01.pdf (26. März 2016).
Weichler, Kurt (1987): Die anderen Medien. Theorie und Praxis alternativer Kommunikation. Berlin: Vistas.
Weichler, Kurt (2003): Handbuch für Freie Journalisten. Alles, was wichtig ist. Wiesbaden: Westdeutscher Verlag.
Weischenberg, Siegfried (1992): Journalistik. Theorie und Praxis aktueller Medienkommunikation. Opladen: Westdeutscher Verlag.
Weischenberg, Siegfried / Löffelholz, Martin / Scholl, Armin (1993): Journalismus in Deutschland. Design und erste Befunde der Kommunikatorstudie. In: Media Perspektiven, Heft 1, S. 21-33.
Weischenberg, Siegfried / Löffelholz, Martin / Scholl, Armin (1994): Merkmale und Einstellungen von Journalisten. „Journalismus in Deutschland" II. In: Media Perspektiven, Heft 4, S. 154-167.
Weischenberg, Siegfried / Malik, Maja / Scholl, Armin (2006a): Die Souffleure der Mediengesellschaft. Report über Journalisten in Deutschland. Konstanz: UVK.
Weischenberg, Siegfried / Malik, Maja / Scholl, Armin (2006b): Journalismus in Deutschland 2005. Zentrale Befunde der aktuellen Repräsentativbefragung deutscher Journalisten. In: Media Perspektiven, Heft 7, S. 346-361.
Weiss, Hans-Jürgen (1985): Die Tendenz der Berichterstattung und Kommentierung der Tagespresse zur Neuordnung des Rundfunkwesens in der Bundesrepublik Deutschland (Oktober 1984 bis Januar 1985). Ergebnisse einer quantitativen Inhaltsanalyse. In: Media Perspektiven, Heft 12, S. 845-866.
Weiss, Hans-Jürgen (1988): Meinungsgestaltung im Interesse der Zeitungen? Eine Analyse der Zeitungspublizistik zur Erhöhung der Rundfunkgebühr (Oktober 1987 bis Januar 1988). In: Media Perspektiven, Heft 8, S. 469-489.
Weiss, Hans-Jürgen (1989): Öffentliche Streitfragen und massenmediale Argumentationsstrukturen. Ein Ansatz zur Analyse der inhaltlichen Dimension im Agenda

Setting-Prozess (Kölner Zeitschrift für Soziologie und Sozialpsychologie, Sonderheft 30). Opladen: Westdeutscher Verlag, S. 473-489.

Weiss, Hans-Jürgen (1992): Public Issues and Argumentation Structures: An Approach to the Study of the Contents of Media Agending-Setting. In: International Communication Association (Hrsg.): Communication Yearbook, Bd. 15, S. 374-396.

Weiss, Hans-Jürgen / Trebbe, Joachim (1994): Öffentliche Streitfragen in privaten Fernsehprogrammen. Zur Informationsleistung von RTL, SAT1 und PRO 7. Opladen: Leske+Budrich.

Weiss, Ralph (2002): Dimensionen der Qualität publizistischer Produkte. In: Jarren, Otfried / Wessler, Hartmut (Hrsg.): Journalismus – Medien – Öffentlichkeit. Eine Einführung. Wiesbaden: Westdeutscher Verlag, S. 304-311.

Weiss, Ralph / Rudolph, Werner (1993): Die lokale Welt im Radio. Information und Unterhaltung im Lokalradio als Beitraege zur kommunalen Kommunikation. Opladen: Leske und Budrich.

Welker, Martin (2007): Medienschaffende als Weblognutzer: Wer sie sind, was sie denken. Eine explorative Studie. In: Rau, Harald (Hrsg.): Zur Zukunft des Journalismus. Frankfurt am Main: Peter Lang, S. 95-116.

Wendelin, Manuel (2008): Systemtheorie als Innovation in der Kommunikationswissenschaft. Inhaltliche Hemmnisse und institutionelle Erfolgsfaktoren inm Diffusionsprozess. In: Communicatio Socialis, Jg. 41, Heft 4, S. 341-359.

Werle, Martin (2008): Eingeschaltet oder abgemeldet? Interessen des Publikums im deutschen Radio- und Fernsehmarkt. Wiesbaden: VS.

Westerstahl, Jörgen (1983): Objective News Reporting. General Promises. In: Communication Research, Jg. 10, Heft 3, S. 403-424.

Westman, Stina / Freund, Luanne (2010): Information Interaction in 140 Characters or Less: Genres on Twitter. In: Proceedings of the Third Symposium on Information Interaction in Context, S. 323-328. URL: http://dl.acm.org/citation.cfm?doid=1840784.1840833 (26. März 2016).

Weyand, Jan / Burgermeister, Nicole / Friedmann, Reto / Vasella, Lucia / Wenzel, Ulrich (2008): Integrationspotentiale der Komplementärradios: Programm und Programmschaffende. In: Bonfadelli, Heinz (Hrsg.): Migration, Medien und Integration. Der Integrationsbeitrag des öffentlich-rechtlichen, kommerziellen und komplementären Rundfunks in der Schweiz. Forschungsbericht zuhanden des Bundesamtes für Kommunikation BAKOM. Zürich: IPMZ, S. 98-165.

Widlok, Peter (1983): Rückbesinnung auf Mögliches. „Co-operative Radio Vancouver" und „Alternatives Lokal-Radio Zürich". In: Medium, Jg. 13, Heft 9, S. 16-19.

Wilke, Jürgen (2008): Grundzüge der Medien- und Kommunikationsgeschichte. 2. Aufl., Köln: Böhlau.

Wilke, Jürgen (2009): Alternativer Pressemarkt. In: Noelle-Neumann, Elisabeth / Schulz, Winfried (Hrsg.): Fischer Lexikon Publizistik Massenkommunikation. Frankfurt a. M.: Fischer, S. 494-495.

Wimmer, Jeffrey (2007): (Gegen-)Öffentlichkeit in der Mediengesellschaft. Analyse eines medialen Spannungsverhältnisses. Wiesbaden: VS.

Winterhoff-Spurk, Peter / Heidinger, Veronika / Schwab, Frank (1992): Der offene Kanal in Deutschland. Ergebnisse empirischer Forschung. Wiesbaden: Deutscher Universitätsverlag.

Wirth, Werner (2001): Individuelles Wissensmanagement und das Internet. Kommunikationswissenschaftliche Perspektiven. In: Maier-Rabler, Ursula / Latzer, Michael (Hrsg.): Kommunikationskulturen zwischen Kontinuität und Wandel. Universelle Netzwerke für die Zivilgesellschaft. Konstanz: UVK, S. 393-410.

Wirth, Werner / Schweiger, Wolfgang (1999): Selektion neu betrachtet: Auswahlentscheidungen im Internet. In: Wirth, Werner / Schweiger, Wolfgang (Hrsg.): Selektion im Internet. Empirische Analysen zu einem Schlüsselkonzept. Opladen: Westdeutscher Verlag, S. 43-74.

Wright, Jeremy (2006): Blog-Marketing als neuer Weg zum Kunden. Heidelberg: Redline Wirtschaft.

Wyss, Vinzenz (2013): Qualitätsmanagement in Redaktionen. In: Meier, Klaus / Neuberger, Christoph (Hrsg.): Journalismusforschung. Stand und Perspektiven. Baden-Baden: Nomos, S. 89-104.

Wyss, Vinzenz (2000): Qualitätsmanagement in der Redaktion: Vorbereitung mit Hilfe der Wissenschaft. In: Heldt, Barbara / Ruß-Mohl, Stephan (Hrsg.): Qualität durch Kommunikation sichern. Vom Qualitätsmanagement zur Qualitätskultur. Halle: Union Druck, S. 221-232.

Wyss, Vinzenz (2002): Redaktionelles Qualitätsmanagement: Ziele, Normen, Ressourcen. Konstanz: UVK.

Wyss, Vinzenz (2004): Journalismus als duale Struktur. In: Löffelholz, Martin (Hrsg.): Theorien des Journalismus. Ein diskursives Handbuch. 2. Aufl., Wiesbaden: VS, S. 305-320.

Wyss, Vinzenz (2011): Narration freilegen: Zur Konsequenz der Mehrsystemrelevanz als Leitdifferenz des Qualitätsjournalismus. In: Blum, Roger / Bonfadelli, Heinz / Imhof, Kurt / Jarren, Otfired (Hrsg.): Krise der Leuchttürme öffentlicher Kommunikation. Vergangenheit und Zukunft der Qualitätsmedien. Wiesbaden: VS, S. 30-47.

Literatur

Wyss, Vinzenz / Pühringer, Karin / Meier, Werner A. (2005): Journalismusforschung. In: Bonfadelli, Heinz / Jarren, Otfried / Siegert, Gabriele (Hrsg.): Einführung in die Publizistikwissenschaft. 2. Aufl., Bern: Haupt, S. 297-330.

Zacharias-Langhans, Garleff (1977): Bürgermedium Video. Ein Bericht über alternative Medienarbeit. Berlin: Volker Spiess.

Zech, Rainer / Wienken, Ursula (2011): Qualitätsmanagement in den Bürgermedien. Leitfaden für die Praxis. 2. Aufl., Hannover: Expressum.

Zehnder, Matthias W. (1998): Die Dekonstruktion der Journalisten. Wie das Internet Artbeit und Rolle der Journalisten verändert. In: Pfamnmatter, René (Hrsg.): Multi Media Mania. Reflexionen zu Aspekten Neuer Medien. Konstanz: UVK, S. 181-190.

Zickuhr, Kathryn (2010): Generations 2010 (Bericht des PEW Internet & American Life Project, Washington). URL: http://www.pewinternet.org/2010/12/16/generations-2010/ (26. März 2016).